Methoden der empirischen Sozialforschung

von

Prof. Dr. Rainer Schnell
Universität Duisburg-Essen

Prof. Dr. Paul B. Hill
RWTH Aachen

Dr. Elke Esser
Academic Data GmbH, Essen

9., aktualisierte Auflage

Oldenbourg Verlag München

Bibliografische Information der Deutschen Nationalbibliothek

Die Deutsche Nationalbibliothek verzeichnet diese Publikation in der Deutschen Nationalbibliografie; detaillierte bibliografische Daten sind im Internet über http://dnb.d-nb.de abrufbar.

© 2011 Oldenbourg Wissenschaftsverlag GmbH
Rosenheimer Straße 145, D-81671 München
Telefon: (089) 45051-0
www.oldenbourg-verlag.de

Lektorat: Christiane Engel-Haas
Herstellung: Constanze Müller
Titelbild: thinkstockphotos.de
Einbandgestaltung: hauser lacour
Gesamtherstellung: Beltz Bad Langensalza GmbH, Bad Langensalza

Dieses Papier ist alterungsbeständig nach DIN/ISO 9706.

ISBN 978-3-486-59106-4

Inhaltsverzeichnis

Vorwort zur ersten Auflage

Diese Einführung in die empirische Sozialforschung weicht von den üblichen Lehrbüchern des Faches durch eine andere Schwerpunktsetzung ab.

Das Hauptproblem bei der Vermittlung der Grundlagen unseres Faches scheint uns inzwischen weniger in Verständnisproblemen bei den technischen Details von Erhebungs- oder Analyseverfahren zu liegen, als bei den besonderen Schwierigkeiten, die die Verbindung von soziologischer Theorie und deren systematischer Überprüfung durch empirische Untersuchungen bereitet. Dieses Vermittlungsproblem von Theorie und empirischer Basis erscheint in einem Fach (und einem Land), in dem ein „Theoretiker" immer noch vorzugsweise durch seine Weigerung oder Unfähigkeit, empirisch zu arbeiten, geradezu „definiert" werden kann (so STINCHCOMBE 1968:VII), nahezu zwangsläufig als Folge einer auch institutionellen Trennung.

Um das Verständnis für die Vermittlung von empirischer Forschung und soziologischer Theoriebildung etwas zu erleichtern, haben wir daher sowohl ein Kapitel zur Geschichte empirischer Sozialforschung als auch ein relativ umfangreiches Kapitel über wissenschaftstheoretische Grundlagen der empirischen Sozialforschung vorgesehen. Auf diese einleitenden Kapitel folgen die eher traditionellen Kapitel über den Ablauf eines Forschungsprojektes, über Messtheorie und Skalierungsverfahren, Designprobleme und Auswahlverfahren und über die wichtigsten Datenerhebungstechniken. Das Kapitel über Messtheorie ist im Vergleich zu anderen Einführungen wesentlich umfangreicher und behandelt auch einige „neuere" Entwicklungen, die sich sonst zumindest kaum in Einführungen finden, obwohl sie uns sowohl für die weitere Entwicklung des Faches wie für ein vertieftes Verständnis von Messproblemen bedeutsam erscheinen. Das Kapitel über Datenerhebungsverfahren betont das soziologische Forschungen dominierende Erhebungsverfahren, das mündliche Interview, in wesentlich stärkerem Ausmaß als üblich; in der Praxis eher etwas weniger verbreitete Verfahren wie z. B. die Inhaltsanalyse werden dagegen (vor allem aus Platzgründen) nur gestreift. Die beiden abschließenden Kapitel über Datenerfassung und Datenanalyse entsprechen eher den aktuellen Methoden und Techniken als die in anderen Lehrbüchern weithin noch dominierende Orientierung an Lochkartentechnik und Mittelwertberechnung. Das letzte Kapitel über Datenanalyse kann allerdings in diesem Rahmen kaum mehr als einen äußerst oberflächlichen Überblick über einige

Möglichkeiten statistischer Analyse geben; ein solcher Überblick scheint uns aber weit wichtiger, als den vorhandenen Hunderten von Darlegungen, wie ein Mittelwert berechnet wird, eine weitere hinzuzufügen.

Dieses Buch stellt auf Grund des Versuchs, einige Sachverhalte nicht nur vorzustellen, sondern sie auch zu erklären (z. B. „Messniveaus"), höhere Anforderungen an den Leser als gewöhnlich bei solchen Einführungen üblich. Diese Anforderungen beziehen sich allerdings nicht auf Vorkenntnisse der empirischen Sozialforschung oder der Statistik. Das Buch enthält so z. B. nur sehr wenige und dann kaum zum Verständnis des Textes erforderliche Gleichungen. Wir setzen nur drei statistische Begriffe als zumindest intuitiv verstanden voraus: (arithmetischer) Mittelwert, Varianz und Korrelation. Zumeist wird Statistik unabhängig von empirischer Sozialforschung in den ersten Semestern gelehrt; diese elementaren Begriffe müssten daher auch Anfängern rasch vertraut sein. Falls ein Leser eine Erklärung dieser Begriffe suchen sollte, möchten wir ihn auf die hervorragenden Statistiklehrbücher von BENNINGHAUS (1974) und EHRENBERG (1986) hinweisen.

Um das Verständnis zu erleichtern, haben wir uns bemüht, jeden nicht-trivialen Begriff explizit zu definieren, bevor wir ihn verwenden. Zusammen mit dem Index und den kommentierten und aktualisierten Hinweisen zu weiterführender Literatur hoffen wir, Studienanfängern, aber auch denjenigen, deren Methodenausbildung schon etwas länger zurückliegt, den Zugang zu neueren empirisch orientierten Arbeiten erleichtern zu können. Für die kritische Lektüre vorläufiger Versionen dieses Buches sind wir Jörg Blasius, Hartmut Esser, Berndt Keller und Joachim Winkler zu Dank verpflichtet. Für die Niederschrift des Manuskriptes und ihre außergewöhnliche Unterstützung beim Korrekturlesen und der Gestaltung des Textes danken wir Frau Friederike Priemer. Herrn Weigert vom Oldenbourg-Verlag danken wir für seine große Geduld bei der sich immer wieder verzögernden Abgabe des Manuskriptes.

Obgleich die einzelnen Kapitel ausführlich von uns diskutiert wurden (und weitgehender Konsens über die Inhalte besteht), ist letztlich jeder von uns nur für seine Kapitel verantwortlich (zu machen): Elke Esser verfasste die Kapitel zur Geschichte der empirischen Sozialforschung und zu Datenerhebungstechniken; Paul B. Hill erarbeitete die Kapitel zu Wissenschaftstheorie und Untersuchungsformen; Rainer Schnell schrieb die Kapitel zum Forschungsprozeß, zu Operationalisierung und Messung, Auswahlverfahren, Datenerfassung und Datenanalyse.

E.E.   P.B.H.   R.S.

Vorwort zur neunten Auflage

Wir freuen uns über den anhaltenden Erfolg dieses Lehrbuchs. Für die neue Auflage wurden neue Abschnitte und Anmerkungen über formative und reflektive Indikatoren, zu Reliabilitätskoeffizienten, Störeffekten, Propensity-Matching, Dual-Frame-Stichproben, namensbasierte Stichproben, R-Indikatoren, Kalibrierung und Record-Linkage mit verschlüsselten Indikatoren eingefügt. Das Layout wurde verbessert, fast alle Tabellen neu gesetzt und einige Abbildungen ausgetauscht. Die weiterführende Literatur wurde aktualisiert und ergänzt. Alle Internet-Links wurden geprüft und aktualisiert, zitierte Daten wurden fortgeschrieben. Das Kapitel 8 und einige Anhänge wurden den technischen Neuentwicklungen angepasst.

Für die technische Unterstützung bei der Überarbeitung danken die Autoren Tobias Gramlich, Marcel Noack und Katrin Ölschläger.

Das Buch besitzt eine eigene Homepage, die unter anderem auch die Liste der uns bekannten Fehler enthält:

www.uni-due.de/soziologie/schnell_publikationen_errata.php

Diejenigen, die an einer Verbesserung dieses Buchs interessiert sind, bitten wir um Hinweise und Vorschläge.

E.E.   P.B.H.   R.S.

Kapitel 1
Ziel und Ablauf empirischer Sozialforschung

In modernen Gesellschaften werden für viele unterschiedliche Problemstellungen systematische Informationen über gesellschaftliche Zusammenhänge und das Handeln von Menschen benötigt: demographische Entwicklung und Fertilität, Schichtung und soziale Mobilität, Wahlverhalten, Nutzung öffentlicher Einrichtungen, Mediennutzung, Gesundheitsverhalten, Konsumgewohnheiten, räumliche Mobilität, Tourismus, Ausbreitung und Folgen neuer Technologien. Entsprechende Daten werden in großem Umfang erhoben, klassifiziert und analysiert.

Solche Erhebungen werden unter anderem von Ökonomen, Medizinern, Epidemiologen, Demographen, Geographen, Politik-, Medien-, Kommunikations-, Sport- und Bibliothekswissenschaftlern, von Ökologen, Ethnologen, Historikern, Mathematikern, Statistikern und Verwaltungsbeamten durchgeführt. Nur wenigen ist dabei klar, dass sie sich der Methoden der empirischen Sozialforschung bedienen. Folge ist, dass Techniken, für die die empirische Sozialforschung ein theoretisch und experimentell begründetes Regelwerk entwickelt hat, häufig in unzulänglicher Weise angewandt werden.

Von einer extremen Trivialisierung sind insbesondere „Umfragen" betroffen, die häufig fälschlicherweise als Synonym für empirische Sozialforschung schlechthin gelten.[1] Die Unkenntnis über Methoden empirischer Sozialforschung führt hier zu den Absurditäten, die sich täglich in den Medien als „Ergebnis" von „Umfragen" finden und die das Bild der Sozialforschung in der Öffentlichkeit zunehmend prägen. Mit dem Regelwerk der akademischen empirischen Sozialforschung hat dies nichts zu tun.

Empirische Sozialforschung kann zunächst als eine Sammlung von Techniken und Methoden zur korrekten Durchführung der wissenschaftlichen Untersuchung menschlichen Verhaltens und gesellschaftlicher Phänomene gesehen werden. Damit entsteht das Problem der Abgrenzung wissenschaftlicher Forschung von anderen sozialen

---

[1] Das bekannteste Beispiel hierfür sind Wahlprognosen auf der Basis von Umfrageergebnissen. Obwohl der Nachweis, dass mit dieser Art von Wahlprognosen wissenschaftlich nicht haltbare Ergebnisse erzielt werden, leicht geführt werden kann, beeinträchtigt dies deren Popularität bei Politikern und Journalisten nicht. Kritiken finden sich bei ULMER (1994) und GROSS (2010), vgl. auch die von ULMER betriebene Website www.wahlprognosen-info.de.

Aktivitäten. KING/KEOHANE/VERBA (1994:7–9) verwenden vier Kriterien zur Kennzeichnung wissenschaftlicher Forschung:

1. Das Ziel der Forschung ist Inferenz. Obwohl sorgfältige Beschreibungen häufig unentbehrlich für die wissenschaftliche Forschung sind, geht das Interesse über die Beschreibung der Beobachtungen hinaus: Man will Aussagen über nicht beobachtete Tatsachen oder Aussagen über die Ursachen der Beobachtungen machen.

2. Die Details der Vorgehensweise der Forschung sind öffentlich zugänglich. Nur dies macht die Vorgehensweise kritisierbar und in ihrer Gültigkeit abschätzbar.

3. Die Schlussfolgerungen sind prinzipiell unsicher. Wissenschaft lässt sich aber über die Möglichkeit, das Ausmaß der Unsicherheit abschätzen zu können, definieren.

4. Das Kennzeichen der Wissenschaft ist die Methode. Wissenschaft lässt sich nicht über Inhalte definieren, sondern nur über die Vorgehensweise. Von der Vorgehensweise hängt die Gültigkeit der Schlussfolgerungen ab.

Ob man „Wissenschaft" in diesem Sinne betreiben will oder nicht, ist eine Grundsatzfrage, die nicht „wissenschaftlich" begründet werden kann. Wenn man sich aber zu wissenschaftlicher Forschung entschlossen hat, dann kann man innerhalb des sozialen Unternehmens „Wissenschaft" nicht mehr willkürlich gegen diese Kriterien verstoßen.

1.1 Ziele empirischer Sozialforschung

Trotz aller theoretischer und methodischer Kontroversen in den Sozialwissenschaften scheint das „Motiv der Aufklärung des Menschen über Prozesse, die außerhalb und innerhalb seiner jeweiligen Sozialorganisation ablaufen, und deren Unkenntnis ihn an der Befreiung von Zwängen und Entbehrungen hindert" (ESSER/KLENOVITS/ZEHN-PFENNIG 1977a:164) allen Ansätzen gemein zu sein.[1] Neben dem daraus resultierenden praktischen Ziel, nämlich durch Problemlösungen ein rationales und humaneres Leben der Menschen zu ermöglichen (FRIEDRICHS 1973:14), verfolgen die meisten

---

[1]   Die Entstehung und Einbindung der empirischen Sozialforschung in ganz verschiedenen Wissenschaftsbereichen und mit unterschiedlichen Nutzungsinteressen (vgl. Kapitel 2) und unterschiedlichen Standpunkten bei wissenschaftstheoretischen Grundsatzfragen (vgl. Kapitel 3) haben zu Brüchen innerhalb der empirischen Sozialforschung geführt, die sich vor allem in vielen unnötigen Kontroversen um Unterschiede zwischen „qualitativen" und „quantitativen" Methoden niederschlagen. Die prinzipiellen methodischen Probleme und Gütekriterien sind bei allen Formen sozialwissenschaftlicher Forschung identisch, vgl. hierzu ausführlich KING/KEOHANE/VERBA (1994).

Wissenschaftler vor allem das theoretische Ziel der Konstruktion eines objektiv nachprüfbaren theoretischen Modells der Realität (FRIEDRICHS 1973:14). Im Rahmen
empirisch verstandener Wissenschaften, die sich bemühen, Sachverhalte in Natur
und/oder Gesellschaft zu entdecken, Aussagen über Zusammenhänge zwischen ihnen
zu formulieren und diese Aussagen zu überprüfen, wird empirische Sozialforschung
immer dann als Werkzeug benötigt, wenn Theorien zur Erklärung menschlichen Handelns, sozialer Strukturen und Zusammenhänge überprüft werden sollen. Empirische
Sozialforschung dient also vor allem der systematischen Prüfung von Theorien. Dahinter steht die Einschätzung der Vorteile einer Einbindung empirischer Forschung
in einen zunächst deduktiven Ansatz: Aus der Formulierung theoretischer Modelle
müssen sich empirische Konsequenzen ableiten lassen, zu deren Aufweis oder dem
Aufweis ihrer Nicht-Existenz Techniken der empirischen Forschung notwendig sind.

1.2 Der Forschungsprozess

Bei der Durchführung eines empirischen Forschungsprojektes lassen sich einige
typische Arbeitsschritte unterscheiden (vgl. Abbildung 1-1).

1.2.1 Die Wahl des Forschungsproblems

In der Regel beginnt ein Forschungsprojekt mit der Festlegung des Gegenstandes
der Forschung, der *Formulierung des Forschungsproblems*. Man kann hier danach
unterscheiden, ob es sich um von den Forschern selbst initiierte Forschung oder um
Auftragsforschung handelt.

Bei Auftragsforschung wird das Thema bzw. das Forschungsproblem mehr oder
weniger exakt durch den Auftraggeber (z. B. Landes- und Bundesministerien und
-behörden, Verbände, Gemeinden, Gewerkschaften und andere Organisationen) vorgegeben. Meist beschränkt sich hier der Spielraum der Forscher bei der Bestimmung
des Untersuchungsgegenstands auf eine engere Definition des Forschungsgegenstands.
Gelegentlich wird aber eine Ausweitung des Themas erforderlich, so z. B. wenn die
Teilnahmebereitschaft an Volkszählungen untersucht werden soll, aus theoretischen
Gründen aber die Untersuchung der Teilnahmebereitschaft an sozialwissenschaftlichen
Erhebungen allgemein geboten erscheint.

Bei von den Forschern initiierten Projekten ist der Spielraum bei der Bestimmung
des Untersuchungsgegenstandes sehr viel größer, zumeist basiert die Entscheidung
für einen bestimmten Untersuchungsgegenstand entweder auf irgendeiner Art der

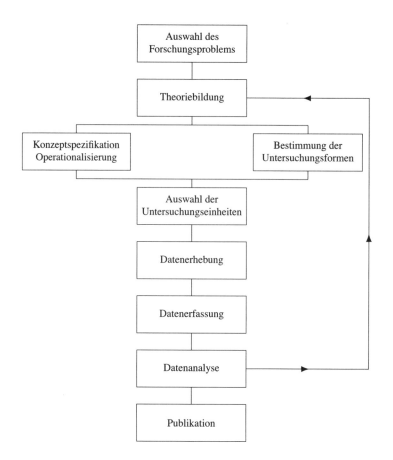

Abbildung 1-1: *Phasen des Forschungsprozesses*

Betroffenheit durch soziale Probleme (z. B. Armut, Jugenddelinquenz, Ausländerfeindlichkeit, „Frauenforschung") oder auf einer mehr oder weniger langen theoretischen Problemgeschichte, einer Forschungstradition (wie z. B. im Bereich sozialer
Schichtung oder sozialen Wandels).

Die konkrete Wahl eines bestimmten Untersuchungsgegenstands hängt im Fall einer Forschungstradition stark von der jeweils aktuellen Forschungssituation, wie
sie sich in der Fachliteratur zeigt, ab. Kaum zu überschätzen ist bei solchen Entscheidungen der Einfluss objektiver Möglichkeiten, ein bestimmtes zunächst abstrakt
interessierendes Thema auch praktisch untersuchen zu können: Themen, deren empirische Untersuchung ausgesprochene Probleme bereitet, werden selten angegangen
(z. B. Elitestudien, Verhalten in Kriegssituation). Manchmal bieten sich ungewöhn-

liche Gelegenheiten, um bestimmte Fragestellungen untersuchen zu können. FE-STINGER/RIECKEN/SCHACHTER (1956) konnten z. B. die sozialpsychologischen Mechanismen in einer Gruppe beobachten, die einen unmittelbar bevorstehenden Weltuntergang vorhergesagt hatte, der – wie wir wissen – dann nicht eintrat.

1.2.2 Theoriebildung

Nach der Entscheidung, was untersucht werden soll, beginnt die Phase der Theorie-bildung. Entweder liegen für einen bestimmten Gegenstandsbereich bereits ausge-arbeitete Theorien in der Literatur vor, oder eine neue Theorie zur Erklärung des ausgewählten Gegenstandsbereichs muss erst entwickelt werden.[1]

Falls keine explizite Theorie für den ausgewählten Gegenstandsbereich existiert, lässt sich häufig eine Übertragung von Theorien verwandter Gegenstandsbereiche vorneh-men, z. B. wenn der Austausch von Freundschaftsnetzwerken durch eine Theorie er-klärt werden kann, die ursprünglich für den Wechsel religiöser Überzeugungssysteme entwickelt wurde.

Falls keine Adaption von Theorien anderer Gegenstandsbereiche möglich ist, so bieten die verschiedenen theoretischen Ansätze in der Soziologie zumeist Ansatzpunkte für eine Theoriebildung.[2] Obwohl bisher selten eine direkte theoretische Ableitung spezi-eller Theorien aus den Axiomen einer allgemeinen Theorie menschlichen Verhaltens erfolgt, erscheint dieses Vorgehen vielversprechend.[3]

Ein großer Teil der Arbeit in der Phase der Theoriebildung besteht aus der Literaturana-lyse, also der Sichtung und Bewertung der zum Thema existierenden Fachliteratur.[4]

---

[1] BERK (2004:238) fasst den unbefriedigenden Stand der Theoriebildung in den Sozialwissenschaften folgendermaßen zusammen: „Commonly, there is little more than a tentative taxonomy with some arrows between key categories." Diese mangelnde Präzision soziologischer Theorien zeigt sich meist rasch bei dem Versuch, diese Theorien zu formalisieren. Die einfachste Art der Formalisierung einer Theorie besteht aus einer Computersimulation. Simulationen sind keine Erklärungen, sie bieten keinen „Test" einer Theorie, sondern nur eine Möglichkeit der Darstellung der Implikationen einer Theorie (vgl. hierzu WEBER 1999). Ein Überblick findet sich bei SCHNELL (1990). Eine elementare Einführung geben GILBERT/TROITZSCH (2005).

[2] Einen ausgezeichneten Überblick bietet TURNER (2003).

[3] Vgl. hierzu die Arbeiten von OPP (1972, 1979) und ferner BOUDON (1979, 1980). Einige sehr einfache Beispiele finden sich bei MCKENZIE/TULLOCK (1984). STARK/BAINBRIDGE (1987) geben eine deduktiv aufgebaute individualistische Theorie der Religion, vgl. hierzu auch Kapitel 3.1.2.

[4] Nützliche Einführungen in die Literatursuche finden sich z. B. bei FRANKE/KLEIN/SCHUELLER-ZWIERLEIN (2010) und NIEDERMAIR (2010) sowie bei RUMSEY (2008).

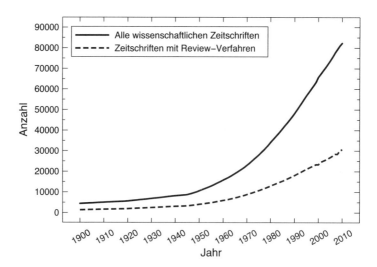

Abbildung 1-2: *Entwicklung der Zahl der wissenschaftlichen Zeitschriften. Zeitschriften mit Review-Verfahren lassen die Artikel vor der Veröffentlichung begutachten (vgl. Kapitel 1.2.9)*

Schon hier muss erwähnt werden, dass der Umfang der wissenschaftlichen Literatur meist erheblich unterschätzt wird (vgl. Abbildung 1-2).[1] Allein in den Zeitschriften mit Gutachtersystem wurden im Jahr 2006 insgesamt 1.35 Millionen Artikel veröffentlicht (BJÖRK/ROOS/LAURO 2008:180).[2]

---

[1] Diese Abbildung basiert auf Recherchen in der Datenbank „Ulrich's Serials Analysis System" (Stand: 2011). Die absoluten Zahlen hängen natürlich von der Definition der Suchkriterien ab. Zum Vergleich: LARSEN/VON INS (2010:594) geben nach einer Diskussion der Daten von MABE/AMIN (2001) die Zahl der Zeitschriften mit Reviewsystem mit 24.000 an. Sie zitieren die Zahl der wissenschaftlichen Zeitschriften mit insgesamt 250.000.

[2] In den Sozialwissenschaften kann man den Umfang der Literatur mit Hilfe der Angaben in der Datenbank „Social Scisearch" schätzen. Diese Datenbank erfasst die internationale sozialwissenschaftliche Literatur in 1.700 Zeitschriften sowie sozialwissenschaftlich relevante Artikel in weiteren 3.300 Zeitschriften ab 1973. Diese Datenbank beinhaltet ca. 5.4 Millionen Einträge (Juni 2011). Pro Jahr kommen ca. 190.000 Dokumente hinzu. Die Datenbank SOLIS (www.gesis.org/sowiport) erfasst die deutschsprachige sozialwissenschaftliche Literatur seit 1945. Derzeit werden 270 Zeitschriften berücksichtigt. SOLIS enthält insgesamt ca. 400.000 sozialwissenschaftliche Veröffentlichungen (Stand: Mai 2010), jährlich kommen 16.000 bis 18.000 neue Dokumente hinzu. Zusätzlich erscheinen pro Jahr in der BRD mehr als 15.000 neue Buchtitel (von insgesamt ca. 83.000), die von der Nationalbibliothek als „sozialwissenschaftlich" klassifiziert werden (Stand 2008).

1.2.3 Konzeptspezifikation und Operationalisierung

Die meisten Theorien in den Sozialwissenschaften sind relativ ungenau formuliert und beziehen sich auf nicht exakt definierte Begriffe. Eine empirische Untersuchung setzt eine Präzisierung der zur Erklärung verwendeten Konzepte und Begriffe voraus. Wenn die Theorie z. B. einen so schillernden Begriff wie „Ethnische Identität" verwendet, ist meist völlig unklar, was unter „ethnisch" oder „Identität" verstanden wird, und wie sich „Ethnische Identität" von anderen Begriffen (z. B. „Ethnizität") unterscheidet. Die Phase im Forschungsprozess, in der solche theoretischen Klärungen erfolgen, wird hier als „*Konzeptspezifikation*" bezeichnet.

Wenn geklärt ist, welche Aspekte eines theoretischen Begriffs bei einer empirischen Prüfung der Theorie berücksichtigt werden sollen, bleibt die Frage, wie den theoretischen Begriffen und Konstrukten beobachtbare Sachverhalte („*Indikatoren*") zugeordnet werden können, so dass Messungen möglich werden. Als „*Operationalisierung*" bezeichnet man die Angabe, wie einem theoretischen Begriff beobachtbare Indikatoren zugeordnet werden. Operationalisierungen bestehen aus Anweisungen, wie Messungen für einen bestimmten Begriff vorgenommen werden können. Erst anhand der erhobenen Messungen lassen sich Aussagen über den Gegenstandsbereich und damit auch über die vorläufige Akzeptierung oder Verwerfung der zu prüfenden Theorie machen. In dieser Phase des Forschungsprozesses werden auch die „Messinstrumente" der Sozialwissenschaften konstruiert, meistens Fragebögen oder Beobachtungskategorien. Hierzu gehören auch Voruntersuchungen („*Pretests*"), in denen die erstellten Messinstrumente daraufhin überprüft werden, ob sie gültige (valide) und zuverlässige (reliable) Messungen ermöglichen. Das Kapitel 4 dieses Buches enthält sowohl einige Grundüberlegungen zur Konzeptspezifikation als auch eine Einführung in sozialwissenschaftliche Messtechniken allgemein. Technische Einzelheiten zur Erstellung von Erhebungsinstrumenten finden sich im Kapitel 7.

1.2.4 Forschungsdesign

Die Art der Operationalisierung ist nicht unabhängig davon, für welche „*Untersuchungsform*" man sich entscheidet. Zu der Festlegung der Untersuchungsformen gehören Entscheidungen darüber, ob Daten zu einem oder mehreren Messzeitpunkten an denselben Personen oder an verschiedenen Personengruppen zu unterschiedlichen Messzeitpunkten erhoben werden sollen, ob z. B. Laborexperimente oder Befragungen durchgeführt werden sollen, usw. Solche Entscheidungen hängen zum einen von der jeweiligen Erwünschtheit der Eigenschaften der entsprechenden Untersuchungsform (dem „*Design*") ab, zum anderen von den zur Verfügung stehenden finanziellen Mitteln.[1] Das Kapitel 5 stellt die wichtigsten Untersuchungsformen mit ihren Vor- und Nachteilen vor.

1.2.5 Auswahl der Untersuchungsobjekte

Zu den notwendigen Entscheidungen im Forschungsprozess gehört die Frage, ob alle Elemente des Gegenstandsbereichs oder nur einige ausgewählte Elemente untersucht werden sollen oder untersucht werden können. Es ist z. B. nur in Ausnahmefällen, nämlich Volkszählungen, möglich, alle Einwohner der BRD zu einem Thema zu befragen. Will oder kann man nicht alle Einwohner befragen und trotzdem gültige Aussagen über alle Einwohner machen, so benötigt man Verfahren, die es erlauben, bestimmte Einwohner für eine Befragung auszuwählen. Das Kapitel 6 enthält eine knappe Einführung in diese Auswahlverfahren. In der Forschungspraxis besteht diese Phase der Auswahl der Untersuchungsobjekte meist aus der exakten Definition des Gegenstandsbereichs (z. B. „Einwohner der Stadt Großkleinheim"), der Erstellung von Listen der Elemente des Gegenstandsbereichs (z. B. eine Adressenliste aller Einwohner von Großkleinheim) und der durch ein exakt definiertes und reproduzierbares Auswahlverfahren durchgeführten Auswahl der tatsächlich zu untersuchenden Elemente. In der Praxis empirischer Sozialforschung muss in dieser Phase häufig mit Behörden oder Organisationen kooperiert werden, um die Auswahl durchführen zu können. Aufgrund vieler kleiner technischer Probleme und des Aufwands zur Einhaltung aller Datenschutzbestimmungen sollte der Zeitaufwand für diese Arbeiten nicht unterschätzt werden.

1.2.6 Datenerhebung

Die nächste Phase des Forschungsprozesses ist die eigentliche Datenerhebung. In den Sozialwissenschaften existieren verschiedene Datenerhebungsmethoden, unter anderem Interviews, Beobachtungen, sogenannte „nicht-reaktive Messverfahren",

---

[1] Der größte Teil der akademischen Sozialforschung in der BRD wird durch Gelder der „Deutschen Forschungsgemeinschaft" (DFG) finanziert. Der DFG standen 2010 insgesamt 2.3 Milliarden Euro für die Forschungsförderung zur Verfügung. Diese stammen zu ca. 67% aus Bundes- und zu ca. 33% aus Landesmitteln. Für die Sozialwissenschaften standen 2010 ca. 114 Millionen Euro zur Verfügung (zum Vergleich: Der Etat für die Physik lag bei 180 Millionen Euro). Insgesamt wurden ca. 32.000 Forschungsprojekte gefördert. Über die Vergabe dieser Mittel entscheiden gewählte Gutachter. Neben der DFG ist vor allem die Volkswagenstiftung eine wichtige Finanzierungsquelle sozialwissenschaftlicher Forschung. Für spezielle angewandte Fragestellungen stehen gelegentlich zusätzliche Gelder einiger gemeinnütziger Stiftungen und Bundesministerien zur Verfügung.

Inhaltsanalysen usw., über die das Kapitel 7 eine Übersicht bietet. Je nach Datenerhebungstechnik sehen die Arbeiten in der Datenerhebungsphase anders aus. Bei einer Befragung müssen z. B. die Fragebögen entworfen und gedruckt, Interviewer ausgewählt, geschult und vor allem kontrolliert werden. Aufgrund der Vielzahl der damit verbundenen Arbeiten wird in zunehmendem Ausmaß zumindest für Befragungen die Datenerhebung Instituten außerhalb der Universitäten, den „Marktforschungsinstituten" (z. B. Infas, Infratest, USUMA) übertragen.[1]

1.2.7 Datenerfassung

Erhobene Daten müssen gespeichert, niedergeschrieben oder auf andere Art festgehalten und aufbereitet werden. Eine Datensammlung muss auf bestimmte Art und Weise strukturiert werden, bevor eine Auswertung möglich ist. Am deutlichsten wird dies, wenn die Datenauswertung quantitativ mit Hilfe eines Computers erfolgt.[2] In diesem Fall müssen z. B. bei einer Befragung die Angaben aus einem Fragebogen in standardisierter Art und Weise nach den in einem „Codebuch" festgelegten Regeln in eine Datei übertragen („codiert") werden (Einzelheiten hierzu finden sich in Kapitel 8). An die Erfassung und Eingabe der Daten schließt sich meist eine umfangreiche „Datenbereinigung" an, bei der Fehler in den Daten (z. B. durch Schreib-, Codier- oder Übertragungsfehler) gesucht und beseitigt werden. Diese eher technische Phase der Datenerfassung und Datenaufbereitung als notwendige Vorstufe für die Datenanalyse kann insbesondere bei größeren Datenmengen mehrere Monate beanspruchen.

1.2.8 Datenanalyse

Datenanalyse in der empirischen Sozialforschung besteht überwiegend aus dem Einsatz statistischer Methoden unter Verwendung von Computern und speziellen Programmen, den „Datenanalysesystemen". Theorien bestehen u. a. aus Aussagen über Zusammenhänge zwischen bestimmten Aspekten des Gegenstandsbereichs der Theorie. Mit Hilfe von statistischen Verfahren kann geprüft werden, ob diese theoretisch vorhergesagten Beziehungen in den erhobenen Daten nachweisbar sind oder nicht. Hierzu existiert eine Vielzahl unterschiedlichster statistischer Auswertungstechniken,

---

[1] Einzelheiten zur Durchführung von Datenerhebungen durch Institute (Ausschreibung, vertragliche Regelungen etc.) finden sich im Anhang F.

[2] Quantitative Auswertung ohne einen Computer ist zwar prinzipiell möglich, aber bei mehr als zwei Fällen unökonomisch. Eine Strukturierung der erhobenen Daten ist allerdings auch bei „qualitativer Auswertung" unumgänglich.

eine sehr knappe Übersicht über einige Grundtechniken findet sich im Kapitel 9. In den Sozialwissenschaften zwingen die Ergebnisse der Datenanalyse häufig mindestens zu einer teilweisen Revision der ursprünglichen Theorie. An dieser Stelle findet also die „Rückkopplung" zwischen Theorie und empirischen Resultaten statt. Je klarer die zu prüfende Theorie vor Beginn der Datenanalyse formuliert und spezifiziert wurde, desto einfacher gestaltet sich die Datenanalyse. Aber selbst wenn die Theorie exakt spezifiziert wurde, kann die Datenanalysephase bei hohen theoretischen Ansprüchen (und bei großen Datenmengen auch aufgrund technischer, organisatorischer und auch datenschutzrechtlicher Probleme) mehrere Monate dauern.

1.2.9 Publikation

Damit eine Forschungsarbeit zum wissenschaftlichen Fortschritt beitragen kann, müssen die Ergebnisse eines Projekts veröffentlicht werden. Dies geschieht in der Regel – sofern es sich um einen Forschungsauftrag oder eine öffentlich geförderte Studie handelt – zum einen durch einen Endbericht für den Geldgeber der Studie und zum anderen durch eine oder mehrere Buch- oder Zeitschriftenveröffentlichungen. Für eine Veröffentlichung in einer wissenschaftlichen Zeitschrift wird ein Manuskript an die Herausgeber der Zeitschrift geschickt. Diese leiten das Manuskript zur Beurteilung an ihnen geeignet erscheinende Gutachter weiter.[1] Diese beurteilen die methodische Qualität, wissenschaftliche Originalität und die Relevanz des Beitrags für diese Zeitschrift. Empfehlen die Gutachter das Manuskript, erfolgt – in der Regel nach einigen Überarbeitungen – die Publikation.[2] Bis zur Veröffentlichung eines Forschungsergebnisses können vom eigentlichen Projektende an gerechnet mehrere Jahre vergehen.

1.2.10 Dauer sozialwissenschaftlicher Forschungsprojekte

Ein Forschungsprojekt in den Sozialwissenschaften kann von der Festlegung des Untersuchungsgegenstands bis zur Publikation zwischen sechs Monaten und mehreren Jahren in Anspruch nehmen. Allgemein lässt sich mit FRIEDRICHS (1973:119) fest-

---

[1] Zeitschriften mit einem solchen Gutachter-System („review system") werden als „reviewed journals" bezeichnet. Bei einigen Zeitschriften werden mehr als 90% der eingereichten Artikel von den Gutachtern abgelehnt. Da die Publikation in solchen Zeitschriften schwieriger als in anderen Zeitschriften ist und solche Zeitschriften eher gelesen und zitiert werden, genießen Publikationen in solchen Zeitschriften ein höheres Ansehen.

[2] Die beiden bedeutendsten deutschsprachigen sozialwissenschaftlichen Zeitschriften, die „Zeitschrift für Soziologie" und die „Kölner Zeitschrift für Soziologie und Sozialpsychologie" akzeptieren nur ca. 35–40% der eingegangenen Manuskripte für eine Publikation.

halten: „Außer der Erfahrung, daß eine Studie immer länger dauert als man maximal veranschlagt, läßt sich generell wenig über die Dauer eines Forschungsprozesses sagen". Ebensowenig lassen sich ohne Bezugnahme auf konkrete Projekte kaum Aussagen über die Kosten eines Projektes machen. Als grobe Orientierung soll erwähnt werden, dass ein „typisches" 2-Jahre-Projekt mit einer Befragung von ca. 1500 Personen kaum unter 300.000 Euro abzuwickeln ist. Andere Forschungsformen als eine Befragung verursachen nicht unbedingt weniger Kosten.

1.3 Weiterführende Literatur

Um einen ersten Eindruck von der tatsächlichen Praxis sozialwissenschaftlicher Forschungsprojekte zu erhalten, sollte man zuerst das spannende Buch von HUNT (1991) lesen. Neben einer elementaren Einführung in einige Techniken der empirischen Sozialforschung finden sich viele Beispiele für empirische Forschungsprojekte. Fünf Projekte werden genauer dargestellt. Da das Buch auch die technischen, finanziellen, sozialen und sonstigen Probleme der Projekte beschreibt, erhält man eine Art des Einblicks in die Forschungspraxis, die bisher nur durch „teilnehmende Beobachtung" möglich war.

Wer sich für die praktische Anwendung der empirischen Sozialforschung interessiert, sollte sich das von MORTON/ROLPH (2000) herausgegebene Buch genauer ansehen. Es enthält zahlreiche Beispiele, bei denen Methoden der empirischen Sozialforschung in einer strengen methodischen Ansprüchen genügenden Weise verwendet wurden, um die Effekte von Reformmaßnahmen zu beurteilen.

Gerade bei angewandter Forschung zeigt sich meist rasch, dass ohne die Entwicklung expliziter Theorien für den jeweiligen Forschungsgegenstand kein Forschungsprojekt möglich ist. Allgemeine Hinweise für die Theoriekonstruktion zur Erklärung soziologischer Phänomene finden sich bei LINDENBERG (1977, 1985, 1989b), WIPPLER/LINDENBERG (1987) und COLEMAN (1990:1–44). In insgesamt sieben Bänden unternimmt ESSER (1993, 1999, 2000a–2000d, 2001) den Versuch einer einheitlichen Darstellung soziologischer Problemstellungen.

Viele nützliche Hinweise zum Schreiben wissenschaftlicher Arbeiten allgemein finden sich bei DAY (1998). Das Buch von FRIEDLAND/FOLT (2000) widmet sich fast ausschließlich der Beantragung von Forschungsmitteln, hilft aber trotz des amerikanischen und naturwissenschaftlichen Hintergrunds bei der Strukturierung und Klärung des eigenen Forschungsvorhabens.

Kapitel 2

Historische Entwicklung der empirischen Sozialforschung

Obgleich Methodologen und Praktiker der empirischen Sozialforschung im allgemeinen eher an der konzeptionellen und technischen „Vervollkommnung" und sachgerechten Anwendung ihrer Instrumentarien als an der Geschichte ihres Faches interessiert sind, erweist sich die Kenntnis der historischen Entwicklung empirischer Vorgehensweisen als durchaus hilfreich bei der Einschätzung heutiger Diskussionen um Für und Wider ihrer Ansätze und Techniken.

So lässt sich aufzeigen, dass insbesondere Befürworter eines alternativen Methodenverständnisses den historischen Rückgriff zum Beleg der Relevanz ihrer Vorschläge nutzen. „Es ist (...) auffällig, daß in der aktuellen Methodendiskussion vieles nur reaktiviert wird, was in der Geschichte des Faches schon einmal vorgekommen ist und was – vorschnell oder zu Recht? – als – scheinbare oder tatsächliche? – Marginalie, wenn nicht gar Verschrobenheit ausgesondert worden war" (KERN 1982:14). In diesem Zusammenhang sind z. B. die Kontroversen um quantitative oder qualitative Forschung, Massenumfragen oder Einzelfallstudien, Distanziertheit oder Engagement empirischer Sozialwissenschaften, Grundlagenforschung oder anwendungsorientierte Forschung (vgl. KERN 1982:16) als Resultate verschiedener Entwicklungslinien zu interpretieren.

Dabei ist die Geschichte der empirischen Sozialforschung zunächst eine Geschichte des „Datensammelns", d. h. der vielfältigen Datenerhebungsmethoden. Und diese Geschichte beginnt früher als man gemeinhin glaubt.

2.1 Ursprünge der empirischen Sozialforschung

Nahezu jede Gesellschaft, die nur irgendeine Art von Bürokratie entwickelte, benötigte Daten, um effizient zu verwalten, um Steuern zu erheben oder auch, um genügend Bevölkerung für Kriege bereitzustellen. 09.04.2011 20:25 Älteste Belege solcher Datenerhebungen, die sich sowohl auf die Führung von Agrar-, Gewerbe- oder Handelsstatistiken, aber auch auf Volkszählungen beziehen, finden sich z. B. in China, Ägypten, Persien, Griechenland oder im Römischen Reich (BERNER 1983:16f). Im Ägypten des 2. Jahrhunderts v. Chr. wurden etwa in jedem zweiten Jahr „die selbständigen Haushalte mit ihrem gesamten Personenstand aufgenommen und die Haushaltsvorstände auf die Richtigkeit ihrer Angaben vereidigt" (NOELLE 1963:13).[1]

2.1.1 Staatsbeschreibung und frühe Statistik

Die stärksten Impulse in der Entwicklung der empirischen Sozialforschung gingen jedoch von England aus. Bereits 1085 ließ Wilhelm der Eroberer nach der normannischen Invasion in England die erste großangelegte, ökonomisch motivierte Untersuchung in den eroberten königlichen Domänen und den Ländereien der Lehnsherren durchführen.

Ziel der Erhebungen, die von „Kommissaren", die Aussagen von unter Eid gestellten Einwohnern einholten, vor Ort durchgeführt wurden, war eine Aufnahme der Besitzverhältnisse, der Größe und des Wertes des Besitzes, der Bewohnerschaft (Anzahl von Leibeigenen, Kätnern, Sklaven und Freien), Anteile von Wald und Weide am Besitz, Anzahl von Mühlen und Fischteichen. Die Ergebnisse sind (allerdings nicht in tabellarischer Form) in den sogenannten „Doomsday Books" dokumentiert (KENT 1981:12). Diese Form der Datenerhebung, die zwar Merkmale und Ereignisse zählte, aber kein großes Gewicht auf eine sichtbare Quantifizierung legte, kann als einer der Prototypen der frühen Statistik verstanden werden. Diese frühe Statistik war zunächst „Staatsbeschreibung", z. B. „Del governo et amministratione di diversi regni" (Francesco SANSOVINO 1562) (BERNER 1983:70).

Die Darstellung der sogenannten „Staatsmerkwürdigkeiten" wird allgemein als einer der Vorläufer der empirischen Sozialforschung angesehen. Sie griff mit dem Aufstreben von Merkantilismus und Absolutismus seit der 2. Hälfte des 17. Jahrhunderts in Frankreich (COLBERT, VAUBAN, LAVOIS) und in den an Frankreich orientierten deutschen Territorien (z. B. in Preußen) Raum (BONSS 1983:70).

Durch den Absolutismus als Zentralisierung und Verallgemeinerung von Herrschaft und durch das „Zurückdrängen der unberechenbaren Stände" (BONSS 1983:70) war Herrschaft in wesentlich größerem Ausmaß als in frühen Bürokratien planbar geworden (BONSS 1983:71). So ließ sich die Finanzierung des absolutistischen Hofes wie auch die beabsichtigte Landesentwicklung nur sicherstellen, wenn Informationen über

---

[1] Dass allerdings selbst in diesen frühen Zeiten die Praxis der Volkszählung umstritten sein konnte, dokumentiert bereits das Alte Testament. Je nachdem, ob die Zählung auf Gottes Geheiß (4. Moses 1) oder gegen seinen Ratschluss (Samuel 24; 1. Chron. 21) stattfand, war mit unterschiedlichen Folgen zu rechnen. Die Durchführung einer – nicht genehmigten – „Volkszählung durch David wurde von Gott durch eine Pest, die 70 000 Tote forderte, gestraft" (NOELLE 1963:13).

die Zahl der Arbeitskräfte, das militärische Potential, die Handelsströme und über den Stand der Reichtumsbildung vorlagen (BONSS 1983:71).

Unter diesen Rahmenbedingungen ist die „deutsche Universitätsstatistik" zu sehen, die mit Statistik im heutigen Sinne allenfalls den Namen gemeinsam hat. Ihre Hauptvertreter, Hermann CONRING (1609-1681) und Gottfried ACHENWALL (1719-1772) sammelten Daten über Einnahmen und Ausgaben des Staates, militärisches Potential für Angriff und Verteidigung, landwirtschaftliche Produktion, Ex- und Import und über die Gesetzgebung (CONRING); darüber hinaus interessierte sich ACHENWALL für Ausmaß und Entwicklung des Staatsgebiets, Klima, Morphologie des Landes, Bevölkerungszahl und ihre Schichtung (BERNER 1983:76,78).[1]

Insgesamt war jedoch die Analyse von Zusammenhängen und die quantitative Durchdringung des Materials eher schwach ausgebildet; man war durch die übersichtliche Ordnung und Darstellung der den Staat betreffenden Einzelheiten befriedigt (BERNER 1983:73). Andererseits muss jedoch betont werden, dass, obgleich z. B. in Brandenburg seit 1664 die Anzahl von Geburten, Trauungen und Todesfällen jährlich zusammengestellt wurde und Friedrich Wilhelm I. Erhebungen der Bevölkerung u.a. nach Berufsklassen durchführen ließ, die Basis für Quantifizierungen äußerst schmal war. Zum einen waren Teile der Bevölkerung aus Furcht vor Steuererhebungen (!) nur schwer zu veranlassen, Angaben über ihre Situation zu machen; zum anderen wurden die wenigen Informationen, die in den einzelnen Staaten zusammengetragen werden konnten, wegen ihres wirtschaftlichen und militärischen Wertes geheimgehalten (BRAUN und HAHN 1973:43f). Die Anwendung des Materials blieb also offiziell auf den Kontext der absolutistischen Herrschaft bezogen (BONSS 1983:71).

2.1.2 Politische Arithmetik

Die zweite Wurzel der Statistik stellt die in England zur gleichen Zeit entwickelte *„politische Arithmetik"* dar, deren Hauptvertreter John GRAUNT (1620-1674), William PETTY (1623-1687) und Edmund HALLEY (1656-1742) von den Anhängern der deutschen Universitätsstatistik als „Tabellenknechte" missachtet wurden. Die politische Arithmetik gilt als Vorläufer der quantitativen Analyse sozialer Phänomene, die eine kausale Erklärung gesellschaftlicher Bedingungen mit Hilfe quantitativer Daten und Methoden anstrebte (BERNER 1983:90).

---

[1] Die letzten Relikte insbesondere der ACHENWALLschen Statistik findet man heute z. B. noch auf den ersten Seiten des Statistischen Jahrbuchs der Bundesrepublik Deutschland : „Bodenfläche der Nordseeinseln, Höhe der Gipfel im Rheinischen Schiefergebirge, Zahl der Schleusen im Elbe-Lübeck-Kanal, größte Stauhöhe der wichtigsten Talsperren, Höhenlage der Luftkurorte" (SWOBODA 1974:18).

Grundlage der Ausführungen der politischen Arithmetik waren in der Regel Geburts- und Sterbelisten, die von den (Kirchen-) Gemeinden geführt wurden. So versuchte GRAUNT 1662 in seiner Veröffentlichung „Natural and Political Observations upon the Bills of Mortality, chiefly with Reference to the Government, Religion, Trade, Growth, Air, Disease etc. of the City of London" anhand von Sterbelisten und Geburtsverzeichnissen der Stadt London zahlenmäßige Aussagen über die Bevölkerungszahl und das Bevölkerungswachstum, die Sterbefälle in einzelnen Altersgruppen und die durchschnittliche Lebenserwartung, Geschlechterverhältnis, Selbstmordraten, die Auswirkungen des Stadtlebens auf Gesundheit und Heiratsalter sowie den Verlauf von Epidemien (BERNER 1983:91) vorzunehmen.

PETTY und HALLEY befassten sich in ähnlichen Untersuchungen mit Dublin bzw. Breslau. Am bekanntesten ist in diesem Zusammenhang jedoch die 1672 veröffentlichte Studie „Political Anatomy of Ireland" von William PETTY, die ZEISEL (1975:113f) als „erste soziographische Untersuchung" bezeichnet und die sich mit Fragen der ökonomischen Struktur, mit Landwirtschaft und Handel, aber auch mit Konsumquoten befasste.[1]

Als zusätzliche und verstärkende Einflüsse neben den auch für Kontinentaleuropa als Auslöser für empirische Untersuchungen benannten Faktoren der rationalen administrativen Planung, förderten in England in verstärktem Maße die Konsequenzen des frühen Übergangs zur kapitalistischen Produktionsweise den Bedarf an quantitativen Daten. Die Expansion von Gewerbe und Handel erforderte Informationen über potentielle Märkte. Gleichfalls musste sich das in diesem Zusammenhang immer stärker entwickelnde Versicherungswesen auf eine numerische Basis beziehen können.

Darüber hinaus spiegeln sich im Interesse gerade an der „Überlebensstatistik" Neugier und Angst vor immer wieder hereinbrechenden Seuchen und Epidemien, die durch die entstehenden Bevölkerungskonzentrationen in großen Städten als Folge der neuen Produktionsweise besondere Bedeutung erhielten.[2]

Nicht zuletzt wurde der „rationale Geist des aufstrebenden Kapitalismus" auch durch das intellektuelle Klima der Bacon-Ära[3] und – damit verbunden – dem Versuch, an

---

[1] Soziographie bezeichnet dabei generell den Versuch, mit Hilfe von systematisch erhobenen Daten (durch Beobachtung, Fallstudien und andere qualitative Methoden) auf induktivem Weg zu allgemeinen Aussagen zu gelangen (TÖNNIES 1929).

[2] Ein sehr starkes Ansteigen der wöchentlichen Sterbefälle galt z. B. im frühen 17. Jahrhundert dem englischen König als mögliches (frühes) Indiz für einen erneuten Ausbruch der Pest; er zog sich in solchen Fällen aus der Hauptstadt zurück. KENNEDY (1985:39) vermutet, dass der Erhalt der Gesundheit des Königs der Grund für die Sammlung von Sterbeziffern war.

[3] Sir Francis BACON (1561-1626) als Kritiker des mittelalterlichen Aristotelismus und der Schola-

die ersten Erfolge der Naturwissenschaften anzuknüpfen, unterstützt (LAZARSFELD 1961:149).

Obgleich PETTY, der seine Bevölkerungsstudien explizit als Unterstützung rationalen Regierens sah, bereits frühzeitig auf die Notwendigkeit umfassender statistischer Erhebungen[1] hingewiesen hatte, blieben von offizieller Seite bis ins frühe 19. Jahrhundert, als die sozialen Probleme, die Kapitalismus und Verstädterung mit sich brachten, kaum noch zu übersehen waren, weitere Erhebungen aus.[2]

2.2 Reformuntersuchungen und Sozialenqueten

Die erste Auseinandersetzung mit den Nöten der frühen Industrialisierung erfolgte im frühen 19. Jahrhundert mit reformerischer und/oder agitatorischer Zielsetzung zunächst in den Zeitungen, die das gebildete Publikum mit Darstellungen des Elends konfrontierten. Vertreter dieser Art von „Enthüllungsjournalismus" sammelten ihre Daten in der Regel mit Methoden, die man heute als „teilnehmende Beobachtung" bezeichnen würde: Sie tauchten in die Alltagswelt der Armen ein, nahmen an deren Leben teil und beschrieben das, was sie entdeckten, ihrem in besseren Verhältnissen lebenden Publikum.[3]

Der Protagonist dieser Richtung, Henry MAYHEW, legte seiner Artikelserie für den „Morning Chronicle" (1861 zusammengefasst veröffentlicht als „London Labour and the London Poor") neben den üblichen Einzelinformationen über „typische Fälle" auch quantitative Daten zugrunde, die er durch die Verteilung von Fragebögen auf Versammlungen von Geschäftsleuten erhielt.

Es kursierte jedoch eine Vielzahl von Groschenheften (MARSH 1982:13), die ihre

---

stik betonte die Notwendigkeit empirischer Forschung und damit die Erfahrung als Grundlage der Erkenntnis.

[1] Die gebräuchliche Form der Bevölkerungsschätzung erbrachte eher disparate Ergebnisse. Man ermittelte die Bevölkerungszahl, indem man eine Schätzung der Anzahl der Häuser aus der Anzahl derjenigen Personen, die die „window tax" (Fenster-Steuer) bezahlten, vornahm und mit der vermuteten durchschnittlichen Familiengröße multiplizierte.

[2] Allerdings wurden von Privatleuten im Rahmen der „rural statistics" nun Untersuchungen zur Lage der Landarbeiter unternommen; z. B. von Arthur YOUNG d.Ä.: „Farm Letters" (1767), „A Tour in Ireland" (1780) und Arthur YOUNG d.J.: „General View of the Agriculture of the County of Sussex" (1793); aber auch von John SINCLAIR „The Statistical Account of Scotland" (1791-1799) (vgl. MAUS 1973:26; KENT 1981:13).

[3] Zu dieser Zeit konnte James GREENWOOD so die Leserschaft der „Pall Mall Gazette" mit seinen Erfahrungen ängstigen, die er in einer Nacht, als „Armer" verkleidet, in einem Arbeitshaus gesammelt hatte. Er wurde für diese kühne Tat für das Victoria-Kreuz vorgeschlagen (MARSH 1982:13).

mehr als weitreichenden Ausführungen lediglich durch Einzelbeispiele begründeten und entsprechend mit geeigneten Gegenbeispielen in ihren Absichten konterkariert werden konnten.

Gleichwohl wurden in den 30er und 40er Jahren des 19. Jahrhunderts in den meisten der großen englischen Städte sogenannte „Statistical Societies" eingerichtet; in ihnen manifestierte sich am deutlichsten der – neben der bisherigen (ebenfalls zweigleisigen) Entwicklung der „Verwaltungsstatistik" – zweite Ausgangspunkt empirischer Sozialforschung. Aus den sich bei großen Teilen des Bürgertums (aus eigener Anschauung oder durch die journalistische Vermittlung) ergebenden Irritationen über die sozialen Folgen der ökonomischen Entwicklung resultierten starke Informationsbedürfnisse und verschiedene Reformbemühungen (VAGT 1975:14).

Die Mitglieder der „Statistical Societies" verfolgten mit Nachdruck das Ziel, auch die staatlichen Autoritäten zur Erhebung von statistischen, d. h. quantitativen Daten über Arbeitsleben, Wohnsituation und Gesundheitsprobleme der Arbeiterschaft zu veranlassen. Darüber hinaus wurden Daten über die „moralische Ausstattung" (MARSH 1982:14) der Arbeiter bezüglich Literaturkonsum/Lesestoff, religiösem Glauben, Lebenseinstellung und die Ausstattung der Wohnung mit sanitären Einrichtungen, über das Ausmaß an „Überbelegung" (overcrowding) und die Anzahl von Personen (unterschiedlichen Geschlechts) pro Bett (MARSH 1982:14) auf der Grundlage detaillierter Frage- und Beobachtungsbögen ermittelt.

Auffällig dabei ist, dass offensichtlich in allen Untersuchungen der „Statistical Societies" das Thema „Arbeitslöhne" weitgehend ausgeklammert wurde. Als Grund für die pathologischen Zustände wurde entsprechend die Verstädterung, nicht aber das Fabriksystem verantwortlich gemacht. Vorschläge für eine Regulierung der Missstände zielten somit auch nur auf gesetzliche Maßnahmen im Bereich der öffentlichen Gesundheit und des Bildungswesens ab.

Obgleich diese Bewegung der "Statistical Societies" in vielen ihrer Annahmen irrte und die meisten Einrichtungen ihre Arbeit einstellten[1], gelang es doch, die Regierung für die Probleme zu interessieren, Routine-Datensammlungen (über Geburten, Todesfälle und Verbrechen) einzuführen und im Laufe der 40er Jahre eine Reihe von Untersuchungskommissionen (Royal Commissions, Parlamentsausschüsse) zu etablieren (MARSH 1982:15).

Die daraus resultierenden sozialpolitischen Enqueten des britischen Parlaments basierten sowohl auf quantitativen Erhebungen wie auch auf schriftlichen Berichten

---

[1] Es konnten sich nur die „Manchester Statistical Society" und die „London Statistical Society" erhalten (MARSH 1982:145).

von Ärzten und Fabrikinspektoren, auf Gruppenbefragungen und der mündlichen Einvernahme von Zeugen im Kreuzverhör (ZEISEL 1975:116).

Ein Teil des Materials dieser Enqueten wurde von Friedrich ENGELS in „Die Lage der arbeitenden Klasse in England" (1845) und von Karl MARX im „Kapital" (1867) innerhalb eines neuen theoretischen Bezugsrahmens ausgewertet und interpretiert.

In Frankreich entstanden zu gleicher Zeit ebenfalls Arbeiten im Rahmen der „Pauperismusforschung", in denen jedoch wesentlich stärker die „enge Verbindung von philanthropischem Reformeifer und dem bürgerlichen Legitimationsbedürfnis gegenüber der bestehenden Ordnung" (VAGT 1975:14) offenbar wurde. Entsprechend wurden die Empfehlungen dieser Analysen (Reiche sollen Almosen und Wohltätigkeit pflegen; Armen wird Geduld und Sparsamkeit angeraten!) heftig kritisiert und markierten den folgenschweren Bruch zwischen Sozialismus und empirischer Sozialforschung (VAGT 1975:15).

Die größte Bedeutung einer reformerisch orientierten empirischen Sozialforschung im frühen 19. Jahrhundert in Deutschland kommt nicht den vereinzelten (und nahezu aussagelosen) Sozialenqueten in Preußen oder Sachsen zu, sondern den Untersuchungen von Medizinern (z. B. VIRCHOW, NEUMANN), deren Interesse „den Lebens- und Arbeitsbedingungen des frühen, noch halb ländlichen, halb städtischen Industrieproletariats, den Elendsvierteln, den sanitären Einrichtungen, dem Zustand der Gefängnisse, nicht zuletzt der Fabrikarbeit und den Berufskrankheiten und -unfällen, schließlich einer Reform des öffentlichen Gesundheitswesens überhaupt" (MAUS 1973:27) galt.

2.2.1 Moralstatistik und soziale Physik

Relativ unabhängig von diesen „Reformuntersuchungen" entwickelte sich im gleichen Zeitraum aus der eher für Verwaltungszwecke geführten Statistik die sog. *„Moralstatistik"*. Nachdem die Verfahrensweisen der politischen Arithmetik erst 1741 durch Johann Peter SÜSSMILCH im harten Kampf gegen die alte Universitätsstatistik einen ersten Erfolg in Preußen erzielen konnten, wurde SÜSSMILCHs Versuch, aus den „Betrachtungen über die göttliche Ordnung in den Veränderungen des menschlichen Geschlechts, aus der Geburt, dem Tode und der Fortpflanzung desselben erwiesen" die aufgezeigten Gesetzmäßigkeiten als Resultat des weisen Willen Gottes zu interpretieren, durch den Einfluss der entwickelten Wahrscheinlichkeitstheorie sehr schnell ins Weltliche gewendet.[1]

---

[1] Vgl. zu den Ursachen der Entstehung der Wahrscheinlichkeitsrechnung (KENNEDY 1985:85-87).

Adolphe QUETELET (1796-1874) z. B. stellte auf der Grundlage seiner Datensammlungen über verschiedene Merkmale der menschlichen Gestalt und des Verhaltens
(vorwiegend krimineller Art) bei Teilen der Bevölkerung fest, dass die Häufigkeitsverteilungen der verschiedenen Ausprägungen von Merkmalen (z. B. Gewicht, Größe,
kriminelle Neigungen) einer Normalverteilung folgen. Aufgrund dieser Anschauung
kam QUETELET zu der Auffassung, aus der Vielfalt menschlicher Individuen ließe
sich der „homme moyen", der Durchschnittsmensch, als ein von der Natur angestrebter
und in unterschiedlichem Maße verfehlter Idealtyp berechnen.

Seine Ausarbeitungen stellten nicht nur einen entscheidenden Schritt für weitere
statistische Entwürfe dar, sondern begründeten auch die „Moralstatistik" (oder „soziale
Physik"), die aus Erfahrung gewonnene Gesetzmäßigkeiten in der moralischen und
intellektuellen Entwicklung des Menschen aufzeigen wollte.

2.2.2 Erste soziographische Versuche

Als erbitterter Gegner des QUETELETschen quantifizierenden Ansatzes trat neben
COMTE, der als Begründer oder zumindest als Namensgeber der Soziologie gilt,
Frédéric LE PLAY (1806-1882) auf. LE PLAY war, als Reaktion auf ideologische
Tendenzen, an einer wissenschaftlichen Fundierung seiner sozial-konservativen Re-
staurationsideen gelegen. Sein umfangreiches Werk über die europäischen Arbeiter
(1855) und die Ländermonographie „Constitution de l'Angleterre" (1875) stützten sich
dabei hauptsächlich auf Monographien von Arbeiterfamilien. Der sachliche Ertrag
dieser Monographien ist aber auf Grund der methodischen Probleme der Auswahl
„typischer Fälle" ziemlich gering. Der eigentliche Wert dieses Ansatzes liegt nach
ZEISEL (1975:123) darin, dass LE PLAY als erster die Bedeutung des ausführlichen
Details für die Soziographie erkannt hat. „Neben den Zahlenreihen der offiziellen
Enqueten wirken die LE PLAYschen Monographien wie ein unmittelbares Abbild des
Lebens selbst" (ZEISEL 1975:123).

In Großbritannien setzte sich die Kontroverse zwischen eher quantitativen Ansätzen (in
der Tradition der politischen Arithmetik, der Moralstatistik und in Anlehnung an die
frühen Sozialreformer) und den Detailuntersuchungen und Monographien der auch in
England Fuß fassenden LE PLAY-Schule sogar in der Trennung von Institutionen fort.
Die Resultate der großen Übersichtsuntersuchungen zur Wende zum 20. Jahrhundert
sind so im „Journal of the Royal Statistical Society" dokumentiert und nicht in der
„Sociological Review" als Organ der neugegründeten „Sociological Society", deren
frühe Vertreter Patrick GEDDES und Victor BRANFORD enthusiastische Anhänger der
Ideen LE PLAYS waren.

2.2.3 „Philanthropische" Untersuchungen und „Stellvertreter-befragungen"

Die großangelegten „philanthropischen" Untersuchungen insbesondere von BOOTH, ROWNTREE und BOWLEY in England gegen Ende des 19. und Beginn des 20. Jahrhunderts gelten für viele Historiker als eigentliche Vorläufer der modernen Form der Übersichtsuntersuchung („empirical survey").

Obgleich diese Einschätzung die Arbeit der frühen „Statistical Societies" zu Unrecht schmälert, verweist sie doch darauf, dass hier zum ersten Mal eine enge Verknüpfung von Sozialforschung und Politikanwendung im Rahmen der Etablierung des Wohlfahrtsstaates erfolgte (MARSH 1982:16). MARSH sieht die ausschlaggebenden Faktoren für diese Verschiebung der Zielsetzung in der Formation einer organisierten Arbeiterbewegung, die in der Lage war, ihre Ansprüche zu formulieren und nötigenfalls auch im Kampf durchzusetzen und die notwendige Reaktion des Staates darauf, seine eigenen Belange durch die Adaption eines Teils dieser Ansprüche zu schützen (MARSH 1982:16f).

Unter diesem Gesichtspunkt ist auch der philanthropische Charakter der einflussreichen Untersuchungen von BOOTH über „The Life and Labour of the People of London" zu relativieren. Es gibt Gründe anzunehmen, dass BOOTH die Behauptungen der radikalen Presse und Literatur, in London lebe ein Viertel der Bevölkerung in tiefstem Elend, durch seine Untersuchung widerlegen wollte. Das Resultat dieses Versuchs war, dass zum Schluss seine zwischen 1892 und 1902 durchgeführten Erhebungen 80% der Londoner Bevölkerung einbezogen und einen Prozentsatz an Armen von 30% ermittelt hatten.

Der gesamte Untersuchungsmarathon, der in 17 Bänden dokumentiert wurde, erbrachte jedoch keine befriedigende Erklärung der Armut. Neben der mehr als offensichtlichen Beziehung zwischen Hilfs- und Gelegenheitsarbeit und niedrigem Lohn sind kaum differenziertere Ergebnisse erreicht worden.

Die untheoretische Grundlage der Erhebung war auch der Hauptgrund für das unvorstellbare Ausmaß des gesamten Projekts. Da aus den Daten der Teiluntersuchungen, die in quantitativer und qualitativer Weise das Leben der Einwohner Londons beschrieben, keine Schlüsse gezogen wurden, blieb nichts anderes übrig, als die nächsten Teilerhebungen auf den Weg zu bringen.[1] Auch die methodische Vorgehensweise von

---

[1] So bemerkt SELVIN (nach MARSH 1982:17) mit einiger Bitterkeit – und im Gegensatz zu den zahlreichen Bewunderern – dass BOOTH' größter Beitrag zu den Sozialwissenschaften in den von ihm in seine Untersuchung eingebrachten 30.000 Pfund Sterling bestand.

BOOTH war weit entfernt davon, einen konkreten Fortschritt in der empirischen Sozialforschung zu markieren. Er sammelte qualitative Impressionen durch sporadische Besuche bei der ihn interessierenden Gruppe – den Armen – und durch relativ unsystematische Beobachtungen. Seine quantitativen Daten stammen aus einer Vielzahl von Befragungen, die sich allerdings hauptsächlich an Experten, z. B. Polizeibeamte, Geldeintreiber, Hygieneinspektoren und Sozialfürsorger richteten (MARSH 1982:23).

Dabei wird zweierlei deutlich: Zum einen waren die methodischen Fortschritte der frühen viktorianischen Ära in Fragebogengestaltung, Fragestellung und Präzisierung von Antwortvorgaben offensichtlich in Vergessenheit geraten. Wurde 1848 noch eingehend nach der Art der vorhandenen Bücher, Bilder, Möblierung und nach der Art der Kleidung gefragt, erforschte man später nur noch „aesthetic feelings" (MARSH 1982:23); vgl. auch ELESH (1972:52,54).

Zum anderen sah speziell BOOTH ähnlich wie viele der regierungsoffiziellen Royal Commissions und Parlamentsausschüsse den einzigen Weg zum Erhalt systematischer und gültiger Informationen in der Befragung von zuverlässigeren und glaubwürdigeren Informanten als den Armen selbst.[1] Abgesehen davon, dass man denjenigen, die ihre Auskünfte durch direkte Befragung der Armen einholten, ohnehin nicht glaubte, kamen die meisten dieser Forscher aus dem Kreis der sozialistischen Sympathisanten mit der Arbeiterklasse.

In diesem Zusammenhang ist auf den frühen Versuch einer unmittelbaren Befragung von Betroffenen zu verweisen. Da, wie berichtet, die erstellten Sozialenqueten in Frankreich wesentlich stärker durch ideologische Beschränkungen beeinträchtigt waren als in England, versuchte MARX 1880 durch die Veröffentlichung eines Fragebogens in der Zeitschrift „Revue Socialiste", der sich unmittelbar an die Arbeiter wandte, deren konkrete Arbeits- und Lebenssituation zu beleuchten. Dieser Fragebogen („Enquête Ouvrière") zielte mit seinen knapp 100 offenen Fragen jedoch nicht lediglich auf den Erhalt von Informationen ab („Erhalten Sie Zeit- oder Stücklohn?"), sondern wurde auch als politisches Instrument verstanden. Einige Fragen waren, nach heutigen Maßstäben, alles andere als neutral formuliert („Falls Sie im Stücklohn bezahlt werden: wird die Qualität des Produkts zum Vorwand genommen, um Ihren Lohn auf betrügerische Weise zu kürzen?"), um bestimmte Problemstellungen in das Bewusstsein der Befragten zu erheben. Tatsache war, dass von den ausgegebenen 25000 Fragebogen so wenig ausgefüllt zurückgeschickt wurden, dass eine Analyse

---

[1] Das „Dictionnaire de l'Économie politique" (Paris 1854) vermerkte z. B. zum Stichwort „Enquêtes": „Man darf diejenigen, die befragt werden sollen, nicht an der Erhebung teilnehmen lassen" (zitiert nach WALLRAFF/KARSUNKE/MARX 1970:15).

nicht lohnte.[1] Trotzdem war dieser Ansatz kein „Flop" (KENT 1981:3), sondern stellte einerseits die Abkehr von reinen Expertenbefragungen dar; andererseits wurde die Idee, dass Befragungen auch eine aktive politische Komponente enthalten können, in den „community self-surveys" vor und nach dem Ersten Weltkrieg fortgesetzt, in ähnlicher Form von Max WEBER praktiziert und seit geraumer Zeit wiederentdeckt.

Bei einer, an die BOOTHschen Untersuchungen angelehnten Darstellung der ökonomischen Bedingungen der Arbeiterschaft in York (1899-1901) bediente sich B. Seebohm ROWNTREE dann der direkten Befragung von Arbeiterfamilien anhand strukturierter Leitfäden (vgl. dazu KENT 1981:74-80). ROWNTREE war darüber hinaus wahrscheinlich der erste, der die Methode der Sammlung detaillierter Familienbudgets nach LE PLAY mit systematischen Interviews kombinierte.[2]

Die bedeutendsten methodischen Durchbrüche in dieser Phase gelangen jedoch Arthur L. BOWLEY mit seinen Ausführungen zu „The Measurement of Social Phenomena" (1915). Auf BOWLEY geht neben der auch heute noch akzeptierten rigorosen Haltung bezüglich der Präzision der zu stellenden Fragen (vgl. Kapitel 7) und der Definition des Gegenstandsbereichs (vgl. Kapitel 3) die Verwendung von Auswahlverfahren (vgl. Kapitel 6) zurück. Um das bei BOOTH auftretende Problem schierer Masse zu lösen, benutzte BOWLEY bei seiner Studie über die Armut in fünf englischen Städten zum ersten Mal eine Zufallsstichprobe. Diese Art der Untersuchung konnte sich jedoch – wie noch zu zeigen ist – erst später allgemein durchsetzen.[3]

2.2.4 Die Enqueten des Vereins für Socialpolitik

In Deutschland vollzog sich die Umbildung zur kapitalistischen Industriegesellschaft mit erheblicher Zeitverzögerung gegenüber England eigentlich erst im letzten Viertel des 19. Jahrhunderts. Aber auch hier teilte das Bürgertum in weiten Teilen die Einschätzung, dass die „soziale Frage" mit den Mitteln staatlicher Sozialpolitik und sozialen Reformen anzugehen sei und dass eine empirische Sozialforschung als rationale Grundlage dieser Sozialpolitik dienen könne (KERN 1982:84).

---

[1] Die Methode postalischer/schriftlicher Befragung wurde seitdem deutlich verbessert; vgl. dazu Kapitel 7.

[2] Die Wiederholung dieser Erhebung in den Jahren 1936 und 1951 machte das Aufzeigen von Entwicklungstendenzen in der sozio-ökonomischen Situation möglich (MAUS 1973:38).

[3] Im Rahmen der Verwaltungsstatistik wurde die Notwendigkeit, Informationen über jeden zu haben, sehr früh akzeptiert. Die ersten Sozialforscher konnten sich nicht vorstellen, nur eine Teilmenge der sie interessierenden Personen – eine Stichprobe – zu erforschen.

Seit 1873 und verstärkt seit 1881 führte der „Verein für Socialpolitik", der seine Mitglieder vorwiegend unter den Sympathisanten der sogenannten jüngeren historischen Schule um Gustav SCHMOLLER und Lujo BRENTANO fand, eine Fülle von Untersuchungen in Anlehnung an die Enqueten der Royal Commissions in England durch: 1873 über die Fabrikgesetzgebung, 1875 über das Lehrlingswesen, 1879 über die gewerbliche Fortbildung, 1883 über die Situation der Landwirtschaft, 1886 über die Wohnungsnot, 1887 über den Wucher, 1889/1899 über Hausindustrie bzw. Heimarbeit, 1892 über die Verhältnisse der Landarbeiter. Diese Enquete von 1892 über „Die Verhältnisse der Landarbeiter im ostelbischen Deutschland" wurde Max WEBER zur Auswertung übertragen.

Die dieser Auswertung zugrundeliegende Untersuchung arbeitete mit zwei Fragebögen. Der ausführlichere Fragebogen wandte sich an die einzelnen Gutsbesitzer als Auskunftspersonen und erfragte (in Form eines Leitfadens) Angaben über die Größe der Güter und die Art des Anbaus, die Art der Arbeiter (z. B. Wanderarbeiter), Arbeitszeiten, Frauen- und Kinderarbeit, Alters-, Invaliden- und Krankheitsversorgung, Einkommensverhältnisse der Arbeiter, Sparverhalten und Bildungsinstitutionen (HECKMANN 1979:53). Bemerkenswert erscheint, dass der Fragebogen bei der Abfrage komplexerer Sachverhalte dezidierte Antwortkategorien vorgab, um die Vergleichbarkeit der Antworten zu sichern. Der zweite Fragebogen, der sich an „Generalberichterstatter" für größere Bezirke richtete, stellte Fragen nach der Einschätzung und Bewertung von Problembereichen. Von den 3180 Exemplaren des ersten Typs und 562 des zweiten Typs, die der Verein für Socialpolitik verschickte, wurden 2277 bzw. 291 ausgefüllt zurückgesandt (HECKMANN 1979:52).

Im Auftrag und mit Unterstützung des evangelisch-sozialen Kongresses, der sich als Reaktion der Kirche auf die soziale Frage ähnlich wie der Verein für Socialpolitik konstituierte, unternahm WEBER eine zweite Landarbeiteruntersuchung. Sie sollte zur Kontrolle der Vereinsenquete dienen und zusätzlich Fragen zur geistigen, sittlichen und religiösen Lage der Landarbeiter enthalten. Der von WEBER gekürzte und präzisierte Fragebogen wurde jedoch nicht mehr den Gutsbesitzern vorgelegt, sondern Landpfarrern als „parteiloser Instanz", die zur sozialen Arbeit motiviert werden sollten. Die „Befragung sollte nicht auf den Vorgang der Informationssammlung beschränkt bleiben, sondern zugleich für bestimmte soziale Probleme sensivieren und bewußt machen" (HECKMANN 1979:55). Diese Untersuchung wurde allerdings nicht systematisch ausgewertet.

Die auf die Industriearbeiterschaft bezogene „soziale Frage" griff der Verein für Socialpolitik erst spät auf. SCHMOLLER und Alfred WEBER wurden 1907 mit der Durchführung einer Untersuchung der Arbeits- und Lebenssituation der Arbeiter in der Großindustrie beauftragt. Nach Vorarbeiten, die auf eine der üblichen beschreibenden

(„deskriptiven") Vereinsenqueten hinausliefen, interessierte sich Max WEBER für diese Arbeit und gab ihr eine andere Zielsetzung. Zweck der Untersuchung sollte nicht mehr eine sozialpolitische Verwertung, sondern sozialwissenschaftliche Analyse sein. Zur Unterstützung dieser Zielsetzung verfasste Max WEBER 1908 eine „methodologische Einleitung" und führte in den Jahren 1908/1909 eine Voruntersuchung zur theoretischen und empirischen Fundierung durch („Zur Psychophysik der industriellen Arbeit") (HECKMANN 1979:56).

Die Hauptuntersuchung, die eine schriftliche Befragung der Industriearbeiter vorsah, sowie die Beschaffung von Informationen durch Beobachtungen und Gespräche in den Betrieben, wurde insgesamt jedoch ein Fehlschlag, weil die Arbeiter sich in fast jedem Untersuchungsbetrieb weigerten zu kooperieren.

Die Ergebnisse der Feldphase waren deprimierend: in den einzelnen Betrieben wurden von 3500 verteilten Fragebogen 181 beantwortet, von 1800 173, von 2500 283, von 4000 100.[1] Nur die beteiligte Forscherin Marie BERNAYS konnte durch eine andere Vorgehensweise eine größere Datenbasis sicherstellen: Sie arbeitete mehrere Monate als Arbeiterin in einem Betrieb (teilnehmende Beobachtung), bevor sie ihre Fragebogen verteilte (KERN 1982:98).

Die eigentliche Schwäche dieser Untersuchung, die trotz allem einen enormen Niederschlag in Veröffentlichungen fand[2], lag jedoch eher im Nichterreichen der anspruchsvollen Zielsetzung. Es fehlte an einer konsequenten Analyse im Hinblick auf die Fragestellung der Enquete, nämlich „der Tendenzen der Entwicklung der Arbeits- und Lebensverhältnisse der Arbeiter, die Formen subjektiver Verarbeitung dieser objektiven Bedingungen durch die Arbeiter sowie die Bedeutung der Persönlichkeitseigenschaften und Verhaltensweisen der Arbeiter für die Entwicklung des Kapitals" (KERN 1982:99). Dass diese Analyse im gewünschten Ausmaß auch kaum erfolgen konnte, wird durch zwei Sachverhalte verständlich. Zum einen waren dringend benötigte statistische Verfahren kaum entwickelt oder in den Sozialwissenschaften noch weitgehend unbekannt; zum anderen stellte die Erfassung/Messung subjektiver Einstellungen und Orientierungen ein weites Feld ungelöster Probleme dar (vgl. auch Kapitel 4).

---

[1] Vgl. zur Auswirkung von Ausfällen bei Befragungen Kapitel 6.7 und 9.6.
[2] Schriften des Vereins für Socialpolitik, Band 133, 3 Bde., Leipzig 1910-1912.

2.2.5 Frühe biographische Ansätze

Allerdings fand auch in Deutschland empirische Forschung zu dieser Zeit nicht nur im (halb-) institutionalisierten Rahmen der Sozialpolitik statt. Paul GÖHRE, ein Theologiestudent, erkundete in teilnehmender Beobachtung als Arbeiter in einer Werkzeugmaschinenfabrik die Verhaltensweisen von Industriearbeitern (MAUS 1973:35). Sein 1891 erschienenes Buch „Drei Monate Fabrikarbeiter und Handwerksbursche" bildete dabei den Anfang einer Sammlung von Arbeiterbiographien, die später durch ähnliche Versuche ergänzt wurden (z. B. ROSENSTOCK „Werkstattaussiedlung. Untersuchungen über den Lebensraum des Industriearbeiters" von 1922) und die als frühe Formen der soziobiographischen bzw. „biographischen Methode" (vgl. Kapitel 5) gelten können (KERN 1982:102). Ein anderer Außenseiter, der Pfarrer Max RADE, arbeitete bei seiner Befragung von 48 Arbeitern zum Thema Religion und Moral zum ersten Mal mit Kontrollgruppen. Er unterteilte die Befragten von vornherein in „Sozialisten", d. h. in seinem Sinne „Atheisten", und „Gottesfürchtige" (MAUS 1973:35).

2.3 Empirische Sozialforschung und Soziologie in Deutschland: Vermittlungsschwierigkeiten I

Zu einem ersten größeren Institutionalisierungsschub kam es in der empirischen Sozialforschung in Deutschland während der Weimarer Republik. Die institutionelle Anbindung der empirischen Sozialforschung erfolgte jedoch nicht im Zusammenhang mit der Entwicklung der Soziologie als Universitätswissenschaft. Die neue Universitätssoziologie war zu schwach (geringe Lehrkapazität, kaum Lehrstühle, wenig Nachwuchs), zu zersplittert (kein gemeinsames Grundverständnis, Abgrenzungskämpfe zu anderen Wissenschaften) und zu wenig im Kreis gesellschaftlich relevanter Kräfte eingebunden (fehlender „Praxisdruck", fehlende Förderung), als dass sie die notwendigen Rahmenbedingungen an Stabilität und Kontinuität für umfangreichere empirische Aktivitäten hätte bereitstellen können (KERN 1982:119). Auch der Versuch, über die 1909 gegründete „Deutsche Gesellschaft für Soziologie" ein Verbindungsgremium zu schaffen, das satzungsgemäß der Durchführung von soziologisch-empirischen Forschungsarbeiten gewidmet sein sollte, schlug fehl. Einerseits konnte – ähnlich wie beim „Verein für Socialpolitik" (zu dem eine Reihe von Doppelmitgliedschaften bestanden) – keine auf Dauer angelegte forschungsadäquate Infrastruktur ausgebildet werden; andererseits konterkarierten die in den 20er Jahren z. B. von TÖNNIES formulierten Abgrenzungen und Arbeitsteilungen – hier „theorielose" Empirie, dort abstrakte Sozialtheorie – die ursprünglichen Absichten und zementierten zum ersten Mal in dieser Deutlichkeit die tragische und (noch immer) folgenreiche Trennung der beiden Bereiche (KERN 1982:126).

2.3.1 Erste Institutsgründungen in Deutschland

Die eigentliche Institutionalisierung erfolgte mit erheblicher Zeitverzögerung gegenüber den Naturwissenschaften[1] im Bereich der empirischen Sozialforschung dann durch Initiativen zur Gründung reiner Forschungsinstitute: dem 1918 durch die Stadtverordnetenversammlung der Stadt Köln beschlossenen und an der Universität zu Köln 1919 etablierten „Forschungsinstitut für Sozialwissenschaft" (LINDEMANN, SCHELER, VON WIESE, BRAUER) und dem von einem privaten Mäzen 1924 eingerichteten und unterstützten „Institut für Sozialforschung" an der Universität Frankfurt/Main (GRÜNBERG, POLLOCK, WITTFOGEL, HORKHEIMER, FROMM, LÖWENTHAL, MARCUSE, ADORNO). Obgleich beide Einrichtungen ihre Arbeit mit dem Beginn der nationalsozialistischen Diktatur einstellten und viele der Mitarbeiter emigrieren mussten, stellten diese Institutionen nach dem 2. Weltkrieg jeweils einen ersten Kristallisationspunkt der nun mehr („Kölner Schule") oder weniger („Frankfurter Schule") empirisch orientierten Soziologie in der Bundesrepublik dar.

2.3.2 Paul F. Lazarsfeld und die „Österreichische Wirtschaftspsychologische Forschungsstelle"

Die nachhaltigste Weiterentwicklung der empirischen Sozialforschung in der Zwischenkriegszeit ging jedoch wohl von der „Österreichischen Wirtschaftspsychologischen Forschungsstelle" im Wien der 30er Jahre um Paul F. LAZARSFELD aus. Die politische Konzeption der Forschungsstelle umfasste die Hoffnung, durch (sozial-) psychologische Untersuchungen die Schwierigkeiten des sozialistischen „Wiener Modells" zu erklären und seine politische Praxis (gegenüber den wachsenden Einflüssen des Faschismus) zu fundieren und zu unterstützen. Wissenschaftliche Grundlage war die Prägung LAZARSFELDS durch die (induktive) Erkenntnistheorie des „Wiener Kreises" (vgl. Kapitel 3.1) um MACH, CARNAP und NEURATH.[2]

---

[1] Für die Naturwissenschaften wurde diese Funktion seit 1911 von der Kaiser-Wilhelm-Gesellschaft, der heutigen Max-Planck-Gesellschaft, übernommen, deren Aufgabe Bau und Unterhaltung naturwissenschaftlicher Forschungsinstitute war.

[2] Wie nah wissenschaftliches und politisches Engagement speziell in diesem Fall zusammenlagen, vermittelt NEURATH (1979:288): „Statistik ist Werkzeug des proletarischen Kampfes! Bestandteil sozialistischer Wirtschaftsweise, Freude des siegreich vordringenden Proletariats und nicht zuletzt Grundlage menschlichen Mitgefühls!"

Darüber hinaus entwickelte sich auch im Kontakt mit der empirisch ausgerichteten Psychologie von Charlotte und Karl BÜHLER der Anspruch, „gesellschaftliche Probleme ohne Substanzverlust unter Anwendung der verschiedensten Erhebungstechniken – von der quantifizierenden Statistik bis zur qualitativen Beobachtung – zu studieren und zu begreifen" (KERN 1982:163).

Die erstaunliche Vielfalt von einsetzbaren Erhebungstechniken und die Bedeutung von Kreativität bei der Konstruktion von Datenerhebungsinstrumenten, dem Ersinnen von Erhebungssituationen und – am wichtigsten – bei der theoretischen Fundierung und Interpretation einer Untersuchung dokumentiert sich in eindrucksvoller Weise in der noch immer lesenswerten Studie „Die Arbeitslosen von Marienthal. Ein soziographischer Versuch über die Wirkungen langandauernder Arbeitslosigkeit" (1933) von Marie JAHODA, Paul F. LAZARSFELD und Hans ZEISEL. Hier wurde vom Untersuchungsteam versucht, das Phänomen Arbeitslosigkeit und seine psycho-sozialen Auswirkungen im mehrwöchigen Aufenthalt in Marienthal von möglichst vielen Seiten zu beleuchten.

Dazu wurden für 478 Familien „Katasterblätter" geführt, die neben Personaldaten alle Beobachtungen über Wohnverhältnisse, Familienleben und Haushaltsführung enthielten. Hinzu traten ausführliche Aufnahmen von Lebensgeschichten von 32 Männern und 30 Frauen; 80 Personen haben „Zeitverwendungsbögen" ausgefüllt; in 40 Familien wurden für die Dauer einer Woche Aufzeichnungen über die Mahlzeiten gemacht. Darüber hinaus werteten die Forscher Schulaufsätze aus Volks- und Hauptschulklassen aus zu den Themen „Mein Lieblingswunsch", „Was will ich werden", „Was ich mir zu Weihnachten wünsche" und ein unter Jugendlichen veranstaltetes Preisausschreiben „Wie stelle ich mir meine Zukunft vor". Protokolliert wurden Weihnachtsgeschenke von 80 Kleinkindern, Gesprächsthemen in öffentlichen Lokalen, ärztliche Untersuchungen und auf Grundlage von „Leitfäden" Auskünfte der Lehrer über Schulleistungen, Auskünfte über Fürsorgetätigkeiten und Umsätze im Gasthaus und weiteren Geschäften.

Als statistische Daten wurden die Geschäftsbücher des Konsumvereins, Ausleihlisten der Bibliothek, Zeitungsabonnentenlisten, Vereinsmitgliederlisten und Wahlergebnisse sowie die Bevölkerungsstatistik herangezogen (JAHODA/LAZARSFELD/ZEISEL 1975:26f).

Da es die Grundlage der Untersuchung war, „daß kein einziger unserer Mitarbeiter in der Rolle des Reporters und Beobachters sein durfte, sondern daß sich jeder durch irgendeine, auch für die Bevölkerung nützliche Funktion in das Gesamtleben natürlich einzufügen hatte" (JAHODA/LAZARSFELD/ZEISEL 1975:26f), wurde ein Teil der Informationen über die Einrichtung eines Schnittmusterzeichenkurses, Mädchenturnkurses, die Einrichtung einer ärztlichen Sprechstunde und der Gelegenheit zur Erziehungsberatung eingeholt. Das Vertrauen für die notwendigen Befragungsaktionen, insbesondere zur Aufnahme der Biographien, wurde durch Mitarbeit in politischen Vereinen und durch die Durchführung einer „Kleideraktion" (Ausgabe von in Wien gesammelter Kleidung an die Marienthaler Bevölkerung) erworben.

Vom Gesichtspunkt der Methodenentwicklung ist diese Monographie ein frühes Beispiel des „multitrait-multimethod"-Ansatzes, d. h. der Verwendung unterschiedlicher Ansätze und Messmethoden, um die „Gültigkeit" der Ergebnisse zu sichern (vgl. Kapitel 4).

Diese Art von engagierter Forschung war jedoch nur möglich, weil die Forschungsstelle durch die Finanzierungspolitik LAZARSFELDS, die in der Folge mitunter auf populistische Kritik gestoßen ist (vgl. z. B. KERN 1982:166-170), ihre knappen Finanzmittel durch die Anfertigung von „Marktstudien" (Market Research) für verschiedene Artikel und Auftraggeber (Erstellen eines „Radio-Barometers" über Hörerwünsche und Hörermeinungen zu den angebotenen Sendungen; Marktuntersuchungen für Schokolade, Bier, Molkereiprodukte, Herrenanzüge usw.) sicherten.

Nach Zerschlagung und Plünderung des Instituts durch die Polizei 1936 und der Arrestierung Marie JAHODAS[1] wurde die Forschungsstelle 1938 nach der nationalsozialistischen Machtübernahme geschlossen (KERN 1982:174). Der bereits 1936 emigrierte Paul F. LAZARSFELD führte jedoch die in Wien begonnene Arbeit in den Vereinigten Staaten weiter. Nach dem Prinzip der Wiener Forschungsstelle richtete er 1936 zunächst an der Universität Newark ein Forschungszentrum ein, wurde ab 1937 in der Leitung des von der Rockefeller Foundation geförderten „Radio Research Project" an der Universität Princeton tätig und überführte dieses 1939 – nach Schließung des Forschungszentrums Newark – an die Columbia-Universität. Diese Forschungsstelle bildete den Ausgangspunkt des renommierten „Bureau of Applied Social Research" (ab 1944).

Dies verweist auf die Situation der empirischen Sozialforschung in den USA, die in ihrer spezifischen Ausprägung dann auch für die Entwicklung des Faches in der Bundesrepublik Deutschland nach 1945 entscheidend wurde.

---

[1] Sie wurde erst 1937 durch die Vermittlung englischer Leser der „Marienthal-Studie" freigelassen, vgl. JAHODA (1997:59).

2.4 Die Entwicklung der empirischen Sozialforschung in den Vereinigten Staaten

Die Entwicklung der empirischen Sozialforschung in den Vereinigten Staaten vollzog sich auch dort auf der Grundlage der konkreten politischen und wirtschaftlichen Bedingungen der zweiten Hälfte des 19. Jahrhunderts.[1] Die ökonomische Expansion (Eisenbahnkapitalismus), die mit dem stetigen Vorantreiben der Siedlungsgrenze nach Westen verknüpft war, stagnierte in den 1880er und 90er Jahren. Die folgende Zeit war nun durch den Versuch geprägt, die z.T. anarchischen Entwicklungen zu kontrollieren und zu stabilisieren. Darüber hinaus stellten sich die Probleme der Stabilisierung auch in sozialen Bezügen: durch die notwendige Integration verschiedener Nationalitätengruppen, die den ökonomischen und räumlichen Ausbau der amerikanischen Gesellschaft erst möglich gemacht hatten (vgl. KERN 1982:180).

Ähnlich wie in Großbritannien gingen vor diesem Hintergrund die sich entwickelnden sozialwissenschaftlichen Forschungsaktivitäten zunächst aus journalistischen Beschreibungen über die Lebensbedingungen und Probleme im Zuge der planlosen Verstädterung hauptsächlich des Ostens und Nordostens der Vereinigten Staaten hervor. Die sogenannten „muckrakers" (Dreckschleudern) stellten jedoch nur den Auslöser für die sich schnell verbreitende Überzeugung dar, dass mit Hilfe sozialer Daten die gesellschaftlichen Probleme genauer definiert, öffentliches Interesse schneller erweckt und Mittel für Problemlösungen effektiver mobilisiert werden könnten (KERN 1982:180f).

2.4.1 Social Surveys

Unter diesen Bedingungen entstanden in den ersten Jahrzehnten des 20. Jahrhunderts die Übersichtsstudien („Social Surveys"), die sich mit mehr oder weniger stark ausgeprägter karitativer Zielsetzung zunächst allgemeinen Problemen des städtischen (und ländlichen) Lebens annahmen. Der von Paul KELLOGG u.a. 1909 durchgeführte „Pittsburgh Survey" (KELLOG 1909) behandelte entsprechend Effekte der Urbanisierung; der 1914 unter Leitung von Shelby HARRISON begonnene „Springfield Survey" (HARRISON 1920) stellte zum einen eine Bestandsaufnahme der kommunalen Infrastruktur im sozialen Bereich dar, liefert allerdings andererseits auch eine Vielzahl von Vorschlägen zur Situationsverbesserung.

Die späteren Surveys bezogen sich vorwiegend auf Einzelaspekte: Gesundheits- und Erziehungswesen, Wohnsituation und Arbeitsverhältnisse, Freizeit und Erholung,

---

[1] Zur Entwicklung der Surveys in den USA ab 1890 vgl. CONVERSE (1987).

Jugendkriminalität und Rechtspflege usw. Dies verdeutlicht, dass es für Surveys keine festen inhaltlichen oder organisatorischen Regeln gab. Zum einen entsprang ihre inhaltliche Bestimmung den konkreten, lokalen Problemkonstellationen, zum anderen wurden sie von sehr unterschiedlichen Institutionen getragen und gefördert (z. B. durch speziell eingerichtete Komitees, Wohlfahrtsverbände, kommunale oder staatliche Behörden und durch Universitätsinstitute) (KERN 1982:182).

Ähnlich heterogen waren die Methoden der Datengewinnung. Griffen die ersten Surveys – ähnlich wie aus den frühen europäischen Untersuchungen bekannt – zunächst auf bereits verfügbares Material der allgemeinen Verwaltungsstatistik zurück, so fanden in späteren Surveys spezielle Erhebungen direkt im Untersuchungsgebiet statt. Hierbei wurde anfangs an die Erhebungsmethoden der Fabrikinspektoren angeknüpft. Die weitere Ausarbeitung der Survey-Technik lag dann jedoch in der Nutzung vielfältiger Erhebungsmethoden und Daten. „Indem der soziale Prozeß nicht mehr nur dort erfaßt wird, wo er mit dem Verwaltungsapparat in Berührung kommt, sondern durch die selbständigen Erhebungsmethoden ein detaillierter Überblick über den Gesamtablauf (biographisches Material usw.) gewonnen wird, ist die Auswahl der Probleme nicht an zufällig vorhandene Daten gebunden; aus dem reicheren Fond lassen sich diejenigen Merkmale auswählen, die dem Problemgebiet adäquat sind" (ZEISEL 1975:134).

Bei aller Unterschiedlichkeit der Untersuchungsanlage hatten die 2775 zwischen 1910 und 1928 abgeschlossenen Surveys jedoch weitgehend ein gemeinsames Grundverständnis: die Notwendigkeit der Verknüpfung des „social fact-finding" der empirischen Untersuchung mit der pädagogisch-karitativen Initiative zum Ausgleich sozialer Missstände und Disparitäten. Andererseits jedoch lösten sich viele der späteren Surveys von diesen sozialpolitisch orientierten und engagierten Untersuchungen. Die wegen der Kombination vielfältiger Erhebungstechniken und der Verknüpfung von Gesamtüberblick und Detailbeschreibung berühmte Studie „Middletown" (Survey der Kleinstadt Muncie im Staat Indiana) von LYND und LYND (1929) zeichnet sich z. B. gerade durch das Fehlen jedes Zusammenhangs mit sozialpolitischen Problemen aus. So kritisiert ZEISEL (1975:134), dass dieser Survey trotz seiner scheinbaren Vollständigkeit „nur ein Bild der gesunden Oberschicht der Stadt" nachzeichne; „von Krankheit, Verbrechen und Selbstmord, kurz von allen Zerfallserscheinungen [sic!] der Stadt, die den Ausgangspunkt der alten Surveys bildeten, wird in Middletown wenig berichtet" (ZEISEL 1975:134).

In der Weiterentwicklung und Ablösung der alten Survey-Tradition konstituierten sich in den USA zwei unterschiedliche Konzeptionen von Sozialforschung. Dabei erfolgte der Übergang vom Social Survey zur „modernen" eigentlichen Sozialforschung nach dem Ersten Weltkrieg durch die „*Chicagoer Schule*" und die Verwendung vielfältiger

Methoden qualitativer Art, sowie seit Ende der 20er Jahre (und hauptsächlich seit den 30er Jahren) durch die Entwicklung und Anwendung neuer quantitativer Techniken. In beiden Fällen wurde versucht, durch die Verknüpfung der Sozialforschung mit der theoretischen Soziologie der „Gefahr der Erstarrung dieser Survey-Maschinerie" (ZEISEL 1975:137) zu entgehen (MAUS 1973:40).

2.4.2 Chicago School

Die „Chicagoer Schule" (William I. THOMAS, Robert E. PARK, William F. OGBURN, William F. WHYTE) wurde in ihrem methodischen Verständnis stark von den Vorstellungen der Ethnologie und Sozialanthropologie (Feldforschung) geprägt und folgte ausdrücklich der „geduldige(n) Methode der Beobachtung", wie sie von amerikanischen Anthropologen proklamiert wurde (NOWOTNY/KNORR 1975:88). Chicago wurde zum sozialen Laboratorium. Wohngegenden, Arbeitsstätten, Vergnügungsviertel, Polizeidienststellen, Tanzsäle und das Katasteramt, Zeitungsredaktionen und Clubs wurden zum Arbeitsfeld für Soziologen (MAUS 1973:41). Die Feldstudien werden durch den Bezug zur Problemorientierung der Sozialarbeit mit der dort üblichen Methode der Einzelfallstudien („case studies") verbunden. Zu den kennzeichnenden Arbeiten dieser Zeit gehören z. B. Louis WIRTHs „The Ghetto" (1929), F. M. TRAS-HERS „The Gang" (1927), H. W. ZORBAUGHs „The Gold Coast und the Slum" (1929) oder Paul CRESSEYs „The Taxi Dance Hall" (1932).

Das vielleicht eindrucksvollste Beispiel einer Chicago-Studie, die auf teilnehmender Beobachtung basiert, ist allerdings William F. WHYTEs „Street Corner Society – The Social Structure of an Italian Slum" (1943). Neben den substantiellen Ergebnissen der $3\frac{1}{2}$ jährigen Forschungsarbeit in „Cornerville" über den Zusammenhang zwischen Mitgliedschaften in verschiedenen Gangs, Führerschaft in der Politik und der Sozialstruktur des Viertels ist die seit der 2. Auflage zusätzlich aufgenommene Beschreibung des Ablaufs der Feldarbeit von Interesse. Hier gibt WHYTE eine anregende Einführung in die Probleme der teilnehmenden Beobachtung: Kontaktaufnahme, Aufbau von Vertrauensverhältnissen und Freundschaften, Offenheit bezüglich der Untersuchungsziele gegenüber ausgewählten Informanten usw.

Den Auftakt der Chicagoer Studien stellte jedoch die monumentale Untersuchung „The Polish Peasant" von William I. THOMAS und Florian ZNANIECKI (1919/21) dar. Dort wird der Zerfall der ursprünglichen polnischen Bauernfamilie unter dem Einfluss der Auswanderung in die Vereinigten Staaten und der dort mehr oder weniger gelingende Anpassungsprozess in die fremde Gesellschaft dargestellt. Grundlage der Untersuchung sind 15 000 Briefe, Lebensberichte, Tagebücher, Zeitungsausschnitte,

Dokumente von Experten, Selbstdarstellungen von Immigranten-Organisationen und Kirchengemeinden sowie Gerichtsakten.

Bemerkenswert in diesem Zusammenhang ist die Darstellung des Materials. Der Abdruck kompletter Briefserien macht die Interaktion zwischen dem polnischen Auswanderer und seiner im Heimatland verbliebenen Familie deutlich und nachvollziehbar. Von dieser Präsentation des „Rohdatenmaterials" getrennt erfolgen Analyse und Interpretation in den Einleitungen zu den Briefserien z.T. als kurze Notizen, z.T. aber auch als ausführliche Schilderungen der Familiengeschichte, des geographischen und sozialen Herkunftskontextes und als Einschätzungen des Persönlichkeitsbildes. Die Weiterführung der Methode der „Autobiographie" zur Analyse von Attitüden und Situationsdefinitionen erfolgte von THOMAS 1923 in seiner Untersuchung „The Unadjusted Girl".

Alle diese Untersuchungen sind charakteristisch in ihrem Verständnis von Empirie als konkreter Detailforschung.

Darüber hinaus regten jedoch die großen Anstrengungen, die zur empirischen Aufarbeitung der interessierenden Themen unternommen wurden, auch zu methodischen Neuerungen quantitativer Art an. Insbesondere von der Idee, nicht direkt „zählbare" oder „messbare" Phänomene einer Quantifizierung zuzuführen, zählbar zu machen, ging Faszination aus, da eine solche Verfahrensweise durch die dann mögliche Anwendung mathematischer Verfahren Verbesserungen bei der Datenaufnahme und -auswertung versprach.

So entwickelte Emory S. BOGARDUS im Jahr 1926 für den von Robert E. PARK organisierten „Pacific Race Relations Survey" zum ersten Mal „Skalen", „um qualitative Unterschiede von Meinungen, Attitüden und sozialen Beziehungen in quantifizierbare umzuformen" (MAUS 1973:42). Dieser Survey stand jedoch trotz der Einbeziehung der BOGARDUS-Skala zur Messung sozialer Distanz ganz in den „Methoden-Traditionen" der Chicagoer Schule: Ermittlung von Lebensgeschichten, Auswertung von Tagebüchern, Briefmaterialien und Gruppengesprächen.

2.4.3 „Polls" und die Entdeckung der Zufallsstichprobe

Ein weiterer Ausgangspunkt moderner Surveys und ihrer Methoden waren in den USA die sogenannten „Pre-election surveys" oder „Polls", die seit den 30er Jahren in aller Regel von Zeitungen durchgeführt wurden, um eine Vorhersage der Wahlergebnisse

(z. B. bei Präsidentschaftswahlen) zu ermöglichen.[1] Die Vorhersagen der Zeitschrift „Literary Digest" basierten dabei z. B. auf den Rücksendungen von Millionen von (Vor-) Wahlzetteln aus den gesamten Vereinigten Staaten, die zuvor an alle Telefonbesitzer versandt worden waren. Andere Zeitungen ließen Reporter oder bezahlte Befrager mit Stimmzetteln und Wahlurnen Probewahlen durchführen. Hinter diesem Vorgehen stand immer die an der Praxis der Volkszählung orientierte Vermutung, dass die Vorhersagegenauigkeit einer Umfrage eine unmittelbare Funktion der Anzahl der Befragten sei.

Obgleich seit geraumer Zeit die Möglichkeit von Zufallsstichproben als Abbildung einer Grundgesamtheit mathematisch diskutiert worden war, bereitete die „Zufallsauswahl" von Personen aus einer nicht durch Einwohnermelderegister erfassten Bevölkerung erheblich mehr Schwierigkeiten, als schwarze oder weiße Kugeln aus einer Urne zu ziehen (vgl. zum Problem der Stichprobenziehung Kapitel 6). Die fehlenden institutionellen Voraussetzungen für die Ziehung von Zufallsstichproben ließ die sich in den 30er Jahren etablierenden professionellen „Political Pollsters", die wie z. B. GALLUP oder CROSSLEY nun nicht mehr nur die Wahlabsicht, sondern auch politische Einstellungen erhoben, nach anderen Lösungswegen zur Durchführung von Stichprobenuntersuchungen suchen.

Die Vorstellung, zwar nicht alle, aber doch die „wichtigsten" Charakteristika der amerikanischen Wahlbevölkerung in einer Stichprobe „abbilden" zu können, führte zur Vorgabe von „Quoten" bestimmter Merkmale, die in einer Stichprobe erfüllt sein mussten. In Erweiterung der Zeitungsumfragen wurden nun Befrager angewiesen, darauf zu achten, in ihren Stichproben z. B. den gleichen Anteil von Frauen, wie er auch in der amerikanischen Gesamtbevölkerung bestand, einzubeziehen. Als weiteres Quotierungsmerkmal wurde in der Regel nur noch die Zugehörigkeit zu einer bestimmten Altersgruppe vorgegeben.

Ähnlich unzulänglich wie die Lösung des Auswahlproblems waren auch Interviewtechnik und Fragebogenkonstruktion: In den nur 5 bis 10 Minuten dauernden Interviews wurden Themen nur oberflächlich abgehandelt und Hintergrundinformationen, z. B. über den sozioökonomischen Status der Befragten oder die Haushaltsgröße, kaum aufgenommen.

Trotzdem waren die frühen Polls ein Schritt in die Richtung moderner Umfrageforschung. Obgleich aus heutiger Sicht die Quotenauswahl zur Sicherung von Repräsentativität inadäquat erscheint, war sie, wie ROSSI/WRIGHT/ANDERSON ausführen, dazu

---

[1] Zu den Anfängen und zur Entwicklung des Survey-Research in den USA vgl. ausführlich CONVERSE (1987).

zweifelsohne besser geeignet als die Praxis, Untersuchungspersonen in Erstsemesterkursen oder Vereinen zu rekrutieren. Antworten zu einer oder zwei schlecht gestellten Fragen waren vielleicht auch ein besseres Maß für Einstellungen zu einem politischen Thema als das Auszählen von Pro- und Kontrabriefen, die Kongressabgeordnete erhielten (ROSSI/WRIGHT/ANDERSON 1983:5).

Die Umfragen der GALLUP-Organisation oder des CROSSLEY-Polls waren allerdings nicht die einzigen Stichprobenuntersuchungen, die in dieser Zeit durchgeführt wurden. Eine Reihe anderer Unternehmen untersuchte im Bereich der sich etablierenden Marktforschung Konsumgewohnheiten, Marktanteile von Produkten usw. auf der Grundlage von Stichproben.

Polls und mit ihnen auch andere Stichprobenuntersuchungen kamen jedoch erst zu Ansehen, als die Ergebnisse der Präsidentschaftswahl 1936 die Vorhersage der Pollsters bestätigten, der Probewahl des „Literary Digest" jedoch widersprachen. Im sogenannten „Literary Digest Desaster" dokumentiert sich die Überlegenheit der alters- und geschlechtsquotierten Auswahl von 1500 Personen gegenüber der Befragung von Millionen von Telefonbesitzern in einer schriftlichen Umfrage, von der nur 15% ihre Antwortscheine zurückschickten (vgl. BRYSON 1976:184-185).

2.4.4 Survey Research

Gegen Ende der 30er Jahre etablierte sich der stichprobenbasierte „Survey Research" auch an den Universitäten (CANTRIL gründete das „Office of Public Opinion Research" in Princeton, LAZARSFELD sein „Office of Radio Research", das später an der Columbia-Universität in das „Bureau of Applied Social Research" überging) und diente als „systematische" Basis für politische Entscheidungen.

So kommt im akademischen Bereich LAZARSFELDs Sandusky-(Ohio)-Studie („The People's Choice", LAZARSFELD/BERELSON/GAUDET 1944) über die Präsidentschaftswahl von 1940 für den Fortschritt moderner Surveys erhebliche Bedeutung zu. Sie stellt einerseits die Einbeziehung akademischer Sozialwissenschaft in die empirische Untersuchung von Wahlverhalten auf Grundlage von Stichprobenerhebungen dar. Dabei sah das Auswahlverfahren in Anwendung der vom „Bureau of the Census" entwickelten Flächenstichprobe die Befragung in jedem vierten Haus vor. Andererseits wurden die bisherigen Befragungstechniken elaborierter. Die Interviews wurden länger und die in Frage stehenden Themen in größerer Tiefe abgehandelt.

Der größte Verdienst kommt dieser Studie jedoch in Bezug auf die Weiterentwicklung der Analyseverfahren zu. LAZARSFELD entwickelte in diesem Zusammenhang die mehrdimensionale Tabellenanalyse als erste multivariate sozialwissenschaftliche Analysetechnik (vgl. Kapitel 9).

Im politischen Bereich gewann der neue „Survey Research" durch die Berufung von CANTRIL zum Berater des Präsidenten der Vereinigten Staaten an Bedeutung. Der Zweite Weltkrieg und das amerikanische Engagement in Europa waren Ausgangspunkt einer Reihe von „politikberatenden" Surveys, z. B. über die zu erwartende Akzeptanz von Lebensmittelrationierungen, über landwirtschaftliche Produktivität, aber auch über Einstellungen bezüglich der amerikanischen Außenpolitik. Hierbei kooperierten einzelne Ministerien insbesondere mit dem neu gegründeten „National Opinion Research Center" (NORC) (vgl. ROSSI/WRIGHT/ANDERSON 1983:6f).

Die bedeutendste Anwendung der Umfrageforschung erfolgte jedoch durch das „Department of the Army's Information and Education Branch" unter der Leitung von Samuel A. STOUFFER. Die von STOUFFER und seinen Mitarbeitern in vier monumentalen Bänden (1947-1950) niedergelegte Studie „Studies in Social Psychology in World War II" (Band I: The American Soldier : Adjustment during Army Life; Band II: The American Soldier: Combat and its Aftermath; Band III: Experiments in Mass Communication; Band IV: Measurement and Prediction) stellte insbesondere in Bezug auf die Analysemethoden das Modell für jede Art von Survey Research in der Nachkriegszeit dar.

Die Präsidentschaftswahl von 1948 lenkte noch einmal die Aufmerksamkeit auf methodische Probleme der Stichprobenauswahl der Political Polls, als das GALLUP-Institut bei der Vorhersage der Wiederwahl Harry Trumans versagte. Das GALLUP-Verfahren der Quotenauswahl zeigte seine Schwächen gegenüber der vom „Bureau of the Census" in den vierziger Jahren entwickelten Flächenstichprobe. Die Flächenstichprobe wurde zum Standardverfahren der Stichprobenziehung in allen großen amerikanischen Umfrageinstituten.[1] Damit stand spätestens Ende der 50er Jahre der Prototyp der modernen Umfrageforschung fest.

---

[1] „Das in den USA allgemein akzeptierte Resultat, jedenfalls im Umkreis der Wissenschaft: Quoten-Auswahlen führen zu nicht im Vorhinein korrigierbaren Verzerrungen. Es gibt Statistik-Lehrbücher, die für alle Präsidentschaftswahlen seither zeigen: In jeder einzelnen Wahl irrte GALLUP, der bei Quota blieb, auf der republikanischen Seite. Doch die Lektion: Quota is out, Random in – in Deutschland kam sie nicht recht an; ihre Verbreitung ist noch zu fördern" (ALLERBECK 1985:56).

2.5 Empirische Sozialforschung in Deutschland nach dem Zweiten Weltkrieg

Die Entwicklung der empirischen Sozialforschung in Deutschland setzte erst nach dem Zweiten Weltkrieg erneut ein, nachdem unter den Bedingungen des Nazi-Regimes Forschungsansätze aus der Zeit vor 1933 ausgemerzt worden waren und unter dem Zwang nationalsozialistischer Formierung Entwicklungen im Ausland unberücksichtigt blieben.[1]

Die Probleme der Nachkriegssituation lieferten jedoch dann günstige Entwicklungsbedingungen für Soziologie und empirische Sozialforschung, insbesondere unter drei Aspekten (vgl. KERN 1982:217ff).

Erstens galt Soziologie bei Landesregierungen und Besatzungsmächten als relativ unbelastetes Fach. Dies hatte Konsequenzen für die Bereitschaft zur Förderung soziologischer Studien.

Zweitens wurde die Soziologie insbesondere von Seiten der Amerikaner als Hilfsmittel zur „re-education" betrachtet.[2]

Drittens hatte die Soziologie in den hochschulbestimmenden Kreisen das Image, nützliche Arbeit zu leisten. Aus der besonderen Problemlage der Nachkriegszeit (zerstörte Infrastruktur, massenhafte Zuwanderung von Heimkehrern und Flüchtlingen) resultierten immense Planungs- und Verwaltungsprobleme, und natürlich bestand unter diesen Umständen ein beträchtliches Interesse an wissenschaftlichen Daten, die einer vernünftigen Steuerung dieses Integrationsprozesses nützlich sein konnten (KERN 1982:218). Probleme der Neuordnung der Wirtschaft und der veränderte politische Aufbau der Gesellschaft initiierten Studien im Bereich der Betriebssoziologie und Verbandssoziologie. Alle diese Entwicklungen liefen auf eine praktisch-politisch, administrativ verwertbare Soziologie hinaus.

Darüber hinaus wurde mit der Soziologie auch eine sinngebende Funktion verknüpft. Soweit sich Soziologie empirisch verstand, trug sie dem, wie KERN (1982:219) es ausdrückt, „Wirklichkeitshunger" der Kriegsgeneration Rechnung. Soweit sie sich

---

[1] vgl. KERN (1982:215). Die Militärverwaltung der amerikanisch besetzten Zone führte hingegen bereits im Oktober 1945 Survey-Erhebungen zur öffentlichen Meinung bei der Bevölkerung durch. Einzelheiten zu diesen „OMGUS-Surveys" („Office of Military Government") finden sich bei MERRITT/MERRITT (1970), die Datensätze selbst im Datenarchiv für Sozialwissenschaften in Köln.

[2] KERN (1982:217) sieht als Beleg für diesen Trend die relativ schnelle Reaktivierung der Deutschen Gesellschaft für Soziologie im Frühjahr 1946 mit Unterstützung des amerikanischen Universitätsoffiziers Edward J. HARTSHORNE.

als Gesellschaftsanalyse verstand, konnte sie auf der Grundlage des verbreiteten Wi-
derwillens gegenüber überkommenen Weltanschauungen zugleich Ansätze für eine
Universalerklärung der Welt- und Sozialzusammenhänge leisten. Gleichzeitig bildete
jedoch diese Doppelorientierung den Ansatz für die bis heute vorhandenen zentralen
Konflikte innerhalb des Faches. Dabei stand bereits in den 50er Jahren das Verhältnis
von Theorie und Empirie zur Diskussion: Mit der sogenannten „Frankfurter Schule"
um das 1950 wiedereröffnete Frankfurter Institut für Sozialforschung kristallisierte
sich ein eher kulturkritisches Verständnis von Soziologie und die Skepsis gegenüber
einem unvermittelten Praxisbezug empirischer Forschung heraus. Insbesondere Max
HORKHEIMER und Theodor W. ADORNO wollten verhindern, dass sich eine einzelwis-
senschaftliche empirische Soziologie aus der geschichtsphilosophischen Reflexion der
Totalität der menschlichen Existenz verselbständigte (LEPSIUS 1979:38). Andererseits
leistete René KÖNIG als Begründer der sogenannten „Kölner Schule" den Brücken-
schlag zur amerikanischen Soziologie und betrachtete die empirische Sozialforschung
als integralen Teil der Entwicklung soziologischer Aussagesysteme.

„Ansonsten wurde zwar der empirischen Forschung eine wichtige Funktion zugeschrieben, als Korrektur gegen Ideologiebildung (ADORNO), als Tatsachenbeschreibung
der Gegenwartsgesellschaft (SCHELSKY), als Aufweis der mangelnden Geltung von
Normen (PLESSNER), doch im ganzen erschien sie nachrangig und bloß ergänzend
gegenüber der historisch-philosophischen Reflexion der menschlichen Existenz. So
tritt schon am Anfang eine eher abwehrende als fördernde Haltung der akademischen
Soziologie gegenüber der empirischen Sozialforschung ein, die für die Entwicklung
der Soziologie im ganzen retardierend gewirkt hat" (LEPSIUS 1979:41).

2.5.1 Akademische Soziologie und empirische Sozialforschung: Vermittlungsschwierigkeiten II

Die Entwicklung der empirischen Sozialforschung fand in der Bundesrepublik vorwiegend außerhalb der Universitäten statt.

Mit Unterstützung der Rockefeller Foundation wurde 1946 die „Sozialforschungsstelle
Dortmund" an der Universität Münster gegründet, die sich in den 50er Jahren zu einem
bedeutenden soziologischen Forschungsinstitut entwickelte, wobei im Vordergrund
empirische Untersuchungen zur Betriebs- und Gemeindesoziologie standen.[1] 1949
gründete ein Zivilbeamter der amerikanischen Militärregierung, Nels ANDERSON,
das Institut für sozialwissenschaftliche Forschung in Darmstadt. Sein Ziel war es,

---

[1]   Als am meisten beachteter Beitrag aus der Arbeit der Sozialforschungsstelle gilt die Studie „Das
      Gesellschaftsbild des Arbeiters" (POPITZ et al. 1957).

die Methoden der empirischen Sozialforschung in Deutschland bekanntzumachen und gleichzeitig die Lebensbedingungen der Arbeiterschaft zu untersuchen. Das bedeutendste Ergebnis des Instituts, das nur vier Jahre finanziert werden konnte, ist die „Darmstadt-Studie", deren Ergebnisse jedoch nur in einer unvollständigen Reihe von Monographien vorliegen.[1] Auch die UNESCO unterstützte den Aufbau der empirischen Forschung durch die Einrichtung des Instituts für Jugendforschung in Hamburg, des Instituts für Sozialarbeit in Gauting bei München und des UNESCO-Instituts für Sozialwissenschaften in Köln.[2]

Alle diese Anfangsinvestitionen gingen jedoch nach deren Auslaufen für die Soziologie verloren; es fand keine Vermittlung mit den Hochschulen statt. Im weiteren Verlauf konnten größere Forschungsprojekte immer nur durch die zeitlich begrenzte Etablierung von fremdfinanzierten Forschungsgruppen betrieben werden, ohne eine hinreichende thematische Konzentration und langfristige Forschungsplanung zu ermöglichen (LEPSIUS 1979:57). Insgesamt blieb die akademische Soziologie weitgehend auf kleine Befragungen zu Spezialthemen beschränkt.

2.5.2 Empirische Sozialforschung und Meinungsforschung

Ebenfalls abseits der universitären Forschung hatten sich in den 40er und 50er Jahren auch neue Meinungsforschungsinstitute (z. B. das EMNID-Institut in Bielefeld und das Institut für Demoskopie in Allensbach) etabliert.

Die Arbeit von Meinungsforschungsinstituten führte zu einer immer stärkeren Polarisierung in Bezug auf das Verhältnis von Theorie und Empirie in den Sozialwissenschaften. So setzte sich René KÖNIG 1965 mit der Identifizierung von empirischer Sozialforschung als Meinungsforschung auseinander: „Ungeachtet der zahlreichen methodologischen Probleme, die mit diesen positiven oder negativen Ergebnissen verbunden waren, müssen wir nochmals hervorheben, daß die besonderen Umstände, unter denen seit 1948 auch in weiteren Kreisen der europäischen Öffentlichkeit über die praktische Sozialforschung diskutiert wurde, keineswegs als glücklich zu bezeichnen sind. Denn sie wurden zur unmittelbaren Ursache einer höchst fragwürdigen Identifizierung, als beschränke sich nämlich die praktische Sozialforschung darauf, 'Meinungsforschung' im eigentlichen Sinne zu sein. Schon dies ist vollkommen untragbar. Dazu aber kamen nun noch einige ungemein oberflächliche Kenntnisse über keineswegs als seriös anzusprechende 'Institute' der Meinungsforschung (sowohl in

---

[1] vgl. zur Darstellung der Arbeit des Instituts ANDERSON (1956).
[2] vgl. dazu MAYNTZ (1958).

Europa als auch in Amerika); so zeichnet sich jene Gefahr immer deutlicher ab, gegen die heute alle Beteiligten anzukämpfen haben: Daß nämlich der simpelste (und oft auch einfältigste) 'Pollster' als Prototyp der praktischen Sozialforschung angesehen wurde. Die schwere Belastung der praktischen Sozialforschung kommt ihr also nicht aus ihr selber zu, sondern von seiten jener, die sie durch unzulängliche Arbeiten kompromittieren" (KÖNIG 1965:18f).

2.5.3 Empirische Sozialforschung als Politikberatung

Vor dem Hintergrund der sozialdemokratisch-gewerkschaftlichen Reformpolitik in der Bundesrepublik wurde schon ab Mitte der 60er Jahre eine neue Phase empirisch-soziologischer Untersuchungstätigkeit angeregt. So kann auch eine Reihe von Institutsneugründungen (Institut für sozialwissenschaftliche Forschung, München, 1965; Soziologisches Forschungsinstitut Göttingen, 1968) sowie Institutsneubelebungen (Sozialforschungsstelle Dortmund, 1972 als Landesinstitut wiedererrichtet) als Beispiele für Bemühungen, die institutionellen Defizite empirischer Sozialforschung auszugleichen, gesehen werden.

Die Mitte der 70er Jahre ist dann durch eine Differenzierung im Rahmen angewandter empirischer Sozialforschung in Deutschland gekennzeichnet. Ausgehend von den groß angelegten Interventionsprogrammen,[1] mit denen in den USA in den 60er Jahren die immer dringlicher werdenden sozialen Probleme unter Kontrolle gebracht und deren Wirksamkeit beurteilt (evaluiert) werden sollten, entstand auch in Deutschland die sogenannte Evaluierungsforschung bzw. Evaluationsforschung. WEISS (1974:25) führte damals aus: „Evaluierung verwendet die Methoden der empirischen Sozialforschung. (...) Was Evaluierungsforschung davon unterscheidet, ist nicht die Methode oder der Stoff, sondern die Absicht – der Zweck, um dessentwillen sie gemacht wird."

Die in der Bundesrepublik Deutschland in den 70er Jahren einer Evaluation unterzogenen Programme waren z. B. Vorschulprogramme, Fernstudienprogramme, Curriculumsrevisionen oder Maßnahmen im Rahmen des Arbeitsförderungsgesetzes. Später dann wurden z. B. Modellversuche zur Integration ausländischer Kinder und Jugendlicher, das Aktionsprogramm „Humanisierung der Arbeitswelt" oder das „Drogenprogramm" des Bundesministers für Jugend, Familie und Gesundheit eva-

---

[1] Am bekanntesten (auch in der Bundesrepublik Deutschland) war damals das Programm „War Against Poverty", das Präsident JOHNSON am 16. März 1964 vor dem amerikanischen Kongress verkündete. Zielsetzung des Programms war nicht nur, die materiellen Nöte weiter Teile der Bevölkerung zu lindern, sondern auch, neue Formen der Demokratie und Mitbestimmung auf kommunaler Ebene einzuführen.

luiert. Für die Sozialwissenschaften bot sich durch die Evaluierungsforschung und „im Bündnis mit einer reformfreudigen Verwaltung die Chance, erstmals praktisch relevante Fragestellungen experimentell testen und empirisch begleiten zu können" (HELLSTERN/WOLLMANN 1984:24). Die vermeintliche Praxisferne der Sozialwissenschaften schien endlich überwindbar.

Die Nutzung von Evaluierungsforschung im Rahmen der Politikberatung erzeugte jedoch von Beginn an eine Vermengung von analytischer Absicht, kritisch-reformerischer Haltung (z. B. in der Aktionsforschung) und legitimatorischen Interessen. Evaluationen sollten vor dem Hintergrund knapper werdender öffentlicher Ressourcen vor allem die wissenschaftliche Legitimation für die Leistungskraft von Programmen liefern, Korrektur und Steuerung ermöglichen, die „Rückholbarkeit" von Entscheidungen demonstrieren und vor allem die Möglichkeit bieten, weit verzweigte Entscheidungswege unter Kontrolle zu halten (HELLSTERN/WOLLMANN 1984:24). Insbesondere der letzte Aspekt führte von Seiten der Auftraggeber recht häufig zu einer Bevorzugung von Evaluationen auf der Grundlage weicher qualitativer und nicht-experimenteller Methoden, da sie in vielen Fällen erheblichen Spielraum für unterschiedliche Interpretationen der Evaluierungsergebnisse lassen.

Seit Beginn der 80er Jahre hat sich aber auch von Seiten der Forschung eine immer stärkere Hinwendung zu qualitativen Evaluationsmethoden vollzogen. Damit verbunden ist die Betonung der Rolle des Evaluierenden als Teil eines sozialen Interaktionsprozesses, seine Interessengebundenheit (Parteilichkeit) und die Sichtweise einer beratungsorientierten Sozialforschung. Dadurch verständlich wird die weitgehende Beschränkung qualitativer Evaluation auf Projekte mit lediglich lokalem Bezug.

Erwartungsgemäß hat dieser Ansatz zu keiner einzigen qualitativen Evaluation geführt, deren Ergebnisse öffentlich diskutiert wurden oder die in der Literatur als beispielhaft gewertet wird (SECHREST/FIGUEREDO 1993:652). Gerade die mittlerweile vorhandenen quantitativen Datenerhebungsmethoden und die neuen statistischen Verfahren bei der Datenanalyse sowie vor allem das bessere Verständnis für die statistischen Folgen von Designentscheidungen scheinen den Herausforderungen einer seriösen Programmevaluation eher gewachsen.[1] Ob damit allerdings das zweifelsfrei angeschlagene Image der Evaluationsforschung noch zu retten ist, ist fraglich.

---

[1] vgl. SECHREST/FIGUEREDO (1993:664f) sowie auch SECHREST (1992). Zumindest in den Bereichen Arbeits-, Bildungs- und Gesundheitsforschung werden Evaluationsforschungen immer seltener Soziologen, sondern stattdessen Ökonomen übertragen. Ein nicht unwesentlicher Grund dürfte in der unzureichenden Qualifikation im Umgang mit formalen Modellen bei Soziologen liegen.

2.5.4 Entwicklung der empirischen Sozialforschung seit 1980

Den Schwerpunkt empirischer Arbeiten in der Bundesrepublik bildeten auch Mitte der 80er Jahre Sozialstrukturanalyse und Survey Research. In diesem Rahmen stellte die 1986 erfolgte Gründung von Gesis (Gesellschaft Sozialwissenschaftlicher Infrastruktureinrichtungen e.V.) einen weiteren Schritt auf dem Weg zu einer Institutionalisierung der empirischen Sozialforschung dar. Gesis umfasste drei regionale, bereits früher entstandene Zentren: das Zentralarchiv für empirische Sozialforschung an der Universität zu Köln (ZA) mit dem Zentrum für Historische Sozialforschung (ZHSF) als Abteilung, das Informationszentrum Sozialwissenschaften Bonn (IZ) und das Zentrum für Umfragen, Methoden und Analysen (ZUMA) mit der Projektgruppe Allgemeine Bevölkerungsumfrage (ALLBUS), dem Zentrum für Sozialindikatorenforschung (ZFS) und dem Zentrum für Mikrodaten (ZMD). 2007 wurden alle Einrichtungen zusammengefasst, wobei aber deren räumliche Trennung erhalten blieb. Seit 2008 führt Gesis die Bezeichnung „Leibniz-Institut für Sozialwissenschaften", da es zu den derzeit (2011) 87 außeruniversitären Forschungsinstituten und Serviceeinrichtungen der Leibniz-Gemeinschaft (www.wgl.de) gehört.[1] Der Zusammenschluss erfolgte mit der Zielsetzung, grundlegende sozialwissenschaftliche Dienste (wie z.B. die Bereitstellung und Akquisition von Beständen quantitativer Daten und ihre kontinuierliche Aufbereitung; Methodenentwicklung und -beratung; Dauerbeobachtung gesellschaftlicher Entwicklungen) bereitzustellen. Bislang ist zu konstatieren, dass die Bereitstellung von Beratungsinfrastruktur zwar erfolgt, eine offensive Dienstleistungsorientierung allerdings bisher noch ausgeblieben ist.

Ein großer Teil politikberatender Forschung (insbesondere durch Landes- und Bundesbehörden) findet daher weitgehend ohne ernsthafte Beteiligung der akademischen Sozialforschung und ihrer Infrastruktureinrichtungen statt. Der Anteil systematischer Methodenforschung im Bereich der Datenerhebungsverfahren ist in der Bundesrepublik beständig gesunken; diese Art von Forschung findet derzeit vor allem in den USA statt. Gleichzeitig hat die Zahl kommerzieller Datenerhebungsinstitute, die in der Lage sind, bundesweite Erhebungen mit persönlichen Interviews durchzuführen, abgenommen. Die akademische Sozialforschung in der Bundesrepublik basiert zur Zeit zu großen Teilen auf der Analyse sehr weniger Standardsurveys, vor allem auf dem „Sozio-ökonomischen Panel" (vgl. dazu 5.4.3.2.1). Die Datenerhebungen fast aller großen Studien in der Bundesrepublik werden von zwei kommerziellen Instituten durchgeführt.

---

[1] Insgesamt beschäftigt Gesis mehr als 250 Mitarbeiter. Zusammen mit den Drittmitteleinwerbungen dürfte der Gesamtetat bei mehr als 20 Mio. Euro liegen (Stand 2010).

Der Schwerpunkt der Arbeit der empirischen Sozialforschung in der BRD scheint sich auf wenige Bereiche der Familiensoziologie und der Bildungssoziologie verlagert zu haben. Nahezu zeitgleich hat die „Deutsche Gesellschaft für Soziologie" in den Empfehlungen für die Studienpläne der Soziologiestudenten die Ausbildung in quantitativen Methoden empirischer Sozialforschung abgeschwächt und durch die Gründung einer Arbeitsgruppe „Methoden qualitativer Sozialforschung" den Anspruch einer einheitlichen Maßstäben verpflichteten Forschung aufgegeben. Es ist zu befürchten, dass sich dies mittelfristig in einer Verdrängung der Soziologie aus den Bereichen der politikberatenden Sozialforschung zugunsten von Ökonomen niederschlagen wird.[1]

Während sich die akademische Soziologie in der BRD tendenziell von der empirischen Sozialforschung entfernt, ist in den angrenzenden Wissenschaftsgebieten wie Politikwissenschaften, Wirtschaftswissenschaften, Gesundheitssystemforschung und Epidemiologie eher das Gegenteil der Fall: Die Methoden der empirischen Sozialforschung werden für den Informationsbedarf komplexer Sozialsysteme zunehmend wichtiger und unverzichtbar. Ein deutliches Zeichen hierfür ist die Notwendigkeit der Integration von Verwaltungs- und Planungsdaten aus unterschiedlichen Bereichen der öffentlichen Verwaltung sowie der akademischen Forschung. Diese Entwicklung führte zu einer vom Bundesministerium für Bildung und Forschung (BMBF) eingesetzten sogenannten „Kommission zur Verbesserung der informationellen Infrastruktur zwischen Wissenschaft und Statistik" (kurz „KVI"). Die KVI hat in einem umfangreichen Gutachten Vorschläge zur Restrukturierung der amtlichen Statistik und anderer Datenbanken unterbreitet. Ein Teil dieser Empfehlungen (KVI 2001) fand seine Umsetzung in der Gründung sogenannter „Forschungsdatenzentren" bei den Datenproduzenten der amtlichen Statistik. Weiterhin wurde im Juni 2004 der „Rat für Sozial- und Wirtschaftsdaten" (RatSWD) gegründet. „Der RatSWD ist ein unabhängiges Gremium von empirisch arbeitenden Wissenschaftlerinnen und Wissenschaftlern aus Universitäten, Hochschulen und anderen Einrichtungen unabhängiger wissenschaftlicher Forschung sowie von Vertreterinnen und Vertretern wichtiger Datenproduzenten".[2] Der Rat soll Empfehlungen zur Verbesserung der Datenerhebung und des Zugangs zu Datenbeständen der Forschungsdatenzentren erstellen. Der Rat hat einige Arbeitsgruppen zur

---

[1] Diese Entscheidungen sind auf Grund der unumstrittenen Praxisrelevanz der Methoden der empirischen Sozialforschung für die Absolventen sozialwissenschaftlicher Studiengänge besonders bemerkenswert. Als Beispiel sei eine Analyse der Qualifikationsprofile aller in der BRD arbeitslos gemeldeten 2982 Sozialwissenschaftler des Jahres 2001 erwähnt: Fast 77% verfügten über keinerlei Qualifikationen in quantitativen Techniken, nur 2.8% der arbeitslosen Sozialwissenschaftler gaben an, zumindest quantitative Grundtechniken zu beherrschen (SCHNELL 2002:35-37).

[2] vgl. Aufgaben und Struktur des Rates für Sozial- und Wirtschaftsdaten (www.ratswd.de/rat/aufgaben. php), Stand 30.7.2011

Verbesserung einzelner Aspekte der Datenproduktion gefördert, z. B. zur Kriminalsta-
tistik und der Gründung eines nationalen Mortalitätsregisters. Ob es diesen Initiativen
gelingt, die Nachteile der föderalen Struktur der amtlichen Statistik und der in der
BRD stark betonten vermeintlichen Datenschutzprobleme zu kompensieren, bleibt
noch abzuwarten.

2.6 Ausblick

Die gegenwärtige Sozialforschung bietet kaum noch das einheitliche Bild, wie es für
die unbestrittene Orientierung am Survey Research in den 50er Jahren galt. Zwar sind
eine Reihe wichtiger methodologischer Entwicklungen seit den 60er Jahren erfolgt;
sie haben sich jedoch vor allem auf den Auswertungsaspekt von Umfrageforschung
bezogen. Im Bereich der Erhebungstechniken spiegelt sich im Wesentlichen der
Diskussionsstand der 40er Jahre wider. Daran ändert auch die starke Zunahme von
Web-Surveys im Rahmen von Access-Panels (vgl. Kapitel 7.1.4.1.2) in jüngster Zeit
nichts. Noch immer fehlt eine intensive Methodenforschung (z. B. im Bereich der
Instrumententheorien, vgl. Kapitel 3.1.4.1)und die Akzeptanz der Sichtweise, dass
empirische Sozialforschung vor allem ein Instrument der Theorieprüfung ist.

Kapitel 3

Wissenschaftstheorie und empirische Sozialforschung

Im folgenden Kapitel sollen wissenschaftstheoretische Grundlagen der empirischen Sozialforschung angesprochen werden. Obgleich dies hier nur in vereinfachender Form geschehen kann, erscheint es unabdingbar, sich zumindest in Grundzügen mit wissenschaftstheoretischen Fragen zu beschäftigen, da nur so eine Einordnung der praktischen Sozialforschung in den Gesamtkontext der Sozialwissenschaften möglich ist. Darüber hinaus bewahrt die Beschäftigung mit den Fragen, was eine Wissenschaft prinzipiell leisten kann und welchen grundsätzlichen Problemen „Wissenschaft" gegenübersteht, vor einer naiven „Datengläubigkeit", die dem Anliegen der Sozialforschung nur abträglich sein kann.

Die Darstellung gliedert sich in zwei Teile. In Kapitel 3.1 bis 3.1.4.2 werden die zentralen Konzepte der wissenschaftlichen Arbeit dargestellt. Im Wesentlichen wird geklärt, wie Begriffe definiert werden, was eine Erklärung ist und auf welche Schwierigkeiten man trifft, wenn theoretische Überlegungen mit der empirischen Realität konfrontiert werden.

Im zweiten Teil, Kapitel 3.2 bis 3.2.3.4, sollen einige wichtige Kontroversen innerhalb der Wissenschaftstheorie angesprochen werden. Dies sind die Fragen nach der Wertfreiheit von wissenschaftlicher Erkenntnis, der Erklärung sozialen Handelns und den Möglichkeiten des wissenschaftlichen Fortschritts.

3.1 Wissenschaftstheoretische Grundlagen

Jede Wissenschaft bemüht sich darum, die vielfältigen Ereignisse in der Natur oder im menschlichen Zusammenleben zu sammeln, zu ordnen und Aussagen über ihre innere Verbundenheit zu machen. Auf der Grundlage des Wissens über die Vielfalt, Ordnung und Verbundenheit von empirischen Fakten ist eine planende Gestaltung des Lebens möglich. Diese Tätigkeit unterscheidet sich zunächst nicht vom alltäglichen menschlichen Handeln. Wissenschaft erhebt jedoch darüber hinaus den Anspruch, dass die Resultate dieser Tätigkeit nicht nur von demjenigen als richtig anerkannt werden, der sie erbringt, sondern sie sollen für alle am Wissenschaftsprozess Beteiligten nachvollziehbar und kritisierbar und darüber hinaus „wahr" sein. Wenn Wissenschaft

Aussagen über Realität macht, dann bedeutet „Wahrheit" die Übereinstimmung dieser Aussagen mit der Realität.[1]

Die Wissenschaftstheorie versucht ihrerseits, Vorschläge zu entwickeln, wie Wissenschaftler zur Erreichung dieses Zieles vorgehen sollen. Sie ist somit, in einem ihrer wichtigsten Teile, eine Lehre von der Vorgehensweise bei der wissenschaftlichen Tätigkeit: Sie ist eine *„Methodologie"*.

3.1.1 Zur Definition von Begriffen

Eine notwendige Voraussetzung zur Beschreibung und Erklärung eines sozialen Zustandes oder eines sozialen Ereignisses ist seine begriffliche Präzisierung. Wissenschaften – gleich welcher Richtung – arbeiten nie mit konkreten Ereignissen an sich, sondern immer mit in Sprache gefasster Realität, mit Aussagen über die Realität. Wenn solche Aussagen nicht nur von einer einzigen oder einigen ausgewählten Personen verstanden werden sollen, sondern allen Interessierten zugänglich sein sollen, dann ist es unumgänglich, dass der „gemeinte Sinn" der verwendeten Begriffe von allen erfasst und geteilt werden kann: Man muss wissen, worüber geredet wird. Die am Kommunikationsprozess Beteiligten sollen den verwendeten Begriffen weitestgehend die gleichen Bedeutungen, die gleichen Vorstellungsinhalte zuschreiben.[2]

Im Allgemeinen unterscheidet man zwischen zwei Begriffsarten, den *logischen* (z. B. und, oder, nicht, wenn . . . , dann . . . usw.), die keine realen Dinge (Personen, Eigenschaften usw.) bezeichnen und deren Bedeutung als bekannt vorausgesetzt wird, und den *empirischen*, also außerlogischen Begriffen (PRIM/TILMAN 1975:40f.), die in der Forschung zu präzisieren sind. Diese Präzisierung geschieht mit Hilfe von *„Nominaldefinitionen"*. Sie beinhalten zwei Komponenten:

1. das *„Definiendum"*, jener „neue" Begriff, dessen Bedeutung festgelegt wird und
2. das *„Definiens"*, jene Begriffe, die den Inhalt des Definiendums darstellen.

So kann z. B. „Ausländerfeindlichkeit" (das Definiendum) als das gemeinsame Vorliegen von „Diskriminierung am Arbeitsplatz und Wohnungsmarkt", von „rechtlicher

---

[1] Empirische Wissenschaft als soziale Institution ist dadurch gekennzeichnet, dass einige unbeweisbare Annahmen (Existenz der Außenwelt, Erkennbarkeit der Außenwelt, Regelmäßigkeiten in der Außenwelt) als gegeben akzeptiert werden. Darüber hinaus ist der Zweck dieser Institution die Produktion intersubjektiv prüfbarer wahrer Aussagen über diese Regelmäßigkeiten. Werden diese Annahmen nicht geteilt, dann wird die dann betriebene Tätigkeit konventionell nicht mehr als „empirische Wissenschaft" bezeichnet.

[2] Zur Bedeutung von Definitionen sowie für praktische Hinweise (samt sozialwissenschaftlichen Beispielen) vgl. PAWLOWSKI (1980).

Schlechterstellung" und „Gewalttätigkeiten zwischen Einheimischen und Ausländern"
(den Bestandteilen des Definiens) definiert werden.

Bei kritischer Betrachtung einer so vorgenommenen Nominaldefinition kann sich
herausstellen, dass die im Definiens enthaltenen Begriffe selbst nicht eindeutig sind.
Sollte unklar sein, was „Diskriminierung am Arbeitsplatz" oder „Gewalttätigkeit"
bedeutet, so müssen beide Ausdrücke selbst zum Definiendum erhoben werden. Dies
führt dann zu zwei weiteren Definitionen: „Diskriminierung am Arbeitsplatz" sei
definiert durch „geringere Bezahlung von Ausländern gegenüber Einheimischen bei
gleicher Leistung, Qualifikation, Geschlecht, Alters- und Betriebszugehörigkeit" und
„Gewalttätigkeit" wird definiert als „Anwendung von körperlicher Gewalt, deren
physische Folgen einer medizinischen Behandlung bedürfen".

Diese Art des Definierens führt zu immer weiteren Definitionen („definitorischer
Regress"). Um einen „infiniten Regress" zu vermeiden, muss dieser Definitionspro-
zess an einer Stelle abgebrochen werden, d. h. bestimmte Begriffe müssen in ihrer
Bedeutung als allgemein klar verständlich akzeptiert werden. So können zwar unter
Umständen zur Sicherstellung eines gemeinsamen Vorstellungsinhaltes ausgepräg-
te Definitionsketten notwendig werden, die aber letztlich doch die Existenz einer
Sprachgemeinschaft voraussetzen.

Definitionen sichern jedoch nicht nur ein gemeinsames Verständnis, sondern sie
erfüllen auch eine wichtige sprachökonomische Funktion. Da Definiens und Definiendum prinzipiell immer austauschbar sind, können (bei Kenntnis der Definition) mit
Hilfe eines „kurzen" Begriffes oder Zeichens unter Umständen ausgedehnte sprachliche Formulierungen umgangen werden. Die meisten wissenschaftlichen Fachsprachen
bedienen sich eines umfangreichen Repertoires an Nominaldefinitionen.[1]

Nominaldefinitionen sind also lediglich tautologische Transformationen auf sprachlicher Ebene.[2] Insbesondere erheben sie keinen Anspruch darauf, das „Wesen" einer
Sache (z. B. der Ausländerfeindlichkeit) zu treffen, wie dies für sogenannte Wesens-
oder „*Realdefinitionen*" beansprucht wird.[3]

---

[1] Im Zusammenhang verschiedener Definitionsarten werden gelegentlich auch sogenannte „operationale
Definitionen" und Definitionen mit Hilfe von sog. Korrespondenzregeln erwähnt. Eine operationale
Definition gibt ein Messverfahren für einen Begriff an (z. B. wird „Intelligenz" operational mit
einem bestimmten Intelligenztest gemessen und damit definiert). Operationale Definitionen sind also
im Gegensatz zu Nominaldefinitionen keine sprachlichen Transformationen, sondern schaffen eine
Verbindung zwischen Begriffen bzw. Aussagen und der Realität (vgl. Kapitel 3.1.4).

[2] Tautologische Sätze (wie „Wenn der Hahn kräht auf dem Mist, dann ändert sich das Wetter oder es
bleibt, wie es ist") haben keinen Informationsgehalt (vgl. Kapitel 3.1.3.1).

[3] „Realdefinitionen" sind für wissenschaftliches Arbeiten untauglich, da keine Kriterien angegeben

Ein nominal definierter Begriff gibt weiterhin keinerlei Auskunft, ob die in ihm erfassten Phänomene auch eine empirische Entsprechung besitzen: Die Existenz von Begriffen (z. B. Ausländerfeindlichkeit, Diskriminierung, Engel, Zeus) ist nicht gleichzusetzen mit ihrer nachprüfbaren empirischen Gegebenheit.

In diesem Zusammenhang wird häufig zwischen der *„intensionalen Bedeutung"* und der *„extensionalen Bedeutung"* eines Begriffes unterschieden. Die intensionale Bedeutung („Intension", „Begriffsinhalt") eines Begriffes umfasst die Menge der Merkmale (Attribute, Eigenschaften), die gegeben sein müssen, damit Objekte (Personen, Gegenstände) mit diesem Begriff bezeichnet werden können. Die extensionale Bedeutung („Extension", „Begriffsumfang") eines Begriffes umfasst die Menge aller Objekte, die die Intension des Begriffs erfüllen. Die Extension beschreibt also den Anwendungsbereich des Begriffes.

Im obigen Beispiel stellt die Diskriminierung in den genannten Lebensbereichen die Intension dar, während die Menge der Personen, die demgemäß handeln, der Extension entspricht. Damit wird auch deutlich, dass Begriffe sowohl keine, eine bestimmte als auch eine empirisch unbestimmte Extension haben können. Der Begriff „Engel" mit dem intensionalen Gehalt „allgegenwärtiges, unsichtbares und den Menschen beschützendes Wesen" hat eine äußerst vage bzw. unpräzise Extension, da die Menge der Objekte, auf die der Begriff „Engel" anwendbar ist, empirisch unbestimmt ist. Mit der Festlegung der Intension eines Begriffes ist somit noch keinesfalls etwas über die Begriffsextension gesagt. Anders gesagt: Aus der Existenz eines Begriffes folgt nicht, dass dem Begriff empirisch etwas entsprechen muss, z. B. kann die Anzahl der Engel Null sein.

Um nützliche Definitionen zu erreichen, müssen vage und unbestimmte Intensionen von Begriffen durch entsprechende Definitionsprozesse so weit wie möglich vermieden werden.[1] Die unbestimmte Extension empirischer deskriptiver Begriffe ist hingegen Anlass zur empirisch exakten Bestimmung der Menge der Objekte, die die Intension des Begriffs erfüllen.

Die nominale Definition eines Begriffes besitzt weitreichende Konsequenzen für alle weiteren Schritte einer empirischen Untersuchung. Durch die definitorischen Festlegungen wird zugleich auch der inhaltliche Gehalt der Hypothesen und damit der potentielle Erklärungswert festgelegt.

So kann man z. B. den Begriff „soziale Norm" einmal definieren als „von Individuen

---

werden können, inwieweit das „Wesen" einer Sache durch die Definition erfasst wird; zur Kritik vgl. ESSER/KLENOVITS/ZEHNPFENNIG (1977a:83ff).

[1] vgl. dazu GROEBEN/WESTMEYER (1981:48–50).

geäußerte Verhaltenserwartung" (Definition A) und zum anderen als „von Individuen geäußerte Verhaltenserwartungen, die bei Nichtbefolgung negativ sanktioniert werden" (Definition B). Der durch A definierte Begriff kann auf weit mehr konkrete Ereignisse angewendet werden als der Begriff mit der Definition B: Negativ sanktionierte Erwartungen stellen zweifellos nur eine Teilmenge aller Erwartungsäußerungen dar. Definition B bedingt also eine kleinere Extension als Definition A. Entsprechend ist eine Normentstehungstheorie, die die Definition A („geäußerte Verhaltenserwartung") verwendet, auf mehr Phänomene anwendbar, als eine Theorie, die die Definition B („geäußerte Verhaltenserwartung + negative Sanktion") verwendet.[1]

3.1.2 Hypothesen, Theorien und Gesetze

In der soziologischen Literatur wird häufig nicht klar zwischen Definitionen einerseits und Hypothesen, Theorien und Gesetzen andererseits unterschieden. Im Gegensatz zu Definitionen sind Hypothesen, Gesetze und Theorien allgemeine Aussagen über Zusammenhänge zwischen empirischen oder logischen Sachverhalten und keine sprachlichen Konventionen. Zwischen Hypothesen, Gesetzen und Theorien kann nicht aufgrund eines eindeutigen Kriteriums klar unterschieden werden.[2]

Allgemein bezeichnet man diejenigen Aussagen als „*Hypothesen*", die einen Zusammenhang zwischen mindestens zwei Variablen postulieren. Unter einer „*Variablen*" versteht man einen Namen (z. B. „Geschlecht", „V1", „Var 134") für die Menge von Merkmalsausprägungen, die Objekten (z. B. Personen) zugeschrieben werden.

Die Variable „Geschlecht" besitzt die Variablen- bzw. Merkmalsausprägungen „männlich" und „weiblich", die Variable „Haushaltsgröße" z. B. die Ausprägungen „1", „2" usw., die Variable „Mathematikangst" kann die Ausprägungen „sehr groß", „groß" usw. besitzen.

Hypothesen können sowohl als „*Wenn-Dann-Aussagen*" (z. B. „Wenn man Gase erhitzt, dann dehnen sie sich aus"), als auch als „*Je-Desto-Aussagen*" (z. B. „Je häufiger Personen interagieren, desto sympathischer sind sie sich") formuliert werden.[3] Der von der Hypothese behauptete Zusammenhang kann prinzipiell jede beliebige mathematische Form annehmen; es sind sowohl lineare als auch nichtlineare Funktionen als Zusammenhangsform möglich.[4] Wird der Verlauf dieser Funktionen nicht

---

[1] vgl. zu diesem Beispiel OPP (1983:1–20).

[2] POPPER (1976:31–46) verwendet die drei Ausdrücke weitgehend synonym zur Kennzeichnung von Allsätzen.

[3] vgl. OPP (1970:198ff) und Kapitel 3.1.3.1.

[4] Neben monotonen Funktionen („Je – desto") sind auch kurvilineare Zusammenhänge möglich: So

nur annäherungsweise charakterisiert, sondern auch die konkrete Funktionsgleichung mit den entsprechenden mathematischen Parametern angegeben, so spricht man von *„quantitativen Hypothesen"* bzw. quantitativen Gesetzen.

„Gesetze" sind strukturell identisch mit Hypothesen. Man verwendet den Gesetzesbegriff jedoch vor allem dann, wenn sich die entsprechende Aussage bereits häufig an der Realität „bewährt" hat.[1]

Im strengen Sinn ist eine *„Theorie"* ein System von Aussagen, das mehrere Hypothesen oder Gesetze umfasst.[2]

Innerhalb einer solchen Theorie unterscheidet man zwischen verschiedenen Komponenten (COHEN 1980:178ff). Grundlegend sind zunächst die Definitionen. Unter Verwendung dieser Definitionen werden Aussagen formuliert, die die logische Form von Hypothesen bzw. von Gesetzen haben. Diese sind nach dem Grad ihrer Allgemeinheit geordnet. Die Aussagen mit der höchsten Allgemeinheit heißen *„Axiome"*. Die Axiome müssen untereinander widerspruchsfrei und logisch unabhängig voneinander sein. Die Richtigkeit der Axiome wird innerhalb eines theoretischen Systems als gegeben angesehen, sie werden als „selbstevident" betrachtet. Schließlich gehören zu der Theorie die aus den Axiomen zusammen mit den Definitionen ableitbaren Aussagen, die sog. *„Theoreme"* bzw. *„Propositionen"*.

Als Beispiel für eine solche Theorie legen STARK/BAINBRIDGE (1987) eine axiomatisierte Theorie der Religion vor, die auch eine Reihe anderer Phänomene zu erklären versucht. STARK und BAINBRIDGE führen in ihrem Buch sieben Axiome (A), 106 Definitionen (D) und 344 Propositionen (P) ein. Versucht man die wichtigsten Axiome, Definitionen und Propositionen für die Entstehung sozialer Klassen zusammenzustellen, erhält man folgende Liste[3]:

---

besteht z. B. zwischen dem Heiratsalter von Personen und deren Scheidungsrisiko eine U-förmige Beziehung.

[1] Alle Versuche, Kriterien für die „Gesetzesartigkeit" von Aussagen anzugeben, sind bisher gescheitert (vgl. ESSER/KLENOVITS/ZEHNPFENNIG 1977a:106–114).

[2] Beinhaltet ein solches System nur allgemeine Zeichen (wie z. B. in der Mathematik), spricht man von einem (uninterpretierten) Kalkül.

[3] STARK/BAINBRIDGE (1987) definieren die meisten der hier erwähnten nicht-trivialen Begriffe; aus Platzgründen werden hier nicht alle Definitionen zitiert. Um die Ableitung zu erleichtern, wurden hier die Definitionen und Axiome so angeordnet, dass die Propositionen aus den (in der Regel) unmittelbar davor stehenden Sätzen und Definitionen ableitbar sind.

A2   Menschen streben nach dem, was sie als Belohnungen empfinden und vermeiden, was sie als Kosten ansehen.

A6   Die meisten von Menschen angestrebten Belohnungen werden durch ihren Gebrauch vernichtet.

P6   Um die gewünschten Belohnungen zu erreichen, tauschen Menschen mit anderen Menschen Belohnungen aus.

P7   Menschen streben nach Tauschgewinnen.

A7   Individuelle und soziale Eigenschaften, die die Macht eines Individuums bestimmen, sind unter den Personen und Gruppen jeder Gesellschaft ungleich verteilt.

D15   Macht ist das Ausmaß der Kontrolle über seine eigenen Tauschgewinne.

P8   Tauschgewinne variieren zwischen den Personen und Gruppen.

D25   Eine Beziehung existiert zwischen zwei Personen dann, wenn nach einer Anzahl von Tauschhandlungen sie sich als Tauschpartner schätzen und nach weiteren Interaktionen in der Zukunft streben.

D26   Eine Gesellschaft ist eine Struktur sozialer Tauschbeziehungen.

D10   Erklärungen sind Aussagen darüber, wie und warum Belohnungen erreicht werden und Kosten entstehen können.

D30   Kultur ist die Gesamtheit aller Erklärungen, die Menschen austauschen.

P43   Je komplexer eine Kultur, desto weniger Teile davon können von einem gegebenen Individuum beherrscht werden.

D32   Die Komplexität einer Kultur bezieht sich auf die Zahl, die Reichweite und die Detailliertheit der Erklärungen und auf das Ausmaß der Technologie.

P44   In komplexeren Kulturen müssen erwachsene Mitglieder der Gesellschaft Kultur austauschen.

P45   Je komplexer die Kultur, desto größer das Ausmaß kultureller Spezialisierung.

P53   Einige kulturelle Spezialisierungen bedingen größere Macht.

D37   Eine Klasse ist eine Menge von Personen aller Altersgruppen und beiderlei Geschlechts, die eine relativ ähnliche Kontrolle über ihre Tauschbeziehungen mit anderen Personenmengen besitzen.

P54   Kulturelle Spezialisierung und Differenzierung verstärkt die Schichtung einer Gesellschaft in dem Ausmaß, dass Klassen entstehen.

Obwohl diese Erklärung der Entstehung von Klassen (P54 mit D37) nicht tatsächlich logisch vollständig ist, stellt sie dennoch einen für Sozialwissenschaftler ungewöhnlich präzisen und damit vorbildlichen Erklärungsversuch dar.

Diese Art der Formulierung von Theorien hat eine Reihe positiver Konsequenzen[1]: Die Forderung nach deduktiver Ableitbarkeit erzwingt die explizite Nennung aller Annahmen und Hypothesen, die zur Erklärung eines Phänomens notwendig sind. Dadurch wird anderen der intellektuelle Zugang zu den Überlegungen erleichtert, die Kritisierbarkeit der Theorie gesteigert und dient damit dem Wissensschaftsfortschritt. Darüber hinaus können durch einen solchen Aufbau relativ einfach neue, bisher nicht beachtete Hypothesen (Theoreme) abgeleitet werden, die zur Erklärung bislang unerklärter Phänomene beitragen können.

Abgesehen von dieser relativ präzisen Bedeutung wird der Theoriebegriff in den Sozialwissenschaften sehr extensiv verwendet. Ausgearbeitete Theorien wie von STARK und BAINBRIDGE sind innerhalb der Sozialwissenschaften eher die Ausnahme. Viel häufiger sind Ausführungen, deren methodologischer Status weitgehend unklar ist. Neben unvollständigen Erklärungen (vgl. Kapitel 3.1.3.3.) werden häufig auch reine Definitionen, Typologien (vgl. Kapitel 4.4.1.1.) und Vermischungen von Definitionen mit empirischen Hypothesen fälschlich als „Theorien" bezeichnet. Ein Beispiel für die Vermischungen von Definitionen mit empirischen Hypothesen zitiert OPP (1970:93,99) in einer Textpassage zum Begriff der „sozialen Rolle", in der folgende Aussagen zu finden sind:

a. „soziale Rollen bezeichnen Ansprüche der Gesellschaft an die Träger von Positionen",

b. „soziale Rollen sind gleich Positionen quasi-objektive, vom Einzelnen prinzipiell unabhängige Komplexe von Verhaltensvorschriften",

c. „ihr besonderer Inhalt wird nicht von irgendeinem Einzelnen, sondern von der Gesellschaft bestimmt und verändert" und

d. „die in Rollen gebündelten Verhaltenserwartungen begegnen dem Einzelnen mit einer gewissen Verbindlichkeit ... ".

Es ist offensichtlich äußerst schwierig, hier zwischen Definitionen und empirischen Hypothesen zu unterscheiden. Wahrscheinlich ist a) als Definition zu verstehen, während b), c) und d) Hypothesen sind, die einer Überprüfung bedürfen.

3.1.3 Erklärung und naive Falsifikation

Da die Hauptaufgabe der empirischen Sozialforschung in der Erklärung von sozialen Ereignissen bzw. Tatsachen liegt, ist es notwendig, sich zunächst Klarheit darüber

---

[1] vgl. COHEN (1980:184ff) und TURNER (2003).

zu verschaffen, was unter einer Erklärung zu verstehen ist. In der Alltagssprache werden sehr vielfältige Bedeutungen mit diesem Begriff verbunden: So z. B. die Übersetzung eines Fachbegriffs in die Alltagssprache, Beschreibungen der Funktion oder Bedienung einer Maschine, Schilderung einer Tätigkeit, Auslegung eines Textes u.a. (STEGMÜLLER 1974a:72ff). Von wissenschaftlichen Erklärungen wird hingegen nur dann gesprochen, wenn sie bestimmten Standards genügen: Sie müssen eine eindeutige Struktur der Argumentation aufweisen, sie müssen logisch korrekt und empirisch begründet sein.[1]

3.1.3.1 Deduktiv-nomologische Erklärung

Die Argumentationsstruktur einer wissenschaftlichen Erklärung soll an einem Beispiel verdeutlicht werden. In den öffentlichen Medien wird von Diskriminierung von Ausländern durch Einheimische berichtet: Diskriminierung am Arbeitsplatz, auf dem Wohnungsmarkt, juristische Schlechterstellung usw. All diese Symptome können zunächst unter dem Begriff „Ausländerfeindlichkeit" zusammengefasst werden und bilden für Privatpersonen, Wissenschaftler oder Institutionen Anlass für die Frage: Warum kommt es zu Ausländerfeindlichkeit? Wissenschaftliche Forschung versucht, diese Frage durch die Angabe bzw. Aufdeckung der Ursache für dieses Phänomen zu beantworten. Eine wissenschaftliche Erklärung würde dann vorliegen, wenn (1.) ein Gesetz (Nomos) benennbar wäre, in dem Ausländerfeindlichkeit als die Auswirkung eines anderen Faktors (Ursache) vorkommt.[2]

Im Beispiel könnte ein entsprechendes Gesetz lauten: „Wenn die einheimischen Mitglieder einer multinationalen Gesellschaft sich auf dem Arbeitsmarkt in Konkurrenz zu Ausländern sehen, dann neigen sie zu Ausländerfeindlichkeit". Gleichzeitig muss jedoch auch (2.) die im Gesetz genannte Ursache (hier: „Konkurrenz") empirisch, d. h. tatsächlich in der Lebenswelt, und nicht nur als sprachliche Aussage, vorliegen.

---

[1] Weitere Einzelheiten zur neueren philosophischen Diskussion der Probleme wissenschaftlicher Erklärungen (einschließlich sozialwissenschaftlicher Besonderheiten) finden sich einem leicht verständlichen Buch von BARTELBORTH (2007).

[2] Ein Gesetz bzw. eine Hypothese postuliert eine kausale Verknüpfung von zwei Ereignissen bzw. Zuständen in Form eines Ursache-Wirkungs-Verhältnisses. „Kausalität an sich" ist nicht beobachtbar oder prüfbar, sondern nach KANT ein synthetisches Urteil a priori, d. h. eine nicht auf Erfahrung beruhende Annahme, mit deren Hilfe man die Ereignisse ordnet und strukturiert (STEGMÜLLER 1974a:444f). Zu den Problemen des Nachweises kausaler Beziehungen vgl. Kapitel 5.1.

Explanans	Gesetz (Allaussage)	Wenn Konkurrenz, dann Ausländerfeindlichkeit
	Randbedingung	In Gesellschaft x besteht Konkurrenz
Explanandum	zu erklärendes Phänomen	In Gesellschaft x existiert Ausländerfeindlichkeit

Abbildung 3-1: *Struktur und Komponenten einer D-N-Erklärung*

Die korrekte Erklärung des zu erklärenden Phänomens („*Explanandum*") „Ausländerfeindlichkeit" erfolgt nun über eine logische Deduktion (Ableitung) aus dem Gesetz („Wenn ..., dann ... ") und der Kontrolle des empirischen Vorliegens der Ursache („*Randbedingung*" oder „*Antezedenzbedingung*") (vgl. Abb. 3-1).

Allgemein formuliert gilt: Bei – hier unterstellter – Wahrheit des Gesetzes und der realen Existenz der Randbedingungen ergibt sich logisch deduktiv das Explanandum. Man spricht deshalb von einer „*deduktiv-nomologischen Erklärung*", kurz: *D-N-Erklärung*.[1]

Die genannten Komponenten der Erklärung haben offensichtlich einen unterschiedlichen raum-zeitlichen Geltungsbereich: Das Gesetz ist als Allaussage formuliert, das heißt, es erhebt Anspruch auf Gültigkeit an allen Orten und zu allen Zeiten (auch in der Zukunft).[2] Die empirische Überprüfung des Vorliegens der Randbedingung und des Explanandums hingegen bezieht sich auf eine konkrete Situation, etwa Arbeitnehmer einer Gesellschaft x zum Zeitpunkt t_1, d. h. es sind singuläre, historisch variierende Ereignisse, da eine empirische Bestandsaufnahme nur an bestimmten Orten und zu bestimmten Zeiten möglich ist.

---

[1] Die deduktiv-nomologische Erklärung wird häufig auch als Erklärung nach dem H-O-Schema bezeichnet. H-O steht dabei für Carl G. HEMPEL und Paul OPPENHEIM, die die logische Struktur der Erklärung aufgearbeitet haben (HEMPEL/OPPENHEIM 1948). Häufig wird auch vom „*covering-law-model*" der Erklärung gesprochen, womit angedeutet wird, dass singuläre Ereignisse unter ein umfassendes Gesetz subsumiert werden. Die Kennzeichnung „deduktiv-nomologische Erklärung" ruft dann Konfusion hervor, wenn sie in einen scheinbaren Gegensatz zum sogenannten „induktiven Verfahren" gesetzt wird. Das D-N-Modell gibt die logische Form einer Erklärung (im Begründungszusammenhang) an, das sogenannte „induktive Vorgehen" ist lediglich eine Bezeichnung für psychologische Mechanismen bei der Generierung von Hypothesen (im Entdeckungszusammenhang).

[2] Wäre dem nicht so, so könnte die Erklärung des Explanandums auch nur innerhalb des im „Gesetz" umrissenen Raum-Zeit-Bezugs gesehen werden. Jedes Explanandum außerhalb des beschränkten Geltungsbereichs wäre nicht mehr deduzierbar. Solche Aussagen, die sich zumeist auf bestimmte Gesellschaften bzw. Gesellschaftsformen (z. B. Industriegesellschaften, frühkapitalistische Gesellschaften usw.) beziehen, werden häufig auch als „Quasi-Theorien" bezeichnet (vgl. ALBERT 1972a:130ff).

So einleuchtend diese Struktur der Erklärung theoretisch auch sein mag, so verbergen sich für die sozialwissenschaftliche Forschung dahinter jedoch eine Reihe von grundsätzlichen und praktischen Problemen. Zunächst wird man feststellen, dass in den Sozialwissenschaften keine Gesetze im obigen Sinne bekannt sind und deshalb die ideale Form der Erklärung zur Zeit kaum möglich ist.[1] Gerade aus dem Mangel an sozialwissenschaftlichen Gesetzen ergibt sich die zentrale Aufgabe der empirischen Sozialforschung als die Suche nach Gesetzen zur Erklärung sozialen Handelns.[2] Entsprechend ist es sinnvoll, bei den bisher bekannten Theorien von „*hypothetischen Erklärungen*" bzw. potentiellen Erklärungen zu sprechen (HEMPEL 1977:8). Im Unterschied zu Gesetzen sind potentielle Erklärungen als Vermutungen, deren empirischer Wahrheitsgehalt bzw. Bestätigungsgrad noch weitgehend unklar ist, zu charakterisieren.

Daran schließt sich die Frage an, ob Hypothesen und auch Gesetze durch Forschung endgültig bestätigt, d.h. *verifiziert*, werden können. Da Gesetze einen prinzipiell unendlichen Geltungsbereich implizieren, können auch noch so viele vergangene oder gegenwärtige Ereignisse, die mit der Aussage übereinstimmen, nicht zu dem Schluss berechtigen, dass auch alle zukünftigen Ereignisse gesetzeskonform sein werden. Gesetze können somit niemals verifiziert, sondern bestenfalls nur vorläufig bestätigt werden.

Im Beispiel umfasst die Wenn-Komponente alle einheimischen Personen in allen multinationalen Gesellschaften an allen Orten und zu allen Zeiten. Eine entsprechende

---

[1] Dies ist nicht gleichbedeutend mit der Annahme, Erklärung könnte es prinzipiell für soziales Handeln nicht geben, da es nicht kausal determiniert sei. Die Frage wird noch eingehend zu behandeln sein (vgl. Kapitel 3.2.2).

[2] An dieser Stelle sei darauf hingewiesen, dass die Wahl einer wissenschaftstheoretischen Position, wie die hier vertretene, als Entscheidung auf metaphysischer Basis anzusehen ist, die praktische Konsequenzen hat. Dahinter verbirgt sich ein nicht „beweisbares" Weltbild, welches prinzipiell von der Determiniertheit aller natur- und sozialwissenschaftlichen Phänomene ausgeht. Diese Annahme steht nicht im Widerspruch zu den Erkenntnissen der modernen Physik. Die Resultate um die Heisenbergsche Unschärferelation in der Teilchenphysik und ihre unterschiedlichen Interpretationen vor allem durch EINSTEIN (als Verfechter des Determinismusprinzips) und BOHR (als Vertreter des Indeterminismusprinzips) im Zusammenhang der „Kopenhagener Interpretation der Quantentheorie" (vgl. dazu HÜBNER 1979:34–54,134–167) lassen beide Interpretationen zu (vgl. STEGMÜLLER 1974a:486–517, allgemein zu dieser Debatte vgl. HELD 1999). Darüber hinaus ist vor allzu schnellen Analogieschlüssen von der Physik auf die Sozialwissenschaften (wie z.B. bei LOHAUS 1983:20), die im Hinblick auf den Stand der Theoriebildung weit weniger elaboriert sind, eindringlich zu warnen (vgl. so z.B. BIEDERMANN 1991). Das betrifft auch die naive Unterstellung der Übertragbarkeit der mathematischen Theorie des deterministischen Chaos (vgl. SCHUSTER 1984) auf soziale Phänomene. Erst wenn empirisch gezeigt werden könnte, dass soziale Phänomene den Gleichungssystemen der mathematischen Chaostheorie genügen, ließe sich eine solche Übertragung rechtfertigen (vgl. FABER/KOPPELAAR 1994).

Verifikation müsste dann auch alle diese Personen einschließen. Ein solches Unterfangen ist weder praktisch noch prinzipiell (Zeitbezug) durchführbar. Somit verbleibt nur die Möglichkeit, von einer notwendigerweise begrenzten Anzahl von empirischen Überprüfungen auf die gesamten (vergangenen und auch zukünftigen) Eigenschaften der Untersuchungsobjekte zu schließen, also von speziellen Ereignissen auf allgemeine zu schließen („*Induktion*" bzw. „*Induktionsschluss*").

POPPER (1976:3–5) legt in diesem Zusammenhang jedoch dar, dass keine entsprechende allgemeine Induktionsregel (ein Induktionsprinzip) existiert. Es scheint nur zwei Möglichkeiten zur Begründung eines Induktionsprinzips zu geben: Entweder interpretiert man das Induktionsprinzip als empirischen Satz oder als synthetisches Urteil a priori.

Falls das Induktionsprinzip ein empirischer Satz sein sollte, so müsste man für seine Rechtfertigung ein Induktionsprinzip höherer Ordnung voraussetzen. Dies führt aber zu einem infiniten Regress, da dieses Induktionsprinzip höherer Ordnung selbst gerechtfertigt werden muss. Soll dieses Induktionsprinzip wieder als empirischer Satz interpretiert werden, dann stellt sich das ursprüngliche Problem auf jeder weiteren Argumentationsstufe erneut.

Falls das Induktionsprinzip als synthetisches Urteil a priori aufzufassen sein sollte, besteht das Problem darin, dass die Geltung solcher Urteile kaum bewiesen werden kann. Damit erscheint diese Lösung willkürlich und untauglich zur Begründung eines allgemeinen Prinzips.

Obwohl wir im alltäglichen Handeln häufig induktive Schlüsse ziehen, z. B. unsere persönlichen Erfahrungen mit einigen wenigen Lehrern auf alle Lehrer verallgemeinern und dabei vielleicht auch Handlungserfolge erzielen, ist dies logisch nicht korrekt (CHALMERS 1986:15ff).[1]

Damit gilt aber auch für alle bekannten Naturgesetze, dass sie nicht endgültig verifiziert sind, d. h. für immer und ewig Gültigkeit beanspruchen können. So schwer es vorstellbar ist, dass sich etwa das Newtonsche Gravitationsgesetz als falsch erweisen könnte, so gibt es trotzdem keinen logischen Grund für die Annahme, dass es immer Geltung haben wird. Und in der Tat existiert kaum ein naturwissenschaftliches Gesetz,

---

[1] In der Ablehnung jeder Induktionslogik unterscheidet sich die Methodologie des sogenannten „Kritischen Rationalismus" – bei sonst vielfältigen Übereinstimmungen – von den Auffassungen des sog. „Logischen Empirismus". Der Logische Empirismus wurde vor allem im „Wiener Kreis", einem Forum von überwiegend in Wien zwischen den Weltkriegen arbeitenden Wissenschaftlern, entwickelt. Zu den prominentesten Vertretern gehörten M. SCHLICK, O. NEURATH, E. ZILSEL und R. CARNAP (vgl. KRAFT 1968).

welches nicht auch Anomalien (Fälle, die im Widerspruch zu diesem Gesetz stehen) aufweist. Insofern ist der Unterschied zwischen naturwissenschaftlichen Gesetzen und sozialwissenschaftlichen Theorien im Prinzip nur graduell.

Obgleich die Verifikation von Allaussagen also ausgeschlossen ist, bleibt die Möglichkeit, allgemeine Aussagen zu widerlegen (zu *„falsifizieren"*). Dies geschieht logisch durch den empirischen Nachweis eines einzigen Falles bzw. Ereignisses, welches im Widerspruch zur Hypothese steht. Um die Hypothese zu widerlegen, genügt in unserem Beispiel eine Person, die trotz wahrgenommener Konkurrenz zu Ausländern nicht ausländerfeindlich reagiert.

Das *„Falsifikationsprinzip"* wird so zum Motor jeglichen Erkenntniszuwachses, der damit nicht mehr als kumulative Ansammlung wahren Wissens, sondern als systematische Eliminierung von falschen Aussagen durch die empirische Falsifikation konzipiert ist.

Eine ganz entscheidende Voraussetzung für die Falsifikation von Aussagen ist aber die hier immer unterstellte richtige Erfassung bzw. Messung der empirischen Wirklichkeit (vgl. Kapitel 3.1.4). Konkret bedeutet dies, dass es keinerlei Zweifel am realen Vorliegen der singulären Ereignisse (Randbedingung und Explanandum) gibt; das heißt, dass z. B. bei einer sozialwissenschaftlichen Befragung alle Interviewer die entsprechenden Fragen vollständig und korrekt stellen und alle Befragten „wahrheitsgemäß" antworten. Dies ist sicherlich eine naive Vorstellung, die im weiteren zu revidieren sein wird. Sie bezieht sich aber auf empirische Fragen, die zunächst die Logik der Falsifikation nicht tangieren, ihre Praxis hingegen sehr.

Mit der prinzipiellen Möglichkeit der Falsifikation von empirischen Aussagen wird gleichzeitig ein Kriterium zur Beurteilung von Hypothesen und dem Vergleich von Hypothesen geliefert. Eine Hypothese besteht im einfachsten Fall aus

- der Angabe ihres Geltungsbereiches, der im Idealfall keinen spezifischen Raum-Zeit-Bezug hat (d. h. dass die Hypothese immer und überall Geltung beansprucht),
- einem Objektbereich oder Individuenbereich (Menschen, Frauen, Männer unter 30 Jahren usw.),
- dem Allquantor, der besagt, dass die Aussage für alle Objekte des Objektbereiches Geltung haben soll
- und zwei Prädikaten, d. h. Eigenschaften der im Objektbereich angegebenen Individuen (z. B. Ausländerfeindlichkeit, wahrgenommene Konkurrenz).

Ein wichtiges Merkmal von Hypothesen liegt in ihrem Objektbereich, der die Menge der *„potentiellen Falsifikatoren"* umschreibt. Potentielle Falsifikatoren sind zum

Beispiel Individuen mit Eigenschaften, die der Theorie widersprechen können.

Da in der naiven Konzeption des Falsifikationismus allein mit Hilfe der Widerlegung von Theorien ein Erkenntnisfortschritt möglich ist, sollen zu prüfende Hypothesen so formuliert werden, dass diese Widerlegung möglichst „einfach" ist. Dies erreicht man durch einen möglichst weiten Objektbereich: eine Theorie, die sich lediglich auf das Verhalten von Kindern im Alter von 9–11 Jahren bezieht und die dann widerlegt wird, lässt offen, wie sich z. B. die jüngeren Kinder verhalten. Umfasst eine Theorie alle Kinder und wird widerlegt, so informiert sie insofern mehr über die Realität, als sie eine Aussage über ein bestimmtes Verhalten für alle Kinder endgültig als falsch nachweist. Somit gilt: Je größer die Anzahl der potentiellen Falsifikatoren, desto höher ist ihr „*Informationsgehalt*".[1]

Der Informationsgehalt der Gesamtaussage wird durch die Präzision der Wenn- bzw. Dann-Komponente der Hypothese bestimmt.

- Präzisiert, d. h. steigert man den inhaltlichen Gehalt der Wenn-Komponente durch die Berücksichtigung weiterer Einzelheiten, dann sinkt (bei gleichbleibender Dann-Komponente) der Informationsgehalt.

Eine Präzisierung der Wenn-Komponente kann durch unterschiedliche Maßnahmen vorgenommen werden. Beispielsweise kann man die Objektmenge verkleinern (etwa von allen Gesellschaftsmitgliedern auf Erwerbstätige oder Angestellte), oder man führt eine raum-zeitliche Einschränkung des Geltungsbereiches ein (etwa durch Hinzunahme von Bestimmungen wie „im Mittelalter", „in Industriegesellschaften" oder „auf dem Gebiet der BRD"). Eine verbreitete (aber methodologisch unerwünschte) Form der Präzisierung liegt im Einschluss einer sogenannten „Ceteris-paribus-Klausel" (also der Einschränkung „unter sonst gleichbleibenden Bedingungen") in die Wenn-Komponente. Eine entsprechende Hypothese könnte z. B. lauten: „Wenn unter sonst gleichen Bedingungen der Preis eines Konsumgutes steigt, dann sinkt die nachgefragte Menge nach ihm". Zu dieser Aussage kann kein empirisches Gegenbeispiel gefunden werden, da sich die Vertreter dieser Aussage immer auf veränderte Bedingungen berufen können. Entsprechend haben solche Aussagen keinen Informationsgehalt (ALBERT 1972d:412).

---

[1] vgl. POPPER (1976:77f); PRIM/TILMAN (1975:70f). Nicht nur Tautologien, sondern auch normative (präskriptive) Aussagen sind in diesem Sinne informationslos: Die Behauptungen „Professoren sollen viel wissen" oder „Wenn Angestellte viel Verantwortung tragen, dann sollen sie auch gut bezahlt werden" lassen sich nicht empirisch verifizieren oder falsifizieren; sie sind im günstigsten Fall unter Darlegung von ideologischen Gründen pragmatisch zu rechtfertigen. Hingegen sind die Aussagen „Professoren wissen über ihr Fachgebiet mehr als Studenten" und „Wenn Angestellte viel Verantwortung tragen, dann werden sie gut bezahlt" mit Hilfe empirischer Verfahren widerlegungsfähig.

• Steigert man den inhaltlichen Gehalt der Dann-Komponente durch die Berücksichtigung weiterer Einzelheiten, dann steigt (bei gleichbleibender Wenn-Komponente) der Informationsgehalt.

Der Gehalt der Dann-Komponente kann z. B. durch die Einführung einer Konjunktion gesteigert werden. Beispiel: „Wenn menschliches Handeln belohnt wird, dann stellen sich positive Gefühle und physiologische Erregung ein". Durch die Konjunktion („und") wird der Informationsgehalt erhöht, da sich die Anzahl der potentiellen Falsifikatoren erhöht. Ohne die Konjunktion wäre im Beispielsatz diejenige Menge von Menschen potentielle Falsifikatoren, die trotz Belohnung keine positiven Gefühle entwickeln. Durch Hinzunahme der Konjunktion sind jedoch nicht nur diejenigen potentiellen Falsifikatoren, die keine positiven Emotionen erleben, sondern zusätzlich auch diejenigen Personen, die keine physiologische Erregung verspüren. Genauso wirkt sich auch die inhaltliche Spezifikation der Dann-Komponente aus. Verändert man die Dann-Komponente von „positive Gefühle" in „starke positive Gefühle", so steigt auch hier die Menge der potentiellen Falsifikatoren. Bei unveränderter Dann-Komponente sind alle Menschen, die keine positiven Gefühle empfinden, potentielle Falsifikatoren. Bei der veränderten Aussage („starke positive Gefühle") sind zusätzlich auch diejenigen potentielle Falsifikatoren, die nur leichte positive Gefühle erleben.[1]

Eine Wissenschaft, die die empirische Kritik von Theorien zum Postulat erhebt und den Theorienpluralismus fördert, muss aber auch bei Konkurrenz von Theorien, welche die gleichen Sachverhalte erklären wollen, Entscheidungshilfe geben. In einer Situation, in der mehrere Theorien vorliegen, die gleich gut bestätigt sind, also vielen Widerlegungsversuchen standgehalten haben, sollte für die weitere Arbeit diejenige Theorie bevorzugt werden, deren Informationsgehalt am höchsten ist, da sie über einen weiteren Objektbereich informiert.[2] Theorien mit hohem Informationsgehalt erlauben darüber hinaus auch weitergehende Prognosen als Theorien mit nur geringem Informationsgehalt.

Die für rationales, planvolles Handeln bedeutsame „*Prognose*" von Ereignissen unterliegt der gleichen logischen Struktur wie die Erklärung. Es ist also möglich, mit Hilfe der gleichen Denkfigur ein weiteres wissenschaftliches Ziel zu erreichen: das Aufzeigen von Konsequenzen bestimmter Zustände. In Bezug auf das vorgestellte Beispiel könnte also bei noch nicht vorliegender Ausländerfeindlichkeit deren zukünftiges Auftreten bei Gültigkeit der Hypothese („Wenn wahrgenommene Konkurrenz auf dem Arbeitsmarkt, dann Neigung zu Ausländerfeindlichkeit") und dem empirischen

---

[1] vgl. PRIM/TILMAN (1975:70–78); OPP (1970:176f).
[2] Zu den Problemen dieser Konzeption vgl. ESSER/KLENOVITS/ZEHNPFENNIG (1977a:122–135).

	Gesetz	Randbedingung	Explanandum
Erklärung	gesucht	gesucht	gegeben
Prognose	gegeben	gegeben	gesucht

Abbildung 3-2: *Erklärung und Prognose*

Vorhandensein der Randbedingung („wahrgenommene Konkurrenz auf dem Arbeits-markt") prognostiziert werden. Mit Hilfe eines weiteren Gesetzes wäre es z. B. auch möglich, die Folgen der Ausländerfeindlichkeit vorauszusagen. Ein solches Gesetz müsste dann das Phänomen „Ausländerfeindlichkeit" als Randbedingung aufweisen. Es könnte lauten: „Je größer die Ausländerfeindlichkeit in einer multinationalen Gesellschaft, desto höher die Ghettoisierung der Ausländer". Ein solches Gesetz und die beobachtete Randbedingung „Ausländerfeindlichkeit" ermöglichen dann eine Vorhersage bezüglich der zu erwartenden räumlichen Segregation von Ausländern. Erklärung und Prognose sind also strukturell identisch, d. h. ihre (deduktive) Logik unterscheidet sich nicht.[1]

Der Unterschied zwischen Erklärung und Prognose ist also eher praktischer Natur. Während bei einer Erklärung das Explanandum als „Forschungsfrage" vorgegeben ist und aufgrund dieser Vorgabe eine Hypothese gesucht bzw. aufgestellt wird und danach die in der Hypothese spezifizierten Randbedingungen kontrolliert werden, wird bei einer Prognose die Randbedingung als geltend angenommen und die der Hypothese entsprechende – zeitlich versetzte – Wirkung (Explanandum) kontrolliert (vgl. Abb. 3-2).

Die strukturelle Gleichheit von Erklärung und Prognose spielt eine entscheidende Rolle bei der Überprüfung von Theorien, insbesondere durch wissenschaftliche Experimente. Denn durch die Realisation der Randbedingungen in einem Experiment kann auf der Ebene der beobachtbaren (singulären) Ereignisse das Eintreten der im Gesetz postulierten Konsequenzen, die bei Richtigkeit der Theorie logisch ableitbar sind, beurteilt werden. „Echte" Experimente bemühen sich dabei, durch Herstellung einer idealen Versuchsanordnung mögliche Störfaktoren auszuschließen. Diese Kontrolle von Störfaktoren hat hierbei (wie auch bei allen anderen wissenschaftlichen Untersuchungen) eine zentrale Bedeutung. Treten nämlich z. B. die aus einer Theorie abgeleiteten Beobachtungssätze (Ereignisse) nicht auf, so kann zur „Rettung" der Theorie immer auf Störungen hingewiesen werden, die das Eintreten des erwarteten

---

[1] Die These der strukturellen Identität von Erklärung und Prognose ist nicht unwidersprochen geblieben; vgl. hierzu SCHEFFLER (1964:43ff); HEMPEL (1977:43ff); LENK (1989).

Ereignisses verhindert haben. Bei einer solchen „*konventionalistischen Strategie*" wird bei Widersprüchen zwischen Theorie und Beobachtung zunächst immer die „Ceteris-paribus"-Klausel, die die Konstanz der Randbedingungen postuliert, bezweifelt (vgl. Kapitel 3.2.3).

Während die bisherigen Ausführungen lediglich die Logik der Erklärung verdeutlichen sollten, sind im Folgenden die Bedingungen, unter denen eine korrekte Erklärung erst möglich ist, zu spezifizieren. ESSER/KLENOVITS/ZEHNPFENNIG (1977a:105) fassen die von HEMPEL/OPPENHEIM (1948:137f) ausgearbeiteten Kriterien zusammen:

1. Das Explanandum muss logisch korrekt aus dem Explanans abgeleitet sein.
2. Im Explanans muss ein Gesetz enthalten sein.
3. Das Explanans muss wahr sein.
4. Das Explanans muss empirischen Gehalt haben.

Betrachtet man die beiden ersten Bedingungen aufgrund der Logik der Erklärung als unmittelbar plausibel, so verbleiben die dritte und vierte Bedingung, die von Bedeutung für die praktische Sozialforschung sind. Durch die Probleme, die durch die Kriterien 3 und 4 entstehen, wurde in der Praxis die „naive Logik" der Falsifikation sukzessive durch eine verfeinerte Methodologie der Falsifikation ersetzt (vgl. dazu Kapitel 3.1.4). Dabei wird auch deutlich, warum in allen Wissenschaften häufig an Hypothesen festgehalten wird, obwohl sie nach der Logik der Falsifikation eigentlich verworfen werden müssten.

3.1.3.2 Induktiv-statistische Erklärung

Da in den Sozialwissenschaften keine deterministischen Gesetze zur Erklärung eines Sachverhaltes bekannt sind, wird in der Forschungspraxis zumeist die sogenannte „*induktiv-statistische*" oder „*probabilistische*" Erklärung verwendet (vgl. HEMPEL (1977:55–123). Die Komponenten einer solchen I-S-Erklärung sind denen der D-N-Erklärung gleich, jedoch wird an Stelle eines deterministischen Gesetzes im Explanans eine probabilistische Aussage verwendet (vgl. Abb. 3-3).

Im Vergleich zu D-N-Erklärungen ergeben sich dadurch zwei Unterschiede:

- eine logische Deduktion von der probabilistischen Aussage auf das Explanandum ist ausgeschlossen,
- falls verschiedene probabilistische Aussagen zur Erklärung desselben Sachverhaltes verwendet werden, können sich logische Widerspüche ergeben, da den Objekten dann mehrere verschiedene Wahrscheinlichkeiten gleichzeitig zugesprochen werden.

Gesetz G1	Für 90% aller Fälle gilt: Wenn Personen ein Monats-einkommen über 3.000 Euro haben, dann besuchen sie regelmäßig die Oper.
Randbedingung	Person X hat ein Einkommen von 3.200 Euro.
Explanandum	Person X besucht regelmäßig die Oper.

$$l = .90$$

***Abbildung 3-3:** Struktur und Komponenten einer I-S-Erklärung*

Im Beispiel stellt G1 eine statistische Aussage dar, die auf 90% der Fälle beschränkt ist. Diese 90% geben eine statistische Wahrscheinlichkeit bzw. eine relative Häufigkeit wieder. Die Angabe $l = .90$ gibt die „induktive Wahrscheinlichkeit"[1] an, mit der das Explanans das Explanandum stützt bzw. das Ausmaß, in dem es rational ist, zu erwarten, dass das Explanandum aus dem Explanans folgt.

Offensichtlich kann aus dem probabilistischen Gesetz G1 nicht das Verhalten der Person X deduziert werden. Man könnte zwar vermuten, dass X regelmäßig die Oper besucht, aber das Gesetz lässt auch die Möglichkeit zu, dass sie es nicht tut. Je höher die induktive Wahrscheinlichkeit ist, umso eher würde man zwar das Explanandum vernünftigerweise erwarten, aber es ist weder logisch deduzierbar noch mit Sicherheit prognostizierbar (HEMPEL 1977:70).

Abgesehen davon, dass auch die probabilistische Hypothese aufgrund ihres Allsatzcha-rakters genau wie deterministische Gesetze nicht verifizierbar ist, bleibt hier die Frage nach einer möglichen Falsifikation. Man muss sich also fragen, welche Untersuchungs-ergebnisse die Hypothese widerlegen könnten. Denkbar wäre eine Untersuchung, in der 1.000 Personen (mit einem Einkommen über 3.000 Euro) befragt werden und dabei 400 (= 40%) angeben, nicht regelmäßig die Oper zu besuchen. Dieses Ergebnis widerspricht zwar auf den ersten Blick der Hypothese, jedoch bezieht sich dieses Resultat auf einen bestimmten endlichen Personenkreis. Die Hypothese aber macht eine Aussage über eine potentiell unendliche Population und insofern können auch noch so viele konkrete Untersuchungen, die immer nur eine endliche Menge umfassen, nie die Hypothese letztlich widerlegen, da ja in der nicht berücksichtigten Population andere Verhältnisse gelten können (OPP 1970:36ff). Bei der I-S-Erklärung entfallen somit sowohl Verifikation als auch Falsifikation als Überprüfungsoptionen.

Das zweite Problem von I-S-Erklärungen lässt sich verdeutlichen, wenn man annimmt, dass neben der Aussage G1 eine weitere Aussage (G2) vorliegt, die ebenfalls den

---

[1] Für die statistische und die „induktive Wahrscheinlichkeit" werden hier gleiche Werte angenommen (vgl. HEMPEL 1977:70ff). Zwischen beiden muss aber inhaltlich unterschieden werden. Da sich diese „induktiven" Wahrscheinlichkeiten nicht objektiv quantifizieren lassen, können sie nicht mit den statistischen Wahrscheinlichkeiten gleichgesetzt werden.

Besuch der Oper thematisiert. G2 könnte lauten: Wenn Personen Mitglied der „Grü-nen" sind, dann besuchen sie mit einer Wahrscheinlichkeit von 95% nicht regelmäßig die Oper. Ferner beträgt die entsprechende induktive Wahrscheinlichkeit $l = 0.95$. Wenn nun Person X nicht nur ein Einkommen von über 3.000 Euro hat, sondern auch Mitglied der „Grünen" ist, so ergeben sich Widersprüche: Bezüglich der Aussage G1 würde X „wahrscheinlich" die Oper besuchen, bezüglich G2 würde sie es „wahrschein-lich" nicht tun. Da nun zu einer gegebenen und daher bekannten probabilistischen Aussage immer auch andere probabilistische Aussagen denkbar sind, kann man ein Explanandum immer nur relativ zu den bekannten probabilistischen Aussagen erklären oder prognostizieren.[1]

I-S-Erklärungen weisen somit aus logischer Sicht deutliche Mängel auf. Entsprechend wird in der Literatur für I-S-Erklärung der Begriff „Erklärung" häufig abgelehnt und stattdessen der Begriff der „Begründung" vorgeschlagen.[2] Trotz der Mängel können I-S-Erklärungen bzw. statistische Begründungen jedoch schon aus pragmatischen Gründen nicht gänzlich abgelehnt werden.

Zur Vermeidung von denkbaren Missverständnissen sei in diesem Zusammenhang noch auf zwei Aspekte aufmerksam gemacht. Zunächst ist die Kritik an induktiv-statistischen Erklärungen nicht gleichzusetzen mit Vorbehalten gegenüber der so-genannten induktiven Statistik. Hier werden völlig verschiedene Themenkomplexe angesprochen. Bei einer Erklärung liegt ein logischer Schluss vor, der (nach Maßgabe der zweiwertigen Logik) nur wahr oder falsch sein kann. In der induktiven Statistik hingegen, die von der Verteilung von Merkmalen in der Stichprobe auf die Vertei-lung von Merkmalen in der Grundgesamtheit schließt (vgl. Kapitel 6), wird nicht ein logisches Argument beurteilt, sondern eine empirische Verallgemeinerung, deren Gültigkeit prinzipiell auch empirisch testbar ist (STEGMÜLLER 1974a:491).

Weiter soll darauf verwiesen werden, dass das Vorherrschen probabilistischer Aussa-gen in den Sozialwissenschaften kein Beleg für die Annahme eines „Indeterminismus" ist (STEGMÜLLER 1974a:486–517). Wenn in den Sozialwissenschaften deterministi-sche Hypothesen bisher kaum bestätigt werden konnten, so liegt dies möglicherweise neben der Verwendung untauglicher Theorien auch am Entwicklungsstand der ange-wendeten Messverfahren (vgl. Kapitel 4). Ein Beispiel von STEGMÜLLER (1974a:491) veranschaulicht die Problematik von fälschlicherweise angenommener Indeterminiert-heit aufgrund mangelhafter Messverfahren: Die probabilistische Aussage, dass bei

---

[1] Zu der nicht abgeschlossenen Diskussion um mögliche Lösungen dieses Problems vgl. HEMPEL (1977:61–123) und GROEBEN/WESTMEYER (1981:84–90).

[2] vgl. HEMPEL (1977:98–123); neuere Literatur findet sich bei SCHURZ (1988).

einem Münzwurf mit 50%iger Wahrscheinlichkeit „Zahl" oben liegt, ist zwar sicher richtig, aber kein Beleg dafür, dass dieses Ereignis „Zahl" nicht vom Wurf (als Ursache) determiniert ist. Denn unterzöge man den Münzabwurf und Münzflug einer genauen Analyse und besäße man alle relevanten Informationen, d. h. könnte man Abwurfgeschwindigkeit, -richtung, Luftwiderstand usw. exakt ermitteln, so ließe sich exakt das Ereignis „Zahl" deduzieren. Insofern können statistische Erklärungen auch Ausdruck einer noch nicht hinreichend genauen Messtechnik sein.[1]

3.1.3.3 Unvollständige Erklärungen

In der Praxis wird vom dargestellten Modell der D-N-Erklärung häufig abgewichen. Diese Abweichungen werden als *„unvollständige Erklärungen"* bezeichnet (HEMPEL 1977:124–142, STEGMÜLLER 1974a:105–116). Im Allgemeinen können drei Formen solcher unvollständigen Erklärungen unterschieden werden.

Ein Großteil dessen, was als „soziologische Theorie" bezeichnet wird, besteht aus *„ad-hoc-Erklärungen"* (auch: *„hypothetische Erklärungen"*): Singuläre Ereignisse (bzw. unerwartete Ergebnisse einer Untersuchung) werden mit Hilfe von Gesetzen „erklärt", deren empirische Bestätigung (noch) aussteht. Da jedoch prinzipiell zu jedem Ereignis (bzw. empirischem Befund) ad-hoc beliebig viele „passende" Theorien konstruiert werden können, ist diese Vorgehensweise ungeeignet, bestehende Theorien systematisch zu überprüfen und ihre Anwendungsbedingungen zu spezifizieren. Ad-hoc-Erklärungen führen nur zur Aufstellung immer neuer Theorien mit niedrigem Informationsgehalt, über deren empirische Gültigkeit nur wenig bekannt ist.

Eine andere Form der unvollständigen Erklärung ist die *„partielle Erklärung"*. Hierbei werden aus einer sehr unpräzisen Dann-Komponente mehrere verschiedene Ereignisse abgeleitet. So könnte z. B. die Gründung einer Selbsthilfegruppe von Drogenabhängigen (zur Zeit t1, am Ort X), durch folgende Theorie erklärt werden: „Wenn die öffentliche medizinische Versorgung in einer Gesellschaft nicht zur Zufriedenheit der Bürger funktioniert, so schließen sich Bürger zu privaten Initiativgruppen zusammen".

Hier umfasst die Dann-Komponente eine weit größere Klasse von Fällen als das konkrete Explanandum: D. h. die Selbsthilfegruppengründung von Drogenabhängigen ist nur eine Teilmenge von allen Selbsthilfegruppengründungen. Somit erklärt das Explanans das „Explanandum-Phänomen nicht mit der Bestimmtheit, mit der es durch

---

[1] Eine solche Sichtweise betrachtet statistische Erklärungen somit als „Vorstufe" für deterministische. Letztlich ist es jedoch eine offene empirische Frage, ob es nicht auch statistische „Grundgesetze" (also nicht nur durch Unkenntnis, ungenaue Messung u.ä. bedingte) gibt.

den Explanandum-Satz beschrieben wird, und deshalb ist das Erklärungsvermögen des Argumentes kleiner, als es zu sein scheint bzw. zu sein vorgibt" (HEMPEL 1977:129f). Solche partiellen Erklärungen sind weitverbreitet und wurden intensiv im Zusammenhang mit sog. funktionalistischen und system-funktionalistischen Theorien (bzw. teleologischen Erklärungen) diskutiert und kritisiert (HEMPEL 1975; NAGEL 1975).

Die dritte Form unvollständiger Erklärungen – und die in der Praxis der empirischen Sozialforschung am weitesten verbreitete Form – ist die *„Erklärung mit impliziten Gesetzen"* (OPP 1970:58ff). Insbesondere in populärwissenschaftlichen Darlegungen aus dem Bereich der Meinungsforschung finden sich Beispiele für diese unangemessene Vorgehensweise. Empirische Ergebnisse wie „Landbewohner sind weniger suizidgefährdet als Stadtbewohner", „Unterschichtsangehörige sind religiöser als Oberschichtsangehörige" oder „Frauen wählen häufiger als Männer christliche Parteien" werden dort als Ursache-Wirkungs-Verhältnisse interpretiert, die z. B. Geschlecht und Wahlverhalten, Wohnort und Suizidanfälligkeit, Schichtzugehörigkeit und Religiosität kausal in Beziehung setzen.

Obgleich z. B. die Variable „Geschlecht" im Allgemeinen über die Feststellung der biologischen Geschlechtszugehörigkeit ermittelt wird, würde jedoch kein Sozialwissenschaftler argumentieren, dass diese biologische Geschlechtszugehörigkeit das Wahlverhalten determiniert. Dies würde nämlich bedeuten, dass die Ausstattung mit bestimmten primären und sekundären Geschlechtsmerkmalen eine bestimmte politische Wahlentscheidung verursacht. Vielmehr würde man argumentieren, dass das weibliche Rollenverständnis, die männlichen Wertvorstellungen o. a. die Ursache für eine bestimmte Handlung (hier: eine Wahlentscheidung) darstellen.

Dies bedeutet aber, dass implizit ein drittes Element neben Geschlecht und Wahlverhalten in die Argumentation aufgenommen wird, z. B. die Konservativität der politischen Einstellungen. Dann muss man aber unterstellen, dass erstens Frauen unter allen Bedingungen häufiger konservative Einstellungen besitzen und zweitens unter allen Umständen Personen mit konservativen Einstellungen häufiger eine christliche Partei wählen. Nur falls beide Annahmen tatsächlich immer wahr sind wäre eine implizite Erklärung unproblematisch.

Wird die Wahrheit dieser Annahmen jedoch nur unterstellt und nicht explizit überprüft, so ist diese Erklärung unbrauchbar, da beliebige andere implizite Gesetze gelten können. In diesem Beispiel könnten an Stelle der Hypothesen „Frauen besitzen häufiger konservative Einstellungen" und „Personen mit konservativen Einstellungen wählen häufiger eine christliche Partei" auch die Hypothesen „Frauen wählen häufiger attraktive Politiker" und „Christliche Parteien verfügen häufiger über attraktive Politiker" verwendet werden.

Auf Erklärungen mit impliziten Gesetzen trifft man häufig bei der Verwendung von sogenannten *Globalvariablen* (z. B. Geschlecht, Schicht, Wohnort, Alter etc.) als Wenn-Komponente einer Erklärung.[1] Solche Variablen werden dann häufig mit den unterschiedlichsten Handlungsdispositionen der Akteure verknüpft. Je nach Kontext wird z. B. angenommen, dass ein hohes Alter mit viel Lebenserfahrung, kognitiver Verfestigung oder sozialer Isolation verbunden ist. Insbesondere aber unter den Bedingungen zunehmender gesellschaftlicher Differenzierung werden Erklärungen aufgrund impliziter Gesetze problematisch. So mag die Verknüpfung von beruflicher Stellung und politischer Präferenz um die Jahrhundertwende noch sehr eng gewesen sein und insofern konnte man über die Erfahrung der beruflichen Stellung mit relativ hoher Sicherheit auf die politische Präferenz schließen. Für das Mittelalter scheint es gerechtfertigt, von der Standeszugehörigkeit auf Bildung zu schließen. Moderne Gesellschaften jedoch zeichnen sich u. a. gerade durch eine zunehmende Entkopplung von individuellen Handlungsmöglichkeiten und kategorialen Merkmalen aus.

Das Problem impliziter Erklärungen liegt in der möglichen Verkennung von u. U. vorhandenen empirischen Zusammenhängen. Falls man z. B. Geschlecht in hergebrachter Form mit den Ausprägungen „männlich/weiblich" erfasst, aber eigentlich die Handlungsorientierung „berufliches Engagement/familiäres Engagement" als verursachendes Moment für das z. B. zu erklärende Ereignis „Abbruch des Studiums" vermutet, kann es sein, dass man nur deshalb keinen empirischen Zusammenhang zwischen Geschlecht und Studienabbruch findet, weil Geschlecht und Handlungsorientierung nicht in dem Maße zusammenhängen, wie man unterschwellig vermutete: Das implizite Gesetz „Wenn Personen männlichen Geschlechts sind, dann haben sie ein starkes berufliches Engagement" ist empirisch falsch. Würde man hingegen die „eigentliche" Handlungsursache empirisch messen, dann könnte sich die Hypothese u.U. bestätigen. Einer theoretisch reflektiert verfahrenden Sozialforschung bleibt somit nur die Möglichkeit der theoretischen Explikation von Globalvariablen. Im Kontext einer Theorie ist dabei zu überlegen und empirisch zu überprüfen, „was" solche Merkmale im soziologischen Sinne bedeuten können. Anders gesagt: Es ist zu fragen, welcher dieser vielfältigen Aspekte, die sich hinter den Globalvariablen verbergen können und die irgendwie zusammenhängen, für einen Akteur bei einer konkreten Handlung relevant sind (LANGENHEDER 1975:60ff).

---

[1]   Der Begriff „Globalvariable" hat keine feste Bedeutung. Zumeist wird er verwendet, um Variablen zu kennzeichnen, bei denen jede einzelne Ausprägung jeweils ein ganzes Bündel unterschiedlicher empirischer Phänomene umfasst. So wird z. B. durch die Ausprägung „weiblich" der Globalvariablen „Geschlecht" ein Sammelsurium empirischer Befunde (und entsprechender theoretischer Konzepte) angesprochen: Gefühlsbetontheit, Konservatismus, Hysterie, Frauensolidarität, Mütterlichkeit, aber auch eine spezifische Arbeits- und Lebenssituation (vgl. z. B. LANGENHEDER 1975:61).

3.1.4 Die empirische Signifikanz von Theorien

Mitunter besitzen Erklärungen, obwohl sie der angestrebten D-N-Struktur genügen, keinen wissenschaftlichen Wert, weil sie sich nicht mit der Realität konfrontieren lassen. Beispiele für solche Erklärungen operieren häufig mit Begriffen wie „Unbewusstes", „gesellschaftliche Totalitäten", „Seele", „System" usw. als Ursache (oder Folge) für bestimmte Ereignisse, wobei die Begriffsinhalte so definiert sind, dass sie sich der direkten Wahrnehmung entziehen.

Es gehört nun in der Tat zum Grundkonsens aller empirisch orientierten Wissenschaftler, dass metaphysische Erklärungen als wissenschaftliche Erklärungen abzulehnen sind. D. h. jedoch nicht, dass metaphysische Erklärungen nicht häufig dem Handeln von Individuen zugrunde liegen. Da metaphysische Argumente allerdings immer auch Bestand des gesellschaftlichen Lebens sind, geht es in der Wissenschaftstheorie keineswegs um einen allgemeinen Kampf gegen jegliche Metaphysik, sondern nur darum, solche Aussagen nicht als Begründung für Theorien zuzulassen.[1] Der Anspruch, zu einer Realerkenntnis a priori gelangen zu können, wird von Empirikern geleugnet (STEGMÜLLER 1974b:183). Dies bedeutet natürlich nicht, dass Wissenschaftler nicht auch Anhänger von religiösen, sozialen oder politischen Ideologien sein können. Jedoch kann die Geltung wissenschaftlicher Aussagen nicht aus präskriptiven oder metaphysischen Annahmen abgeleitet werden (vgl. Kapitel 3.2.1).[2]

Es wird damit zum zentralen Problem, wie empirisch sinnvoll zu interpretierende Aussagen von empirisch „sinnlosen Aussagen" zu trennen sind („*Abgrenzungsproblem*"). Sofern nicht jeglicher empirische Bezug per Definition ausgeschlossen wird, ist es nicht immer klar, ob verwendete Begriffe empirisch interpretierbar sind. POPPER löst das Problem auf denkbar einfache Art: Wenn Aussagen potentiell falsifizierbar und nicht rein analytisch sind (wie die Sätze der Logik oder Mathematik, die ja nichts über die Wirklichkeit aussagen, also keinen empirischen Bezug vorgeben), dann sind es empirisch sinnvoll begründbare Sätze. Die potentielle Falsifikation ist also identisch

---

[1] Hierzu sind jedoch (letztlich) auch gewisse metaphysische Annahmen unumgänglich, z. B. jene, dass es eine reale Welt gibt, die unabhängig vom erkennenden Subjekt existiert: POPPERS sog. „erste Welt" (vgl. POPPER 1974:172ff). Diese Annahme wird gegenwärtig von einigen Vertretern des sogenannten „radikalen Konstruktivismus" nicht geteilt bzw. wird die wissenschaftliche Erkennbarkeit der Außenwelt unter Bezug auf neurophysiologische Erkenntnisse bestritten (vgl. z. B. GLASERSFELD 1987; FÖRSTER 1993). Diese Position führt jedoch zu inneren Widersprüchen: Wäre diese These der Unerkennbarkeit korrekt, dann könnte auch die Geltung der neurophysiologischen Erkenntnisse nicht gezeigt werden (NUESE u.a. 1991; WENDEL 1992).

[2] Zur Unterscheidung von Theorien, die die Akteure selbst verwenden und Theorien über Akteure, vgl. Kapitel 3.2.2.2.

mit dem Abgrenzungskriterium : „Ein empirisch wissenschaftliches System muss an der Erfahrung scheitern können" (POPPER 1976:15).

So einleuchtend dieses Argument im Rahmen der D-N-Erklärung sein mag, so gering erscheint seine praktische Relevanz. Es setzt bereits eindeutige Regeln für die empirische Interpretation von theoretischen Aussagen (genauer: einem theoretischen Konstrukt) durch empirische Tatsachen (also Beobachtungen im weitesten Sinne) voraus. Genau diese Verknüpfung ist allerdings ein noch nicht zufriedenstellend gelöstes Problem innerhalb der Wissenschaftstheorie.

An einem Beispiel soll dies verdeutlicht werden. Ist die Aussage „Wenn die Götter ärgerlich sind, dann folgt Blitz und Donner" empirisch sinnvoll oder unwiderlegbar? Diese Aussage erfüllt alle bisher genannten Kriterien einer Theorie: Sie ist logisch korrekt, hat einen unbeschränkten Geltungsbereich, verknüpft Ursache und Wirkung und ermöglicht eine korrekte Deduktion auf ein singuläres Ereignis (Blitz und Donner an einem bestimmten Raum-Zeitpunkt). Es verbleibt aber die Frage nach ihrer Falsifizierbarkeit, dem empirischen Nachweis, dass der Ärger der Götter nicht die Ursache für Blitz und Donner ist. Sieht man einmal davon ab, dass uns derzeit sicher geeignetere Erklärungen vorliegen, so kann die Frage nach der Widerlegbarkeit dieser Aussage nur dadurch beantwortet werden, inwieweit es uns möglich ist, für den Ärger der Götter beobachtbare Phänomene („*empirische Indikatoren*") – vielleicht sich schnell bewegende dunkle Wolken – anzugeben. Nur unter dieser Bedingung (Vorliegen von empirischen Indikatoren) und der Angabe von Kriterien, die es erlauben, diese Indikatoren sicher nur mit dem theoretischen Konstrukt (Ärger) in Verbindung zu setzen und die dunklen Wolken eben nicht einem anderen Konstrukt (z. B. dem Tanzen der Engel) zuzuordnen, ist eine Falsifikation möglich.

3.1.4.1 Das Korrespondenzproblem

Zur Lösung dieses Problems sind verschiedene Verfahrensweisen vorgeschlagen worden, von denen hier lediglich die beiden wichtigsten, der sogenannte „*Operationalismus*" und das Konzept der „*bilateralen Reduktionssätze*", erörtert werden.

Um diese beiden Lösungsansätze genauer zu kennzeichnen, ist es jedoch zweckmäßig, eine Differenzierung, die bisher nur implizit vollzogen wurde, etwas deutlicher herauszustellen. Theorien bestehen nach der „*Zweisprachentheorie*" aus logischen Ausdrücken (Zeichen) und allgemeinen Grundausdrücken, sogenannten theoretischen Konstrukten, die mit Hilfe von „*Korrespondenzregeln*" (auch: Zuordnungsregeln) mit konkreten Beobachtungssätzen in Verbindung gesetzt werden. Entsprechend kann man zwischen einer theoretischen Sprache (L_t; „t" für „theoretical") mit dem zugehörigen

Vokabular (V_t) und einer Beobachtungssprache (L_o; „o" für „observed") sowie dem dazugehörigen Vokabular (V_o) unterscheiden (vgl. CARNAP 1960; 1974:225ff).

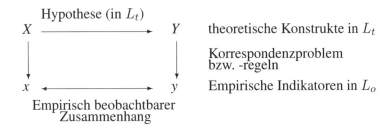

Abbildung 3-4: *Theorie, Indikatoren und Korrespondenzregeln*

In Abbildung 3-4 stellen X und Y in L_t (Ursache und Wirkung) sowie deren logische Verknüpfung (Wenn ... dann; symbolisiert durch Pfeil nach rechts) die sogenannte Kerntheorie dar. Ein Beispiel für die Kerntheorie könnte lauten: „Wenn die einheimischen Mitglieder einer multinationalen Gesellschaft sich auf dem Arbeitsmarkt in Konkurrenz zu Ausländern sehen, dann neigen sie zu Ausländerfeindlichkeit".

Allerdings handelt es sich dabei zunächst nur um sprachliche Aussagen über Tatbestände und deren Zusammenhang. Sie bedürfen der Übersetzung in konkrete, beobachtbare Eigenschaften bzw. Zustände (empirische Indikatoren), die in der Beobachtungssprache (L_o) formuliert sind. In diesem Beispiel könnten die empirischen Indikatoren lauten: „Person A ist ein einheimisches Mitglied einer multinationalen Gesellschaft und nimmt Konkurrenz wahr" (x); „Person A neigt zu Ausländerfeindlichkeit" (y). Diese Beobachtungsaussagen sind je nach Verträglichkeit (Konsistenz) mit der Kerntheorie Konfirmatoren, d. h. Beobachtungen, die im Einklang mit der Theorie stehen (also bei Vorliegen von x liegt auch y vor) oder Falsifikatoren.[1]

Das „*Korrespondenzproblem*" betrifft nun die Zuordnung dieser empirischen Indikatoren zu den theoretischen Konstrukten. Dabei entstehen zwei Fragen:

1. Was sind Korrespondenzregeln und welchen Status haben sie? Sind es willkürliche Definitionen, logische Ableitungen oder empirische Hypothesen, die selbst wahr oder falsch sein können?

---

[1] Der ungerichtete Pfeil zwischen den empirischen Indikatoren soll andeuten, dass eine beobachtbare Korrelation keine Aussage über die Kausalrichtung erlaubt.

2. Wie kann man sicherstellen, dass bestimmte Indikatoren zu einem bestimmten theoretischen Konstrukt gehören?[1]

Der bekannteste und vielleicht auch heute noch am weitesten verbreitete Lösungsvorschlag zum ersten Fragenkomplex wird als *Operationalismus* bezeichnet (BRIDGMAN 1927). Dieser Ansatz wurde zunächst in der Physik diskutiert. Der Operationalismus wurde von den Sozialwissenschaften (vor allem in der Psychologie) adaptiert und von behavioristisch orientierten Wissenschaftlern zum Programm erhoben.[2] Das Korrespondenzproblem wird dabei so gelöst, dass das theoretische Konstrukt durch Beobachtungsbegriffe und Beobachtungsverfahren definiert wird. Operationalismus bedeutet: „Die Forderung, daß die für die Beschreibung benutzten Begriffe oder Terme in Form von Operationen verfaßt sind, die eindeutig nachvollzogen werden können" (HEMPEL 1974:43; vgl. auch BRIDGMAN 1927), d. h. alle Konstrukte werden in konkrete Mess- bzw. Beobachtungsanleitungen (Operationen) übersetzt.

Konkret bedeutet dies: eine beobachtbare Wolkenbildung bestimmter Art wird definitorisch gleichgesetzt mit dem theoretischen Ausdruck „Ärger der Götter". Weniger esoterische Beispiele könnten lauten: „Intelligenz" (als Ausdruck in V_t) ist, was der Intelligenztest misst, oder „Geschlecht" wird definiert durch die Frage im Fragebogen „Welches Geschlecht haben Sie?". Dabei können – und dies ist auch im Allgemeinen die Praxis – einem theoretischen Konstrukt durchaus mehrere Indikatoren definitorisch zugeordnet werden. Soziale Schicht kann etwa durch Fragen nach dem Einkommen, der formalen Schulbildung, der Berufsposition u.a. operational definiert werden. Diese Lösung kann faktisch auf die beschriebene Unterscheidung von L_t und L_o verzichten. Man könnte anstelle der theoretischen Konstrukte jeweils auch eine bzw. mehrere Fragen aus einem Fragebogen einsetzen; also Messvorschriften bzw. Verfahrensweisen, Operationen, die (verbale oder nonverbale) beobachtbare Reaktionen hervorrufen, welche es dann erlauben, einem Objekt eine bestimmte Eigenschaft zuzuweisen.

Diese definitorische Gleichsetzung hat Vor- und Nachteile. Ihr gewichtigster Vorteil liegt sicher darin, dass Wissenschaftler dazu angehalten werden, bei der Verwendung theoretischer Terme immer auch an ihre mögliche Operationalisierung zu denken und entsprechend auch immer in Anlehnung an empirisch prüfbare Sachverhalte Theorien zu formulieren.

---

[1] Diese Frage wird in Kapitel 4 behandelt.

[2] „*Behaviorismus*" bezeichnet die Richtung in den Verhaltenswissenschaften, die die Verwendung aller Begriffe, die auf mentale Zustände (Bewusstseinsphänomene) Bezug nehmen, für die Erklärung von Verhalten ablehnt. Der Schwerpunkt der theoretischen Ausrichtung lag in der Entwicklung von Reiz-Reaktions-Theorien.

Die Nachteile des Operationalismus sind jedoch schwerwiegend. Ein gewichtiger Nachteil drückt sich darin aus, dass man zwei Untersuchungen nicht miteinander vergleichen kann, sofern unterschiedliche Fragen (zum gleichen theoretischen Konstrukt) gestellt wurden. Der Operationalismus erlaubt dies in der Tat nicht.

Theorievergleich wäre damit lediglich bei identischen Messverfahren möglich. Anders gesagt: In einer solchen Konzeption stellen unterschiedliche Datenerhebungsverfahren auch unterschiedliche Theorien dar, auch wenn gelegentlich die gleichen theoretischen Terme verwendet werden.

Nimmt man dieses Konzept ernst, erweitert sich die ohnehin ausgeprägte Theorienvielfalt zu einer völlig unübersichtlichen und unvergleichbaren Theorienmenge, die faktisch so umfangreich wäre, wie die Anzahl der Operationalisierungen. Die ordnende, vergleichende und systematisierende Funktion von Theorien ist nicht mehr erfüllbar.

Schwerwiegender noch sind die Einwände gegen einen extremen Operationalismus, der von operationalen Definitionen verlangt, dass sich die Definitionen auf direkt beobachtbare Eigenschaften oder Ereignisse beziehen, die mit Hilfe der fünf Sinne erfahrbar sind und nicht erst unter Zuhilfenahme von (komplizierten) Messgeräten. Diese Auffassung führt zu gravierenden Problemen in Bezug auf die sogenannten „Dispositionsbegriffe". Solche Begriffe bezeichnen Eigenschaften, die sich nur unter bestimmten Bedingungen ermitteln lassen. So zeigt Zucker seine Disposition „löslich" nur, wenn man ihn in Wasser gibt. Der Dispositionsbegriff „Löslichkeit" lässt sich also nur durch die zusätzliche Angabe bestimmter Bedingungen bzw. Situationen operationalisieren. Die überwiegende Mehrzahl der sozialwissenschaftlich relevanten theoretischen Begriffe dürfte zur Klasse der Dispositionsmerkmale gehören. „Politische Einstellung", „Vorurteile", „soziale Schicht", „soziale Mobilität", „Religiosität" sind nur einige Beispiele für die Vielzahl von Merkmalen, die nicht direkt beobachtbar sind. Im Regelfall sieht man niemandem an, welche politische Einstellung er hat oder ob er sozial mobil ist. Diese Eigenschaften werden zwar in bestimmten Situationen, z. B. bei Bundestagswahlen oder beim Wechsel der Bezugsgruppen, des Berufs usw. sichtbar, jedoch kaum in einer Interviewsituation. Hier müssen mit Hilfe von Fragen solche Situationen, in denen sich dispositionale Eigenschaften zeigen, generiert werden.

Die Probleme des Operationalismus im Umgang mit Dispositionsbegriffen führten zur Korrektur dieser radikalen Position und mündeten in die sogenannten expliziten bzw. operationalen Definitionen (im engeren Sinne), mit deren Hilfe auch Dispositionsmerkmale Berücksichtigung finden sollten.[1] Diese Versuche bemühten sich darum, die Bedingungen, unter denen sich eine dispositionale Eigenschaft eines Objektes zeigt, zum Mitbestandteil der Definition zu machen. Dieses Unterfangen ist an gravierenden logischen Widersprüchen gescheitert und soll hier nicht näher beschrieben werden (ESSER/KLENOVITS/ZEHNPFENNIG 1977a:190ff; OPP 1970:118f).

Die Möglichkeit, die Probleme des Operationalismus bei der Berücksichtigung von Dispositionstermen zu vermeiden, liegt darin, solche nur situativ ermittelbare, zur Beobachtungssprache gehörenden Begriffe mit Hilfe von sogenannten *„bilateralen Reduktionssätzen"* zu erfassen.[2] Ohne auf deren logischen Aufbau näher einzugehen, soll die Vorgehensweise an einem Beispiel verdeutlicht werden.

Geht man davon aus, dass die Eigenschaft „Ausländerfeindlichkeit" nicht immer direkt beobachtbar ist (also als Dispositionsbegriff gelten kann), so muss zunächst eine Messsituation hergestellt werden, in welcher Ausländerfeindlichkeit beobachtbar wird. Bei Befragungen geschieht dies in der Regel dadurch, dass ein Interviewer einem Befragten eine auf die Ermittlung dieser Eigenschaft zielende Frage stellt, z. B. „Sollten Ausländer bei gleicher Leistung geringeren Lohn als Inländer erhalten?" Dabei wird – der Einfachheit halber – hier als Antwortmöglichkeit „ja" oder „nein" angenommen. In einer Erhebungssituation ergäben sich dann bestimmte beobachtbare Reaktionen: im einfachsten Fall die des Ja-Sagens und die des Nein-Sagens. Mit Hilfe dieser Reaktionen ist es möglich festzustellen, ob die Disposition „Ausländerfeindlichkeit" vorliegt oder nicht. Im Kontext der Theorie, in der diese Eigenschaft Bestandteil der Dann-Komponente war, ist je nach Beantwortung der Frage (bei Vorliegen der unter Umständen ähnlich ermittelten Wenn-Komponente) dieses Einzelereignis nun ein Konfirmator oder Falsifikator der Theorie.

Allgemeiner formuliert besagt der bilaterale Reduktionssatz: „Wenn ... eine Person einem Stimulus ausgesetzt wird, dann wird ihr das Prädikat 'A' dann, und nur dann, zugeschrieben, wenn sie die Reaktion R äußert; äußert sie die Reaktion R nicht ..., dann wird ihr 'nicht A' zugeschrieben" (OPP 1970:120). Personen, die nicht befragt

---

[1] In der wissenschaftstheoretischen Literatur werden im Zusammenhang mit der Korrespondenzproblematik eine Reihe von „Definitionsarten" (operationale Definition, explizite Definition, Definition mit Hilfe von Reduktionssätzen) genannt. Dabei handelt es sich jedoch nicht um Definitionen im üblichen Sinne, die eine Zuordnung von Bedeutungsinhalten zu einem Zeichen oder Begriff regeln, wie dies bei nominalen Definitionen der Fall ist, die weder wahr noch falsch sein können, da hier nur sprachliche Regelungen getroffen werden. Die dort angesprochenen „Korrespondenzdefinitionen" haben jedoch einen anderen Zweck und Stellenwert. Sie setzen Nominaldefinitionen der theoretischen Konstrukte voraus und verbinden diese in logisch korrekter Form und unter Angabe von empirischen Ereignissen und Verfahrensvorschriften mit der Beobachtungssprache.

[2] vgl. OPP (1970:120); PAWLOWSKI (1980:125–156).

wurden, wird somit auch kein Wert zugeschrieben, weder 'A' für ausländerfeindlich, noch 'nicht A' für nicht ausländerfeindlich.

Ein theoretisches Konstrukt kann aber nicht nur mit einem Indikator korrespondieren, sondern mit einer im Prinzip beliebig großen Zahl von Indikatoren. In der Praxis sind häufig ganze Fragebatterien – etwa bei psychologischen Tests – einem einzigen Konstrukt zugeordnet. Grundsätzlich können aber nie alle denkbaren Indikatoren Anwendung finden, da diese Menge prinzipiell unendlich ist (man spricht auch vom „Indikatorenuniversum" ; vgl. Kapitel 4.2.3).

Wieviele Indikatoren zur Messung eines Konstruktes in einer Untersuchung notwendig sind, lässt sich nicht allgemein festlegen. Ihre Anzahl ist von verschiedenen forschungstechnischen Kriterien abhängig (vgl. Kapitel 4.2.3). Allerdings sind mehrfache Operationalisierungen immer vorzuziehen, da sie die empirische Extension eines theoretischen Begriffes erweitern und die Prüfung der Zugehörigkeit eines Indikators zu einem Konstrukt erleichtern.

Trotzdem bleibt es prinzipiell bei einer partiellen empirischen Interpretation des Begriffes in V_t, insofern praktisch nie alle möglichen Indikatoren eines theoretischen Konstruktes angewendet werden können. Im Beispiel „Ausländerfeindlichkeit" können Fragen nach der Entlohnung, der juristischen Gleichstellung, dem Wahlrecht usw. zur Messung formuliert werden. Diese Praxis hat u.a. den Vorteil, dass ein Befragter, der auf eine Frage (aus welchen Gründen auch immer) keine Antwort gibt, auf einem anderen Indikator vielleicht auskunftsfähig bzw. -willig ist. Der Nachteil besteht jedoch darin, dass sich die Antworten inhaltlich auch widersprechen können. So könnte eine Person für völlige juristische Gleichstellung sein, aber gegen gleiche Entlohnung von In- und Ausländern.

Dies führt direkt zu der Frage nach dem methodologischen Status von Korrespondenzregeln. Wenn es Definitionen, also logisch angemessene Festlegungen sind, wären solche möglichen Widersprüche nicht hinnehmbar. Eine andere Lösung anstelle der bilateralen Reduktionssätze müsste gesucht werden.

Somit müssen diese Korrespondenzregeln selbst als empirische Hypothesen betrachtet werden, die wie alle anderen Hypothesen nicht endgültig wahr sein können. Dies wird besonders deutlich, wenn man das Verhältnis Konstrukt-Indikator kausal interpretiert. Es dürfte leicht einsehbar sein, dass die Reaktion eines Befragten, z. B. die Verneinung der Frage „Sollte Ausländern das allgemeine Wahlrecht zugestanden werden?", nicht nur durch die latente Eigenschaft „Ausländerfeindlichkeit" bedingt sein kann, sondern vielleicht Ausdruck der Ablehnung jeglichen Wahlrechts und somit Folge einer anti-demokratischen Disposition unabhängig von Ausländerfeindlichkeit ist. Die Zuordnung eines Indikators zu einem theoretischen Konstrukt ist also nicht endgültig beweisbar, sondern nur empirisch mehr oder weniger gut bestätigt. Die Beurteilung von Theorien, ihre Bestätigung bzw. Widerlegung, muss somit immer auch Annahmen über die Gültigkeit der empirischen Korrespondenzregeln, die als „Hilfstheorien" oder „Instrumententheorie" bezeichnet werden können, machen. Sie erfolgt aufgrund der lediglich partiellen empirischen Interpretation der theoretischen Konstrukte immer nur in Bezug auf bestimmte Prüfsituationen, wie sie eben in den Korrespondenzregeln angegeben werden. So können mit Hilfe des gleichen theoretischen Vokabulars, also sprachlich identischer Kerntheorie, je nach Operationalisierung Bedeutungsverschärfungen (durch Hinzunahme zusätzlicher neuer Indikatoren) und Bedeutungsänderungen (durch Weglassen alter und Einführung neuer Indikatoren) entstehen (STEGMÜLLER 1974b:310f). Der empirische Bedeutungsgehalt theoretischer Terme kann sich also mit der Art und Anzahl der empirischen Indikatoren ändern.

Betrachten wir vor diesem Hintergrund nochmals die Frage nach der Abgrenzbarkeit von „metaphysischen" und empirisch sinnvollen Sätzen, so kann es nur eine sehr zurückhaltende Antwort geben. Ein eindeutiges Kriterium liegt nicht vor; die Abgrenzbarkeit ist ebenfalls eine empirische Frage.

Solange man an der empirischen Verknüpfung von theoretischem Konstrukt („Ärger der Götter") und dem zugehörigen Indikator für diese Eigenschaft (dunkle Wolken) festhält und zusätzlich als Folge dieser Ursache immer auch Blitz und Donner beobachtet, ist diese „Ärger-Blitz"-Theorie vorläufig bestätigt. Allerdings kann die Verknüpfung von Konstrukt und Indikator beim Vorliegen einer alternativen Theorie empirisch kritisiert werden, wobei dann gezeigt werden muss, dass die Korrespondenzhypothese „Ärger – dunkle Wolken" nicht gültig ist. Es bietet sich z. B. die alternative Verknüpfung „labile Temperaturunterschichtung der Atmosphäre – dunkle Wolken" als Ausdruck in L_t, d. h. eine alternative Instrumententheorie mit dem Indikator „dunkle Wolken", an. Es liegt nahe anzunehmen, dass der Konflikt zwischen beiden Auffassungen durch ein Experiment entschieden werden könnte. Die Anhänger der „Ärger-Blitz"-Theorie müssten dabei die Götter ärgerlich stimmen, die Vertreter der Temperaturunterschichtungs-Theorie könnten in Laborversuchen eine Inversionswetterlage herbeiführen. Es würde sich zeigen, ob infolge dieser Temperaturunterschichtung Wolken auftreten und Blitz und Donner folgen bzw. ob immer, wenn die Götter geärgert werden, Wolken auftreten und Blitz und Donner folgen.

Ein solches entscheidendes Experiment (experimentum crucis) kann aber strenggenommen auch keinen sicheren Beweis für eine der beiden Theorien erbringen. So könnten die Anhänger der „Ärger-Blitz"-Theorie bei einem – in ihrem Sinne – Nichtgelingen des Experiments darauf hinweisen, dass die Götter gerade geschlafen haben, als sie ihre Manipulationsversuche unternahmen, oder dass die dunklen Wolken ein falscher Indikator für den Ärger der Götter seien. Es wird also das Vorliegen einer

Störbedingung angenommen. Eine solche Rettungsstrategie (konventionalistische Strategie) zugunsten einer Theorie ist immer möglich. Mit ihrer Hilfe kann auch immer einer Falsifikation entgangen werden. Die reine Logik der Falsifikation hilft hier nicht weiter, sondern man muss hier auf normative methodologische Entscheidungsregeln zurückgreifen. POPPER (1976:50f.) empfiehlt (weil er kein naiver Falsifikationist ist), die möglichen Störbedingungen explizit in die Theorie aufzunehmen bzw. die empirischen Korrespondenzregeln zum Gegenstand von empirischen Tests zu machen und eine erneute Untersuchung vorzunehmen.[1]

3.1.4.2 Das Basissatzproblem

Während sich die Korrespondenzregel auf die Verbindung von Indikator und theoretischem Konstrukt und die Abgrenzung von Indikatoren bezieht, stellt das „*Basissatzproblem*" die Frage nach der korrekten Erfassung des Beobachteten.

Lange Zeit ging man dabei von einer völlig unproblematischen Tatsachenfeststellung aus. Der klassische Empirismus etwa zweifelte nicht daran, dass die intersubjektive Beobachtung von Phänomenen eine sichere Basis der Theorieprüfung sei. Der – historisch folgende – logische Empirismus (Wiener Kreis) stellte erstmals deutlich die zentrale Rolle der Sprache heraus. Das Beobachtete selbst könne nicht mit Theorien verglichen werden; mit Theorien können nur Sätze über das Beobachtete, sogenannte Protokollsätze, verglichen werden. Es war POPPERs Verdienst, deutlich hervorzuheben, dass Protokollsätze bzw. Basissätze, wie er sie im Hinblick auf ihre methodologische Bedeutung (die Basis der Falsifikation) nennt, keineswegs unproblematische Tatsachen oder Realitätsbeschreibungen sind.[2]

In der Tat sind Zweifel an der naiven Vorstellung, Basissätze seien immer wahr, angebracht. Bei der Erhebung von Daten, also der Feststellung der empirischen Basis, ergeben sich vielfältige Fehlermöglichkeiten. Interviewer befragen z. B. nicht die

---

[1] Dieser Hinweis reicht jedoch nicht aus und wird im Zusammenhang mit der „Methodologie von Forschungsprogrammen" (vgl. Kapitel 3.2.3.4) weiter ausgeführt.

[2] Aus diesem Grunde ist es falsch, POPPER als Positivisten zu bezeichnen. Im Gegenteil, der Positivismus wurde durch POPPER mit seiner Kritik an der Verifikation und seiner Behandlung des Basissatzproblems endgültig überwunden. Der Nachweis, dass Basissätze selbst „theoriegeleitet" sind, steht im diametralen Gegensatz zu positivistischen Auffassungen, die davon ausgingen, dass sich „Realität" unzweifelhaft in unserer sinnlichen Wahrnehmung widerspiegelt, Erkennen der Wirklichkeit somit ein rein passiver Akt ist. POPPER hingegen betont ausdrücklich eine „aktivistische" Erkenntnistheorie, die besagt, dass unsere Wahrnehmungen selektiv theoriegeleitet sind (POPPER 1976:60ff). Zu den Einzelheiten von Poppers Position und deren Implikationen vgl. die Beiträge in dem von KEUTH (2007) herausgegebenen Band.

Personen, die befragt werden sollen; sie vergessen, Fragen zu stellen; sie protokollieren Antworten falsch; Beobachter täuschen sich in ihren Wahrnehmungen; Vercodern von Daten unterlaufen Übertragungsfehler usw.

Dies sind nur einige Beispiele, wie Basissätze unter Umständen nicht die „wahren" Werte der Befragten widerspiegeln. Aber selbst, wenn alle Beteiligten korrekt arbeiten, kann man nicht davon ausgehen, dass die Basis der Theoriebeurteilung absolut sicher ist. Genau dies zeigt POPPER an einem einfachen Beispiel, das den prinzipiell nur hypothetischen Charakter von Beobachtungssätzen verdeutlicht. „Der Satz: 'Hier steht ein Glas Wasser' kann durch keine Erlebnisse verifiziert werden, weil die auftretenden Universalien nicht bestimmten Erlebnissen zugeordnet werden können (die 'unmittelbaren Erlebnisse' sind nur einmal 'unmittelbar gegeben', sie sind einmalig). Mit dem Wort 'Glas' z. B. bezeichnen wir physikalische Körper von bestimmtem *gesetzmäßigem* Verhalten und gleiches gilt von dem Wort 'Wasser'" (POPPER 1976:61).

Auch bei einfachen Beobachtungssätzen aus der Sozialforschung, wie z. B. „Der Befragte X antwortete auf die Frage Y des Interviewers Z mit 'Ja'" oder „In der Gesellschaft Y kam es zu politischen Unruhen" ist die Sachlage nicht anders. Solche Feststellungen verweisen u.a. auf allgemeine Kognitionstheorien, die sich mit den Wahrnehmungen, Interpretationen und Rekonstruktionen von Interviewern oder Beobachtern befassen (vgl. Kapitel 7). Würde man Basissätze immer kritiklos akzeptieren, so würde man zugleich die ihnen zugrunde liegenden „Hintergrundtheorien" (bzw. Instrumententheorien) als wahr anerkennen: Dies würde im Widerspruch zu allen bisherigen Überlegungen bezüglich der Verifikation von Theorien stehen. Solche Hilfstheorien sind selbstverständlich ebenfalls nicht verifizierbar, sie können nur gut bestätigt sein.[1]

Es erhebt sich die Frage, ob man vor diesem Hintergrund noch mit der Konzeption des Falsifikationismus als regulativer Idee des Theorienfortschritts argumentieren kann. Wenn die Verbindung von theoretischem Konstrukt und Indikator nicht logischer, sondern empirischer Natur ist (Korrespondenzproblem) und die Wahrheit der beobachteten singulären Ereignisse, die ja als Prüfinstanz für die allgemeine Theorie dienen

---

[1] In der Literatur existieren verschiedene Termini: Hilfstheorien, Messtheorien, Korrespondenzhypothesen, Korrespondenztheorien, Beobachtungstheorien, Instrumententheorien u.a. Im hier diskutierten Zusammenhang können auch Bezeichnungen wie Befragtentheorien, Befragungstheorie, Interviewtheorie u.a. gewählt werden. Gemeinsam ist all diesen Bezeichnungen, dass sie den grundsätzlich hypothetischen Charakter von Korrespondenzregeln und Basissätzen hervorheben, die in der Forschungspraxis gemeinsam unter den technischen Begriffen der Gültigkeit (Validität) und Zuverlässigkeit (Reliabilität) (vgl. Kapitel 4) erörtert werden. Im Anschluss an ESSER (1984a:70f) soll im Folgenden „Instrumententheorie" und „Hilfstheorie" synonym verwendet werden.

soll, nicht garantiert werden kann, dann ist prinzipiell auch keine „naive" Falsifikation möglich (CHALMERS 1986:72ff).

POPPER unterbreitet zur Lösung des Basissatzproblems den Vorschlag, die Beobachtungssätze durch Beschluss anzuerkennen und von ihrer vorläufigen Gültigkeit auszugehen. „Logisch betrachtet geht die Prüfung der Theorie auf Basissätze zurück, und diese werden durch Festsetzung anerkannt. Festsetzungen sind es somit, die über das Schicksal der Theorie entscheiden" (POPPER 1976:73). „So ist die empirische Basis der objektiven Wissenschaft nichts 'Absolutes'; die Wissenschaft baut nicht auf Felsengrund. Es ist eher ein Sumpfland . . . " (POPPER 1976:75).

Allerdings sind die Festsetzungen nicht eine willkürliche oder individuelle Angelegenheit, sondern sie müssen sich auf intersubjektiv beobachtbare Ereignisse beziehen, dürfen nicht mit anderen anerkannten Basissätzen in Widerstreit stehen und müssen unter Berücksichtigung allen methodischen Fachwissens einer wissenschaftlichen Disziplin gewonnen werden (ESSER/KLENOVITS/ZEHNPFENNIG 1977a:149). Erst vor diesem Hintergrund werden sie vorläufig akzeptiert. Wenn Zweifel an ihrer Gültigkeit bestehen, muss ihre Berechtigung überprüft werden und, unter Umständen, die vormalige Festsetzung durch eine neue, besser begründete korrigiert werden. Man kann dieses Vorgehen mit einem Gerichtsverfahren vergleichen, in dem über die vorläufige Akzeptierung von Basissätzen entschieden wird (POPPER 1976:74–76).

Nicht zuletzt diese Konzeption der Anerkennung von Basissätzen hat ausführliche Kritik herausgefordert. HABERMAS (1972a:177ff, 1972b:243ff) glaubt, darin eine zirkuläre Argumentation erblicken zu können: Basissätze, die als Prüfstein für eine Kerntheorie dienen sollen, würden selbst bereits im Lichte der noch zu prüfenden Theorie erhoben. Es ist zwar richtig, dass Operationalisierungen aus den theoretischen Konstrukten der Theorie abgeleitet werden, jedoch wird nicht das Resultat dieser Messungen (z. B. das Antwortverhalten von Befragten) abgeleitet. Anders gesagt: zwar werden die Basissätze aus der Theorie abgeleitet; das Vorliegen des in der Theorie postulierten Zusammenhangs zwischen den Konstrukten jedoch nicht. Die Überprüfung des empirischen Zusammenhangs ist logisch unabhängig von den theoriegeleiteten Operationalisierungen (ALBERT 1972b:194f; 1972c:278). Hier existiert kein Zirkel.

Die Argumentation von HABERMAS bezüglich eines angeblichen (methodologischen) Zirkels ist jedoch nicht eindeutig. Es könnte auch ein zweiter Zirkel gemeint sein: Nämlich, dass die Anerkennung oder Verwerfung eines Basissatzes in dem Sinne theorieabhängig sei, als man ein solches Prozedere aus dem Blickwinkel einer Methodologie verstanden haben muss (HABERMAS 1972b:244), wenn sich das Problem überhaupt erst stellen soll. Dies wiederum ist richtig. Für jemanden, der nicht primär an der empirischen Überprüfung von Theorien interessiert ist, stellt sich diese

Frage nicht bzw. nur am Rande. Und genau dies ist bei HABERMAS der Fall. Ihm geht es um die Rechtfertigung von Handlungen und nicht um deren Erklärung. Seine Einlassungen zum Basissatzproblem verfolgen das Ziel, die analytisch-nomologische Methodologie als bloßes Werkzeug des technischen Erkenntnisinteresses zu entlarven, indem durch die Suche nach Regelmäßigkeiten des sozialen Handelns die Grundlage für die Beherrschbarkeit des Menschen durch Menschen gelegt wird. Dieses Argument ist jedoch ein „Kurzschluss": Gesicherte Hypothesen können sehr wohl als Mittel der Machtausübung dienen. Diese Möglichkeit ist allerdings keine logische Konsequenz des kritischen Rationalismus. Gesicherte Hypothesen können genausogut der Emanzipation und Freiheit dienen. Die empirische Begründung einer Theorie ist logisch unabhängig von der sozialen und politischen Verwertung.

Wenn Basissätze, wie POPPER zeigte, prinzipiell selbst theoretische Annahmen implizieren, und sich damit nicht endgültig verifizieren lassen, dann wird auch verständlich, dass die Logik des naiven Falsifikationismus (wie sie von POPPER eben nie vertreten wurde) durch einen methodologischen Falsifikationismus, der die prinzipielle Widerlegbarkeit von Basissätzen anerkennt, ersetzt werden muss. Ein einzelner, isolierter Basissatz, der einer Theorie widerspricht, führt nicht automatisch zur Falsifikation einer ansonsten bewährten Theorie (POPPER 1976:54f). Der Charakter der Basissätze, die eben keine reinen Beobachtungen sind, sondern aus der Perspektive einer Instrumententheorie gewonnene Aussagen, zwingt dazu, diese häufig implizit bleibende Theorie selbst zu problematisieren. Diese Aufforderung gilt für alle Arten von empirischen Fragestellungen: Ob nun eine Theorie systematisch getestet werden soll oder ob vermeintlich nur eine beschreibende (deskriptive) Untersuchung erfolgt.

Eine empirisch gültige (valide) Beschreibung muss immer auch eine korrekte Zuordnung von Indikatoren zu Konstrukten vornehmen (vgl. auch Kapitel 4) und auf die möglichst fehlerfreie Erhebung von Daten achten. Korrespondenz- und Basissatzproblem kommen auch hier ohne Einschränkungen zum Tragen. Damit ist aber auch klar, dass Deskriptionen nicht theoriefrei sind. Im Gegenteil: notwendigerweise muss auch hier auf eine Instrumententheorie zurückgegriffen werden. Darüber hinaus kann wohl niemand einen sozialen Sachverhalt beschreiben, ohne sich eine gedankliche Vorstellung davon zu machen und Ideen darüber zu entwickeln, wie sich dieses konkrete Phänomen von anderen unterscheidet. Auch dies sind natürlich Hypothesen, wenngleich sie nicht unbedingt direkt als solche zu erkennen sind. Wenn jemand z. B. die Einstellung der Bevölkerung gegenüber „neuen Medien" beschreiben will, so setzt dies zumindest die „Existenzhypothese" voraus, dass eine solche Einstellung existiert und diese für „irgendwelche" anderen Sachverhalte relevant ist. Dass solche Hypothesen nur selten explizit gemacht werden, spricht nicht gegen ihr prinzipielles Vorhandensein und die Notwendigkeit ihrer Prüfung.

Die Problematik der Instrumententheorie trifft weiter auch in vollem Umfang für jegliche Datenerhebungsverfahren zu. Dies gilt für teilnehmende Beobachtung im Alltagskontext, nichtstandardisierte Befragung oder standardisierte Interviews, Laborexperimente, qualitative und quantitative Datenerhebungsverfahren gleichermaßen. Die Zuordnung einer sprachlichen Äußerung (gleichgültig, ob sie einem „lockeren" Gespräch oder einem standardisierten Interview mit vorgegebenen Fragestellungen und Antwortmöglichkeiten entstammt) zu einem theoretischen Begriff muss gerechtfertigt sein. Die jeweiligen Instrumententheorien variieren zwar, aber es sind in jedem Fall Theorien, deren Gültigkeit nicht a priori unterstellt werden kann. Das gleiche gilt für die Basissatzproblematik. Ob mit qualitativen Verfahren, die intimer, lebensweltlicher und informativer sein können, auch weniger Datenerhebungsfehler (bezüglich korrekter Fragestellung, sinnadäquater Antworten, wahrheitsgemäßer Antworten usw.) gemacht werden, ist ebenfalls eine empirische Frage, die nicht a priori zu beantworten ist (vgl. Kapitel 7).

Mit der Anerkennung von Instrumententheorien als empirische Theorien zeigt sich das Gesamtproblem der Prüfbarkeit von Theorien. Sätze der Beobachtungssprache (Indikatoren) und ihre Zuordnung zu theoretischen Konstrukten sind keine absolut sichere Basis zur Theoriebeurteilung. Auch solche Sätze haben prinzipiell einen empirisch-hypothetischen Charakter, insofern sie von der Gültigkeit der Instrumententheorie abhängig sind. Damit ergibt sich logisch auch die Möglichkeit, auf der Grundlage einer fälschlicherweise als richtig angenommenen Basis eine richtige Theorie zu widerlegen bzw. eine falsche Theorie zu bestätigen.

Wissenschaftstheoretisch kann dies nur eine Konsequenz haben, nämlich Kerntheorie und Instrumententheorie den gleichen Vermutungscharakter zuzuschreiben und sie als gemeinsam zu prüfendes Theoriesystem aufzufassen. Kerntheorie und Instrumententheorie bilden zusammen eine ganzheitliche (holistische) Einheit, die zu testen ist. Anders gesagt: „Beobachtungssätze lassen sich meist nicht aus einzelnen wissenschaftlichen Hypothesen ableiten, sondern nur aus Satzsystemen" (KUTSCHERA 1982:475).[1] POPPERs Vorschlag, nach kritischer Prüfung einen vorläufigen Konsens über die Akzeptierung der Basis herbeizuführen und auf dieser Grundlage die Kerntheorie zu falsifizieren bzw. vorläufig zu bestätigen, muss deshalb als methodologische Regel (als Verfahrensvorschlag) aufgefasst werden, welche die Probleme einer holistischen Theorieninterpretation sieht und trotzdem deshalb nicht kapituliert.[2] Wie trotz

---

[1] Dieses Argument stammt von P. DUHEM bzw. W.V. QUINE, man spricht deshalb auch von der DUHEM-QUINE-These, vgl. KUTSCHERA (1982:475f).

[2] POPPER akzeptiert die DUHEM-QUINE-These durchaus, sieht die Logik der Falsifikation jedoch dadurch nicht direkt tangiert (vgl. POPPER 1976:47, Fußnote 1; POPPER 1974:386f).

Basissatz- und Korrespondenzproblem Theorien beurteilt werden können, wird im Zusammenhang mit der Kontroverse um den wissenschaftlichen Fortschritt (Kapitel 3.2.3) gezeigt. Dabei verliert jedoch die Frage nach der „endgültigen" Wahrheit oder Falschheit von Theorien bzw. Hypothesen zunehmend an Bedeutung, und pragmatische Aspekte treten in den Vordergrund. Jedoch bleibt das Streben nach „Wahrheit" als regulative Idee für die Theorieprüfung unverzichtbar.[1]

3.2 Wissenschaftstheoretische Kontroversen

Der kurze Abriss der Geschichte der empirischen Sozialforschung und die Darstellung der wissenschaftstheoretischen Grundlagen wiesen bereits implizit auf unterschiedliche Positionen hinsichtlich Ziel, Aufgaben und Methodologie der Sozialwissenschaften hin. Von den vielen Kontroversen in diesem Bereich sollen hier drei aufgegriffen werden: Erstens die Frage nach der Wertfreiheit von Wissenschaft, zweitens die Debatte um die Anwendbarkeit des D-N-Erklärungsschemas in den Sozialwissenschaften und drittens die Kontroverse um den wissenschaftlichen Fortschritt.

3.2.1 Der Werturteilsstreit

Im sogenannten „*Werturteilsstreit*" geht es um die Frage, welchen Einfluss Werte (persönliche Meinungen, politische Anschauungen oder ideologische Ziele) auf die wissenschaftliche Arbeit haben. Zentral ist dabei vor allem die Frage, ob solche normativen Vorstellungen Relevanz für die Begründung von Theorien besitzen. Gibt es also für die vorläufige Akzeptierung einer Theorie andere Gründe als die Übereinstimmung einer Theorie mit der Realität?

Die Disziplinen Philosophie und Ökonomie, aus denen die Soziologie teilweise entstanden ist, befassten sich um die Jahrhundertwende traditionsgemäß nicht nur mit der Beschreibung und Erklärung von sozialen Ereignissen, sondern auch mit ihrer Wünschbarkeit und Durchsetzbarkeit. Seins- und Sollensfragen wurden nur selten explizit getrennt. Es war Max WEBER, der damals diese Verknüpfung aufgriff, massiv bekämpfte und eine Kontroverse entfachte, die bis heute weiterwirkt.[2] WEBER wandte sich zunächst vor allem gegen die sog. Kathedersozialisten (z. B. Wilhelm

---

[1] Zu Wahrheitstheorien und deren Bedeutung vgl. MUSGRAVE (1993:251–307).
[2] Zu der wichtigsten öffentlichen Debatte um die Werturteilsfreiheit kam es 1908 auf einer Tagung des „Vereins für Socialpolitik" (zum historischen Hintergrund vgl. FEIX 1978).

ROSCHER, Gustav SCHMOLLER), eine einflussreiche Gruppe von Ökonomen, die die Realisierung sozialer Reformen als wissenschaftliche Aufgabe begriffen.

WEBERs Position kann dabei im Wesentlichen in vier Punkten zusammengefasst werden (WEBER 1968:229–277):

1. Jegliche wissenschaftliche Beschreibung und Erklärung von sozialen Tatbeständen ist insofern wertend, als sie aus einer schier unendlichen Menge von denkbaren Forschungsfragen bestimmte aussucht, die Gegenstand der Bearbeitung werden sollen. Die Auswahl einer Fragestellung stellt also eine Wertung dar, die der Wissenschaftler notwendigerweise vollziehen muss.

2. Die Beschreibung und Erklärung von Tatsachen soll objektiv, d. h. wertfrei und damit für jedermann, der über das Fachwissen der Disziplinen verfügt, nachvollziehbar sein. Wissenschaftliche Aussagen über die Realität dürfen nicht durch die Wunschvorstellungen des Wissenschaftlers beeinflusst sein.

3. Die Ergebnisse der Wissenschaft werden zur Erreichung von Zielen der Politik, der Wirtschaft u. a. verwendet, sie werden verwertet. Aus den wissenschaftlichen Erkenntnissen folgt jedoch (logisch) keinerlei Hinweis, wie ein bestimmtes Wissen zu verwerten ist: Aus Seins-Aussagen folgen keine Sollens-Aussagen; d. h. ein Wissenschaftler kann nicht in seiner Funktion als Wissenschaftler die Verwirklichung von Zielvorstellungen bestimmen. Er sollte aber als politisch denkender und handelnder Mensch für seine Ziele eintreten. Dabei hat seine Meinung jedoch nicht mehr Gewicht als die der übrigen Staatsbürger auch.

4. Wertungen können Gegenstand der wissenschaftlichen Arbeit sein. So kann man z. B. wertende Aussagen auf ihre logische Konsistenz prüfen, die Werthaltungen von Personen (gegenüber politischen, ethischen und praktischen Problemen) beschreiben und erklären.

Der bis heute anhaltende Werturteilsstreit betrifft dabei nur die zweite Forderung, nämlich dass wissenschaftliche Aussagen über die Realität nicht durch subjektive Werthaltungen beeinflusst werden sollen. In der gängigen Terminologie spricht man auch vom Postulat der Wertfreiheit im „*Begründungszusammenhang*". Sowohl von Max WEBER als auch von den Vertretern des nomologisch-analytischen Wissenschaftsverständnisses wurde nie der zwangsläufig wertende Charakter des „*Entdeckungszusammenhangs*" (Auswahl von Forschungsfragen) und „*Verwertungszusammenhangs*" (Verwertung von wissenschaftlichen Ergebnissen) bezweifelt. Kritiker der Weberschen Position leiten ihr wichtigstes Gegenargument aus der besonderen Qualität des sozialwissenschaftlichen Objektbereiches ab.

Vereinfachend wird behauptet, der Wissenschaftler stehe bei der Analyse sozialer Phänomene nicht „außerhalb" des Untersuchungsgegenstandes (wie ein Naturwissenschaftler), sondern sei selbst als Mitglied der Gesellschaft notwendigerweise Teil des Untersuchungsgegenstandes. Eine wertfreie Beschreibung von sozialen Tatsachen sei u.a. deshalb nicht möglich, da der Sozialwissenschaftler mit seinen Untersuchungs-„Objekten" die Sprache und die darin enthaltenen Sinn- und Wertverweise teile und die Wahl der Begriffe, mit denen Beschreibung und Erklärung erfolgt, immer auch, gewollt oder ungewollt, Wertungen impliziert. Z. B. habe die Entscheidung, ob man die gegenwärtige Wirtschaftsform als „spätkapitalistisch" oder „marktwirtschaftlich" beschreibt, unabhängig von der inhaltlichen Darstellung und lediglich durch die Wahl der Begriffe einen wertenden Charakter, da mit den Begriffen immer auch historische, politische u.a. Wertbezüge eingebunden seien. Die Unterscheidbarkeit von „nur" beschreibenden und bewertenden Aussagen wird bestritten, bzw. die Möglichkeit „nur" beschreibender Aussagen in Frage gestellt. Die Wahrheit einer Aussage beträfe dann nicht nur den Grad der Übereinstimmung mit der Realität („*absolutes Wahrheitskriterium*"), sondern die Wahrheit einer Aussage bezöge sich dann auch immer auf wertende (politische, moralische oder allgemein-praktische) Vorstellungen.

Dies hat dann allerdings zur Konsequenz, dass die Sozialwissenschaften ein Kriterium finden müssten, nach dem Aussagen im wertenden Sinn als wahr oder falsch erkannt werden könnten, also moralisch, ethisch wünschenswert oder verwerflich sind (sogenanntes „*pragmatisches Wahrheitskriterium*").[1]

Die Diskussion um die beiden Positionen, Werturteilsfreiheit vs. Parteilichkeit als methodologisches Prinzip, hat seit dem ersten „Werturteilsstreit" um die Jahrhundertwende nie an Brisanz verloren, obgleich die Debatte solcher metatheoretischer Fragestellungen zeitweise an Relevanz verlor. Zu Beginn der 60er Jahre kam es diesbezüglich erneut zu öffentlichen Diskussionen, dem „*Positivismusstreit*"[2], wobei neben

---

[1]   Im Wesentlichen kann sich die Wahrheit einer Aussage auf drei Aspekte beziehen. Erstens kann eine Aussage logisch wahr sein, d. h. sie ist nicht kontradiktorisch. Die logische Korrektheit einer Aussage besagt nichts darüber, ob sie mit irgendwelchen Sachverhalten in der Realität – sofern solche überhaupt angesprochen werden – übereinstimmt. Zweitens kann eine Aussage empirisch wahr sein, d. h. die sprachliche Aussage steht in Übereinstimmung mit den realen Dingen, die in der Aussage angesprochen werden („Korrespondenztheorie der Wahrheit"). Dies ist das zentrale Problem aller empirischen Wissenschaften. Die Korrespondenztheorie der Wahrheit setzt eine unabhängig vom Beobachter existierende Realität voraus. Drittens kann eine Aussage pragmatisch wahr sein, d. h. sie ist sinnvoll, zweckmäßig im Hinblick auf ein bestimmtes Handlungsziel. Damit verlagert sie jedoch das Problem auf die Angabe und Begründung von Handlungszielen, also auf normative Elemente (zu allen Aspekten der Thematik vgl. SKIRBEKK 1977; MUSGRAVE 1993:251–307).

[2]   Der Vorwurf des „Positivismus ", den die Anhänger der „Frankfurter Schule" gegen den Kritischen Rationalismus erheben, zielt weniger auf die philosophische Tradition, die eine Abkehr von der Metaphysik und ein Primat des „Realen" forderte, als vielmehr auf die (wie HABERMAS glaubt) herrschaftsstabilisierende Funktion der analytisch-nomologischen Methodologie. Der klassische

der Kontroverse um Werturteilsfreiheit oder Parteilichkeit auch die unterschiedlichen Vorstellungen des Methodenmonismus und -dualismus (s. u.) im Mittelpunkt standen. Die Vertreter der analytischen Wissenschaftstheorie verlangten in Übereinstimmung mit den Thesen Max Webers eine Trennung von Begründungszusammenhang einerseits und Entdeckungs- und Verwertungszusammenhang andererseits. Die Position des Parteilichkeitspostulates und des Methodendualismus wurde von Theodor W. ADORNO und Jürgen HABERMAS, Vertretern der sog. „Frankfurter Schule" eingenommen. Bei dieser Auseinandersetzung betont POPPER die strikte Anerkennung des Wertfreiheitspostulats für den Begründungszusammenhang: Wertungen oder Wunschvorstellungen von Wissenschaftlern dürfen nicht die Beschreibung und Erklärung von Tatsachen (den Prozess der Datenerhebung) beeinflussen. Die alleinige Prüfinstanz von Theorien ist die Erhebung der faktischen Realität.

Andererseits wird die Position WEBERs auf eine soziale, im Wissenschaftsbetrieb verankerte Grundlage gestellt. „Wir können dem Wissenschaftler nicht seine Parteilichkeit rauben, ohne ihm auch seine Menschlichkeit zu rauben. Ganz ähnlich können wir nicht seine Wertungen verbieten oder zerstören, ohne ihn als Mensch und als Wissenschaftler zu zerstören. Unsere Motive und unsere rein wissenschaftlichen Ideale ... sind zutiefst in außerwissenschaftlichen und zum Teil religiösen Wertungen verankert. Der objektive und der wertfreie Wissenschaftler ist nicht der ideale Wissenschaftler. Ohne Leidenschaft geht es nicht, und schon gar nicht in der reinen Wissenschaft" (POPPER 1972:114). Wertfreiheit ist somit kein individuelles Merkmal von Personen, sondern ein Postulat, welches nur im sozialen Kontext des Wissenschaftsbetriebs realisierbar wird, in dem Kritik und Gegenkritik, freie Diskussion und Toleranz möglich sind.

Von Seiten ADORNOs und verschärft von HABERMAS wurde hingegen eingewandt, dass durch die Erhebung der faktischen Realität zur alleinigen Prüfinstanz von Theorien der Verdinglichung, Unfreiheit und Ausbeutung des Menschen Vorschub geleistet werde; eine darauf basierende Wissenschaft verkenne ihre Zugehörigkeit zur gesellschaftlichen Totalität. Sie übersähe, dass sie durch ihre unreflektierte Zugehörigkeit zu gesamtgesellschaftlichen Produktions- und Herrschaftsverhältnissen selbst zum stabilisierenden Moment des Status quo werde. Sie diene dem technischen Erkenntnisinteresse, welches Kontrolle und Verfügbarkeit über Menschen ermögliche – ganz nach dem zweifelhaften Vorbild der Naturwissenschaften, deren Erkenntnisse lediglich auf die Beherrschbarkeit der nicht-sozialen Umwelt zielten – ohne nach historischem und lebenspraktischem Sinn und Wünschbarkeit zu fragen, wozu nur eine hermeneutisch-dialektisch orientierte Sozialwissenschaft in der Lage sei (HA-

---

Positivismus wurde von den Vertretern des Wiener Kreises und POPPER gänzlich überwunden, ohne jedoch empirische Tatsachen als Prüfinstanz für Theorien aufzugeben.

BERMAS 1972a; HABERMAS 1972b). Entsprechend dieser Kritik müssen Theorien nicht nur auf ihre Übereinstimmung mit der Realität, sondern auch in Hinsicht auf übergeordnete Kriterien, z. B. Emanzipation beurteilt werden. Empirie ist damit ein nützliches Kriterium, nicht aber das entscheidende.

Es entsteht dann allerdings ein anderes Problem: Gleichgültig, welches übergeordnete Kriterium – Freiheit, Gleichheit, Emanzipation, Gottgefälligkeit – als Prüfinstanz für die pragmatische Wahrheit von Theorien verwandt werden soll, seine Geltung muss begründet werden, damit es einen verbindlichen Charakter erhält. Normative Begründungen sind jedoch objektiv nicht begründbar. Zumeist ist ihre Grundlage eine a priori-Setzung, eine mehr oder weniger plausible Wertsetzung, die jedoch keineswegs logisch zwingend ist (ALBERT 1969; ALBERT 1972a).[1]

Letztlich hat der Positivismusstreit insofern auch Konsequenzen für die konkrete Forschungspraxis gehabt, als sich aus den verschiedenen methodologischen Positionen auch verschiedene Vorlieben für konkrete Forschungsmethoden ableiten lassen. Während die analytisch-nomologische Position eher zur Verwendung quantitativer Verfahren tendiert, haben sich im hermeneutisch-dialektischen Spektrum neben der traditionellen marxistischen empirischen Sozialforschung (FRIEDRICH/HENNIG 1975:23) vorwiegend qualitative Forschungsstrategien entwickelt, wie z. B. die Aktionsforschung (MOSER 1975; MOSER/ORNAUER 1978). Letztere will innerhalb des Forschungsprozesses die Handlungsweisen von Personen in politisch-moralischer Hinsicht aktiv beeinflussen. Damit wird Wissenschaft jedoch selbst zur Ideologie und entzieht sich ihre legitime Existenzgrundlage.

3.2.2 Zur Erklärung sozialen Handelns

Gelegentlich wird die Möglichkeit der Erklärung sozialen Handelns in deduktiv-nomologischer Form bestritten. Dabei wird darauf verwiesen, dass die Sozialwissenschaften sich grundsätzlich in ihrer Vorgehensweise von den Naturwissenschaften unterscheiden müssen, da ihr Gegenstandsbereich denkende und reflektiert handelnde Individuen seien, die sich eben aufgrund dieser Eigenschaften von den Objekten der Naturwissenschaften unterscheiden. Wenn soziales Handeln – so wird argumentiert – im Gegensatz zu den Bewegungen von physikalischen Körpern oder dem Molekularaufbau von Kristallen durch (zumindest gelegentlich) überlegte, planvolle Absicht geleitet sei, also auf Gründen, Motiven oder Intentionen beruht, so habe die

---

[1] ALBERT nennt das Begründungsproblem auch Münchhausen-Trilemma: Entweder gerät man bei der Suche nach einer zureichenden Begründung in einen infiniten Regress, einen logischen Zirkel oder man muss das Verfahren an irgendeinem Punkt abbrechen (ALBERT 1969:13ff).

Sozialwissenschaft einen qualitativ anderen Gegenstandsbereich als die Naturwissenschaft und benötige dann auch eine prinzipiell andere Methodologie. Eine solche Methodologie könne entsprechend auch nicht in der Suche nach Gesetzmäßigkeiten (z. B. des menschlichen Handelns) bestehen, sondern müsste Handlungen nach ihren Intentionen rekonstruieren, ihren Sinnzusammenhang aufzeigen und damit „verstehbar" machen.[1] Somit wäre für die Sozialwissenschaft eine andere Methodologie als für die Naturwissenschaften erforderlich (*„Methodendualismus"*). Diese prinzipielle Differenz dient zur Begründung des Methodendualismus und zur Legitimation qualitativer Forschungsmethoden, deren zentrale Aufgabe in der Rekonstruktion sinnhaften Handelns liegt.

Diese dualistische Position wird gegenwärtig vor allem von Vertretern der Ethnomethodologie[2] und des Symbolischen Interaktionismus[3] vertreten.

T. WILSON (1973) hat sich darum bemüht, die methodologischen Konsequenzen dieses Theorieansatzes explizit von dem deduktiv-analytischen Vorgehen abzugrenzen und seine methodologische Eigenständigkeit zu belegen. Zunächst kennzeichnet WILSON die „herkömmliche" soziologische Erklärungsstrategie als *„normatives Paradigma"*, welches auf bestimmte Dispositionen (Einstellungen, Motive, Kognitionen) des Akteurs und Erwartungen (Normen, Werte etc.) seiner sanktionsfähigen sozialen Umgebung zurückgreift. Soziales Handeln wird dort erklärt aus dem Wechselspiel von personalen und situativen Merkmalen, wobei die Gültigkeit einiger psychologischer Annahmen (etwa aus der Lerntheorie) über den Einfluss von Sanktionen unterstellt wird. Schließlich „muss" nach WILSON das normative Paradigma auch annehmen, „daß Handelnde ein gemeinsames System von Symbolen teilen, eingeschlossen Spra-

---

[1] Häufig wird in diesem Zusammenhang auch von teleologischer versus kausaler Erklärung gesprochen. Die Bezeichnung „teleologisch" verweist auf die Zielgerichtetheit sozialen Handelns. Auch die Differenzierung zwischen menschlichem Handeln und Verhalten knüpft hier an. „Handeln" hat (definitionsgemäß) immer auch einen „inneren" (intentionalen) Aspekt, es ist nicht nur von außen (durch Mitakteure) bestimmt (STEGMÜLLER 1979:109).

[2] Die Ethnomethodologie, die in den 60er Jahren in der amerikanischen Soziologie entstand, versteht sich als Forschungsprogramm, das sich mit den verwendeten Methoden zur Konstituierung sozialer Wirklichkeit und Ordnung im Alltagshandeln der Mitglieder einer Gesellschaft beschäftigt (vgl. z. B. GARFINKEL 1967).

[3] Der Symbolische Interaktionismus knüpft in vielen Punkten an die HUSSERLsche Phänomenologie an, die als eine Art 'Wissenschaft vom Wesen der Dinge' konzipiert ist. Von Wichtigkeit für die sozialwissenschaftliche Adaption von Teilen der Phänomenologie – die bei HUSSERL im Wesentlichen noch Erkenntnistheorie war – ist das Postulat einer nur subjektiv möglichen Erkenntnis. Einen Überblick über die HUSSERLsche Philosophie gibt z. B. STEGMÜLLER (1976:49–95); zum Weiterwirken dieser Denkrichtung in die Sozialwissenschaften, z. B. über A. SCHÜTZ und G. H. MEAD vgl. BERNSTEIN (1979:205–288).

che und Gestik, – ein System, das als allgemein zugängliches kommunikatives Medium für die Interaktion dient" (WILSON 1973:56). Letzteres werde im normativen Paradigma häufig als unproblematische Annahme gesehen. Die Problematisierung dieser Annahme wird deshalb zu einem zentralen Bestandteil der Theorie des Symbolischen Interaktionismus und seiner Kritik an der „normativen" Vorgehensweise.

Dem „normativen Paradigma" wird das *„interpretative Paradigma"* entgegengesetzt. Nach dem interpretativen Paradigma sollen Erklärungen beim Medium der Kommunikation (Sprache oder Gesten) ansetzen. Akteure müssen demnach zunächst die Handlungen anderer Akteure identifizieren und interpretieren, ihnen einen Sinn zuschreiben. Sprache und Gestik haben eben nicht immer einen zweifelsfreien Bedeutungsgehalt, sondern soziale Interaktion ist zunächst ein interdependenter Prozess, in dem Ego und Alter probeweise ihre Motive, Erwartungen und Ziele deutend zu erkennen geben, verändern und/oder abstimmen. Soziales Handeln ist also dadurch charakterisiert, dass die beteiligten Akteure jeweils die verbalen und nicht-verbalen Symbole interpretieren und gemeinsame Deutungen entwickeln. Aus den prinzipiell variablen Situationsinterpretationen ergeben sich dann auch variable Handlungen, Freiräume für aktive, kreative Handlungsplanung und ihren Vollzug. „Nach dem interpretativen Paradigma können daher, im Unterschied zum normativen Paradigma, Situationsdefinitionen und Handlungen nicht als ein für allemal, explizit oder implizit, getroffen und festgelegt angesehen werden ... Vielmehr müssen Situationsdefinitionen und Handlungen angesehen werden als Interpretationen, die von den an der Interaktion Beteiligten an den einzelnen 'Ereignisstellen' der Überarbeitung und Neuformulierung unterworfen sind" (WILSON 1973:61).

Als erste, eher forschungstechnische Konsequenz formuliert WILSON (im Anschluss an BLUMER 1973): „Um den Verlauf der Interaktion verstehen und ihm folgen zu können, muss der Forscher sich selbst auf dokumentarische Interpretation einlassen, ... wenn er herausfinden soll, welche Handlung zu jedem gegebenen Moment des Handlungsverlaufs ausgeführt wird" (WILSON 1973:62).[1]

---

[1] Diese sicher nicht unberechtigten Annahmen von WILSON weisen auf ein „typisches" Problem des Symbolischen Interaktionismus hin. An „Ereignisstellen" eines Interaktionsverlaufs werden Festlegungen über Situationsdefinitionen und Handlungen zwar getroffen, jedoch geschieht dies ja kaum willkürlich bzw. wahllos. Die Prinzipien, nach denen solche Entscheidungen fallen bzw. ausgehandelt werden, werden zumeist gar nicht thematisiert. Weiter ist zu sehen, dass jede dieser Ereignisstellen, in der eine Situationsdefinition oder Handlung erfolgt, prinzipiell als Explanandum betrachtet werden kann, auch dann, wenn nur sehr kurze Zeitintervalle dazwischen liegen. So kann sich in einem Gespräch zwischen zwei Personen mit jedem Satz oder gar jedem Wort, welches die Person A an B richtet, die Antwortsituation für B ändern. Dies geschieht aber nicht zufällig, sondern hier werden neue Informationen wahrgenommen und im Weiteren berücksichtigt.

Die zweite methodologische Konsequenz betrifft die deduktiv-nomologische Erklärung: Sie wird als völlig inadäquat betrachtet. Da Beschreibungen von sozialer Interaktion (wie sie notwendigerweise in jede Erklärung, etwa als Beobachtungssätze, eingehen) nicht als „bloß abbildende" möglich sind, sondern nur als variierende sinnhafte Rekonstruktionen, die prozesshaft, revidierbar und situationsabhängig sind, entfällt die Möglichkeit einer deduktiven Erklärung.

„Wird nun soziale Interaktion als ein interpretativer Prozess angesehen, dann können solche Erklärungen sinnvoll nicht in deduktiver Weise konstruiert werden, sondern sie müssen aufgefasst werden als Akte, mit denen den Handelnden Absichten und Umstände zugeschrieben werden, die geeignet sind, dem Beobachter das beobachtete Handeln verständlich zu machen. Dieses Vorgehen, das Handeln nach den Absichten und Situationen der Handelnden zu deuten, ist ... eine durchaus sinnvolle und signifikante Art der Erklärung. Unsere Folgerung lautet daher nicht, daß soziologische Erklärungen von Handlungsmustern unmöglich sind, sondern vielmehr, daß sie sich grundlegend unterscheiden von Erklärungen, die sich auf Phänomene beziehen, die ihrerseits nicht durch Bedeutungen und Sinn konstituiert sind" (WILSON 1973:69).

Im Wesentlichen sind es zwei Besonderheiten, die sozialem Handeln im Rahmen des Symbolischen Interaktionismus zugesprochen werden:

1. Soziales Handeln ist symbolisch strukturiert, prozesshaft und situativ bzw. individuell variabel.
2. Intentionale Handlungen können und müssen verstehend rekonstruiert werden.

Beiden Prämissen kann zunächst zugestimmt werden. Die Schlussfolgerung, dass sich daraus eine Ablehnung der deduktiv-nomologischen Orientierung in den Sozialwissenschaften ableiten lässt, braucht jedoch nicht nachvollzogen zu werden. Denn alle scheinbaren Besonderheiten sind mit Hilfe eines deduktiv-nomologischen Zugangs bearbeitbar, wie im Folgenden zu zeigen sein wird.

3.2.2.1 Interaktionismus und D-N-Erklärung

Mit der Charakterisierung von sozialem Handeln als symbolisch strukturiert, prozesshaft und variabel (die auch von den Vertretern des sogenannten normativen Paradigmas nie bestritten wurde) werden verschiedene Aspekte angesprochen, die auf der Objektebene zwar kaum trennbar sind, aber im Hinblick auf die methodologische Diskussion sinnvollerweise zu unterscheiden sind.

So kann die Tatsache der symbolischen Strukturiertheit von Handlungen, also die Orientierung des Handelns von Ego an den gedeuteten verbalen und nonverbalen

Äußerungen von Alter, zunächst als eigenständiges Explanandum aufgegriffen werden, welches unter Umständen zeitlich vor der „eigentlichen" Handlung von Ego liegt.

Im Beispiel: Person X nimmt in Kneipe das an sie gerichtete Lächeln einer Person Y wahr, worauf X näher auf Y zugeht, Y zu einem Bier einlädt usw. In der Tat löst das Lächeln von Y nicht „mechanisch" ein Hingehen, Einladen etc. bei X aus, wie etwa eine Temperaturerhöhung das Volumen eines Gases ansteigen lässt, sondern die Geste „Lächeln" wird z. B. interpretiert als ein Zeichen von Sympathie und Gesprächsbereitschaft. Diese Interpretation einer Geste ist Voraussetzung für die folgende Handlungswahl von X. Zudem ist es meist nicht ein einzelnes Symbol, sondern eine Vielzahl von interpretierten Symbolen, die bei X eine subjektive Situationsdefinition generieren. Das Lächeln zu abendlicher Stunde in einem Lokal unterscheidet sich von dem Schadenfreude symbolisierenden Lächeln eines unsympathischen Kollegen am Arbeitsplatz nach einer misslungenen Tätigkeit von X. Die gleiche Geste hat also je nach Situation unterschiedliche Bedeutung.

Im sozialen Kontext gibt es sicher sowohl die Möglichkeit, dass Symbole, Situationen bzw. Lebenswelten relativ verfestigt sind und damit nicht ständig einer neuen Interpretation ausgesetzt sind, als auch die (vom symbolischen Interaktionismus hervorgehobene) Möglichkeit und Notwendigkeit der Neu-Deutung und Neu-Interpretation von Symbolen. Letztere ist aber selbstverständlich auch einer deduktiv-nomologischen Erklärung zugänglich. Denn die Frage, warum X das Lächeln von Y als Zeichen der Sympathie interpretiert, kann z. B. das Explanandum einer Lerntheorie darstellen.[1] Dies wird auch von den Vertretern des Symbolischen Interaktionismus nicht bestritten (ROSE 1973).

Auch die Tatsache, dass die Bedeutungszuschreibungen von Akteur zu Akteur nie völlig identisch sind, ändert nichts an ihrer prinzipiellen Erklärbarkeit. Diese Abweichungen stellen nur unterschiedliche Explananda einer Theorie dar, die eine solche variierende Interpretation zu erklären versucht, wie es z. B. im Rahmen der Sozio-Linguistik geschieht.

Weiter kann das interaktionistische Argument auf ein forschungstechnisches Problem hinweisen: Will man das Lächeln von Y erklären, so könnte dies durch eine Hypothese geschehen, die in der Dann-Komponente das theoretische Konstrukt „Symbolisierung von Kommunikationsbereitschaft" enthält. Ein empirischer Indikator für dieses Konstrukt kann „Lächeln" sein. Das Argument des variierenden Bedeutungsgehaltes eines

---

[1] Nur am Rande sei erwähnt, dass Lerntheorien sich nicht auf simple Stimulus-Response-Mechanismen beschränken, sondern eine Reihe von gut bestätigten komplexen Erklärungsmodellen umfassen (vgl. z. B. HALL 1989.)

Symbols wird dann zur Frage nach der Validität des Indikators für das Konstrukt, die (wie in Kapitel 4 dargestellt) geklärt werden muss, gleichgültig, ob eine sozial- oder naturwissenschaftliche Theorie geprüft wird.

Wenn die Zuschreibung von Symbol und Bedeutung und die empirisch valide Zuordnung von Symbolen zu theoretischen Konstrukten offensichtlich keinen Dualismus begründen, so bleibt – und dies ist WILSONs zentrales Argument – die Behauptung, dass ein Symbol, das eine Person „sendet", nicht deterministisch die Folgen dieser sozialen Handlung bestimmt. Dies ist sicher richtig: So kann X auf Y zugehen, ihn ansprechen, aber Y reagiert abweisend. Oder aber X und Y kommen ins Gespräch, es offenbaren sich jedoch völlig verschiedene Interessen oder Lebensauffassungen und die Kommunikation wird abgebrochen. Oder aber das Interesse aneinander nimmt infolge des Gesprächs zu und es entsteht ein dauerhafter Kontakt. Also – so könnte man sehr ungenau formulieren – erweist sich erst im Laufe der Interaktion, ob ein bestimmtes Symbol auch zu einem bestimmten Ergebnis führt.

Hieraus zieht der Symbolische Interaktionismus die Konsequenz, dass es nicht möglich (oder nicht sinnvoll) sei, eine Hypothese zu prüfen, die z. B. das Lächeln von Y mit dem „Ende" der Kneipeninteraktion (etwa dauerhafte Freundschaft) in Verbindung bringt. Entsprechend – so die Behauptung – versagt das deduktiv-nomologische Erklärungsschema bei der Erklärung sozialen Handelns. Diese Annahme ist jedoch nicht haltbar. Natürlich wird das Ergebnis der Kneipenkommunikation nicht ausschließlich von dem verursachenden Faktor „Lächeln" abhängig sein, sondern von den jeweiligen Resultaten der einzelnen Ereignisstellen des Prozesses. Jede Ereignisstelle wiederum kann und muss jedoch als ein eigenständiges Explanandum betrachtet werden, d. h. der gesamte Prozess muss in (viele) Teilereignisse zerlegt werden, die zeitlich aufeinander aufbauen und die theoretisch und empirisch miteinander verbunden sind. Solche Erklärungen werden auch als „*genetische Erklärungen*" bezeichnet (vgl. Abb. 3-5).

$$S_1 \longrightarrow S_2 \longrightarrow S_3 \longrightarrow \ldots \longrightarrow S_n$$

Abbildung 3-5: *Genetische Erklärung*

Im konkreten Beispiel kann das Lächeln von Y als Ereignis S_1 angesehen werden, darauf folgt eine Reaktion von X auf die von ihm wahrgenommene Geste von Y, z. B. geht X zu Y und eröffnet ein Gespräch mit der Frage, ob er sich zu Y setzen dürfe (S_2); darauf antwortet Y bejahend (S_3) usw. Jedes einzelne dieser Ereignisse ist dabei ein erklärungsbedürftiges Phänomen, dessen exakte Erklärung jeweils einer empirisch gut bestätigten allgemeinen Theorie bedarf. Der Globalhypothese vom

Zusammenhang einer symbolischen Geste und einer dauerhaften sozialen Interaktion liegt eine Erklärungskette zugrunde.

Der gleiche Erklärungstyp liegt auch bei vielen naturwissenschaftlichen Ereignissen vor. So wird etwa die Hypothese, dass ein Leck in der Ölwanne eines ansonsten funktionstüchtigen PKWs zum Versagen des Motors führt, von einer Reihe gut bestätigter Theorien, die verschiedene Zustände kausal miteinander verbinden, gestützt: Durch das Leck rinnt Öl auf die Straße, das verlorene Öl kann nicht mehr durch die Pumpe an die Zylinderwände befördert werden, zu wenig Öl an den Zylinderwänden erhöht die Reibung zwischen Zylinder und Kolben, zunehmende Reibung erzeugt Reibungshitze, diese bewirkt die Ausdehnung des Kolbens, usw. bis hin zum Endereignis „Kolbenfresser". Jedes einzelne Ereignis wird durch physikalische Gesetze erklärt: Gesetze der Mechanik, der Thermodynamik, der Reibung etc.

Das grundlegende Prinzip, das solchen genetischen Erklärungen gemeinsam ist, kann als „Aneinanderreihung" von einzelnen deduktiv-nomologischen Erklärungen aufgefasst werden, wobei die Dann-Komponente des Gesetzes, welches S_1 erklärt, zugleich Wenn-Komponente des Gesetzes ist, welches S_2 erklärt usw.[1]

Obwohl hier nur das Prinzip einer genetischen Erklärung verdeutlicht werden kann, sollte doch klar sein, dass die Charakterisierung von sozialem Handeln als wechselseitig, interdependent oder (im naiven Sinne) dialektisch keineswegs im Widerspruch zur kausalen Erklärung steht. Auch die Prozesshaftigkeit sozialen Handelns erweist sich nicht als Trennungslinie zwischen Sozial- und Naturwissenschaften.

Als wichtig hingegen stellt sich die präzise Formulierung von Forschungsfragen heraus, d. h. es ist zu überlegen, welches Ereignis, an welchem Ort, zu welcher Zeit erklärt werden soll. Denn häufig verbergen sich hinter Umschreibungen wie „wechselseitig" u.a. lediglich unpräzise Formulierungen oder resignative Einstellungen gegenüber der Vielschichtigkeit von Forschungsfragen. Hier sind jedoch pragmatische Entscheidungen zu treffen; auch genetische Erklärungen können nicht beim Beginn der Welt einsetzen und bei deren Ende aufhören, sondern es sind immer nur Teilstücke zu bearbeiten und diese auch nur in gewissen Aspekten.

---

[1] Eine ausführlichere Darstellung der genetischen Erklärung (und ihrer unterschiedlichen Formen) geben STEGMÜLLER (1974a:346–360) und HEMPEL (1977:170–177). Allgemein kann eine genetische Erklärung definiert werden „. . . als komplexer Vorgang, der zwei Erklärungskategorien miteinander verknüpft: Erklärungen von Ereignissen (nach dem deduktiv-nomologischen oder statistischen Erklärungsschema) und Erklärungen, d. h. Ableitungen, von Gesetzen aus anderen" (STEGMÜLLER 1974a:353).

Die Rekonstruktion der Argumente des Symbolischen Interaktionismus im Lichte der D-N-Erklärung lässt auch deutlich werden, wie sozialwissenschaftliche Kollektivhypothesen letztlich interpretierbar sind, nämlich als verkürzende Aussagen über individuelles Handeln. Hypothesen z. B. über gesellschaftliche Differenzierung und Reduktion von Komplexität, über den Grad von sozialer Ungleichheit in Gesellschaften und die Akzeptanz von politischen Ideologien sind als abstrakte Aussagen über Individuen und deren Handlungen genetisch rekonstruierbar und erklärbar.

Das heißt nicht, dass Aussagen über Makrophänomene wissenschaftlich nicht bedeutsam und prüfenswert sind, im Gegenteil: Wenn sie empirisch bestätigt sind, ermöglichen sie eine bewusste und planvolle Gestaltung des gesellschaftlichen Lebens. Auch dies ist in den Naturwissenschaften nicht anders: Das Boyle-Mariottesche Gesetz, das bekanntlich Druck, Temperatur und Volumen von Gasen in Beziehung setzt, war in vielfältiger Hinsicht nützlich, aber die Anomalien dieser Theorie konnten erst durch die kinetische Gastheorie, die Bewegungen der Gasmoleküle entdeckte und erklärte, beseitigt werden. Obgleich die Moleküle und handelnde Individuen sicherlich nicht gleichgesetzt werden können, ist jedoch die Struktur der Erklärung in beiden Fällen dieselbe – und nur darum geht es in der hier vertretenen Position des Methodenmonismus.[1]

Schließlich sei noch auf ein anderes denkbares Missverständnis hingewiesen. Das Argument der situativen Interpretation oder Handlung kann auch so aufgefasst werden, dass jede Handlung oder Deutung individuell verschieden ist, also z. B. kein Lächeln mit einem anderen Lächeln völlig identisch ist. Dann wäre der behauptete Unterschied zwischen Natur- und Sozialwissenschaften in der „Individualität und Einzigartigkeit" von sozialen Phänomenen zu sehen. Richtig ist sicherlich, dass Menschen oder ihre Handlungen im Hinblick auf physische, psychische, räumliche oder zeitliche Parameter nicht völlig identisch und insofern individuell bzw. einzigartig sind. Dieser Sachverhalt trifft in gleicher Weise jedoch auch auf alle naturwissenschaftlichen Ereignisse zu: Kein Stein, kein Gas, kein Molekül ist identisch mit einem anderen Objekt der gleichen Klasse und entsprechend ist auch jedes naturwissenschaftliche Ereignis durch eine einmalige Konstellation von Randbedingungen gekennzeichnet. Jeder Fall eines Steines zur Erde unterscheidet sich von einem anderen Steinfall insofern, als Ort, Zeit, Sternenkonstellation, Luftdruck etc. variieren. Hier muss man sich jedoch verdeutlichen, dass eine Erklärung immer nur bestimmte Aspekte eines Phänomens betrifft und nie ein Ereignis in seiner Totalität zum Gegenstand hat; letzteres ist unmöglich.

---

[1] Zu einer individualistischen Methodologie zur Erklärung von Makrophänomenen vgl. Kap. 3.2.2.3.

Betrachtet man z. B. das Lächeln der Person X, so zeigt sich, dass hier „lediglich" die soziale Komponente dieser Handlung tangiert wird. Daneben hat das Ereignis eine Vielzahl weiterer Aspekte, die von den vorgeschlagenen Erklärungen nicht berührt werden: physiologische (z. B. Stoffwechselaktivierung), physikalische (z. B. Muskelkontraktionen), neurologische (z. B. Neuronenerregung) u.a., wobei jeweils wiederum speziellere Dimensionen gesondert erklärt werden können. Eine vollständige Erklärung eines Ereignisses würde zunächst eine vollständige Beschreibung voraussetzen. Bereits diese kann jedoch nicht geleistet werden, da der Vollständigkeitsanspruch „die Angabe sämtlicher Relationen zu allen übrigen Ereignissen des Universums" (STEGMÜLLER 1974a:337) enthält. Insofern können immer nur bestimmte Aspekte eines Phänomens beschrieben und erklärt werden.

Weiter ist zu beachten, „wie" solche – gleichgültig, ob natur- oder sozialwissenschaftlichen – Ereignisse erklärt werden: Die singulären Ereignisse als Bestandteile einer Erklärung oder Prognose werden nicht in ihrer Individualität an sich erklärt, sondern stellen konkrete Fälle einer Klasse von Ereignissen dar (STEGMÜLLER 1974a:337; HEMPEL 1977:139). So sind der Feldzug Napoleons gegen Preußen, der Auftritt von Janis Joplin in Woodstock, die Stimmabgabe des Arbeitnehmers Müller bei der Bundestagswahl zwar einzigartige Ereignisse, aber sie können potentiell durch Gesetze erklärt werden, deren Objektbereich (z. B. feudale Herrscher, Rockmusikerinnen, Arbeitnehmer) diese Individuen einschließt und die Feldzüge, Konzerte und Stimmabgaben als Dann-Komponente enthalten.

Damit bleibt festzuhalten, dass weder die unbestrittene symbolische Orientierung, noch die Prozesshaftigkeit, noch die Individualität von sozialem Handeln eine Ablehnung des allgemeinen Erklärungsmodells bzw. einen Methodendualismus begründen.

3.2.2.2 Verstehen statt Erklären?

Auch die zweite zentrale Annahme interaktionistischer Ansätze, die Intentionalität von sozialem Handeln, ist der Erklärung zugänglich. Selbstverständlich verfolgen Menschen in ihren Handlungen bestimmte Ziele, sie haben bestimmte Motive und handeln aus ethischen und ökonomischen Gründen etc. Bei der Handlungsauswahl spielen Situationsinterpretationen eine entscheidende Rolle: Man überlegt, ob in der gegebenen, d. h. subjektiv gedeuteten, Situation zweckmäßigerweise die Handlung A durchzuführen sei, um einen gewünschten Zustand herzustellen. Der Akteur legt sich sozusagen eine eigene „Handlungstheorie" zurecht, in der er verschiedene, nach seiner Erfahrung relevante Faktoren abwägt. So mag sich obige Person Y eine Reihe von Punkten überlegt haben, bevor sie sich zu einem „Anlächeln" von X entschieden hat: Sie weiß, dass ein Lächeln Gesprächsbereitschaft symbolisiert, sie möchte mit X in Kontakt kommen, sie schätzt die Situation ein (ist X allein oder in Begleitung, die hinderlich sein könnte?), sie bedenkt mögliche andere Strategien (direktes Ansprechen, räumliches Näherrücken etc.) und vergleicht alternative Handlungsziele (Kinobesuch statt Kontaktaufnahme u.a.). Danach wird sie sich dann u. U. zur Handlung entschließen. Bei diesem Entschluss wird sie davon ausgehen, dass ihre „Handlungstheorie" bzw. Alltagstheorie richtig ist und zum Erfolg führt. Einer sozialen Handlung können also sehr komplexe Überlegungen und Einschätzungen vorausgehen, deren Ergebnis die Ursache für eine Handlung darstellt.

Eine sozialwissenschaftliche Erklärung muss dies mit berücksichtigen und ist deshalb häufig auch komplexer, als es in Lehrbuchbeispielen zum Ausdruck kommt. Entscheidend ist jedoch, dass auch diese Erklärung selbst gänzlich mit dem H-O-Schema übereinstimmt.[1] Zur Erklärung der Handlung in obigem Beispiel benötigt man dazu noch eine allgemeine Theorie, denn die Alltagstheorie des Akteurs ist ja unter Umständen nur eine „Theorie", die für diesen speziellen Akteur mit speziellen Motiven und Kenntnissen in einer speziellen Situation gilt; sie ist also je nach Fragestellung Explanandum oder Randbedingung. In Abbildung 3-6 wird eine solche einfache allgemeine Handlungstheorie angenommen (vgl. ESSER/KLENOVITS/ZEHNPFENNIG 1977b:126; STEGMÜLLER 1979:109–122).

Für die konkrete Erklärung dieser Handlung muss die allgemeine Handlungstheorie (G1 bis G4) empirisch bestätigt sein und nicht die subjektiven Annahmen des Akteurs, die ihn zu einer Aktion bewegen. Ob seine Annahmen objektiv richtig oder falsch sind, ist für die Geltung des allgemeinen Gesetzes und die korrekte Erklärung irrelevant (allerdings für das Erreichen seines Zieles möglicherweise ausschlaggebend). Entscheidend ist, dass der Akteur „seine Theorie" für wahr hält und sein Handeln darauf aufbaut.

Handlungen müssen aber keineswegs immer als zweckrational angesehen werden, wie diese Beispiele vielleicht nahelegen könnten, um nomologisch erklärbar zu sein. Ein großer Teil des Alltagshandelns mag auf den ersten Blick einem Modell des bewusst planenden Akteurs widersprechen, insofern es sich gerade einerseits durch eine gewisse „Mechanik" oder andererseits „Spontaneität" kennzeichnen lässt. So

---

[1]　Die Diskussion um die Frage der Subsumierbarkeit von intentionalen Handlungen unter das H-O-Schema der Erklärung wurde vor allem von G.H. v. WRIGHT (1974) beeinflusst. Er versuchte, ausgehend von der Idee des sog. praktischen Syllogismus, ein eigenständiges Erklärungsmodell für soziales Handeln zu entwickeln, welches ohne allgemeine Theorien arbeitet. Es zeigte sich jedoch, dass WRIGHTs Vorschläge dies nicht leisten, sondern eine angemessene Interpretation wieder zum H-O-Schema führt (vgl. STEGMÜLLER 1979:103–122; ABEL 1983:125ff; BECKERMANN 1985:48–55; CHURCHLAND 1985).

Gesetze:

G1. Wenn Akteure annehmen, dass Handlung A eine notwendige Bedingung für die Realisierung eines Zielzustandes Z ist, und wenn Akteure Z anstreben, dann werden die Akteure nach A handeln.

G2. Akteure handeln nach G1, wenn sie kein Hindernis für die Handlung A wahrnehmen.

G3. Akteure handeln nach G1 und G2, wenn es zur Handlung A ihrer Meinung nach keine sicherere Handlungsalternative gibt.

G4. Akteure handeln nach G1, G2 und G3, wenn es in der Situation S keine attraktiveren Zielzustände als Z gibt, die ihnen erreichbar scheinen.

Randbedingungen:

- Person Y glaubt, dass sie Person X anlächeln muss, um mit ihr ins Gespräch zu kommen.
- Person Y will mit Person X ins Gespräch kommen.
- Person Y sieht keine Hindernisse für das Anlächeln von X.
- Person Y glaubt, dass es kein sichereres Mittel als das Anlächeln zur Einleitung eines Gesprächs gibt.
- Person Y schätzt den Wert eines Gesprächs mit X höher ein als andere denkbare Zielzustände in der Situation S.

Explanandum:

- Person Y lächelt X an.

Abbildung 3-6: Erklärung intentionaler Handlungen

laufen viele Handlungen geradezu routiniert ab, kein beteiligter Akteur wägt jede Aktion bewusst ab, von geplanten und kalkulierten Handlungen kann kaum geredet werden.

Gelegentlich wäre eine solche Handlungsplanung auch mit fatalen Konsequenzen behaftet, wie ein Beispiel aus dem Straßenverkehr verdeutlicht: Ein Autofahrer, der in einer schwierigen Verkehrssituation anstelle einer Notbremsung zuerst eine ausgiebige Handlungskalkulation vornimmt, kann sich und anderen großen Schaden zufügen. Aber die Vollbremsung als „spontane" Handlung geschieht ja andererseits nicht „unüberlegt", denn in der Fahrschule lernt ein Fahrer diese Verhaltensweise in bestimmten Verkehrssituationen als zweckrationale kennen. Durch Lernprozesse (Internalisierung, Generalisierung) können Handlungstendenzen zu Verhaltensdispositionen werden, deren rationaler Hintergrund dem Akteur nicht mehr bewusst ist.

Durch den Rückgriff auf eine so erlernte Disposition bleibt die Struktur der entsprechenden Erklärung völlig erhalten, lediglich die Anzahl der zu berücksichtigenden Komponenten im Explanans wird dadurch verringert, dass die angenommene Disposition als alleinige Ursache in Betracht kommt (HEMPEL 1977:126ff). Beide – „habitualisierte" und „bewusste" Handlungen – sind lediglich theoretisch extreme Handlungstypen, empirisch existieren vielfältige Mischformen, deren Erklärung jedoch keines eigenständigen Erklärungsmodells bedarf. Denn nicht zuletzt im Anschluss an M. WEBER sind sozialwissenschaftliche Handlungstheorien entwickelt worden, die eine Reihe von handlungsdeterminierenden Faktoren berücksichtigen: Motive, Wünsche, Kognitionen, Attribuierungsstile, Haupt- und Nebenfolgen u.a. (vgl. z. B. LANGENHEDER 1975).

Vor einem möglichen Missverständnis sei an dieser Stelle ausdrücklich gewarnt. Man könnte handlungstheoretische Erklärungen leicht für trivial oder gar tautologisch halten. Aussagen wie „ein Akteur handelte so und nicht anders, weil es für ihn zweckmäßig, kostengünstig oder die beste Alternative war" sind nur dann trivial, wenn sie ex post einem Handeln unterstellt werden. Sehr viele Handlungen lassen sich im Nachhinein als subjektiv rationale Aktionen rekonstruieren. Aber solche Aussagen sind noch keine Theorien bzw. Erklärungen, sondern sie dienen eher zur Kennzeichnung eines theoretisch angenommenen Entscheidungsaktes eines Akteurs für oder gegen eine bestimmte Handlung, die erklärt werden soll. Sie umschreiben somit den Kern jener subjektiven Alltagstheorien (die Koordination und Beurteilung von Motiven, Situationen, Folgenabwägungen etc.), die die Ursache einer Handlung sein können. Dass gerade handlungstheoretische Erklärungen keineswegs einfach sind, tritt deutlich zutage, wenn ein exakter Theorietest bzw. eine Prognose auf ihrer Grundlage vorgenommen werden soll. Es genügt ja offensichtlich nicht „vorherzusagen", dass Handlungen kostengünstig, subjektiv rational etc. sein werden.

Vielmehr ist es notwendig, die in der Handlungstheorie als relevant angenommenen Faktoren zu operationalisieren und zu erheben. Von zentraler Bedeutung ist dabei, dass die theoretisch vermuteten Intentionen bzw. subjektiven Alltagstheorien logisch und empirisch-operational unabhängig von der Handlung ermittelt werden. Würde hingegen eine Handlung als Indikator für eine Intention angenommen, wäre die Argumentation in der Tat zirkulär und trivial. Eine solche unangemessene „Selbsterklärung" würde Ursache und Wirkung logisch verknüpfen, was selbstverständlich unzulässig ist und was bei der Diskussion um intentionale Erklärungen eine Reihe von Missverständnissen ausgelöst hat.[1]

---

[1] Dieses (Schein-)Argument liegt einer Reihe von Begründungsversuchen für eine eigenständige sozialwissenschaftliche Methodologie zugrunde (vgl. ABEL 1983:125ff; BECKERMANN 1985:38–47).

Im vorhergehenden Beispiel sind zur Überprüfung der Theorie (Gesetze 1 bis 4) alle in den Randbedingungen und im Explanandum angegebenen Zustände der Person Y (als Operationalisierung der Theorie) empirisch zu ermitteln. Behält man dabei weiter im Auge, dass dieses Beispiel nicht alle u. U. relevanten Variablen berücksichtigt (so wurde z. B. die Frage, wie verschiedene Handlungsstrategien subjektiv nach ihrer „Sicherheit bezüglich der Zielerreichung" abgewägt werden, gar nicht thematisiert), so kann wohl kaum von Trivialitäten geredet werden. Grundsätzlich unterscheidet sich somit die theoretische Erklärung und empirische Überprüfung von Handlungstheorien nicht von der Vorgehensweise bei anderen Phänomenen.

Anstelle deduktiver Erklärung beschränkt sich der Symbolische Interaktionismus weitgehend auf eine Methodologie, die ihre Hauptaufgabe im verstehenden Nachvollzug von sozialen Handlungen sieht. Dabei orientiert sich diese Richtung an der völlig unstrittigen Erkenntnis, nach der soziales Handeln im empathischen Sinne verstehensfähig ist, anders als naturwissenschaftliche Phänomene. Es macht schlicht keinen „Sinn", sich in die Rolle von Molekülen oder Planeten zu versetzen und ihre Bewegungen nachzuvollziehen, da diesen Objekten keine Intentionalität, die die Bewegungen verursachen könnte, zugeschrieben werden kann. Für eine sozialwissenschaftliche Theorierichtung, die gerade diesen Aspekt sozialen Handelns besonders betont, ist dann eine hohe Affinität zu qualitativen empirischen Methoden verständlich.[1] Dabei wird unterstellt, dass die besondere Lebensnähe qualitativer Verfahren in exponierter Weise zur Rekonstruktion des Handlungssinns geeignet sei.

Aber die Annahme, dass die Methode des Sinnverstehens sich gänzlich von einer Erklärung unterscheidet, ist nicht haltbar, wie eine Explikation dieses Vorgehens zeigt. Die Forderung an den Sozialforscher, den Standpunkt des Akteurs (mental) zu übernehmen, seine Motive, Ziele, Situationsinterpretationen nachzuvollziehen (WILSON 1973:61f), sich in seine Lage zu versetzen etc., kommt nicht ohne die Verwendung von allgemeinen Theorien aus. Der gegenteilige Eindruck entsteht lediglich deshalb, weil die hierfür notwendigen allgemeinen Theorien nicht explizit gemacht werden und ihre kritische Diskussion zumeist unterbleibt.

Auch dies sei an einem einfachen Beispiel gezeigt: In einer Parteiversammlung votiert eine Person X gegen einen Leitantrag, der den weiteren Ausbau der friedlichen Nutzung der Atomenergie enthält. Sichtbar ist für den Beobachter (Forscher) dabei lediglich das Handheben der Person X auf eine entsprechende Frage des Ver-

---

[1] WILSON selbst nimmt 1982 seine Favorisierung qualitativer Verfahren zumindest teilweise wieder zurück. Qualitative und quantitative Verfahren werden – ebenso wie die unzulässige Konfrontation zwischen Erklären und Verstehen – deutlich relativiert (WILSON 1982).

sammlungsleiters. Was bedeutet es nun, diese Handlung zu verstehen, ihren Sinn zu rekonstruieren? Der Forscher „versetzt" sich in die Situation von X; er sammelt Informationen (durch Befragen von Freunden von X, ein persönliches Gespräch mit X, oder er prüft das Abstimmungsverhalten, die Redebeiträge etc. von X in früheren oder folgenden Parteiversammlungen). Diese Informationen setzt er zu einem Bild zusammen, welches die Motive, Kenntnisse, subjektiven Situationsinterpretationen u.a. von X wiedergibt, und bringt diese „Gründe" in Verbindung mit dem konkreten Abstimmungsverhalten von X in der speziellen Situation. So wird das Handeln verständlich: X lehnt den Antrag z. B. ab, weil er sich intensiv mit dieser Technologie beschäftigt hat und große Risiken in ihr erblickt oder weil er von einflussreichen Parteifreunden dazu überredet wurde, die ihn in anderen Bereichen protegieren, o. ä. Bei einer solchen Vorgehensweise wird aber die Geltung allgemeiner Hypothesen (Theorien) angenommen. Wenn man sich in die Lage eines Akteurs versetzt, seine Motive, Kognitionen und situativen Handlungsalternativen mental übernimmt, so besteht der Verstehensakt, das Evidenzerlebnis des Verstehenden, ja gerade in der Tatsache, dass jeder Akteur, der die gleichen psychischen Zustände in einer handlungsbezogenen Situation aufweist, auch genauso handeln würde. Und diese Annahme entspricht einer allgemeinen Theorie.

Zu der Frage, ob solche „verstehenden Erklärungen" eine besondere Logik bzw. Methodologie der Sozialwissenschaften erfordern, schreibt E. NAGEL:

> „Mit dem Risiko, Selbstverständliches zu sagen, will ich doch die Gründe dafür angeben, daß die Antwort negativ ist. Die Unterstellung von Gefühlen, Attitüden und Zwecken zur Erklärung von beobachtbarem Verhalten beinhaltet zwei Hypothesen und sie ist nicht selbstverständlich, sondern bedarf eines Beweises, der in Übereinstimmung mit den üblichen Regeln empirischer Forschung erbracht werden muss. Es handelt sich um zwei Hypothesen, da einerseits angenommen wird, daß die an einem sozialen Phänomen beteiligten Akteure sich in bestimmten psychischen Zuständen befinden, und andererseits, daß zwischen diesen Zuständen und bestimmten beobachtbaren Verhaltensweisen ganz bestimmte Zusammenhänge bestehen. Wie aber die weniger naiven Exponenten 'sinnhafter' Erklärungen selbst betonen, ist es im Allgemeinen nicht leicht, sowohl für die eine als auch für die andere Annahme zuverlässiges Beweismaterial zu gewinnen. Wir können uns zwar in der Vorstellung mit einem Weizenhändler identifizieren und uns überlegen, wie wir uns angesichts der Probleme eines fluktuierenden Marktes verhalten würden. Aber Vermutungen – wie notwendig sie für den Prozess der Tatsachenforschung auch immer sein mögen – sind keine Tatsachen. Keine der psychischen Konstellationen,

mit denen wir die Subjekte unserer Untersuchung in der Vorstellung aus-
statten, mag in Wirklichkeit zutreffen. Sollten unsere Unterstellungen
aber sogar richtig sein, so mag uns dennoch keine der beobachtbaren
Verhaltensweisen, die angeblich aus diesen Unterstellungen folgen, im
Lichte unserer eigenen Erfahrungen 'verständlich' oder 'begründet' erscheinen. Wenn die Geschichte der anthropologischen Forschung irgend
etwas bestätigt, so sind es die Fehler, die von Forschern begangen werden,
wenn sie menschliche Verhaltensweisen im Rahmen fremder Kulturen
in Kategorien interpretieren, die sie unkritisch aus ihrem begrenzten
persönlichen Leben abstrahieren" (NAGEL 1972:79).

Wenn also solche Erklärungen nicht auf dem Stand einer (vom Forscher aus gesehenen)
„subjektiven Erklärung" bleiben sollen, so müssen sie allgemein formuliert und geprüft
werden. Damit ergeben sich aber auch alle grundsätzlichen wissenschaftstheoretischen
Probleme einer korrekten Erklärung (vgl. Kapitel 3.1). Ganz ohne Zweifel ist die
Technik des „Verstehens" eine äußerst wichtige heuristische Quelle für Hypothesen
und Theorien in den Sozialwissenschaften. Die objektive empirische Überprüfung
der so gewonnenen Vermutungen kann jedoch nicht durch den Hinweis darauf ersetzt
werden, dass ein bestimmtes Handeln sinnvoll, plausibel oder nachvollziehbar ist.
Denn durch die (ungeprüfte) Unterstellung von Verhaltensdispositionen (und sei es
die, dass ein Akteur „verrückt" sei) kann jede Handlung verstehbar gemacht werden
(STEGMÜLLER 1974a:365).

Darüber hinaus ist die Methode des Verstehens ungeeignet zur Erklärung von nicht-
intendierten Konsequenzen von Handlungen, die im Grunde die interessanteste und
wichtigste Aufgabe der Sozialwissenschaften darstellt (BOUDON 1979; 1980). Als
Beispiel kann der bekannte sogenannte „*Schweinezyklus*" aus der Ökonomie herangezogen werden: Wenn die Preise für Schweinefleisch zu einem Zeitpunkt t_1 hoch sind,
produzieren (züchten) Landwirte in der Folgezeit t_2 vermehrt Schweine, um an den
hohen Preisen zu partizipieren. Dies führt dazu, dass zum Zeitpunkt t_3 ein wesentlich
größeres Angebot von Fleisch auf dem Markt ist, wodurch (bei konstanter Nachfrage)
die Preise zum Zeitpunkt t_4 fallen. Die Landwirte, die bei t_2 die Produktion auswei-
teten, machen also zur Verkaufszeit t_4 nicht die erhofften Gewinne, sondern u. U.
Verluste. Als Folge wird die Produktion reduziert, dadurch steigen die Preise wieder.

Eine verstehende Analyse des Verhaltens eines solchen Landwirtes käme ohne Zweifel
zu dem Ergebnis, dass sich ein solcher Akteur zweckrational verhält. Seine subjektive
Alltagstheorie ist verständlich: Er nimmt den hohen Preis für ein Produkt wahr, er hofft,
bei diesen Preisen einen hohen Gewinn machen zu können, und nimmt die Produktion
auf. Eine nur verstehende Theorie kann auch nicht mehr als diese Erkenntnis über
das Handeln feststellen. Was der Landwirt übersieht, genau wie der nur verstehende

Sozialwissenschaftler, ist die Geltung der allgemeinen Theorie: Wenn auf freien Märkten das Angebot steigt, sinken bei gleichbleibender Nachfrage die Preise. Da dieses Wissen nicht Bestandteil der Alltagstheorie ist, wird von den Akteuren auch nicht das Verhalten der anderen Marktteilnehmer antizipiert, welches zu dem paradoxen Effekt führt, dass alle Akteure subjektiv vernünftig ein Ziel anstreben und gerade dadurch die Zielerreichung unmöglich wird. Hier wird dann aber auch ein zentraler Unterschied zwischen sozial- und naturwissenschaftlichen Objekten deutlich. Individuen können (wissenschaftliche) Theorien über ihr Handeln zum Bestandteil ihrer handlungsrelevanten Alltagstheorien machen. Genau dieser Vorgang liegt z. B. dem Phänomen „sich selbst bestätigender Vorhersagen" (self-fulfilling prophecy) zugrunde (MERTON 1972). So kann sich ein falsches alltägliches Gerücht über Zukünftiges oder eine falsche wissenschaftliche Vorhersage faktisch bewahrheiten, wenn sie von den Akteuren für richtig gehalten wird und in ihre Handlungsplanung eingeht: Prophezeit man einem Studenten, der objektiv die Fähigkeiten zum Bestehen einer Statistikprüfung hat, dass er diese niemals bestehen werde, und glaubt er dieser Prophezeihung, so stellt er unter Umständen alle seine Bemühungen ein und fällt deshalb unnötigerweise tatsächlich durch die Prüfung. Die Methode des Verstehens kann somit keine Alternative zur Erklärung in den Sozialwissenschaften sein.[1] Die mentale Übernahme des Standpunktes eines handelnden Individuums und die sinnhafte Rekonstruktion seiner Handlung bedarf, wenn sie nicht nur die Qualität einer subjektiven Interpretation des Forschers haben soll, der objektiven, d. h. intersubjektiven empirischen Überprüfung mit Hilfe der Techniken der empirischen Sozialforschung.

---

[1]　Schließlich ist an dieser Stelle auf eine weitere Art des Verstehens hinzuweisen. Das bisher skizzierte Verstehen wird im Anschluss an Wilhelm DILTHEY auch als sekundäres Verstehen bezeichnet. Daneben gibt es ein hermeneutisches Verstehen im engeren Sinne (Hermeneutik ist die Lehre von der Interpretation von (fixierten) Kulturerzeugnissen, Texten, Kunstwerken, Bauten etc.). Bei DILTHEY zielen solche Interpretationen – im Anschluss an die Hegelsche Philosophie – darauf, die Manifestationen des „objektiven Geistes" (eines endgültigen Geschichtstelos) zu erfassen. Solche metaphysischen Vorstellungen, dass die Geschichte zu einem „Ende" drängt, und die gesellschaftliche Entwicklung weitgehend unabhängig von individuellen Handlungen einem übergeordneten Ziel zustrebt, sind auch in den Sozialwissenschaften noch nicht überwunden. Nicht zuletzt in einigen makrosoziologischen Theorien existieren ähnliche Vorstellungen weiter. Man spricht von 'holistischen' bzw. 'kollektivistischen' Theorieansätzen. All diesen Theorien ist der (Aber-) Glaube gemeinsam, dass gesellschaftliche Strukturen und deren Veränderung nicht allein aus individuellen Handlungen und den sich hieraus ergebenden Effekten erklärbar sind. Ein klassisches Beispiel hierfür ist DURKHEIMS „conscience collective" (zur Kritik geschichtsteleologischer Weltbilder vgl. POPPER 1971; eine Analyse der kollektivistischen sozialwissenschaftlichen Theorien und ihres Gegenstücks einer individualistischen Orientierung gibt VANBERG 1975).

3.2.2.3 Individualistische Erklärung kollektiver Phänomene

Ein Hauptproblem sozialwissenschaftlicher Forschung liegt in der Erklärung von Makrophänomenen. Hierbei besteht das Explanandum nicht aus individuellen Handlungen, sondern aus komplexen sozialen Erscheinungen, wie z. B. Revolutionen, die Entstehung und Funktion von Institutionen, Sitten und Bräuchen, sozialer Schichtung oder gesellschaftlicher Differenzierung. Eine Erklärung solcher Makrophänomene kann prinzipiell über zwei Wege erfolgen. Die Makrophänomene

- werden entweder ausschließlich unter Verwendung anderer Makrophänomene erklärt („*methodologischer Kollektivismus*")
- oder sie werden ausschließlich als Folge individuellen Handelns erklärt („*methodologischer Individualismus*").

Der methodologische Kollektivismus ist die traditionelle Erklärungsstrategie der Makro-Soziologie. Beispiele für entsprechende Hypothesen lauten etwa: „Mit Intensivierung der kapitalistischen Produktionsweise erfolgt eine Verelendung des Proletariats" oder „Die Verbreitung der protestantischen Ethik fördert die kapitalistische Wirtschaftsform". Bei solchen Erklärungen werden individuelle Akteure bzw. deren Handlungen nicht angesprochen. Dies kann nur gerechtfertigt werden, wenn man entweder Makro-Zusammenhänge als Ausdruck einer von den Individuen unabhängigen sozialen Realität betrachtet („*Emergenz-Annahme*") oder die Verbindung zwischen Makrophänomenen und individuellen Handlungen für vollkommen unproblematisch hält und daher auf die Berücksichtigung individueller Handlungen zu verzichten können glaubt.

Die Emergenz-Annahme gibt keinen Wirkungsmechanismus an: Diese Art der „Erklärung" von Makrophänomenen beschränkt sich auf die Angabe von Ereignisabfolgen.[1] Wodurch die Abfolge bedingt wird, bleibt unklar. Damit handelt es sich bestenfalls um ein Beispiel unvollständiger Erklärung (vgl. Kapitel 3.1.3.3).

Die zweite Variante des methodologischen Kollektivismus ist zwar der Ansicht, dass Makro-Zusammenhänge tatsächlich nur durch individuelle Handlungen verstehbar sind, hält aber die Verbindung zwischen Makrophänomenen und individuellen Handlungen für so stark und allgemein gültig, dass auf eine Explikation des tatsächlichen

---

[1] Eine Variante dieser Argumentation findet sich in der systemtheoretischen Rede von „autopoietischen Systemen". Für solche Systeme wird angenommen, dass sie sich nach ihren eigenen inneren Gesetzen beständig neu selbst herstellen und unter Beachtung eigener innerer Standards („selbstreferentiell") reproduzieren. Das Problem besteht auch hier darin, dass kein Wirkungsmechanismus angegeben wird. Zur Kritik der Verwendung des „Autopoiesis"-Konzepts in der Soziologie vgl. ESSER (1993:494–540) und MÜLLER-BENEDICT (2000).

Wirkungszusammenhangs verzichtet werden kann. Auch hier muss daher von unvollständiger Erklärung gesprochen werden.

Da beide Varianten des methodologischen Kollektivismus unvollständige Erklärungen verwenden, liegt das zentrale Problem darin, dass bei einer Veränderung des nicht explizierten Wirkungsmechanismus die gesamte Erklärung zusammenbricht. Die Folge davon ist, dass keine der vielen ehemals populären Makrohypothesen dieses Typs empirisch bestätigt werden konnte: Makro-Gesetze sind in der Soziologie nicht bekannt.

Der methodologische Individualismus führt Makrophänomene stets auf individuelle Handlungen zurück. Die Logik einer solchen Erklärung lässt sich anhand eines Makrophänomens verdeutlichen: Aufstände treten häufig im Anschluss an eine relative Verbesserung der sozialen Lebensbedingungen auf. Da diese Verbindung aber nicht zwangsläufig auftritt, benötigt eine vollständige Erklärung drei zusätzliche Elemente (vgl. Abbildung 3-7):

- eine Hypothese über die Verbindung zwischen dem Makrozustand zu einem gegebenen Zeitpunkt und der konkreten individuellen Handlungssituation („*Brückenhypothese*")
- eine Theorie zur Erklärung individueller Handlungen („*Handlungstheorie*")
- und eine Regel, nach der die individuellen Handlungen zu einem veränderten Makrozustand führen („*Aggregationsregel*").

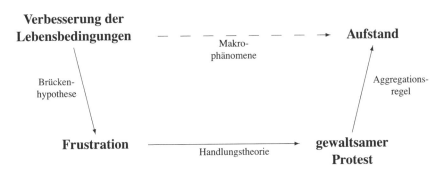

Abbildung 3-7: *Individualistische Erklärung von Makrophänomenen: Aufstände als Folge der Verbesserung von Lebensbedingungen*

Die Brückenhypothese besteht hier in der Annahme einer Verbindung zwischen Indikatoren der Verbesserung der Lebensbedingungen und einer Zunahme individueller Frustration. Dies kann z. B. die Annahme sein, dass wahrgenommene Verbesserungen zu stärker steigenden subjektiven Erwartungen führen. Die Handlungstheorie könnte aus der Hypothese bestehen, dass nicht befriedigte subjektive Erwartungen zu gewaltsamen Protest führen. Tritt gewaltsamer Protest zeitgleich bei vielen Individuen auf, so ist eine notwendige Voraussetzung für einen Aufstand gegeben.[1]

Bei dieser Art der Erklärung wird das Makrophänomen auf die Abfolge von drei, zumindest zum Teil, individuellen Mechanismen zurückgeführt (vgl. Abb. 3-7).[2] Der Vorteil dieser Art der Erklärung liegt in der Vollständigkeit der Erklärung: Die sonst nur implizit bleibenden Wirkungsmechanismen werden expliziert und sind damit auch einzeln der theoretischen und empirischen Kritik zugänglich.

Die Wichtigkeit dieser Vollständigkeit lässt sich auch durch Veränderungen im soziologischen Objektbereich begründen. Moderne Gesellschaften zeichnen sich unter anderem dadurch aus, dass die Verbindungen zwischen sozialen Kategorien und individuellen Handlungen immer schwächer werden: Während man für die Zeit um die Jahrhundertwende noch einen starken Zusammenhang zwischen Stellung im Berufsleben, Parteipräferenz und der konkreten Wahlentscheidung vermuten kann, haben diese Verbindungen in modernen Gesellschaften vermutlich deutlich an Stärke verloren. Die Tatsache Arbeiter zu sein, bedeutet nicht mehr „zwingend" in einer sozialistischen Gesellschaft eine Verbesserung der eigenen Lebenssituation zu sehen. Damit werden Wahlentscheidungen zugunsten nicht-sozialistischer Parteien subjektiv rational. Eine vollständige individualistische Erklärung von Makrophänomenen scheint deshalb für die Sozialwissenschaften immer wichtiger zu werden (vgl. Esser 1989).

3.2.3 Konstruktivismus, Anarchismus und die Methodologie von Forschungsprogrammen

Die aufgezeigten Probleme bei der empirischen Begründung von Theorien haben in der wissenschaftstheoretischen Diskussion verschiedene Reaktionen ausgelöst, die mit den Schlagworten „Konstruktivismus" (bzw. „Konventionalismus"), „methodologischer Anarchismus" und „Methodologie von Forschungsprogrammen" umschrieben werden. Diese Konzeptionen können alle als Reaktionen auf das Zusammenspiel

---

[1] Dieses Beispiel orientiert sich an Coleman (1990:10). Für eine hinreichende Aggregationsregel benötigt man in diesem Beispiel weitere Hilfshypothesen, z. B. über die Möglichkeit der Kommunikation zwischen den Akteuren. Zu realistischeren Modellierungen in diesem Zusammenhang vgl. Lindenberg (1989b) und Opp (1991).

[2] Diese Form der soziologischen Erklärung geht auf Arbeiten von Boudon (1979, 1980) und Lindenberg (1977, 1985) zurück. Einzelheiten zu solchen Erklärungen finden sich bei Coleman (1990), Esser (1993) und Hill (2002).

von Beobachtungen, Instrumententheorien und Kerntheorie bei der Theorieprüfung begriffen werden.

3.2.3.1 Konstruktivismus

Als „*Konstruktivismus*" werden verschiedene philosophische Traditionen bezeichnet. Gemeinsam ist ihnen die Frage, wie sich Erkenntnisobjekte für die Erkennenden konstituieren. In den Sozialwissenschaften haben mehrere Varianten des Konstruktivismus Aufmerksamkeit gefunden: Zunächst der Konstruktivismus der „*kritischen Psychologie*", dann der sogenannte „*radikale Konstruktivismus*" und schließlich zahlreiche Varianten „*sozialer Konstruktivismen*".[1]

3.2.3.1.1 Kritische Psychologie

Die Position der kritischen Psychologie wurde in den Arbeiten von Klaus HOLZKAMP formuliert (HOLZKAMP 1968, 1972, 1981).[2] HOLZKAMP schließt sich zunächst POPPERs Meinung an, Verifikation von Theorien sei nicht möglich. Er bestreitet jedoch auch die Möglichkeit einer Falsifikation und knüpft dabei an das Basissatzproblem an. Vor allem beklagt er die Forschungspraxis, die offensichtlich nicht nach Widerlegung strebt, sondern bei Widersprüchen von Beobachtungen und Theorien weiterhin an der Theorie festhält und diese Widersprüche Störvariablen (nicht kontrollierten Zusatzfaktoren, also Verletzungen der „ceteris-paribus"-Klausel) zuschreibt. Diese gängige Praxis wird als „*Exhaustion*" von Theorien bezeichnet. HOLZKAMP baut dies zu einer Verfahrensregel der Theorieprüfung aus, wodurch der Antagonismus von praktischer Sozialforschung und Wissenschaftstheorie beseitigt werden soll (HOLZKAMP 1972:89ff). Ausgehend von einem Primat der Theorie, aus dem heraus Ereignisse, Gegenstände nicht beschrieben oder erklärt, sondern nach Regeln erzeugt, konstruiert werden sollen, ist der „Wille zur Eindeutigkeit" das Motiv wissenschaftlicher Arbeiten. Das Streben nach Eindeutigkeit (der Konstruktion der Welt) ist unterscheidbar nach einer „systemimmanenten" und „systemtranszendenten" Eindeutigkeit. Immanent sind Theorien nach dem Grade ihrer logischen Konsistenz (von allgemeinen zu

---

[1]   In der Wissenschaftstheorie wird daneben auch der Ansatz der sogenannten „Erlanger Schule" um P. LORENZEN und E. KAMBARTEL als Konstruktivismus bezeichnet. Diese Schule bemüht sich um die sprachphilosophische Begründung bzw. Wahrheit normativer und deskriptiver Aussagen. Als Verfahren zur Begründung wird ein Diskurs vorgeschlagen, in dem die Diskutanten zu einem wahren (vernünftigen, qualifizierten) Konsens gelangen (können). Von den Diskursteilnehmern wird dabei Unvoreingenommenheit, Aufrichtigkeit, Nichtpersuasivität u.a. erwartet. Zur analytischen Kritik vgl. ABEL (1983).

[2]   HOLZKAMP bezieht sich dabei auf einige Ideen von Hugo DINGLER (1928).

speziellen Aussagen). Wissenschaft entwickelt allgemeine Aussagen, aus denen sich spezielle Aussagen (über konkrete Ereignisse) ableiten lassen. Je mehr „Jetzt-und-Hier-Aussagen" möglich sind, um so höher ist die systemimmanente Eindeutigkeit, auch Integrationsgrad genannt (HOLZKAMP 1972:92f). Transzendenz bezeichnet hingegen den Grad, in dem aus einer Theorie (deduktiv folgend) reale Verhältnisse abgeleitet oder hergestellt werden können. Eine Theorie beschreibt und erklärt also weniger, als dass sie zur Realisation von konkreten Zuständen auffordert. Das Gelingen einer Realisation ist dabei immer auch von der Abwesenheit von Störvariablen abhängig. Je nach dem Mass der Übereinstimmung von praktischer Realisation (Daten, Beobachtungssätze) mit den theoretisch deduzierten Ereignissen erfolgt Exhaustion (bei Widersprüchen) oder nicht (bei völliger Übereinstimmung). Die Exhaustion ist jedoch nur dann möglich, wenn die Annahme von störenden Bedingungen auch begründet werden kann. Ist dies nicht möglich, gilt die Theorie als „belastet" (HOLZKAMP 1968:159ff). Die echte „Belastetheit" von Theorien wiederum verringert ihren Realisationsgrad. Der Gesamtwert einer Theorie ist dann gleich dem Produkt aus Integrationsgrad und Realisationsgrad (HOLZKAMP 1972:95ff).

HOLZKAMP gibt danach alle herkömmlichen Ansprüche der Wissenschaft auf: „reine Wahrheit", „sichere Erkenntnis", „Bestätigung von Theorien" und auch den Gedanken der Falsifikation. Er stellt dann konsequenterweise die Frage nach dem „Wozu" von Wissenschaft überhaupt. Wenn die Idee von der objektiven empirischen Begründung von Theorien aufgegeben wird, braucht die Forschungsarbeit eine andere, außerwissenschaftliche Legitimation. HOLZKAMP findet sie in der sogenannten kritisch-emanzipatorischen Wende (HOLZKAMP 1972:99ff) bzw. in der (auf sein Fachgebiet bezogenen) kritischen Psychologie. Das neue Ziel heißt dann: „Die Verkehrung zwischen Konkretheit und Abstraktheit menschlicher Verhältnisse aufzuheben" (HOLZKAMP 1972:110), „Überwindung der bestehenden Herrschaftsverhältnisse", „Entschleierung der Klassenantagonismen" usw. (HOLZKAMP 1972:99–120).

Damit werden normative Fragmente des Marxismus zur Begründung von Theorien oder – wenn man so will – zum Kriterium von Realisation herangezogen. Nicht mehr die Übereinstimmung von Theorie und Realität ist ausschlaggebend, sondern die „wissenschaftliche" Unterstützung oder Verhinderung von gesellschaftlichen Zuständen. Mit Hilfe der gleichen Argumentation sind freilich auch alle anderen gesellschaftspolitischen Ideologien (religiöse, totalitäre, demokratische) zu rechtfertigen. Nochmals sei hier darauf hingewiesen, dass es nicht darum geht, marxistische, sozialistische oder andere Ideen als überflüssig, unsinnig oder nicht wünschenswert zu kennzeichnen – im Gegenteil. Aber wer Theorien so begründen will, läuft – trotz guter Absichten – Gefahr, das Gegenteil zu erreichen (ALBERT 1973:38ff).

Hält man an der Idee der Begründung von Theorien durch Konfrontation mit der Realität fest, so bleibt zu fragen, wie das Basissatzproblem bei HOLZKAMP gelöst wird. Theorien werden nach dem Konstruktivismus erst dann revidiert bzw. verworfen, wenn sie „echt belastet" sind, d. h. wenn sie sich hartnäckigen Realisationsversuchen entziehen und dies nicht an mangelnden Realisationsmöglichkeiten (z. B. keine Option zur experimentellen Umsetzung in der Lebenswelt, fehlende Messinstrumente) und/oder dem Unvermögen des Forschers liegt (HOLZKAMP 1968:159). Es fehlt jedoch ein Kriterium, mit dessen Hilfe zu entscheiden ist, ob die Realisation nun an den Störbedingungen (z. B. falsche Instrumententheorie) oder an der fehlerhaften Kerntheorie scheitert (MÜNCH/SCHMID 1973).

3.2.3.1.2 Radikaler Konstruktivismus

Der radikale Konstruktivismus wurde vor allem in den Arbeiten von Heinz von FOER-STER (1993) und Ernst von GLASERSFELD (1987) entwickelt. Demnach ist die Wahrnehmung der Außenwelt eine reine Konstruktion der Wirklichkeit. Die menschliche Wahrnehmung entdeckt somit nicht Phänomene, sondern sie erfindet sie (FOERSTER 1993:25ff). Der Konstruktionscharakter der menschlichen Wahrnehmung wird durch zwei Annahmen begründet: Erstens würden Umweltreize durch die Sinnesorgane qualitativ unspezifisch codiert und zweitens arbeite das Gehirn selbstreferentiell.

Unter unspezifischer Codierung versteht man die Tatsache, dass die menschlichen Rezeptoren nicht die Qualität von Reizen registrieren, sondern lediglich deren physikalische Quantität (bzw. Intensität). So werden weder Licht noch Farben, sondern lediglich elektromagnetische Wellen wahrgenommen. In der Realität „gibt es weder Klänge noch Musik, sondern lediglich periodische Druckwellen" (FOERSTER 1993:31). Damit stellt sich die Frage, wie unser Gehirn die „überwältigende Vielfalt dieser farbenprächtigen Welt hervorzaubern kann" (FOERSTER1993:31).

Der radikale Konstruktivismus versucht diese Frage durch die zweite Annahme, nämlich, dass das Gehirn als selbstreferentielles System arbeitet, zu beantworten. Bei einem „selbstreferentiellen" System interagieren die Zustände der Komponenten des Systems in rekursiver und zirkulärer Weise miteinander. Jeder aktuelle Zustand des Gehirns ist somit ausschließlich das Resultat vorhergehender neuronaler Zustände.[1]

Entsprechend ließe sich sagen, dass von der Außenwelt nur eine „anregende Wirkung" auf das menschliche neuronale System erfolgt und alle menschlichen Vorstellungen über die Wirklichkeit das Ergebnis eines nach außen geschlossenen, eigendynamischen

---

[1] vgl. z. B. ROTH (1987) oder HEJL (1992).

neuralen Prozesses sind. Das vermeintliche Wissen über die Realität sei nichts anderes als eine rein mentale Konstruktion.

Da die Realität in keiner Form zugänglich sei, basierten alle traditionellen erkenntnistheoretischen Vorstellungen, nach denen ein theoretisches Modell mit der Realität verglichen wird, auf falschen Prämissen. Eine Annäherung wissenschaftlicher Aussagen an die Wahrheit ist aus der Sicht des radikalen Konstruktivismus prinzipiell nicht möglich. Anstelle von „Wahrheit" wird „Nützlichkeit" als zentrales Kriterium für die Beurteilung von Theorien betrachtet: Theorien überleben „solange sie die Zwecke erfüllen, denen sie dienen, solange sie uns mehr oder weniger zuverlässig zu dem verhelfen, was wir wollen" (GLASERSFELD 1987:140f.). Somit besitzen im radikalen Konstruktivismus Fragen nach der Übereinstimmung von Realität und Theorie und der Falsifikation von Hypothesen keine Relevanz.

Die Kritik an der Konzeption des radikalen Konstruktivismus lässt sich in drei Punkten zusammenfassen[1]:

1. Der radikale Konstruktivismus verwendet zur Begründung der eigenen Position wissenschaftliche Ergebnisse (z. B. der Neurophysiologie), obwohl diese nach den eigenen Prämissen nicht begründbar sind.
2. Die Konzeption besitzt ein Selbstanwendungsproblem: Wenn kein Zugang zur Wirklichkeit möglich ist, dann kann auch nicht erkannt werden, dass es diesen Zugang nicht gibt.
3. Aus den Begrenzungen der menschlichen Wahrnehmungsfähigkeit folgt in keiner Weise logisch die Unmöglichkeit wissenschaftlicher Erkenntnis.[2]

Ein großer Teil der scheinbaren Plausibilität verdankt der radikale Konstruktivismus den Ergebnissen der wissenschaftstheoretischen Diskussion des 20. Jahrhunderts. Zu dem Ergebnis, dass direkte und absolute Wirklichkeitserkenntnis nicht möglich ist, kamen Wissenschaftstheoretiker schon zu Beginn des Jahrhunderts. Der radikale Konstruktivismus leistet darüber hinaus für die Beurteilung tatsächlicher empirischer Forschung keinerlei eigenen Beitrag.

---

[1] vgl. hierzu WENDEL (1992:325ff), NUESE u.a. (1991), GROEBEN (1995) sowie DETTMANN (1999).

[2] Obwohl Menschen keine Röntgenstrahlen wahrnehmen können, gibt es Hinweise auf die Existenz von Phänomenen, die üblicherweise als „Röntgenstrahlen" bezeichnet werden.

3.2.3.1.3 Soziale Konstruktivismen: Das „strong program", „postmoderne" und „feministische Ansätze"

Die überaus populäre Behauptung, etwas sei „sozial konstruiert", kann zahlreiche völlig verschiedene Bedeutungen besitzen.[1] Ian HACKING (1999:18–20; 28) unterscheidet hierbei:

1. Beim gegenwärtigen Stand der Dinge wird X für selbstverständlich gehalten; X erscheint unvermeidlich.
2. X hätte nicht existieren müssen oder müsste keineswegs so sein, wie es ist. X – oder X, wie es gegenwärtig ist – ist nicht vom Wesen der Dinge bestimmt; es ist nicht unvermeidlich.
3. X ist so, wie es ist, etwas Schlechtes.
4. Wir wären sehr viel besser dran, wenn X abgeschafft oder zumindest von Grund auf umgestaltet würde.

Diese Unterscheidung von HACKING erlaubt eine Fallunterscheidung des möglichen empirischen Gehaltes der Aussage, etwas sei „sozial konstruiert". Die erste Aussage ist die Voraussetzung dafür, sich mit den anderen Aussagen zu beschäftigen. Diese erste Aussage könnte eine empirische Aussage darstellen; über den Wahrheitsgehalt von X folgt daraus aber nichts. Die Aussagen drei und vier stellen Werturteile dar, über die empirische Wissenschaften keine Wahrheitsaussagen treffen können. Interessant für eine analytische Wissenschaftstheorie ist lediglich die Aussage zwei. Darunter fällt z. B. die Behauptung, dass selbst die theoretischen Gegenstände der Physik wie z. B. Quarks „sozial konstruiert" seien und keineswegs unabhängig von menschlichen Beobachtern existieren. Behauptungen der sozialen Konstruktionen in Form solcher Aussagen finden sich vor allem in der Folge des sogenannten „*strong program*" der Wissenssoziologie (BARNES/BLOOR 1982). Wissenssoziologische Arbeiten in dieser Tradition erwecken häufig den Eindruck als sei die Akzeptanz selbst der Basissätze naturwissenschaftlicher Theorien (und natürlich erst Recht die Akzeptanz naturwissenschaftlicher Theorien) ausschließlich von sozialen Faktoren abhängig. Solche Thesen werden sowohl in Diskussionen als auch in der sozialwissenschaftlichen Literatur zur Rechtfertigung der Ignoranz gegenüber den Ergebnissen empirischer Forschung allgemein verwendet. Dabei wird übersehen, dass die Darstellungen der Fallstudien der Wissenssoziologen in jedem einzelnen Fall massiv von

---

[1] Zur Kritik der völlig unklaren Bedeutungen verschiedener Schlagworte in den Sozialwissenschaften vgl. die sehr prägnante Darstellung bei BUNGE (1998).

Naturwissenschaftlern als faktisch falsch widerlegt wurden.[1] Für die modernen Naturwissenschaften lässt sich festhalten, dass ein Beweis für die Wahrheit von Aussagen des Typs zwei bislang in keinem Fall vorliegt.[2] Selbstverständlich hängt die Wahrheit einer Aussage des Typs zwei von dem empirischen Gehalt einer entsprechenden präzisen Hypothese ab. In der üblichen allgemeinen Form handelt es sich eher um einen empirisch leeren Satz: Welcher empirische Sachverhalt könnte eine so unpräzise Aussage als falsch nachweisen?

Neben dem „strong program" sind zwei weitere Varianten „sozialer Konstruktivismen" in den Sozialwissenschaften populär geworden: „Postmoderne" und „feministische" Ansätze.

Bei sogenannten "postmodernen Ansätzen" lassen sich zumeist keinerlei – ernstgemeinte – empirische Aussagen finden.[3] In Anlehnung an KOERTGE (1998a:3) scheinen unter anderem folgende Kernpunkte „postmodernen" Autoren gemein zu sein:

- Jeder Aspekt der Unternehmung „Wissenschaft" kann nur durch seinen lokalen und kulturellen Kontext verstanden werden;
- auch Naturgesetze sind soziale Konstruktionen;
- wissenschaftliche Theorien sind gleichberechtigte „Texte" oder „Geschichten" neben anderen;
- da vermeintliche Tatsachen keine eindeutigen Aussagen über wissenschaftliche Ergebnisse ermöglichen, kann über die Wahrheit von Sätzen nicht innerhalb von „Wissenschaft" entschieden werden;
- da es keine objektive Wissenschaft geben kann, ist es umso wichtiger, explizite Ziele „emanzipatorischer Wissenschaft" in den Prozess wissenschaftlicher Forschung aufzunehmen.

---

[1] Eine Übersicht über die Kritik von Naturwissenschaftlern an wissenssoziologischen Studien naturwissenschaftlicher Arbeiten findet sich bei SOKAL/BRICMONT (1999:105–112). Weiterhin werden dabei die resultierenden philosophischen Probleme (z. B.: „Wie lässt sich die Konvergenz verschiedener Theorien ohne Annahme einer von Beobachtern prinzipiell unabhängigen Realität erklären?") in der Regel ignoriert. Eine detaillierte Darstellung dieser Probleme am Beispiel der angeblichen sozialen Konstruktion von Quarks gibt HACKING (1999:100–158).

[2] Eine sehr klare und entschlossene Darstellung einer „realistischen" Interpretation physikalischer Theorien findet sich bei GENZ (2004).

[3] Insbesondere in der französischen Philosophie des späten 20. Jahrhunderts gab es eine Reihe einflussreicher Autoren, die entstellte naturwissenschaftliche Ergebnisse in einer höchst eigentümlichen Redeweise zur Textproduktion verwendeten. Eine detaillierte Kritik der Aussagen dieser Autoren durch Naturwissenschaftler findet sich bei SOKAL/BRICMONT (1999) sowie in dem von KOERTGE (1998b) herausgegebenen Sammelband.

Sollten diese Aussagen eine klare sozialwissenschaftliche Aussage enthalten, so wären diese prüfbar. Dies gilt aber für Sätze des obigen Typs nicht: Hier werden Aussagen über den Wahrheitsgehalt wissenschaftlicher Sätze so unklar formuliert, dass diese Aussagen keinen empirischen Gehalt haben. Eine analytische Kritik solch unklarer Aussagen ist ausgesprochen schwierig; denn das Ziel wissenschaftlicher Forschung besteht ja in der Formulierung nachprüfbarer Sätze. Der entscheidende Punkt ist damit, dass „postmoderne" „Ansätze" keine empirisch nachprüfbaren Theorien enthalten. Damit fallen „postmoderne" Texte aus dem, was üblicherweise „Wissenschaft" genannt wird, heraus. Es sind entweder „selbst-ironische" „Texte" ohne empirischen Gehalt oder explizit politisch motivierte „Texte", die empirisch nicht gerechtfertigt werden können.[1]

Bei „*feministischen Ansätzen*" handelt es sich zwar teilweise um empirische Beschreibungen gesellschaftlicher Verhältnisse, diese Beschreibungen werden aber mit Werturteilen und politischen Strategien vermischt.[2] Da keine Trennung von Beschreibungen, Erklärungen, Werturteilen, Hoffnungen und Wünschen erfolgt, sind solche Aussagen einer systematischen empirischen und theoretischen Analyse und rationalen wissenschaftlichen Diskussion nur schwerlich zugänglich. Theoretische Aussagen im Sinne von „Wenn-Dann-Sätzen" oder Allsätzen sind jedoch selten zu identifizieren. Damit handelt es sich bei „feministischen Ansätzen" nicht um Theorien im Sinne der analytischen Wissenschaftstheorie. In der Soziologie werden Schlagworte wie z. B. „feministischer Ansatz" häufig auch als „Paradigmen" bezeichnet (vgl. Kapitel 3.2.3.2). Diese Bezeichnung ist falsch.[3] Paradigmen beinhalten immer auch empirisch bewährte Theorien, die hier aber fehlen.

Die wissenschaftstheoretische Kritik „feministischer Ansätze" bezieht sich weiterhin auf die Vermischung von Entdeckungs- und Begründungszusammenhang: Aus der möglichen Tatsache, dass Wissenschaftler andere Themen als Wissenschaftlerinnen untersuchen, lässt sich nichts über die Gültigkeit der gewonnenen Ergebnisse folgern. Die Wahl des Forschungsthemas ist sicherlich von vielen Faktoren abhängig, so z. B. auch durch (sicherlich auch sozial definiertes) „Geschlecht". Aus dieser möglichen Tatsache lässt sich aber nicht die Forderung nach speziellen Forschungsthemen

---

[1]   Eine sorgfältige philosophische Kritik „postmoderner" „Ansätze" findet sich bei ROSENAU (1992), die sowohl auf die inhaltliche Leere als auch auf die notwendigerweise resultierenden Selbstwidersprüche hinweist.

[2]   vgl. dazu BUNGE (1996:97–107).

[3]   Genauer: Sie ist irreführend. Bekanntlich sind Wissenschaftler Nominalisten, d. h. aus der Benennung eines Objekts allein folgt keine empirische Aussage. Wenn man etwas als „Paradigma" zu bezeichnen wünscht, dann sollte man sicher sein, dass die Benennung von Objekten, die bislang als „Paradigmen" bezeichnet wurden, klar durch einen neuen Namen abgegrenzt werden.

logisch herleiten; dies ist eine letztlich politische Forderung und aus empirischen Gegebenheiten nicht ableitbar.[1]

Der dritte wissenschaftstheoretische Kritikpunkt bezieht sich auf die vorgebliche Verwendung spezieller Datenerhebungs- oder Datenanalysemethoden. Die hierbei anzulegenden Gütekriterien sind aber in keiner Weise „geschlechtsabhängig"; Gütekriterien wissenschaftlicher Forschung sind universell gültig. Möglicherweise eignen sich aber bestimmte Datenerhebungsmethoden nur für bestimmte Objektmengen oder Messfehler sind abhängig von bestimmten Eigenschaften der Untersuchungsobjekte. Solche Aussagen sind klassische Beispiele für Instrumenten-Theorien. Sollten solche Aussagen im Rahmen „feministischer Ansätze" beabsichtigt sein, so kann die Wahrheit der Instrumententheorie nicht a priori vorausgesetzt werden, sondern bedarf der unabhängigen Prüfung durch andere Wissenschaftler.[2]

Bei „feministischen Ansätzen" handelt es sich also weder um eine eigenständige wissenschaftstheoretische Position, noch um eine inhaltliche Theorie (also kein „Paradigma"), noch um eigenständige methodische Erkenntnisse oder Verfahren.[3]

3.2.3.2 Zur Struktur wissenschaftlicher Revolutionen

Eine der einflussreichsten Arbeiten in der Geschichte der Wissenschaftstheorie ist die Analyse von Thomas S. KUHN zur „Struktur wissenschaftlicher Revolutionen". In dieser Studie wird das Verhältnis von Falsifikation und praktischem Forschungsbetrieb zum Gegenstand einer historischen Analyse. Diese Untersuchung hat eine breite und noch anhaltende Diskussion um die Idee des wissenschaftlichen Fortschritts entfacht, die nicht als abgeschlossen gelten kann. KUHN versucht in seiner Analyse zu zeigen, dass – historisch betrachtet – Theorien nicht falsifiziert werden und dann durch neue, bessere, d. h. besser bestätigte, ersetzt werden, es also in der Praxis keine kumulative Wissensvermehrung gibt. KUHN glaubt, zwei verschiedene Phasen des wissenschaftlichen Arbeitens charakterisieren zu können: *„Phasen normaler Wissenschaft"* und Perioden *„wissenschaftlicher Revolution"*. Erstere ist dadurch charakterisiert, dass innerhalb eines nicht bezweifelten sog. theoretischen *„Paradigmas"* praktische Probleme („Rätsel") gelöst werden. Ein Paradigma beinhaltet eine Theorie, die Demonstration

---

[1] vgl. Kapitel 3.2.1 zum Werturteilsstreit .

[2] Außerhalb der Methodenforschung zum standardisierten Interview scheinen systematische Instrumenten-Theorien im Sinne von Wenn-Dann-Sätzen oder Allaussagen nicht entwickelt worden zu sein.

[3] Eine Sammlung analytischer Kritik „feministischer Ansätze" durch weibliche Autoren findet sich in einer 1996 erschienenen Aufsatzsammlung der „New York Academy of Sciences" (NANDA 1996, RUSKAI 1996, KOERTGE 1996 und RICHARDS 1996).

der erfolgreichen praktischen Anwendungsmöglichkeit dieser Theorie und häufig nicht explizit genannte Hintergrundannahmen. „Rätsellösen" heißt, aufgrund eines Paradigmas Anwendungsfälle suchen, erweiternde und spezifizierende Theoriemodifikationen vornehmen usw. (KUHN 1976:39ff).[1] Diese Art „normaler Wissenschaft" wird betrieben, obwohl Beobachtungssätze bekannt sind, die nach den Regeln des „logischen" oder „naiven" Falsifikationismus die Theorie widerlegen. Es wird also nicht nach einer neuen besseren Theorie gesucht, sondern vielmehr von „irgendwelchen Störungen" ausgegangen. Die Kerntheorie bleibt unberührt, bestenfalls wird die Instrumententheorie bearbeitet. „Die Unfähigkeit, eine Lösung zu finden, diskreditiert nur den Wissenschaftler und nicht die Theorie" (KUHN 1976:93). In direktem Widerspruch zu POPPER bestreitet KUHN, dass Anomalien zur Falsifikation führen; wenn dem so wäre, „(...) müßten alle Theorien allzeit abgelehnt werden" (KUHN 1976:157). Entsprechend erfolge ein Paradigmenwechsel (Theorieverdrängung) nicht durch Widerlegung im POPPERschen Sinne.[2]

Ein solcher Wechsel wird von KUHN als wissenschaftliche Revolution bzw. außergewöhnliche Wissenschaft gekennzeichnet. Erst sehr hartnäckige Probleme, die sich nicht mit Hilfe der alten Theorie lösen lassen („Anomalien"), bewirken eine Krise des Paradigmas, ein Gefühl der Unsicherheit breitet sich aus und ein neues, bereits bestehendes Paradigma wird übernommen. Altes und neues Paradigma bauen aber nicht aufeinander auf, indem das neue alle Phänomene, die das alte ebenfalls erklären konnte und andere zusätzlich erklärt, sondern sie sind unvergleichbar, „inkommensurabel".[3] Es etabliert sich eine neue Theorie, neue Instrumententheorien und ein neues Weltbild. Dies geschieht auch in der Form, dass Wissenschaftler ihren Beruf wechseln bzw. die Vertreter des alten Paradigmas sterben.

Diese Darstellung KUHNs ist natürlich eine Provokation für den Falsifikationismus, denn der Wissenschaftsfortschritt stellt sich als irrational dar: Die Praxis der Wis-

---

[1] Ein Paradigma ist mehr als eine bewährte Theorie. Es besitzt auch eine sozialpsychologische Komponente, die die Wissenschaftlergemeinschaft durch einen gemeinsamen „Glauben" an eine theoretische Interpretation der Dinge verbindet.

[2] Diese Interpretation durch KUHN ist umstritten. Nach Auffassung von Vertretern des kritischen Rationalismus müssen einzelne einer Theorie widersprechende Ergebnisse keinesfalls zu einer sofortigen Falsifikation der Theorie führen (vgl. ANDERSSON 1988:144ff; KIM 1991:112ff).

[3] Der Begriff der Inkommensurabilität hat zentralen Stellenwert in der Auseinandersetzung zwischen POPPER/LAKATOS und KUHN/FEYERABEND. Vereinfachend rührt die Unvergleichbarkeit von Theorien daher, dass sie unter Umständen zwar die gleichen theoretischen Terme verwenden, jedoch diese unterschiedlich operationalisieren (Korrespondenzregeln sind unterschiedlich, der empirische Gehalt variiert) und (oder) es werden andere Beobachtungstheorien angewendet, die Interpretation der Daten ändert sich.

senschaft verfährt im Allgemeinen nicht nach den Regeln des methodologischen Falsifikationismus. Wenn Theorien jedoch (gänzlich) inkommensurabel sind, dann kann auch nicht von einer Annäherung an die Wahrheit durch Falsifikation bzw. Paradigmenwechsel gesprochen werden.

Es gibt vielerlei schwerwiegende Kritik an KUHNs Thesen, an ihrer historischen Haltbarkeit und an der Inkommensurabilitätsthese (vgl. STEGMÜLLER 1973:Bd.II, 2.HB, S.169ff, KUTSCHERA 1982:509ff) auf die hier nicht eingegangen werden kann. Jedoch wurde kaum ernsthaft bestritten, dass die Existenz eines Falsifikators nicht immer zur Falsifikation einer Theorie führt, sondern häufig waren Exhaustionen, Kritik an den Instrumententheorien und ein „Klammern" an die Kerntheorie gängige Praxis. Und wenn Wissenschaftsgeschichte bzw. -gegenwart und Wissenschaftstheorie so weit auseinanderklaffen, „so muß dies ein Symptom dafür sein, daß irgend etwas nicht stimmt" (STEGMÜLLER 1973, Bd.II, 2.HB:6).

3.2.3.3 Methodologischer Anarchismus

Paul FEYERABEND (1974, 1976) greift die Analyse von KUHN auf und bezieht daraus wesentliche Argumente für seine Position des „methodologischen Anarchismus" bzw. der „dadaistischen Erkenntnistheorie". Neben vielen Gemeinsamkeiten zwischen KUHN und FEYERABEND (1974) in der Beurteilung der Wissenschaftsgeschichte existieren jedoch auch starke Differenzen. Die wichtigsten Argumente von FEYERABEND (1976) lassen sich in drei Punkten zusammenfassen[1]:

- Erstens gibt es nach FEYERABEND keine methodologischen Regeln – wie plausibel sie auch erkenntnistheoretisch begründet sein mögen – gegen die nicht in der Geschichte der Wissenschaft produktiv verstoßen wurde.

- Zweitens ist laut Feyerabend die These, nach der wissenschaftlicher Fortschritt durch die Integration von alten Theorien in neue Theorien abläuft, ein Mythos. Der Überlappungsbereich von rivalisierenden alten und neuen Theorien sei im Allgemeinen so schmal, dass hier nicht mit dem Modell eines fortschreitenden Falsifikationismus argumentiert werden könne.

- Drittens, behauptet Feyerabend, tritt wissenschaftlicher Fortschritt, wie auch immer er definiert wird[2], nur dann auf, wenn sich die Wissenschaftler von den

---

[1] vgl. BLAUG (1986:43).

[2] Obwohl FEYERABEND permanent von Fortschritt, Verbesserung, etc. redet, weigert er sich explizit, diese Begriffe zu definieren: „Jeder kann die Ausdrücke auf seine Art verstehen und gemäß der Tradition, der er angehört" (FEYERABEND 1976:44). Und „meine These ist, daß der Anarchismus zum Fortschritt in jedem Sinne beiträgt, den man sich aussuchen mag" (FEYERABEND 1976:44).

Fesseln der etablierten Wissenschaftstheorie und des konventionellen Wissenschaftsbetriebs befreit haben.

Letzteres betrifft den Wert der sogenannten normalen Wissenschaft. Während KUHN diese als sinnvolle und notwendige Vorbedingung für wissenschaftliche Revolutionen begreift, wird dies von FEYERABEND gänzlich abgelehnt. Die Tätigkeit innerhalb eines Paradigmas ist für FEYERABEND stumpfsinnige, kreativitätslose, unmenschliche Arbeit, die eben durch das Festhalten an wissenschaftlichen Methoden bedingt ist (FEYERABEND 1974:203). Normalwissenschaft verhindere den Fortschritt, in dem sie den natürlichen Theorienpluralismus untergräbt, der erst in einer anarchistischen Methodologie (Grundsatz: „Anything goes") erblühen könne (FEYERABEND 1976). Den Hintergrund für die Forderung nach einer anderen Methodologie stellt ebenfalls die Inkommensurabilitätsthese dar. Wenn sich Beobachtungsverfahren, Beobachtungstheorie und/oder Korrespondenzregeln unter Verwendung gleicher theoretischer Konstrukte verändern, dann sind Theorien aus seiner Sicht unvergleichbar. Dass man trotzdem solange an einen kumulativen Fortschritt glauben konnte, geht auf die Vernachlässigung des Aspektes der Instrumententheorie zurück (FEYERABEND 1976:310ff). Wissenschaft verläuft nach FEYERABEND irrational und jede Reglementierung ist dabei unzweckmäßig.

Der wichtigste Ratschlag („Antiregel"), den FEYERABEND gibt, lautet: Gehe kontrainduktiv vor, d. h. führe Hypothesen ein, welche gut bestätigten Theorien und/oder Tatsachen widersprechen (FEYERABEND 1981:47). Die Entwicklung und Prüfung von solchen Kontrast-Hypothesen verfolgt den Zweck, die formalen Eigenschaften und Hintergrundannahmen der etablierten Theorien aufzudecken und einer umfangreichen Kritik zuzuführen. Ferner entwickelt sich so nach FEYERABEND ein Theorienpluralismus, der die gesamte Theoriendiskussion in Bewegung hält. Alternative Hypothesen sollten dabei nicht erst dann diskutiert werden, wenn gut bestätigte in eine Krise geraten, sondern immer von „Anfang" an. Das gleiche gilt für die Erfassung von Tatsachen (Beobachtungsaussagen, Beobachtungstheorien). Analog zu POPPERs Beispiel des „Glases Wasser auf einem Tisch" wird an einem Beispielsatz „Der Tisch ist braun" die Theoriengetränktheit aller Beobachtung dargestellt. Die entsprechende „Antiregel" lautet: „Man braucht eine Traumwelt, um die Eigenschaften der wirklichen Welt zu erkennen, in der wir zu leben glauben" (FEYERABEND 1976:51).

Interpretiert man diese Forderungen zurückhaltend, so wiederholen sie nichts anderes als die von POPPER u.a. geforderte permanente Kritik von Theorien und Instrumententheorien. FEYERABEND aber geht weiter: Es gibt für ihn keine Annäherung an die Realität, er ist Relativist und Subjektivist (FEYERABEND 1981:68f). Vor dem grundsätzlichen Problem der Bewertung von Theorien vor dem Hintergrund letztlich nicht beweisbarer Beobachtungstheorien kapituliert er. Wenn keine sichere, endgültige

Erkenntnis möglich ist, dann haben alle Paradigmen (Weltanschauungen, Traditionen) den gleichen Status: Es gibt keinen Grund – es sei denn Intoleranz, Arroganz oder Kurzsichtigkeit – zur Bevorzugung eines theoretischen Systems. Dem (methodologischen) Anarchismus und dem Konstruktivismus ist somit – bei aller Verschiedenheit – der resignative Rückzug von der Idee der Wahrheit von Aussagen über die Realität gemeinsam.

Dieses Resultat folgt selbstverständlich nicht zwangsläufig aus der Analyse von FEYERABEND, denn es kann – bei unterstellter Richtigkeit der Inkommensurabilitätsthese – trotzdem noch gute Gründe für die Fortführung wissenschaftlicher Arbeit geben. FEYERABENDs Konsequenz, Wissenschaft – und insbesondere Wissenschaftstheorie – zu einer weitgehend unnützen, die Menschen in Denken und Handeln unfrei machenden Unternehmung zu erklären (FEYERABEND 1981:113ff), ist lediglich ein politisch-moralisches Urteil, das wie alle Werturteile nicht wissenschaftlich zu begründen ist (ESSER/KLENOVITS/ZEHNPFENNIG 1977a:250).[1]

In seinen neueren Arbeiten formuliert FEYERABEND (1989) seine Position zumindest in einem Punkt deutlich zurückhaltender. Er erkennt die positive Funktion von methodologischen Regeln durchaus an, besteht aber darauf, dass diese nach Maßgabe der Forschungslage flexibel eingesetzt und gedeutet werden (FEYERABEND 1989:411ff). Diese Empfehlung zur undogmatischen Handhabung methodologischer Regeln widerspricht aber dem kritischen Rationalismus nicht. Damit relativiert FEYERABEND deutlich seine vormalige Position des „anythings goes", die er nunmehr keinesfalls als „Abschaffung aller Methoden" verstanden haben möchte (FEYERABEND 1989:415).

3.2.3.4 Die Methodologie von Forschungsprogrammen

Imre LAKATOS entwickelte die sog. „*Methodologie von Forschungsprogrammen*", in der er – wenn auch in radikaler Uminterpretation – die Gedanken POPPERs weiterführt. Zunächst akzeptiert er einige Teile der Analyse KUHNs, etwa die Tatsache, dass viele Theorien trotz bekannter Anomalien nicht verworfen werden, was wiederum dem dogmatischen bzw. naiven Falsifikationismus widerspricht (LAKATOS 1974:93ff). Auch vom methodologischen Falsifikationismus, der zwar die Problematik der Instrumententheorie anerkennt, aber trotzdem nach deren kritischer Prüfung eine Falsifikation vorschlägt, distanziert er sich (LAKATOS 1974:103ff). Er verfällt jedoch nicht ins andere Extrem, den Konventionalismus bzw. Konstruktivismus, welcher prinzipiell die Beibehaltung der Kerntheorie vorschlägt.

---

[1]   Zur Affinität der FEYERABENDschen Ausführungen zum „Klassischen Liberalismus" vgl. CHALMERS (1986:167ff).

Sein zentraler Gedanke bei der Methodologie von Forschungsprogrammen zielt auf den rationalen Vergleich zwischen alternativen Theorien, bei dem die Falsifikation nur noch ein (wichtiges) Hilfsmittel zur Beurteilung von Theorien darstellt, jedoch nicht mehr den alleinigen Beurteilungsmaßstab.[1] In einer Entscheidungssituation zwischen zwei alternativen Erklärungen T und T' soll T' dann, und nur dann, T vorgezogen werden, wenn drei Bedingungen erfüllt sind:

1. T' hat einen Gehaltsüberschuss gegenüber T (d. h. mit T' können neue Phänomene erklärt bzw. prognostiziert werden),

2. T' erklärt auch die Tatsachen, die von T erklärt wurden,

3. der Gehaltsüberschuss von T' ist bewährt (d. h. formal erkennbar und empirisch bestätigt bzw. kann in Zukunft bestätigt werden), d. h. es muss eine *„progressive Problemverschiebung"* eintreten (LAKATOS 1974:114).

Mit dieser Regel gelingt es LAKATOS, näher an den tatsächlichen historischen Verlauf der Wissenschaft zu kommen, viele Beispiele KUHNs für irrationale, bestenfalls sozialpsychologisch begründete *„Paradigmenwechsel"* lassen sich so rational rekonstruieren. Für einen Paradigmenwechsel sind in erster Linie nicht die Anomalien einer Theorie wichtig, sondern die Leistungsfähigkeit alternativer Theorien. Solche alternative Theorien können durchaus auch inkommensurabel gegenüber den alten sein. Dies ist der Übergang von einer „monotheoretischen" zu einer „pluralistischen" Methodologie (LAKATOS 1974:125ff).

Für LAKATOS stellt ein Forschungsprogramm eine kontinuierliche Theorienabfolge dar, die einen *„harten Kern"* (eine zentrale Kerntheorie) und eine Reihe von Hilfstheorien (Instrumententheorien und Annahmen über mögliche Störfaktoren und Drittvariablen) besitzt. Der harte Kern eines Programms wird zunächst durch keinerlei empirische Daten falsifiziert, sondern solche widerlegenden Ereignisse werden auf den *„Schutzgürtel"* der Hilfstheorien umgelenkt (sog. *„negative Heuristik"*, vgl. CHALMERS 1986:94ff). Damit soll die Kerntheorie vor einer voreiligen Falsifikation aufgrund falscher Instrumententheorien geschützt werden. Bei Widersprüchen zwischen Empirie und Theorie wird man also zunächst die Beobachtungsdaten und deren theoretischen Hintergrund problematisieren; neue Messtechniken entwickeln und/oder zusätzliche Störvariablen spezifizieren, d. h. eine inhaltliche Spezifikation vornehmen (LAKATOS 1974:129ff). Damit dieser Schritt nicht wieder zu einer konventionalistischen Strategie entgleist, muss jeder neue Schritt des Forschungsprogramms

---

[1] LAKATOS führt hierzu aus: „Es gibt keine Falsifikation vor dem Auftauchen einer besseren Theorie" (LAKATOS 1974:117), d. h. die unter Umständen festgestellten Widersprüche zwischen Theorie und Realität sind solange methodologisch irrelevant, bis eine alternative Theorie bereitsteht.

konsequent gehaltsvermehrend sein. „Jeder Schritt muß eine konsequent progressive theoretische Problemverschiebung darstellen. Die einzige weitere Forderung ist, daß der Zuwachs an Gehalt sich zumindest gelegentlich im Nachhinein bewährt. Das Programm als Ganzes soll auch eine gelegentlich progressive empirische Verschiebung aufweisen. Wir verlangen nicht, daß jeder Schritt sogleich eine beobachtete neue Tatsache produziere. Der Ausdruck 'gelegentlich' gibt genügend rationalen Spielraum für ein dogmatisches Festhalten an einem Programm, auch angesichts von prima facie 'widerlegenden' Instanzen" (LAKATOS 1974:131).

Wissenschaft kann so als eine Konkurrenz von Forschungsprogrammen aufgefasst werden. Die Ablösung eines Programmes bzw. eines Paradigmas (bei entsprechender begrifflicher Präzisierung des Begriffs „Paradigma") kann dann sehr wohl als rationaler Prozess gedeutet werden. Unabdingbar für die Methodologie der Forschungsprogramme ist dabei Theorienpluralismus: die gleichzeitige progressive Forschung an Kerntheorien, abgeleiteten Hypothesen und Instrumententheorien. Theorienpluralismus heißt aber auch Theorientoleranz. Neue Programme, die in Konkurrenz zu bewährten „alten" stehen, müssen sich entwickeln können, ohne dabei schon zu Beginn ihrer Erarbeitung den alten überlegen zu sein; aber sie sollen interne Progressivität aufweisen. Fragen nach der deduktiven oder induktiven Erklärung, nach Determiniertheit oder Indeterminiertheit der Welt geraten in LAKATOS' Methodologie zu Nebenfragen. Es gibt keine (endgültige) Widerlegung von Theorien, jedoch wird nach dem Vergleich von Forschungsprogrammen in Bezug auf ihre Leistungsfähigkeit die Arbeit an einigen eingestellt und an anderen fortgesetzt. Sicher ist der Vorschlag von LAKATOS verbesserungs- und präzisionsbedürftig. Obwohl z. B. Fragen danach, wie lange ein Programm zu fördern ist, wieviele Rückschläge es hinnehmen kann, ohne eingestellt zu werden, offen bleiben, werden hier normative Empfehlungen gegeben, die uns als Maßstab in der Forschung „vernünftig" erscheinen.[1] Dagegen geben weder Konstruktivismus noch Relativismus für die Forschungspraxis nützliche Orientierungen.

Die Debatte um den Wissenschaftsfortschritt ist zwar auch für die Sozialwissenschaften von großem Interesse, jedoch sollte nicht übersehen werden, dass sie für die Praxis der Sozialwissenschaften von eher geringer Relevanz ist. Den Hintergrund dieser Dis-

---

[1] Abschließend sei noch auf einen weiteren Vorschlag zur rationalen Rekonstruktion und Fortführung der wissenschaftstheoretischen Debatte durch W. STEGMÜLLER hingewiesen (STEGMÜLLER 1973: Band II, 2. Halbband; 1986a; 1986b; BALZER 1982). Hierbei wird eine Theorie als mengentheoretisches Prädikat formalisiert. Diese Strategie, die allgemein als „Strukturalismus" bezeichnet wird, spielt in der Methodologie der Sozialwissenschaften jedoch kaum eine Rolle. Eine Einführung geben STEPHAN (1990); KIM (1991) und BALZER (1997); zur Kritik vgl. vor allem GADENNE (1984:143–163).

kussion bilden im Wesentlichen die Theorien der Physik und ihre historische Abfolge. Diese Theorien zeigen aber alle (auch die „frühen" von KOPERNIKUS, KEPLER u. a.) einen unvergleichbar größeren Grad an Reife als die derzeitigen sozialwissenschaftlichen Theorien. Erstere waren und sind gekennzeichnet durch ihre hohe Allgemeinheit, logische Korrektheit und (daraus resultierend) der Möglichkeit der „eindeutigen" Deduktion von singulären Ereignissen sowie deren exakte (auch quantitative) Prognose auf bestimmte Raum-Zeit-Stellen. Alle diese Merkmale treffen bestenfalls partiell auf sozialwissenschaftliche Theorien zu. Interaktionismus, Funktionalismus, Systemtheorie u.a. theoretische Orientierungen sind bestenfalls Vorstufen zu Theorien im strikten Sinne (vgl. Kapitel 3.1).[1] Obwohl es Mode geworden ist, solche Orientierungen „Paradigma " zu nennen, ist dies falsch. Sie füllen lediglich die zweite Komponente des KUHNschen Paradigmabegriffs, die sozialpsychologische. Die erste (wichtigere) Komponente: eine allgemeine Theorie, die Erklärung und Prognose ermöglicht, steht noch aus. Ein Grund für diesen Zustand mag auch in der Tatsache zu sehen sein, dass das D-N-Modell der Erklärung in den Sozialwissenschaften (unverständlicherweise) immer noch umstritten ist.

3.3 Weiterführende Literatur

Viele Studienanfänger stehen der Zielsetzung und der Vorgehensweise des sozialen Unternehmens „Wissenschaft" mit Unverständnis gegenüber. Zwei amerikanische Einführungen in die Logik wissenschaftlichen Arbeitens mögen das Verständnis fördern: CAREY (1998) gibt eine knappe, durch mehrere Flussdiagramme sehr anschaulich gestaltete Einführung, die ausführlichere Arbeit von GIERE (1997) enthält eine Vielzahl von Beispielen aus unterschiedlichsten Forschungsgebieten. Eine Reihe unterhaltsamer Beispiele zum Unterschied zwischen Wissenschaft und Nichtwissenschaft finden sich bei DEWDNEY (1998). CHALMERS (1999) diskutiert Ziele und mögliche Grenzen von Wissenschaft. CHALMERS (1986) gibt eine sehr verständliche Einführung in die Wissenschaftstheorie. Hier werden alle grundlegenden Probleme sehr anschaulich dargestellt und die Kontroverse um den Wissenschaftsfortschritt (KUHN, FEYERABEND, LAKATOS) auf den Punkt gebracht. Eine ausführliche und moderne

---

[1] Die Grundannahme des „*Funktionalismus*" besteht darin, dass alle sozialen Institutionen der Integration und Aufrechterhaltung der Gesellschaft dienen. Diese Position stößt auf eine große Zahl methodologischer Probleme, vgl. hierzu ESSER (1993:359–374). Der Begriff der „*Systemtheorie*" wird für eine Vielzahl unterschiedlicher Theoriefragmente verwendet. Keinesfalls kann von einer bewährten Theorie, die erfolgreich empirische Tests bestanden hat, gesprochen werden. In den Sozialwissenschaften ist insbesondere die systemtheoretische Sprechweise von Niklas LUHMANN bekannt geworden. Zur Kritik vgl. BOHNEN (1994) und ESSER (1993:375–418).

Darstellung wissenschaftstheoretischer Debatten findet sich bei GODFREY-SMITH (2003).

Während diese Einführungen allgemeine Grundlagen vermitteln, sind RYAN (1973), ESSER/KLENOVITS/ZEHNPFENNIG (1977a, 1977b), OPP (2005) und BUNGE (1998) speziell auf die Probleme der Sozialwissenschaften zugeschnitten. Die Arbeit von OPP ist dabei sehr praxisnah, d. h. hier werden vor allem jene Aspekte der Wissenschaftstheorie behandelt, die für die sozialwissenschaftliche Theorienbildung und -prüfung relevant sind. RYAN gibt eine äußerst leicht verständliche Einführung und Kritik soziologischer Theorien aus wissenschaftstheoretischer Sicht. ESSER/KLENOVITS/ZEHNPFENNIG (1977) stellen in Band 1 die Grundkonzeption der Analytischen Wissenschaftstheorie dar und analysieren in Band 2 die zentralen, in den Sozialwissenschaften weit verbreiteten „alternativen" wissenschaftstheoretischen Konzeptionen. Das Buch von BUNGE (1998) stellt den Versuch einer sehr klaren und pointierten Diskussion der philosophischen Grundlagen der Sozialwissenschaften dar.

Kapitel 4

Konzeptspezifikation, Operationalisierung und Messung

Theorien beschreiben Zusammenhänge zwischen theoretischen Begriffen. Theoretische Begriffe als Bestandteile von Theorien (oder „*Konstrukte*") sind nicht direkt beobachtbar. In Kapitel 3 wurde gezeigt, dass zur Überprüfung einer Theorie die Angabe von Korrespondenzregeln für theoretische Begriffe notwendig ist. Korrespondenzregeln wurden als Hypothesen mit empirischem Gehalt gekennzeichnet. Im Rahmen der Praxis empirischer Sozialforschung wird die Angabe von Korrespondenzregeln als „Operationalisierung" bezeichnet. Die *Operationalisierung* eines Begriffes besteht in der Angabe einer Anweisung, wie Sachverhalte, die der Begriff bezeichnet, gemessen werden können. Um eine Operationalisierung (und damit schließlich eine Messung) durchführen zu können, muss eindeutig geklärt sein, auf welche Objekte oder Sachverhalte sich der Begriff bezieht: Ohne zu wissen, was gemessen werden soll, kann keine sinnvolle Messung erfolgen.[1]

In diesem Kapitel werden einige Techniken und Probleme von Messungen in den Sozialwissenschaften erläutert. Vor jedem Versuch einer Messung müssen die verwendeten Konstrukte spezifiziert (Kapitel 4.1) und anschließend Messanweisungen für die theoretischen Begriffe angegeben (Kapitel 4.2) werden. Die Beurteilung der Güte sozialwissenschaftlicher Messungen erfordert neben Grundkenntnissen der allgemeinen Messtheorie (Kapitel 4.3.1) die Kenntnis der wichtigsten Gütekriterien und ihrer Berechnungsmethoden (Kapitel 4.3.2). Die Ergebnisse konkreter Messungen werden meist zu „Skalen" oder „Indizes" kombiniert, um die Auswertung zu erleichtern. Die wichtigsten dieser Kombinationstechniken werden in einem Abschnitt über Indexbildung und Skalierungsverfahren vorgestellt (Kapitel 4.4).

4.1 Konzeptspezifikation

Zumindest zu Beginn eines Forschungsprojektes sind Theorien in den Sozialwissenschaften häufig weder explizit und eindeutig formuliert, noch sind die verwendeten

---

[1] Aus diesem Grund sind auch alle Diskussionen der Art „Ist der Mensch messbar?" oder „Sind Messungen in den Sozialwissenschaften überhaupt möglich?" blanker Unsinn. Niemand kann Fragen dieser Art sinnvoll beantworten. Schließlich misst niemand „einen Tisch" oder „einen LKW", sondern immer nur einen speziellen Aspekt: z. B. „die Höhe des Tisches" und „das Gewicht des LKWs".

Begriffe eindeutig definiert und von anderen Begriffen abgegrenzt. Die „Theorien" für einen bestimmten Gegenstandsbereich bestehen gelegentlich nur aus vagen Vorstellungen und Ideen, die die Auffassung des Gegenstandsbereichs strukturieren. Beispiele für solche strukturierenden Begriffe oder „*Konzepte*" sind z. B. „Macht", „Herrschaft", „Integration" oder „Identität".

Die meisten allgemeinen Konzepte sind viel zu unklar, als dass direkt Messanweisungen gegeben werden können.[1] Aus diesem Grund beginnt die Operationalisierung eines theoretischen Begriffs meist mit der Klärung, welche theoretischen Aspekte eines bestimmten Gegenstandsbereichs („*Dimensionen*") durch den theoretischen Begriff bezeichnet werden, bzw. welche Dimensionen das Konzept anspricht.

Dieser rein theoretische Klärungsprozess wird in der deutschsprachigen Literatur etwas überschwenglich in Anlehnung an ZETTERBERG (1973) meist als „dimensionale Analyse" bezeichnet. Da der Begriff „dimensionale Analyse" in den Naturwissenschaften eine andere Bedeutung besitzt[2], nämlich die Bestimmung der „Dimension" einer physikalischen Größe (z. B. besitzt die Fallbeschleunigung die Dimension m/s^2), verwenden wir den Begriff „*Konzeptspezifikation*" in Anlehnung an die angelsächsischen Begriffe „*conceptualization*" und „*concept specification*".

Konzeptspezifikation kann als eine spezielle Art der Nominaldefinition aufgefasst werden. Da es sich bei der Konzeptspezifikation um eine rein theoretische Klärung handelt, welche verschiedenen Aspekte des Gegenstandsbereichs durch ein Konzept angesprochen werden, existieren, abgesehen von der empirischen Erklärungskraft der aus der Konzeptspezifikation resultierenden theoretischen Erklärungen[3] und deren theoretischer Fruchtbarkeit, keine objektiven Kriterien, ob die Spezifikation „gelungen" ist oder nicht.

Als Beispiel für eine Konzeptspezifikation soll der Begriff „Ethnische Identität" betrachtet werden. Die Klärung von „Ethnischer Identität" setzt die Klärung des Begriffs „Ethnie" voraus. Eine berühmte Ethnie-Definition geht auf Max WEBER (1980: 237) zurück:

> „Wir wollen solche Menschengruppen, welche auf Grund von Aehnlichkeiten (sic!) des äußeren Habitus oder der Sitten oder beider oder von

---

[1] Daher wird hier zwischen „Konzepten" und „Konstrukten" deutlich unterschieden: Konstrukte sind klar definiert, Konzepte sind dagegen lediglich eine unklare Vorstufe.

[2] vgl. z. B. DUNCAN (1984c:160-163).

[3] Ein sehr einfacher Vergleich der empirischen Bewährung unterschiedlicher theoretischer Konzepte ist in der Praxis der empirischen Sozialforschung der Vergleich der „erklärten Varianz" unterschiedlicher Erklärungsmodelle, vgl. z. B. OPP u.a. (1984:266–267).

> Erinnerungen an Kolonisation und Wanderung einen subjektiven Glauben
> an eine Abstammungsgemeinsamkeit hegen, derart, daß dieser für die
> Propagierung von Vergemeinschaftungen wichtig wird, dann, wenn sie
> nicht 'Sippen' darstellen, 'ethnische' Gruppen nennen, ganz einerlei, ob
> eine Blutsgemeinsamkeit objektiv vorliegt oder nicht."

Der Begriff „Ethnische Identität" ist bisher aber immer noch nicht vollständig deutlich, da bisher lediglich der Begriff „Ethnie", nicht aber „Identität" geklärt worden ist.

JACKSON (1984:227–228) legt eine Konzeptspezifikation vor, in der er als „Identität" das Ausmaß des Bewusstseins und der Wertschätzung der Zugehörigkeit einer Person zu einer Kategorie bezeichnet. „Ethnische Identität" bezieht sich auf das Bewusstsein und die Wertschätzung einer Person in Hinsicht auf ihre eigene Zugehörigkeit zu einer ethnischen Gruppe.

Welche Kriterien verwenden aber nun Personen zu ihrer subjektiven Abgrenzung „ihrer" Ethnie gegenüber anderen Ethnien? WEBER (1980:238–239) erwähnt hier u.a. „die in die Augen fallenden Unterschiede in der Lebensführung des Alltags", wie die „wirklich starken Differenzen der ökonomischen Lebensführung", „Unterschiede der typischen Kleidung, der typischen Wohn- und Ernährungsweise, der üblichen Art der Arbeitsteilung zwischen den Geschlechtern" sowie die Sprachgemeinschaft und „die durch ähnliche religiöse Vorstellungen bedingte Gleichartigkeit der rituellen Lebensreglementierung". WEBER hat damit praktisch alle Dimensionen genannt, die bei der subjektiven Abgrenzung ethnischer Identifikationen eine Rolle spielen können.

Nach der exakten Definition aller verwendeten Begriffe und der Angabe der Dimensionen, auf die sich diese Begriffe beziehen, kann die Konzeptspezifikation als abgeschlossen angesehen werden.

4.2 Operationalisierung

Die „*Operationalisierung*" eines theoretischen Begriffes besteht aus der Angabe einer Anweisung, wie Objekten mit Eigenschaften (Merkmalen), die der theoretische Begriff bezeichnet, beobachtbare Sachverhalte zugeordnet werden können. Ein theoretischer Begriff behauptet die Existenz (mindestens) einer Dimension, auf der Objekte unterschieden werden können. Im einfachsten Fall können Objekte („*Merkmalsträger*", z. B. Moleküle, Computer, Personen, Gesellschaften, Sonnensysteme etc.) lediglich danach unterschieden werden, ob ihnen ein bestimmtes Merkmal (oder eine bestimmte Eigenschaft) zukommt oder nicht. Welche Merkmale der theoretische Begriff bezeichnet, liegt als Ergebnis der Konzeptspezifikation vor. Man kann Merkmale danach klassifizieren, ob sie allen oder nur einigen Objekten des Gegenstandsbereichs zukommen.

Als „*Konstante*" bezeichnet man Eigenschaften, die allen jeweils betrachteten Objekten zukommen; z. B. die Eigenschaft „enthält mindestens ein Kohlenstoffatom" ist für alle lebenden Organismen eine Konstante. Eigenschaften, die bei verschiedenen Merkmalsträgern in mehr als einer Ausprägung vorkommen, werden als „*Variablen*" bezeichnet.

4.2.1 Variablen

Variablen können als zusammenfassender Begriff für verschiedene Ausprägungen einer Eigenschaft (den „Variablenwerten") angesehen werden; z. B. die Variable „Ampelfarbe" kann die Variablenwerte „rot, gelb, grün" annehmen.

Die Anzahl der möglichen Ausprägungen einer Variablen hängt nicht von den Objekten, sondern von den verwendeten theoretischen Begriffen ab: Wäre mit „Farbe" die Wellenlänge des emittierten Lichtes in Nanometern gemeint, so könnte die Variable „Ampelfarbe" (je nach Ampel) alle Werte im Zahlenbereich von 390 bis 750 annehmen.[1] Die Anzahl der tatsächlichen Ausprägungen hängt allerdings von den untersuchten Objekten ab.

Variablen können nach einer Reihe verschiedener Gesichtspunkte unterschieden werden. So kann zwischen „*dichotomen Variablen*", die nur zwei verschiedene Werte annehmen können („lebend-tot", „schwanger-nicht schwanger"), „*diskreten Variablen*", die nur wenige verschiedene Werte annehmen können („Herz-Karo-Pik-Kreuz", „rot-gelb-grün") und „*kontinuierlichen*", bzw. „*stetigen Variablen*"[2], die jeden beliebigen Wert (aus der Menge der reellen Zahlen) annehmen können, unterschieden werden. Eine andere Unterscheidung basiert auf der Möglichkeit, ob die Ausprägungen der Variablen bei bestimmten Objekten „direkt" wahrnehmbar sind oder nicht. „Direkt" beobachtbare Variablen werden als „*manifeste Variablen*", nicht direkt beobachtbare Variablen als „*latente Variablen*" bezeichnet. So kann die Variable „Körpergröße" als manifeste Variable, die Variable „Abstraktionsvermögen" als latente Variable aufgefasst werden.[3]

---

[1] Wellenlänge des sichtbaren Lichtes; violett mit 390–430 nm ist zwar unwahrscheinlich, aber nicht unmöglich.

[2] Aufgrund der beschränkten Messgenauigkeit sind praktisch alle tatsächlichen Messungen „diskret" und nicht „stetig".

[3] BOLLEN (2002) diskutiert verschiedene Definitionen des Begriffs „latente Variable" und die damit verbundenen statistischen Implikationen.

4.2.2 Indikatoren

Wie in Kapitel 3 gezeigt wurde, sind theoretische Begriffe nicht direkt beobachtbar. Die Verknüpfung eines theoretischen Begriffs mit beobachtbaren Sachverhalten erfolgt durch die Angabe von Korrespondenzregeln. In der Praxis empirischer Sozialforschung wird die Angabe von Korrespondenzregeln als Operationalisierung bezeichnet. Operationalisierungen bestehen aus der Angabe von Messanweisungen. Die Messanweisungen müssen sich auf direkt beobachtbare Sachverhalte beziehen. Diese direkt beobachtbaren Sachverhalte werden als Ausprägungen bestimmter Merkmale auf einer Dimension betrachtet, stellen also Variablen dar. Diese direkt beobachtbaren (manifesten) Variablen werden als „*Indikatoren*" bezeichnet.

Beispielsweise werden häufig die Variablen „Anzahl der Schuljahre" und „Höhe des Schulabschlusses" als Indikatoren für den in vielen sozialwissenschaftlichen Theorien vorkommenden Begriff „kognitive Kompetenz", der meist als „formale Bildung" spezifiziert wird, verwendet.

Das zentrale Problem einer Operationalisierung besteht darin, wie die Zuordnung eines Indikators zu einem theoretischen Begriff gerechtfertigt werden kann. BESOZZI/ ZEHNPFENNIG (1976:21) unterscheiden drei Ansätze, um das Problem der Zuordnung von theoretischen Begriffen zu beobachtbaren Indikatoren zu lösen:

- die operationalistische Lösung
- die typologisch-induktive Lösung
- die kausal-analytische Lösung

Die operationalistische Lösung besteht in der definitorischen Gleichsetzung des Indikators mit dem theoretischen Konstrukt. Bei dieser Lösung kann das Problem der Zuordnung der Indikatoren zu einem theoretischen Konstrukt nicht entstehen: Der theoretische Begriff wird durch die Messanweisung erst definiert. Das berühmteste Beispiel hierfür ist die Definition von Intelligenz als das, was ein Intelligenztest misst. Solche Indikatoren werden gelegentlich etwas ungenau als „*definitorische Indikatoren*" oder „*logische Indikatoren*" bezeichnet. Wie die Ausführungen in Kapitel 3 zeigen, wird dieser operationalistische Ansatz heute weitgehend auf Grund der damit verbundenen wissenschaftstheoretischen Probleme verworfen.

Die typologisch-induktive Lösung geht vor allem auf Arbeiten von Paul LAZARSFELD zurück. Die Grundidee des Ansatzes basiert auf der Annahme, dass die beobachtbaren Zusammenhänge zwischen verschiedenen Indikatoren durch die Annahme latenter Variablen bzw. sogenannter „latenter Klassen" erklärt werden können.

Bei diesem Ansatz werden die interessierenden theoretischen Konzepte soweit spezifiziert, dass die Dimensionen, auf die die Begriffe bezogen sind, angebbar werden. Für jede Dimension wird eine Menge von Indikatoren bestimmt, von der eine Teilmenge zur tatsächlichen Messung ausgewählt wird. Schließlich werden die mit diesen Indikatoren gewonnenen Daten einer bestimmten statistischen Datenanalysetechnik, der „latent class analysis" (LCA), unterworfen.[1] Die LCA besteht aus einer Reihe mathematischer Modelle, die alle auf dem sogenannten „Axiom der lokalen Unabhängigkeit" basieren. Das Axiom besagt, dass die empirischen Zusammenhänge zwischen den beobachteten Indikatoren durch die Einführung einer latenten Variablen erklärt werden können; mit anderen Worten: Innerhalb einer „latenten Klasse" sind die Korrelationen der Indikatoren gleich Null.

Als Beispiel sei ein Test für „Rechenfertigkeit" erwähnt, dessen Aufgaben als Indikatoren angesehen werden. Die Wahrscheinlichkeiten der Lösung der einzelnen Aufgaben sind nicht unabhängig voneinander, da – abgesehen von zufälligen Fehlern – jemand mit sehr großen Rechenfähigkeiten vermutlich alle, jemand ohne Rechenfertigkeiten vermutlich keine Aufgabe lösen wird. Stellt man sich Gruppen von Personen mit gleicher Rechenfertigkeit vor, so existiert innerhalb dieser Gruppe kein Zusammenhang zwischen der Beantwortung verschiedener Aufgaben. Diese Gruppe mit gleichen Rechenfertigkeiten bildet eine „latente Klasse".

Mit der LCA wird versucht, die Gleichungen zu bestimmen, die angeben, wie die latenten Variablen auf die beobachtbaren Indikatoren wirken, d. h., es wird versucht, die latenten Klassen zu bestimmen.[2]

Die Kritik an der typologisch-induktiven Lösung, die sich auf die mögliche theoretische Irrelevanz der induktiv ermittelten latenten Variablen und eine generelle Kritik induktiver Ansätze stützt, führt unmittelbar zum dritten Lösungsansatz, dem kausal-analytischen Ansatz.

Der kausal-analytische Ansatz basiert ebenfalls auf der Annahme latenter Variablen.[3] Indikatoren werden in diesem Ansatz aber als beobachtbare „Folgen" der latenten Variablen aufgefasst. Theorien werden als Aussagen über die kausalen (ursächlichen) Wirkungen latenter Variablen aufeinander interpretiert. Indikatoren für die latenten

---

[1] Die deutschen Bezeichnungen „latente Strukturanalyse" (LSA) und „Analyse latenter Klassen" sind mittlerweile etwas unüblich.

[2] Das Vorgehen bei diesem Ansatz ist vergleichsweise kompliziert und kann daher hier nur angerissen werden. Nähere Einzelheiten finden sich bei DENZ (1982) und MCCUTCHEON (1987). Die praktische Anwendbarkeit eines ähnlichen Verfahrens demonstrieren WALLER/MEEHL (1998).

[3] Der Ansatz bezieht sich somit auf die wissenschaftstheoretische Unterscheidung zwischen L_t und L_o, vgl. Kapitel 3.

Variablen können aus solchen Theorien theoretisch gefolgert werden, da angenommen wird, dass die Phänomene, die durch die Indikatoren erfasst werden, durch die latenten Variablen tatsächlich verursacht werden.

Der grundlegende Gedanke dieses Ansatzes besteht darin, zusätzlich zur „eigentlich" zu testenden Theorie („Kerntheorie") eine Hilfstheorie zu spezifizieren, die die Beziehung zwischen den latenten Variablen und den beobachtbaren Indikatoren angibt. Diese Hilfstheorie kann u.a. auch explizit Annahmen über die Entstehung von Messfehlern enthalten (vgl. hierzu die Ausführungen zur Verwendung multipler Indikatoren im nächsten Abschnitt).

Der Test einer Theorie umfasst also immer den Test der Kerntheorie und den Test der Hilfstheorie. Unter bestimmten Bedingungen kann an die beobachteten Daten ein mathematisches Modell angepasst werden, das auf der Kerntheorie und der Hilfstheorie basiert.[1] Wenn eine solche Anpassung gelingt, werden sowohl Kern- als auch Hilfstheorie vorläufig akzeptiert.

Obwohl alle drei Ansätze in der empirischen Sozialforschung angewendet werden, wobei insbesondere in deskriptiven Arbeiten ein relativ unreflektierter „Operationalismus" vorherrscht, scheint der kausal-analytische Ansatz z. Z. der fruchtbarste Ansatz zu sein.[2]

4.2.3 Auswahl von Indikatoren

Die Auswahl von Indikatoren berührt einige grundlegende methodologische Probleme. In diesem Zusammenhang sollen nur zwei Konzepte aus der Diskussion dieser Probleme erwähnt werden, das *„Konzept des Indikatorenuniversums"* und das *„Konzept der multiplen Indikatoren"*.

Auf GUTTMANN (1950) geht das Konzept des Indikatorenuniversums zurück. Im Idealfall ließe sich die Menge aller Eigenschaften, die ein Begriff bezeichnet, angeben. Wird angenommen, dass die Indikatoren für diese Eigenschaften unabhängige

---

[1] Für Einzelheiten sei auf ESSER (1984d) oder SULLIVAN/FELDMAN (1979) verwiesen.

[2] Es gibt eine weitere Konzeption, bei der zumindest ein Teil der sozialwissenschaftlich relevanten Konstrukte als Folge der beobachteten Indikatoren betrachtet wird. Das Standardbeispiel hierfür ist soziale Schicht (vgl. Kapitel 4.4.1). In dieser Konzeption werden die Indikatoren als „formative Indikatoren" bezeichnet im Gegensatz zu den „reflektiven Indikatoren" im kausal-analytischen Ansatz. Dies ist nicht nur eine terminologische Frage, diese Konzeption hat eine Reihe von statistischen Konsequenzen. Einzelheiten finden sich bei BOLLEN/LENNOX(1991) und DIAMANTOPOULOS/RIEFLER/ROTH (2008).

Messungen desselben Gegenstandes darstellen (dies wird als „*Homogenität des Indikatorenuniversums*" bezeichnet), so ließe sich für jeden Begriff eine zufällige Auswahl aus denjenigen Indikatoren ziehen, die dessen Attribute erfassen.

Zwar kann praktisch weder das Indikatorenuniversum angegeben noch von der Homogenität des Indikatorenuniversums ausgegangen werden, aber zwei methodologische Prinzipien können mit Hilfe des Konzepts erläutert werden:

- das Prinzip der „Austauschbarkeit von Indikatoren" und
- das Konzept der „multiplen Indikatoren".

Besteht ein homogenes Indikatorenuniversum, so besagt das Prinzip der „*Austauschbarkeit der Indikatoren*", dass es völlig gleichgültig ist, welche Indikatoren aus dem entsprechenden Universum für die Messung des theoretischen Begriffs tatsächlich verwendet werden. Mit anderen Worten: Werden mehrere Indikatoren („*multiple Indikatoren*") verwendet, um einen bestimmten Begriff zu messen, dann müssen vergleichbare Ergebnisse resultieren. Ist dies nicht der Fall, so liegt kein homogenes Indikatorenuniversum vor, die Ergebnisse der Untersuchung basieren somit auf der Verwendung spezieller Indikatoren, wodurch die Gefahr besteht, dass die Ergebnisse lediglich etwas über die tatsächliche Messung der manifesten Variablen aussagen, aber nichts über die Messung der latenten Variablen.[1]

Als Beispiel soll erwähnt werden, dass in der BRD eine Reihe verschiedener Instrumente zur Messung von sozialem Status entwickelt wurden. Diese Statusindikatoren basieren auf so verschiedenen Messmethoden wie der Berechnung einer gewichteten Summe (z. B. aus Bildung, beruflicher Stellung, Einkommen und Hausbesitz), der Analyse von Heiratsmustern oder der subjektiven Rangordnung von Berufen. Da zwischen allen Instrumenten sehr starke Zusammenhänge bestehen, und inhaltliche Ergebnisse unabhängig davon sind, welcher dieser Indikatoren zur Messung von Status verwendet wird, kann für diese Indikatoren die Austauschbarkeit angenommen werden (MAYER 1979:111).

Schon um die Ergebnisse verschiedener Operationalisierungen vergleichen zu können, empfiehlt sich die Verwendung multipler Indikatoren, d. h. für jeden Begriff wird nicht nur eine Operationalisierung verwendet, sondern mehrere.

---

[1] KRIZ (1981:126–131) konstruiert ein solches Beispiel, in dem „Angst" einerseits über die Körpertemperatur und andererseits über die Pulsfrequenz von Versuchspersonen operationalisiert wird.

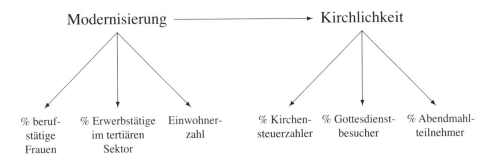

Abbildung 4-1: *Beispiel für multiple Indikatoren*

Als Beispiel für die Anwendung multipler Indikatoren sollen für die Hypothese „Je höher der Modernisierungsgrad einer Region, desto niedriger die Bindung an die Kirche (Kirchlichkeit)" die Konstrukte „Modernisierung" und „Kirchlichkeit" mit multiplen Indikatoren operationalisiert werden (vgl. Abb. 4-1).

Die Verwendung multipler Indikatoren kann aber auch anders begründet werden. Messungen sind immer mit mehr oder weniger großen Fehlern behaftet (vgl. hierzu ausführlich das Kapitel 4.3.2). Man kann zwischen zufälligen und systematischen Messfehlern unterscheiden.

Bei einer ungenauen Uhr kann es vorkommen, dass sie mal vor- oder mal nachgeht. Die Abweichungen von der wirklichen Uhrzeit können als zufällig, weil nicht systematisch, aufgefasst werden. Geht eine Uhr allerdings ständig nach, so liegt ein systematischer Messfehler vor.

Ein sozialwissenschaftliches Beispiel wäre eine direkte Frage nach dem Einkommen von Personen. Die Angaben, die die Personen machen, können korrekt sein, sie können aber auch überhöht oder untertrieben sein. Ein Teil der Abweichungen der Angaben kann als rein zufällig, z. B. durch Erinnerungsfehler verursacht, aufgefasst werden. Ein anderer Teil der Abweichungen kann durch systematische Messfehler entstehen, z. B. wenn Personen nicht durch extrem hohes oder extrem niedriges Einkommen auffallen möchten.

Erbringen die Indikatoren Messungen, die lediglich durch kleine zufällige Störungen vom „wahren Wert" des Objektes abweichen, so kann die Genauigkeit der Messung dadurch erhöht werden, dass mehrere unabhängige Messungen zusammengefasst werden. Da über eine große Zahl von unabhängigen Messungen die zufälligen Messfehler unsystematisch schwanken, kann durch eine Zusammenfassung der Messergebnisse, z. B. durch die Berechnung des Mittelwertes der Messungen, ein Ausgleich der Messfehler erwartet werden.

Liegen keine zufälligen Messfehler, sondern systematische Messfehler vor, werden also die „wahren Werte" systematisch unterschätzt oder systematisch überschätzt, so sind die zusammengefassten Messungen ungenauer als die Einzelmessungen, da die Fehler sich z. B. addieren können (vgl. BESOZZI/ZEHNPFENNIG 1976:35–40).

Liegen allerdings systematische Messfehler vor, so ist es prinzipiell möglich, eine Hilfstheorie zu spezifizieren, die die Messfehler selbst beschreibt. Um das Beispiel mit der Uhr zu bemühen, könnte man annehmen, dass die Uhr nur dann nachgeht, wenn es sehr kalt ist. Diese Hilfstheorie bedarf zu ihrer Überprüfung selbst zusätzlicher Indikatoren (im Beispiel für die Temperatur), über deren Messfehler wieder Annahmen gemacht werden müssen. Für das Beispiel der Einkommensfrage könnte versucht werden, die individuell wahrgenommene Wünschbarkeit extrem hoher oder extrem niedriger Einkommen und das individuelle Bedürfnis des Befragten „nicht aufzufallen" zu messen. Eine sehr einfache Messfehlertheorie würde Messfehler dann erwarten lassen, wenn das Bedürfnis „nicht aufzufallen" sehr hoch ist, die Wünschbarkeit extremer Einkommen als niedrig betrachtet wird und tatsächlich ein extremes Einkommen vorliegt. Sozialwissenschaftliche Fehlertheorien sind meist wesentlich komplizierter.[1] Die Spezifizierung solcher Messfehlermodelle ist eine theoretisch und praktisch aufwändige Operation, die allerdings beim Vorliegen systematischer Messfehler nicht vermieden werden kann.

Zusammenfassend lässt sich feststellen, dass zur Operationalisierung eines Begriffs mehrere Indikatoren benutzt werden sollten. Beim Vorliegen unsystematischer Messfehler sind Messungen mit mehreren Indikatoren genauer als Einzelmessungen. Liegen dagegen systematische Messfehler vor, so muss ein Messfehlermodell spezifiziert werden, das zu seiner Überprüfung zusätzlicher Indikatoren bedarf. Allerdings sollte vermieden werden, theorielos einfach mehrere Indikatoren zu suchen: „... multiple measures without a theory will only lead to chaotic results" (BLALOCK 1982:263).

4.2.4 Interpretationsprobleme von Operationalisierungen

Sozialwissenschaftliche Messungen verbinden drei verschiedene Ebenen miteinander: Konzepte, Indikatoren und die empirische Realität (vgl. BAILEY 1986, 1988). Die empirische Realität existiert unabhängig von unseren Konzepten und Indikatoren; die Indikatoren beziehen sich auf bestimmte Aspekte der Realität, wobei die Auswahl dieser Aspekte u.a. von theoretischen Konzepten, die ausschließlich abstrakte Vorstellungen sind, abhängt.

---

[1] Einzelheiten solcher Messfehlermodelle finden sich bei ESSER (1984d).

Eine Reihe von Missverständnissen resultieren daraus, dass diese drei Ebenen verwechselt werden. So sind für sehr viele sozialwissenschaftliche Variablen einfache Operationalisierungen naheliegend. Beispiele sind die Variablen Bevölkerungsdichte, Alter, Geschlecht usw. Bei Variablen wie „Geschlecht" und „Alter" muss bedacht werden, dass sie lediglich sehr indirekte Messungen für die „eigentlich" interessierenden Dimensionen, wie z. B. „Erfahrung in sozialen Kontakten" oder „spezielle Sozialisationsform" sind. Häufig können die interessierenden Dimensionen direkter gemessen werden, als es durch solche „Globalvariablen" möglich ist.[1] Probleme entstehen hier dadurch, dass empirische Aussagen ohne Vorbehalte auf Konzepte übertragen werden. Ergebnisse liegen aber immer nur für bestimmte Indikatoren vor.

Ein anderes Problem ist das „*Reifizierungsproblem*": Sozialwissenschaftliche Konzepte wie „Identität" oder „Vorurteile" werden, nachdem bestimmte Operationalisierungen gefunden wurden, für „tatsächlich" existierende Phänomene gehalten. Sozialwissenschaftliche Konzepte, wie z. B. „Vorurteile", sind abstrakte geistige Vorstellungen, keine „wirklichen" Phänomene. „Vorurteil" ist ein theoretischer Begriff, der von Personen verwendet wird, um eine Klasse von konkreten Beobachtungen mit einem Symbol zu bezeichnen. „Vorurteile" existieren nicht in demselben Sinne, wie materielle Gegenstände (Bücher, Schrauben, Ziegelsteine) existieren.

So kann z. B. nach der Durchführung einer Messung eines relativ abstrakten Konzepts, wie „Sozialprestige", der Eindruck entstehen, dass es so etwas wie „Sozialprestige" selbst gibt.[2] „Sozialprestige" ist allerdings nichts anderes als ein theoretischer Begriff; die konkrete Operationalisierung ist etwas anderes als der Begriff.

Sozialwissenschaftliche Theorien verführen häufig dazu, den Konstrukten der Theorie einen Wirklichkeitscharakter zuzuschreiben, den sie nicht besitzen können. Eine Aussage, wie „Autoritarismus führt zu Dogmatismus und Vorurteilen", impliziert, dass „Autoritarismus" überhaupt etwas anderes ist als „Dogmatismus" oder eine „Vorurteilsneigung". Solange der Unterschied zwischen den Konstrukten nicht mit geeigneten Techniken[3] nachgewiesen wird, besagt ein solcher Satz kaum mehr, als dass wir bestimmte Verhaltensweisen mit leicht unterschiedlichen Begriffen belegen; eine „substantielle" Aussage ist das nicht.

---

[1] vgl. hierzu z. B. LANGENHEDER (1975:60–62).
[2] vgl. hierzu auch WEGENER (1985).
[3] vgl. hierzu Kapitel 4.3.2.2.

4.3 Messen in der empirischen Sozialforschung

Empirische Sozialforschung dient der Beschreibung sozialer Sachverhalte und der Überprüfung sozialwissenschaftlicher Theorien zur Erklärung sozialer Sachverhalte. Beide Aufgaben können nur mit Hilfe von „Messungen" erfüllt werden, d. h. durch die Zuordnung von Zahlen zu Objekten (STEVENS 1946).

Messungen werden u.a. für die Überprüfung von Theorien verwendet. Messergebnisse sind die Kriterien, anhand derer über Beibehaltung oder Verwerfung von Theorien entschieden wird. Unter sonst gleichen Bedingungen sind Entscheidungen um so besser, je präziser die Informationen sind, auf denen sie beruhen (SIXTL 1982:438). Der Wunsch, möglichst genaue Informationen zu erhalten, führt zur Forderung nach möglichst präzisen „Messungen". In diesem Abschnitt soll daher zunächst geklärt werden, was unter „präzisen Messungen" verstanden wird, bevor die wichtigsten Messtechniken in der empirischen Sozialforschung dargestellt werden.

4.3.1 Messen

Unter „*Messen*" wird allgemein die Zuordnung von Zahlen („Messwerten") zu Objekten gemäß festgelegten Regeln verstanden. Die Mängel dieser Definition werden bereits dadurch deutlich, dass die Zuweisung von Schulnoten durch Würfeln eine definitionsgemäße Messung wäre.[1] Eine brauchbarere Definition muss für eine Messung fordern, dass die Messwerte zueinander Beziehungen aufweisen, die den Beziehungen der gemessenen Objekte entsprechen. So wird z. B. für eine sinnvolle Längenmessung gefordert, dass der „größte" Messwert dem „längsten" Objekt entspricht, der „kleinste" Messwert dem „kürzesten" Objekt. Eine Messung in diesem Sinne ist eine „*struktur-treue Abbildung*": Die Beziehungen der Objekte („kürzer"-„länger") werden durch die Beziehungen der zugeordneten Zahlen („kleiner"-„größer") korrekt wiedergegeben.

Die Definition der Messung als strukturtreue Abbildung erfordert für die Angabe einer Messanweisung eines Begriffes die Möglichkeit, dass Objekte nach der bezeichneten Eigenschaft geordnet werden können. So setzt z. B. die sinnvolle Verwendung des Begriffs „Länge" die Möglichkeit voraus, Objekte nach dieser Eigenschaft sortieren zu können. Der Begriff definiert auf diese Weise eine bestimmte Möglichkeit, wie die Objekte geordnet werden können. Eine abgegrenzte Ansammlung von Objekten (eine „*Menge*", z. B. eine Ansammlung von Büchern) kann jedoch durch mehrere Kriterien unterschiedlich sortiert werden. Die Verwendung eines bestimmten Kriteriums,

---

[1] Eine detaillierte Kritik dieses leichtfertigen Umgangs mit dem Begriff „Messung" in den Sozialwissenschaften als Folge dieser Definition findet sich bei MICHELL (1999).

Isomorphismus		Homomorphismus	
empirisches Relativ	numerisches Relativ	empirisches Relativ	numerisches Relativ
A ⟷ 1		A ⟵	
B ⟷ 2		B ⟷ 2	
C ⟷ 3		C ⟷ 3	
D ⟷ 4		D ⟷ 4	

Abbildung 4-2: *Morphismen*

z. B. Länge, definiert eine bestimmte Beziehung („*Relation*") der Objekte zueinander. Eine Menge von Objekten, über die eine Relation definiert wurde, bezeichnet man als „*empirisches Relativ*", eine Menge von Zahlen, über die eine Relation definiert wurde, als „*numerisches Relativ*".

Beim Beispiel der Längenmessung besteht das empirische Relativ aus einer nach der Länge sortierten Menge von Objekten und das numerische Relativ aus einer nach der Größe der Zahlen sortierten Menge von Zahlen. Das Problem der Messung besteht nun darin, eine Zuordnung der Zahlen zu den Objekten zu finden, so dass die Ordnung im numerischen Relativ der Ordnung im empirischen Relativ entspricht: Das Problem besteht in der Angabe einer Regel, die eine strukturtreue Abbildung ermöglicht.

Objekte können zwar mit völlig verschiedenen Regeln auf eine Zahlenmenge abgebildet werden, aber nur bestimmte Regeln liefern eine Abfolge der Zahlen, die der Abfolge der Objekte hinsichtlich der zu messenden Eigenschaft entspricht: Nur ganz bestimmte Regeln liefern „strukturtreue Abbildungen". Am Beispiel der Schulnoten lässt sich das deutlich zeigen: Der theoretische Begriff „Leistung in einem bestimmten Fach" erfordert die Möglichkeit, Schüler nach ihrer „Leistung" zu ordnen. Die Abbildung dieser Reihenfolge der Schüler in eine Zahlenmenge durch Würfeln erbringt aber keine Abfolge der Zahlen, die der Reihenfolge der Schüler nach Leistung entspricht (das ist zwar möglich, aber dann ein zufälliges und sehr seltenes Ereignis). Wäre es hingegen möglich, eine Regel (eine Messtechnik) anzugeben, die eine Abfolge der Zahlen erbringt, die der Reihenfolge der „Leistung" der Schüler entspricht (so dass z. B. gilt: hohe „Leistung" = große Zahl, kleine „Leistung" = kleine Zahl), so wäre eine strukturtreue Abbildung, eben eine „Messung", gelungen.

Lässt sich aus einer nach einer Messung zugeordneten Zahl eindeutig bestimmen, welches Objekt durch die Zahl bezeichnet wird, so handelt es sich um eine „umkehrbar eindeutige Abbildung", eine „*isomorphe*" Abbildung ; sind einer Zahl hingegen mehrere Objekte zugeordnet, so handelt es sich um eine „nicht umkehrbar eindeutige" Abbildung, die als „*homomorphe*" Abbildung bezeichnet wird (vgl. Abb. 4-2). Allgemein werden strukturtreue Abbildungen als „*Morphismen*" bezeichnet.

4.3.1.1 Skalen

Eine „*Skala*" ist eine homomorphe Abbildung eines empirischen Relativs in ein numerisches Relativ.[1] Im Beispiel der Längenmessung besteht die Skala aus einer homomorphen Abbildung der unterschiedlichen „Länge" von Objekten in unterschiedlich „große" Zahlen.

Wie das Beispiel der gewürfelten Schulnoten zeigt, ist nicht jede Abbildung eine homomorphe Abbildung: Die Existenz einer Skala muss erst bewiesen werden. Dieser Beweis wird mit einem „*Repräsentationstheorem*" geführt. Ein Repräsentationstheorem gibt die Bedingungen im empirischen Relativ an, die erfüllt sein müssen, damit eine homomorphe Abbildung möglich ist. Diese Bedingungen werden in diesem Zusammenhang als „*Axiome*" bezeichnet.

Um zu zeigen, dass eine gegebene Messung tatsächlich eine strukturtreue Abbildung erbringt, muss in einem zweiten Schritt der Nachweis geführt werden, dass die Axiome eines bestimmten Repräsentationstheorems tatsächlich erfüllt sind. Die Axiome werden empirisch überprüft, indem die Beziehungen zwischen den Objekten daraufhin untersucht werden, ob die in den Axiomen geforderten Eigenschaften zwischen den Objekten bestehen.

Soll z. B. die Vorliebe des Publikums für bestimmte Filmgattungen (Science-Fiction, Krimi, Heimatfilm usw.) so gemessen werden, dass eine Rangordnung entsteht, so muss als Axiom die „Transitivität" der Präferenzrelation gefordert werden. Das heißt, dass jeder Zuschauer, der einen Science-Fiction gegenüber einem Krimi und einen Krimi gegenüber einem Heimatfilm vorzieht, auch einen Science-Fiction gegenüber einem Heimatfilm vorziehen muss. Zieht ein solcher Zuschauer aber doch einen Heimatfilm einem Science-Fiction vor, so ist das Axiom der Transitivität der Präferenzrelation nicht erfüllt. Somit kann keine Messung erfolgen, die eine Rangordnungsmöglichkeit erlaubt. Lassen sich für eine konkrete Messung die Axiome des Repräsentationstheorems empirisch nachweisen, so ist die tatsächliche Existenz einer Skala nachgewiesen.

---

[1] Da Isomorphismen nur einen speziellen Fall von Homomorphismen darstellen, sind auch isomorphe Abbildungen Skalen. Der Begriff „Skala" wird in der Literatur sehr unklar verwendet. Sowohl homomorphe Abbildungen als auch vollständige Erhebungsinstrumente, wie z. B. Ansammlungen von Einstellungsfragen, werden als „Skalen" bezeichnet. Hier sind „Skalen" im Sinne der Messtheorie gemeint.

empirisches Relativ	$\{A = B = C\}$	>	$\{D = E = F\}$	>	$\{G = H = I\}$
numerisches Relativ	2	>	0	>	-2
Transformation					
a) $y = x + 2$	4	>	2	>	0
(zulässig)					
b) $y = x * x$	4	>	0	<	4
(unzulässig)					

Abbildung 4-3: *Transformationen*

Selbst wenn eine strukturtreue Abbildung durch eine Messung gelingt, so sind durch die tatsächlichen Beziehungen der Objekte und deren strukturtreuer Abbildung zwar bestimmte Beziehungen zwischen den Messwerten definiert, aber die Einheit der Messung wird nicht durch die Messung selbst festgelegt.[1] Beispielsweise kann man Temperaturen in Celsius, Fahrenheit und Kelvin messen. Allgemein kann es für ein Repräsentationstheorem verschiedene Skalen geben. Die Klärung, welche Beziehungen zwischen verschiedenen Skalen bestehen, erfolgt durch ein „*Eindeutigkeitstheorem*". Das Eindeutigkeitstheorem gibt an, welche mathematischen Operationen im numerischen Relativ „*zulässig*" sind, d. h. durchgeführt werden können, ohne dass die Strukturtreue der Abbildung verlorengeht.

Das empirische Relativ in Abbildung 4-3 besteht aus den neun Objekten A-I. Jeweils drei Objekte sind in einer bestimmten Hinsicht gleich und können daher zu sogenannten „Äquivalenzklassen" zusammengefasst werden. Die Äquivalenzklassen lassen sich in dieser Abbildung ordnen. Die Elemente A, B und C sind in bestimmter Hinsicht gleich und sind in bestimmter Hinsicht „größer" als die Elemente D, E und F. Die Abbildung in das numerische Relativ in Abbildung 4-3 ist strukturtreu: Alle jeweils gleichen Elemente besitzen denselben „Messwert", empirisch größere Elemente besitzen numerisch größere Messwerte.

Die Transformation a, bei der nur eine Konstante addiert wird, erhält hier die Strukturtreue der Abbildung. Die Addition einer Konstanten ist also hier eine „*zulässige Transformation*". Die Transformation b, bei der die „Messwerte" quadriert werden, erhält die Strukturtreue hier nicht, damit ist die Quadrierung hier eine „*unzulässige Transformation*".

---

[1] Nur bei sogenannten „*Absolutskalen*", die z. B. durch Abzählen von Objekten entstehen, ist auch die Einheit festgelegt.

Die Wahl zwischen unterschiedlichen Skalen desselben Repräsentationstheorems ist willkürlich; man spricht von *„äquivalenten Skalen"*. Bei äquivalenten Skalen ist die Wahl der Einheit (z. B. „Grad Celsius" oder „Grad Fahrenheit" bei der Temperaturmessung) beliebig. Innerhalb der durch die zulässigen Transformationen bestimmten Grenzen ist die Zuweisung von Zahlen zu den Objekten frei wählbar.

So sind z. B. für die Temperaturmessung in Celsius und Fahrenheit nur sogenannte „positiv lineare" Transformationen zulässig, d. h., die Messwerte dürfen mit einer Konstanten multipliziert werden, und es darf eine Konstante addiert werden. So ist z. B. $x' = 3.1415 * (x + 900)$ eine zulässige Transformation. Bei dieser neuen „Temperaturskala" liegt der Siedepunkt des Wassers bei 3141.5 Grad, 0 Grad Celsius entspricht hier 2827.35 Grad. Der Messwert allein sagt somit überhaupt nichts über „die Realität" aus. Bei einer Temperaturmessung, die nicht in Kelvin erfolgt, ist die absolute Größe der Messwerte bedeutungslos.

Die Beziehungen der Messwerte von äquivalenten Skalen zueinander entsprechen bis auf die zulässigen Transformationen den Beziehungen der Objekte im empirischen Relativ. Hierher rührt auch der Name des Eindeutigkeitstheorems : Eine Skala ist eindeutig bis auf ihre zulässigen Transformationen, d. h., je weniger Transformationen zulässig sind, desto „eindeutiger" ist die Skala, desto kleiner ist der willkürliche Spielraum der Zuweisung der Zahlen zu den Objekten.

4.3.1.2 Skalentypen

Skalen können danach klassifiziert werden, welche Transformationen für sie zulässig sind.[1] Solche Klassifikationen werden als *„Skalenniveaus"* oder *„Messniveaus"* bezeichnet. Da es unendlich viele zulässige Transformationen einer bestimmten Skala gibt, könnten prinzipiell auch unendlich viele verschiedene Skalenniveaus unterschieden werden. Die meistverwendete Klassifikation geht auf STEVENS (1946) zurück.

STEVENS (1946) unterscheidet Nominal-, Ordinal-, Intervall- und Ratioskalen:[2]

---

[1] Diese Klassifikation von Skalen ist nicht unumstritten. Zur Kritik vgl. vor allem PRYTULAK (1975) und DUNCAN (1984c:119–156).

[2] Eine detailliertere Klassifikation (z. B. NARENS/LUCE 1986:168; ORTH 1974:27) enthält meist noch eine „Log-Intervallskala" zwischen der Intervall und der Ratioskala sowie eine „Absolutskala" oberhalb der Ratioskala. Bei einer Log-Intervallskala sind noch Potenztransformationen ($x' = s * x^r$; mit s und r größer 0) zulässig. Bei einer Absolutskala sind überhaupt keine Transformationen der Messwerte zulässig. Bei einer Absolutskala ist sowohl der Nullpunkt als auch die Einheit der Messung eindeutig festgelegt. Als Beispiele werden meist alle auf „Abzählen" basierenden Messungen genannt, so z. B. Häufigkeiten.

„*Nominalskalen*" erfordern auf der Ebene der Objekte lediglich die Möglichkeit, die Objekte auf Gleichheit in Bezug auf die interessierende Dimension zu unterscheiden. Die Zuordnung der Zahlen stellt hier dann lediglich eine Benennung dar. Nominale Messung besteht also in der Erstellung einer einfachen Klasseneinteilung, die *jedes* Objekt genau *einer* Klasse zuordnet: Weder darf ein bestimmtes Objekt überhaupt nicht zugeordnet werden, noch darf ein Objekt mehreren Klassen zugeordnet werden.

Den verschiedenen Klassen können beliebige, unterschiedliche Zahlen zugeordnet werden, da sie ja nur eine Kennzeichnung darstellen. Demzufolge können mit den Zahlen nur mathematische Transformationen durchgeführt werden, die die Eindeutigkeit der Zuordnung einer Klasse zu einer Zahl erhalten. Beispiele für Nominalskalen sind Klassifikationen, z. B. Krankheitsklassifikationen.

„*Ordinalskalen*" erfordern zusätzlich zur Möglichkeit, Objekte auf ihre Gleichheit zu untersuchen, die Möglichkeit der Rangordnung der Objekte in Bezug auf die interessierende Dimension. Die entsprechend zugeordneten Zahlen müssen diese Rangordnung wiedergeben. Demzufolge sind keine mathematischen Transformationen zulässig, die die Abfolge der Zahlen verändern. Beispiele für Ordinalskalen können z. B. Rangordnungen von Lehrbüchern nach ihrer Langweiligkeit sein. Das traditionelle Beispiel sind Schulnoten, bei denen man (angeblich) zwar sagen kann, dass eine „2" besser als eine „4", jedoch nicht, dass eine „2" doppelt so gut wie eine „4" ist.[1]

„*Intervallskalen*" erfordern zusätzlich zur Unterscheidungsmöglichkeit und zur Rangordnungsmöglichkeit die Möglichkeit der Angabe, dass die Unterschiede zwischen zwei beliebigen aufeinanderfolgenden Objekten jeweils gleich groß sind; mit anderen Worten: Die Intervalle müssen die gleiche Größe besitzen. Die entsprechenden Zahlen müssen daher stets dieselbe Differenz besitzen. Damit sind nur mathematische Transformationen zulässig, die die Größe der Intervalle nicht oder alle Intervalle im selben Maß verändern. Das beliebteste Beispiel für Intervallskalen sind Temperaturmessungen in Celsius, Fahrenheit und Reaumur.

„*Ratioskalen*" erfordern zusätzlich zur Unterscheidungs- und Rangordnungsmöglichkeit und der gleichen Intervallgröße die Möglichkeit, die Existenz eines „*natürlichen Nullpunktes*"[2] zu zeigen: Der Messwert „Null" entspricht der tatsächlichen Abwesenheit des gemessenen Merkmals. Bei einer Ratioskala werden Aussagen, wie „Objekt

---

[1] Es muss natürlich erst nachgewiesen werden, dass die Axiome der Ordinalskala in diesem Fall tatsächlich erfüllt sind.

[2] Der Name „Ratio-Skala" beruht auf der Möglichkeit, Quotienten von Messwerten sinnvoll interpretieren zu können. Dies setzt einen „natürlichen" Nullpunkt voraus. Wird der Nullpunkt der Skala verschoben, so sind die Quotienten von Messwerten nicht mehr interpretierbar. So ist z. B. bei der Celsius-Skala der Nullpunkt um 273.16 gegenüber dem (natürlichen) Nullpunkt der Kelvin-Skala

Skalentyp	Festgelegte Eigenschaften				Beispiel
	Nullpunkt	Abstände	Ränge	Identität	
Nominalskala	nein	nein	nein	ja	Familienstand
Ordinalskala	nein	nein	ja	ja	Zufriedenheit
Intervallskala	nein	ja	ja	ja	Temperatur in °C
Ratioskala	ja	ja	ja	ja	Länge

Abbildung 4-4: *Eindeutigkeit von Skalentypen*

A besitzt doppelt so viel X wie das Objekt B", sinnvoll, mit anderen Worten, es sind Aussagen über Quotienten jeweils zweier beliebiger Objekte möglich. Damit ist als einzige mathematische Transformation nur noch die Multiplikation mit einer Konstanten (ungleich Null) zulässig. Bei einer Ratioskala sind die Messwerte bis auf die Wahl der Einheit festgelegt. Beispiele sind Messungen der Temperatur in Kelvin und des elektrischen Widerstandes in Ohm.

Das Messniveau einer Skala wird um so höher, je weniger Transformationen der Messwerte zulässig sind. Je höher das Messniveau einer Skala wird, um so mehr mathematische Verfahren können auf die gewonnenen Daten angewendet werden. Im Allgemeinen wird der Informationsgehalt einer Messung um so höher, je höher das Messniveau wird. Daher wird zumeist ein möglichst hohes Messniveau angestrebt.

Damit stellt sich die Frage nach dem Messniveau einer gegebenen Messung. Streng genommen kann diese Frage nur durch die Angabe des Repräsentations- und Eindeutigkeitstheorems und durch den Beweis, dass die in den Theoremen geforderten Axiome empirisch erfüllt sind, beantwortet werden. Ein solcher empirischer Beweis ist mit außerordentlich großem Aufwand verbunden.[1] Schon allein aus diesem Grund erfolgt ein solcher Nachweis kaum jemals in der Forschungspraxis.

Weitaus wichtiger als dieses pragmatische Argument ist die Tatsache, dass für die meisten sozialwissenschaftlichen Messverfahren keine Repräsentations- und Eindeutigkeitstheoreme vorliegen, also kein Beweis geführt werden kann, dass tatsächlich

---

verschoben. Ergibt eine Messung 100° Kelvin, eine andere Messung 200° Kelvin, so besitzt das zweite Objekt doppelt so viel Bewegungsenergie der Moleküle. Die entsprechenden Messungen in Celsius hätten -173.16° und -73.16° erbracht. Der Quotient -73.16/-173.16 ist ungleich dem Quotienten 200/100; daher ist der Quotient der Celsius-Messung nicht sinnvoll interpretierbar.

[1] Eine ausführliche Demonstration des Tests der Axiome der Messung des Sozialprestiges auf Intervalls-kalenniveau gibt DIEKMANN (1982). WESTERMANN (1985) demonstriert die erfolgreiche empirische Prüfung der Axiome einer Intervallskala zur Ermittlung des Skalenniveaus der in der Forschungspraxis sehr häufig verwendeten sogenannten „Rating"-Skalen.

eine Messung (im Sinne der axiomatischen Messtheorie) erfolgt. Das liegt u.a. darin begründet, dass die meisten Messungen in den Sozialwissenschaften auf vermuteten Zusammenhängen zwischen Indikatoren und den eigentlich interessierenden Konstrukten basieren. Diese Art der Messung wird als „vereinbartes Messen" oder als „*measurement per fiat*" bezeichnet. Die Frage nach dem Skalenniveau solcher Messungen kann – streng genommen – nicht beantwortet werden.

4.3.1.3 Messniveau und „zulässige" statistische Verfahren

Die axiomatische Messtheorie behandelt neben dem Repräsentations- und Eindeutigkeitsproblem noch das sogenannte „*Bedeutsamkeitsproblem*". Das Bedeutsamkeitsproblem besteht in der Feststellung, welche mathematischen und statistischen Verfahren bei einem gegebenen Messniveau „zulässig" sind.

Als zulässig gilt ein statistisches Verfahren dann, wenn die Wahrheit oder Falschheit einer statistischen Aussage unter allen zulässigen Transformationen der Skalenwerte unverändert bleibt.

In diesem Sinn ist z. B. die Berechnung eines Mittelwertes einer ordinal gemessenen Variablen kein zulässiges statistisches Verfahren. Nehmen wir an, eine Person A hätte die Abiturnoten (2,2,2,3,3) und somit eine Durchschnittsnote von 2.4, eine Person B hätte die Abiturnoten (1,1,1,4,4) und damit eine Durchschnittsnote von 2.2. Person B besitzt also einen niedrigeren Durchschnittswert.[1] Allgemein werden Schulnoten als lediglich ordinal skaliert aufgefasst. Da die Abfolge nicht negativer Zahlen durch Quadrieren nicht verändert wird, ist das Quadrieren der Daten eine zulässige Transformation bei Ordinalskalen. Das Quadrieren der Abiturnoten ergibt hier für Person A (4,4,4,9,9), für Person B (1,1,1,16,16). Damit ergibt sich für Person A ein neuer Mittelwert $(4 + 4 + 4 + 9 + 9)/5 = 6.0$; für Person B ein neuer Mittelwert von $(1 + 1 + 1 + 16 + 16)/5 = 7.0$. Durch eine zulässige Transformation (das Quadrieren von ordinal gemessenen Daten) ist der Wahrheitswert der Aussage „Person B besitzt einen niedrigeren Durchschnittswert" verändert worden. Der Wahrheitswert der Aussage ist somit nicht invariant gegenüber erlaubten Transformationen, das statistische Verfahren ist damit nicht zulässig.

Obgleich die Anwendung einer Reihe von besonders leistungsfähigen statistischen Verfahren nur dann zulässig ist, wenn eine Messung mit Intervallskalenniveau erfolgt ist (z. B. Faktorenanalysen und Regressionsmodelle), bedeutet dies nicht, dass die

---

[1] Das Beispiel findet sich bei KROMREY (1998:236–237).

Verfahren Intervallskalen voraussetzen.[1] Vielmehr sind die Aussagen, die mit diesen Verfahren gemacht werden können, nicht invariant gegenüber allen zulässigen Transformationen unterhalb des Intervallskalenniveaus. Dieses Problem führt zu der Frage: Gibt es überhaupt Intervallskalen in den Sozialwissenschaften? Um diese Frage beantworten zu können, müssen noch einige Begriffe eingeführt werden.

Zentral ist hierbei der Begriff der *„extensiven Messstruktur"*. Ein empirisches Relativ, zusammen mit den für das entsprechende Repräsentations- und Eindeutigkeitstheorem erforderlichen Axiomen, wird als Messstruktur bezeichnet. Eine extensive Messstruktur verlangt die Existenz einer empirischen *„Verkettungsoperation"* zweier Objekte derart, dass das Ergebnis der Verkettungsoperation zweier Objekte der Addition zweier Zahlen entspricht.

Bei einer Längenmessung können die Messwerte zweier Objekte einfach addiert werden, die rechnerische Summe entspricht dem Messwert, den man erhält, wenn die beiden Objekte hintereinandergelegt werden. Das „Hintereinanderlegen" ist hier die Verkettungsoperation.

Existiert eine solche Verkettungsoperation, so lässt sich zeigen, dass die Messung eine Ratioskala erbringt. Viele Variablen der Physik können auf Grund der Existenz einer Verkettungsoperation auf dem Niveau einer Ratioskala gemessen werden.

Aus der Tatsache, dass solche (empirischen) Verkettungsoperationen für die theoretischen Begriffe der Sozialwissenschaften nicht existieren, wird gelegentlich gefolgert, dass eine Messung in den Sozialwissenschaften nur auf ordinalem Niveau möglich sei. Dieser Schluss basiert auf der falschen Prämisse, dass Intervallskalenniveau nur durch die Existenz einer Verkettungsoperation erreicht werden kann.

Es lässt sich (allerdings nicht sehr leicht) beweisen, dass durch sogenannte *„additiv verbundene Messstrukturen"* („additive conjoint measurement") Intervallskalen auch in den Sozialwissenschaften erreichbar sind. Diese Messstrukturen basieren auf der simultanen Messung der Komponenten eines „zusammengesetzten" Merkmals. So lässt sich z. B. die Leistung in einem Test als aus der „Fähigkeit" des Getesteten (Probanden) und der „Schwierigkeit" der einzelnen Fragen „zusammengesetzt" denken. Falls bestimmte Annahmen erfüllt sind, lassen sich sowohl die „Schwierigkeit" der einzelnen Fragen als auch die „Fähigkeit" des Probanden errechnen.[2]

---

[1] Es muss allerdings betont werden, dass auch für Daten, die nicht mindestens intervallskaliert sind („qualitative Daten" im Gegensatz zu „metrischen Daten"), leistungsfähige multivariate Analyseverfahren zur Verfügung stehen (vgl. Kapitel 9.5). Das Messniveau kann daher keinen Grund darstellen, lediglich beschreibende Studien zu erstellen.

[2] Zum „additive conjoint measurement" vgl. ORTH (1974:58–68); zur Anwendung im Rahmen des

Neben dem „formalen" Nachweis des Intervallskalenniveaus einer Messung über die Angabe des Repräsentations- und Eindeutigkeitstheorems und des Beweises der Gültigkeit der geforderten Axiome gibt es allerdings ein weiteres Problem mit Intervallskalen in den Sozialwissenschaften.[1]

In den meisten Fällen wird bei einer Messung in den Sozialwissenschaften nicht das interessierende Konstrukt gemessen, sondern lediglich ein Indikator, von dem angenommen wird, dass er eng mit dem Konstrukt zusammenhängt („measurement per fiat"). So wird z. B. die Variable „Alter" als Indikator für sehr viele verschiedene theoretische Begriffe verwendet, so z. B. für „Lebenserfahrung", „Lebenszyklus", „Kontaktchancen", „Erfahrung mit sekundären sozialen Kontakten" usw. In solchen Fällen mag – formal – eine Messung auf „Intervallskalenniveau" gelungen sein, doch bezieht sich das Skalenniveau auf den gemessenen Indikator „Alter", nicht hingegen auf das Konstrukt „Lebenserfahrung". Die zu prüfenden theoretischen Sätze beziehen sich letztlich also nicht auf die gemessene Variable: Quantitative Gesetze, in denen „Alter" eine Rolle spielt, sind in den Sozialwissenschaften nicht bekannt. Die weitaus meisten theoretischen Begriffe in den Sozialwissenschaften beziehen sich auf kontinuierliche „latente", (also nicht direkt messbare) Variablen, wie z. B. „Intelligenz", „Prestige", „Dogmatismus", „Anomie", „Legitimität" usw.

Theorien, in denen solche theoretischen Begriffe als latente Variablen enthalten sind, machen meist jedoch keine Aussage darüber, dass die entsprechenden Eigenschaften nur immer als ganzzahliges Vielfaches einer Einheit vorkommen können. Somit können latente Variablen in der Regel als kontinuierlich aufgefasst werden, d. h., zwischen zwei Punkten auf der entsprechenden Dimension liegen immer unendlich viele Punkte.

Weiterhin können latente Variablen meist als näherungsweise normalverteilt angesehen werden, d. h. (stark vereinfacht), die meisten Objekte liegen nahe am Mittelwert, und die Zahl der Objekte, die vom Mittelwert abweichen, wird um so geringer, je stärker sie vom Mittelwert abweichen.

Nach einer sorgfältigen Konstruktion des Indikators sollte auch angenommen werden können, dass die „*Monotoniebedingung*" erfüllt ist, d. h., dass einem positiven Unterschied zwischen zwei Objekten auf dem Indikator auch ein positiver Unterschied zwischen den Objekten auf der latenten Variablen entspricht.[2]

---

sogenannten „Rasch-Modells" vgl. Kapitel 4.4.2.4.

[1] Die folgenden Ausführungen basieren auf den Arbeiten von DUNCAN (1984c), BLALOCK (1982), WOLINS (1978) und BORGATTA/BOHRNSTEDT (1981). Vgl. dazu kritisch PAWSON (1986), der jedoch zu ähnlichen Schlussfolgerungen kommt.

[2] KRIZ (1981:120–132) konstruiert ein Beispiel, in dem ohne Verletzung der Monotonieannahme zwei

Trotz Geltung der Monotoniebedingung werden die Abstände auf dem Indikator vermutlich kaum den Abständen auf der latenten Variablen exakt entsprechen. Dieser Fehler wird als *„Transformationsfehler"* bezeichnet. In der empirischen Sozialforschung erbringen die weitaus meisten „Messungen" „Messwerte" in Form von ganzen Zahlen zwischen (in der Regel) eins und elf. Diese Messungen fassen viele verschiedene Werte der latenten Variablen in einem Wert der gemessenen Variablen zusammen. Die durch diese Zusammenfassung bedingten Fehler werden als *„Kategorisierungsfehler"* bezeichnet.

Das Ausmaß der Fehler hängt u.a. von der Verteilung der latenten Variablen und der Zahl der Ausprägungen der gemessenen Variablen ab. Ist die latente Variable tatsächlich „normalverteilt", dann sind nur kleine Transformations- und Kategorisierungsfehler zu erwarten.[1] Die empirische Verteilung der latenten Variablen ist allerdings unbekannt. Auf Grund der Möglichkeit, die meisten sozialwissenschaftlichen Variablen als kontinuierliche, normalverteilte latente Variablen, die durch Indikatoren mit geringen Messfehlern gemessen wurden, auffassen zu können, kann die Anwendung von statistischen Verfahren, deren Ergebnisse nicht invariant gegenüber unterhalb des Intervallskalenniveaus erlaubten Transformationen sind, pragmatisch gerechtfertigt werden.[2]

In der Forschungspraxis werden die genannten Verfahren fast immer auch dann angewendet, wenn die Daten allgemein nicht als „intervall-" sondern als „ordinalskaliert" angesehen werden. Natürlich können durch dieses Vorgehen Fehler entstehen. Fehlerquellen bleiben aber dadurch kontrollierbar, dass die entsprechenden Analysen mit anderen, aber weniger informationsreichen Verfahren, die auf anderen Voraussetzungen basieren, wiederholt werden.

Zusammenfassend: Das tatsächliche Messniveau einer Variablen kann weder aus dem zugrundeliegenden theoretischen Begriff noch allein aus der Operationalisierung abgeleitet werden, sondern nur durch den Nachweis, dass die im Repräsentations-

---

Indikatoren zu widersprüchlichen Aussagen führen.

[1] Die Arbeit von O'BRIEN (1985) bietet neben einem ausgezeichneten Überblick über die verschiedenen Formen der hier entstehenden „Messfehler" eine kurze Bibliographie der wichtigsten Arbeiten in diesem Zusammenhang.

[2] Die hier vertretene Auffassung ist in der Literatur nicht unumstritten. Die „unendliche Geschichte" der Debatte um Messniveau und erlaubte statistische Verfahren lässt sich von STEVENS (1946) ausgehend über GAITO (1986; 1987), TOWNSEND/ASHBY (1984) bis zu VELLEMAN/WILKINSON (1993) andererseits verfolgen. MICHELL (1986) klärt einige Missverständnisse in der Diskussion auf und führt die unterschiedlichen Auffassungen auf drei verschiedene Theorietraditionen des Messens zurück; eine fundamentale Darstellung dieses Problems gibt er in seiner späteren Monographie (MICHELL 1999). Eine knappe Zusammenfassung findet sich bei HAND (2004).

und Eindeutigkeitstheorem genannten Axiome empirisch erfüllt sind. Selbst falls ein bestimmtes Messniveau als gegeben betrachtet wird, folgt daraus keineswegs logisch die Form der angemessenen Datenanalyse. Aus der axiomatischen Testtheorie kann nicht gefolgert werden, welche inhaltlichen Fragen mit welchen Mitteln zu untersuchen sind.[1] Die in einführenden statistischen Lehrbüchern zu findenden Tabellen über „Messniveaus und zulässige statistische Verfahren" sind Orientierungshilfen und keineswegs unbezweifelbare mathematische Gesetze.

4.3.2 Gütekriterien der Messung

Das Ziel eines Messvorgangs besteht in der Erhebung möglichst exakter und fehlerfreier Messwerte. Dieses Ziel wird bei kaum einem Messvorgang vollständig erreicht. Die tatsächlichen Messwerte geben meist nicht nur die tatsächliche Ausprägung eines Merkmals wieder, sondern enthalten auch Messfehler. Beispielsweise enthält eine Messung mit einer mechanischen Stoppuhr Messfehler, die aus der Reaktionszeit des Zeitnehmers und eventuellen Laufungenauigkeiten der Stoppuhr resultieren.

Um trotz der Messfehler die erhobenen Daten sinnvoll interpretieren zu können, wird eine statistische Theorie der Entstehung von Messwerten benötigt. Für viele Verfahren zum Umgang mit Messfehlern bildet eine aus wenigen Axiomen bestehende statistische Theorie die Grundlage: die sogenannte *„klassische Testtheorie"*.

Fast jeder hat schon einmal – vermutlich ohne es zu wissen – das Grundmodell der klassischen Testtheorie angewendet: War man sich bei einer Messung (z. B. der Geschwindigkeit eines Läufers, der Länge eines Brettes oder der Leistung eines Schülers) unsicher, so wiederholte man die Messung mehrere Male und bildete dann den Mittelwert der Messungen. Den Mittelwert betrachtet man als den vermutlich einer korrekten Messung entsprechenden Wert. Dieses Vorgehen gibt nur dann Sinn, wenn man die Voraussetzungen des Grundmodells der klassischen Testtheorie akzeptiert.

Das Grundmodell der klassischen Testtheorie basiert auf der Annahme, dass ein realisierter Messwert aus der Summe eines „wahren Wertes" und einem Messfehler besteht:

$$X = T + E \qquad (4.1)$$

Messfehler sind also Differenzen zwischen „wahren Werten" und beobachteten Werten. Ein „wahrer Wert" kann als der Mittelwert einer großen Zahl *unabhängiger* Messungen desselben Objektes aufgefasst werden.

---

[1] Vgl. hierzu ausführlich VELLEMAN/WILKINSON (1993).

Zusätzlich nimmt die klassische Testtheorie vier weitere Annahmen als erfüllt an:

- Der Mittelwert der Messfehler ist gleich Null. Wäre der Mittelwert der Messfehler ungleich Null, so entspräche der Mittelwert der Messungen nicht dem Wert einer korrekten Messung. Beispiel: Bei einem Thermometer, das stets zu viel anzeigt, ist der Mittelwert der Messfehler nicht Null, sondern gleich dem Betrag, den das Thermometer zuviel anzeigt. Wird bei der Frage nach dem Einkommen stets untertrieben, so ist auch hier der Mittelwert der Messfehler ungleich Null.

- Die Messfehler korrelieren nicht mit den wahren Werten einer Messung. Die Größe der Messfehler darf somit nicht von den wahren Werten abhängen: Die Messfehler eines Thermometers dürfen bei steigender Temperatur weder größer noch kleiner werden; die Größe der Untertreibung des Einkommens darf nicht vom Einkommen abhängen.

- Die Messfehler zweier Messwertreihen sind unkorreliert. Wird nach der Wohndauer und Beschäftigungsdauer gefragt, so dürfen die Messfehler bei der Wohndauer und die Messfehler bei der Beschäftigungsdauer nicht miteinander korrelieren (eine solche Korrelation könnte z. B. durch eine allgemeine Erinnerungsschwäche bedingt sein).

- Die Messfehler einer Messwertreihe korrelieren nicht mit den „wahren Werten" einer anderen Messung. So dürfte die Größe der Untertreibung des Einkommens nicht mit der wahrgenommenen Erwünschtheit eines hohen Einkommens korrelieren.

Aus diesen Axiomen lassen sich zahlreiche Aussagen über Messgenauigkeiten usw. ableiten.[1]

Die Axiome der klassischen Testtheorie gestatten zudem sehr einfache Definitionen von Gütekriterien für Messungen. Für Messungen sind eine Reihe von Gütekriterien denkbar. An psychologische Tests werden z. B. von LIENERT (1969:12–21) unter anderem die Anforderung von Objektivität, Vergleichbarkeit, Ökonomie und Nützlichkeit gestellt. Sieht man von den auf die praktische Durchführung bezogenen Kriterien ab, so sind zwei Gütekriterien von zentraler Bedeutung: Die Zuverlässigkeit einer Messung (Reliabilität) und die Gültigkeit (Validität) einer Messung.

---

[1] Für eine vertiefte Einarbeitung in die klassische Testtheorie eignet sich das leicht verständliche Werk von KRANZ (1979). Das Standardwerk ist das Buch von LORD/NOVICK (1968). Eine moderne Darstellung geben DE GRUIJTER/VAN DER KAMP (2008).

4.3.2.1 Reliabilität

Als „*Reliabilität*" oder „Zuverlässigkeit" kann das Ausmaß bezeichnet werden, in dem wiederholte Messungen eines Objektes mit einem Messinstrument die gleichen Werte liefern. Offensichtlich ist ein Messinstrument, das bei wiederholten Messungen desselben Objektes völlig verschiedene Messwerte liefert, nicht zuverlässig.

„*Reliabilität*" wird in der klassischen Testtheorie als der Quotient der Varianz der wahren Werte und der Varianz der beobachteten Werte definiert.[1] Das heißt: Die Reliabilität eines Messinstrumentes ist das Quadrat der Korrelation zwischen den beobachteten Werten und den wahren Werten.[2] Je höher der Zusammenhang zwischen den gemessenen Werten und den tatsächlichen Werten ist, um so höher ist die Reliabilität. Die Reliabilität kann mit verschiedenen Methoden geschätzt werden. Man kann bei diesen Methoden zwischen Messungen der zeitlichen Stabilität von Messergebnissen und äquivalenten Messungen unterscheiden.[3]

Die zeitliche Stabilität von Messergebnissen als ein Aspekt der Reliabilität ließe sich am einfachsten dadurch messen, dass dasselbe Messinstrument zweimal auf dasselbe Objekt angewendet würde. Die Korrelation zwischen beiden Messungen wäre dann eine Schätzung der Reliabilität. Diese „*Test-Retest-Methode*" basiert auf der Annahme, dass die wahren Werte zwischen den beiden Messungen unverändert bleiben. Verändern sich die wahren Werte der Objekte nach der oder durch die erste Messung, so wird die Reliabilität unterschätzt. Allerdings ist auch eine Überschätzung der Reliabilität möglich. Beispielsweise können Befragte sich an die erste Messung erinnern und übereinstimmende Angaben machen, um konsistent zu erscheinen. Die Test-Retest-Methode wird aufgrund der zweifelhaften Annahme unveränderter wahrer Werte in der Praxis nur selten verwendet.

Recht naheliegend zur Vermeidung der Veränderung der „wahren Werte" ist der Gedanke, zum selben Zeitpunkt zwei vergleichbare Messungen vorzunehmen: die „*Paralleltestmethode*". Hierbei werden zwei verschiedene Messinstrumente verwendet, die dieselbe Dimension messen sollen und sich möglichst ähneln (sogenannte „paralle-

---

[1] Wenn x die gemessenen Werte und τ die wahren Werte darstellen, dann ist die Reliabilität ρ_x definiert als

$$\rho_x = \sigma_\tau^2 / \sigma_x^2 \qquad (4.2)$$

[2] vgl. ausführlich BOHRNSTEDT (1983:73) oder ESSER (1984b:33–38).

[3] Eine ausführliche Übersicht über verschiedene statistische Techniken zur Schätzung der Reliabilität findet sich bei FELDT/BRENNAN (1989:109–116).

le Tests").[1] Die Korrelation der Ergebnisse der beiden Messinstrumente kann für eine Schätzung der Reliabilität verwendet werden. Das Problem besteht natürlich darin, wirklich parallele Tests zu finden. Die Paralleltestmethode ist daher in der Praxis kaum verwendbar.

Ein Messinstrument aus mehreren Indikatoren („*Items*") kann dann als eine Ansammlung äquivalenter Tests interpretiert werden, wenn alle Indikatoren des Instrumentes dieselbe Dimension messen. Diese Eigenschaft wird als „*interne Konsistenz*" bezeichnet. Können die Items als unabhängige Messwiederholungen aufgefasst werden, so kann eine Reliabilitätsschätzung auf der Basis der internen Konsistenz erfolgen. „*Maße der internen Konsistenz*" versuchen anzugeben, in welchem Umfang alle Einzelindikatoren dasselbe Konstrukt messen.[2] Zwei Maße der internen Konsistenz sollen erwähnt werden.

Eine vor allem in der älteren Literatur zu findende Methode basiert darauf, dass das Instrument in Hälften gespalten wird („splithalf-method"), so dass zwei Instrumente mit jeweils der Hälfte der Items entstehen. Aus der Korrelation der beiden Testhälften lässt sich dann mit der „*Spearman-Brown-Formel*" die Reliabilität schätzen.[3] Da die Aufspaltung in zwei Testhälften auf verschiedene Weise möglich ist, können mit

---

[1] Es wird zwischen parallelen, tau-äquivalenten und essentiell tau-äquivalenten Tests unterschieden, vgl. hierzu ausführlich Anhang A. Die genauen Definitionen finden sich z. B. bei FISCHER (1974:32–34). Die Annahmen über die „Ähnlichkeit" der Messung werden von parallelen zu essentiell tau-äquivalenten Tests immer weiter gelockert. Grob lässt sich nach FISCHER (1974) folgendes festhalten: Parallele Tests messen dieselbe Eigenschaft gleich gut; tau-äquivalente Tests messen unterschiedlich genau dieselbe Eigenschaft tau; essentiell tau-äquivalente Tests messen bis auf eine additive Konstante dieselbe Eigenschaft tau.

[2] Diese Definition der internen Konsistenz legt die Verwendung faktorenanalytischer Techniken (vgl. Kapitel 4.3.2.2.3) zur Schätzung nahe. Aufgrund der Probleme anderer Koeffizienten (vgl. SIJTSMA 2009) empfehlen REVELLE/ZINBARG (2009) daher die Verwendung des Koeffizienten Omega (genauer: ω_t) (MCDONALD 1999). Omega ist definiert als

$$\omega_t = 1 - \frac{\sum 1 - h_j^2}{V_x},$$ (4.3)

wobei V_x die Varianz der Skala und h_j die Kommunalität des Items j ist (REVELLE/ZINBARG 2009:149). Kommunalität bezeichnet das Ausmaß, in dem eine Variable durch die Faktoren erklärt werden kann, vgl. z. B. TABACHNICK/FIDELL (2006).

[3] Die von Charles Spearman und William Brown im Jahre 1910 unabhängig voneinander entwickelte Formel lautet:

$$r = \frac{2r_{12}}{1 + r_{12}},$$ (4.4)

wobei r der Reliabilitätsschätzung und r_{12} der Korrelation der beiden Testhälften entspricht, vgl. ZELLER/CARMINES (1980:54–56).

denselben Daten je nach der Aufteilung der Items auf die Testhälften unterschiedliche Koeffizienten berechnet werden.

Dieser Nachteil wird durch die Verwendung eines anderen Koeffizienten vermieden: „*Cronbachs Alpha-Koeffizient*".[1] Alpha entspricht dem Mittelwert aller möglichen „split-half"-Koeffizienten . Alpha kann leicht aus den Korrelationen aller Items untereinander berechnet werden und ist auch auf „*dichotome Items*" anwendbar, also auf Items, die nur zwei Antworten zulassen (z. B. „richtig"-„falsch"). Alpha kann Werte zwischen Null und Eins annehmen; empirische Werte über 0.8 können als akzeptabel betrachtet werden. In der Praxis werden meist weit niedrigere Koeffizienten noch akzeptiert.

Alpha ist eine Funktion der Anzahl der Items und der Interkorrelation der Items. Durch eine große Zahl von Indikatoren kann somit trotz unsystematischer Messfehler eine hohe Reliabilität erreicht werden.[2] Ein hoher Wert von Alpha kann also auch bei niedriger mittlerer Interkorrelation mit einer großen Anzahl von Items erzielt werden: 10 Items mit einer mittleren Interkorrelation von 0.5 können ein Alpha von 0.9 produzieren. Allgemein (aber nicht notwendigerweise) steigt die Reliabilität eines Instrumentes mit der Zahl der Items an. Weiterhin wird im Rahmen einer „*Itemanalyse*" meist versucht, Items aus dem Instrument auszuschließen, die nur sehr niedrig mit den verbleibenden Items korrelieren.[3] Durch Ausschluss solcher Items steigt die Reliabilität an.

Zusammenfassend bleibt für alle Reliabilitätsschätzungen festzuhalten, dass die Schätzung der Reliabilität nicht nur von dem jeweiligen Instrument, sondern auch von den untersuchten Objekten abhängt. Ändert sich die Zusammensetzung der Menge der Untersuchungsobjekte, so ändert sich vermutlich auch die Reliabilitätsschätzung. Bei einer Untersuchung mit einem bereits als „reliabel" geltenden Instrument muss berücksichtigt werden, dass sich die Schätzung schon allein aufgrund der veränderten Zusammensetzung der Menge der Untersuchungsobjekte ändern kann.

---

[1] Die Formel für Cronbachs Alpha lautet:

$$\alpha = \frac{n}{n-1}\left[1 - \frac{\sum \sigma_i^2}{\sigma_x^2}\right], \tag{4.5}$$

wobei n der Anzahl der Items, σ_i^2 der Varianz jedes einzelnen Items und σ_x^2 der Varianz des Tests entspricht (vgl. FELDT/BRENNAN 1989:113).

[2] Auf die möglichen Auswirkungen systematischer Messfehler wird im nächsten Abschnitt eingegangen.

[3] Zur technischen Durchführung von Itemanalysen vgl. Anhang C.

4.3.2.2 Validität

Unter „*Validität*" (Gültigkeit) eines Messinstrumentes versteht man das Ausmaß, in dem das Messinstrument tatsächlich das misst, was es messen sollte. Neben Reliabilität ist Validität das zentrale Gütekriterium einer Messung. Die Abgrenzung gegenüber Reliabilität kann an einem Beispiel verdeutlicht werden: Nehmen wir an, die Einstellung gegenüber einem bestimmten sozialen Sachverhalt soll gemessen werden. Als Messinstrumente werden mehrere Fragen zum Gegenstand benutzt. Alle Fragen seien so formuliert, dass eine Zustimmung zur Aussage der Frage als positive Einstellung zum Gegenstand interpretiert wird. Ein Teil der Befragten kann unter Umständen dazu neigen, in einer Befragung stets bejahende Antworten zu geben, ohne dass der Inhalt der Frage eine Rolle spielt.[1] In diesem Fall ist es möglich, dass das Messinstrument zwar eine hohe Reliabilität besitzt (weil stets zugestimmt wird), aber mit Sicherheit keine Validität: Allenfalls wird die Zustimmungstendenz gemessen, aber nicht die Einstellung gegenüber einem bestimmten Sachverhalt. Systematische Messfehler können so zu einer hohen Reliabilität führen.

Es ist möglich, dass wiederholte Messungen zwar stets dasselbe Resultat erbringen (also reliabel sind), aber dennoch etwas anderes messen als beabsichtigt ist (und somit nicht valide sind). Andererseits ist es nicht möglich, dass ein Instrument tatsächlich das misst, was es messen soll, ohne dass zugleich wiederholte Messungen nahezu dasselbe Ergebnis zeigen. Die Validität eines Instruments kann nicht größer sein als die Quadratwurzel aus der Reliabilität des Instruments, wohl aber kann die Reliabilität größer sein als die Validität. Die beiden Gütekriterien lassen sich auch so umschreiben: Ein Instrument ist um so reliabler, je weniger zufällige Fehler die Messung beeinflussen; ein Instrument ist um so valider, je weniger systematische Fehler die Messung beeinflussen.

Unter „*empirischer Validität*" eines Instrumentes versteht man die Korrelation zwischen diesem Instrument und einer anderen beobachteten Variablen, die als Kriterium dient.[2] Es ist also sinnlos, von „der" Validität eines Instrumentes zu sprechen: Die Validität kann nur in Bezug auf bestimmte andere Messungen beurteilt werden.

Damit stellt sich die Frage danach, wie die Validität eines Instrumentes in der Praxis beurteilt werden kann. Die „American Psychological Association" unterschied 1974 drei

---

[1]   Solche „Antwort-Stile" werden als „inhaltsunabhängige Zustimmungstendenz" bezeichnet und lassen sich gelegentlich tatsächlich nachweisen (vgl. Kapitel 7.1.1.5.2).

[2]   Von der empirischen wird die „theoretische Validität" unterschieden (Lord/Novick 1969:261). Die theoretische Validität eines Instrumentes ist definiert als die Korrelation zwischen beobachteten und wahren Werten (und entspricht damit der Quadratwurzel der Reliabilität, vgl. Bohrnstedt 1983:73).

Formen der Validität; diese Unterscheidung nach Inhaltsvalidität, Kriteriumsvalidität und Konstruktvalidität ist in der Literatur allgemein verbreitet.

4.3.2.2.1 Inhaltsvalidität

„Inhaltsvalidität" bezieht sich darauf, dass möglichst alle Aspekte der Dimension, die gemessen werden sollte, berücksichtigt wurden. Diese schwammige Definition kann etwas verdeutlicht werden, wenn noch einmal auf die Konzeptualisierung eines theoretischen Begriffs Bezug genommen wird. Eine „gültige" Messung kann natürlich nur erfolgen, wenn jeder Aspekt des theoretischen Begriffs in den Operationalisierungen berücksichtigt wird. Würde z. B. der Begriff „Intelligenz" als „Problemlösungskapazität" aufgefasst, aber dann nur über einen Test, der lediglich „Rechenfertigkeit" misst, operationalisiert, so besäße der Test in Hinsicht auf „Intelligenz" keine Inhaltsgültigkeit. Für die Beurteilung der Inhaltsvalidität existieren keinerlei objektive Kriterien. Inhaltsvalidität sollte deshalb nicht als Validitätskriterium aufgefasst werden, sondern als Idee, die bei der Konstruktion eines Instrumentes nützlich sein kann.

4.3.2.2.2 Kriteriumsvalidität

„Kriteriumsvalidität" bezieht sich auf den Zusammenhang zwischen den empirisch gemessenen Ergebnissen des Messinstrumentes und einem anders gemessenen empirischen („externen") Kriterium. Allgemein werden zwei Formen der Kriteriumsvalidität unterschieden: *„predictive validity"* und *„concurrent validity"*. Prädiktive Validität besitzt ein Instrument dann, wenn Voraussagen, die auf einer ersten Messung mit dem Instrument beruhen, durch spätere Messungen mit einem anderen Instrument bestätigt werden können. Z. B. kann ein Test, der „Wissenschaftliches Interesse" von Gymnasiasten messen soll, dann prädiktive Validität besitzen, wenn aufgrund des Tests die Aufnahme eines Studiums erfolgreich vorhergesagt werden kann. Prädiktive Validität kann sich also immer nur auf ein bestimmtes Kriterium beziehen. Weiterhin zeigt das Beispiel, dass solche Überprüfungen fehlerhaft sein können, wenn zwar der Test valide ist, aber das Außenkriterium entweder falsch gemessen oder inadäquat bestimmt wird: Das Außenkriterium „Aufnahme eines Studiums" hängt nicht nur vom wissenschaftlichen Interesse ab, sondern auch von anderen Faktoren, z. B. NC, Möglichkeiten der Studienfinanzierung usw.

Der Unterschied zwischen prädiktiver Validität und „concurrent validity" liegt darin, dass „Vorhersagen" bei der „concurrent validity" auf Messungen zum selben Zeitpunkt bezogen sind. Die zu beurteilende Messung erfolgt also zum selben Zeitpunkt wie die Messung des Kriteriums. Z. B. kann eine „Links-Rechts-Skala" dann „concurrent validity" besitzen, wenn die Ergebnisse dieser Messung mit dem berichteten

Wahlverhalten übereinstimmen. Die Bestimmung der „concurrent validity" muss also ebenfalls die korrekte Messung des Kriteriums voraussetzen, da die Validität der Kriteriumsvariablen nur selten bekannt ist.

Eine Form der Bestimmung der „concurrent validity" besteht in der „*Methode der bekannten Gruppen*" („known groups"). Sind zwei Gruppen bekannt, die auf der interessierenden Dimension Unterschiede aufweisen, so muss ein Messinstrument diese beiden Gruppen deutlich unterscheiden können, um „concurrent validity" zu besitzen. Eine „Konservatismus-Skala" müsste also z. B. unterschiedliche Werte für Mitglieder der „Marxistischen Gruppe" einerseits und Mitglieder der „Nationaldemokraten" andererseits zeigen (falls man Mitglieder beider Gruppen zur Teilnahme an einer Untersuchung bewegen könnte). In den meisten Fällen hängen allerdings die Ursachen für eine Mitgliedschaft in einer „bekannten" Gruppe nur sehr indirekt mit der zu validierenden Messung zusammen. Bei einer solchen Validierung sind daher in der Regel nur schwache Zusammenhänge zwischen dem Kriterium (Mitgliedschaft) und dem Messinstrument nachweisbar. Weiterhin lassen sich für viele sozialwissenschaftliche Instrumente keine bekannten Gruppen angeben. Trotzdem kann diese Validierungstechnik gelegentlich sinnvoll eingesetzt werden.

WEGENER (1983:95-96) fasst die Probleme der Kriteriumsvalidität folgendermaßen zusammen: „Es gibt sehr häufig keine hinreichend genau gemessene Kriteriumsvariable für die Validierung einer Messung, und sofern es sie doch gibt, ist fraglich, worin eigentlich der Anlaß für die neue Messung besteht."

4.3.2.2.3 Konstruktvalidität

Inhaltsvalidität und Kriteriumsvalidität sind nach dem bisher gesagten entweder kaum aussagekräftig oder nur selten anwendbar. In den Sozialwissenschaften ist daher die „Konstruktvalidierung" von großer Bedeutung. Unter dem Begriff „*Konstrukt*" werden theoretische Eigenschaftsdimensionen (latente Variablen) verstanden. „*Konstruktvalidität*" liegt dann vor, wenn aus dem Konstrukt empirisch überprüfbare Aussagen über Zusammenhänge dieses Konstruktes mit anderen Konstrukten theoretisch hergeleitet werden können und sich diese Zusammenhänge empirisch nachweisen lassen.

Im Gegensatz zur Kriteriumsvalidität sind bei der Konstruktvalidität explizit theoretische Annahmen über die Zusammenhänge zwischen theoretischen Dimensionen Bestandteil des Validierungsprozesses. Konstruktvalidierung besteht aus drei Arbeitsschritten:

- Die theoretischen Beziehungen zwischen den Konstrukten müssen festgestellt werden.

- Die empirischen Beziehungen zwischen den Operationalisierungen der Konstrukte müssen festgestellt werden.
- Die empirisch festgestellten Zusammenhänge müssen daraufhin untersucht werden, ob sie die Hypothese der Validität der Konstrukte stützen oder nicht.

Beispielsweise könnten die Konstrukte „Entfremdung vom politischen System" und „Unzufriedenheit mit dem politischen System" erhoben werden. Es ist zu vermuten, dass bei vorhandenem politischen Interesse zwischen den beiden Konstrukten ein Zusammenhang besteht. Kann ein solcher Zusammenhang empirisch nachgewiesen werden, so kann die Hypothese der Konstruktvalidität akzeptiert werden. Kann ein solcher Zusammenhang hingegen nicht festgestellt werden, so sind verschiedene Ursachen für dieses Ergebnis möglich (vgl. ZELLER/CARMINES 1980:82–84):

- Es kann tatsächlich keine Konstruktvalidität vorliegen;
- es kann die zur Validierung verwendete Hypothese falsch sein;
- es kann die empirische Untersuchung fehlerhaft sein (z. B. durch Rechenfehler);
- es kann das neu zu validierende Instrument Konstruktvalidität besitzen, aber die anderen Instrumente im Validierungsprozess sind selbst nicht valide.

Ohne weitere Untersuchungen kann nicht festgestellt werden, welche der Erklärungen zutreffen. Die Konstruktvalidität wird anhand von zwei Kriterien beurteilt: „convergent validity" einerseits und „discriminant validity" andererseits. „*Konvergenz*" oder „*convergent validity*" besitzt ein Konstrukt dann, wenn verschiedene Operationalisierungen dieses Konstruktes einander sehr ähnlich und somit im Prinzip austauschbar sind. Lässt sich für ein Instrument empirisch zeigen, dass es andere Sachverhalte erfasst als andere Instrumente, so spricht man von „*Diskriminanz*" oder „*discriminant validity*".

Mit der Forderung nach Diskriminanz der Konstrukte wird lediglich gefordert, dass ein neu eingeführtes Konstrukt und das entsprechende Messinstrument etwas anderes bezeichnen und messen soll als Sachverhalte, die schon mit anderen Konstrukten erfasst und den entsprechenden Instrumenten gemessen werden.

Die bloße Behauptung, dass zwei verschiedene Instrumente unterschiedliche Sachverhalte messen, reicht nicht aus; vielmehr muss empirisch gezeigt werden, dass tatsächlich unterschiedliche Sachverhalte gemessen wurden. Der Grund für die Notwendigkeit dieses Nachweises ist offensichtlich: Messen beide Instrumente denselben Sachverhalt, so ist eine Aussage über den Zusammenhang der beiden Messungen keine informative Aussage über die Realität. Beispielsweise könnten bei einer Untersuchung über die Bedingungen der Teilnahme an Volkszählungen die Konstrukte „Furcht vor Datenmissbrauch" und „Einstellung zu staatlichen Erhebungen" verwendet werden.

Bestehen die Instrumente zur Operationalisierung der beiden Konstrukte dann aus sehr ähnlichen Fragen, so ist zwar ein sehr starker Zusammenhang zwischen den beiden Instrumenten erwartbar, aber dieser Zusammenhang sagt vermutlich überhaupt nichts über die Beziehung zwischen „Furcht vor Datenmissbrauch" und der „Einstellung zu staatlichen Erhebungen" aus, sondern lediglich etwas über die Konsistenz der Antworten auf nahezu gleiche Fragen. Die beiden Konstrukte besitzen keine Diskriminanz.

Nun zum zweiten Kriterium der Konstruktvalidität, der „convergent validity". Eine erfolgreiche Operationalisierung eines theoretischen Begriffs soll eine Messanweisung für den Begriff darstellen. Operationalisierungen desselben Begriffs müssen also vergleichbare Ergebnisse bringen, falls sie „gültige" Operationalisierungen darstellen. So müssen z. B. die Antworten auf ähnliche Fragen vergleichbar sein. Nichts anderes besagt das Kriterium der Konvergenz: Verschiedene Indikatoren desselben Konstruktes müssen austauschbar sein. Sind sie es nicht, so sind vermutlich zumindest einige der Indikatoren keine gültigen Indikatoren für den beabsichtigten Begriff.

Die Überprüfung auf Diskriminanz und Konvergenz kann in der Praxis z. B. durch Multitrait-Multimethod-Matrizen erfolgen.

CAMPBELL/FISKE (1959) schlugen vor, Konstruktvalidierungen mit „*Multitrait-Multimethod-Matrizen*" (MTMM) zu untersuchen. Bei einer solchen Konstruktvalidierung mit einer Multitrait-Multimethod-Matrix[1] werden verschiedene Datenerhebungsmethoden für jedes Konstrukt („Trait") angewendet.

Beispielsweise könnte man die Konstrukte „Autoritarismus", „Dogmatismus" und „Konservatismus" mit jeweils einem Messinstrument an denselben Personen einmal in einem mündlichen Interview, dann in einer schriftlichen Befragung und schließlich in einem Telefoninterview erheben. Für jede Kombination von Methode und Konstrukt erhalten wir eine Messung, in diesem Beispiel die Messungen „Autoritarismus-mündlich", „Dogmatismus-mündlich", „Konservatismus-mündlich", „Autoritarismus-schriftlich", „Dogmatismus-schriftlich" usw. Die aus den Korrelationen zwischen den gemessenen Variablen bestehende Tabelle ist die Multitrait-Multimethod-Matrix (Tab. 4-1).

Die Matrix enthält alle Korrelationskoeffizienten zwischen den mit drei verschiedenen Methoden gemessenen Konstrukten. Korrelationsmatrizen sind symmetrisch, das heißt, in den entsprechenden Feldern oberhalb und unterhalb der Diagonalen von links oben nach rechts unten stehen jeweils dieselben Werte: Indikator A_m korreliert mit Indikator

---

[1] Neben dem klassischen Aufsatz von CAMPBELL/FISKE (1959) sollte die aktuellere Darstellung bei SULLIVAN/FELDMAN (1979:17–55) herangezogen werden.

		mündlich			schriftlich			telefonisch		
		A_m	D_m	K_m	A_s	D_s	K_s	A_t	D_t	K_t
mündl.	A_m	(.89)								
	D_m	.51	(.89)							
	K_m	.38	.37	(.76)						
schriftl.	A_s	.57	.22	.09	(.93)					
	D_s	.22	.57	.10	.68	(.94)				
	K_s	.11	.11	.46	.59	.58	(.84)			
tel.	A_t	.56	.22	.11	.67	.42	.33	(.94)		
	D_t	.23	.58	.12	.43	.66	.34	.67	(.92)	
	K_t	.11	.11	.45	.34	.32	.58	.58	.60	(.85)

Tabelle 4-1: *Beispiel für eine Multitrait-Multimethod-Matrix*

D_s genauso stark wie Indikator D_s mit Indikator A_m. Da jeder Indikator mit sich selbst stets perfekt korreliert (also die Korrelation den Wert „1.0" annimmt), werden meist nur die „unteren Dreiecksmatrizen" (also ohne die Diagonale, in der nur Einsen stehen würden) berichtet, da alle notwendigen Informationen über die gesamte Matrix enthalten sind. Häufig gibt die sonst uninformative Diagonale andere Werte als die Korrelationen wieder. Hier besteht die Diagonale aus den Reliabilitätsschätzungen der Messungen (in Klammern).

Diese Multitrait-Multimethod-Matrix muss drei Bedingungen erfüllen, damit den Instrumenten Konstruktvalidität zugesprochen werden kann[1]:

- Verschiedene Messungen desselben Konstruktes müssen sehr stark untereinander zusammenhängen.
- Die Zusammenhänge zwischen den Messungen unterschiedlicher Konstrukte müssen schwächer sein als die Zusammenhänge zwischen den verschiedenen Messungen desselben Konstrukts.
- Verschiedene Messungen desselben Konstrukts müssen jeweils ähnliche Zusammenhänge zu den Messungen anderer Konstrukte besitzen.

Das erste Kriterium entspricht der „convergent validity" : Sind die Operationalisierungen eines Konstruktes austauschbar, dann müssen die entsprechenden Messungen sehr eng untereinander zusammenhängen. Das zweite Kriterium entspricht der „discriminant validity" ; das dritte Kriterium entspricht dem gemeinsamen Vorliegen von

---

[1] CAMPBELL/FISKE (1959:82–83) unterscheiden vier Kriterien. Zwei ihrer Kriterien wurden hier zusammengefasst.

	A_1	A_2	A_3	D_1	D_2	K_1	K_2
A_1	1.0						
A_2	.80	1.0					
A_3	.90	.85	1.0				
D_1	.30	.20	.15	1.0			
D_2	.40	.25	.20	.45	1.0		
K_1	.12	.14	.15	.25	.24	1.0	
K_2	.30	.15	.36	.22	.23	.95	1.0

Tabelle 4-2: Indikatoren-Korrelationsmatrix bei der Konstruktvalidierung

Konvergenz und Diskriminanz. Nur wenn diese Bedingungen erfüllt sind, kann davon ausgegangen werden, dass ein bestimmtes Konstrukt etwas anderes erfasst als die anderen Konstrukte.[1]

Multitrait-Multimethod-Matrizen werden in der vorgestellten Art aufgrund des extrem hohen Arbeits- und Kostenaufwandes nur selten erhoben.[2] In der Praxis wird häufig eine Abwandlung verwendet, bei der statt vollständig verschiedener Methoden lediglich mehrere Indikatoren für dasselbe Konstrukt erhoben werden. Die Indikatoren werden aber alle mit derselben Methode gemessen (vgl. Tab. 4-2).

Tabelle 4-2 zeigt die Korrelation von sieben Indikatoren für die drei Konstrukte Autoritarismus, Dogmatismus und Konservatismus.[3] Die Matrix ist in drei Dreiecke und drei Rechtecke eingeteilt. Die Dreiecke enthalten die Korrelationen der Indikatoren gleicher Konstrukte; folglich gibt es für jedes Konstrukt ein solches Dreieck. Die Rechtecke enthalten die Korrelationen der Indikatoren verschiedener Konstrukte; folglich gibt es drei Rechtecke (allgemein sind es $(n * (n - 1))/2$).

Die erste Bedingung wäre erfüllt, wenn die Korrelationen in den Dreiecken relativ hohe Werte besäßen. Allgemein gelten Werte über 0.8 als akzeptabel – in der Praxis werden allerdings auch weit niedrigere Werte in Kauf genommen. Da die Dreiecke die Korrelationen von Indikatoren desselben Konstruktes enthalten, muss nach dem

---

[1] MTMM sind bedingt zur Entdeckung von „Methodeneffekten" geeignet. Methodeneffekte entstehen durch die Auswirkung der Datenerhebungsmethode auf die Ergebnisse der Messungen (vgl. Kapitel 7.1). Allerdings garantiert auch die erfolgreiche Anwendung von MTMM weder die Konstruktvalidität noch die Abwesenheit von Methodeneffekten; vgl. ESSER (1984b) und SULLIVAN/FELDMAN (1979:47–55).

[2] COTE/BUCKLEY (1987:316) konnten in der gesamten sozialwissenschaftlichen Literatur nur ca. 200 Arbeiten mit MTMM nachweisen.

[3] Das hier modifizierte Beispiel wurde ESSER (1984b:15–17) entnommen.

Postulat der Austauschbarkeit der Indikatoren ein hoher Zusammenhang resultieren, falls Konstruktvalidität vorliegen soll. Dies entspricht dem Kriterium der Konvergenz. Im Beispiel ist diese Bedingung für die Konstrukte Autoritarismus und Konservatismus erfüllt, nicht hingegen für Dogmatismus: Die beiden D-Indikatoren korrelieren nur zu 0.45.

Die zweite Bedingung wäre erfüllt, wenn kein Wert in den Rechtecken größer als die Werte in den Dreiecken wäre. Die Indikatoren eines Konstruktes müssen untereinander höher korrelieren als mit Indikatoren anderer Konstrukte. Dieses entspricht dem Kriterium der Diskriminanz. Im Beispiel wird dieses Kriterium von allen Indikatoren erfüllt. Die dritte Bedingung wäre dann erfüllt, wenn die Korrelationen in den Rechtecken jeweils dasselbe Muster zeigen würden: Wenn z. B. D_1 mit A_1 höher als mit A_2 korreliert, dann müsste auch D_2 höher mit A_1 korrelieren als mit A_2. Auch diese Bedingung folgt offensichtlich aus dem Postulat der Austauschbarkeit der Indikatoren. Diese Bedingung entspricht dem gemeinsamen Auftreten von Konvergenz und Diskriminanz. Im Beispiel wird dieses Kriterium zweimal durch den Indikator K_2 verletzt: K_2 korreliert im Gegensatz zu K_1 sowohl höher mit $A_1(.30)$ als mit $A_2(.15)$ als auch höher mit $D_2(.23)$ als mit $D_1(.22)$.

Die statistischen Auswertungen von Konstruktvalidierungen werden mit Hilfe von „*Faktorenanalysen*" vorgenommen.[1] Faktorenanalysen sind statistische Verfahren, mit denen versucht wird, eine große Zahl von Untersuchungsvariablen durch eine weit kleinere Zahl von Faktoren zu „erklären".[2] Die Faktoren werden als unbeobachtete Hintergrundgrößen aufgefasst, die die Zusammenhänge zwischen den beobachteten Variablen hervorrufen. Man unterscheidet zwischen „*explorativen*" und „*konfirmatorischen*" Faktorenanalysen. Bei explorativen Faktorenanalysen wird versucht, sowohl die Anzahl der Faktoren als auch die Zusammenhänge zwischen den Faktoren einerseits („Faktorenkorrelationen") und zwischen den Faktoren und den Variablen andererseits („Faktorladungen") aus den Daten zu errechnen. Bei einer explorativen Faktorenanalyse liegen vor der Durchführung keine Hypothesen über das zu erwartende Ergebnis der Analyse vor. Im Gegensatz dazu erlaubt eine konfirmatorische Faktorenanalyse einen statistischen Test, ob exakt spezifizierte Hypothesen über die zu erwartenden Ergebnisse durch die Daten gestützt werden.[3] Konfirmatorische Faktorenanalysen erfordern die vorherige Festlegung einiger Größen, wie z. B. der Anzahl der Faktoren, der Beziehungen zwischen den Faktoren und der Beziehungen zwischen den Faktoren und den beobachteten Variablen.

---

[1] Eine Übersicht über die statistische Analyse von MTMM geben SCHMITT/STULTS (1986).
[2] Zur Faktorenanalyse allgemein vgl. z. B. TABACHNICK/FIDELL (2006).
[3] Zur konfirmatorischen Faktorenanalyse vgl. BROWN (2006) sowie einführend HARRINGTON (2009).

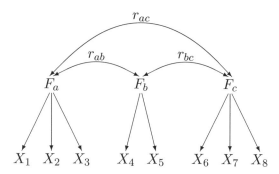

Abbildung 4-5: *Messmodell für ein Modell mit 3 Faktoren und 8 Indikatoren*

Die Anwendung der Faktorenanalyse auf das Problem der Konstruktvalidierung ist zumindest konzeptuell sehr einfach. Die Konstrukte werden als die zugrundeliegenden Faktoren aufgefasst, die die beobachteten Zusammenhänge „erklären". Für eine konfirmatorische Faktorenanalyse werden genauso viele Faktoren postuliert, wie Konstrukte vorausgesetzt werden. Die Zusammenhänge zwischen den Faktoren (die „Faktorkorrelationen") entsprechen den vermuteten Zusammenhängen zwischen den Konstrukten. Nach dem Kriterium der „discriminant validity" sollte ein Indikator nur mit demjenigen Konstrukt zusammenhängen, für den dieser Indikator die Operationalisierung darstellt. Also wird nur für das entsprechende Konstrukt dieses Indikators eine „Faktorladung", also ein Zusammenhang erwartet. Mit allen anderen Konstrukten sollte dieser Indikator nicht oder nur schwach zusammenhängen. Alle anderen Faktorladungen eines Indikators werden daher gleich Null gesetzt.

Durch diese theoretischen Festlegungen vor der Durchführung der Faktorenanalyse wird ein sogenanntes *„Messmodell"* definiert. Die konfirmatorische Faktorenanalyse liefert einen statistischen Test dieses Messmodells anhand der erhobenen Daten. Fällt der Test so aus, dass das Messmodell akzeptiert werden kann, so kann Konstruktvalidität zumindest vorläufig angenommen werden.

Ein solches Messmodell könnte z. B. so aussehen wie die Abbildung 4-5. Hier wird theoretisch von den drei Faktoren F_a, F_b und F_c ausgegangen, die die Korrelationen zwischen den 8 Indikatoren X_1 bis X_8 „erklären" sollen. Das Messmodell gibt an, dass die Indikatoren X_1, X_2 und X_3 mit dem Faktor F_a korrelieren, die Indikatoren X_4 und X_5 mit dem Faktor F_b und die Indikatoren X_6, X_7 und X_8 mit dem Faktor F_c. Weiterhin werden Zusammenhänge zwischen den Faktoren (die Faktorkorrelationen r_{ac}, r_{ab} und r_{bc}) angenommen. Das Modell gibt weiterhin an, dass es keine Zusammenhänge zwischen den Indikatoren der drei Faktoren gibt, die nicht allein durch die Korrelation der Faktoren hervorgerufen werden.

	F_a	F_b	F_c
X_1	0.7		
X_2	0.6		
X_3	0.9		
X_4		0.8	
X_5		0.7	
X_6			0.7
X_7			0.9
X_8			0.6

Tabelle 4-3: Faktorenladungen des Modells der Abb. 4-5

Eine Matrix der Faktorenladungen[1] des in Abbildung 4-5 dargestellten Modells sollte daher so ähnlich aussehen wie die Tabelle 4-3.[2] Die leergelassenen Felder entsprechen der Annahme, dass keine Beziehung zwischen dem jeweiligen Indikator und dem jeweiligen Faktor besteht.

Neben der Zahl der Faktoren und den Beziehungen zwischen den Indikatoren und den Faktoren (der Ladungsmatrix) gibt das Messmodell die Matrix der Faktorkorrelationen vor, also die Zusammenhänge zwischen den Faktoren. Eine solche Matrix[3] zeigt die Tabelle 4-4. Der stärkste Zusammenhang wird hier zwischen dem Faktor F_a und dem

	F_a	F_b	F_c
F_a	1.7		
F_b	0.6	1.0	
F_c	0.2	0.3	1.0

Tabelle 4-4: Faktorkorrelationen des Modells der Abb. 4-5

Faktor F_b erwartet. Die beiden anderen Zusammenhänge sind vergleichsweise niedrig. Sollte ein Messmodell vorsehen, dass kein Zusammenhang zwischen den Faktoren besteht, so müsste diese Matrix außerhalb der Diagonalen nur Nullen enthalten.

---

[1] Faktorladungen können nur in speziellen Fällen so interpretiert werden wie Korrelationskoeffizienten. Trotzdem kann hier eine große Faktorladung als starker Zusammenhang und eine kleine Faktorladung als schwacher Zusammenhang interpretiert werden.

[2] Meist liegen keine Vermutungen darüber vor, ob die Indikatoren eines Faktors unterschiedliche Ladungen aufweisen. Daher werden zumeist gleiche Ladungen vorgegeben.

[3] Faktorkorrelationsmatrizen sind (wie jede Korrelationsmatrix) symmetrisch.

Indikator	Faktor		
	R	S	K
Kochgewohnheiten	.227		.613
Musikgeschmack			.669
Sprachgebrauch Eltern untereinander			.870
Sprachgebrauch gegenüber Kindern			.834
Besuch von Deutschen		.925	
Besuch bei Deutschen		.904	
Nachbarschaftskontakt zu Deutschen		.835	
Kontakte außerhalb zu Deutschen		.683	
Religiöses Verhalten Vater	.894		
Religiöses Verhalten Mutter	.887		
Religiöse Erwartungen Vater	.922		
Religiöse Erwartungen Mutter	.903		

Tabelle 4-5: *Faktorenladungen eines 12 Indikatoren-Modells*

Solche Messmodelle können mit Computerprogrammen dahingehend beurteilt werden, ob sie die beobachteten Zusammenhänge zwischen den Variablen einer Untersuchung hinreichend genau wiedergeben.[1] Bei einer Konstruktvalidierung muss die Ladungsmatrix im Allgemeinen so aussehen wie die Ladungsmatrix des Beispiels (Tabelle 4-3): Die Indikatoren eines Konstruktes sollten nur mit diesem Konstrukt zusammenhängen. Kann ein solches Messmodell nicht akzeptiert werden, weil z. B. mehrere Indikatoren mit mehr als einem Faktor zusammenhängen, so kann den Messungen keine Konstruktvalidität zugesprochen werden. Mit anderen Worten: Nur bei einer deutlichen Trennung der Indikatoren in der Faktorladungsmatrix kann davon ausgegangen werden, dass überhaupt verschiedene Dimensionen gemessen wurden.

In der Praxis werden häufig „näherungsweise" konfirmatorische Faktorenanalysen durchgeführt, indem alle Indikatoren einer zu überprüfenden Theorie in eine gemeinsame Faktorenanalyse eingegeben werden.[2] Bei dieser Art der Faktorenanalyse werden dann Korrelationen zwischen den Faktoren zugelassen (d. h. die Achsen des resultierenden Raumes stehen nicht senkrecht aufeinander), man spricht daher von

---

[1] Das früher am weitesten verbreitete Programm hieß „LISREL" (für „Linear Structural Relationships", JÖRESKOG/SÖRBOM 1988), zahlreiche andere Programme (auffindbar über das Schlüsselwort „structural equation models" bzw. „SEM") sind einfacher zu bedienen. Einzelheiten finden sich im Kapitel 9.5.7.

[2] Zur Durchführung vgl. auch BOHRNSTEDT (1983:102–105).

„schiefwinkligen" oder auch „obliquen" Rotationen.[1] Die Resultate solcher Analysen sind den „eigentlichen" konfirmatorischen Faktorenanalysen meist sehr ähnlich: Auch hier werden die höchsten Zusammenhänge zwischen den Indikatoren jeweils eines Konstrukts erwartet, Indikatoren sollten keine hohen „*Fehlladungen*" zu anderen Konstrukten aufweisen, die Zusammenhänge zwischen den Faktoren sollten den theoretischen Erwartungen entsprechen.

Als Beispiel soll die Faktorenanalyse von 12 Indikatoren zum ethnischen Milieu im Elternhaus bei Kindern von Arbeitsmigranten dargestellt werden.[2] Theoretisch wurden drei Faktoren erwartet: Religiöses Milieu (R), Kulturelles Milieu (K), Soziales Milieu (S). Das Resultat der Faktorenanalyse entsprach den theoretischen Erwartungen (vgl. Tab. 4-5).[3] Lediglich der Indikator „Kochgewohnheiten" weist eine relativ kleine Fehlladung von .227 auf dem Faktor R auf. Da aber alle anderen Ladungen den Erwartungen entsprechen und der Indikator „Kochgewohnheiten" seine höchste Ladung (.613) auf dem „richtigen" Faktor K besitzt und die Faktorkorrelationen (vgl. Tab. 4-6) nicht zu hoch liegen, wird trotzdem Konstruktvalidität für die Indikatoren angenommen.

	R	S	K
R	1.00		
S	.25	1.00	
K	.33	.38	1.00

Tabelle 4-6: Faktorenkorrelationen des Modells

Auch die Durchführung einer „echten" konfirmatorischen Faktorenanalyse ist mit modernen Datenanalysesystemen einfach geworden. Ein Beispiel hierfür findet sich im Anhang B.

---

[1] „Rotationen" sind lediglich mathematische Transformationen des resultierenden Raums, die durchgeführt werden, um die Interpretation der Ergebnisse zu erleichtern, vgl. LOEHLIN (2004).

[2] Die Daten stammen aus dem DFG-Projekt „Kulturelle und ethnische Identität von Arbeitsmigranten im interkontextuellen und intergenerationalen Vergleich". Der Datensatz ist über das Datenarchiv für Sozialwissenschaften in Köln unter der Nummer 1580 erhältlich.

[3] Konventionell werden in solchen Tabellen nur Faktorenladungen über 0.2 dargestellt.

4.4 Indexbildung und Skalierungsverfahren

Zur Operationalisierung eines theoretischen Begriffs (also: eines Konstrukts) reicht ein einzelner Indikator dann nicht aus, wenn entweder ein einzelner Indikator die interessierende Dimension nicht mit ausreichender Genauigkeit misst oder die Begriffe einer sozialwissenschaftlichen Theorie mehrere Dimensionen ansprechen. Beide Probleme können zum Teil dadurch gelöst werden, dass mehrere Indikatoren zu einer neuen Variablen zusammengefasst werden. Solche Zusammenfassungen erfolgen entweder durch Indexbildung oder durch Skalierungsverfahren.[1] Sowohl die Indexbildung als auch Skalierungsverfahren sind Auswertungsverfahren, keine Datenerhebungs- oder Messverfahren.

4.4.1 Indizes

Unter einem „*Index*" wird eine Zusammenfassung von mehreren Einzelindikatoren zu einer neuen Variablen verstanden.[2] Indizes werden vor allem dann verwendet, wenn die Begriffe einer sozialwissenschaftlichen Theorie zwar mehrere Dimensionen ansprechen, aber die Theorie eine gemeinsame latente Variable postuliert. Ein Index kann dann aus Indikatoren für jede einzelne Dimension gebildet werden.

Viele theoretische Begriffe in der Soziologie beziehen sich auf mehr als eine Dimension, so z. B. der Begriff der sozialen Schicht. Eine mögliche Explikation des Begriffs könnte die Dimensionen „Bildung", „Einkommen" und „Berufsposition" umfassen. Zur Operationalisierung des Begriffs „Soziale Schicht" können die drei genannten Dimensionen getrennt gemessen und dann zu einer neuen Variablen, einem Schichtindex, zusammengefasst werden.[3]

Allgemein müssen bei einer Indexkonstruktion zwei verschiedene Probleme gelöst werden:

---

[1] Die Begriffe „Skala" und „Index" werden in der Literatur uneinheitlich definiert, vgl. SCHEUCH/ZEHNPFENNIG (1974:104–106, 177, 179). In Anlehnung an HOLM (1970:356) können Skalen als Spezialfälle von Indizes angesehen werden; ein prinzipieller Unterschied besteht nicht. Im Gegensatz zur Indexbildung existieren für Skalierungsverfahren Kriterien zur Beurteilung, ob ein gegebener Indikator zu einer Skala gehört oder nicht (vgl. Kapitel 4.4.2).

[2] Für eine exakte Definition vgl. BESOZZI/ZEHNPFENNIG (1976:12–13).

[3] Anstelle solcher Schichtindizes werden derzeit eher Statusskalen („International Socio-Economic Index of Occupational Status", ISEI) bzw. Prestigeskalen („Standard International Occupational Prestige Scale", SIOPS) basierend auf Kodierungen der Berufsklassifikation ISCO („International Standard Classification of Occupations") verwendet. Eine Diskussion findet sich bei GANZEBOOM/TREIMAN (2003).

1. Welche Dimensionen sollen in den Index eingehen?
2. Wie sollen die Dimensionen kombiniert werden?

4.4.1.1 Indexkonstruktion I: Festlegung der Dimensionen des Index

Man kann sich vorstellen, dass die Dimensionen eines Begriffs die Achsen eines Raums bilden. Dieser Raum wird als *„Merkmalsraum"* bezeichnet. Lässt sich ein theoretischer Begriff z. B. in drei Dimensionen zerlegen, so wird durch diese drei Dimensionen ein dreidimensionaler Merkmalsraum „aufgespannt". Im Beispiel „Soziale Schicht" wird der Merkmalsraum durch die Achsen „Berufsposition", „Einkommen" und „Schulbildung" aufgespannt (vgl. Abb. 4-6).

Abbildung 4-6: *Merkmalsraum des Schichtindex*

Jedes Objekt, auf das ein bestimmter theoretischer Begriff anwendbar ist, lässt sich in dem zugehörigen Merkmalsraum lokalisieren. Im Beispiel des Schichtungsindex (für den theoretischen Begriff „Schicht") lässt sich jede Person durch die Kombination der drei Variablen Einkommen, Bildung und Berufsposition einem Punkt im Merkmalsraum zuordnen.[1]

Können die Variablen, die den Merkmalsraum aufspannen, nur wenige verschiedene Werte annehmen, so kann man die Kombinationen der Variablen auch in einer Tabelle darstellen. Eine solche mehrdimensionale Tabelle, die durch die Kombination aller Kategorien zweier oder mehrerer Variablen entsteht, bezeichnet man als *„Typologie".*[2]

---

[1] Zumindest sollte jedes Objekt zugeordnet werden können, auf das der theoretische Begriff anwendbar ist.

[2] Diese Definition stammt von BAILEY (1982:382), vgl. dagegen ZIEGLER (1973:13). Einzelheiten verschiedener Formen von Typologien finden sich bei BAILEY (1973).

		Dimension 1	
		Ausprägung 1	Ausprägung 2
Dimension 2	Ausprägung 1	Typ$_{11}$	Typ$_{12}$
	Ausprägung 2	Typ$_{21}$	Typ$_{22}$

Abbildung 4-7: *Allgemeiner Aufbau einer Typologie mit zwei Dimensionen mit je zwei Ausprägungen*

Eine Typologie besteht aus der Gesamtheit aller verschiedenen Kombinationen (Typen) der zugrundeliegenden Variablen (vgl. Abb. 4-7).

Abbildung 4-8 zeigt ein Beispiel für eine Typologie politischen Engagements. „Funktionär", „Apathischer" usw. werden hier als Namen für bestimmte Typen, also bestimmte Kombinationen der zugrundeliegenden Variablen aufgefasst. Ähnliche Typenbegriffe wie „totale Institutionen", „Feudalismus" usw. werden in der soziologischen Theoriebildung sehr häufig verwendet. Solche Begriffe lassen sich als Elemente nicht explizierter Typologien auffassen, da die Dimensionen, die der Typologie zugrundeliegen, meist nicht eindeutig angegeben werden. Um solche Begriffe für die empirische Forschung nutzbar zu machen, müssen die zugrundeliegenden Dimensionen erst theoretisch hergeleitet werden.

		politisch aktiv	
		ja	nein
Parteimitglied	ja	„Funktionär"	„Karteileiche"
	nein	„Aktivist"	„Apathischer"

Abbildung 4-8: *Beispiel für eine Typologie*

Diese theoretische Herleitung der einer Typologie zugrundeliegenden Dimensionen wird als *„Rekonstruktion des Merkmalsraumes"* (vgl. ZIEGLER 1973:15) oder *„Substruktion"* (LAZARSFELD 1937:132) bezeichnet.[1]

Die Bestimmung der Dimensionen, die in den Index eingehen sollen, ist eine rein theoretische Arbeit. Es gibt keine objektiven Gütekriterien, die eine Beurteilung erlauben würden, ob alle relevanten Dimensionen eines Begriffs berücksichtigt wurden

---

[1] Ein Beispiel findet sich bei BARTON (1955:51–52), vgl. auch ZIEGLER (1973:15). Für ein aktuelleres Beispiel einer Substruktion sei auf ESSER (1980:251) verwiesen, der eine Rekonstruktion des Merkmalsraums einiger Typenbegriffe gesellschaftlicher Differenzierung vornimmt.

bzw. ob die berücksichtigten Dimensionen tatsächlich relevant sind. Lediglich die theoretische Fruchtbarkeit einer solchen Analyse lässt sich manchmal beurteilen.

4.4.1.2 Indexkonstruktion II: Kombination der Dimensionen

Wenn durch die theoretischen Analysen festgelegt wurde, welche Dimensionen in den Index eingehen sollen und Indikatoren für alle diese Dimensionen bestimmt wurden, stellt sich die Frage, wie die Werte der verschiedenen Indikatoren zu einem Index zusammengefasst werden können. Die Notwendigkeit, bestimmte Kombinationen der Indikatorvariablen zusammenzufassen, zeigt sich bei dem Beispiel des Schichtungsindex deutlich.

SCHEUCH/DAHEIM (1970:102–103) verwendeten für ihren 1961 zuerst eingesetzten Schichtungsindex die genannten drei Dimensionen Bildung, Einkommen und Berufsposition. SCHEUCH/ DAHEIM unterschieden bei der Berufsposition 17 verschiedene Ausprägungen, 12 Nettoeinkommensgruppen und 11 verschiedene Ausprägungen der Schulbildung. Damit sind $17 * 12 * 11 = 2244$ verschiedene Kombinationen möglich. Diese 2244 Kombinationen sollen durch den Index so zusammengefasst werden, dass erstens nur wenige verschiedene Indexwerte entstehen und zweitens die Abfolge der Indexwerte der theoretischen Variablen „Sozialprestige" entspricht.

Allgemein fasst ein Index einige Kombinationen des Merkmalsraumes (Typen) zu neuen Kombinationen zusammen.[1] Eine Indexkonstruktion kann daher als *„Reduktion des Merkmalsraumes"* aufgefasst werden. Für die Zusammenfassung verschiedener Typen zu einem Indexwert unterscheidet LAZARSFELD (1937:127–128) drei Gründe:

- Bestimmte Typen kommen gar nicht oder so selten vor, dass eine getrennte Behandlung nicht gerechtfertigt werden kann („functional reduction").
- Durch unterschiedliche Gewichtung der Indexvariablen werden verschiedene Kombinationen zusammengefasst („arbitrary numerical reduction").
- Die Zusammenfassung erscheint theoretisch sinnvoll („pragmatic reduction").

Als SCHEUCH/DAHEIM ihren Index konstruierten, gab es noch kaum Akademikerarbeitslosigkeit. Die Kombination „Abgeschlossenes Hochschulstudium, angelernter Arbeiter, Nettoeinkommen 700–799 DM" dürfte kaum aufgetreten sein und liefert damit ein Beispiel für „functional reduction".

Auch ein Beispiel für „arbitrary numerical reduction" lässt sich bei der Konstruktion des Schichtindex finden. Die drei Variablen des Index wurden klassifiziert und je

---

[1] Ein Index kann daher auch als Abbildung eines n-dimensionalen Merkmalsraumes auf eine Variable definiert werden (vgl. GALTUNG 1969:240).

nach Ausprägung mit verschiedenen Punktwerten[1] versehen. Da Scheuch/Daheim (1970:70) die Variable „Berufsprestige" für die Bestimmung des Sozialprestige für wichtiger als die beiden anderen Variablen hielten, konnten durch Berufsprestige maximal 30 Punkte und durch die beiden anderen Variablen jeweils maximal 20 Punkte erreicht werden. Sie unterschieden 17 Berufspositionen von „ungelernte Arbeiter" (=1 Punkt) bis „führende Selbständige" (=30 Punkte), 12 Nettoeinkommensgruppen[2] von „unter 149 DM" (=1 Punkt) bis „2000 DM und mehr" (=20 Punkte) sowie 11 Schulbildungsniveaus von „Volksschule, unvollständig" (=0 Punkte) bis „Hochschule mit Abschluss" (=20 Punkte). [3] Die Punkte auf diesen drei Dimensionen wurden zum Schichtindex addiert. Der Index wurde in 6 Gruppen von „untere Unterschicht" (=0–14 Punkte) bis „Oberschicht" (=50 und mehr Punkte) eingeteilt.

Durch die Konstruktion eines Index werden allgemein verschiedene Kombinationen der Indikatorvariablen gleichgesetzt. Bei dem Schichtungsindex kann z. B. der Wert „38" (= mittlere Mittelschicht) sowohl durch einen höchstqualifizierten Facharbeiter (=13 Punkte) mit einem Nettoeinkommen zwischen 1000 und 1499 DM (=16 Punkte) und mittlerer Reife (=9 Punkte) als auch durch einen kleinen Selbständigen (=15 Punkte) mit einem Einkommen zwischen 1500 und 1999 DM (=19 Punkte) und Volksschule mit Lehre (=4 Punkte) erreicht werden. Durch die unterschiedliche Gewichtung der Variablen erreichen also verschiedene Kombinationen der Indikatorvariablen dieselben Punktwerte: Ebendies ist „arbitrary numerical reduction".

Als Beispiel für eine Zusammenfassung aus theoretischen Gründen könnte ein Index der „Zufriedenheit mit der Lebenssituation" aus einem Indikator zur „Zufriedenheit im Beruf" und einem Indikator zur „Zufriedenheit mit privaten Lebensverhältnissen" gebildet werden. Die beiden Kombinationen „beruflich zufrieden, privat unzufrieden" und „beruflich unzufrieden, privat zufrieden" könnten zu „teilweise unzufrieden" zusammengefasst werden. Der „theoretische" Grund für die Zusammenfassung besteht hier lediglich aus der Unfähigkeit, ohne weitere Informationen (z. B. ob subjektiv eher Zufriedenheit im Beruf oder privat wichtig ist), eine Unterscheidung zwischen den beiden Typen in Hinsicht auf „allgemeine Zufriedenheit" vornehmen zu können.

---

[1] Scheuch/Daheim ermittelten die Punktwerte durch den Vergleich des Index mit „typischen Fällen". Die Details der Zuordnung bleiben allerdings schon im Original unklar, vgl. Hartmann (1985:74–75).

[2] Bei den DM-Beträgen sollte beachtet werden, dass sich von 1960 bis 1984 der Reallohn der Industriearbeiter verdoppelte und der Preisindex für die Lebenshaltung von Vierpersonen-Arbeitnehmerhaushalten etwas mehr als verdoppelte; vgl. Statistisches Bundesamt (1985:299, 308).

[3] Einkommen und Berufsposition beziehen sich bei Familienmitgliedern auf den Beruf des Haupternährers.

Die Beispiele sollten verdeutlicht haben, dass für ein gegebenes Indexproblem in der Regel mehr als eine Lösung existiert. Die Festlegung der Abfolge der Merkmalskombinationen erfolgt willkürlich und kann nur durch Außenkriterien legitimiert werden (Messungen mit Indizes werden auch als „willkürliche Messung" bezeichnet). Am Beispiel des Schicht-Index kann das Außenkriterium z. B. in einem Vergleich zwischen dem Index und einer Einschätzung durch „Experten" bestehen. In der Regel kann ein Index allerdings selten formal „validiert", sondern nur mit seiner theoretischen oder empirischen Nützlichkeit legitimiert werden.

Die Zusammenfassung verschiedener Typen zu einem Indexwert ist also überwiegend ebenfalls eine rein theoretische Arbeit. Bisher ist nur ansatzweise erwähnt worden, wie eine Zuordnung von Zahlenwerten zu Objekten technisch erfolgt.

Man kann Indizes dadurch bilden, dass man tatsächlich für jede mögliche Kombination der Werte der Indexvariablen explizit einen Indexwert durch eine Tabelle festlegt („Einem XYZ-Typ entspricht ein Indexwert von 23"). Einfacher ist es, wenn eine einfache Zuordnungsregel angegeben werden kann, mit der den Elementen des Merkmalsraumes Zahlen zugeordnet werden können. Nach der Form der Zuordnungsregel werden u.a. additive, multiplikative und gewichtete Indizes unterschieden.

4.4.1.2.1 Additive Indizes

Die meisten Indizes werden einfach durch Addition der Indikatorenwerte berechnet. Bei einem additiven Index müssen die Indikatoren alle denselben Wertebereich besitzen (z. B. 0–1 oder 1–3), andernfalls gehen die Indikatoren ungleichgewichtig in den Index ein.

Ein Beispiel für einen additiven Index stellt ein „Wohnungsausstattungs-Index" dar, bei dem für eine Reihe von Einrichtungen (Bad, Zentralheizung, etc.) oder auch eine Reihe von Geräten (Telefon, TV, PC etc.), deren Vorhandensein erhoben und für jedes Vorhandensein ein Punkt vergeben wird. Ein additiver Index besteht dann lediglich aus der Summe der vergebenen Punkte.

Additive Indizes basieren auf der (meist nicht geprüften) Annahme, dass die Einzelindikatoren weitgehend unabhängig voneinander auf die Zieldimension wirken. Bei einem additiven Index kann ein niedriger Punktwert auf einem Indikator durch einen hohen Punktwert auf einem anderen Indikator ausgeglichen werden.

4.4.1.2.2 Multiplikative Indizes

Gelegentlich ist die gerade erwähnte Eigenschaft additiver Indizes unerwünscht, z. B. wenn die Abwesenheit eines einzigen Merkmals den niedrigsten Wert auf dem

Index bedingen soll. In solchen Fällen können multiplikative Indizes verwendet werden: Sobald einer der Indikatoren den Wert Null annimmt, wird das Produkt gleich Null und damit auf dem Index das Minimum erreicht.

Ein lediglich zur Veranschaulichung gedachter einfacher multiplikativer Index zur Vorhersage des Studienerfolges könnte Indikatoren für die beiden Variablen „Begabung" und „Fleiß" miteinander multiplizieren: Sowohl völlig ohne „Begabung" als auch ohne jeden „Fleiß" erscheint ein Studienerfolg fraglich.

Ein etwas realistischerer Index für die Bereitschaft zur Teilnahme an einer Demonstration oder Blockade könnte auf der Überlegung basieren, dass eine bestimmte Handlung nur dann auftritt, wenn der Handelnde das Ziel, das durch die Handlung erreicht werden soll, für subjektiv wichtig hält und glaubt, dass die Handlung zum gewünschten Ziel führt. Wenn das Ziel z. B. in der Verhinderung des Baus einer Wiederaufbereitungsanlage besteht, könnte man Personen danach befragen, wie wichtig ihnen die Verhinderung des Baus der Anlage ist. Fragt man dann noch nach der subjektiven Einschätzung der Personen, inwieweit durch ihre eigene Teilnahme an einer Demonstration oder Blockade der Bau verhindert werden kann, so verfügt man über zwei Indikatoren, die miteinander multipliziert werden können. Dieser Multiplikation der beiden Indikatoren entspricht die Hypothese, dass ein bestimmtes Verhalten nur dann auftritt, wenn das Ziel der Handlung wichtig erscheint und die Handlung als geeignet angesehen wird, um dieses Ziel zu erreichen: Das Verhalten tritt dann nicht auf, wenn eine der beiden Variablen den Wert Null annimmt.[1]

4.4.1.2.3 Gewichtete additive Indizes

Manchmal ist es möglich, den „Beitrag" eines Indikators zu einem Index sinnvoll zu gewichten. Die Ausprägung eines bestimmten Indikators geht durch die Gewichtung dann stärker in den Index ein als die Ausprägungen der anderen Indikatoren.

Gewichtete additive Indizes besitzen die Form

$$\text{Index} = a * \text{Indikator}_1 + b * \text{Indikator}_2 + c * \text{Indikator}_3 \ldots$$

Die Konstanten a, b und c sind hierbei die Gewichte. Die Gewichte können in seltenen Fällen „empirisch" gewonnen werden, nämlich dann, wenn ein Außenkriterium, z. B. Expertenschätzungen, zur Verfügung steht. So könnte man die Gewichte der Indikatoren eines Schicht-Index so bestimmen, dass die Werte des gewichteten Index

---

[1] OPP u.a. (1984) haben ein ähnliches Problem mit ähnlichen, aber weit differenzierteren Hypothesen und Messtechniken untersucht.

den Schätzungen der Schichtzugehörigkeit durch Experten entsprechen.[1] Wenn die Erhebung des Außenkriteriums aufwändig ist, bietet sich ein solcher gewichteter Index an. Die Gewichte werden in einer Untersuchung berechnet und stehen für andere Untersuchungen zur Verfügung. Allerdings ist es fraglich, ob empirisch ermittelte Gewichte bei anderen Erhebungen als unverändert angesehen werden können. Ebenso können Faktorenanalysen zur Gewichtung verwendet werden. Indizes werden hierbei als sogenannte „*Faktorenwerte*" bzw. „*Factor Scores*" berechnet (zur Berechnung vgl. z. B. ÜBERLA 1971:235–253). Faktorenwerte sind nichts anderes als Werte gewichteter additiver Indizes, wobei die Gewichte durch die Faktorenanalyse geschätzt wurden. Die Gewichte geben dabei die Stärke der Beziehung zwischen dem jeweiligen Item und der zugehörigen latenten Variablen wieder. Damit werden diejenigen Indikatoren stärker gewichtet, die am stärksten mit dem Gesamtindex zusammenhängen. Bei dieser Art der Indexkonstruktion muss beachtet werden, dass das Resultat einer Faktorenanalyse (und damit auch die Faktorenwerte) in besonderem Maße von vielen, zum Teil willkürlichen Entscheidungen bei der Durchführung der Analyse beeinflusst werden.

In seltenen Fällen können die Gewichte für die Indikatoren aus theoretischen Überlegungen hergeleitet werden. So könnte z. B. ein Index zur Messung von Protestpotential Angaben über gerichtliche Verurteilungen wegen Landfriedensbruch stärker gewichten als verbale Bekundungen größeren Unmutes.

Auf Grund der erwähnten Probleme sollten daher die Indikatoren in der Regel gleich gewichtet werden. Nur bei starken theoretischen Gegenargumenten sollte von der Möglichkeit unterschiedlicher Gewichtung Gebrauch gemacht werden.

4.4.1.2.4 Indizes aus kontinuierlichen Variablen

Bisher wurden nur Indizes besprochen, bei denen die Indikatorvariablen meist nur sehr wenige verschiedene Werte (z. B. 0–1, 1–5 usw.) annehmen. Ein Merkmalsraum kann aber auch durch Variablen gebildet werden, die jeden beliebigen Wert annehmen können (kontinuierliche Variablen). Indizes können auch aus solchen Variablen gebildet werden. Die Regel, nach der die verschiedenen Kombinationen zu einem Index zusammengefasst werden, ist bei solchen Variablen meist als einfache Formel angebbar.

Eine einfache Formel ist z. B. der Mittelwert als die Summe einer Reihe von Beobachtungen, dividiert durch die Anzahl der Beobachtungen. Ein Mittelwert als Index

---

[1] Dies lässt sich z. B. mit dem statistischen Verfahren der multiplen Regression (vgl. 9.5.2) durchführen.

findet sich z. B. in einer Untersuchung des Zusammenhangs zwischen sozialer Integration und Protestverhalten durch OPP und seine Mitarbeiter (1984:222). Für die Konstruktion eines Index der durchschnittlichen Aktivität in Organisationen wurde jeder Befragte nach der Anzahl seiner Mitgliedschaften in Organisationen befragt. Dann wurde für jede vom Befragten angegebene Organisation durch eine Frage mit fünf Antwortkategorien (sehr aktiv, ziemlich aktiv, teils aktiv/teils inaktiv, ziemlich inaktiv, sehr inaktiv) das Ausmaß seiner Aktivität erhoben. Der Index der durchschnittlichen Aktivität in Organisationen wurde als die Summe aller Aktivitätsangaben, dividiert durch die Anzahl der Organisationsmitgliedschaften, berechnet.

Häufig besteht eine Indexkonstruktion lediglich darin, dass eine Reihe von Zahlen durch den Bezug auf eine gemeinsame Basis vergleichbar gemacht wird.[1] Ein Beispiel stellt die sogenannte Fruchtbarkeitsziffer (Anzahl der Lebendgeborenen bezogen auf 1000 Frauen im Alter zwischen 15 und 45 Jahren) dar. Dieser Index ist weitgehend unempfindlich gegenüber Veränderungen der Bevölkerungszahl und des Altersaufbaus der Bevölkerung. Der Index erlaubt unter anderem den Vergleich des generativen Verhaltens über sehr lange Zeiträume. So sank die Fruchtbarkeitsziffer von 167 im Jahre 1880 bis auf 44 im Jahr 1983.[2]

Neben solchen einfachen Indizes werden auch etwas kompliziertere Konstruktionen (z. B. Quotienten zweier Variablen) als Indizes verwendet (sogenannte „Ratiovariablen"). Allerdings ergeben sich mit zunehmender Komplexität sehr rasch Interpretationsprobleme (vgl. FIREBAUGH/GIBBS 1985).

Das allgemeine Prinzip der Indexkonstruktion findet sich auch bei zwei speziellen Techniken der empirischen Sozialforschung: beim semantischen Differential (das lediglich eine spezielle Form der Indexkonstruktion darstellt) und bei der sogenannten „Soziometrie" (deren Auswertungstechniken auf einfachen Indizes basieren).

4.4.1.2.5 Semantisches Differential

OSGOOD/SUCI/TANNENBAUM (1957) schlugen zur Erfassung der Konnotation von Begriffen eine Methode vor, die als „*semantisches Differential*" oder „Eindrucksdifferential" bezeichnet wird. Bei dieser Technik werden die Befragten darum gebeten, ein Einstellungsobjekt mit einer Reihe von Adjektiven zu beschreiben. Hierfür wird eine Liste von Adjektiven verwendet, die jeweils Gegensatzpaare bilden, z. B. sicher–unsicher, gut–schlecht, schön–hässlich. Jeweils ein solches Gegensatzpaar kann als

---

[1] Weitere Einzelheiten zu solchen „Standardisierungen" finden sich bei MUELLER/SCHUESSLER/COSTNER (1977:124–149).

[2] Vgl. Statistisches Bundesamt (1985:43).

eine einfache „Skala" aufgefasst werden, wobei die Adjektive die Endpunkte markieren. Sowohl die Endpunkte als auch die Zwischenstufen sind nummeriert, verwendet werden meistens die Zahlen 1 bis 7.

	1	2	3	4	5	6	7	
weich								hart
heiter								traurig
verschwommen								klar
stark								schwach
großzügig								sparsam
passiv								aktiv
verspielt								ernst
zurückhaltend								offen
hilfsbereit								egoistisch
triebhaft								gehemmt
kühl								gefühlvoll
redselig								verschwiegen
friedlich								aggressiv
zerfahren								geordnet
nüchtern								verträumt
streng								nachgiebig
zurückgezogen								gesellig
robust								zart
vergnügt								missmutig
wild								sanft
starr								beweglich
leise								laut
frisch								müde
unterwürfig								herrisch
gesund								krank

Abbildung 4-9: *Semantisches Differential*

Jedem Befragten wird für jedes zu bewertende Objekt oder Konzept eine solche Liste bi-polarer Adjektive (vgl. Abb. 4-9) vorgelegt. Auf jeder Skala sollen diejenigen Punkte angekreuzt werden, die am besten die Reaktion des Befragten auf das zu bewertende Objekt wiedergeben.

Die Auswertung des semantischen Differentials kann auf mehrfache Weise erfolgen. Im einfachsten Fall liegen für mehrere Objekte, die mit je einem semantischen Differential bewertet wurden, Ergebnisse vor. Wird für jedes Gegensatzpaar der Mittelwert über alle Befragte berechnet, so ergibt sich für jedes Objekt ein „*Profil*" auf dem Differential (in die Abbildung 4-9 wurde ein solches Profil eingezeichnet). Um mehrere Objekte zu vergleichen, können Ähnlichkeitsmaße solcher Profile berechnet werden.

Andere Auswertungstechniken[1] verwenden Faktorenanalysen, die in der Regel zeigen, dass den Bewertungen drei Dimensionen zugrunde liegen. Diese Dimensionen wurden mehr oder weniger willkürlich als „evaluation" (z. B. „gut–schlecht"), „potency" (z. B. „stark–schwach") und „activity" (z. B. „aktiv–passiv") bezeichnet. Diese häufig gefundene Struktur wird die „*EPA-Struktur*" des semantischen Differentials genannt. Ob den Reaktionen auf ein semantisches Differential tatsächlich eine EPA-Struktur zugrunde liegt, ist eine Frage, die bei jeder Erhebung neu geklärt werden muss. Bei Einstellungsmessungen werden häufig nur die Skalen des als „evaluation" bezeichneten Faktors zur Auswertung verwendet.

Als Vorzug des semantischen Differentials wird häufig vor allem die stark vereinfachte Instrumentenentwicklung erwähnt. Das semantische Differential wird als fertiges Instrument angesehen, das ohne Probleme auf jedes denkbare Einstellungsobjekt angewendet werden kann. Dieser populären Auffassung stehen zumindest zwei methodische Probleme gegenüber.

Wird ein allgemeiner Skalensatz, wie z. B. der in Abbildung 4-9 wiedergegebene von HOFSTÄTTER (1966:259) verwendet, so sind insbesondere in Hinsicht auf abstrakte Konzepte vermutlich einige Skalen für eine Beurteilung irrelevant. Was mögen z. B. die Adjektive „wild–sanft" oder „triebhaft–gehemmt" für das Einstellungsobjekt „Volkszählung" bedeuten? Bestenfalls erhält man als Reaktion auf solche Skalen Antworten, die nichts mit den Antworten auf andere Skalen gemein haben. Solche Skalen fallen aus der EPA-Struktur heraus, „gemessen" wird überhaupt nichts. Daraus lässt sich die Forderung nach „*Relevanz der Skalen*" ableiten: Die Skalen müssen für die Befragten in Bezug auf die Einstellungsobjekte eine klare Bedeutung besitzen.[2]

Weiterhin besteht die Möglichkeit, dass die Befragten die verwendeten Adjektive je nach Einstellungsobjekt unterschiedlich interpretieren. Als (extremes) Beispiel

---

[1]   Zu den Auswertungstechniken des semantischen Differentials vgl. DIEHL/SCHÄFER (1975).

[2]   HEISE (1969:418) definiert irrelevante Skalen als Skalen mit niedriger Kommunalität in der Faktorenanalyse. Die Kommunalität einer Variablen ist gleich der Summe der quadrierten Faktorladungen dieser Variablen über alle Faktoren. Details zur Kommunalität finden sich in jedem Lehrbuch zur Faktorenanalyse, z. B. bei TABACHNICK/FIDELL (2006).

für eine solche Interaktion zwischen den Einstellungsobjekten und den Adjektiven erwähnen DIEHL/SCHÄFER (1975:206) die wechselnde Interpretation der Adjektive „süß-sauer" hinsichtlich der Einstellungsobjekte „Liebe", „Mitmensch" und „Hering". Diese sogenannten „*Skalen-Konzept-Interaktionseffekte*" sind zwar mit statistischen Mitteln entdeckbar und auch korrigierbar, aber der entsprechende Aufwand macht den Vorzug des semantischen Differentials, die vereinfachte Instrumentenentwicklung, zunichte.

Insgesamt stellt das semantische Differential zwar eine sehr flexible, aber keineswegs problemlose Methode dar.[1] Sollen präzise Messungen erfolgen, so bedarf das semantische Differential ebenso einer sorgfältigen Instrumentenentwicklung wie alle anderen Messtechniken.

4.4.1.2.6 Soziometrie

Während das Suffix „-metrie" zumeist überaus anspruchsvolle exakte mathematische Subdisziplinen von Fachwissenschaften wie der Ökonomie oder Biologie bezeichnet, wird das entsprechende Wort „*Soziometrie*" in den Sozialwissenschaften meist als Benennung für eine weitgehend anspruchslose Sammlung einfacher Erhebungstechniken und Indexbildungen verwendet. Diese mehr als unglückliche Bezeichnung geht zurück auf Jacob MORENO (1967, zuerst 1934). Das Vorgehen bei den sogenannten „soziometrischen Techniken" besteht im Wesentlichen darin, dass alle Personen einer Gruppe nach ihrer gegenseitigen Bevorzugung, Gleichgültigkeit und Ablehnung in Bezug auf bestimmte Wahlsituationen gefragt werden.

Als Beispiele für solche Fragen nennt FRIEDRICHS (1973:257):

- „Mit wem möchten Sie am liebsten zusammenarbeiten?
- Neben wem möchten Sie sitzen?
- Mit welchen Nachbarn unterhalten Sie sich am meisten?
- Welchen Kollegen aus Ihrer Arbeitsgruppe würden Sie gern einmal nach Hause einladen?"

Die Antworten (die soziometrischen „Wahlen") auf diese Fragen werden in eine Tabelle eingetragen, die sogenannte „*Soziomatrix*".

---

[1] Für eine ausführliche Behandlung sei auf die Arbeiten in dem von BERGLER (1975) herausgegebenen Sammelband verwiesen. Nahezu alle methodischen Probleme des semantischen Differentials werden in den beiden kurzen Aufsätzen von HEISE (1969; 1970) erwähnt; vgl. auch SCHÄFER (1983).

| | | \multicolumn{4}{c}{Gewählter} | | | |
		A	B	C	D	$\sum+$	$\sum-$
	A		+	-	-	1	2
Wähler	B	+		-	-	1	2
	C	-	-		+	1	2
	D	+	-	+		2	1
	$\sum+$	2	1	1	1		
	$\sum-$	1	2	2	2		

Abbildung 4-10: *Soziomatrix*

Die Soziomatrix der Abbildung 4-10 gibt die Antworten der vier Personen A-D wieder. A „wählt" B, aber nicht D. A wird aber von D „gewählt". Die Spalten- und Zeilensummen ($\sum+$, $\sum-$) geben die Gesamtzahl der positiven und negativen „Wahlen", die eine Person selbst vornimmt (zeilenweise) bzw. die eine Person erhält (spaltenweise), wieder. Die Angaben in dieser Tabelle können zu „*soziometrischen Indizes*"[1] verrechnet werden, die z. B. Eigenschaften der untersuchten Gruppierung quantifizieren sollen. Der einfachste dieser prinzipiell willkürlichen Indizes ist der sogenannte „positive soziometrische Status" einer Person. Dieser ist definiert als die Anzahl der erhaltenen positiven Wahlen, dividiert durch die um eins verringerte Anzahl der Personen. Beispielsweise erhält A den Wert $2/(4-1) = 0.67$.

Die Soziometrie wird in der empirischen Sozialforschung kaum, in der erziehungswissenschaftlichen Forschung hingegen häufig angewendet. In den letzten Jahren hat sich der Schwerpunkt der Anwendung, die Erhebungstechnik und vor allem die Analyse der erhobenen Daten stark verändert. Diese anspruchsvolleren neueren Anwendungen, als deren Vorläufer (und Spezialfall) die Soziometrie angesehen werden kann, werden zumeist als „*Netzwerkanalyse*" bezeichnet (vgl. Kapitel 5.5.3.). Netzwerkanalysen wurden beispielsweise bei der Erforschung politischer Eliten (LAUMANN/PAPPI 1976) und Bürgerinitiativen (SCHENK 1982, 1984) eingesetzt.

---

[1] Einen Überblick über diese Indizes und sonstige Einzelheiten der Soziometrie gibt DOLLASE (1973:151-176).

4.4.2 Skalierungsverfahren

„Skalierungsverfahren" sind Methoden zur Konstruktion von Messinstrumenten.[1]
Das Resultat der Durchführung eines Skalierungsverfahrens ist eine *„Skala".* Unter
einer Skala wird in der Praxis empirischer Sozialforschung eine Reihe von „Items"
verstanden, die entlang einer Dimension misst (HOLM 1970:356). Items sind in der
Regel Fragen bzw. Aussagen (*„Statements"*), denen die Befragten zustimmen oder die
die Befragten ablehnen sollen.

Leider gibt es keine formalen Regeln, wie man Items für eine Skala entdeckt oder auch
nur formuliert.[2] In der Regel werden Items bereits verwendeten Skalen entnommen,
gelegentlich werden Aussagen von Befragten in Vorstudien oder schriftliche Äußerungen zu Items umformuliert. Meist entspringen die Items allerdings der ungebremsten
Phantasie der Skalenkonstrukteure.

Im Laufe der Jahre haben sich einige Faustregeln für die Formulierung von Statements
einer Einstellungsskala bewährt. EDWARDS (1957a:14ff) stellt einige dieser Regeln
zusammen.[3]

Vermieden werden sollen danach Statements,

1. die sich auf die Vergangenheit statt auf die Gegenwart beziehen;
2. die Tatsachen beschreiben oder als Tatsachenbeschreibung aufgefasst werden
   können;
3. die vom Befragten nicht eindeutig interpretiert werden können;
4. die sich nicht auf die Einstellung beziehen, um die es geht;
5. denen alle oder keine Befragten zustimmen.

---

[1]   Die Definitionen von „Skalierungsverfahren" in der Literatur sind uneinheitlich, vgl. z. B. SCHEUCH/
   ZEHNPFENNIG (1974:104-106); HEIDENREICH (1987:417). „Skalieren" wird gelegentlich mit „messen" gleichgesetzt (z. B. VEN 1980:306); vgl. dazu aber COOMBS/DAWES/TVERSKY 1975:45).
   Skalierung kann auch als Modellbildung aufgefasst werden (vgl. hierzu vor allem HENNING 1987).
   Explizite Skalierungsmodelle enthalten eine Reihe von theoretischen Annahmen über die Entstehung von Messwerten. Solche Skalierungsmodelle können mit statistischen Verfahren an Hand von
   erhobenen Daten überprüft werden. Skalierungsmodelle werden auf diese Weise ein Bestandteil
   der Theoriebildung. Ein Beispiel für ein solches Skalierungsmodell ist das weiter unten dargestellte
   Rasch-Modell.
[2]   SARIS/GALLHOFER (2007) formulieren einige Produktionsregeln einer formalen Grammatik, mit
   denen solche Statements generiert werden könnten.
[3]   Diese Zusammenstellung beruht auf Regeln, die von verschiedenen Skalenkonstrukteuren zwischen
   1929 und 1948 vorgeschlagen wurden (EDWARDS 1957a:13).

Statements sollten

6. den gesamten affektiven Bereich der interessierenden Einstellung abdecken;

7. einfach, klar und direkt formuliert sein;

8. kurz sein und nur selten mehr als 20 Worte umfassen;

9. immer nur einen vollständigen Gedanken enthalten;

10. keine Worte wie „alle", „immer", „niemand" und „niemals" enthalten;

11. Worte wie „nur", „gerade" und „kaum" nur in Ausnahmefällen enthalten;

12. aus einfachen Sätzen und nicht aus Satzgefügen oder Satzverbindungen beste-hen;

13. keine Worte enthalten, die den Befragten unverständlich sein könnten;

14. keine doppelten Verneinungen enthalten.

Alle Items einer Skala sollten nur eine Dimension (z. B. eine zu messende Einstellung) erfassen, die resultierende Skala sollte also „*eindimensional*" sein.

Ob eine Skala eindimensional ist oder nicht, ist eine empirische Frage. Zum Beispiel: In einer Untersuchung[1] türkischer und jugoslawischer Arbeitsmigranten in der BRD war das Item „Eine Frau sollte verheiratet sein, wenn sie ein Kind bekommt" Bestand-teil einer Skala zur Messung von Geschlechtsrollenorientierungen. Es ließ sich durch eine Faktorenanalyse zeigen, dass dieses Item zwei verschiedene Dimensionen erfasst: Dem Item wurde sowohl von traditional orientierten Personen als auch von Personen mit einer kritischen Einschätzung der materiellen Sicherung alleinerziehender Mütter zugestimmt. Das Item war damit für die Messung der Geschlechtsrollenorientierung unbrauchbar.

Dass eine Skala eindimensional sein muss, wenn sie brauchbar sein soll[2], lässt sich an einem Beispiel von HOLM (1976) verdeutlichen. Würde eine Skala zwei verschiedene Dimensionen A und B messen, so ergäbe ein Skalenwert von „100" weder eine Information über die Dimension A noch über die Dimension B. HOLM (1976:125) schreibt dazu:

> „Es ist, wie wenn man die Frage stellt: Auf einem Schiff stellt der Kapitän insgesamt 100 Grad fest. Auf dem wievielten Längengrad befindet sich das Schiff und wieviel Grad Celsius herrschen an Bord (wenn beide zusammen 100 ergeben)?".

---

[1] DFG-Projekt „Kulturelle und ethnische Identität bei Arbeitsmigranten im interkontextuellen und intergenerationalen Vergleich", Essen/Hamburg 1986.

[2] Die formale Definition von „Eindimensionalität" und eine Diskussion verschiedener Verfahren zur Beurteilung der Eindimensionalität von Skalen findet sich bei HATTIE (1985).

Die verschiedenen Skalierungsverfahren können als unterschiedliche Methoden aufgefasst werden, um aus mehreren vorliegenden Messwerten, z. B. den Antworten auf einzelne Fragen, einen Skalenwert zu gewinnen. Skalierungsverfahren können auch als Technik bei der Datenauswertung angesehen werden, da nicht mehr viele einzelne Variablen, sondern nur noch eine Variable ausgewertet werden muss. Damit stellt sich die Frage nach dem Unterschied zwischen „Skala" und „Index". In Anlehnung an HOLM (1970:356) können Skalen als Spezialfälle von Indizes angesehen werden; ein prinzipieller Unterschied besteht nicht.[1] Jedes Skalierungsverfahren stellt spezifische Anforderungen an ein Item, die erfüllt sein müssen, damit das Item Bestandteil einer Skala werden kann. Gegenüber der Indexkonstruktion erlauben Skalierungsverfahren Überprüfungen, ob ein bestimmtes Item Bestandteil der Skala ist oder nicht. Die Konstruktion eines Index erfolgt weitgehend unabhängig von erhobenen Daten, somit kann immer ein Index konstruiert werden. Bei einem Skalierungsverfahren kann es sich anhand der erhobenen Daten herausstellen, dass keine Messung (im Sinne des Skalierungsverfahrens) erfolgte (vgl. z. B. Kapitel 4.4.2.3).

Skalierungsverfahren werden in der empirischen Sozialforschung überwiegend zur Messung von Einstellungen verwendet.[2] Einstellungen werden dabei als latente Variablen aufgefasst. Ziel der Einstellungsmessung ist die Feststellung der Ausprägung der latenten Variablen bei den Befragten. Zur Messung werden den Befragten Aussagen (Statements, Items) vorgelegt, auf die die Befragten mit Zustimmung oder Ablehnung reagieren sollen. Die Items geben in der Regel bestimmten Auffassungen zum Einstellungsgegenstand Ausdruck. Angenommen wird hierbei, dass die Reaktionen auf die Items nur mit der zu messenden Einstellung systematisch zusammenhängen und nicht z. B. mit der Art der Frageformulierung oder anderen Spezifika der Erhebungssituation.

Einstellungen gegenüber einem Objekt lassen sich genauso wie Fähigkeiten, z. B. Rechenfertigkeiten, als latente Variablen interpretieren. Um messbar zu sein, müssen latente Variablen sich auf irgendeine Weise auf beobachtbares Verhalten auswirken. Beobachtbar ist z. B. das Antwortverhalten in einem Test oder die Beantwortung von Einstellungsfragen. Das Antwortverhalten in einem Test besteht aus der Lösung oder Nicht-Lösung der einzelnen Aufgaben; bei einer Einstellungsmessung aus der

---

[1] Die Begriffe „Skala" und „Index" werden in der Literatur uneinheitlich definiert, vgl. SCHEUCH/ ZEHNPFENNIG (1974:104–106, 177, 179).

[2] „Wenn Sozialpsychologen von Einstellung sprechen, dann meinen sie damit im allgemeinen ein Gefühl, eine Bereitschaft, auf ein soziales Objekt oder Phänomen in bestimmter Art und Weise zu reagieren. Außerdem stimmen sie auch meist darin überein, Einstellungen eine evaluative Komponente zuzuschreiben" (DAWES 1977:44). Für nähere Einzelheiten zum Einstellungsbegriff und zur Einstellungsmessung vgl. DAWES (1977) und TRIANDIS (1975); vgl. auch Kapitel 7.1.1.1.1.

Zustimmung oder Ablehnung zu den einzelnen Items (Items mit nur zwei Antwortmöglichkeiten werden als „*dichotome Items*" bezeichnet). Aufgaben eines Tests oder auch
Einstellungsfragen können unterschiedliche „*Schwierigkeit*" besitzen. Die Schwierigkeit eines Items kann als der Anteil der falschen Lösungen (bzw. bei Einstellungsitems:
der Anteil von Ablehnungen zu diesem Item) aufgefasst werden. Ein schwieriges Item
wird also von weniger Personen richtig gelöst als ein leichtes Item.[1]

Wird z. B. die politische Einstellung auf einem Links-Rechts-Kontinuum als latente
Variable aufgefasst, so wird einer Aussage, die die Verstaatlichung der Schlüssel-
industrien fordert, eher von Personen mit „linker" Einstellung zugestimmt werden
als von Personen mit „rechter" Einstellung. Die Zustimmung einer Person zu einem
Item hängt aber nicht nur von der individuellen Einstellung ab, sondern auch von der
in der Aussage formulierten Ausprägung der Einstellung. Einem Item, das lediglich
die soziale Bindung des Eigentums betont, wird vermutlich nicht nur von „Linken"
zugestimmt, sondern auch von „Rechten": Das Item ist leichter zu lösen.

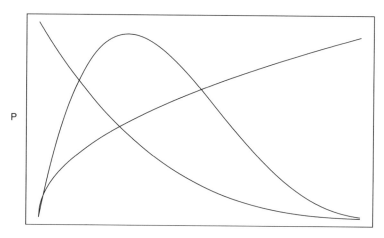

latente Variable

Abbildung 4-11: *Drei verschiedene Itemcharakteristiken*

Wenn es einen Zusammenhang zwischen der latenten Variablen und dem Antwortverhalten gibt, so muss die Wahrscheinlichkeit, dass einem bestimmten Item zugestimmt

---

[1] In der Literatur zu Skalierungsverfahren wird hingegen die „Schwierigkeit" eines Items als der
    Anteil der richtig gelösten Items definiert. Dies führt zu dem sprachlichen Problem, dass ein Item
    mit hoher Schwierigkeit leicht zu lösen ist. Um Verwirrungen zu vermeiden, wird im Text die
    umgangssprachliche Bedeutung beibehalten.

wird, eine Funktion der Itemschwierigkeit und der Ausprägung der latenten Variablen sein. Der Zusammenhang zwischen der Ausprägung der latenten Variablen und der Beantwortungswahrscheinlichkeit kann durch mathematische Funktionen beschrieben werden. Solche Funktionen werden als „*Itemcharakteristiken*" bzw. „item characteristic curves" („ICC") bezeichnet. Werden keine weiteren theoretischen Annahmen gemacht, sind sehr viele verschiedene Itemcharakteristiken möglich. Abbildung 4-11 zeigt einige mögliche Itemcharakteristiken. Skalierungsverfahren unterscheiden sich

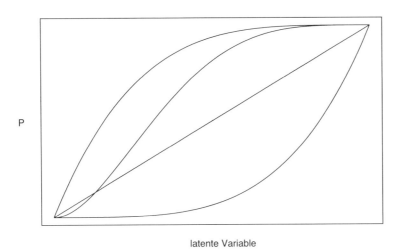

latente Variable

Abbildung 4-12: *Vier verschiedene monotone Itemcharakteristiken*

unter anderem durch die Annahmen über die Entstehung der Reaktion (Zustimmung oder Ablehnung) der Items durch die Befragten und die Art der Verrechnung der einzelnen Antworten zu einem Skalenwert. Skalierungsverfahren lassen sich daher als theoretische Modelle auffassen. Unterschiedlichen Skalierungsmodellen liegen unter anderem unterschiedliche Annahmen über die Form der Itemcharakteristik zugrunde.

Von besonderer Bedeutung sind Skalierungsmodelle mit „*monotonen Itemcharakteristiken*", bei denen mit dem Ansteigen der latenten Variablen die Wahrscheinlichkeit einer positiven Antwort für jedes Item steigt. Nur monotone Itemcharakteristiken (vgl. Abb. 4-12) erlauben einen eindeutigen Schluss von einer bekannten Antwortwahrscheinlichkeit auf die latente Variable.[1]

---

[1] Man vergleiche dazu die Abbildung der Itemcharakteristik der Thurstone-Skala in Abbildung 4-14. Diese Itemcharakteristik ist nicht monoton: Für eine bestimmte Antwortwahrscheinlichkeit gibt es zwei Ausprägungen der latenten Variablen.

Einige Skalierungsverfahren mit unterschiedlichen Itemcharakteristiken sollen kurz vorgestellt werden.[1]

4.4.2.1 Thurstone-Skalen

Auf die Arbeiten des Psychologen Louis THURSTONE gegen Ende der zwanziger Jahre gehen mehrere Messmethoden zurück.[2] Die *„Methode der gleicherscheinenden Intervalle"* ist die bekannteste Methode THURSTONEs und soll hier kurz dargestellt werden.

Die Konstruktion einer Thurstone-Skala, z. B. zur Einstellung gegenüber der Kirche, beginnt mit der Sammlung einer großen Zahl von Items; mehr als hundert Items sind üblich. Die Items sollen sowohl „neutrale" als auch extreme Aussagen über das Einstellungsobjekt, also z. B. die Kirche, enthalten: Das gesamte Kontinuum der Einstellung soll durch die Items wiedergegeben werden. Diese Items werden im zweiten Schritt einer großen Anzahl von Beurteilern vorgelegt. THURSTONE selbst verwendete 300 Beurteiler, in der Folge wurden häufig 25–50 Beurteiler eingesetzt. Diese Beurteiler sollen das Spektrum möglicher Einstellungen wiedergeben können. Die Beurteiler werden zunächst gebeten, alle Items der Sammlung zu lesen und dann jedes Item in eine von 11 Kategorien einzuordnen (vgl. Abb. 4-13), wobei die Intervalle zwischen den Einstellungen den Beurteilern gleich groß erscheinen sollen.

un- günstig					neutral				günstig	
1	2	3	4	5	6	7	8	9	10	11

Abbildung 4-13: *Kategorienvorgabe für die Beurteilung eines Items bei der Methode der gleichscheinenden Intervalle*

Die Beurteiler werden dabei aufgefordert, nicht ihre eigene Einstellung zu markieren, sondern das Item nach dem Ausmaß der in der Aussage des Items zum Ausdruck kom-

---

[1]   Neben den im Folgenden dargestellten Verfahren existieren eine Reihe weiterer Verfahren, die allerdings in der Praxis empirischer Sozialforschung kaum angewendet werden. Zu diesen Techniken vgl. vor allem TORGERSON (1958), DAWES (1977), VEN (1980), SIXTL (1982) und HENNING (1987).

[2]   Eine Darstellung dieser Messmethoden, vor allem der „Methode des Paarvergleichs" und der „Methode der sukzessiven Intervalle", findet sich bei EDWARDS (1957a).

menden Einstellung zu bewerten. Jedes Item enthält als Skalenwert den Mittelwert der Beurteilungen. So wird z. B. ein extremes Item aus der Skala von THURSTONE/CHAVE (1964, zuerst 1929) zur Einstellung gegenüber der Kirche, wie z. B. „Ich habe nichts als Verachtung für die Kirche", einen niedrigen Skalenwert, z. B. 1.4, erhalten. Ein Item wie „Ich halte die Kirche für eine göttliche Institution, der ich Achtung und Ehrerbietung zolle" wird dagegen im Mittel über alle Beurteilungen einen hohen Skalenwert, z. B. 10.3, erhalten.

Als letzter Schritt für die Konstruktion einer Thurstone-Skala werden aus der umfangreichen Itemsammlung diejenigen Items ausgewählt, über deren Einschätzung die Beurteiler sich einig sind. Als Kriterium für die Übereinstimmung der Beurteiler wird die Varianz[1] der Beurteilereinschätzungen verwendet. Die aus den ausgewählten Items bestehende Skala sollte zwischen 20 und 30 Items umfassen und aus Items bestehen, deren Mittelwerte die gesamte Spannweite von 1 bis 11 umfassen. Auch die endgültige Skala sollte also neben neutralen auch extreme Aussagen enthalten.

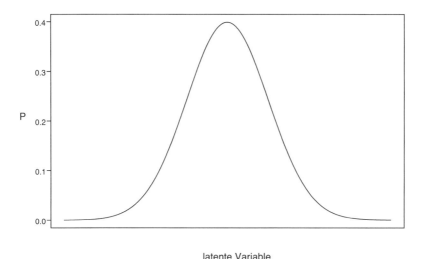

Abbildung 4-14: *Itemcharakteristik eines Items einer Thurstone-Skala*

Diese endgültige Skala stellt das Messinstrument dar, das anderen Befragten zur Beantwortung vorgelegt wird. Die Befragten werden dabei gebeten, diejenigen Items

---

[1]   THURSTONE verwendete nicht das arithmetische Mittel und die Varianz zur Itemauswahl, sondern Median und Quartilsabstand. Die Berechnung des Medians und des Quartilsabstands wird z. B. bei BENNINGHAUS (1998) erläutert.

auszuwählen, mit deren Aussagen sie übereinstimmen, bzw. zu allen vorgelegten Items einzeln entweder ihre Zustimmung oder Ablehnung zu bekunden. Der Messwert eines Befragten ergibt sich dann als Mittelwert der Skalenwerte der von ihm ausgewählten (bzw. zugestimmten) Items. Die Thurstone-Skalierung lässt sich aus mehreren Gründen kritisieren:

- Bei der Beantwortung der endgültigen Skala wird angenommen, dass ein Befragter alle Items ablehnen wird, die extremere Ansichten wiedergeben als er selbst besitzt. Dabei müsste es für die Ablehnung des Items gleichgültig sein, ob der Befragte eine stärkere oder schwächere Einstellung gegenüber dem Objekt besitzt, als es das Item zum Ausdruck bringt. Die Itemcharakteristik eines Items einer Thurstone-Skala müsste also so aussehen wie die Abbildung 4-14.

- Die Wahrscheinlichkeit, einem „mittleren" Item zuzustimmen, ist bei niedriger Ausprägung der latenten Variablen zunächst niedrig, steigt dann an und fällt für hohe Ausprägungen der latenten Variablen wieder ab. Items, die solche Reaktionen bei den Befragten hervorrufen, sind sehr schwer zu finden.

Der Hauptkritikpunkt der Thurstone-Skalierung liegt in der Verwendung von Beurteilern, die ihre eigene Meinung nicht in den Skalierungsprozess einbringen sollen. Für die Gültigkeit der Methode ist es entscheidend, dass es keine Zusammenhänge zwischen den Beurteilungen der Items und den Eigenschaften der Beurteiler geben darf. Es lässt sich aber u.a. zeigen, dass Beurteiler mit extremen Ansichten nicht genügend zwischen Items, die eine mittlere Position auf dem Einstellungskontinuum einnehmen, unterscheiden. Allgemein scheint die Möglichkeit, dass Beurteiler unabhängig von ihrer eigenen Einstellung Items beurteilen sollen, höchst fraglich.

Die Konstruktion einer Thurstone-Skala[1] ist vergleichsweise aufwändig und die Methode mit einigen Problemen behaftet. Im Gegensatz zu ihrer weiten Verbreitung bis in die vierziger Jahre wird die Methode der gleicherscheinenden Intervalle in der Praxis empirischer Sozialforschung heute fast nicht mehr eingesetzt.

4.4.2.2 Likert-Skalen

Die in der empirischen Sozialforschung am häufigsten verwendete Skalierungsmethode wurde von Rensis LIKERT 1932 vorgeschlagen. Die Methode wird als „*Methode der summierten Ratings*" bezeichnet. Mit dieser Methode konstruierte Skalen werden „*Likert-Skalen*" genannt.

---

[1]   Bei EDWARDS (1957a:84–119) und SIXTL (1982:152–160) finden sich weitere Einzelheiten zur Konstruktion von Thurstone-Skalen.

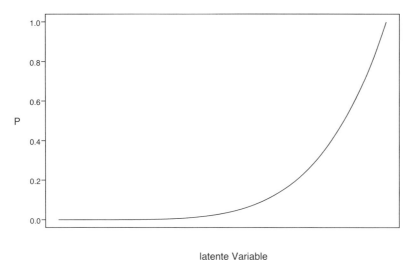

latente Variable

Abbildung 4-15: *Itemcharakteristik eines Items einer Likert-Skala*

Die Konstruktion einer Likert-Skala beginnt mit der Sammlung einer großen Zahl von Items (üblich sind ca. 100). Die Items stellen hierbei Aussagen dar, von denen angenommen wird, dass sie die interessierende Einstellung wiedergeben. Es empfiehlt sich, nicht nur Items zu verwenden, bei denen eine Zustimmung eine positive Einstellung ausdrückt, sondern auch Items, bei denen die Ablehnung des Statements eine positive Einstellung wiedergibt. Dies dient in erster Linie der Abschwächung von Antworttendenzen, bei denen Befragte einem Item zustimmen, ohne dessen Inhalt zu berücksichtigen (vgl. Kapitel 7.1.1.5). Eine Skala zur Messung von „Sozialer Isolation"[1] sollte daher neben Items wie „Im Grunde ist man in dieser Welt ziemlich allein" auch „gedrehte" Items wie z. B. „Ich komme mit Menschen eigentlich meistens leicht in Kontakt" enthalten.

Diese Items werden einer Stichprobe von Personen vorgelegt. Die Befragten sollen zu jedem Item ihre Zustimmung oder Ablehnung angeben. Angenommen wird dabei, dass der Zustimmung oder Ablehnung der Items nur eine Dimension zugrunde liegt und dass die Wahrscheinlichkeit für die Zustimmung zu einem Item mit steigender Ausprägung der latenten Variablen zunimmt: Die Itemcharakteristiken einer Likert-Skala müssen monoton sein (Abb. 4-15).

---

[1] Die im Folgenden genannten Beispiele stammen aus der Skala von FISCHER/KOHR (1980:105).

				lehne
stimme stark zu	stimme zu	teils,teils	lehne ab	stark ab
1	2	3	4	5

Abbildung 4-16: *Antwortvorgaben bei einer Likert-Skala*

Der Grad der Zustimmung oder Ablehnung wird durch Antwortvorgaben ausgedrückt (vgl. Abb. 4-16).

Nach der Datenerhebung sollte für jeden Befragten für jedes Item ein Zahlenwert vorliegen. Der Skalenwert („score") jedes Befragten wird als die Summe der Einschätzungen der Items berechnet[1], daher die Bezeichnung „Methode der summierten Ratings".

Falls auch negativ formulierte Items verwendet wurden, muss bei der Berechnung der Summe der Items natürlich die Richtung des „gedrehten" Items beachtet werden, so dass für „gedrehte" Items nicht der Wert 5 eine negative Einstellung wiedergibt, sondern der Wert 1 usw.

Die Items dieser Roh-Skala werden dann einer „*Item-Analyse*" unterzogen.[2] Die Item-Analyse soll ungeeignete Items aus der Roh-Skala aussondern. Als ungeeignet kann ein Item dann aufgefasst werden, wenn entweder Personen mit sehr unterschiedlichen Einstellungen dieses Item ähnlich beantworten oder die Antworten auf dieses Item nichts mit den Antworten auf die anderen Items der Skala gemein haben. Beide Aspekte beziehen sich direkt auf die gewünschte Eigenschaft der Skala: Sie soll nur eine Dimension erfassen, also eindimensional messen. Für die Item-Analyse werden vor allem zwei Techniken benutzt: Trennschärfe-Indizes und Trennschärfe-Koeffizienten.

Insbesondere in der älteren Literatur basieren Itemanalysen auf „*Trennschärfe-Indizes*". Hierbei werden aus den Befragten zwei Gruppen ausgewählt. Eine Gruppe besteht aus den 25% der Versuchspersonen mit den niedrigsten Skalenwerten; die andere Gruppe besteht aus den 25% der Versuchspersonen mit den höchsten Skalenwerten. Für jedes Item wird der Mittelwert und die Varianz des Items in beiden Gruppen berechnet. Die Differenz dieser Mittelwerte wird mit den Varianzen zum „Trennschärfe-Index" dieses

---

[1] Dies ist die vereinfachte Berechnungsart der Likert-Skala. LIKERT arbeitete ursprünglich mit einer wesentlich komplizierteren, auf THORNDIKE (vgl. ENGELHARD 1984) zurückgehenden Berechnungsweise, der sogenannten „Sigma-Methode" (vgl. z. B. SCHUESSLER 1971:321–325), die aber nahezu dieselben Ergebnisse zeigte (vgl. aber GIGERENZER 1981:317–319). In der Praxis wird stets die vereinfachte Berechnung verwendet.

[2] Ein Beispiel für die Durchführung einer Item-Analyse findet sich im Anhang C.

Items umgerechnet.[1] Ein hoher Trennschärfe-Index besagt nichts anderes, als dass die beiden Gruppen dieses Item unterschiedlich beantworteten. Für die endgültige Likert-Skala werden meist Items mit einem Trennschärfeindex größer als 1.65 ausgewählt. Es werden also diejenigen Items ausgewählt, die zwischen Personen mit einer negativen Einstellung und Personen mit einer positiven Einstellung zu einem gegebenen Objekt zu unterscheiden (diskriminieren) vermögen.

Die heute üblichere Technik der Item-Analyse besteht in der Berechnung der Korrelation jedes Items mit der Gesamtskala.[2] Diese Koeffizienten werden als „*Trennschärfe-Koeffizienten*" bezeichnet. In die endgültige Likert-Skala werden nur Items mit einer hohen Korrelation mit der Gesamtskala aufgenommen.

Die beiden Techniken müssen nicht zu denselben Resultaten führen, allerdings sind die Ergebnisse meist sehr ähnlich. Die durch die Itemanalyse ausgewählten Items bilden die endgültige Likert-Skala. Likert-Skalen in der empirischen Sozialforschung weisen bis zu 20 oder auch 30 Items auf. Skalen, die in Umfragen verwendet werden, umfassen aus Kostengründen in der Regel weit weniger Items.

Die Itemanalyse erfolgt an einer bestimmten „Eich-Stichprobe". In der Regel zeigt sich bei der Überprüfung einer Likert-Skala an einer anderen Stichprobe, dass die Trennschärfe-Indizes bzw. die Interkorrelationen der Items niedriger liegen als in der Eich-Stichprobe. Bei einer hohen Zahl von Items und vergleichbaren Stichproben ist der Genauigkeitsverlust allerdings meist nicht gravierend.

Ein „typisches" Beispiel für eine Likert-Skala stellt die Skala zur Messung der „Entfremdung von der Arbeit" von FISCHER/KOHR (1980) dar. Die für Berufstätige konzipierte Skala ist eine der Skalen zur Messung der zentralen Arbeitsperzeptionen (vgl. ZUMA-Skalenhandbuch 1983: H02–H06).

---

[1] Wenn n_1 die Zahl der Fälle in der oberen Extremgruppe und n_2 die Zahl der Fälle in der unteren Extremgruppe bezeichnet und die entsprechenden Mittelwerte und Varianzen mit m_1, m_2 und s_1^2 und s_2^2 bezeichnet werden, dann ist der Trennschärfe-Index

$$t = \frac{m_1 - m_2}{\sqrt{\frac{s_1^2}{n_1} + \frac{s_2^2}{n_2}}} \tag{4.6}$$

und entspricht damit dem t-Test für unabhängige Stichproben (vgl. Kapitel 9.4.2).

[2] Da in die Berechnung der Summe aller Items ein bestimmtes Item mit eingeht, ist die Korrelation zwischen dem Item und der Summe aller Items künstlich überhöht. Daher werden meist „korrigierte Trennschärfe-Koeffizienten" verwendet, bei denen die Korrelation zwischen einem Item und der Summe aller anderen Items berechnet wird.

Einer Stichprobe von 2505 Personen wurden 1976 die folgenden 10 Items vorgelegt:

1. Irgendwie, meine ich, ist meine Arbeit doch wichtig.
2. Bei meiner Arbeit fühle ich mich oft irgendwie leer.
3. Ich habe das Gefühl, bei meiner Arbeit etwas Sinnvolles zu tun.
4. Ohne Arbeit hat das Leben wenig Sinn.
5. Meine Arbeit ist eine einzige Tretmühle.
6. Ich sehe kaum, welchen Sinn meine Arbeit hat.
7. Bei meiner Arbeit kann man immer noch etwas dazulernen.
8. Meine Arbeit bietet mir kaum Abwechslung.
9. Mir fehlt der Überblick über das, was ich bei meiner Arbeit tue.
10. Manchmal ist es mir fast unangenehm, zu sagen, was ich arbeite.

Die Antwortvorgaben bestanden aus: zutreffend, eher zutreffend, weder/noch, eher unzutreffend, unzutreffend. Den Vorgaben wurden die Zahlen 1 bis 5 zugeordnet, der Gesamtpunktwert ergibt sich durch Addition, wobei natürlich beachtet werden muss, dass die Items 1, 3, 4 und 7 negativ im Sinne der Skala formuliert wurden. Ein hoher Punktwert soll Entfremdung von der eigenen Arbeit wiedergeben.

Der Mittelwert der Skala ergab sich bei dieser Untersuchung mit 19.12 und einer Varianz von 35.05. Die mittlere Interkorrelation der Items lag bei 0.27, die Korrelationen zwischen den Items und der Gesamtskala zwischen 0.39 und 0.68. Die Reliabilität wurde mit Cronbachs Alpha als 0.77 berechnet.

Zusammenfassend soll festgehalten werden, dass die Likert-Skala derzeit die in den Sozialwissenschaften am meisten verbreitete Skalierungsmethode darstellt.[1] Trotz ihrer extrem einfachen Konstruktion und Anwendung stellt die Likert-Skala meist eine brauchbare Lösung für eine Operationalisierung dar.

4.4.2.3 Guttman-Skalen

Louis GUTTMAN schlug in den vierziger Jahren ein Skalierungsverfahren vor, das sich stark von den bisher erörterten Methoden unterscheidet. Die „*Guttman-Skala*" basiert auf der Vorgabe einer Reihe von Aussagen, die in Bezug auf die interessierende Einstellung immer extremer werden. Es wird angenommen, dass ein Befragter mit

---

[1]   Leider wird darüber hinaus in der Praxis nahezu jede Ansammlung von Items, auf die mit 5 oder auch 7 Antwortkategorien geantwortet werden kann, auch ohne Itemanalyse als „Likert-Skala" bezeichnet, falls der „Skalenwert" durch Addition berechnet wird. Die Bezeichnung „Likert-Skala" bei diesen simplen additiven Indizes ist irreführend.

latente Variable

Abbildung 4-17: *Itemcharakteristik eines Items einer Guttman-Skala*

einer bestimmten Einstellung allen Aussagen, die weniger extreme Anschauungen ausdrücken als er selbst besitzt, zustimmt und alle extremeren Anschauungen ablehnt. Die Abbildung 4-17 stellt die Itemcharakteristik eines idealen Items einer Guttman-Skala dar.

Bis zum Schwellenwert auf der latenten Variablen wird das Item mit Sicherheit (p=0.0) nicht positiv beantwortet. Erst wenn eine Person auf der latenten Variablen den Schwellenwert überschreitet, beantwortet sie mit Sicherheit (p=1.0) das Item positiv. Da die positive Beantwortung mit Sicherheit erfolgt, zeigt die Itemcharakteristik am Schwellenwert einen abrupten Sprung der Beantwortungswahrscheinlichkeit von 0.0 auf 1.0.[1]

Sind die Items nach der Stärke der Ablehnung geordnet, so ergibt sich der Skalenwert des Befragten als die Nummer desjenigen Items, das er zuletzt akzeptiert.

Das Prinzip der Guttman-Skala lässt sich an einem einfachen Beispiel verdeutlichen. Angenommen, die unterschiedliche Stärke der Ablehnung von Atomkraftwerken sollte

---

[1] Skalierungsmodelle, in denen nur die Wahrscheinlichkeiten 0.0 und 1.0 vorkommen, bezeichnet man als „deterministische Testmodelle". Die Guttman-Skala ist also ein deterministisches Modell. Realistischer erscheinen Testmodelle, die nicht verlangen, dass jemand mit Sicherheit ein bestimmtes Item löst, sondern nur Wahrscheinlichkeiten für die Lösung angeben. Solche Testmodelle werden als „probabilistische Testmodelle" bezeichnet. Beispiele für probabilistische Skalierungsmodelle sind z. B. die Thurstone-Skala und die Rasch-Skala.

mit einer Guttman-Skala gemessen werden. Die drei Items könnten z. B. folgendermaßen aussehen:

1. Es sollten keine weiteren Atomkraftwerke geplant werden.
2. Es sollten keine weiteren Atomkraftwerke in Betrieb genommen werden.
3. Alle Atomkraftwerke sollten sofort abgeschaltet werden.

Wenn die Ablehnung von Atomkraftwerken mit diesen drei Items eindimensional gemessen werden könnte, so müsste die Zustimmung zum Item 2 die Zustimmung zu Item 1 bedingen. Folglich müsste die Zustimmung zu Item 3 die Zustimmung zu Item 2 und zu Item 1 bedingen; andererseits müsste ein entschiedener Befürworter der Kernenergie alle Items ablehnen.

Etwas allgemeiner lässt sich festhalten, dass bei 3 Fragen zwar insgesamt 8 Antwortmuster möglich, aber nur 4 dieser Antwortmuster mit einer Guttman-Skala vereinbar sind (vgl. Abb. 4-18a).

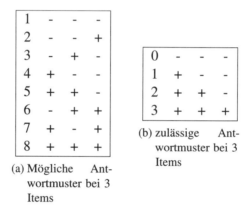

(a) Mögliche Antwortmuster bei 3 Items

(b) zulässige Antwortmuster bei 3 Items

Abbildung 4-18: *Mögliche und zulässige Antwortmuster bei einer Guttman-Skala mit 3 Items*

Muster 1 (- - -) bedeutet dabei, dass alle Items abgelehnt wurden, Muster 8 (+++) gibt an, dass allen drei Items zugestimmt wurde.

Sollten bei einer Befragung tatsächlich nur die zulässigen Antwortmuster (vgl. Abb. 4-18b) auftreten, so bilden die 3 Items eine „*perfekte Guttman-Skala*". Bei einer perfekten Guttman-Skala lässt sich allein aus der Angabe des Skalenwertes das Antwortmuster wiedergeben. Bei 3 Items gibt z. B. der Wert 2 wieder, dass den beiden schwächeren Items zugestimmt, dass dritte Item aber abgelehnt wurde (++-).

Außer in Lehrbüchern existieren allerdings kaum perfekte Guttman-Skalen: Neben den „zulässigen" Antwortmustern treten fast immer auch einige der anderen Antwortmuster auf. Im Beispiel könnten z. B. einzelne Befragte zwar dem Item 3 zustimmen (sofortige Abschaltung aller Kernkraftwerke), aber trotzdem weiterhin die Nutzung der Kernenergie befürworten und die Items 1 und 2 ablehnen. Solche Antwortmuster können durch den Skalenwert allein nicht mehr fehlerfrei reproduziert werden: Der Skalenwert 3 impliziert bei der Guttman-Skala das Muster (+++), tatsächlich liegt aber das Muster (- -+) vor. Die Reproduktion (+++) enthält also gegenüber dem tatsächlichen Antwortverhalten (- -+) zwei „Fehler".

Um trotz der fast immer vorkommenden „Fehler" das Skalierungsverfahren anwenden zu können, hat GUTTMAN ein Gütekriterium vorgeschlagen, den „*Reproduzierbarkeits-Koeffizienten*". Der Reproduzierbarkeits-Koeffizient einer Guttman-Skala gibt den Anteil derjenigen Antworten an, die ohne „Fehler" vorhergesagt werden können, wenn der Skalenwert bekannt ist.[1] Eine perfekte Guttman-Skala besitzt einen Reproduzierbarkeits-Koeffizienten von 1.00, GUTTMAN betrachtet Skalen mit bis zu 10% Fehlern als akzeptabel (Reproduzierbarkeits-Koeffizient > 0.9).

Zur Konstruktion einer Guttman-Skala werden zunächst die tatsächlichen Antwortmuster auf geeignet erscheinende Items einer Untersuchung in einer Tabelle ähnlich der Abbildung 4-19 eingetragen. Diese Tabelle wird als „*Skalogramm*" und die Skalierungsmethode auch als „*Skalogramm-Analyse*" bezeichnet. Für die Durchführung[2] der Analyse existieren zwei Techniken: die Cornell-Technik von GUTTMAN (1947) (GUTTMAN arbeitete damals an der Universität Cornell) und die Technik von GOODENOUGH und EDWARDS (EDWARDS 1957a:184–188). Letztere soll kurz beschrieben werden.

---

[1] Eine ausführliche Behandlung der verschiedenen Möglichkeiten der Zählung der Fehler findet man bei MCIVER/CARMINES (1981:47–51).

[2] Die tatsächliche Analyse lässt sich mit Computer-Programmen durchführen. Eines der Standard-Programme für Sozialwissenschaftler (SPSS) enthielt ein geeignetes Programm, das aber aus neueren Programmversionen herausgenommen wurde, weil diese Art der Skalierung kaum je angewendet wurde. Praktische Hinweise für die Durchführung finden sich bei GORDEN (1977).

Den Personen A–F seien 3 Items vorgelegt worden. Ihre Antwortmuster wurden in die Tabelle der Abbildung 4-19a eingetragen. Eine „0" bedeutet hierbei, dass das Item abgelehnt wurde, eine „1", dass dem Item zugestimmt wurde. Sowohl die Anzahl der Personen, die einem Item zustimmten, als auch die Anzahl der zugestimmten Items pro Person werden berechnet. Die Spalten dieser Tabelle werden dann so umgeordnet, dass

	Item			
Person	1	2	3	Summe
A	0	1	0	1
B	1	1	0	2
C	1	1	1	3
D	0	1	1	2
E	1	1	1	3
F	0	0	1	1
Summe	3	5	4	12

(a) ursprüngliche Datenmatrix

	Item			
Person	2	3	1	Summe
A	1	0	0	1
B	1	0	1	2
C	1	1	1	3
D	1	1	0	2
E	1	1	1	3
F	0	1	0	1
Summe	5	4	3	12

(b) nach Vertauschen der Items

	Item				
Person	2	3	1	Summe	Fehler
C	1	1	1	3	0
E	1	1	1	3	0
B	1	0	1	2	2
D	1	1	0	2	0
A	1	0	0	1	0
F	0	1	0	1	2
Summe	5	4	3	12	4

(c) nach Vertauschen der Personen

Abbildung 4-19: *Skalogramm-Analyse*

die erste Spalte das Item enthält, dem die meisten Befragten zustimmten. Entsprechend enthält die zweite Spalte das Item, dem am zweithäufigsten zugestimmt wurde. Damit ergibt sich als Itemreihenfolge 2-3-1 (vgl. Abb. 4-19b).

Schließlich werden die Zeilen der Tabelle (also die Personen) so vertauscht, dass die erste Zeile der Tabelle die Person enthält, die den meisten Items zustimmte und die letzte Zeile die Person, die den wenigsten Items zustimmte. Damit ergibt sich die Personenreihenfolge C-E-B-D-A-F.

Person C stimmte allen drei Items zu und erhielt daher den Skalenwert 3. Da dieses Reaktionsmuster eines der zulässigen Muster darstellt, liegen keine Vorhersagefehler vor. Person B dagegen stimmte 2 Items zu und erhielt daher den Skalenwert 2. Allerdings ist das Reaktionsmuster (1-0-1) kein zulässiges Muster. Das zulässige Muster für den Skalenwert 2 ist (1-1-0), wie es z. B. bei Person D zu finden ist. Das Muster (1-0-1) weicht an zwei Stellen vom Muster (1-1-0) ab, daher werden für die Person B zwei Fehler vermerkt.

Abschließend wird die Summe aller Fehler berechnet; im Beispiel sind es 4 Fehler. Der Reproduzierbarkeits-Koeffizient wird dann folgendermaßen berechnet:

$$\text{Rep} = 1 - \frac{\text{Anzahl der Fehler}}{\text{Anzahl der Befragten} * \text{Anzahl der Items}}$$

also $1 - 4/(6*3) = 0.78$. Da der Wert 0.78 deutlich unter 0.90 liegt, kann aus den drei Items dieses Beispiels keine Guttman-Skala gebildet werden.

Die Guttman-Skala wird nur sehr selten verwendet. Ein Grund dafür liegt darin, dass nur sehr selten Items gefunden werden, die in Bezug auf eine bestimmte Einstellung den Anforderungen der Skalierungstechnik genügen. Trotzdem finden sich einige Beispiele für Guttman-Skalen. So wird z. B. die „*Bogardus-Skala*" („Skala der sozialen Distanz", BOGARDUS 1925) häufig als Guttman-Skala aufgefasst. Die Skala basiert auf der Annahme, dass Personen mit Vorurteilen gegenüber Mitgliedern bestimmter sozialer Gruppen (z. B. Ostfriesen) um so mehr soziale Distanz zu den Mitgliedern dieser Gruppen wünschen, je stärker ihre Vorurteile sind. Skalen der sozialen Distanz bestehen aus einer Reihe von Items, zu denen der Befragte seine Zustimmung oder Ablehnung äußern soll. Die Items bestehen aus Fragen danach, ob Mitglieder einer bestimmten Gruppe als Ehepartner, gute Freunde, Nachbarn, Mitarbeiter, Bekannte oder als Besucher des Landes akzeptiert werden (vgl. TRIANDIS 1975:82–83; DAWES 1977:106–111). Formen der Bogardus-Skala sollten nicht ungeprüft als eindimensional oder als Guttman-Skala aufgefasst werden.

Zusammenfassend soll festgehalten werden, dass Guttman-Skalen ein anderes Skalierungsmodell zugrunde liegt als Likert- oder Thurstoneskalen. Die Interpretation eines Skalenwertes ist eindeutig, aus dem Skalenwert lässt sich das Reaktionsmuster vollständig reproduzieren. Das Gütekriterium für Guttman-Skalen ist der Reproduzierbarkeits-Koeffizient, er sollte über 0.90 liegen. Die Konstruktion der Guttman-Skala lässt leichter als bei anderen Skalierungsverfahren die Anbindung an eine Stichprobe erkennen: Daraus, dass für eine bestimmte Untersuchung gezeigt wurde, dass bestimmte Items eine (nahezu) perfekte Guttman-Skala bilden, folgt nicht, dass dies in allen Untersuchungen so sein muss.

Die Guttman-Skala wird mit sehr, sehr wenigen Ausnahmen in der Praxis kaum angewendet. Obwohl es eine Reihe von interessanten Weiterentwicklungen der Guttman-Skala gibt, wurden auch diese kaum aufgegriffen.[1]

4.4.2.4 Rasch-Skalen

Das von Georg RASCH (1960) vorgestellte Skalierungsmodell wird als *„Rasch-Modell"* bezeichnet. Obwohl dieses Modell einige höchst wünschenswerte Eigenschaften besitzt, wurde es bisher in der empirischen Sozialforschung nur selten angewendet. Dies liegt vermutlich unter anderem daran, dass das Rasch-Modell etwas komplizierter ist als die bisher erörterten Skalierungsverfahren. Die Darstellung muss daher etwas weiter ausholen.[2] Das ursprüngliche Rasch-Modell bezieht sich auf dichotome („ja-nein") Items. Das Rasch-Modell betrachtet die Wahrscheinlichkeit einer positiven Beantwortung eines Items ausschließlich als Funktion der Ausprägung der latenten Variablen und der Schwierigkeit des Items. Als Funktion werden monotone Itemcharakteristiken in Form der sogenannten *„logistischen Funktion"*

$$y = \frac{e^x}{1 + e^x} \tag{4.7}$$

angenommen (vgl. Abb. 4-20).[3] Alle Items einer Rasch-Skala besitzen dieselbe Form der Itemcharakteristik. Die Items unterscheiden sich nur in ihrer Schwierigkeit voneinander.

Im Rasch-Modell wird die Schwierigkeit eines Items durch den *„Itemparameter"* beschrieben. Der Itemparameter ist der Punkt auf der latenten Variablen, bei dem die Wahrscheinlichkeit für eine positive Antwort 0.5 beträgt. Die in Abbildung 4-20 dargestellten Itemcharakteristiken geben Items mit den Itemparametern -2.0, 0 und 2.0 wieder. Da die Items sich nur durch den Itemparameter unterscheiden, sind die Itemcharakteristiken in der Abbildung 4-20 bis auf ihre Verschiebung auf der x-Achse

---

[1] Zu diesen Erweiterungen gehören z. B. mehrdimensionale Guttman-Skalen (ZVULUN 1978) sowie die Einführung von Zufallselementen in die Beantwortungsmuster (COOMBS/COOMBS/LINGOES 1978), vgl. auch MCIVER/CARMINES (1981:69–70).

[2] Allgemein zum Rasch-Modell vgl. WRIGHT/STONE (1979) und ANDRICH (1988). Letzterer gibt u.a. eine einfache Ableitung des Modells aus den Grundannahmen. Eine leicht verständliche Einführung geben HAMBLETON/SWAMINATHAN/ROGERS (1991).

[3] Das Rasch-Modell wird daher auch als „dichotomes logistisches Modell" bezeichnet. Da das Modell Wahrscheinlichkeitsaussagen über die Entstehung einer Antwort auf ein Item macht, werden probabilistische Modelle wie das Rasch-Modell und seine Weiterentwicklungen auch als „Item Response Theory" oder „ IRT" bezeichnet.

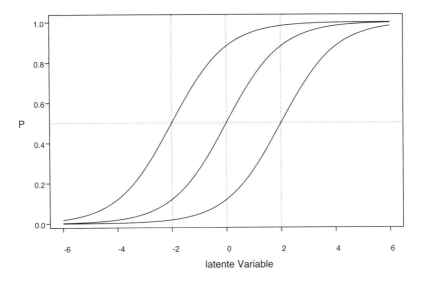

Abbildung 4-20: *Itemcharakteristiken des Rasch-Modells*

identisch. Niedrigen Werten des Itemparameters entsprechen leicht zu lösende Items.

Im Rasch-Modell gibt es einen zweiten Parameter, der die Wahrscheinlichkeit einer positiven Antwort auf ein Item bestimmt: den „*Personenparameter*". Der Personenparameter gibt die Ausprägung der untersuchten Person auf der latenten Variablen wieder („ability"). Die Grundgleichung des Rasch-Modells gibt an, dass die Wahrscheinlichkeit der positiven Beantwortung eines Items ausschließlich durch die Differenz zwischen der Ausprägung der latenten Variablen bei dem Befragten und dem Itemparameter bestimmt wird. Bezeichnet man mit p die Wahrscheinlichkeit, ein Item mit dem Itemparameter d („difficulty") auf Grund der Ausprägung a der latenten Variablen richtig zu lösen, so basiert das Rasch-Modell auf der Gleichung:

$$p = \frac{e^{a-d}}{1 + e^{a-d}} \qquad (4.8)$$

Das Problem besteht nun darin, die Parameter a und d des Modells zu schätzen. Dies wird dadurch möglich, dass das Modell eine interessante Implikation besitzt. Falls die Wahrscheinlichkeit einer positiven Beantwortung eines Items nur vom Itemparameter und dem Personenparameter abhängt, dann hat dies unter anderem die Folge, dass bei Berücksichtigung der Ausprägung der latenten Variablen bei dem Befragten die Antwort auf jedes beliebige Item unabhängig davon erfolgt, wie alle anderen Items beantwortet wurden. Diese Annahme des Modells wird als „*lokale stochastische Unabhängigkeit*" bezeichnet.

Im Rasch-Modell wird die Anzahl der positiv beantworteten Items als „*erschöpfende Statistik*"[1] für die Ausprägung der latenten Variablen beim Befragten angesehen. Das bedeutet, dass jede Information über die Ausprägung der latenten Variablen, die im gesamten Antwortverhalten vorhanden ist, schon allein durch die Anzahl der gelösten Aufgaben (bzw. durch die Anzahl der zugestimmten Items) wiedergegeben wird. Daher sind Angaben darüber, welche Aufgaben tatsächlich gelöst wurden, für die Schätzung der latenten Variablen irrelevant.

Dies lässt sich an einem einfachen Beispiel erörtern: Angenommen, man möchte die „Hochsprung-Fähigkeit" von Personen anhand der Höhe übersprungener Latten messen. Leider seien die Messwerte über die Höhe der Latten verloren gegangen, man hätte nur die Informationen darüber, welche Personen welche Latte übersprungen haben. In diesem Fall könnte eine Schätzung der Höhe der Latten und der „Hochsprungfähigkeit" mithilfe des Rasch-Modells erfolgen. Die Höhe ist hier die gemeinsame latente Dimension sowohl für die „Hochsprung-Fähigkeit" als auch für die Höhe der Latten. Nimmt man an, dass es bei wiederholten Versuchen des Überwindens von Latten gleicher Höhe nur vom Zufall abhängt, ob ein bestimmter Springer die Latte überwindet oder nicht, dann hat man die wesentlichen Annahmen des Rasch-Modells: Die Items unterscheiden sich nur in der Schwierigkeit (der Höhe der Latten), die Lösung eines dichotomen Items (das Überwinden einer Latte) hängt nur von der Schwierigkeit des Items (der Höhe der Latte) und der Ausprägung der latenten Variablen bei der untersuchten Person (der „Hochsprung-Fähigkeit") ab. Weiterhin sei der Zusammenhang zwischen latenter Variable und Lösung des Items zwar probabilistisch (auch ein sehr guter Hochspringer reißt gelegentlich zufällig eine sehr niedrige Latte), aber monoton steigend (im Regelfall springen bessere Hochspringer höher). Für jede bestimmte Hochsprungfähigkeit ist es bedeutungslos, welche Latte gerissen wurde und welche nicht (lokale stochastische Unabhängigkeit). Wenn nicht die Reihenfolge der gelösten Items (der übersprungenen Latten) sondern nur die Zahl gelöster Items Informationen über die latente Variable gibt, dann ist die Anzahl der gelösten Items die erschöpfende Statistik.

Diese Annahmen der monotonen Itemcharakteristiken, der lokalen stochastischen Unabhängigkeit und die Auffassung der Anzahl der positiv beantworteten Items als erschöpfende Statistik ermöglichen mit der Grundgleichung des Rasch-Modells die mathematische Schätzung der Itemparameter und die Schätzung der Personenparameter. Da es keine expliziten Lösungen für die Schätzgleichungen gibt, werden die mathematischen Schätzungen für ein Rasch-Modell mit Hilfe von Computern durch-

---

[1] Dieses etwas missverständliche Wort lässt sich mit der Übersetzung des entsprechenden englischen Fachausdrucks „sufficient" als „ausreichend" besser verdeutlichen.

geführt: Ausgehend von prinzipiell beliebigen Startwerten werden durch gezieltes wiederholtes Ausprobieren („iterativ") immer bessere Schätzungen der Itemparameter und der Personenparameter gefunden.[1] Alle Personen mit derselben Anzahl positiv beantworteter Items erhalten denselben Schätzwert ihrer Ausprägung der latenten Variablen (den Personenparameter).[2] Es gibt also zwar für jede Person einen Personenparameter, allerdings (da die Anzahl der „gelösten" Items eine erschöpfende Statistik ist) insgesamt nur so viele verschiedene Personenparameter, wie es verschiedene Rohwerte der Skala gibt.

Das Rasch-Modell bietet gegenüber anderen Skalierungsverfahren eine Reihe von Vorteilen. Das Rasch-Modell gestattet eine klare Trennung zwischen den Eigenschaften der Personen (in Form der Personenparameter) und den Eigenschaften der Items (in Form der Itemparameter). Daraus resultiert ein großer Vorteil des Rasch-Modells: Messungen mit einer Rasch-Skala sind „spezifisch objektiv". Spezifisch objektive Messungen erlauben den Vergleich von Items unabhängig von Personen und den Vergleich von Personen unabhängig von Items. Um dies zu erklären, muss noch einmal auf die Guttman-Skala zurückgekommen werden.

Treten für eine Reihe von Items in einer bestimmten Gruppe von Personen nur Antwortmuster auf, die mit einer Guttman-Skala vereinbar sind, so kann auch in einer beliebigen Teilmenge dieser Personengruppe kein unvereinbares Antwortmuster auftreten. Aussagen über Items, wie z. B. „Das Item Nr. 1 wurde von weniger Personen bejaht als Item Nr. 2", hängen in diesem Sinne nicht von der Zusammensetzung der Menge der untersuchten Personen ab. Modelle mit dieser Eigenschaft werden als *„stichprobenunabhängig"* bezeichnet. Stichprobenunabhängigkeit bedeutet hingegen nicht, dass ein für eine bestimmte Gruppe von Personen gefundenes Ergebnis beliebig zu verallgemeinern wäre.[3]

Gilt das Skalierungsmodell für eine bestimmte Menge von Personen und Items, dann ist der Vergleich von Personen auch unabhängig von der Auswahl der Items. Angenommen, es werden z. B. 10 Fragen gestellt und eine Person A bejaht davon 6, Person

---

[1] Eine leicht verständliche Einführung in verschiedene Schätzmethoden findet sich bei EMBRETSON/REISE (2000:189-219). Etwas anspruchsvoller ist die Darstellung bei ROST (2004:301–317).

[2] Beim Vergleich der Ergebnisse verschiedener Programme muss beachtet werden, dass die Programme neben unterschiedlichen Schätzmethoden auch unterschiedliche Standardisierungen der Parameter verwenden. Viele Programme standardisieren die Personenparameter so, dass die Mittelwerte 0 und die Standardabweichungen 1.0 betragen. Folglich müssen auch die Itemparameter umgerechnet werden; aufgrund der unterschiedlichen Schätzmethoden sind aber auch nach der Umrechnung kleine Unterschiede in den geschätzten Parameterwerten möglich.

[3] WOTTAWA (1980:53) schlägt daher den anschaulicheren Ausdruck „teilgruppenkonstant" statt „stichprobenunabhängig" vor.

B dagegen nur 5. Dann kann nur durch das Weglassen eines Items Person A nicht weniger bejahte Items erhalten als Person B.[1] Unabhängigkeit des Vergleichs von Personen von der Itemauswahl bedeutet nicht, dass beliebige Items stets zu demselben Resultat führen, sondern nur, dass Vergleiche von Subgruppen auf der Basis von Items, für die das Modell gilt, dieselben Resultate zeigen.

Ein Messinstrument, das sowohl „stichprobenunabhängig" ist, als auch Messungen liefert, die unabhängig davon sind, welche Items für einen Vergleich ausgewählt werden, wird als *spezifisch objektiv* bezeichnet. Messungen mit einer Rasch-Skala sind in diesem Sinn spezifisch objektiv.

Ein weiterer Vorteil des Rasch-Modells liegt in der Möglichkeit, dass ein bestimmter Itemsatz sich in einer Untersuchung als nicht skalierbar erweisen kann. Im Gegensatz zu den meist willkürlichen Messverfahren in der empirischen Sozialforschung ist es möglich, dass das Modell zeigt, dass keine „Messung" (zumindest im Sinne des Modells) stattgefunden hat. Eine einfache Testmöglichkeit besteht darin, die untersuchten Personen in zwei Gruppen einzuteilen und in jeder dieser Gruppen das Modell getrennt zu berechnen.[2] Gilt das Modell in der gesamten Gruppe, dann müssen in allen Teilgruppen nahezu dieselben Schätzungen für die Itemparameter resultieren. Gilt das Modell perfekt, so müssen die Itemparameter auf einer durch den Ursprung gehenden Diagonalen liegen.

Als Beispiel sollen vier Items graphisch auf ihre Skalierbarkeit im Sinne des Rasch-Modells geprüft werden. Im Rahmen eines Forschungsprojektes wurden 1398 zufällig aus den alten Bundesländern ausgewählte Personen gefragt,

- ob sie im Wohnungsmarktteil einer Wochenzeitung geblättert (Item A),
- den Wohnungsmarktteil einer Tageszeitung systematisch durchsucht (Item B),
- eine Wohnung besichtigt (Item C),
- oder sich nach einer freiwerdenden Wohnung erkundigt hätten (Item D).[3]

Diese vier Items sollten das Ausmaß der aktiven Informationssuche für einen Umzug messen.

---

[1] Allerdings könnte A genauso viele bejahte Items erhalten wie B.

[2] Eine Übersicht über andere Testmöglichkeiten findet sich bei MOLENAAR (1983). Der bekannteste Test ist der Test von ANDERSEN (1973). Ausführliche Behandlungen verschiedener Testmöglichkeiten bieten ANDRICH (1988:62–86), WOLLENBERG (1988) und HAMBLETON/SWAMINATHAN/ROGERS (1991:53–74).

[3] Die Daten stammen aus der 1993 durchgeführten Erhebung des Projektes „Migrationspotentiale" am Mannheimer Zentrum für Europäische Sozialforschung.

ABCD	n	ABCD	n
0000	459	1001	52
0001	47	1010	1
0010	7	1011	6
0011	4	1100	174
0100	10	1101	133
0101	3	1110	69
0111	1	1111	113
1000	319		

Tabelle 4-7: *Antwortmuster und deren Häufigkeiten für vier Items A–D*

Von den 1398 Befragten gaben 459 an, keine der Tätigkeiten ausgeführt zu haben, 113 gaben an, alle Tätigkeiten ausgeführt zu haben. Da das Antwortverhalten von Personen, die alle oder keine der „Aufgaben" „gelöst" haben, keine weiteren Informationen über die Items gibt, wurden diese Personen aus der Analyse ausgeschlossen. Hierdurch reduziert sich die Zahl der Befragten auf 826.

Aus den Antwortmustern der Tabelle 4-7 wurden die Itemparameter für die vier Items mit TESTAT (STENSON 1990) berechnet (vgl. Tab. 4-8).[1]

Item	Anteil „ja"-Antworten	Itemparameter
A	0.913	-1.8977
B	0.472	0.0696
C	0.107	1.8427
D	0.298	0.8098

Tabelle 4-8: *Itemparameter des Raschmodells*

---

[1] Da es bei vier Items nur drei verschiedene Summen zugestimmter Items gibt, gibt es hier auch nur 3 verschiedene Skalenwerte für die Befragten. TESTAT berechnet für dieses Modell die Skalenwerte -0.944, 0.366 und 1.411 für die Befragten mit je einem, zwei oder drei zugestimmten Items.

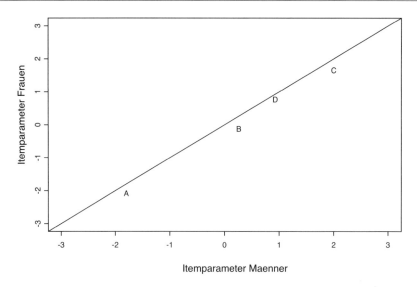

Abbildung 4-21: *Graphischer Test der Itemparameter eines Rasch-Modells mit 4 Items*

Als graphischer Test des Modells wurden die Itemparameter getrennt für Männer und Frauen berechnet. Das Ergebnis zeigt die Abbildung 4-21. Die Itemparameter unterscheiden sich in den Subgruppen kaum. Das Rasch-Modell scheint für diese Daten zu gelten. Damit wäre ein Nachweis gelungen, dass hier tatsächlich eine Messung erfolgte.

Im Gegensatz zu fast allen anderen Messverfahren in der empirischen Sozialforschung gibt es für das Rasch-Modell eine explizite messtheoretische Begründung: Repräsentations- und Eindeutigkeitssätze liegen vor.[1] Häufig wird die Rasch-Skala als geeignet angesehen, um Ratioskalen-Niveau zu erreichen.[2]

Die beschriebenen Vorteile des Rasch-Modells erlauben die Untersuchung von Fragestellungen, die mit anderen Skalierungstechniken kaum angegangen werden können.

DUNCAN (1984a; 1984b) erörtert so z. B. die Untersuchung, ob die Frageform sich auf die wahrgenommene Bedeutung einer Frage auswirkt sowie die Möglichkeit, Items, bei denen sich die Bedeutung im Zeitablauf änderte, von solchen Items zu

---

[1]   Das Rasch-Modell kann als Beispiel für „additive conjoint measurement" angesehen werden (vgl. PERLINE/WRIGHT/WAINER 1979). Eine ausführliche Behandlung des Rasch-Modells aus der Sicht der axiomatischen Messtheorie geben STEYER/EID (1993:215-279).
[2]   vgl. WOTTAWA (1979:70-74), HAMERLE (1979) und FISCHER (1983:623).

unterscheiden, bei denen die Bedeutung sich nicht veränderte. Unterscheiden sich bei einer Analyse Subgruppen (z. B. ethnische Minderheiten) in ihrem Antwortverhalten von den restlichen Befragten, kann man mit Hilfe von Rasch-Modellen untersuchen, ob die beobachtbaren Unterschiede auf Unterschiede in der Ausprägung der latenten Variablen oder auf Unterschiede in der Reaktion auf einzelne Items zurückzuführen sind. Aufgrund der möglichen politischen Implikationen der Diskriminierung von Minderheiten durch die Konstruktion von Leistungstests sind solche Untersuchungen vor allem in den USA von besonderer Bedeutung.[1]

Die Rasch-Skalierung ist ebenso wie die Likert- oder Guttman-Skalierung nachträglich bei einer vorliegenden Fragebatterie möglich, die Items unterscheiden sich in keiner Weise von den Items anderer Skalen, lediglich die Art der Analyse der Items ändert sich.[2] Bei der Rasch-Skala zeigt sich deutlicher als bei den anderen Skalierungsmethoden, dass es sich um ein mathematisches Modell für das Antwortverhalten handelt. Gilt das Modell, so lassen sich eine Reihe interessanter Schlüsse ziehen. Gilt das Modell nicht, so liegt keine Messung (im Sinne des Modells) vor. Die Einsicht, dass eine Fragebatterie keine Messung darstellt, ist häufig die wichtigste Einsicht, die man aus Daten gewinnen kann.

Das Rasch-Modell wurde in mehrfacher Hinsicht verallgemeinert und ausgebaut.[3] Die bedeutendsten dieser Verallgemeinerungen erhalten die zentralen Eigenschaften des Rasch-Modells. So gibt es Modelle für mehr als zwei Antwortkategorien („Rating-Scale-Modelle").[4] Solche Modelle erlauben z. B. die Überprüfung, ob Abstände zwischen mehrstufigen Antwortkategorien gleich groß sind oder nicht. Noch

---

[1] Solche Untersuchungen finden sich in der Literatur unter dem Stichwort „item bias", vgl. einführend THISSEN/STEINBERG/GERRARD (1986).

[2] Eine praktisch orientierte Einführung in die Entwicklung von Rasch-Skalen ist das leicht verständliche Lehrbuch von HAMBLETON/SWAMINATHAN/ROGERS (1991). Als Beispiel sei auf die ausführliche Darstellung der Entwicklung einer Rasch-Skala zur Messung von „Loneliness" bei DE JONG-GIERVELD/KAMPHUIS (1985) hingewiesen.

[3] Hier muss die nach MOKKEN (1971) benannte „Mokken-Skala" erwähnt werden. Die Mokken-Skala stellt ebenfalls eine probabilistische Verallgemeinerung der Guttman-Skala dar. Die Mokken-Skala basiert auf der Annahme monotoner Itemcharakteristiken beliebiger Form, die lediglich überschneidungsfrei sein müssen. Aufgrund dieser weit schwächeren Annahmen besitzt die Mokken-Skala kein axiomatisches Messmodell wie die Rasch-Skala. Einzelheiten finden sich z. B. bei MOKKEN (1997) und ROST (2004:136–138). Eine Kritik der Mokken-Skala geben ROSKAM/WOLLENBERG/JANSEN (1986); vgl. auch die Replik von MOKKEN u.a. (1986).

[4] Anfängern seien die Lehrbücher von ROST (2004) und EMBRETSON/REISE (2000) empfohlen. Eine rigorose Darstellung gibt FISCHER (1974; 1983), eine leicht verständliche findet sich bei WRIGHT/MASTERS (1982). Die Beiträge in dem Band von VAN DER LINDEN/HAMBLETON (1997) geben eine Übersicht über diese Entwicklungen.

interessanter sind Modelle, die nicht die Geltung eines Rasch-Modells für alle Befragten annehmen, sondern mehrere Rasch-Modelle mit unterschiedlichen Parametern in unbekannten Subgruppen der Befragten.[1]

Diese neueren Weiterentwicklungen des Rasch-Modells ermöglichen die Klärung von bisher kaum zugänglichen Problemen. Diese Modelle eignen sich z. B. für die Untersuchung, ob in einer Menge von Befragten eine Subgruppe zu finden ist, deren Antwortverhalten nicht auf eine systematische Reaktion auf die Iteminhalte zurückgeht.

4.4.2.5 Magnitude-Skalen

Eine in der empirischen Sozialforschung bislang selten angewendete Skalierungsmethode ist die sogenannte „*Magnitude-Skalierung*". Die Magnitude-Skalierung wurde in der Psychophysik entwickelt. Gegenstand der Psychophysik sind die Beziehungen zwischen physischen und psychischen Prozessen, z. B. Untersuchungen der subjektiven Wahrnehmung von Lautstärke.[2]

Die Magnitude-Skalierung basiert auf der Annahme, dass eine Person die Größe einer Empfindungsintensität unmittelbar angeben kann, z. B. durch eine Zahlenangabe. Wird z. B. ein Kreis als Stimulus vorgegeben, so können Personen ihre subjektive Wahrnehmung der Größe der Kreisfläche z. B. als Zahlenangabe wiedergeben. Für eine Messung muss zunächst ein Vergleichsmaßstab etabliert werden. Bei der ersten Darbietung eines Kreises wird der Befragte gebeten, eine beliebige Zahl zu nennen, die seiner Wahrnehmung der Größe des Kreisflächeninhalts entspricht. Diese Zahl wird als Vergleichszahl für alle folgenden Bewertungen verwendet. Wird z. B. vom Befragten der Wert „10" für einen bestimmten Kreis genannt, so müsste er den Wert „20" für einen Kreis angeben, der ihm doppelt so groß wie der Vergleichskreis erscheint.

Die Grundlage für die Magnitude-Skalierung liefert das sogenannte „*psychophysische Potenzgesetz*". Das Potenzgesetz gibt an, in welcher Weise sich eine Veränderung der Stimulusstärke auf die subjektive Empfindung auswirkt. Wenn die Reaktion, z. B. die Angabe einer Zahl, mit R bezeichnet wird und S für die Stärke des physikalischen

---

[1] Diese „Mixed-Rasch-Models" vereinen Eigenschaften des Rasch-Modells mit der Analyse latenter Klassen (LCA), vgl. hierzu ROST (1990) und ROST (2004). Entsprechende Programme z. B. WINMIRA (ROST 2004) oder LEM (VERMUNT 1997) können gleichzeitig die Parameter der Rasch-Modelle als auch die Zugehörigkeit der Personen zu den latenten Klassen schätzen.

[2] vgl. einführend z. B. GESCHEIDER (1985).

Stimulus, z. B. die Lautstärke, steht, so lautet das Potenzgesetz

$$R = k * S^b \tag{4.9}$$

wobei k eine Konstante und b den sogenannten *„charakteristischen Exponenten"* des physikalischen Stimulus darstellt. Jede *„Modalität"* (Lautstärke, Helligkeit, Kälte usw.) besitzt einen speziellen charakteristischen Exponenten.

Neben physikalischen Stimuli können auch Einstellungen mit der Magnitude-Skalierung gemessen werden. Für Einstellungsmessungen werden vor allem zwei verschiedene Antwortmöglichkeiten („Reaktionsmodalitäten") angewendet: Zahlenangaben und das Zeichnen von Linien. Beide Modalitäten besitzen einen Exponenten von 1.0. Bei der numerischen Messung (NM) werden die Befragten für jeden Stimulus aufgefordert, eine Zahl zu nennen, deren Höhe die Empfindungsstärke im Vergleich zu einer Vergleichszahl (NM_V) ausdrückt. Bei der Messung durch Linienzeichnen (LZ) werden die Befragten gebeten, eine Linie zu zeichnen, deren Länge der Empfindungsintensität im Vergleich zu einer Vergleichslinie (LZ_v) entsprechen soll. Häufig werden bei einer Einstellungsmessung mit Magnitude-Skalierung für jeden Stimulus beide Reaktionsmodalitäten erhoben.

Die Berechnung von Skalenwerten aus den Messungen ist einfach. Wenn zwei Modalitäten, z. B. LZ und NM, gemessen wurden, so liegen neben den zwei Messungen LZ und NM die beiden Vergleichsmessungen LZ_V und NM_V vor. Der Skalenwert ergibt sich als Mittelwert der beiden Quotienten

$$\text{Magnitude-Wert} = \frac{\frac{NM}{NM_V} + \frac{LZ}{LZ_V}}{2}$$

Ein Vorteil der Magnitude-Skalierung mit zwei Reaktionsmodalitäten besteht darin, dass ein Gütekriterium berechnet[1] werden kann. Wenn sowohl den Zahlenangaben als auch den Linienzeichnungen Verhältnisurteile zugrunde liegen, dann müssten die beiden Reaktionen proportional erfolgen: Verdoppelt sich z. B. die Zahlenangabe gegenüber der Vergleichszahl, so muss sich auch die Länge der gezeichneten Linie gegenüber der Vergleichslinie verdoppeln. Dieses Gütekriterium der Magnitude-Skalierung ist auf jede einzelne Messung jeder Person anwendbar; es lässt sich angeben, bei wie vielen Personen den Angaben Verhältnisurteile zugrunde liegen.

Die Magnitude-Skalierung ist auch in standardisierten Befragungen, wie sie in der

---

[1] Vgl. WEGENER (1978:10–13); zur praktischen Durchführung vgl. OPP u.a. (1984:298–303).

empirischen Sozialforschung üblich sind, einsetzbar.[1] Nach einer Trainingsphase von nur 6–8 Minuten, bei denen die Befragten z. B. um numerische Schätzungen und entsprechende Zeichnungen unterschiedlich langer Linien für die geschätzte Größe von Kreisflächen gebeten werden, sind nach Angaben von LODGE (1981:45) zwischen 95 und 97% der Befragten in der Lage, Magnitude-Schätzungen abzugeben. WEGENER (1978:19) gibt für 40 Items bei Magnitude-Messung eine Verlängerung der Erhebung gegenüber einer Ratingskala um 5–7 Minuten (einschließlich der Trainingsphase) an.

Die theoretischen Vorteile der Magnitude-Messung sind offensichtlich[2]:

- Das Antwortverhalten der Befragten wird nicht durch verbale Vorgaben (z. B. „Stimme überwiegend zu" bei Likert-Skalen) beeinflusst.
- Die Befragten können ihre Antworten so fein abstufen, wie es ihnen angemessen erscheint, es stehen beliebig viele Zwischenstufen zur Verfügung und nicht nur 5 oder 7 wie z. B. bei Likert-Skalen.
- Die Befragten können zwischen extremen Antworten, die bei anderen Verfahren in dieselbe Kategorie fallen würden, unterscheiden.

Inwieweit sich Magnitude-Skalen gegenüber anderen Skalierungsverfahren in der Praxis als überlegen erweisen lassen, ist zur Zeit noch unklar. Bemerkenswerterweise wird eine Form der Magnitude-Skalierung in großem Umfang in der Medizin sowohl in klinischen Anwendungen als auch in der Epidemiologie unter dem Namen „*visual analog scale*" (VAS) eingesetzt. Um z. B. das Ausmaß subjektiv empfundenen Schmerzes zu messen wird Patienten auf einer Pappkarte eine gerade Linie vorgelegt, bei der ein Ende mit „keinerlei Schmerzen", das andere Ende mit „die stärksten vorstellbaren Schmerzen" bezeichnet ist. Patienten markieren dann ihre empfundene Schmerzstärke auf der Linie z. B. durch einen senkrechten Strich. Für weitere Anwendungen von Magnitude-Skalen muss auf die Literatur verwiesen werden.[3]

---

[1] Die Magnitude-Skalierung wurde von WEGENER (1985) für die Konstruktion einer Berufsprestigeskala eingesetzt. OPP u.a. (1984) verwendeten Magnitude-Messungen für erwartete Sanktionsstärken in einer Untersuchung von KKW-Gegnern.

[2] Daneben wird noch das erreichbare Skalenniveau erwähnt: Die resultierenden Skalen sind eindeutig bis auf Transformationen durch Potenzfunktionen ($x' = u * x^r$), erreichen also das Niveau einer Log-Intervallskala.

[3] Eine kurze Einführung in die theoretischen Grundlagen der Magnitude-Skalierung bietet WEGENER (1978); praktische Probleme diskutieren WEGENER (1980), LODGE (1981) und SCHAEFFER/BRADBURN (1989). Weiterführende Arbeiten finden sich in einem von WEGENER (1982) herausgegebenen Sammelband.

4.5 Weiterführende Literatur

Die wissenschaftstheoretischen Hintergründe des Messens blieben hier vollständig unbeachtet. Einen fundierten Überblick gewinnt man durch die Lektüre von STEGMÜLLER (1974b); für eine Einordnung der Rolle des Messens in der Wissenschaftsentwicklung sollte KUHN (1978) herangezogen werden.

Die axiomatische Messtheorie konnte hier nur angerissen werden. Ihre praktische Bedeutung in der empirischen Sozialforschung (außerhalb der Kontroverse um „angemessene" statistische Verfahren) ist z.Z. sehr gering. Trotzdem sollen als deutschsprachige Einführungen (mit zunehmendem Schwierigkeitsgrad und Umfang) COOMBS/DAWES/TVERSKY (1975:19–44), ORTH (1983) und ORTH (1974) genannt werden. Eine erschöpfende Behandlung für mathematisch geschulte Leser bietet ROBERTS (1979).

Messverfahren in den Sozialwissenschaften werden sehr häufig von Vertretern „qualitativer Sozialforschung" kritisiert, vgl. z. B. BERGER (1985), CICOUREL (1974), LOHAUS (1983). Bei der Rezeption der Kritiken werden die vorhandenen Repliken (vgl. z. B. MARSH 1982:53–59, SIX 1977:58–61) häufig übersehen (z. B. von BERGER 1985:203). Ein Teil dieser Kritiken (insbesondere bei BERGER) beruht auf groben Missverständnissen: Die Kritik sozialwissenschaftlicher Messverfahren setzt eine fundierte Kenntnis der Verfahren voraus, die nicht allein durch die Lektüre allgemeiner Einführungswerke erworben werden kann. In dieser Hinsicht sei auf die hervorragenden Bücher von DAWES (1977) und SIXTL (1982) hingewiesen, die eine korrekte Darstellung aller wichtigen Skalierungsverfahren enthalten. Didaktisch gelungene Einführungen in die Testtheorie bieten DE GRUIJTER/VAN DER KAMP (2008) und vor allem ROST (2004).

Eine vorzügliche Darstellung wissenschaftstheoretischer Implikationen und der statistischen Behandlung von „Messfehlern" bei der Datenerhebung gibt ESSER (1984a). Weitaus technischer in Bezug auf statistische Verfahren bei der Untersuchung von Reliabilität und Validität ist die Arbeit von ZELLER/CARMINES (1980) sowie PEDHAZUR/SCHMELKIN (1991). Eine ausführliche Diskussion von Reliabiltätsschätzungen für Instrumente in Befragungen bietet ALWIN (2007).

Eine ausführliche und leicht verständliche Einführung in die Konstruktion von Skalen findet sich bei DEVELLIS (1991). Hinweise auf zahlreiche Skalen finden sich in dem eigentümlichen, aber hilfreichen Buch von MILLER/SALKIND (2002). Entsprechende Skalen aus dem Bereich der Sozialmedizin und Epidemiologie finden sich bei ADAY/CORNELIUS (2006).

Die Arbeiten von BLALOCK (1982) und DUNCAN (1984c) diskutieren Probleme des

Messens in den Sozialwissenschaften unter anderen Gesichtspunkten als die axiomatische Messtheorie. Die beiden genannten Arbeiten stellen höchst wichtige Vorarbeiten für die notwendige Verbesserung der Messverfahren in den Sozialwissenschaften dar. Zusammen mit dem Buch von MICHELL (1999) sind diese Arbeiten bei einer Beschäftigung mit Fragen des Messens in den Sozialwissenschaften unverzichtbar.

Kapitel 5

Forschungsdesign und Untersuchungsformen

Das Ziel sozialwissenschaftlicher Arbeit besteht in der Erklärung bzw. Prognose von sozialen Ereignissen. Das bedeutet, dass sich die empirische Arbeit des Wissenschaftlers im Wesentlichen auf die Überprüfung von Hypothesen bzw. Theorien konzentriert. Dieser Nachweis von theoretisch vermuteten Zusammenhängen erfolgt auf der Ebene von beobachtbaren Indikatoren. Dabei müssen eine Reihe von Entscheidungen darüber getroffen werden, wann, wo, wie und wie oft die empirischen Indikatoren an welchen Objekten erfasst werden sollen. Die Gesamtheit dieser Entscheidungen bezeichnet man als Untersuchungsanordnung oder „*Forschungsdesign*". Der (logische) Aufbau des Forschungsdesigns ist entscheidend für den Grad an Gewissheit, mit dem die Frage nach dem Zusammenhang zwischen zwei Ereignissen (Ursache und Wirkung; unabhängige und abhängige Variable) beantwortet werden kann.

Bei der konkreten Ausarbeitung eines Untersuchungsdesigns besteht das Ziel darin, möglichst viele alternative Erklärungen durch die Wahl des Designs auszuschließen. Für jedes Phänomen, und für alle diesbezüglich gesammelten Daten, gibt es nicht nur die vom Forscher vermutete Erklärung, sondern darüber hinaus unendlich viele weitere Erklärungsmöglichkeiten. Mit der Realisierung der gewählten Untersuchungsanordnung werden jedoch bestimmte alternative Erklärungen geprüft und gegebenenfalls ausgeschlossen.

Beispielsweise verschreibt ein Arzt allen Patienten, die ihn innerhalb eines bestimmten Zeitraums aufsuchen und über Müdigkeit und Niedergeschlagenheit klagen, ohne nähere Untersuchung ein Vitaminpräparat. Bei einer nach vier Wochen erfolgten Nachuntersuchung stellt er fest, dass sich die Patienten besser fühlen. Er folgert daraus, dass die Vitamineinnahme einen positiven Effekt bei Müdigkeit und Niedergeschlagenheit hat. Es stellt sich die Frage, ob seine Vorgehensweise ihn zu diesem Schluss berechtigt. Dies ist nicht der Fall, denn neben der Vitamineinnahme können auch andere Faktoren das Wohlbefinden gesteigert haben. Etwa: mehr Bewegung, andere Kost, Wetterbesserung, der pure Glauben der Patienten an das Präparat, das fürsorgliche Gespräch mit dem Arzt. Um die Glaubwürdigkeit dieser alternativen Erklärungen zu entkräften, hätte der Arzt eine Reihe von Vorkehrungen treffen müssen, so z. B. einem Teil der Patienten ein Placebo verabreichen, Veränderungen im Essverhalten und in den körperlichen Aktivitäten erfassen usw. Es wäre also ein Design zu entwickeln gewesen, das den Ausschluss alternativer Erklärungen erlaubt.

Ganz allgemein kann man Untersuchungsanordnungen, die der Überprüfung von Hypothesen dienen, Experimente nennen. Die Verwendung des Begriffs „Experiment" nimmt somit keinen Bezug auf den Ort (Labor oder Alltagsumgebung bzw. Feld) oder die Art der Datenerhebung (z. B. Beobachtung, Interview, Gruppendiskussion). Ein Experiment ist also keineswegs an ein „Labor", an „Versuchspersonen" und „Versuchsleiter" gebunden, sondern kann auch eine Umfrage mit 1500 Befragten sein. Die vorläufige weite Definition des Begriffs „Experiment" wird daher später anhand bestimmter Kriterien zu spezifizieren sein (vgl. Kapitel 5.4.1).

An einem Beispiel soll im Folgenden gezeigt werden, dass Designs in unterschiedlichem Maße zur Beurteilung von Hypothesen geeignet sind. Vermutet man zum Beispiel einen Zusammenhang zwischen dem Konsum von Filmen einer bestimmten Gattung (z. B. Kriegs-, Kung-Fu-, pornographische Filme) und der Tendenz zu aggressivem Verhalten, so könnte man sich zur Prüfung der Hypothese verschiedener Untersuchungsanordnungen bedienen[1]:

1. Man kann z. B. einer Gruppe von (Versuchs-) Personen (Vp bzw. Vpn) Filme vorführen[2] und danach die Neigung zu aggressivem Verhalten mit Hilfe einer Reihe von Fragen messen.[3] Eine solche Versuchsanordnung kann schematisch so dargestellt werden:

$$X \quad O$$
$$t_1 \quad t_2$$

Abbildung 5-1: *Design einer einmaligen Messung*

---

[1] Ein entsprechendes Experiment wurde z. B. von EBERLE/GROSSMANN (1978) durchgeführt, eine entsprechende Wiederholungsbefragung von KREBS (1981). Der Forschungsstand auf diesem Gebiet wird von FERGUSON/KILBURN (2009) zusammengefasst.

[2] Wir gehen hier von einer (vereinfachenden) Dichotomie „Film gesehen/Film nicht gesehen" aus. Erweiterungen bzw. Verfeinerungen dieser Vorgehensweise sind in der Forschungspraxis die Regel. So könnte man z. B. mehrere Experimentalgruppen bilden, die jeweils einer unterschiedlichen Anzahl von Filmen „ausgesetzt" werden oder die jeweils Filmen unterschiedlicher Darstellungsintensität (z. B. sehr brutale und weniger brutale) betrachten. Solche in ihrer Logik auf das hier zu demonstrierende Grundprinzip zurückgehende Designs werden dann als „faktorielle" bzw. „hierarchische" Versuchspläne bezeichnet (vgl. STELZL 1984:227–233; BORTZ 1984:410–430; KERLINGER 1975:351–413).

[3] Für die Aussagekraft einer solchen Untersuchung sind die hier nicht weiter präzisierte Definition und Operationalisierung der Aggressivität von zentraler Bedeutung. Je nach den verwendeten Messtechniken (Itembatterie, physiologische Erregungsmessung, direkt beobachtete aggressive Handlungen o. a.) sind ggf. unterschiedliche Ergebnisse möglich.

Dabei steht X für das Einwirken des experimentellen Stimulus (auch Treatment, Treatmentfaktor oder unabhängige Variable genannt) und O (von „Observation") für die Messung der möglichen Wirkung von X (die abhängige Variable). Im Beispiel ist das Betrachten der Filme der Stimulus und beobachtetes aggressives Verhalten die abhängige Variable.

Zur Überprüfung der Hypothese müsste man nunmehr verschiedene Vergleiche vornehmen. Bei dem Design mit einmaliger Messung müsste man im Prinzip den gemessenen Durchschnittswert der Neigung zu aggressivem Verhalten mit einem unbekannten Vorherwert vergleichen. Da dieser Wert jedoch nicht für die Versuchspersonen vor der Einwirkung von X gemessen wurde, muss man sich einen anderen Bezugspunkt für den Vergleich mit dem Nachherwert suchen. Ein solcher kann günstigstenfalls aus einer anderen Untersuchung bekannt sein, häufig muss jedoch auf zweifelhaftere Quellen zurückgegriffen werden: auf Alltagswissen, auf „allgemein Bekanntes" (CAMPBELL/STANLEY 1963:177). Wie die Verhältnisse in der Praxis auch immer sein mögen: Liegt der gemessene Wert „signifikant"[1] über dem herangezogenen Vergleichswert, so könnte daraus der Schluss gezogen werden, dass X die Neigung zu aggressivem Verhalten erhöht.

2. Es wäre auch möglich, zwei Gruppen von Personen zu bilden, die nach dem Zufallsprinzip einer Experimentalgruppe und einer Kontrollgruppe zugeordnet werden. Diese zufällige Zuweisung zu den Gruppen wird auch „*Randomisierung*" (R) genannt.

R:	O	X	O	Experimentalgruppe
R:	O		O	Kontrollgruppe
	t_1	t_2	t_3	

Abbildung 5-2: *Design einer Vorher-Nachher-Messung mit Kontrollgruppe*

In beiden Gruppen wird vor der folgenden experimentellen Manipulation (Setzung des Treatments) die Neigung zu aggressivem Verhalten gemessen. Diese erste Messung wird allgemein als „*Pretest*" oder Vorhermessung bezeichnet. Danach werden nur der Experimentalgruppe (Kriegs-, Kung-Fu- oder pornogra-

---

[1] Der Vergleich solcher Durchschnittswerte wird üblicherweise mit Hilfe statistischer Signifikanztests (vgl. Kapitel 9.4.2) durchgeführt. Etwas vereinfachend gesagt, geben diese Verfahren Aufschluss darüber, ob die Differenzen der jeweiligen Stichprobenkennwerte (Statistiken) durch reinen Zufall zustandegekommen sein können oder nicht.

phische) Filme gezeigt, worauf dann eine erneute zweite Messung der abhängigen Variable (in beiden Gruppen) erfolgt. Diese wird zumeist „*Posttest*" oder Nachhermessung genannt.

Das Design der Vorher-Nachher-Messung mit Kontrollgruppe verbessert im Vergleich zur einmaligen Messung die Beurteilungssituation deutlich. Da sowohl ein Vorher- als auch ein Nachherwert existiert, ist ein direkter Vergleich für die Experimentalgruppe möglich. Wenn das Treatment die vermutete Wirkung besitzt, so muss der zweite Messwert deutlich über dem ersten liegen. Zusätzliche Sicherheit gewinnt dieser Vergleich durch die Messungen in der Kontrollgruppe, die während des Experiments bis auf den Filmkonsum den gleichen Bedingungen ausgesetzt war wie die Experimentalgruppe. Wenn in der Experimentalgruppe eine klare Messwerterhöhung vorliegt, kann mit großer Sicherheit auf eine Wirkung von X geschlossen werden.

3. Man befragt eine (hinreichend) große Zahl zufällig ausgewählter Personen hinsichtlich ihres Konsums von bestimmten Filmen und misst in der gleichen Befragung ihre Neigung zu aggressivem Verhalten und hofft, dass sich bei entsprechender Analyse der Daten die Befragten dann nachträglich (ex post) in mindestens zwei Gruppen einteilen lassen: Personen, die häufig die entsprechenden Filme sehen, und Personen, die dies selten (oder nie) tun. Erstere könnten dann als Experimentalgruppe und die letzteren als Kontrollgruppe dienen:

X	O	Experimentalgruppe
	O	Kontrollgruppe
t_1	t_1	
(gemeinsam zu t_1 gemessen)		

Abbildung 5-3: *Survey-Design*

Das Symbol (X) steht auch hier für den Stimulus, der jedoch bei dieser Vorgehensweise nicht vom Forscher gezielt gesetzt wird und somit auch nicht kontrolliert werden kann, sondern bereits ohne das Zutun des Forschers bei den Befragten und ihren Lebensgewohnheiten vorliegt.

Bei dieser Versuchsanordnung liegen die Verhältnisse wiederum ungünstiger, als bei der Anordnung mit Vorher-Nachher-Messung plus Kontrollgruppe. Denn auch hier fehlt (wie bei der einmaligen Messung) eine explizite erste Messung vor der Manipulation durch X. Jedoch existiert hier eine Kontrollgruppe, deren Durchschnittswert niedriger sein müsste als der der Experimentalgruppe. Dies gilt jedoch nur, wenn sich tatsächlich nachträglich zwei Gruppen bilden lassen.

Eine Schwäche dieses Designs liegt nun darin, dass sich die beiden nachträglich gebildeten Gruppen auch schon vor einer ersten Messung unterschieden haben könnten. Dadurch ist auch hier (trotz einer Vergleichsgruppe) der forschungspraktische Schluss auf die Wirksamkeit von X bei unterschiedlichen Mittelwerten zwar möglich, aber wie im Design der einmaligen Messung nicht sehr sicher.

Allen drei Designs ist das Bemühen gemeinsam, eine vorliegende Hypothese zu beurteilen. Sie erlauben ein Urteil jedoch nicht mit gleicher Sicherheit. Der Grund hierfür liegt in ihrer unterschiedlichen Anfälligkeit für „*Störfaktoren*", die neben dem Treatment ebenfalls für eine Veränderung der Ausprägungen in der abhängigen Variablen verantwortlich sein können. Um die Effekte solcher Störfaktoren beurteilen zu können, müssen zuvor die prinzipiellen Probleme der Überprüfung kausaler Aussagen erläutert werden.

5.1 Probleme der Überprüfung kausaler Aussagen

Wissenschaftler sind vor allem an Aussagen über Kausalbeziehungen interessiert, also an Beziehungen zwischen „Ursachen" und ihren „Wirkungen".[1] In der Forschungspraxis wird eine Beziehung zwischen einer „Ursache" und ihrer „Wirkung" in der Regel dann als „kausal" interpretiert, wenn eine Reihe von Kriterien erfüllt sind (HILL 1965):

- Der Zusammenhang sollte stark sein,
- sich in unterschiedlichen Untersuchungskontexten an unterschiedlichen Population zeigen,
- die Ursache sollte zu einer spezifischen Wirkung führen,
- die Ursache sollte der Wirkung zeitlich vorausgehen,
- ein plausibler Mechanismus, der dem Kausalzusammenhang zugrunde liegt, sollte angebbar sein,
- zwischen Ursache und Wirkung sollte im Regelfall eine monotone Funktion („je mehr-desto") bestehen.

Der Nachweis kausaler Beziehungen ist keineswegs trivial.[2]

---

[1] Auf MACKIE (1980, S.62) geht die Definition einer Ursache als INUS-Bedingung zurück. Eine Ursache ist demnach ein „(...) insufficient but non-redundant part of an unnecessary but sufficient condition". Eine Ursache ist also einzeln nicht hinreichend, aber notwendiger Teil einer nicht notwendigen, aber hinreichenden Bedingung eines Ereignisses.

[2] Zur neueren Kausalitätsdiskussion in der Philosophie vgl. PEARL (2000) und SALMON (1998).

Bei einem einfachen Experiment wird ein Objekt einem besonderen Treatment unterzogen, der vermuteten Ursache. Möglicherweise zeigt ein Objekt die erwartete Reaktion. Leider kann nun nicht daraus geschlossen werden, dass die vermutete Ursache tatsächlich die Ursache für das beobachtete Verhalten war: Die Reaktion hätte vielleicht auch dann stattgefunden, wenn die vermutete Ursache nicht vorhanden gewesen wäre.[1] Das zentrale Problem der Prüfung kausaler Aussagen besteht darin, dass dasselbe Objekt nicht der vermuteten Ursache ausgesetzt und zugleich nicht ausgesetzt werden kann. So kann sich das Objekt allein durch den Test (oder auch durch den Nicht-Test) verändern, es kann reifen etc. Dieses Problem ist nur durch die Akzeptanz nur teilweise prüfbarer theoretischer Annahmen lösbar.

In der Folge der Arbeit der Statistiker Donald B. RUBIN und Paul W. HOLLAND ist daher die Interpretation eines kausalen Effekts als Interventionseffekt üblich. Hierbei wird in einem randomisierten Experiment die Differenz zwischen den Mittelwerten einer gemessenen Variablen für Objekte, die der vermuteten Ursache ausgesetzt wurden, und Objekten, die der vermuteten Ursache nicht ausgesetzt wurden, als kausaler Effekt interpretiert. Verglichen wird also für eine interessierende Variable die Differenz des Mittelwerts zwischen Versuchs- und Kontrollgruppe. Diese Differenz entspricht dem kausalen Effekt der vermuteten Ursache.[2]

Diese Interpretation der Mittelwertdifferenz als die Größe des kausalen Effekts ist nur dann gültig, wenn eine theoretische Annahme über die potentiellen Ergebnisse eines Experiments für alle Untersuchungsobjekte empirisch erfüllt ist. Diese Annahme wird als „SUTVA" bezeichnet. SUTVA steht für „stable unit treatment value assumption". Zentral für SUTVA ist die Annahme, dass für jedes Untersuchungsobjekt die potentielle Reaktion auf das Treatment bzw. die potentielle Reaktion auf das Nicht-Treatment nicht davon abhängt, dass andere Untersuchungsobjekte dem Treatment ausgesetzt bzw. nicht ausgesetzt werden. Für Individuen bedeutet dies z. B., dass das potentielle Ergebnis eines Experiments für eine Person nicht davon abhängen darf, ob sie oder eine andere Person zur Versuchs- oder Kontrollgruppe gehört.

Durch die Zufallszuweisung (Randomisierung) von Untersuchungseinheiten zur Treatment- und Nicht-Treatmentgruppe ist SUTVA garantiert; daher lassen sich Hypothesen über kausale Zusammenhänge am einfachsten in kontrollierten Experimenten mit Randomisierung überprüfen. In nicht-experimentellen Bereichen der Wissenschaft

---

[1] Dieser Sachverhalt wird gelegentlich in der Literatur als Problem „kontrafaktischer" Situationen („counterfactuals") bezeichnet. Ohne zusätzliche Annahmen (siehe weiter unten im Text) können über kontrafaktische Zustände keine sinnvollen Aussagen gemacht werden.

[2] Einzelheiten zu dieser Konzeption finden sich bei HOLLAND (1986).

kann SUTVA ohne Randomisierung selten als gegeben angenommen werden. Ein Teil der Implikationen der Annahme ist aber zumeist empirisch prüfbar.[1]

Eine der wichtigsten Aufgaben des Forschungsdesigns besteht darin, die Gültigkeit der SUTVA-Annahmen entweder durch das Design herzustellen oder soweit wie möglich zu überprüfen. Dazu gehört in der Forschungspraxis die Identifikation und Kontrolle von Störfaktoren des Experiments.

5.2 Störfaktoren

Die mit Hilfe der vorgestellten Designs gemessene (oder im Fall des Designs mit einmaliger Messung eher erschlossene) Differenz der Messwerte muss nicht zwangsläufig durch die unabhängige Variable verursacht worden sein. Es gibt eine Reihe von Störfaktoren, die u. U. ebenso für die Unterschiede verantwortlich sein können. Sie bilden in diesem Sinne alternative Erklärungshypothesen für die Veränderung in der Ausprägung der abhängigen Variablen. Die Güte eines Designs bemisst sich nun daran, inwieweit solche Alternativerklärungen bzw. der Einfluss von Störfaktoren möglichst weitgehend ausgeschlossen werden können. CAMPBELL/STANLEY (1963) benennen in ihrer klassischen Übersicht unter anderem folgende Störfaktoren:

- *Zwischenzeitliches Geschehen* („history", Zeiteinflüsse): Hierunter sind alle Ereignisse zu subsumieren, die zusätzlich zum Stimulus die abhängige Variable beeinflussen können. So wäre es im genannten Beispiel denkbar, dass zwischen Pre- und Posttest (bzw. vor der einzigen Messung) die Versuchspersonen von einem besonders abscheulichen Verbrechen (z. B. Kindesmord) Kenntnis erlangen und dieses Ereignis – und eben nicht die unabhängige Variable – die Tendenz zu aggressivem Handeln erhöht.

- *Reifungsprozesse* der Probanden („maturation" bzw. „decay", biologisch-psychologische Veränderungen): Die Varianz in der abhängigen Variablen wird durch „intrapersonale" Prozesse bedingt, also nicht durch die Einwirkung des Stimulus. So könnten die Versuchspersonen z. B. nicht nur aufgrund der Filme aggressiver werden, sondern auch, weil sie während des Experiments hungrig oder müde werden und die entsprechenden Bedürfnisse nicht befriedigen können. Oder aber es kann, wenn relativ lange Zeitabstände zwischen den

---

[1] Der tatsächliche Beweis kausaler Beziehungen ist daher nahezu unmöglich. Dies bedeutet aber nicht, dass Sozialwissenschaftler das Ziel der Gewinnung kausaler Aussagen aufgeben müssen: Das SUTVA-Problem legt nur eine größere Bescheidenheit in Hinsicht auf die Geltung von Hypothesen und insbesondere in Hinsicht auf die Verlässlichkeit interventionistischer Empfehlungen nahe, als es insbesondere in den angewandten Bereichen der Sozialwissenschaften üblich ist.

Messungen liegen, durch „normale" biologisch-psychologische Reifung eine
Änderung der Messwerte erfolgen. Diese sind besonders bei Untersuchungen
von Kindern und Jugendlichen möglich, jedoch auch bei Erwachsenen keineswegs auszuschließen.

- *Messeffekte* („testing", Testen): Die Veränderungen werden als Auswirkung des
  ersten Messvorgangs auf den zweiten erzeugt. In unserem Beispiel ist dieser
  Effekt weniger wahrscheinlich, jedoch sind derartige Auswirkungen bei kognitiven Tests häufig zu erwarten. Wird zum Beispiel in einem Experiment die
  Wirkung einer Variablen auf den Intelligenzquotienten (IQ) von Versuchsperso-
  nen ermittelt und dabei die Intelligenz in Pretest und Posttest mit dem gleichen
  IQ-Test gemessen, so können die Probanden aus dem ersten Messvorgang lernen.
  Sie denken über die Richtigkeit der gegebenen Antworten nach, merken sich
  richtige Lösungen o.ä. und verbessern so ihr Resultat bei der zweiten Messung –
  unabhängig vom Stimulus.
- *Hilfsmittel* („instrumentation", Veränderung im Messinstrument): Durch die
  Verwendung von unterschiedlichen Messinstrumenten, z. B. geänderte Tests,
  anders formulierte Fragen, ungleiche Antwortvorgaben o.ä., und variierende
  „Hilfsmittel", etwa verschiedene Versuchsleiter, Beobachter, Interviewer usw.,
  können Effekte auf die abhängige Variable möglich werden, die nicht durch
  die unabhängige Variable bedingt sind. So könnte etwa das betont arrogante
  oder devote Verhalten eines Versuchsleiters die Aggressivität der Versuchspersonen steigern oder mildern. In der sozialwissenschaftlichen Forschung sind
  eine Reihe solcher Effekte bekannt. So haben Versuchsleiter, aber auch Interviewer, Vercoder, Beobachter etc. (vgl. Kapitel 7.1.1.5) bestimmte Erwartungen
  (z. B. Hypothesenbestätigung) bezüglich des Ergebnisses einer Untersuchung.
  Diese Erwartungen können dazu führen, dass Versuchsleiter nicht willentlich
  z. B. durch Gestik, Mimik oder Wortwahl die Versuchspersonen in ihrer Reaktion auf die unabhängige Variable beeinflussen.[1]
- *Verzerrte Auswahlen* und *Ausfälle* („selection", „mortality"): Wenn sich die
  Experimental- und die Kontrollgruppe nicht nur hinsichtlich des Stimulus unterscheiden, sondern sich auch im Hinblick auf andere Merkmale, die ebenfalls
  Einfluss auf die abhängige Variable ausüben, heterogen zusammensetzen, so
  sind hierdurch Differenzen zwischen Pre- und Posttest möglich. Sollten etwa in der Experimentalgruppe deutlich mehr Männer vertreten sein, welche
  aggressives Verhalten als adäquate Reaktionsform während der Sozialisation

---

[1] Dieser wichtige Bereich der experimentellen und nicht-experimentellen Forschung ist zu einem
eigenständigen Forschungsgebiet geworden, der sog. „Artefaktforschung", vgl. Kapitel 7.1.1.5.

erlernt haben, als in der Kontrollgruppe, so könnte die Differenz zwischen beiden Gruppen auf die unterschiedliche Erziehung zurückgeführt werden. Neben solchen „verzerrten" Auswahlen können Ausfälle die Resultate des Experiments beeinflussen. Solche Ausfälle entstehen durch Personen, die nur am Pretest teilnehmen und danach zum Posttest nicht mehr zur Verfügung stehen. Ausfalleffekte sind dann möglich, wenn die Ausfälle nicht zufällig zustande kommen, sondern systematisch. Dies wäre etwa dann der Fall, wenn Personen mit besonders geringer Neigung zu aggressivem Verhalten von der Brutalität der gezeigten Filme so angewidert sind, dass sie den Versuch abbrechen und somit nicht mehr am Posttest teilnehmen.[1] Dadurch würde sich der Mittelwert der Experimentalgruppe erhöhen.

Die aufgezeigten Faktoren werden allgemein im Anschluss an CAMPBELL/STANLEY als Beeinflussungsfaktoren der „*internen Validität*" bezeichnet (auch interne Gültigkeit bzw. bei mangelnder Gültigkeit auch interner Fehler genannt).[2] Interne Gültigkeit ist dann gegeben, wenn das Treatment tatsächlich für die Variation der abhängigen Variable verantwortlich ist. Entsteht hingegen die Veränderung der Messwerte durch einen oder mehrere Störfaktoren, dann ist die interne Gültigkeit verletzt. Sind sowohl Störfaktoren als auch der Stimulus verantwortlich, so spricht man von einer „*Konfundierung*" der Effekte. Auch dann ist selbstverständlich die interne Gültigkeit nicht gegeben.

An die Frage nach der internen Validität schließt sich die zweite Frage nach der „*äußeren Validität*" (auch externe oder ökologische Validität bzw. bei mangelnder Gültigkeit auch externer Fehler genannt) an.[3] Diese ist definiert als Möglichkeit der Generalisierung der experimentellen Resultate auf andere Personen(-gruppen) und Situationen. Externe Validität liegt bei einem Design demzufolge vor, wenn die ermittelten Ergebnisse auf andere Personen in anderen Kontexten übertragen werden können.

---

[1] Zur Auswahl von Versuchspersonen sowie zu Ausfällen vgl. ausführlich Kapitel 6.

[2] Interne Validität (sowie die noch darzustellende externe Validität) ist von der Konstrukt-, Inhalts- und Kriteriumsvalidität (vgl. Kapitel 4) deutlich zu trennen. Letztere beziehen sich auf die exakte Messung bzw. Operationalisierung der abhängigen und der unabhängigen Variablen.

[3] COOK/CAMPBELL (1976) erweiterten die ursprüngliche Konzeption von interner und externer Validität, indem sie zusätzlich die statistische Schlussfolgerungsvalidität und die Konstruktvalidität spezifizierten. Beide Fassungen sind nicht ohne Kritik geblieben (GADENNE 1976; KRUGLANSKI/KROY 1976); sie tangieren jedoch die Pragmatik der experimentellen Forschung kaum (STROEBE 1978:24–26; BUNGARD 1984:22f.).

Diese Möglichkeit der Generalisierung auf andere Personen und Kontexte kann ebenfalls durch verschiedene Störfaktoren beeinträchtigt werden. Zwei dieser Störfaktoren sollen hier genannt werden:

1. *Reaktivität* oder *reaktive Effekte* des Messens: Durch die Durchführung des Pretests kann die Empfänglichkeit der Versuchspersonen für den Stimulus angeregt werden. Durch diese Sensibilisierung wird dann der Einfluss des Stimulus zusätzlich verstärkt oder verringert. Bei einer Anordnung mit Vorher-Nachher-Messung und Kontrollgruppe kann durch den Pretest die Intensität des Filmbetrachtens gesteigert und damit die Auswirkung von X im Vergleich zu nicht-experimentellen Situationen erhöht werden. Die Ergebnisse wären dann nur auf Gruppen übertragbar, die vorher an einem entsprechenden Pretest teilgenommen haben.

2. *Reaktive Effekte der experimentellen Situation* („effects of experimental arrangements"): Die experimentelle Situation kann gravierend von „der" Alltagssituation abweichen, wodurch zwar intern gültige Effekte nachweisbar sind, die aber u. U. im Alltagskontext ausbleiben. Wird etwa die Überprüfung der Film-Aggressivitäts-Hypothese in einem Universitätsinstitut durchgeführt, so kann es fraglich sein, ob die Ergebnisse auf den Alltagskontext übertragbar sind. Denn beim Fernsehkonsum im heimischen Wohnzimmer spielen möglicherweise eine ganze Reihe weiterer Variablen (Aufmerksamkeit, Anwesenheit Dritter, soziale Atmosphäre etc.) eine Rolle, die in einem Labor vielleicht nicht berücksichtigt wurden.

   Häufig spricht man der experimentellen Situation einen „Aufforderungscharakter" zu („demand characteristic"; ORNE 1969): Versuchspersonen überlegen, was der Versuchsleiter von ihnen erwarten mag, welchen Zweck die Untersuchung hat usw. Sie definieren die Situation und reagieren nicht nur auf den Stimulus, sondern handeln immer auch vor dem Hintergrund ihrer eigenen Situationsdefinition, was u. U. einen Effekt auf die abhängige Variable produziert (BUNGARD 1984:116–123).

CAMPBELL/STANLEY (1963) sowie SHADISH/COOK/CAMPBELL (2002) erwähnen weitere Störfaktoren als die bisher genannten. Dazu gehört insbesondere die Möglichkeit, dass verschiedene Störeffekte zusammenwirken können und so zusätzliche, über die reine Addition der einzelnen Störeffekte hinausgehende, neue Effekte („Interaktionseffekte") entstehen. Die Tabelle 5-1 enthält eine Reihe dieser Interaktionseffekte.[1]

---

[1] Für das Verständnis einiger der in der Tabelle genannten Effekte sind etwas weitergehende statistische Kenntnisse erforderlich. Für eine vertiefte Diskussion muss daher hier auf SHADISH/COOK/CAMPBELL (2002) verwiesen werden.

Problem	Erläuterung
Unangemessene Operationalisierung	Unangemessene Messung der Variablen
Mono-Method-Bias	Ursache und Wirkung auf die gleiche Art gemessen
Vpn erraten Hypothese	Vpn vermuten erwartetes Verhalten
Soziale Wünschbarkeit	Vpn versuchen einen guten Eindruck zu hinterlassen
Versuchsleiter-Erwartungen	VL Erwartungen kann Zuweisung zu Kontrollgruppe oder Daten verändern
Konfundierung von Konstrukten und Ausprägungen der Konstrukte	Keine Messung verschiedener Level von Ursache-Wirkungs-Zusammenhängen
Interaktionseffekte verschiedener Treatments	Vpn erfahren mehr als ein Treatment
Interaktionseffekte von Treatment und Tests	Sensitivierung durch den Pretest
Interaktionseffekte von Auswahl und Treatment	Generalisierung über die Auswahl hinaus nicht möglich
Interaktionseffekte des Settings und des Treatments	Generalisierung über das gegebene Setting nicht möglich
Zwischenzeitliches Geschehen	Externe Ereignisse zwischen Pretest und Posttest beeinflussen das Ergebnis
Interaktionseffekte des zwischenzeit-lichen Geschehens mit dem Treatment	Generalisierung über die Zeit nicht möglich
Reifung	Veränderung der Vpn zwischen Pretest und Posttest
Instrumentierung	Veränderung der Messinstrumente zwischen Pretest und Posttest
„Regression to the mean"	Selektion von extremen Fällen führt zu Veränderungsartefakten

Tabelle 5-1: Liste möglicher Störeffekte

Problem	Erläuterung
Auswahl	Ursprüngliche Unterschiede zwischen Kontroll- und Versuchsgruppe
Mortalität	Selektiver Ausfall von Vpn
Interaktionseffekte mit der Selektion	Unterschiede zwischen Kontroll- und Versuchsgruppe zusammen mit anderen Effekten (z. B. Reifung) führt zu Artefakten
Keine eindeutige Kausalrichtung	Unmöglichkeit der kausalen Reihung bei Retrospektiv- und Querschnittsstudien
Diffusion des Treatments	Kontrollgruppe hat Zugang zum Treatment
Kompensation des Treatments	Kontrollgruppe hat Zugang zum äquivalentem Treatment
Demoralisierung der Kontrollgruppe	Kontrollgruppe reagiert negativ durch den Vergleich mit der Versuchsgruppe
„Power"	Zu wenig Vpn
Falsche Anwendung statistischer Tests	Verzerrte Schätzungen oder falsch positive Tests
Reliabilität der Messungen	Hohes Ausmaß von Messfehlern in den Instrumenten
Zuverlässigkeit der Treatmentimplementierung	z. B. Patienten kooperieren nicht bei einer Therapie
Heterogenität der VPN	Unterschiedliches Ausmaß der Zufallsvariabilität der VPN kann Effekte produzieren
Zufallsstreuung anderer Variablen als die des Treatments	Unterschiedliches Ausmaß der Fehler anderer Variablen des Settings kann Effekte produzieren

Tabelle 5-1: Liste möglicher Störeffekte (Fortsetzung)

5.3 Techniken der Kontrolle von Störfaktoren

Ziel eines jeden Experiments ist es, alle genannten Störfaktoren soweit irgend möglich auszuschließen bzw. zu kontrollieren. Hierzu bedient man sich verschiedener Techniken: Elimination, Konstanthaltung, Matching bzw. Parallelisierung und Randomisierung.

5.3.1 Elimination

Unter „*Elimination*" versteht man die Ausschaltung denkbarer Störgrößen bei der Durchführung des Experiments. Alle Einflüsse, die auf die Messung bzw. Stimulation der unabhängigen und abhängigen Variablen störend einwirken könnten, werden nach Möglichkeit eliminiert. Da die Eliminationsmöglichkeiten in speziell für das Experiment hergestellten Örtlichkeiten (Labors) sehr gut sind, wurde das Laborexperiment häufig als ideale Vorgehensweise betrachtet. Der Versuchsleiter kann hier die Setzung des Stimulus und die Gesamtsituation weitgehend kontrollieren, störende Einflüsse optimal ausschalten und die aus der Theorie bzw. Hypothese abgeleiteten Untersuchungsbedingungen realisieren. In unserem Beispiel ist es so möglich, geeignete Filme auszuwählen, die Dauer der Filmbetrachtung zu steuern, Störungen durch andere Personen zu verhindern, Umgebungslärm zu minimieren usw., wodurch insgesamt die Aussagekraft der experimentellen Untersuchung steigt, weil Alternativerklärungen unwahrscheinlicher werden. Dies bedeutet jedoch nicht, dass Experimente immer im Labor stattfinden sollten. Dieses Vorgehen hat auch Nachteile (vgl. Kapitel 5.4.1). Darüber hinaus ist Kontrolle und Elimination auch in Alltagssituationen möglich (s.u.). Festzuhalten bleibt daher, dass man sich bei der Durchführung von Experimenten um eine maximale Kontrolle des Stimulus und seiner Variation bemühen muss.

5.3.2 Konstanthaltung

Nicht immer können alle möglichen Störeinflüsse eliminiert werden. So kann kaum ein Versuch durchgeführt werden, ohne dass man den Versuchspersonen bestimmte Verhaltensinstruktionen gibt: sei es durch anwesende Versuchsleiter, über Lautsprecher, Handzettel oder sei es per Computermonitor. Somit werden aber auch bestimmte „Nebeneffekte" bei der Setzung der unabhängigen und der Messung der abhängigen Variablen erzeugt – z. B. durch die Qualität der Sitzposition bei der Filmbetrachtung, die Form des Messinstrumentes (Fragebogen), das Anlegen von Elektroden oder die Verabreichung von Medikamenten. „*Konstanthaltung*" bedeutet nun, solche (mitunter unvermeidlichen) Einflüsse in beiden Gruppen möglichst gleichartig wirken zu lassen,

d. h. die Versuchsbedingungen für beide Gruppen bis auf das Treatment maximal anzugleichen. Im Beispiel wird man also auch der Kontrollgruppe Filme vorführen, jedoch natürlich keine einschlägigen Kung-Fu-, Kriegs- oder pornographischen Filme, deren Auswirkungen ja Gegenstand der Untersuchung sind.

5.3.3 Techniken zur Bildung von Kontrollgruppen

Die Bildung von Kontrollgruppen stellt eine weitere, entscheidende Forderung an jede experimentelle Vorgehensweise dar. Nur der Vergleich zwischen den beiden Gruppen, die bis auf den Treatmentfaktor weitestgehend ähnlichen Randbedingungen ausgesetzt sein sollen, ermöglicht relativ sichere Schlüsse auf die Effekte der unabhängigen Variable. Zur Rekrutierung vergleichbarer Gruppen dienen zwei Techniken: Matching und Randomisierung.[1]

5.3.3.1 Matching

Beim „*Matching*" (bzw. der „Parallelisierung") versucht man, bezüglich bestimmter Merkmalsausprägungen „gleiche" Personen der Experimental- und Kontrollgruppe zuzuordnen.[2] Vermutet man beispielsweise, dass das Verhältnis von Filmkonsum und Aggressivität auch von „dritten" Variablen, wie „geschlechtsspezifische Sozialisation" und „Bildung" der Probanden, abhängig ist, so wird man die Gruppenzugehörigkeit so matchen, dass von den Personenpaaren („matched pairs") mit jeweils den gleichen Merkmalsausprägungen je eine Person zur Experimental- und eine zur Kontrollgruppe gehört. In der Praxis wäre z. B. für jeden Versuchsgruppenangehörigen ein hinsichtlich Sozialisation und Bildung „gleiches" Kontrollgruppenmitglied zu bestimmen. Würde dies nicht geschehen, so wäre es z. B. möglich, dass in der einen Gruppe überwiegend Männer mit niedriger Bildung und in der anderen fast nur Frauen mit hoher Bildung vertreten sind, wodurch die Differenzen hinsichtlich des Merkmals „Aggressivität" nicht mehr mit hoher Sicherheit allein auf den Stimulus zurückgeführt werden könnten, sondern eben auch durch die Variablen „Sozialisation" und „Bildung" bedingt sein könnten.

Die Bildung von gleichen Paaren ist in der Praxis jedoch mit großen Schwierigkeiten verbunden – vor allem dann, wenn man die Paare nicht nur nach einem oder

---

[1] Hier wird zunächst nur Matching bei der Bildung von Kontroll- und Versuchsgruppen für echte Experimente diskutiert. Der Begriff „Matching" wird zunehmend für ähnliche Kontrolltechniken bei der Analyse von Quasi-Experimenten (vgl. Kapitel 5.4.2) verwendet.

[2] Zu den klassischen Überlegungen zum Problem der gleichen Paare bei J. St. MILL und dessen Überwindung vor allem durch R. A. FISCHER vgl. die Darstellung bei GREENWOOD (1972:191-203).

zwei Merkmalen bildet, sondern mehrere Variablen berücksichtigen will. Solche aus theoretischen Gründen beachtenswerte Variablen, die neben der unabhängigen Variable ebenfalls einen Einfluss auf die abhängige Variable haben könnten, nennt man allgemein „Drittvariablen". Inhaltlich sind auch sie als alternative oder konkurrierende Erklärungen zur Ausgangshypothese zu sehen. Denn es besteht zumindest hypothetisch die Möglichkeit, dass auch sie neben der unabhängigen Variablen und den Störfaktoren auf die abhängige Variable einwirken. Hält man z. B. neben der Sozialisation und der Bildung auch noch die materielle Zufriedenheit und das Alter der Versuchspersonen für relevante Drittvariablen, so muss für jede Versuchsperson in der Experimentalgruppe mit einer spezifischen Kombination von Merkmalsausprägungen innerhalb dieser vier Variablen eine äquivalente Person für die Kontrollgruppe gefunden werden.[1] Dies bedeutet, dass entsprechende Messungen durchgeführt werden müssen und dass häufig aus einer großen Anzahl von bereitwilligen Versuchspersonen nur wenige vergleichbare Paare resultieren. Weiter ist es selten unproblematisch, die für das Matching relevanten Drittvariablen zu bestimmen. Vor allem auf noch wenig erforschten Gebieten ist die Anzahl der möglichen Drittvariablen sehr groß, so dass eine Eingrenzung der Parallelisierungsmerkmale schwierig ist. Darüber hinaus besteht immer die Gefahr der Nicht-Berücksichtigung letztlich doch relevanter Variablen.[2]

5.3.3.2 Randomisierung

Als die Kontrolltechnik schlechthin wird die Randomisierung („Zufallszuweisung") betrachtet.[3] Das Prinzip der „Randomisierung" besteht in der rein zufälligen Zuweisung der Versuchspersonen zur Versuchs- oder Kontrollgruppe. Oder anders gesagt: Jede Versuchsperson hat die gleiche Chance, einer der beiden Gruppen zugewiesen zu werden. Der Zuweisungsprozess wird also nicht von soziologischen, psychologischen

---

[1] Von dieser Art der „matched pairs " (auch Präzisionskontrolle genannt) unterscheidet sich die weniger strenge Technik der parallelisierten Gruppen („matched groups"). Dabei wird lediglich verlangt, dass die Häufigkeitsverteilungen bezüglich der parallelisierten Merkmale in den Gruppen identisch sind. Es sind also keine gleichen Paare notwendig, aber in beiden Gruppen muss z. B. der Prozentsatz von „jungen" Versuchspersonen, von Versuchspersonen mit hoher Bildung etc. gleich sein (ZIMMERMANN 1972:69ff.). Diese Art des Matchings erlaubt weit weniger Kontrolle über die Störfaktoren als die Präzisionskontrolle. Zu diesen und anderen Formen des Matchings vgl. ANDERSON u. a. (1980:69–112).

[2] vgl. KERLINGER (1975:476f.). Besondere Probleme werfen Studien auf, bei denen die Bildung der Paare für die Erklärung des interessierenden Ereignisses (z. B. psychische Erkrankung) nachträglich erfolgen soll. Solche „retrospektiven Fall-Kontrollstudien" erlauben nur sehr begrenzt Aussagen über Kausalzusammenhänge (HOLLAND/RUBIN 1988).

[3] vgl. STAPF (1987:251), FREY/FRENZ (1982:231).

oder biologischen Kriterien, sondern mittels eines zufallsbedingten Verfahrens (per Münzwurf, Losentscheid, Zufallszahlentabelle etc.) gesteuert. Stehen z. B. 200 Personen für die Aufteilung in eine Versuchs- und eine Kontrollgruppe zur Verfügung und lässt man jede Person ein Los aus einer Trommel mit 200 gut gemischten Losen ziehen, von denen 100 den Buchstaben V (für Versuchsgruppe) und 100 den Buchstaben K (für Kontrollgruppe) tragen, so führt dieses Vorgehen dazu, dass ein systematischer Zusammenhang zwischen den personalen Merkmalen (Sozialisation, Bildung, Zufriedenheit u. a.) der Versuchspersonen und ihrer Zugehörigkeit zu einer der beiden Gruppen praktisch ausgeschlossen werden kann. Daher sind systematische Unterschiede in der Gruppenzusammensetzung höchst unwahrscheinlich. Damit wirken dann aber auch alle Drittvariablen in beiden Gruppen gleichartig und die gegebenenfalls vorliegende Veränderung in der abhängigen Variablen ist mit großer Sicherheit auf den Stimulus zurückzuführen.[1]

5.4 Forschungsdesigns

Die Ausführungen zu den möglichen Störvariablen und den Techniken der experimentellen Kontrolle haben verdeutlicht, wie sehr die Interpretationsmöglichkeiten eines Experiments von der Beachtung der Störmöglichkeiten und ihrer Ausschaltung abhängig sind. Nur echte Experimente erlauben die systematische Kontrolle von Störfaktoren und schalten damit eine Vielzahl möglicher Alternativerklärungen aus.

5.4.1 Echte experimentelle Designs

Es ist sinnvoll und üblich, nur solche Untersuchungen als echte Experimente zu bezeichnen, die:

- eine Hypothese prüfen,
- diesen Test durch eine kontrollierte Setzung des Treatments durchführen
- und die Versuchsbedingungen mit Hilfe der Techniken der Elimination, Konstanthaltung und Randomisierung kontrollieren.[2]

Von den bisher erörterten Designs wird lediglich die Vorher-Nachher-Messung mit Kontrollgruppe den genannten Kriterien völlig gerecht. Aber selbst dieses Design

---

[1] vgl. z. B. CRANO/BREWER (1975:44–46) oder RIECKEN/BORUCH (1974:53–57).
[2] vgl. GREENWOOD (1972:178). Einen kurzen Überblick über die verschiedenen Definitionen des Experimentes gibt STAPF (1987:240–243).

kann nicht alle möglichen Alternativerklärungen ausschließen. Je nach Inhalt der interessierenden Alternativhypothese muss das Design weiter verfeinert werden.

So ist es z. B. möglich, dass der Effekt nicht durch den Stimulus allein, sondern durch die Wechselwirkung des Stimulus mit einer vorherigen Messung entsteht. Will man diese Alternativhypothese ausschließen, so benötigt man zusätzlich zum Design der Vorher-Nachher-Messung mit Kontrollgruppe zwei weitere Gruppen. Beide Gruppen werden keinem Pretest unterzogen und nur eine dieser zusätzlichen Gruppen wird dem Treatment X ausgesetzt. Dieses experimentelle Design wird „SOLOMON-Viergruppenversuchsplan" genannt:

R:	O	X	O	Experimentalgruppe 1
R:	O		O	Kontrollgruppe 1
R:		X	O	Experimentalgruppe 2
R:			O	Kontrollgruppe 2
	t_1	t_2	t_3	

Abbildung 5-4: *SOLOMON-Viergruppenversuchsplan*

Mit Hilfe von echten Experimenten lassen sich alle genannten Störfaktoren der internen Validität kontrollieren.[1]

Sollte z. B. der Störfaktor „Reifung" einen Einfluss auf die abhängige Variable haben, so wirkt er in Kontroll- und Experimentalgruppen; (Mittelwert-) Differenzen zwischen Experimental- und Kontrollgruppen vermag er dann jedoch nicht (isoliert) zu begründen. Das gleiche gilt für den Störfaktor „zwischenzeitliches Geschehen"; denn je gleichartiger die Situation für Experimental- und Kontrollgruppen ist (Konstanthaltung), desto geringer ist die Chance, dass zwischenzeitliche Ereignisse (außer dem Stimulus) eine Differenz zwischen den Gruppen erzeugen können. Dies trifft auch für den Störfaktor „Hilfsmittel" zu: Die möglichst weitreichende Standardisierung von Messinstrumenten, Versuchsleiterverhalten etc. bedingt – wenn diese Hilfsmittel überhaupt einen Einfluss haben sollten – nur eine gleichförmige Veränderung in beiden Gruppen. Schließlich sind auch die denkbaren Probleme durch verzerrte Auswahlen und selektive Ausfälle zumindest partiell lösbar (vgl. Kapitel 6.7).

---

[1] Neben den genannten echten experimentellen Designs gibt es zahlreiche weitere, die sich für spezielle Fragestellungen eignen. Vgl. hierzu einführend SHADISH/COOK/CAMPBELL (2002).

5.4.1.1 Labor- und Feldexperimente

Echte Experimente führen in der Regel durch ihre Möglichkeiten der Kontrolle von Störfaktoren zu hoher interner Validität. Da in der Praxis der notwendige Einsatz der Kontrolltechniken zumeist mit einer Durchführung des Experiments im Labor einhergeht, kann aber die externe Validität leiden. Es können Störeffekte durch die experimentelle (Labor-)Situation auftreten. Es ist somit möglich, dass die intern validen Resultate eines Laborexperimentes nicht auf das Verhalten von Personen außerhalb des experimentellen Kontextes generalisierbar sind. Hier knüpft dann auch die gängige Kritik jeder Art von Forschung an, die im Labor betrieben wird, wobei – überspitzt formuliert – behauptet wird: Niemand verhält sich in einem Laborexperiment so wie im „richtigen" Leben.

Hingegen wird dem Feldexperiment, das in einer für die Versuchspersonen gewohnten Umgebung stattfindet, eine tendenziell höhere externe Validität zugute gehalten, da die Versuchspersonen in ihrer Alltagsumgebung verbleiben und der Versuchsleiter (inklusive aller zur Stimulussetzung und Messung der abhängigen Variablen erforderlichen Hilfsmittel) vor Ort erscheint. Die Versuchspersonen – so die gängige Vorstellung – (re)agieren dann in ihrer „natürlichen" Umgebung, wodurch Reaktivitätseffekte der experimentellen Situation minimiert werden und zugleich generalisierbare, praxisrelevante Resultate gewonnen werden. Verbunden mit dieser Strategie ist im Allgemeinen ein gesteigerter praktischer Aufwand. Unter Umständen müssen die Versuchspersonen an vielen verschiedenen Orten aufgesucht werden, es sind Hilfsmittel zu transportieren usw., d. h. es wird ein hoher personeller und materieller Aufwand nötig. Außerdem sind die praktischen Möglichkeiten, Störeffekte zu eliminieren bzw. konstant zu halten, ohne Eingriffe in die Lebensgewohnheiten der Versuchspersonen vorzunehmen, kaum gegeben und insofern werden Einbußen an interner Validität bei Feldexperimenten erwartbar.[1]

---

[1] vgl. ZIMMERMANN (1972:200–203); KERLINGER (1979:610–617); GACHOWETZ (1984:263). Dieses praxisbedingte Dilemma (BUNGARD 1984:19–23) zwischen Feld- und Laborexperiment bzw. interner und externer Validität hat sich vor allem in der Sozialpsychologie in der Debatte um „Labor- vs. Feldforschung" niedergeschlagen. Laborforschung steht dabei zumeist als Synonym für Laborexperiment, Feldforschung hingegen für Untersuchungen im Alltagskontext. Obwohl diese Wortwahl weit verbreitet ist, vermischt sie unzulässigerweise verschiedene Untersuchungskriterien: das Design und den Ort der Durchführung. Zwischen beiden Merkmalen besteht jedoch keine zwangsläufige Verbindung (zu den vielfältigen Definitionen der Begriffe „Laborexperiment" und „Feldexperiment", „Laborforschung" und „Feldforschung" vgl. STAPF 1987:241f.; GACHOWETZ 1984: 255ff; PATRY 1979:317–335). Dementsprechend gibt es prinzipiell und praktisch auch Feldexperimente, die trotz praktischer Probleme als intern valide gelten (BREDENKAMP 1969:363f.; ZIMMERMANN 1972: 201–203).

So einsichtig die Kurzformel „Labor = künstlich und intern valide, Feld = natürlich und extern valide" auch sein mag, sie kann doch nicht überzeugen. Die Artefaktforschung, also jenes spezielle Forschungsgebiet, das die Relevanz von Störeffekten jeder Art in experimentellen Studien thematisiert, hat gezeigt, dass auch Laborexperimente keineswegs eine Gewähr für intern valide Resultate bieten. Messeffekte, Versuchsleitereffekte und andere Einflüsse wurden trotz der gegebenen Kontrollmöglichkeiten auch für Laborexperimente nachgewiesen. Ebenso sind Feldexperimente nicht schon deshalb extern valide, weil sie „im Feld" durchgeführt werden (BUNGARD/BAY 1982:192–194); denn auch hier greifen die Wissenschaftler aktiv – sofern keine nicht-reaktiven Messverfahren angewendet werden (vgl. Kapitel 7.4) – in die „natürliche" Lebenswelt ein und verändern sie zumindest situational, wodurch „Verzerrungen" entstehen können. Es ist im Wesentlichen eine forschungspraktische Frage, ob die logischen Möglichkeiten einer experimentellen Anordnung auch genutzt werden können (BUNGARD 1984:21). Interne und externe Validität sind somit nicht als quantifizierbare Konzepte zu begreifen, mit deren Hilfe bestimmten Experimenten eindeutig bestimmte „Validitätskoeffizienten" zuzuschreiben sind, sondern als regulative Prinzipien zur Fehlerminimierung in der empirischen Sozialforschung. Die Idee der internen und externen Validität macht auf Schwachstellen von Forschungsdesigns aufmerksam und ist eine wertvolle Hilfe bei der Versuchsplanung und der kritischen Diskussion von Forschungsergebnissen.

Auch der Aspekt der Künstlichkeit bzw. Natürlichkeit von Experimenten (und auch von Ex-post-facto-Anordnungen) sollte nicht dichotom begriffen werden. Zunächst kann gefragt werden, welcher Aspekt der experimentellen Gesamtsituation denn in welchem Grade „natürlich" ist (TUNNELL 1977; PATRY 1979). Im Prinzip völlig unabhängig von der Frage, ob Feld- oder Laborexperimente vorzuziehen sind, kann die Umgebung, in der das Experiment stattfindet (das sogenannte „setting"), mehr oder weniger natürlich sein. „Wohnzimmeratmosphäre" kann in einem Labor hergestellt werden, ebenso wie der Arbeitsplatz einer Versuchsperson durch die experimentellen Hilfsmittel einen „künstlichen" Charakter annehmen kann. Die Verhaltensweisen, die durch die unabhängige Variable gemessen werden, können zum alltäglichen Repertoire des Probanden gehören (Medienkonsum, Sozialkontakte etc.) oder auch extrem außergewöhnlich sein (z. B. die Instruktion, andere Personen mit elektrischen Schlägen zu malträtieren); das gilt auch für die durch die abhängige Variable erfassten Handlungen bzw. Handlungstendenzen. Aus der Kombination dieser Aspekte ergeben sich bereits vielfältige Möglichkeiten, die nicht mehr eindeutig als natürlich oder künstlich charakterisiert werden können.

Letztlich stellt sich das Problem unter Umständen für jede Versuchsperson anders dar. Ein Stahlarbeiter empfindet wahrscheinlich andere Settings und Variablen als natürlicher als ein Student der Sozialwissenschaften (CRANO/BREWER 1975:68f.; PATRY 1982:33f.). Dies sind empirische Fragen, die nur empirisch beantwortbar sind und bei denen a priori-Klassifikationen wie „Feld vs. Labor" wenig nützlich sind. Die subjektiven Wahrnehmungen der Versuchspersonen in einer Forschungssituation sollten somit selbst zum Gegenstand theoretischer und empirischer Bearbeitung werden und in eine allgemeine Theorie des Experiments bzw. der Datenerhebung integriert werden (vgl. Kapitel 7.1.1.5).

5.4.1.2 Abgrenzung echter Experimente zu vorexperimentellen Designs, ex-post-facto-Designs und quasi-experimentellen Designs

Während in echten Experimenten die interne Validität weitgehend gesichert werden kann, gilt dies nicht für Designs, die die Kriterien echter Experimente nicht erfüllen.

Dies gilt besonders für die Anordnung mit einmaliger Messung (vgl. Abb. 5-1): Diese Untersuchungsform ist ein typischer Vertreter sogenannter *„vorexperimenteller Designs"*. Solche Untersuchungen sind durch mangelhafte Kontrolle (keine Randomisierung, keine Kontrollgruppe, kein Pretest) gekennzeichnet, wodurch letztlich sowohl interne als auch externe Validität stark gefährdet sind. Somit taugen vorexperimentelle Designs nicht als wissenschaftliche Strategien.

Das Survey-Design (vgl. Abbildung 5-3) stellt kein echtes Experiment dar, da die Kontrolle des Stimulus nur bedingt möglich ist. Der Stimulus wird nicht vom Forscher gesetzt, es findet nur eine Ex-post-Randomisierung statt. Solche Anordnungen werden allgemein als Ex-post-facto-Designs oder auch Korrelationsanordnungen bezeichnet. Sie sind im Gegensatz zu Experimenten Anordnungen, die Hypothesen prüfen, ohne die unabhängige Variable manipulieren zu können (bzw. zu wollen) und ohne eine Randomisierung der unabhängigen Variablen auf die Versuchspersonen vorzunehmen. Ex-post-facto-Designs können daher deutlich weniger Störfaktoren und damit alternative Erklärungen eliminieren. In der Forschungspraxis der empirischen Sozialforschung sind Survey-Designs die am häufigsten verwendeten Designs und werden daher ausführlich behandelt (vgl. Kapitel 5.4.3).

Als quasi-experimentelle Designs werden Designs bezeichnet, bei denen zwar Kontroll- und Versuchsgruppen existieren, die sich tatsächlich in der Stimulus-Setzung unterscheiden, bei denen aber die Zuordnung zu Versuchs- und Kontrollgruppen nicht durch Randomisierung erfolgt. In der Regel rekrutieren sich die untersuchten Objekte selbst zu Versuchs- oder Kontrollgruppen. Durch diese Selbstselektion sind alle quasi-experimentellen Designs besonders anfällig für Störfaktoren durch verzerrte Auswahlen und Ausfälle.

Obwohl echte Experimente unter allen vorhandenen Möglichkeiten der Prüfung von Hypothesen sicher die beste Vorgehensweise darstellen, sind sie in der Soziologie und Politologie relativ selten anzutreffen. Dies hat mehrere Gründe.

Will man experimentelle Resultate auf größere Personengruppen (Grundgesamtheiten) generalisieren, so sind spezielle Auswahlverfahren (insbesondere Zufallsauswahlen) zur Rekrutierung der Versuchspersonen unumgänglich. Sollen die Ergebnisse eines Experiments z. B. für die gesamte Bevölkerung der Bundesrepublik verallgemeinert werden, so ist es ratsam, eine entsprechende Auswahl (etwa eine Stichprobe mit vielleicht 1500 Personen) dem Experiment zugrunde zu legen (zu Auswahlverfahren vgl. Kapitel 6). Dies wäre mit großem Aufwand verbunden, da entweder die ausgewählten Personen in ein Labor kommen müssten oder aber die oft umfangreichen Hilfsmittel ins Feld zu transportieren wären.

Schwerwiegender jedoch als dieses technische Problem ist die Tatsache, dass sich viele sozialwissenschaftlich relevante Merkmale nicht gezielt und kontrolliert in ihren Ausprägungen verändern lassen, sofern selbstverständliche ethische und moralische Grundsätze von den Wissenschaftlern akzeptiert werden. Sollten z. B. Sozialisationsvariablen, Intelligenz, Schichtzugehörigkeit, Höhe des Bruttosozialproduktes, Grad der gesellschaftlichen Differenzierung, Straffälligkeit und andere Merkmale als unabhängige Variablen in einem Experiment eingesetzt werden, so können diese nicht zufällig den Versuchspersonen zugewiesen werden. Denn die Veränderung und zufällige Zuweisung dieser Merkmale entzieht sich weitgehend den Einflussmöglichkeiten der Untersuchenden.

Sowohl aus praktischen als auch aus ethischen Gründen sind nicht-experimentelle Designs also unvermeidlich.

5.4.2 Quasi-experimentelle Designs und Propensity-Score-Matching

Als quasi-experimentelle Designs wurden oben Designs bezeichnet, bei denen die Zuordnung zu Versuchs- und Kontrollgruppen nicht durch Randomisierung erfolgt. Zu diesen Designs werden sowohl „natürliche Experimente" als auch „Quasi-Experimente" gezählt.

Gelegentlich ergeben sich Situationen, z. B. politisch-administrative Veränderungen (Einführung eines neuen Schultyps, Erlass von Geschwindigkeitsbegrenzungen für Pkws, Implementierung zusätzlicher Fernsehprogramme oder soziale Reformen im weitesten Sinne), die als Manipulation der unabhängigen Variable angesehen werden können, auch wenn sie nicht wie im Experiment bewusst durch die Wissenschaftler hervorgerufen werden. Solche Änderungen können als „*natürliches Experiment*" genutzt werden. Typischerweise werden natürliche Experimente dadurch analysiert, dass man eine Zeitreihe von Messungen vor und nach dem Eintritt des Ereignisses miteinander vergleicht ("interrupted time-series"). Ein solches Design weist zahlreiche mögliche Störfaktoren auf, so z. B. zeitgleiche andere Ereignisse als die vermutete Ursache, Veränderung der Messverfahren, Selektionseffekte usw.[1]

Bei *"Quasi-Experimenten"* wird ein experimenteller Stimulus gesetzt, die Zuordnung zu Kontroll- und Versuchsgrupppe erfolgt aber durch die untersuchten Objekte selbst.

Innerhalb der *"Evaluationsforschung"*, die inhaltlich auf die Überprüfung der Auswirkungen politisch-administrativer Maßnahmen ausgerichtet ist, besitzen Quasi-Experimente eine große Bedeutung.[2]

Ein Beispiel für ein solches Quasi-Experiment stellen die "New Jersey Negative Income Tax Experiments" dar. Dabei wurden die Auswirkungen eines garantierten Mindesteinkommens bei ca. 4800 Familien auf das Arbeitsverhalten, Einstellungen u. a. über einen Zeitraum von sechs Jahren untersucht.[3] Die klassische Anwendung solcher Designs in den Sozialwissenschaften sind Studien zum Effekt von Arbeitsmarktmaßnahmen (LECHNER 2002): Verringert eine arbeitsmarktpolitische Maßnahme (z. B. Zusatzausbildung, Lohnergänzungen) die Arbeitslosigkeit in einer Region oder nicht?

Das zentrale Problem solcher Studien ist die Selbstselektion der Untersuchungsobjekte. Dieses Problem stellt sich bei der Evaluation fast aller politischen Maßnahmen, sei es bei der Bewertung des Erfolgs von Psychotherapien, der Sterblichkeit in Krankenhäusern, der Bewertung der Lehre von Professoren, des Erfolgs von Managementmaßnahmen oder der Strafverschärfung bei Ladendiebstählen usw. Korrekte Analysen solcher Maßnahmen müssen die Selektionseffekte berücksichtigen. Hierzu sind mittlerweile elaborierte Datenanalyseverfahren verfügbar.

Diese Verfahren werden allgemein als *"propensity score matching"* (PSM) bezeichnet. Ausgehend von den Arbeiten von ROSENBAUM/RUBIN (1983) wird beim PSM versucht, die Wahrscheinlichkeit zu schätzen, dass eine Person Mitglied der Versuchsgruppe wurde. Diese geschätzten Wahrscheinlichkeiten sind die "propensity scores". Teilnehmer der Versuchsgruppe werden mithilfe der Propensity-Scores den Nicht-Teilnehmern zugeordnet. Es werden also Unterschiede zwischen denjenigen Personen

---

[1] Eine ausführliche Darstellung findet sich bei SHADISH/COOK/CAMPBELL (2002:170-206).

[2] vgl. CAPORASO/ROOS (1973) und COOK/LEVINTON/SHADISH (1985). Einzelheiten zum Design solcher Studien finden sich bei SHADISH/COOK/CAMPBELL (2002); zur praktischen Durchführung von Evaluationsstudien vgl. ROSSI/FREEMAN/LIPSEY (2001).

[3] Das Großprojekt kostete ca. 70 Millionen Dollar (vgl. FEICK 1980; HUNT 1991).

in Kontroll- und Versuchsgruppe berechnet, die ähnliche Propensity-Scores besitzen. Durch dieses Matching hofft man, die unterschiedlichen Selbstselektionswahrscheinlichkeiten für Kontroll- und Versuchsgruppe kontrollieren zu können und so mögliche Störeffekte auf die Unterschiede zwischen den Gruppen auszugleichen.

Es gibt mehrere Varianten des Propensity-Score-Matchings. Die Grundidee aller Verfahren ist einfach. Alle Verfahren berechnen zunächst ein statistisches Modell zur Vorhersage der Zugehörigkeit zur Versuchsgruppe.[1] Dann werden die durch das Modell vorhergesagten Wahrscheinlichkeiten zum Matchen verwendet. Die einfachste Form ist das „nearest neighbor matching", bei dem für jede Person in der Versuchsgruppe dasjenige Mitglied der Kontrollgruppe gesucht wird, das den ähnlichsten Propensity-Score besitzt.[2]

Die erfolgreiche Anwendung des Propensity-Score-Matchings basiert auf zwei zentralen Annahmen:

1. Berücksichtigt man die Variablen zur Vorhersage des Propensity-Scores, dann ist das Ergebnis des Treatments unabhängig davon, welches Treatment gewählt wurde („conditional independence assumption").
2. Die Propensity-Scores der beiden Gruppen überlappen sich weitgehend („overlap" oder „common support assumption").

Anders gesagt: Die Unterschiede zwischen den Gruppen müssen tatsächlich kontrolliert und die geschätzten Selektionswahrscheinlichkeiten der Gruppen müssen hinreichend ähnlich sein. Die erste Annahme ist nicht direkt empirisch prüfbar, die zweite Annahme schon. Für die Korrektur der Selektionseffekte ist die Geltung beider Annahmen unverzichtbar. Die Anwendung des Propensity-Score-Matchings ist also keineswegs vollkommen unproblematisch.

5.4.3 Ex-post-facto-Anordnungen

Häufig sind jedoch weder die Bedingungen für Experimente noch für Quasi-Experimente gegeben. Dann muss versucht werden, die soziale Realität mit Hilfe eines Ex-post-facto-Designs nachträglich zu ordnen (KERLINGER 1979:589), ohne dass irgendwelche experimentellen Kontrolltechniken eingesetzt werden können.[3] Für dieses

---

[1] Meist handelt es sich um eine Variante der „logistischen Regression", vgl. Kapitel 9.5.4.
[2] Verständliche Darstellungen und Anwendungen mehrerer Varianten finden sich zusammenfassend bei RUBIN (2001) und ausführlich bei KHANDKER/KOOLWAL/SAMAD (2010) und KATZ (2010).
[3] Aus diesem Grund wird die Qualifizierung dieser Vorgehensweise als Ex-post-facto-Experiment häufig abgelehnt. Stattdessen wird auf Bezeichnungen wie „Ex-post-facto-Anordnung", „Ex-post-

Vorgehen ist das Survey-Design typisch. In einem Datenerhebungsprozess – zumeist einer Befragung – werden unabhängige und abhängige Variablen gemessen.[1] Dies ist zunächst mit Vorteilen verbunden: Mit relativ geringem finanziellen und personellen Aufwand können Daten für eine große Anzahl von Versuchspersonen erhoben werden, wodurch bei Anwendung entsprechender Auswahlverfahren Generalisierungen möglich werden.

5.4.3.1 Methodische Probleme von Ex-post-facto-Anordnungen

Aus dem Survey-Design ergeben sich vor allem drei schwerwiegende, aber unvermeidliche methodologische Probleme:

- das Problem der Varianz der unabhängigen Variablen,
- das Problem der kausalen Reihenfolge der Variablen,
- das Problem der Kontrolle von Drittvariablen.

5.4.3.1.1 Das Problem der Varianz der unabhängigen Variablen

Varianz auf der unabhängigen Variablen bedeutet, dass sich die Befragten in den Ausprägungen dieser Variablen unterscheiden. Ein Problem bei der nachträglichen Klassifizierung der Daten in eine (Quasi-) Experimental- und Kontrollgruppe tritt vor allem dann auf, wenn (mindestens) eine der interessierenden Merkmalsausprägungen nur relativ selten anzutreffen ist.

Will man beispielsweise überprüfen, ob die Nichtsesshaftigkeit einen Einfluss auf das Gesundheitsverhalten hat oder ob Absolventen von Gesamtschulen einen größeren beruflichen Erfolg haben als Gymnasiasten, dann muss man sicherstellen, dass in der Befragtengruppe sowohl eine hinreichende Zahl von Nichtsesshaften wie auch von Sesshaften bzw. von ehemaligen Gesamtschülern als auch von Gymnasiasten vertreten ist. Mit anderen Worten, bei dieser besonderen Designform muss die Varianz in den unabhängigen Merkmalen nach Möglichkeit maximiert werden.

Würde man bei solchen Fragestellungen keine besonderen Vorkehrungen bei der Auswahl der Untersuchungspersonen treffen, dann wären in einer (einfachen) Zufallsauswahl aufgrund der relativen Seltenheit der Merkmalsausprägungen „Nichtsesshaftigkeit" oder „Gesamtschüler" (bzw. erschwerten Erreichbarkeit der entsprechenden

---

facto-Design ", „Korrelationsanordnung " oder auch „observational studies" zurückgegriffen.

[1] Es können natürlich auch andere Erhebungstechniken (z. B. Beobachtung) angewandt werden. Da jedoch die Befragung das am häufigsten verwendete Instrument ist, werden Ex-post-facto-Designs gelegentlich mit der Umfrageforschung gleichgesetzt. Dies ist jedoch nicht korrekt.

Personen) nicht genügend Fälle (Nichtsesshafte bzw. Gesamtschüler) vertreten, um einen sinnvollen Vergleich der Gruppen durchzuführen.

Jedes Experiment basiert auf der unterschiedlichen Ausprägung der unabhängigen Variablen in Kontroll- und Versuchsgruppen. Wenn bei einem Survey lediglich eine sehr geringe Anzahl von Personen mit einer bestimmten Merkmalsausprägung vorhanden ist, kann man kaum überprüfen, ob die unabhängige Variable systematisch mit den Ausprägungen der abhängigen Variablen korreliert.

Vor der konkreten Auswahl der Personen muss daher festgelegt werden wie durch ein entsprechendes (disproportional geschichtetes) Auswahlverfahren die erforderliche Variation erreicht werden kann (vgl. dazu Kapitel 6.4.2.)[1] Um ein angemessenes Untersuchungsdesign zu entwickeln, benötigt man Informationen über die Verteilung der unabhängigen Variablen in der potentiellen Befragtengruppe. Solche Kenntnisse können aus anderen sozialwissenschaftlichen Untersuchungen oder auch aus der amtlichen Statistik gewonnen werden. Helfen beide Quellen nicht weiter, dann sind entsprechende Voruntersuchungen notwendig.

5.4.3.1.2 Das Problem der kausalen Reihenfolge von Variablen

Das Problem der kausalen Reihenfolge ergibt sich aus der Tatsache der einmaligen, gleichzeitigen Erhebung aller Daten: Misst man in der gleichen Befragung den Konsum von bestimmten Filmen und die Aggressivität, so ist völlig offen, ob der Filmkonsum die Aggressivität bedingt oder ob eine (wie auch immer erworbene) Tendenz zu aggressivem Verhalten den Konsum von bestimmten Filmarten nach sich zieht.

Ein notwendiges Kriterium für die Kennzeichnung eines Zusammenhangs als kausal liegt in der Zeitdifferenz von Ursache und Wirkung, die in Ex-post-facto-Designs eben nicht nachgewiesen werden kann. Daher sind die auf solchen Anordnungen basierenden Daten mit verschiedenen Hypothesen vereinbar.

Häufig wird versucht, dieses Problem dadurch zu lösen, dass Variablen erhoben werden, die sich auf einen früheren Zeitpunkt beziehen. Faktisch ist dies der Versuch, nachträglich eine Vorhermessung vorzunehmen.

So könnten z. B. die Fragen, die Aggressivität messen, zweimal gestellt werden. Zusätzlich zu den Fragen, die Aggressivität zum Jetzt-Zeitpunkt erfassen sollen,

---

[1] Die Situation kann u. U. komplizierter werden, wenn zusätzlich relevante Drittvariablen mit den unabhängigen Variablen systematisch kovariieren. Vermutet man etwa, dass auch die regionalen Arbeitsmarktbedingungen (gemessen in der Arbeitslosenquote) als Drittvariable Einfluss auf den beruflichen Erfolg haben, dann muss auch dieses Merkmal entsprechend variiert werden.

nimmt man äquivalente Fragen oder Items in den Fragebogen auf, die sich auf einen früheren Zeitpunkt beziehen, zu dem vermutlich die unabhängige Variable noch nicht einwirken konnte.

Solche retrospektiven Fragen („Wie war das als Kind ... ", „Als es solche Filme noch nicht zu sehen gab, ... ") sind jedoch mit großen Problemen verbunden. Erinnerungstrübungen, nachträgliche Rationalisierung von Erfahrungen durch die Befragten bilden Fehlerquellen, die zu erheblichen Verzerrungen der Ergebnisse führen können.[1]

5.4.3.1.3 Das Problem der Kontrolle von Drittvariablen

Auch die Kontrolle von Drittvariablen ist in Ex-post-facto-Anordnungen wesentlich schwieriger zu gewährleisten als in Experimenten. Da die Einwirkung der unabhängigen Variablen nicht nach dem Zufallsprinzip auf die Versuchspersonen verteilt werden kann, sondern ohne Zutun des Forschers bereits vorliegt (oder nicht), muss damit gerechnet werden, dass nicht nur die unabhängige Variable, sondern auch Drittvariablen mit der abhängigen Variablen (stark) korrelieren.

Somit kann folgende Situation eintreten: Diejenigen Befragten, die Filme einer bestimmten Gattung sehen, zeigen zugleich eine ausgeprägte Aggressivitätstendenz; Befragte, die keine dieser Filme sehen, zeigen auch nur geringe Aggressivitätstendenz. Dies würde sich in einer Korrelation zwischen Filmkonsum und Aggressivität niederschlagen. Nimmt man nun weiter an, dass die abhängige Variable nicht nur vom Filmkonsum abhängig ist, sondern auch vom demokratischen oder repressiven elterlichen Erziehungsstil, dann könnte sich zeigen, dass tatsächlich diejenigen, bei denen Konsum bestimmter Filme und Aggressivität sehr ausgeprägt sind, auch besonders repressiv erzogen wurden.

In einem solchen Fall gibt es mehrere Möglichkeiten, das Verhältnis der drei Variablen zueinander aufzufassen (vgl. LAZARSFELD 1976; ZEISEL 1970:113-142)[2]:

1. Unterstellt man aus theoretischen Gründen, dass die Drittvariable „Erziehungsstil" zeitlich sowohl „Filmkonsum" als auch „Aggressivität" vorangeht, so nennt man sie *„antezedierende Variable"*.
   In einem solchen Fall kann sich bei der Datenanalyse ergeben, dass „Erziehungsstil" jeweils mit „Filmkonsum" und „Aggressivität" stark korreliert, aber die

---

[1] vgl. hierzu ausführlich Kapitel 7.1.1.5.
[2] Damit wird deutlich, dass die Bezeichnungen „unabhängige Variable ", „abhängige Variable", „Drittvariable " sich lediglich aus der theoretischen Sichtweise einer Fragestellung ableiten. Wie die empirische Reihenfolge tatsächlich ist, wird nicht durch diese Bezeichnungen festgeschrieben.

$$Z \quad \longrightarrow \quad X \quad \longrightarrow \quad Y$$
$$t_1 \qquad\qquad t_2 \qquad\qquad t_3$$

Abbildung 5-5: *Antezedierende Variable Z*

ursprünglich starke Beziehung zwischen „Filmkonsum" und „Aggressivität" bei gleichzeitiger Berücksichtigung von „Erziehungsstil" verschwindet. Die Beziehung zwischen „Filmkonsum" und „Aggressivität" wird durch „Erziehungsstil" erklärt und erweist sich damit als *„Scheinbeziehung"* (*„Scheinkorrelation"*). Andere Beispiele für Scheinbeziehungen sind der Zusammenhang zwischen der Anzahl der Löschzüge und den Wasserschäden, der durch die Größe des Brandes als antezedierende Variable erklärt wird, oder die Korrelation zwischen der Anzahl der Störche und der Geburtenrate, welche über den regionalen Urbanisierungsgrad erklärbar wird.

Eine Korrelation von „Filmkonsum" und „Aggressivität" kann auch durch eine Drittvariable spezifiziert werden, etwa wenn diese Beziehung bei einer spezifischen Ausprägung von „Erziehungsstil" (z. B. repressive Erziehung) noch stärker wird und unter der anderen Ausprägung von „Erziehungsstil" (demokratisch) geringer wird oder ganz verschwindet. Es gibt also nur dann eine starke Verbindung von „Filmkonsum" und „Aggressivität", wenn eine spezifische antezedierende Ausprägung von „Erziehungsstil" vorliegt.

2. Tritt die Drittvariable zeitlich zwischen unabhängiger und abhängiger Variablen auf, wird sie als *„intervenierende Variable"* bezeichnet. Im Beispiel „Filmkonsum" und „Aggressivität" könnte „Konflikthäufigkeit mit dem (Ehe-) Partner" eine solche intervenierende Variable sein.

$$X \quad \longrightarrow \quad Z \quad \longrightarrow \quad Y$$
$$t_1 \qquad\qquad t_2 \qquad\qquad t_3$$

Abbildung 5-6: *Intervenierende Variable Z*

Es können zwei Formen intervenierender Variablen unterschieden werden: Die eine Form wird als „Interpretation", die andere Form als „Vorhersage" bezeichnet.

Bei der *„Interpretation"* wirkt die unabhängige Variable nur auf die intervenierende Variable. Der Zusammenhang zwischen „Filmkonsum" und „Aggressivität" könnte durch „Konflikthäufigkeit" interpretiert werden, wenn „Filmkonsum" nur auf „Konflikthäufigkeit" wirkt und „Konflikthäufigkeit" wiederum auf „Aggressivität". Das heißt, wer häufig bestimmte Filme sieht, kommt häufig in Konflikte mit dem Partner, die dann wiederum „Aggressivität" verursachen. „Filmkonsum" und „Aggressivität" stehen also in keinem direkten kausalen Verhältnis, wie ihre Korrelation nahelegen könnte. Vielmehr ist der Zusammenhang über die intervenierende Variable „Konflikthäufigkeit" vermittelt. Ein anderes Beispiel wäre der Zusammenhang zwischen dem Geschlecht und der Unfallhäufigkeit mit dem PKW (Frauen verursachen weniger Unfälle als Männer), bei dem die Drittvariable „durchschnittliche jährliche Fahrleistung in km" interveniert: Das Geschlecht hat keinen Einfluss auf die Unfallhäufigkeit (trotz hoher Korrelation), sondern nur auf die Fahrleistung und diese beeinflusst die Unfallhäufigkeit. Oder anders gesagt: Männer und Frauen, die gleich viele Kilometer fahren, haben auch die gleiche Anzahl Unfälle.

Als „*Vorhersage*" bezeichnet man jenen Fall, in dem je nach Ausprägung der intervenierenden Variable unterschiedlich starke Zusammenhänge zwischen unabhängiger und abhängiger Variablen zu beobachten sind. In diesem Beispiel könnte die Beziehung zwischen „Filmkonsum" und „Aggressivität" in der Gruppe mit hoher „Konflikthäufigkeit" sehr stark und in der Gruppe mit niedriger „Konflikthäufigkeit" sehr schwach sein.

3. Schließlich sei noch auf die Möglichkeit der „*verdeckten Beziehung*" bzw. scheinbaren Nicht-Korrelation hingewiesen. Dabei liegt zwischen abhängiger und unabhängiger Variablen keine bivariate Korrelation vor. Diese wird „verdeckt" von einer Drittvariablen.

   So wäre es möglich, dass „Filmkonsum" und „Aggressivität" zunächst in keinem korrelativen Verhältnis stehen, ein solches jedoch entdeckt wird, wenn die Drittvariable „Selbstvertrauen" berücksichtigt wird. Für Personen mit ausgeprägtem Selbstvertrauen besteht ein negativer Zusammenhang zwischen „Filmkonsum" und „Aggressivität", d. h. bei ihnen bewirkt „Filmkonsum" eine Verringerung von aggressiven Tendenzen; sie sind amüsiert oder gelangweilt. Anders hingegen für Personen mit schwachem Selbstvertrauen; sie reagieren aggressiv auf „Filmkonsum". Es gibt hier eine positive Beziehung von „Filmkonsum" und „Aggressivität". Hinter der Nicht-Korrelation der Ausgangsvariablen verbergen sich somit gegenläufige Zusammenhänge, die sich kompensieren und erst durch eine Drittvariablenkontrolle entdeckt werden.

Dies sind nur einige Beispiele, wie sich bivariate Korrelationen bei der Einbeziehung von Drittvariablen verändern können. Sie zeigen jedoch die Bedeutung, die bei Ex-post-facto-Studien der Drittvariablenkontrolle zukommt, und machen deutlich, dass bivariate Korrelationen keineswegs immer ein Indiz für kausale Abhängigkeit sein müssen.[1]

Für die Planung, Durchführung und Auswertung von Ex-post-facto-Studien ist es somit von überragender Bedeutung, ein Maximum der theoretisch sinnvollen Drittvariablen zu operationalisieren und zu erheben. Am Beispiel des Survey-Designs wird jedoch schnell deutlich, wie dadurch die Zahl der zu erfassenden Variablen ansteigt. Fragt man sich – ohne hier die jeweiligen theoretischen Hintergründe zu explizieren –, welche Variablen außer dem Konsum spezieller Filme die Aggressivität bedingen könnten, so lassen sich ad hoc eine ganze Reihe nennen: Schichtzugehörigkeit, Lebenszufriedenheit, geschlechtsspezifische Sozialisation, beruflicher Erfolg etc. Da die Anzahl theoretisch kaum zu begrenzen ist, aus forschungsökonomischen Gründen aber begrenzt werden muss, sollte man jedoch nicht „ad hoc Drittvariablen sammeln" – nach dem Motto „sie könnten alle interessant sein" –, wie dies leider häufig in der Forschungspraxis zu beobachten ist. Die einzig erfolgversprechende Strategie liegt in der systematischen und konsequenten Überprüfung einer theoretischen Argumentation, die bewusst eben nicht „alle denkbaren" Drittvariablen berücksichtigt, sondern „nur" jene, die einer stringenten Argumentation entspringen.

Als Beispiel kann die hier anstehende Hypothese vom Zusammenhang zwischen Filmkonsum und aggressiven Handlungstendenzen in eine Theorie der Informationsaufnahme und -verarbeitung integriert werden. Aus einem solchen theoretischen Blickwinkel wird die abhängige Variable als Reaktion auf eine bestimmte Bedingungskonstellation gesehen, die bestimmte (Dritt-) Variablen nahelegt: Informationsquelle (personale Kommunikation, Film, Fernsehen etc.), Glaubwürdigkeit der Informationsquelle, Dauer der Informationsaufnahme etc. In diesem Kontext wird die unabhängige Variable zu einer integrierten Variablen innerhalb eines Theoriegebildes, welches zugleich eine Reihe spezifischer Drittvariablen nahelegt. Eine entsprechende Studie gibt dann nicht nur Aufschluss über das Verhältnis zwischen dem Konsum von Filmen einer bestimmten Gattung und der daraus resultierenden Aggressivität, sondern auch über die Leistungsfähigkeit der gesamten Theorie.

Die Qualität einer Ex-post-facto-Untersuchung lässt sich somit vor allem an der Kontrolle von Drittvariablen erkennen, wobei keineswegs allein deren Anzahl entscheidend ist, sondern auch ihre theoretische Integration. Die theorielose Sammlung von Drittvariablen führt nicht selten zu schwer interpretierbaren Resultaten. So kann

---

[1] Zur Aufdeckung von Scheinbeziehungen sind eine Reihe von sogenannten „multivariaten Analysetechniken" entwickelt worden, die von einfachen Tabellenanalysen bis zu Strukturgleichungsmodellen reichen (vgl. Kapitel 9.3 und 9.5). In solchen Modellen können nicht nur drei, sondern theoretisch beliebig viele Variablen berücksichtigt werden.

eine „theorielose" Vorgehensweise z. B. ergeben, dass das Bruttosozialprodukt eines
Bundeslandes, der Zigarettenkonsum und auch der Filmkonsum in einem statistischen Zusammenhang zur abhängigen Variablen stehen. Dieses Resultat mag man
zwar interessant finden, aber es dürfte auch schwierig sein, ein theoretisch sinnvolles
Erklärungsmodell für diese Zusammenhänge zu entwickeln.

5.4.3.2 Paneldesigns

Die Aussagekraft von Ex-post-facto-Designs wird durch die einmalige, gleichzeitige
Messung aller relevanten Variablen gravierend eingeschränkt. Das mit diesem Design
verbundene Problem der kausalen Reihenfolge der Variablen kann jedoch durch wiederholte Anwendung dieses Designs abgeschwächt werden. Führt man z. B. zwei oder
mehr Datenerhebungen, man spricht auch von „*Erhebungswellen*" oder „*Wellen*", zu
unterschiedlichen Zeitpunkten (t_1, t_2, ..., t_n) auf der Grundlage des Survey-Designs
durch, so kann man über den Vergleich der Messwerte aus der ersten und zweiten
(bzw. n-ten) Messung feststellen, ob und wie sich die Variablen verändert haben und
welche statistischen Zusammenhänge zwischen den Variablen (gemessen an t_1) und
den (vermutlich) abhängigen Variablen (gemessen an t_2) bestehen. Umgekehrt ist es
nicht möglich, dass Variablen, die z. B. zum Zeitpunkt t_2 gemessen wurden, Einfluss
auf die Variablenausprägungen haben, die bei der ersten Welle gemessen wurden. So
kann das Problem der kausalen Reihenfolge weit besser bearbeitet werden als bei
einer Ex-post-facto-Anordnung. Sind Veränderungen zwischen t_1 und t_2 eingetreten,
so können diese mit Hilfe multivariater Analysetechniken untersucht werden.[1]

Damit gleicht diese Vorgehensweise sehr einem Experiment, ohne jedoch die entscheidenden Kriterien hierfür (gezielte Manipulation der unabhängigen Variablen,
Randomisierung) zu erfüllen. In der Praxis werden Panel-, Trend- und Kohortenana-
lyse zusammenfassend auch häufig „*Längsschnittuntersuchungen*" genannt und sind
meist an die Befragung als Erhebungstechnik gekoppelt. Prinzipiell sind jedoch auch
alle anderen Erhebungstechniken (vgl. Kapitel 7) einsetzbar.

5.4.3.2.1 Grundmodell des Panels

Als „*Panel*" bezeichnet man Untersuchungsanordnungen, die an denselben Personen
dieselben Variablen (mit derselben Operationalisierung) zu verschiedenen Zeitpunkten
erheben.[2] Z. B. würde man die Tendenz zu aggressivem Verhalten, den Konsum von

---

[1] Auf diese Techniken wird in Kapitel 9.5.8 eingegangen.

[2] vgl. LAZARSFELD (1962:253) und GALTUNG (1967:85). In der ökonometrischen Literatur werden
    Panels häufig als „cross sectional time series" bezeichnet. Davon müssen sorgfältig „Trendstudien"

bestimmten Filmen und auch alle theoretisch relevanten Drittvariablen (z. B. Konflikte mit dem Partner, berufliche Zufriedenheit etc.) mindestens zweimal – im Abstand von vielleicht vier Monaten – an denselben Personen erheben.

Durch den Vergleich der Messungen lassen sich dann intraindividuelle und interindividuelle Veränderungen festmachen. „Intraindividuell" bezeichnet die Veränderung eines Individuums auf einer Variablen zwischen den Zeitpunkten der Messungen; dieser Wandel wird *„interne Fluktuation"* oder *„turnover"* genannt. Die interindividuelle Veränderung bezieht sich auf die Änderung in der Gesamtheit der Gruppe der Versuchspersonen. Diese wird z. B. ermittelt durch Veränderung der Mittelwerte und/oder der Varianz der Variablen zwischen den verschiedenen Zeitpunkten. Eine solche Veränderung einer „Aggregatstatistik" wird als *„Nettoveränderung"* bzw. *„net change"* bezeichnet.

Ein fiktives Beispiel aus der Wahlforschung (MEYER/HERMANNS 1984:293) verdeutlicht die beiden Veränderungsarten: Im Juli und August eines Jahres wurden 1000 Personen im Hinblick auf ihre Wahlbeteiligung bei einer anstehenden Wahl befragt. Die Tabelle 5-2 zeigt die Nettoveränderung: Insgesamt hat sich die Verteilung zwischen Juli und August um 30 Personen verändert.

	Juli	August
gehe zur Wahl	870	900
gehe nicht zur Wahl	130	100
Summe	1000	1000

Tabelle 5-2: Nettoveränderung

Aus dieser Tabelle geht jedoch nicht hervor, wieviele und welche Personen ihre Einstellung geändert haben. Dies zeigt erst die interne Fluktuation (Tabelle 5-3). Dabei wird deutlich, dass der Nettoveränderung von 30 Personen insgesamt 70 individuelle Einstellungsänderungen zugrunde liegen. 20 Personen, die im Juli noch wählen wollten, beabsichtigen dies im August nicht mehr; 50 Personen, die im Juli nicht wählen wollten, geben im August jedoch eine Wahlabsicht bekannt.

(sogenannte „pooled cross sectional time series", auch „pseudo-panels" oder „repeated cross sectional data" genannt) unterschieden werden. Dabei werden über die Zeit unabhängige Stichproben aus einer Population gezogen, vgl. Kapitel 5.4.3.3. Im Vergleich zu Panels sind solche Studien weniger aussagekräftig, da keine Aussagen über individuelle Veränderungen möglich sind.

| | August | | |
| | gehe zur Wahl | gehe nicht zur Wahl | Summe Juli |
Juli			
gehe zur Wahl	850	(20)	870
gehe nicht zur Wahl	(50)	80	130
Summe August	900	100	1000

Tabelle 5-3: *Interne Fluktuation*

Panelstudien bieten die Vorteile des Ex-post-facto-Designs, können aber zusätzlich individuelle Veränderungen anzeigen und erleichtern die kausale Rekonstruktion von Ereignissen.

Für die interne und externe Validität von Paneluntersuchungen gilt das gleiche wie für Ex-post-facto-Designs: Insbesondere ergeben sich Probleme mit den Faktoren „zwischenzeitliches Geschehen" und „Reifung", vor allem dann, wenn die Abstände zwischen t_1 und t_2 (bzw. t_n) relativ groß sind; Messeffekte hingegen sind vor allem bei eher kürzeren Abständen zu erwarten (DIERKES 1977:130).

Bei der Planung und Durchführung von Panels ist die Wahl der „richtigen" Zeitabstände von zentraler Bedeutung (LAZARSFELD 1962:263–265). Hierfür kann man keine allgemein gültigen Regeln angeben, sondern hier muss nach inhaltlich-theoretischen Gesichtspunkten und ausgiebigen Vorüberlegungen entschieden werden. Untersucht man z. B. den Einfluss der Wählerwerbung durch die Parteien (Versammlungen, Plakatierung etc.) auf die Wahlentscheidung der Bürger, so sollte die gesamte Wahlkampfphase in verschiedene Intervalle zerlegt werden, und die Versuchspersonen (Befragten) sollten alle 14 Tage oder alle 4 Wochen befragt werden. Bei langfristigen Prozessen – etwa der Auswirkung der schulischen Sozialisation auf berufliche Aufstiegsmöglichkeiten – können zwischen den Messzeitpunkten mehrere Jahre vergehen.

Bei dem seit 1984 laufenden umfangreichsten bundesdeutschen Panel, dem sogenannten „Sozio-ökonomischen Panel" (SOEP), werden im Abstand von je einem Jahr alle über 16-jährigen Haushaltsangehörigen von ca. 6000 Haushalten (über 12000 Personen) befragt.[1] Bei diesem Panel wechselt ein Teil der Fragen von Welle zu Welle, um thematische Schwerpunkte setzen zu können. Diese betreffen z. B. Erwerbsbiographie, Ehebiographie, soziale Herkunft u. a. Die Daten, die zur wissenschaftlichen

---

[1] Das Sozio-ökonomische Panel wurde von der DFG (Deutsche Forschungsgemeinschaft) gefördert und wird vom DIW (Deutsches Institut für Wirtschaftsforschung) geleitet. Die Feldarbeiten werden von INFRATEST (München) durchgeführt; vgl. zu Einzelheiten HANEFELD (1987).

Bearbeitung jedermann zur Verfügung gestellt werden, erlauben somit eine detaillierte Analyse von individuellen und gesellschaftlichen Wandlungsprozessen zu einer Vielzahl sozio-ökonomischer Fragestellungen.

5.4.3.2.2 Methodische Probleme des Panels

Abgesehen von ihren Vorteilen besitzen Panelstudien aber auch besondere methodische Probleme:

- die Sicherstellung der Konstanz der Messinstrumente,
- die Ausfallrate bzw. Panelmortalität,
- die Veränderung der Teilnehmer des Panels durch die Teilnahme („Paneleffekte").

Konstanz der Messinstrumente

Die Konstanz der angewendeten Messinstrumente ist insofern problematisch, als sich bei Befragungen der semantische Gehalt von Begriffen (Frageformulierungen etc.) infolge des allgemeinen sozio-kulturellen Wandels verändern kann. Repliziert man Untersuchungen nach 10, 20 oder 30 Jahren, so ergeben sich u. U. gravierende Bedeutungsverschiebungen von sprachlichen Ausdrücken. Zum anderen ergeben sich in so langen Zeiträumen auch Verbesserungen der sozialwissenschaftlichen Mess- und Auswahlverfahren, die eine Entscheidung zwischen „alten" und neuen Techniken erfordern.[1]

Panelmortalität

Die Ausfallrate bei Panels, also der Anteil der Teilnehmer, die im Verlauf des Panels als Befragte ausfallen („*Panelmortalität*") ist das schwerwiegendste praktische Problem. Häufig sind Personen, die von der ersten Welle erfasst wurden, nicht mehr bereit oder fähig, an weiteren Messungen teilzunehmen. Diese Panelmortalität hat verschiedene Ursachen: Verlust der Teilnahmemotivation, Umzug (Adressänderung)[2], Krankheit, Tod etc. Das Ausmaß der Panelmortalität ist natürlich stark vom Zeitabstand und der Anzahl der Wellen sowie der Panelpflege (s.u.) abhängig. Dementsprechend schwanken die Ausfallquoten stark: So werden für das Sozio-ökonomische Panel je nach Welle Ausfälle zwischen 6% und 12.5% erreicht, bei anderen Panels wurden Ausfallquoten bis über 60% berichtet.[3] Panelmortalität ist vor allem deshalb problematisch,

---

[1] vgl. PORST (1983:26–27). Einen Überblick über die Probleme vergleichender Studien über große Zeiträume gibt MARTIN (1983).

[2] Pro Jahr wechseln 7–10% der Wohnbevölkerung der BRD die Wohnung (HANEFELD 1987:116).

[3] vgl. z. B. HOAG (1981) und RENDTEL (1990)

weil die Ausfälle häufig nicht zufällig, sondern systematisch erfolgen. Die „ausgefallenen" Personen unterscheiden sich also in Hinsicht auf relevante Variablen von den im Panel verbleibenden Personen (vgl. Kapitel 6.7).

Bei der Planung eines Panels muss die hohe Mortalität berücksichtigt werden. Einerseits ist ein höherer Stichprobenumfang als bei entsprechenden Querschnitterhebungen notwendig[1], andererseits müssen die Ausfälle während der Laufzeit des Panels gering gehalten werden.

Dies geschieht in der Regel durch eine intensive Panelpflege (CRIDER u. a. 1973). Man versucht den Kontakt zu den Befragten zwischen den Messungen aufrecht zu erhalten, um so Adressänderungen, Motivationsverluste u. a. feststellen und ihnen entgegenwirken zu können.[2]

Sowohl die größeren Stichproben als auch die notwendigen Maßnahmen der Panelpflege erhöhen natürlich die Kosten für Panelstudien, die deshalb eher selten durchgeführt werden.[3]

Paneleffekte

Unter „*Paneleffekten*" versteht man die Veränderung der Teilnehmer durch die wiederholte Befragung. Hierzu gehören Effekte wie die Ausbildung von vor der Befragung noch nicht bestehenden Einstellungen, die Veränderung oder die Verfestigung bestehender Einstellungen und Verhaltensweisen durch die wiederholte Befragung. Weiterhin gehören hierzu Veränderungen des Verhaltens der Befragten während der Interviews: Den Befragten ist der Ablauf und der Inhalt der Interviews bekannt; ihr Verhalten in der Interviewsituation wird daher von demjenigen von Erstbefragten abweichen. Gelegentlich bilden sich zwischen Interviewern und Befragten aufgrund wiederholter Befragung freundschaftliche Beziehungen, die das Antwortverhalten ebenfalls beeinflussen können.[4]

---

[1] Diese Empfehlung löst zwar nicht das Ausfallproblem, aber es gewährleistet die für eine sinnvolle Datenanalyse notwendige Fallzahl, die dann jedoch unter den selektiven Ausfällen leiden kann.

[2] Im Falle des Sozio-ökonomischen Panels erhalten die Befragten nach jeder Erhebung ein Dankschreiben, dem ein Jahreslos einer Lotterie beigefügt ist. Eine neue Erhebungswelle wird den Befragten zuvor in einem Schreiben angekündigt, vgl. INFRATEST (1986:25f) und HANEFELD (1987:263–268).

[3] Eine Liste größerer laufender Panelstudien findet sich bei ELLIOTT/HOLLAND/THOMSON (2008).

[4] Eine in der kommerziellen Marktforschung verbreitete besondere Form des Panels leidet unter den genannten Problemen in besonderem Maße: Sogenannte „Access-Panels". Hierbei wird entweder über eine ursprüngliche Zufallsstichprobe oder eine Stichprobe von Freiwilligen eine Ausgangsstichprobe zusammengestellt, deren Teilnehmer sich bereit erklären, an zahlreichen Nachfolgebefragungen teilzunehmen. Die Teilnehmer werden in der Regel besonders belohnt (z. B. durch Warengutscheine). Da durch die hohe Zahl von Nachfolgebefragungen Paneleffekte bedingt werden und durch die eventuelle Selbstrekrutierung zu Beginn und vor allem durch selektive Ausfälle (und deren Ersatz

Die Probleme der Konstanz der Messinstrumente, der Panelmortalität und der Paneleffekte müssen bei der Datenanalyse berücksichtigt werden. Bei einigen Fragestellungen werden bereits vor der Datenerhebung so erhebliche methodische Probleme erwartet, das spezielle Panel-Designs verwendet werden müssen.

5.4.3.2.3 Spezielle Paneldesigns

Zur Kontrolle des Einflusses von Panelmortalität und Paneleffekten auf die Ergebnisse des Panels sind mehrere Design-Varianten entwickelt worden (vgl. DUNCAN/KALTON 1987:100).

Bei einem „*alternierenden Panel*" wird die Stichprobe in Subgruppen (G_1, G_2 ...) eingeteilt, die dann abwechselnd in den Panel-Wellen (t_1, t_2 ...) befragt werden (Abbildung 5-7).

	t_1	t_2	t_3	t_4	t_5
G1	X		X		X
G2		X		X	

Abbildung 5-7: Alternierendes Panel

So wird z. B. eine Gruppe (G_1) in der ersten, dritten und fünften Welle und eine andere Gruppe (G_2) in der zweiten und vierten Welle befragt. Damit wird zum einen der Gesamtaufwand der Erhebungen verringert (jeweils weniger Befragte), zum anderen lassen sich eventuell Ausfälle aufgrund von Belastungs- und Gewöhnungseffekten („Warum fragen Sie das denn schon zum dritten Mal?") verringern. Darüber hinaus wird u. U. durch die längeren Zwischenräume zwischen zwei Befragungszeitpunkten die Gefahr von Paneleffekten verringert. Bei einer geringen Stichprobengröße ist dieses Design allerdings nicht angebracht, da bei mehrwelligen Panels durch die Ausfälle pro Welle Gruppengrößen erreicht werden, mit denen eine Analyse nicht mehr sinnvoll möglich ist. Da aufgrund der unterschiedlichen Erhebungszeitpunkte für die verschiedenen Gruppen von einer eingeschränkten Vergleichbarkeit der Ergebnisse ausgegangen werden muss, ist eine erneute Zusammenfassung der geteilten Stichprobe in den letzten Wellen nicht möglich; somit birgt dieses Verfahren die Gefahr des „Verlusts" der letzten Wellen mit sich.

---

durch zufällig ausgewählte neue Panelteilnehmer) im Verlauf solcher Studien unkontrollierbare erhebliche Panelselektions- und Panelmortalitätseffekte auftreten können, eignen sich Access-Panels für wissenschaftliche Studien allenfalls als Pretest. Keinesfalls kann für wissenschaftliche Zwecke ein Access-Panel eine traditionelle Panelstudie ersetzen.

Eine andere Design-Variante bildet das „*rotierende Panel*". Dabei sind nicht alle Befragten über alle Wellen im Panel; das Sample wird in Gruppen unterteilt (bei fünf Wellen z. B. fünf Gruppen), und bei jeder Welle scheidet eine der bisherigen Gruppen aus und wird durch eine nacherhobene neue Gruppe ersetzt (DUNCAN/KALTON 1987:103). Im Falle eines Fünf-Wellen-Panels würde dies (bei fünf Subgruppen) bedeuten, dass nur eine Befragtengruppe alle fünf Wellen durchläuft, je zwei Befragtengruppen durchlaufen vier, drei, zwei und nur eine Welle (Abb. 5-8).

	t_1	t_2	t_3	t_4	t_5
G1	X	X	X	X	X
G2	X	X	X	X	
G3	X	X	X		
G4	X	X			
G5	X				
G6		X	X	X	X
G7			X	X	X
G8				X	X
G9					X

Abbildung 5-8: *Rotierendes Panel*

Neben einer vergleichsweise kleinen Panelkomponente bedingt dieses Design einen erheblichen Aufwand, da zu jeder Welle eine Neuerhebung stattfinden muss. Schließlich besteht die Gefahr, dass insbesondere die interessanteste Gruppe (die Fünf-Wellen-Gruppe) unter hoher Panelmortalität leidet. Darüber hinaus werden die Gruppen, die nur an einer Welle teilnehmen (G_5 und G_9 in Abb. 5-8) aus der Längsschnittanalyse ausgeschlossen, wodurch sich erneut eine Verringerung des Samples ergibt.

	t_1	t_2	t_3	t_4	t_5
G1	X	X	X	X	X
Q1	X				
Q2		X			
Q3			X		
Q4				X	
Q5					X

Abbildung 5-9: *Geteiltes Panel*

Eine weitere Design-Variante ist das *„geteilte Panel"* („split panel survey", DUNCAN/ KALTON 1987). Dieses Design impliziert die Bildung von zwei Gruppen; eine Gruppe durchläuft dabei eine „normale" Panel-Untersuchung (G_1 in Abb. 5-9), die zweite Gruppe wird als rotierendes Panel oder auch nur als wiederholte Querschnittuntersuchung (Q_1 - Q_5 in Abb. 5-9) in die Erhebung aufgenommen. Diese Variante bietet zwar den Vorteil, für die Panelkomponente jeweils eine Kontrollgruppe in der Untersuchung zu haben, ist allerdings mit dem Nachteil eines erheblich höheren Aufwands bei der Auswahl (bei jeder Welle muss eine neue Gruppe gezogen werden) sowie einer erheblichen Reduzierung der Stichprobengröße in der Panelkomponente verbunden.

5.4.3.2.4 Kohortenstudien

Eine weitere Art der Längsschnittuntersuchung ist die *„Kohortenstudie"*. Kohorten werden durch Personen gebildet, bei denen annähernd zum gleichen Zeitpunkt ein spezielles Ereignis in ihrem Lebenslauf eingetreten ist (RYDER 1968:546). Am bekanntesten sind Geburtskohorten (Jahrgänge), aber auch andere Ereignisse können Kohorten definieren: Scheidungskohorten, Pensionierungskohorten, Einschulungskohorten, etc. Bei diesem Design rekrutieren sich die Versuchspersonen dann aus bestimmten Kohorten. Dabei kann man prinzipiell zwei Vorgehensweisen unterscheiden (GLENN 1977:9–10): Vergleich zwischen verschiedenen Kohorten oder innerhalb einer Kohorte.

Beim Intra-Kohorten-Vergleich sind die untersuchten Versuchspersonen zu verschiedenen Messzeitpunkten dieselben, z. B. werden Personen des Geburtsjahrgangs 1940 auf verschiedene Variablen hin untersucht, etwa in den Jahren 1960, 1970 und 1980. Beim Inter-Kohorten-Vergleich werden Mitglieder verschiedener Kohorten untersucht, die aber zu den jeweiligen Messzeitpunkten den gleichen zeitlichen Abstand zu dem die Kohorte definierenden Ereignis haben, z. B. Rentner verschiedener Altersgruppen jeweils 5 Jahre nach der Pensionierung.

Kohortenstudien sind echte Panelstudien und besitzen daher alle speziellen Vor- und Nachteile von Panelstudien im Allgemeinen. Kohortenstudien weisen aber ein zusätzliches Problem auf, das sogenannte „Identifikationsproblem". Bei Kohortenstudien lassen sich konzeptuell drei Effekte der „Zeit" unterscheiden:

- Effekte des historischen Zeitpunkts („Periodeneffekte"),
- Effekte des Alters der Mitglieder der Kohorte zu einem bestimmten Zeitpunkt („Alterseffekte") und
- Effekte der Zugehörigkeit zu einer Kohorte („Kohorteneffekte").

Periodeneffekte können z. B. in besonderen historischen Ereignissen oder langfri-

stigen Trends wie Klimawechsel bestehen; Alterseffekte können z. B. körperliche
Reifungsvorgänge sein und Kohorteneffekte können sich z. B. in bleibenden Vorlieben
für bestimmte Musikrichtungen zeigen. Da nur eine Kohorte über die Zeit verfolgt
wird, lassen sich diese drei Effekte ohne zusätzliche und schwer prüfbare Annahmen
nicht voneinander trennen.[1]

Kohortenstudien gelten als das typische Design für entwicklungspsychologische und
generationssoziologische Fragestellungen.[2]

Ein idealtypisches Beispiel für eine Kohortenstudie stellt die „British National Child
Study" (NCDS) dar. Dabei wurden 11 400 in Großbritannien im Zeitraum vom 3. bis
9. März 1958 geborene Kinder im Hinblick auf Gesundheit, Ausbildung, Einkommen
und verschiedene Einstellungen über eine Zeitspanne von 50 Jahren hinweg in acht
Wellen untersucht.[3]

5.4.3.3 Trendstudien

Als eine Abwandlung des Paneldesigns kann die „*Trendstudie*" (gelegentlich auch
unechtes Panel oder „*replikativer Survey*" genannt) gesehen werden.[4] Auch hier werden Variablen durch dieselben Operationalisierungen zu verschiedenen Zeitpunkten
gemessen, jedoch an anderen Personen, die aber über dasselbe Auswahlverfahren
ermittelt werden.[5] Trendanalysen bzw. replikative Surveys sind sozusagen genaue
„Nachbauten" vormals durchgeführter Studien.

Gegenüber dem Panel entfällt jedoch die Möglichkeit, Veränderungen an einzelnen
Individuen identifizieren zu können. Lediglich Veränderungen zwischen den beiden
Gesamtheiten der Befragten, also Veränderungen der Aggregatstatistik, sind feststell-
bar.[6] Weiterhin leiden alle Trendstudien an der großen Zahl möglicher Störfaktoren,
die den Vergleich der Ergebnisse der Erhebungen erschweren können. Dazu gehören

---

[1] Die Literatur zur Trennung dieser Effekte ist häufig verwirrend und teilweise schlicht falsch. Eine
    klare Darstellung des Forschungsstandes findet sich bei GLENN (2003).
[2] Der Ansatz des Kohortendesigns kann in verschiedener Hinsicht ausgeweitet werden und führt zu den
    sogenannten Sequenzplänen (vgl. DAUMENLANG 1984 sowie die dort angegebene Literatur).
[3] Einzelheiten der Studie finden sich bei FERRI/BYNNER/WADSWORTH (2003).
[4] Gelegentlich werden auch Trend- und Panel-Untersuchungen kombiniert. Ein Beispiel geben JEN-
    NINGS/V.DETH (1990). Bei dieser Studie zur politischen Partizipation wurden in drei Ländern in zwei
    Wellen Daten erhoben, wobei jeweils nur ein Teil der Befragten aus der ersten und zweiten Welle
    identisch war.
[5] Vgl. GALTUNG (1967:85); MEYER/HERMANNS (1984:292–294) und MARTIN (1983:677–679).
[6] Die gemeinsame Analyse mehrerer replikativer Surveys lässt sich elegant mit Regressionsmodellen
    durchführen, vgl. hierzu FIREBAUGH (1997).

insbesondere die Veränderungen der Erhebungsbedingungen und der Messinstrumente im Laufe der Zeit.[1]

Diesem Nachteil in der Aussagekraft stehen jedoch erhebliche forschungsökonomische Vorteile gegenüber, da der Aufwand zum Ausgleich der Panelmortalität durch Panelpflege entfällt. Trendanalysen sind also im Allgemeinen mit geringeren Kosten verbunden als Panelstudien.

Ein Beispiel für eine Trendstudie ist eine Untersuchung des Instituts für Demoskopie Allensbach, bei der eine Befragung aus dem Jahre 1953 im Jahre 1979 repliziert wurde. Dabei wurden 1953 ca. 3000 Interviews und 1979 ca. 2000 zu den Themen Politik, Freizeit, Religion u. a. durchgeführt (NOELLE-NEUMANN/PIEL 1983:75ff). Die Studie versucht, den Wandel von Einstellungen in der Bevölkerung über einen Zeitraum von 26 Jahren darzustellen. Zwar wurde dabei die Frageformulierung weitestgehend beibehalten, jedoch wurde das Auswahlverfahren geändert (vgl. NOELLE-NEUMANN/PIEL 1983:224ff), was die direkte Vergleichbarkeit der beiden Erhebungen beeinträchtigen kann.

Ein weiteres Beispiel für eine Trendstudie ist eine von ALLERBECK/HOAG (1985a) 1983 replizierte Studie aus dem Jahre 1962. Dabei wurden mit einem nahezu identischen Fragebogen und nach den gleichen Auswahlprinzipien die Veränderungen von politischen Einstellungen, Berufswünschen u. a. von Jugendlichen ermittelt. Besonders interessant werden Trendstudien dann, wenn Veränderungen über lange Zeiträume mit vielen einzelnen replikativen Surveys untersucht werden können.[2] Für solche Analysen benötigt man zahlreiche Datensätze mit möglichst vergleichbaren Datenerhebungen.[3]

Die „*Allgemeine Bevölkerungsumfrage der Sozialwissenschaften*" (ALLBUS) ist ein Beispiel für eine Trendstudie, die auf eine häufigere und in kürzeren Abständen erfolgende Datenerhebung ausgelegt ist. Diese Trendstudie wird seit 1980 im Abstand von je zwei Jahren wiederholt. „Seiner Konzeption nach ist der ALLBUS (...) ein Forschungsprogramm zur Erhebung und Verbreitung aktueller und repräsentativer

---

[1] MARTIN (1983) behandelt erschöpfend methodische Probleme des Vergleichs der Erhebungen in Trendstudien.

[2] Ein Beispiel für eine solche Studie stellt die Arbeit von SCHNELL/KOHLER (1995) dar. Hier wurde der theoretisch erwartete Rückgang der Erklärungskraft sozio-demographischer Variablen für das Wahlverhalten durch die Analyse von 37 unabhängig erhobenen vergleichbaren Surveys untersucht. Die methodische Diskussion in diesem Artikel und in der Folge dieses Artikels zeigt einige methodische Probleme von Trendstudien und Möglichkeiten ihrer Kontrolle.

[3] Zahlreiche erhebungstechnische Details können schon die Vergleichbarkeit sehr ähnlicher Surveys zu einem Zeitpunkt erschweren (vgl. hierzu SCHNELL/KREUTER 2000). Die gleichen Probleme stellen sich bei Längsschnittuntersuchungen noch eher, da in der Regel undokumentierte Details der Feldarbeit die Ergebnisse erheblich beeinflussen können.

Daten über Einstellungen und Verhaltensweisen der Bevölkerung der Bundesrepublik Deutschland. Er soll vornehmlich dem Ziel dienen, für Forschung und Lehre in den Sozialwissenschaften eine kontinuierliche, inhaltlich fruchtbare und methodisch anspruchsvolle Informationsgrundlage zu schaffen, die allgemein zugänglich ist" (PORST 1983:37). Der ALLBUS hat einen festen Kern von Fragestellungen, welcher in jeder Welle an ca. 3000 Personen erneut erhoben wird. Dieser Kern kann für Trendstudien genutzt werden. Der ALLBUS ist als Mehrthemen-Befragung konzipiert (d. h., es werden verschiedene soziologische Bereiche, z. B. Umwelt, Arbeit, Politik etc. thematisiert). Der ALLBUS erlaubt sowohl aktuelle Querschnittanalysen als auch Studien zum sozialen Wandel.[1]

5.5 Untersuchungsformen

Üblicherweise firmieren in den Sozialwissenschaften unter dem Label „Untersuchungsformen" neben den vorgängig dargestellten Forschungsdesigns weitere Forschungsstrategien, die spezielle Untersuchungsformen und Vorgehensweisen bezeichnen.[2] Diese häufig als Untersuchungsformen gekennzeichneten Vorgehensweisen stellen jedoch keine eigenständigen Forschungsstrategien, wie etwa das Experiment oder das Panel, dar. Es sind vielmehr spezielle Kombinationen von unterschiedlichen Techniken bei der Operationalisierung, Bestimmung der Auswahlelemente oder der Datenerhebung. Daher muss bei der Planung oder Beurteilung jeder sozialwissenschaftlichen Studie geprüft werden, welches Design im engeren Sinne Anwendung findet.[3] Nur durch die Analyse des Designs einer Studie kann die prinzipielle Aussagekraft einer Studie beurteilt werden. Dies gilt für alle Teilbereiche der Sozialwissenschaften, alle Erhebungsmethoden und alle Analyseverfahren.

Zu den wichtigsten speziellen Untersuchungsformen als Kombination der Grundtechniken gehören Einzelfallstudien, Sekundäranalysen und Netzwerkanalysen. Die *„Einzelfallstudie"* – auch Einzelfallanalyse, „case study" oder Fallstudie – nimmt ein

---

[1] Die Datensätze des ALLBUS können von Interessenten von Gesis (vgl. Anhang H) bezogen und für eigene Analysen genutzt werden.

[2] Je nachdem, welche Kriterien man für die Kennzeichnung einer Vorgehensweise als Untersuchungsform anlegt, kann man weitere Strategien charakterisieren und mit Namen benennen: z.B die *„qualitative Sozialforschung"*, die zumeist auf der Grundlage von Einzelfällen unstandardisierte Interviews verwendet, die *„oral history"*, die sich auf die Analyse mündlich wiedergegebener Biographien konzentriert, und viele andere.

[3] Häufig wird man bei der Beurteilung feststellen, dass es sich um Arbeiten ohne explizites Design handelt (scherzhaft: „no-design-study"). In diesen Fällen handelt es sich dann bestenfalls um prinzipiell nicht verallgemeinerbare Einzelfallstudien.

bestimmtes Objekt zum Untersuchungs- bzw. Analysegegenstand. Die „*Sekundär-analyse*" greift zur Deskription bzw. zum Hypothesentest auf bereits vorhandene Daten(-bestände) zurück.[1] Innerhalb des Forschungsprozesses entfällt somit der Datenerhebungsprozess. Bei der Netzwerkanalyse handelt es sich in erster Linie um ein Datenanalyseverfahren, das jedoch einer bestimmten Datenstruktur bedarf, die bereits bei der Planung der Untersuchung berücksichtigt werden muss.

5.5.1 Einzelfallstudie

Eine Einzelfallstudie als Betrachtung einer singulären Untersuchungseinheit muss sich nicht zwangsläufig auf die Analyse eines einzigen Individuums beziehen, sondern sie kann auch mehrere Individuen, die zusammen einen Untersuchungsgegenstand bzw. eine Analyseeinheit bilden, umfassen.[2] Häufig wird nach folgenden typischen Untersuchungseinheiten unterschieden:[3]

- Eine einzelne Person ist Gegenstand der Analyse.
  Dieser Fall ist z. B. im Bereich der Psychologie und Medizin häufig anzutreffen. Untersuchungen einer bestimmten Krankheit oder psychischen Störung werden an einem Patienten vorgenommen. Aber auch im Bereich der Sozialwissenschaften können einzelne Personen Analysegegenstand sein, z. B. bei einer Analyse der politischen Einflussmöglichkeiten des Bundespräsidenten, der Rolle des Vorsitzenden der Tarifkommission u. a. In der Soziologie war es vor allem die Chicagoer Schule, die Einzelfallstudien unter dem Begriff „life histories" zu einer spezifischen Untersuchungsform entwickelt hat (HAKIM 1987:63f.).
- Eine Personengruppe bildet die Analyseeinheit.
  Häufig genannte Beispiele hierfür sind die Studien von FESTINGER et al. (1956) über eine Sekte, die den Weltuntergang voraussagte oder die Gemeindestudie von MAYNTZ (1958) über die soziale Schichtung und den sozialen Wandel in einer Industriegemeinde.
- Eine Organisation ist Gegenstand der Untersuchung.
  So wird z. B. von WINKLER/KARHAUSEN/MEIER (1985) die Organisationsstruktur und Funktion des Deutschen Sportbundes (DSB) und seiner Einzelverbände zum Objekt einer Fallstudie.

---

[1] Zur Sekundäranalyse gehören auch diejenigen sogenannten „komparativen Studien", bei denen Kennziffern verschiedener Gesellschaften verglichen werden, vgl. Kapitel 5.5.2.1.2

[2] Bei Einzelfallstudien gibt es eine Vielzahl möglicher Kombinationen von Design und Erhebungstechnik, vgl. YIN (1993, 1994).

[3] vgl. PETERMANN/HEHL (1979:3); ALEMANN/ORTLIEB (1975:167–169)

- Schließlich werden in Soziologie und Politologie (ganze) Gesellschaften oder Kulturen als Einzelfälle behandelt.
  So kann z. B. die (klassische) Analyse von Geiger (1967), welche die „soziale Schichtung des deutschen Volkes" untersucht, als Einzelfallstudie betrachtet werden.

Einzelfallstudien können somit auf der Auswahlebene und auf der Analyseebene auf ein Individuum als Gegenstand zurückgreifen oder auf der Auswahlebene mehrere oder gar sehr viele Individuen umfassen, die jedoch im Hinblick auf das Untersuchungsziel als eine Einheit aufgefasst werden. Dies ist in der Regel der Fall bei Studien, die Erklärungen von Gruppen-, Organisations- oder Gesamtgesellschaftsphänomenen geben wollen. Die entsprechenden Hypothesen beinhalten dann zumeist Aussagen über Vernetzung, Arbeitsteilung, Informationsfluss, Entscheidungsprozesse u. a. zwischen und über Individuen hinweg. Auch wenn die Aussagen solcher Studien im Allgemeinen überindividuelle Sachverhalte betreffen, wird bei der Datenerhebung auf Individuen als Merkmalsträger zurückgegriffen.[1]

Es gibt verschiedene Gründe für die Festlegung auf eine Einzelfallstudie (Huber 1973:38–43): Zu erklärende soziale Ereignisse können raum-zeitlich und personell sehr selten sein, so dass sich praktisch keine Alternative zu einer Einzelfallstudie ergibt. Sowohl für Personen in bestimmten Positionen (Bundespräsident), Gruppen (Verfassungsrichter, Fußballnationalmannschaft der BRD), Organisationen (Weltbank, UN, IBM) als auch für Gesamtgesellschaften kann dies zutreffen. In diesen Fällen stellt sich gar nicht erst die Frage nach einem möglichen Auswahlverfahren (vgl. Kapitel 6), da die Analyseeinheit zugleich die Gesamtheit der möglichen Auswahlelemente darstellt.

In den Fällen, in denen es praktisch möglich wäre, mehrere vergleichbare Analyseeinheiten (Gruppen, Gemeinden, Unternehmen) zu untersuchen, führt oft ein Mangel an ökonomischen Forschungsmitteln zu einer Beschränkung auf Einzelfälle. Wenn aus diesen Gründen auf den Einsatz von Auswahlverfahren verzichtet wird, so ergibt sich daraus ein gravierender Mangel bezüglich der Generalisierungsfähigkeit der ermittelten Forschungsresultate.

Andererseits kann dieser Nachteil auch bewusst zugunsten einer differenzierteren Datenerhebung und -analyse in Kauf genommen werden (Barton/Lazarsfeld

---

[1] Innerhalb einer solchen Fallstudie können aber auch Aussagen für die als Informationsträger benutzten Individuen gemacht werden. In diesem Fall wäre dann korrekterweise nicht mehr von einer Einzelfallstudie zu sprechen. D. h. eine Studie kann je nach den Einheiten, über welche Aussagen erfolgen, sowohl den Charakter einer Einzelfallstudie als auch den einer „Vielzahl"-Studie haben.

1979:72–77). So beschränkte sich z. B. die Untersuchung von MAYNTZ (1958) zwar bewusst auf eine Gemeinde, umfasste dafür jedoch eine Vielzahl von Aspekten der sozialen Schichtung und Mobilität und hatte zudem „Pilotcharakter" für zahlreiche darauf aufbauende Untersuchungen. Eine generelle Empfehlung für oder gegen solche Fallstudien kann es nicht geben. Hier ist immer eine Abwägung zwischen der Vielschichtigkeit der interessierenden theoretischen Aspekte, dem bisherigen Kenntnisstand in dem betreffenden Forschungsgebiet und den Forschungsressourcen zu treffen. Schließlich können ethische Kriterien eine Beschränkung auf eine Einzelfallstudie nahelegen. Etwa wenn ein Drogenabhängiger in eine neue, bisher nicht bewährte Therapie eintritt.[1]

Einzelfallanalysen werden in den Sozialwissenschaften unter zwei unterschiedlichen Aspekten vorgenommen. Zum einen, wie bisher unterstellt, als Mittel der Beschreibung und Erklärung bzw. des Hypothesentests. Dabei unterscheiden sich die einzelnen Schritte des Forschungsprozesses abgesehen von der Realisierung eines Auswahlverfahrens nicht von anderen Forschungsstrategien. Zum anderen werden Fallstudien häufig in einer explorativen Absicht unternommen. Dabei verfolgt die Einzelfallstudie nicht das Ziel einer Theorieprüfung, sondern dient der Hypothesengenerierung. Unter dieser Zielsetzung wird die Einzelfallstudie zumeist in Verbindung mit weniger standardisierten Datenerhebungsverfahren (offenes Interview, teilnehmende Beobachtung) eingesetzt. Das so gewonnene Material liefert neben anderen Quellen dann wichtige Informationen zur Theoriebildung und Konzeptspezifikation. Dabei können, wie für den gesamten Entdeckungszusammenhang von Hypothesen und Theorien, keine allgemein verbindlichen Regeln angegeben werden.

5.5.2 Sekundäranalyse

Bei der „*Sekundäranalyse*" greift man zur Überprüfung seiner Hypothesen auf bereits vorhandene Datenbestände zurück. Die Vorteile dieser Vorgehensweise liegen in den erheblichen Einsparungen an finanziellen Mitteln und persönlicher Lebenszeit, die ansonsten für eine Datenerhebung notwendig wären.[2] Das Hauptproblem der Sekundäranalyse besteht darin, adäquate Daten zu beschaffen. Die Beschaffung der Daten kann sich vergleichsweise einfach gestalten, wenn die Sekundäranalyse „lediglich" eine zweite Auswertung eines vorhandenen Datensatzes unter Zugrundelegung der gleichen Theorie anstrebt. So überprüften HUMMELL/OPP (1969) die Untersuchung

---

[1] Dieser Einsatzbereich von Fallstudien, für den auch spezielle (experimentelle) Designs entwickelt wurden, wird z. B. von PETERMANN (1989) detailliert dargestellt.

[2] Daher sind Sekundäranalysen in akademischen Kontexten eher die Regel als die Ausnahme.

von LIPSET et al. (1956) zum „ehernen Gesetz der Oligarchie" mit teilweise anderen Analysemethoden.

Deutlich schwieriger ist die Datenbeschaffung für eine Sekundäranalyse, wenn bisher nicht geprüfte Theorien mit Hilfe von Daten getestet werden, die aus einem anderen theoretischen Blickwinkel bzw. zum Test einer anderen Theorie erhoben wurden. Es müssen dann Indikatoren bzw. Variablen aus vorhandenen Datenbeständen für die nunmehr interessierenden Konstrukte gefunden werden. Zugleich muss das Auswahlverfahren, welches für die bei der Sekundäranalyse benutzten Daten angewendet wurde, auch mit dem nunmehr angestrebten Aussagebereich kompatibel sein. So nützt es wenig, wenn geeignete Indikatoren vorliegen, diese jedoch nur an männlichen Jugendlichen erhoben wurden und die Sekundäranalyse Aussagen über Erwachsene anstrebt.

Für eine erfolgreiche Datensuche hinsichtlich Variablen und Auswahlverfahren leisten die sozialwissenschaftlichen Datenarchive sehr nützliche Dienste.[1] Sie stellen gegen ein geringes Entgelt vorhandene Datensätze zur wissenschaftlichen Bearbeitung zur Verfügung. Dabei sind zumindest die neueren Daten fast immer bereits in maschinenlesbarer Form und auf den gängigen Datenträgern zu erhalten, wodurch die Datenaufbereitung (vgl. Kapitel 8) entfällt.

Daneben existieren jedoch vielfältige andere mögliche Datenquellen: Die amtliche Statistik (Statistisches Bundesamt, statistische Landesämter und kommunale statistische Ämter), andere staatliche oder halbstaatliche Einrichtungen (Bundesversicherungsanstalt, sonstige Behörden), internationale Organisationen (EU, UN, OECD u. a.) und auch kommerzielle Institutionen (Banken, Kaufhauskonzerne, Versicherungen, Krankenkassen u. a.).[2] Im Rahmen der Tätigkeiten solcher Einrichtungen entstehen zwei zusätzliche Datenquellen: „Aggregatdaten" einerseits, „prozess-produzierte" Daten andererseits.

5.5.2.1 Studien auf der Basis von Aggregatdaten

Unter „*Aggregatdaten*" (oder analytischen Merkmalen) versteht man solche Merkmale von Mengen von Untersuchungseinheiten, die aus Merkmalen der einzelnen Untersu-

---

[1] In der Bundesrepublik hat das Datenarchiv für Sozialwissenschaften an der Universität zu Köln diese Aufgabe übernommen. Dort sind derzeit über 5000 Datensätze inklusive der entsprechenden Zusatzinformationen (Bericht über Anlage und Durchführung der Untersuchung, Codepläne etc.) verfügbar. Hinweise auf die wichtigsten Datenarchive findet man in Anhang H.

[2] Einen umfassenden Einblick in die Möglichkeiten und Probleme der Nutzung von Verwaltungsdaten geben BICK/MANN/MÜLLER (1984).

chungseinheiten abgeleitet sind. Beispiele sind „Scheidungsfälle pro Gemeinde und Jahr" oder „SPD-Stimmenanteil pro Stimmbezirk". Solche analytischen Merkmale wie Anteile oder Mittelwerte werden in bürokratischen Gesellschaften für eine Vielzahl von Fragestellungen erstellt.

5.5.2.1.1 Aggregatdatenanalyse zur Erklärung individueller Handlungen

Ein Problem bei der Verwendung von Aggregatdaten entsteht dann, wenn Zusammenhänge zwischen Aggregatdaten-Variablen so interpretiert werden, als ob diese Zusammenhänge auf der Ebene der Individuen zu beobachten seien. Beobachtet man z. B. einen Zusammenhang zwischen der Anzahl der Ehescheidungen in den Gemeinden und der Anzahl der erwerbstätigen Frauen in den Gemeinden, dann folgt daraus *nicht*, dass sich die erwerbstätigen Frauen zu einem besonders hohen Anteil scheiden lassen. Ein solcher Fehlschluss von Zusammenhängen auf Aggregatebene auf Zusammenhänge auf individueller Ebene wird als *ökologischer Fehlschluss* bezeichnet.[1] Da keine Informationen über die Individuen vorliegen, sind verschiedene Erklärungen auf der Individualebene mit den gleichen Zusammenhängen auf der Aggregatebene vereinbar. So könnte der Zusammenhang zwischen dem Anteil erwerbstätiger Frauen und der Scheidungsquote dadurch entstehen, dass Ehen mit nicht-erwerbstätigen Frauen in Gebieten mit einem hohen Anteil erwerbstätiger Frauen eher geschieden werden. Die Analyse von Aggregatdaten zur Erklärung individueller Handlungen ist aufgrund des Problems des ökologischen Fehlschlusses eine nahezu vollständig ungeeignete Vorgehensweise.

5.5.2.1.2 Makro-komparative Studien

Eine besondere Form der Aggregatdatenanalyse stellen „makro-komparative Studien" dar.[2] Hierbei werden Kennziffern verschiedener Gesellschaften miteinander verglichen.

Üblicherweise wird bei Studien dieses Typs eine Anzahl Länder (meist willkürlich) ausgewählt und deren in Datensammlungen wie z. B. internationalen statistischen Jahrbüchern veröffentlichte Aggregatdaten miteinander verglichen.[3]

---

[1] vgl. ROBINSON (1950) und HUMMELL (1972:71–92). Nur unter sehr speziellen Bedingungen ist ein solcher Schluss möglich, vgl. hierzu LANGBEIN/LICHTMAN (1978) und KING (1997).

[2] Solche Studien werden leicht irreführend auch als „internationaler Vergleich" bezeichnet.

[3] Eine etwas weitschweifige, aber leicht verständliche Darstellung der Probleme dieser Forschungsrichtung findet sich bei GEDDES (2003).

Diese Forschungsstrategie weist zahlreiche, prinzipiell kaum lösbare Probleme auf:

- selektive Stichproben durch systematische Effekte der Datensammlung (z. B. Ausfall der Datenerhebung durch historische Ereignisse)
- geringe Fallzahl bei potentiell unendlich vielen Kontrollvariablen
- Abhängigkeit der Beobachtungen der gleichen Untersuchungseinheiten über die Zeit (z. B. BRD 1990 und BRD 1991)
- Abhängigkeiten der Beobachtungen durch räumliche Nähe
- Abhängigkeiten der Beobachtungen durch Austauschbeziehungen (Märkte, Kriege)
- Unvergleichbarkeit der Datenerhebung zwischen den Beobachtungen über die Zeit (z. B. Änderung der Datenerhebungsverfahren)
- Unvergleichbarkeit der Datenerhebung durch Veränderung der Datenerhebungseinheiten (z. B. Gebietsstandsänderungen des Deutschen Reiches durch Kriege)
- Unvergleichbarkeit der Datenerhebungen durch Unterschiede zwischen den Datenerhebungseinheiten (z. B. durch unterschiedliche Definitionen oder Datenbereinigungsregeln)
- ungeklärte Reliabilität und Validität der Indikatoren
- Vernachlässigung des Nachweises, dass überhaupt „Messungen" (im Sinne der axiomatischen Messtheorie) vorgenommen wurden.

Trotz der Bemühungen einiger Methodologen[1] muss die Zahl möglicher Alternativerklärungen bei makro-komparativen Studien als so hoch betrachtet werden, dass der langfristige Ertrag dieser Untersuchungsform in Hinsicht auf die Möglichkeit kausaler Aussagen skeptisch beurteilt werden muss.[2]

---

[1] Hierzu gehören vor allem die Arbeiten von Gary KING, vgl. z. B. in diesem Zusammenhang KING/KEOHANE/VERBA (1994).

[2] In der derzeitigen Forschungspraxis makro-komparativer Forschung finden sich zahlreiche weitere Probleme, so z. B. die Vernachlässigung jedweder Form der Kontrolle von Störvariablen oder Fehler durch fehlerhafte Auswahl der Untersuchungseinheiten (z. B. Selektion nach den Ausprägungen der abhängigen Variablen). Schließlich ist die Anwendbarkeit vieler Datenanalyseverfahren auf solche Daten prinzipiell fraglich (vgl. Kapitel 9.4.3). Entsprechend fassen BOLLEN/ENTWISLE/ALDERSON (1993:321) ihre Übersicht über solche empirische Studien etwas resignativ zusammen: „Nearly all the studies we investigate have explanation as a goal. A major threat to many studies (...) is the failure to apply any method of control. Most authors wish to draw general conclusions, but problems of sampling raise questions about their ability to do so. Researchers agree that measurement is problematic. However, issues surrounding measurement are largely neglected."

5.5.2.2 Analyse prozess-produzierter Daten

Neben Aggregatdaten werden innerhalb von Bürokratien weitere potentielle Datenquellen produziert: Sogenannte „*prozess-produzierte Daten*" (ROKKAN 1976:454). Dies sind im weitesten Sinne Aufzeichnungen, die nicht zum Zwecke der wissenschaftlichen Analyse, sondern im Rahmen der jeweiligen Arbeitsbereiche dieser Organisationen gesammelt werden (BICK/MANN/MÜLLER 1984:123). Beispiele für die Nutzung solcher Daten sind vor allem im Bereich der Rechtssoziologie (Analyse von Akten aus Gerichtsverfahren) und in der historischen Sozialforschung (Analyse vielfältigster Dokumente) zu finden. Ein Beispiel, in dem inhaltlich beide Bereiche thematisiert werden, stellt die Arbeit von MANN (1987) dar. Dabei wird als Quelle für die Untersuchung von „Protest und Kontrolle im Dritten Reich" auf Gestapo-Akten, Gerichtsakten, Adressbücher u. a. zurückgegriffen.

Solche prozess-produzierten Daten sind nicht frei von Verzerrungen. Auch wenn hier z. B. keine Versuchsleiter- oder Interviewereffekte zu erwarten sind, so haben doch auch diese Daten einen Entstehungsprozess, der sich auf die Güte des Materials auswirkt. So verfügen Behördenmitarbeiter als Aktenbearbeiter und damit Datenproduzenten z. B. über bestimmte Ermessensspielräume bei ihrer Dokumentation, Klienten verfolgen mit ihren Angaben gewisse Ziele, die das Verschweigen oder Betonen von bestimmten Sachverhalten nahelegen u. a. (vgl. dazu BICK/MÜLLER 1984:130–147). Die genaue Kenntnis des Entstehungsprozesses der Daten, der Operationalisierung und Messung sowie die Bestimmung der Güte der Messung gehören somit selbstverständlich zu einer Sekundäranalyse (KIECOLT/NATHAN 1985:52–62).

5.5.2.3 Record-Linkage-Studien

Die Möglichkeiten der Sekundäranalyse prozess-produzierter Daten können beträchtlich erweitert werden, wenn mehrere Datensätze bzw. Datenquellen verknüpft werden. Man spricht in diesem Fall von „*record-linkage*". So könnte man den Zusammenhang zwischen Langzeitarbeitslosigkeit und Erkrankungen überprüfen, falls z. B. die Daten der Bundesagentur für Arbeit mit den Daten von Krankenkassen verknüpft werden könnten.

Um dabei auch Aussagen über einzelne Individuen machen zu können, benötigt man mindestens eine gemeinsame Identifikationsvariable. In skandinavischen Ländern existiert eine einheitliche Personenkennziffer, die in der Bundesrepublik rechtlich nicht zulässig ist. In der Bundesrepublik verwenden verschiedene bürokratische Organisationen verschiedene Personenkennziffern (Matrikel-, Personalausweis-, Wehrpass-, Sozialversicherungs-, Rentenversicherungsnummer etc.). Dateien mit mehreren

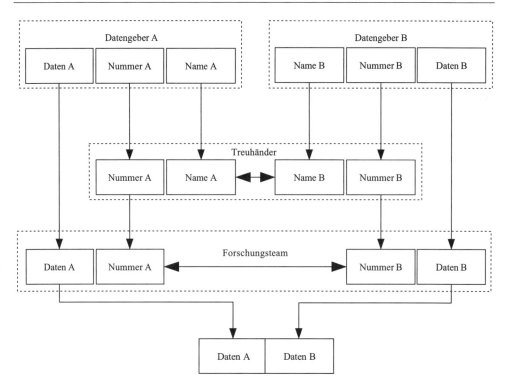

Abbildung 5-10: *Record-Linkage mit einem Datentreuhänder*

verschiedenen Kennziffern für dieselbe Person in unterschiedlichen Organisationen existieren selten. Unter solchen Umständen bleiben als mögliche Identifikationsvariablen in der Regel nur der Name, das Geburtsdatum und die Adresse der Person. Name und Adresse können sich ändern; alle drei Merkmale sind mit Erfassungsproblemen verbunden. Verknüpft man lediglich diejenigen Personen miteinander, bei denen alle Identifikationsvariablen fehlerfrei übereinstimmen, erhält man nahezu mit Sicherheit selektive Stichproben. Entsprechend sind fehlertolerante Verknüpfungsmethoden notwendig.[1]

Die Nutzung von prozess-produzierten Daten für Sekundäranalysen ist stark von den Zugangsbedingungen zu den Datenbeständen abhängig. Zentral ist dabei die Behandlung der Identifikationsvariablen: Die Weitergabe personenbezogener Daten

---

[1] Entsprechende Computerprogramme sind keineswegs trivial. Eine Einführung findet sich bei HERZOG/SCHEUREN/WINKLER (2007), eine Programmbeschreibung und weitere Details finden sich bei SCHNELL/BACHTELER/BENDER (2005). Ein leistungsfähiges Programm (MTB) ist über www.record-linkage.de verfügbar.

mit Identifikationsvariablen ist häufig heikel. Eine einfache Möglichkeit zur Vermeidung des Problems ist die Verwendung einer Institution als „Datentreuhänder" (vgl. Abbildung 5-10).

Im Falle zweier Datengeber mit den Datenbeständen A und B werden die Datenbestände unabhängig voneinander beliebig, aber eineindeutig mit jeweils einer neuen Kennziffer versehen. Die neuen Kennziffern werden jeweils den Datenbeständen zugefügt. Das Forschungsteam erhält die beiden Datensätze A und B mit ihrer jeweiligen neuen Identifikationsnummer, aber ohne die ursprünglichen Identifikationsvariablen. Aus den ursprünglichen Datenbeständen A und B erstellen die Datengeber Auszüge, die nur die ursprünglichen Identifikationsvariablen (Name etc.) und die jeweilige neue Kennziffer enthalten. Beide Auszüge werden einem Datentreuhänder übergeben, der nun zwar die ursprünglichen Identifikationsvariablen und die neuen Identifikationsnummern kennt, aber nicht die Daten aus A und B. Der Datentreuhänder verknüpft die beiden Auszüge über die ursprünglichen Identifikationsvariablen, führt also die Zuordnung der Records aufgrund gleicher oder ähnlicher Identifikationsvariablen durch. Danach löscht der Treuhänder die ursprünglichen Identifikationsvariablen und erstellt eine neue Datei, die nur die Paare aus beiden neuen Kennziffern enthält. Diese Datei wird dem Forschungsteam übermittelt. Mit dieser Datei können die Datenbestände A und B zusammengeführt werden, ohne dass das Forschungsteam die Identität der Personen kennt.

Welche Institution sich als Datentreuhänder eignet, hängt vom jeweiligen Forschungsgegenstand ab.[1] Möchte man verhindern, dass der Treuhänder die Identifikatoren kennt, können die Datengeber die Identifikatoren verschlüsseln. Dies führt aber zum Verlust aller Fälle, bei denen die Identifikatoren durch kleine Datenfehler (z. B. vertauschte Buchstaben im Namen) nicht vollständig übereinstimmen. Ein von SCHNELL/BACHTELER/REIHER (2009) entwickeltes Verfahren erlaubt aber auch fehlertolerantes Record-Linkage mit verschlüsselten Identifikatoren. Dies sollte den Zugang zu Datenbeständen für das Record-Linkage erleichtern.

Um prinzipiell Zugang zu Daten für das Record-Linkage zu erhalten, müssen selbstverständlich alle Datenschutzgesetze strikt eingehalten werden. Nicht selten hängt der prinzipielle Zugang zu anonymisierten Daten davon ab, inwieweit man sein Anliegen als sinnvoll und allgemein dienlich darstellen kann.

---

[1] Insbesondere für die Sozialwissenschaften wurde ein entsprechendes Record-Linkage-Zentrum (GermanRLC) in der Bundesrepublik am Forschungsdatenzentrum des IAB gegründet: http://fdz.iab.de/linkage

Record-Linkage ist in einigen Bereichen der medizinischen Forschung eine übliche Datenerhebungsmethode. In den Sozialwissenschaften wird Record-Linkage bislang eher selten eingesetzt; üblich ist hier lediglich die Verwendung prozess-produzierter Daten zur Validierung oder Ergänzung der Angaben in Befragungen.[1] Angesichts der Vorteile des Record-Linkage (Größe der Datenbestände, geringe Kosten, relativ hohe Datenqualität bei vielen – aber nicht allen – Datenbeständen) wird die Nutzung vorhandener Datenbestände durch Record-Linkage für Forschungszwecke auch in den Sozialwissenschaften sicherlich zunehmen.

5.5.3 Netzwerkanalyse

Wie die Einzelfallstudie und die Sekundäranalyse ist die Netzwerkanalyse keine besondere experimentelle oder quasi-experimentelle Untersuchungsanlage, sondern eine bestimmte Forschungsstrategie, deren Anliegen in der Beschreibung und Erklärung von sozialen Beziehungen und daraus resultierenden Handlungen besteht. Die Netzwerkanalyse zielt auf die Erfassung aller ein Netzwerk bildenden Einheiten und deren Relationen untereinander. Dabei geht dieser Ansatz davon aus, dass

> „(...) the structure of relations among actors and the location of individual actors in the network have important behavioral, perceptual, and attitudinal consequences both for the individual units and for the system as a whole (...)"

(KNOKE/KUKLINSKI 1982:13).[2] Die Verflechtung der Untersuchungsobjekte in soziale Kontexte wird also explizit berücksichtigt: So kann man z. B. die Freundschafts- oder Mobilisierungsbeziehungen zwischen den Mitgliedern einer Bürgerinitiative untersuchen oder die privaten Kontakte von Berufspolitikern und deren Konsequenzen für ihr Abstimmungsverhalten zum Gegenstand der Analyse machen.

Unter einem Netz bzw. Netzwerk versteht man „a specific set of linkage among a defined set of persons ..." (MITCHELL 1969:2) oder auch anderer sozialer Einheiten (wie etwa Firmen, Kommunen, Verbände oder Vereine etc.). Die Einheiten werden allgemein als Knoten bezeichnet und die Verbindungen zwischen den Knoten stehen für eine (oder mehrere) bestimmte Art(en) von sozialen Beziehungen bzw. Strukturen.

---

[1] Methodische Details solcher Studien finden sich bei GROVES (1989:299–304). Ein Beispiel eines solchen Projekts in der Bundesrepublik beschreiben SCHNELL/BACHTELER/BENDER (2003).

[2] Die Tatsache, dass die Netzwerkanalyse inhaltliche Annahmen besitzt, rechtfertigt die Benennung „Netzwerktheorie" in keiner Weise: Allgemeine Hypothesen („wenn-dann", „je-desto") existieren nur bei speziellen Anwendungen der Analysemethode. Eine „Netzwerktheorie" existiert nicht.

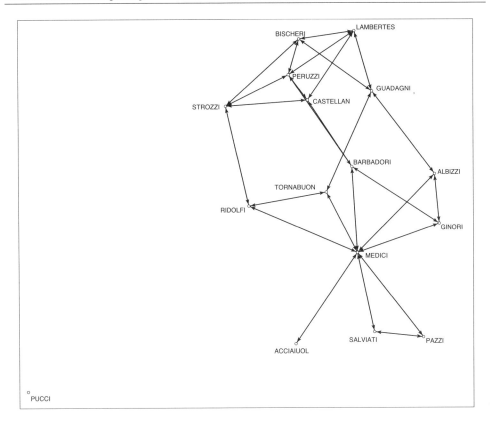

Abbildung 5-11: *Beispiel eines Netzwerks: Florentinische Familien im frühen 15ten Jahrhundert*

Netzwerke lassen sich als Graphen darstellen.[1] So können z. B. besonders zentrale oder isolierte Akteure leicht identifiziert werden.

Ein Beispiel stellt die Abbildung 5-11 dar.[2] Dieses Netzwerk resultiert aus den Verflechtungen 16 florentinischer Familien im frühen 15ten Jahrhundert. Die Verbindungen zwischen den Familien basieren hier entweder auf Heiraten oder wirtschaftlichen Verflechtungen wie gemeinsame wirtschaftliche Unternehmungen oder vergebene

---

[1] Durch diese Art der Darstellung werden zahlreiche, deutlich anspruchsvollere Analysetechniken möglich. Neuere Darstellungen der Netzwerkanalyse und der Analysetechniken geben SCOTT (2000) und TRAPPMANN/HUMMELL/SODEUR (2011).

[2] Der Datensatz ist unter http://vlado.fmf.uni-lj.si/pub/networks/data/Ucinet/UciData.htm verfügbar, die Visualisierung des Netzwerkes erfolgte mit dem Programm Pajek. Das Programm findet sich unter http://pajek.imfm.si/doku.php?id=download.

Kredite.[1] Die besondere Stellung der Familie Medici ist im Netzwerk deutlich zu erkennen.

Prinzipiell ist die Netzwerkanalyse an kein bestimmtes Datenerhebungsverfahren gebunden. Die Daten können sowohl durch Befragung oder Beobachtung als auch über sekundäre Quellen (Akten, Protokolle, Geschäftsunterlagen etc.) gewonnen werden. Die in einer Netzwerkanalyse erhobenen und analysierten Beziehungen können nach unterschiedlichen formalen und inhaltlichen Eigenschaften charakterisiert werden.

Zwei der wichtigsten formalen Eigenschaften stellen die Symmetrie und die Bewertung solcher Beziehungen dar.[2] Eine symmetrische Beziehung liegt dann vor, wenn eine eventuelle Richtung der Beziehung nicht beachtet wird. Es wird also nur eine bestehende Verbindung A-B referiert, ohne Beachtung der zusätzlich möglichen Spezifikation, wer an wen z. B. eine Leistung erbringt, Informationen weitergibt, Geld leiht o.ä. Werden solche Richtungen hingegen berücksichtigt, spricht man von asymmetrischen Beziehungen, die als gerichteter Graph dargestellt werden. Eine bewertete Beziehung liegt dann vor, wenn auch Angaben über die Stärke oder Intensität einer Beziehung erhoben und analysiert werden.

Bezüglich der inhaltlichen Eigenschaften können prinzipiell beliebige Beziehungen Gegenstand der Analyse sein. Sie können privater, freundschaftlicher, geschäftlicher, rechtlicher oder anderer Art sein. Welche Beziehungsart erhoben und analysiert wird, ist von der theoretischen Fragestellung abhängig.[3]

Netzwerke werden nach einer Reihe von Kriterien klassifiziert.[4] So werden vor allem uniplexe und multiplexe Netzwerke unterschieden. In uniplexen Netzwerken wird ein Beziehungstyp, in multiplexen werden gleichzeitig mehrere untersucht. Betrachtet man Netzwerke nach den Bezugspunkten bei der Datenerhebung, so können Gesamtnetzwerke und ego-zentrierte Netzwerke (persönliche Netzwerke) unterschieden werden. Bei Gesamtnetzwerken werden von jeder Einheit Daten über alle anderen Einheiten erhoben. Man hat also alle Verbindungen innerhalb des Netzwerkes, unabhängig von der Perspektive einer einzelnen Person. Ego-zentrierte Netzwerke hingegen

---

[1] Auf der Grundlage einer von KENT (1978) durchgeführten Recherche historischer Dokumente wurde durch PADGETT (1987) in einer unveröffentlichten Arbeit ein Datensatz erstellt. Der hier verwendete Datensatz von BREIGER/PATTINSON (1986) enthält nur diejenigen Familien, die als Unterstützer oder Gegner der Medici-Familie auftraten.

[2] Zu weitergehenden Differenzierungen vgl. SCHENK (1984:42ff), FEGER (1987: 204) und PAPPI (1987:15f).

[3] Zur Systematisierung der inhaltlichen Beziehungen wurden verschiedene Typologien entwickelt. Vgl. dazu KNOKE/KUKLINSKI (1982:15f.); BARNES (1972: 16ff.); PAPPI (1987).

[4] vgl. SCHENK (1984:30ff); PAPPI (1987:12ff).

erheben die Daten über das Netzwerk aus der Sicht einer bestimmten Person. Diese gibt gemäß ihrem subjektiven Kenntnisstand Auskunft über ihre Beziehungen zu anderen Personen und über die Beziehungen der anderen Personen untereinander. In der Forschungspraxis werden fast ausschließlich uniplexe Netzwerke aus der Gesamt- oder Ego-Perspektive erhoben.

Den Vorteilen der Netzwerkanalyse bei der Erfassung und Analyse sozialer Beziehungen stehen jedoch auch einige nicht unbedeutende Probleme gegenüber:

1. Netzwerke sind häufig nicht klar abgrenzbar, prinzipiell ist eine gesamte Gesellschaft vernetzt (MARSDEN 1990:439f.). Zur Untersuchung müssen jedoch Netzwerke immer auf einen handhabbaren Umfang beschränkt werden, auch auf die Gefahr hin, dass dadurch wichtige Einheiten ausgeschlossen werden.

2. Es existieren keine Zufallsauswahlverfahren, mit denen Netzwerke als solche zufällig ausgewählt werden können. Zufällig ausgewählt werden können nur bestimmte Gruppen, von denen man annimmt, dass sie ein Netzwerk bilden. Damit ist die

3. Netzwerkanalyse vor allem ein strukturbeschreibender Ansatz. Nur wenn alle relevanten Einheiten eines Netzwerkes auch als Informanten zur Verfügung stehen, ist eine sinnvolle Analyse möglich. Verweigern Personen ihre Mitarbeit, dann kann durch diese Ausfälle bzw. fehlenden Werte die Struktur des „Restnetzwerkes" von der tatsächlichen stark abweichen.

Die Erhebung und Analyse ego-zentrierter Netzwerke wirft andere Probleme auf. Ein ego-zentriertes Netzwerk umfasst nur die Personen, mit denen ein Akteur in direkter Verbindung steht und die vom Akteur wahrgenommenen Relationen zwischen diesen Personen. Die dem Akteur unbekannten Verbindungen zwischen den Personen, mit denen er direkt verbunden ist, werden somit nicht durch ego-zentrierte Netzwerkstudien erfasst. Damit entfällt aber auch die Möglichkeit, Effekte solcher objektiv vorhandenen, aber subjektiv nicht wahrgenommenen Verbindungen auf die Handlungen der Auskunftsperson zu überprüfen.

Die Vorgehensweise bei der Erhebung und Erfassung von ego-zentrierten Netzwerken entspricht weitgehend der üblichen Surveyforschung und wird auch in diese integriert. So wurden im „General Social Survey" (GSS) 1985 und im ALLBUS 1986 ego-zentrierte Daten erhoben. Üblicherweise wird dabei in einen Fragebogen ein sog. „Netzwerkgenerator" oder „Namensgenerator" und eine Reihe von Folgefragen aufgenommen. Der einfachste Generator besteht aus der Frage nach den „drei besten

Freunden" einer Person, die z. B. mit A, B und C gekennzeichnet werden.[1] Der Befragte beantwortet danach inhaltliche Fragen zu den jeweiligen Eigenschaften von A, B und C. So können dann, in Orientierung an den Forschungsfragen, Informationen zu soziodemographischen Merkmalen, politischen Einstellungen, empfangenen Hilfeleistungen, Kontakthäufigkeiten etc. gesammelt werden. Weiter lässt sich über entsprechende Fragen auch feststellen, ob A, B oder C aus der Sicht des Befragten untereinander befreundet sind, bestimmte private Austauschbeziehungen pflegen oder geschäftliche Kontakte unterhalten.

Im Gegensatz zu herkömmlichen Vorgehensweisen in der Umfrageforschung, die ebenfalls z. B. Kontakte zu Verwandten, Freunden oder Kollegen bzw. Merkmale dieser Personenkreise erheben, werden bei der ego-zentrierten Vorgehensweise die relevanten Personen also nicht über festgelegte allgemeine soziale Kategorien (Freunde, Verwandte etc.) vorgegeben, sondern sie werden von Ego als Personen spezifiziert, nach ihrer Bedeutung ausgewählt und bei einigen Netzwerkgeneratoren in ihrer Anzahl bewusst eingeschränkt. Danach können dann diese sozialen Beziehungen nach ihrer kategorialen Zugehörigkeit untersucht werden: Etwa danach, ob und wieviele der „besten Freunde" Arbeitskollegen oder Nachbarn sind (vgl. PAPPI 1987:20f). Weitere Analysemöglichkeiten für ego-zentrierte Daten liegen z. B. in der Berechnung der Dichte dieses persönlichen Netzes, welche dann z. B. für das Ausmaß an sozialer Unterstützung von Relevanz ist.

Ego-zentrierte Netzwerke sind eine Ergänzung der üblichen Befragungstechniken, da mit ihrer Hilfe die Einschätzung der sozialen Umgebung detailliert erfasst und analysiert werden kann.[2] Zwar ist diese Technik problemlos in konventionelle Surveys zu integrieren, aber alternative Erklärungen für die Ergebnisse bleiben daher stets möglich. Es handelt sich bei ego-zentrierten Netzwerken immer um die subjektiv wahrgenommene soziale Umgebung. Weiterhin können kausale Aussagen über Effekte des Ausmaßes der Homogenität der Netze zumindest außerhalb von Längsschnittuntersuchungen kaum geprüft werden.

---

[1] vgl. LAUMANN (1973). Durch diesen Namensgenerator wird die maximale Größe des Netzwerkes forschungstechnisch bereits auf drei Personen beschränkt. Ferner ist die Formulierung „beste Freunde" mit verschiedenen Problemen verbunden, da die Befragten ihn verschieden interpretieren. Deshalb wurden weitere Namensgeneratoren vorgeschlagen, die diese Probleme zu umgehen versuchen (vgl. LAUMANN 1973; FISCHER 1982; BURT 1984; PAPPI/MELBECK 1988 und im Überblick PFENNING/PFENNING 1987).

[2] Die so gewonnenen Daten sind mit Standardstatistikprogrammen zu analysieren.

5.6 Kombination von Untersuchungsformen

Wichtiger als eine weitergehende Differenzierung der genannten Untersuchungsformen ist die Betonung der Wichtigkeit einer Entscheidung für ein bestimmtes Untersuchungsdesign im Sinne der Logik des Experiments (vgl. Kapitel 5.2). Denn durch die Kontrollmöglichkeiten, die die Untersuchungsanordnung ermöglicht, wird die Aussagefähigkeit einer Studie wesentlich bestimmt.

Vor diesem Hintergrund ist auf die „*Triangulation*" hinzuweisen.[1] Sie versucht, durch den kombinierten Einsatz verschiedener Erhebungstechniken, Auswahlverfahren, Versuchsanordnungen und Messtechniken die spezifischen Schwächen der einen Strategie durch den Einsatz einer anderen, die dort ihre besondere Stärke hat, zu kompensieren. Aus der Vielzahl der praktischen Triangulationsmöglichkeiten sei hier auf die „*methodological-between-triangulation*" hingewiesen, die unterschiedliche Untersuchungsanordnungen zur Überprüfung einer Theorie bei den gleichen Personen einsetzt (DENZIN 1970:308). So könnte z. B. eine Korrelationsanordnung mit ihren Vorteilen (große Anzahl untersuchter Personen, relativ ausgeprägte externe Validität) in einer Studie zusammen mit (einer Reihe von) Experimenten im Labor (relativ hohe interne Validität) Anwendung finden. Auf diese Weise ist es möglich, eine Theorie einem Maximum an empirischen Tests auszusetzen und dabei verfahrensspezifische Fehlerquellen zu minimieren.

5.7 Weiterführende Literatur

Eine grundlegende und leicht verständliche Einführung in die Logik und den Aufbau von Untersuchungsanordnungen („Forschungsdesign") geben CAMPBELL und STANLEY (1963). Das mit Abstand beste verfügbare Lehrbuch zum Forschungsdesign und potentiellen Artefaktquellen ist das Buch von SHADISH/COOK/CAMPBELL (2002). Um tatsächliche Studien auf dieser Grundlage beurteilen zu können, sollte die Entwicklung plausibler alternativer Erklärungen anhand der zahlreichen Beispiele bei HUCK und SANDLER (1979) geübt werden. Das bislang einzigartige Buch von KING/KEOHANE/VERBA (1994) stellt methodologische Probleme und deren Lösungen für qualitative und quantitative Studien (vor allem – aber nicht nur – im Bereich „macro comparative research") vor.

---

[1] Zu den verschiedenen Triangulationsmöglichkeiten vgl. DENZIN (1970:297-313); FIELDING/FIELDING (1986:23-47).

Zur Debatte um Feld- und Laborexperimente sind vor allem die Beiträge in dem von
PATRY (1982) herausgegebenen Band zu empfehlen. BUNGARD (1984) gibt einen sehr
informativen Überblick über die Artefaktforschung. Reichliches Anschauungsmaterial
und praktische Ratschläge für die Durchführung von (sozialpsychologischen) Experimenten gibt IRLE (1978); die Auswertung wird sehr elementar bei BROWN/MELAMED
(1990) beschrieben. Gründliche Darstellungen der Analyse und des Designs von Experimenten finden sich z. B. bei COX/REID (2000) und MASON/GUNST/HESS (2003).

Design und Analyse nicht-experimenteller Studien werden in den außerordentlich
leicht lesbaren Handbüchern von KHANDKER/KOOLWAL/SAMAD (2010) und KATZ
(2010) beschrieben. Eine unter Sozialwissenschaftlern populäre, aber eher verwirren-
de Darstellung liefern MORGAN/WINSHIP (2007). Eine lesbare Einführung in die
hierfür erforderlichen statistischen Grundlagen findet man bei ANGRIST/PISCHKE
(2009). Möchte man den theoretischen Hintergrund dieser Verfahren wirklich verstehen, dann ist das Buch von ROSENBAUM (2010) unverzichtbar. Interessante Arbeiten
zur Forschungslogik nicht-experimenteller Studien und ebenso interessante Anwendungsbeispiele finden sich häufig in der Epidemiologie. Ein bewährtes Lehrbuch der
Epidemiologie stellt der von ROTHMAN/GREENLAND (1998) herausgegebene Band
dar.

Nützliche Einzelheiten zur Sekundäranalyse finden sich – trotz des beachtlichen
Alters der Arbeiten – vor allem bei KIECOLT/NATHAN (1985), HAKIM (1982), FIEL-
DING/FIELDING (1986) und DALE/ARBER/PROCTOR (1988). Über die Einzelfallana-
lyse gibt YIN (1994) einen umfassenden Überblick; Anwendungsprobleme diskutieren
YIN (1993) und KERN (1997). Ein detailliertes Beispiel für den Entwurf eines Panels
und einen Überblick über Panelstudien in der BRD gibt HANEFELD (1987); der von
LYNN (2009) herausgegebene Band enthält ebenso einige interessante Arbeiten zum
Design von Panelstudien. Arbeiten zu methodischen Problemen des Panels (z. B. Paneleffekte) finden sich bei KASPRZYK u. a. (1989) sowie MENARD (2008). Über die
vielfältigen Untersuchungsformen und deren Kombination informiert HAKIM (1987).

Kapitel 6
Auswahlverfahren

Im Verlauf einer empirischen Untersuchung muss geklärt werden, über welche Menge von Personen oder Sachverhalten (Objektbereich) Aussagen gemacht werden sollen. Im Fall rein deskriptiver Untersuchungen ist die Menge der interessierenden Objekte häufig relativ eng abgegrenzt, so z. B. wenn lediglich die soziale Zusammensetzung der Besucher eines bestimmten städtischen Theaters oder die Nutzung der Freizeiteinrichtungen einer Stadt untersucht werden soll. In diesem Fall ist die Festlegung der Untersuchungsobjekte vergleichsweise unproblematisch. Sobald aber Aussagen gemacht werden sollen, die über die tatsächlich untersuchte Menge von Objekten hinausgehen, hängt die Gültigkeit der Aussagen von der Definition des Objektbereichs und der Art der Auswahl der Untersuchungsobjekte ab.[1] Bei theorietestenden Untersuchungen ergeben sich zumeist schon Probleme bei der Festlegung des Objektbereichs, da in sozialwissenschaftlichen Theorien nur in Ausnahmefällen exakt angegeben wird, auf welche Objekte sich die Aussagen beziehen.[2] Leider wird oftmals in sozialwissenschaftlichen Theorien der Objektbereich allenfalls implizit angegeben.[3] Zur Durchführung einer empirischen Studie muss daher der Objektbereich präzisiert werden.

6.1 Definition der Grundgesamtheit

Die Festlegung des Objektbereichs erfolgt zumeist mit der Festlegung der „*Grundgesamtheit*" einer Untersuchung, nämlich der Definition einer Menge von Objekten, für die die Aussagen der Untersuchung gelten sollen („target population"). Eine exakte Definition der Grundgesamtheit präzisiert nicht nur die Theorie, sondern ist zur Durchführung wissenschaftlicher Untersuchungen unerlässlich. Aussagen einer

---

[1] Das gilt für alle wissenschaftlichen Studien, vgl. hierzu KING/KEOHANE/VERBA (1994:115–149).

[2] Wären sozialwissenschaftliche Theorien formalisiert, so wäre der Objektbereich genau diejenige Menge, auf die sich die „Quantoren" der Aussage beziehen (in dem Satz: „Für alle Arbeitsmigranten gilt ..." entspräche der Objektbereich allen Migranten zu jedem beliebigen Zeitpunkt und an jedem beliebigen Ort mit einem speziellen Wanderungsmotiv).

[3] So kann sich z. B. eine Studie mit dem Titel „Soziale Folgen der Anwendungen der Mikroelektronik" nur auf Industriegesellschaften oder bestimmte Elemente von Industriegesellschaften beziehen.

Untersuchung gelten (selbst bestenfalls) nur für die Objekte der Grundgesamtheit: gehören bestimmte Elemente nicht zur Grundgesamtheit, kann über diese Objekte nichts gesagt werden.

Ein Beispiel mag die Probleme und Konsequenzen der Festlegung der Grundgesamtheit erläutern. Die Grundgesamtheit der „Allgemeinen Bevölkerungsumfrage der Sozialwissenschaften 1980" („ALLBUS 1980") ist folgendermaßen definiert: „Alle Personen mit deutscher Staatsangehörigkeit, die zum Zeitpunkt der Befragung in der Bundesrepublik und in West-Berlin in Privathaushalten leben und die spätestens am 1.1.1962 geboren wurden" (KIRSCHNER 1984:117). Als Privathaushalte waren Gemeinschaften von Personen, die zusammen wohnten und wirtschafteten, definiert (PORST 1985:74). Diese Grundgesamtheit ist bereits eine Teilmenge der in der amtlichen Statistik als „Wohnbevölkerung" definierten Grundgesamtheit, die selbst wiederum nur eine Teilmenge der auf dem Gebiet der Bundesrepublik lebenden Personen darstellt. Zur „Wohnbevölkerung" gehören nicht die Angehörigen der ausländischen Streitkräfte und der diplomatischen Vertretungen. Die ALLBUS-Grundgesamtheit schließt zudem die ausländische Wohnbevölkerung (4.37 Millionen Personen am 30.9.1985) ebenso aus wie die „Anstaltsbevölkerung", also alle im Bereich einer Anstalt wohnenden Personen, die keinen eigenen Haushalt führen.[1] Diese Gruppe umfasst ca. 1.5% der mindestens 18-jährigen Personen mit deutscher Staatsbürgerschaft, die in der Bundesrepublik und West-Berlin leben. Weiterhin sind Nichtsesshafte und Landfahrer ausgeschlossen.[2] Die zusätzliche Beschränkung auf die mindestens 18-Jährigen findet sich in sehr vielen Untersuchungen und erleichtert die Durchführung einer Untersuchung wesentlich. Andererseits sind die Implikationen solcher Ausschlüsse offensichtlich: z. B. sind Angaben über Schüler oder Soldaten auf der Basis der ALLBUS-Grundgesamtheit nur sehr begrenzt möglich.

Die exakte ALLBUS-Definition verdeutlicht weiterhin, dass die Grundgesamtheit keine feste Zielpopulation darstellt: Die Menge der Personen, für die die Definitionsmerkmale zutreffen, verändert sich ständig. Diese Fluktuation ist allerdings relativ gering, so dass für einen bestimmten Erhebungszeitraum (beim ALLBUS 1980 waren

---

[1] Der Begriff „Anstaltsbevölkerung" wird zunehmend durch den Begriff „Bevölkerung in Gemeinschaftsunterkünften" ersetzt. Zu diesen Einrichtungen werden Klöster, Strafanstalten, Kasernen, Krankenhäuser, Altenheime usw. gezählt.

[2] Zusätzlich zu den über die Definition der Grundgesamtheit ausgeschlossenen Personen werden zahlreiche Personen faktisch ausgeschlossen, so z. B. geistig Behinderte, Seh- und Gehörbehinderte, sowie eine hohe Zahl von Personen in besonderen Lebensumständen (z. B. Binnenschiffer). Eine Übersicht über die Art und Größe derjenigen Bevölkerungsgruppen (einschließlich der Anstaltsbevölkerung), die aus den Standarderhebungen der empirischen Sozialforschung ausgeschlossen werden, findet sich bei SCHNELL (1991b).

es 54 Tage zwischen dem 7.1.1980 und dem 29.2.1980) die Grundgesamtheit relativ genau angebbar wäre (vgl. KIRSCHNER 1984:117).

Wichtig bleibt festzuhalten, dass zur Durchführung einer empirischen Untersuchung die Definition der Grundgesamtheit erfolgen muss. Diese Definition stellt meist einen Kompromiss zwischen dem Gegenstandsbereich der zu testenden Theorien bzw. dem Universum der interessierenden Objekte und den zur Verfügung stehenden Ressourcen dar. Eine aus technischen Gründen sehr restriktive Definition der Grundgesamtheit kann dazu führen, dass über einen großen Teil des Gegenstandsbereiches einer Theorie keine Aussagen mehr gemacht werden können: Eine allgemeine Theorie menschlichen Verhaltens kann nur sehr begrenzt durch eine Untersuchung der Grundgesamtheit amerikanischer Psychologiestudenten des ersten Semesters eines bestimmten Jahres getestet werden.

6.2 Vollerhebungen und Stichproben

Werden die Daten aller Elemente einer Grundgesamtheit erhoben, so spricht man von einer „*Vollerhebung*", wird nur eine Teilmenge der Grundgesamtheit untersucht, handelt es sich um eine „*Teilerhebung*". Werden die Elemente der Teilerhebung durch vor der Untersuchung festgelegte Regeln bestimmt, wird die Teilerhebung „*Auswahl*" oder „*Stichprobe*" genannt. Stichproben können danach klassifiziert werden, ob die Auswahl der Elemente der Grundgesamtheit auf einem Zufallsprozess[1] basiert oder nicht. Stichproben, die nicht auf einem Zufallsprozess basieren, werden als „*willkürliche Auswahlen*" bzw. „*bewusste Auswahlen*" bezeichnet (vgl. Kap. 6.5).

„*Zufallsstichproben*" („random samples") sind Stichproben, deren Auswahlregeln es dem Untersuchenden ermöglichen, vor der Durchführung einer Auswahl für jedes Element der Grundgesamtheit die Wahrscheinlichkeit zu berechnen, dass dieses Element der Grundgesamtheit Teil der Stichprobe wird. Zusätzlich muss die Auswahlwahrscheinlichkeit für jedes Element der Grundgesamtheit auch größer als Null sein, ansonsten würden Teile der Grundgesamtheit systematisch ausgeschlossen. Über diese dann ausgeschlossenen Elemente ließen sich auf der Basis der dann realisierten Stichprobe keinerlei Aussagen machen.

---

[1] Das sogenannte „Urnenmodell", z.B. die blinde Ziehung von gleich großen und gleich schweren Kugeln aus einer gut durchmischten Trommel wie bei der Ziehung der Lottozahlen, ist das anschaulichste Beispiel für einen solchen Zufallsprozess.

Lediglich Zufallsstichproben erlauben die Anwendung inferenzstatistischer Techniken, d. h. nur für Zufallsstichproben sind die Fehler, die beim Schluss von der Stichprobe auf die Grundgesamtheit entstehen, berechenbar (vgl. Kapitel 6.4.1).

Bevor einzelne Stichprobenverfahren näher definiert und in ihren Eigenschaften verglichen werden, soll die prinzipielle Frage nach den Vor- und Nachteilen von Vollerhebungen und Zufallsstichproben erörtert werden. Vollerhebungen sind vor allem dann angebracht, wenn der Umfang der interessierenden Grundgesamtheit klein ist oder die Grundgesamtheit sehr heterogen in Bezug auf ein interessierendes Merkmal ist (in diesem Fall kann der erforderliche Umfang einer Stichprobe so groß werden, dass nahezu alle Elemente der Grundgesamtheit untersucht werden müssen).[1]

Vollerhebungen besitzen natürlich den Vorteil, dass die gesamte Verteilung der Merkmale ihrer Elemente bekannt ist. „*Parameter*" (z. B. der Mittelwert) einer Grundgesamtheit sind bei einer Vollerhebung bekannt; bei einer Stichprobe müssen diese Parameter aus den „*Stichprobenstatistiken*" (z. B. Mittelwert der Elemente der Stichprobe) geschätzt werden. Stichprobenstatistiken weichen durch zufällige Fehler vom „wahren Wert" eines Parameters ab; diese Abweichungen sind zwar berechenbar, bei einer Vollerhebung hingegen existiert diese Zufallsabweichung überhaupt nicht. Es stellt sich somit die Frage, warum dann Stichproben durchgeführt werden, wenn Vollerhebungen offensichtlich höchst wünschenswerte Eigenschaften besitzen.

Zunächst ist die Frage nach den Kosten einer Vollerhebung naheliegend. Sobald die Grundgesamtheit eine bestimmte Größe überschreitet, werden Vollerhebungen erheblich teurer als Stichproben; die Kosten steigen überproportional mit dem Umfang der Grundgesamtheit. Bei einigen Fragestellungen sind Vollerhebungen darüber hinaus unsinnig, weil die Untersuchung zur Zerstörung der Elemente der Grundgesamtheit führt („destruktive Tests"): Den gesamten Ausstoß einer Brauerei auf Geschmacksqualität zu untersuchen, hätte unter anderem negative Folgen für den Umsatz.[2] Ein sozialwissenschaftliches Beispiel für einen destruktiven Test würde z. B. eine Untersuchung der Reaktion von Personen in ihrem ersten Interview darstellen: Nach einer Vollerhebung besäßen alle Mitglieder der Grundgesamtheit Interviewerfahrung und könnten nicht noch einmal auf ihre Reaktion in ihrem ersten Interview getestet werden.[3] Stichproben sind zudem in der Regel schneller durchzuführen; die Ergebnisse liegen eher vor als

---

[1] Auch die Anwendung spezieller Datenanalyseverfahren kann eine so große Fallzahl erfordern, dass eine Vollerhebung angebracht ist.

[2] Eine für die Inferenzstatistik wichtige Verteilung (die t-Verteilung) wurde von A. GOSSET 1908 entwickelt. GOSSET arbeitete in der Qualitätskontrolle der Guinness-Brauerei (vgl. MARSH 1982:26).

[3] Sie könnten zwar wiederholt befragt werden (u.a. nach ihrer Reaktion in ihrem ersten Interview), aber es würden Personen befragt, die bereits Interviewerfahrung besäßen.

die Ergebnisse von Vollerhebungen. Ein (untypisches) Beispiel für eine Vollerhebung stellt eine Volkszählung dar.[1] Zwischen der Durchführung einer Volkszählung und der Veröffentlichung ihrer Ergebnisse können mehrere Jahre vergehen, Stichprobenergebnisse liegen (meist) eher vor.[2] Auch aus diesem Grund führt das Statistische Bundesamt neben den Volkszählungen den „*Mikrozensus*" (eine Stichprobe, die 1% der Haushalte umfasst) durch, dessen Ergebnisse meist nach 6–9 Monaten vorliegen (HERBERGER 1985:25).[3]

Ein vielleicht zunächst überraschendes Argument für die Verwendung von Stichproben liegt darin begründet, dass die Ergebnisse von Stichproben genauer sein können als die Ergebnisse von Vollerhebungen. Die Ursache hierfür liegt in der (möglicherweise) besseren Ausbildung des Erhebungspersonals (wenige, speziell geschulte Interviewer vs. viele, wenig geschulte[4]), den größeren Kontrollmöglichkeiten gegenüber den Interviewern und besseren Möglichkeiten zur Eliminierung von Datenfehlern, die durch die Erhebung und Verarbeitung der Daten entstehen. So enthalten Interviewdaten in der Regel weniger als 1% widersprüchliche Angaben (z. B. männlich, jünger als 16 Jahre und verheiratet). Bei einer vergleichsweise kleinen Stichprobe (z. B. 1000 Befragte) sind somit nur 10 Fälle, beispielsweise durch eine Nachbefragung zu klären. Bei einer Volkszählung würde diese Nachbefragung den Umfang eines Mikrozensus annehmen; eine kaum zu bewältigende Aufgabe.

Stichproben, insbesondere Zufallsstichproben, können also durchaus Vorteile gegenüber Vollerhebungen besitzen. Da theorietestende Untersuchungen zumeist Aussagen über sehr große Grundgesamtheiten machen sollen (und die Ressourcen für Datenerhebungen knapp sind) stellen Stichproben im Rahmen empirischer Sozialforschung den Regelfall dar. Ausnahmen bestehen praktisch nur bei rein deskriptiven Untersuchungen sehr kleiner Grundgesamtheiten.

---

[1] Das Interesse von Sozialwissenschaftlern an den Ergebnissen einer Volkszählung beruht vor allem darauf, dass viele Auswahlverfahren die Kenntnis *einiger* Merkmale der Grundgesamtheit voraussetzen.

[2] Zu den unterschiedlichen Vor- und Nachteilen von Vollerhebungen und Stichproben vgl. KISH/VERMA (1986).

[3] Einzelheiten zum Mikrozensus finden sich in Kapitel 6.4.4.7.

[4] Bei der Volkszählung 1987 wurden ca. 500 000 Personen als Zähler eingesetzt.

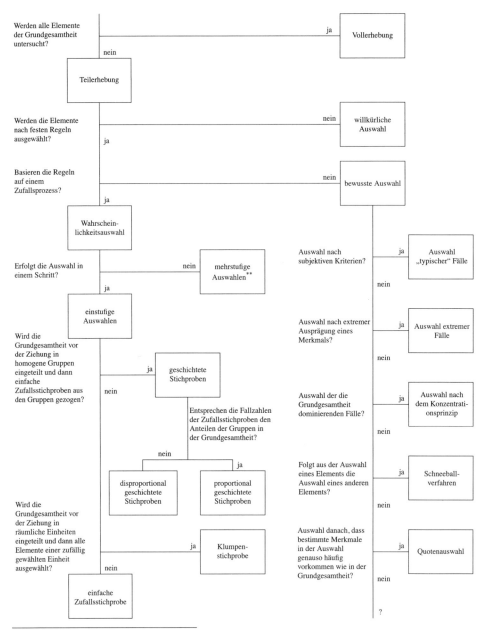

** Mehrstufige Auswahlen bestehen aus Kombinationen einstufiger Verfahren mit unterschiedlichen Auswahleinheiten.

Abbildung 6-1: *Übersicht über Auswahlverfahren*

6.3 Angestrebte Grundgesamtheit, Auswahlgesamtheit und Inferenzpopulation

Nach der Definition der Grundgesamtheit und der Entscheidung für eine Teilerhebung stellt sich die Frage nach der Art und Weise, wie aus den Elementen der Grundgesamtheit eine Stichprobe gezogen werden kann. Verfahren, die die (prinzipiellen) Regeln zur Konstruktion von Stichproben angeben, werden *„Auswahlverfahren"* genannt. Bevor die wichtigsten Auswahlverfahren im Rahmen der empirischen Sozialforschung vorgestellt werden können (vgl. Abb. 6-1), müssen einige Begriffe eingeführt und präzisiert werden.

Als *„Element"* (oder Untersuchungseinheit) bezeichnet man ein Objekt, an dem Messungen vorgenommen werden. Diejenige Menge von Elementen, über die Aussagen im Rahmen einer Untersuchung gemacht werden sollen, bezeichnet man als „Grundgesamtheit" oder „Population".

Es empfiehlt sich, zwischen *„angestrebter Grundgesamtheit"* („target population") und *„Auswahlgesamtheit"* („frame population") zu unterscheiden. Die angestrebte Grundgesamtheit umfasst als Konzept alle Elemente, über die Aussagen beabsichtigt sind; die Auswahlgesamtheit umfasst alle Elemente, die eine prinzipielle Chance haben, in eine Stichprobe zu gelangen.

Im idealen Fall einer Stichprobenziehung steht eine Liste aller zur Grundgesamtheit gehörenden Elemente („Auswahlgrundlage ", „frame ") zur Verfügung. Wird die Stichprobe aus dieser Liste gezogen, so haben natürlich nur Elemente der Grundgesamtheit eine Chance in die Stichprobe zu gelangen, die in der Liste aufgeführt sind. Somit sind Fehler dadurch möglich, dass Elemente nicht in der Liste erscheinen (*„undercoverage"*) oder Elemente aufgeführt sind, die nicht zur angestrebten Grundgesamtheit gehören (*„overcoverage"*). Weiterhin sind Fehler dadurch möglich, dass bestimmte Elemente mehrfach in der Liste erscheinen: Bei einer Zufallsstichprobe besitzen diese mehrfach gelisteten Elemente eine größere Chance in die Stichprobe zu gelangen, als die nur einmal aufgeführten Elemente.

Schließlich liegt eine weitere begriffliche Differenzierung nahe: Nach der Durchführung eines Auswahlverfahrens liegt eine Stichprobe vor, über deren Elemente dann Aussagen gemacht werden können. Die Auswahlregeln und die Durchführung der Erhebung können dazu führen, dass die Stichprobe nicht alle Elemente enthält, die gezogen werden sollten. Solche Ausfälle können z. B. dadurch entstehen, dass bestimmte Elemente sich der Erhebung entziehen (nicht erreichbar, Verweigerungen) oder Fehler bei der Datenverarbeitung zur Zerstörung der Daten einiger Elemente führen. Der tatsächlichen Stichprobe entspricht das Konzept der *„Inferenzpopulation"*,

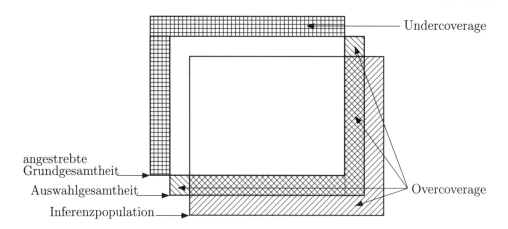

Abbildung 6-2: *Verhältnis von angestrebter Grundgesamtheit, Auswahlgesamtheit und Inferenzpopulation*

die diejenige Grundgesamtheit darstellt, über die auf der Basis der vorliegenden Stichprobe tatsächlich Aussagen gemacht werden können: Die Inferenzpopulation stellt (konzeptuell) die Grundgesamtheit dar, aus der die vorliegende Stichprobe tatsächlich eine Zufallsstichprobe darstellt.[1] Ziel eines Auswahlverfahrens und der damit verbundenen Erhebung ist natürlich eine möglichst große Übereinstimmung zwischen der angestrebten Grundgesamtheit und der Inferenzpopulation (vgl. Abb. 6-2).

Diese Begriffe lassen sich an einem einfachen Beispiel verdeutlichen: Angenommen, man möchte die Meinung der Einwohner einer bestimmten Stadt zu der Erhöhung der Subventionen des städtischen Theaters erfahren. Lässt sich der Begriff „Einwohner einer Stadt" trotz der damit verbundenen Probleme mit Zweitwohnsitzen und ungemeldeten Einwohnern exakt definieren, so ist die angestrebte Grundgesamtheit klar. Würde das Telefonbuch der Stadt als Auswahlgrundlage verwendet, so ergäben sich einige Probleme. Zunächst besitzen nicht alle Einwohner einer Stadt ein Telefon, weiterhin stimmen die Stadtgrenzen in der Regel nicht mit den Grenzen der Ortsnetze der Telekom überein; dadurch sind im Telefonbuch einerseits Einträge enthalten, die nicht zu Einwohnern der Stadt gehören, andererseits fehlen schon durch die unterschiedlichen Grenzen Einträge von Einwohnern. Schließlich sind einige Telefonbesitzer nicht in die öffentlichen Telefonbücher eingetragen. Bei Verwendung des Telefonbuchs sind somit sowohl „Undercoverage-" als auch „Overcoveragefehler" nahezu sicher. Die Ziehung einer Zufallsstichprobe aus dem Telefonbuch wird durch eine Reihe weiterer Probleme erschwert. So verfügen beispielsweise einige Teilnehmer über mehrere Anschlüsse;

---

[1] Vgl. ausführlich MURTHY (1983:8–17).

würde dies bei der Ziehung nicht beachtet, so hätten Teilnehmer mit mehreren Anschlüssen eine größere Chance in die Stichprobe zu gelangen. Schließlich sind in der Regel mehrere Personen über einen Anschluss erreichbar, da meist nur ein Anschluss pro Haushalt verfügbar ist. Gehört zu einem Anschluss ein Haushalt mit mehreren Personen, so muss eine Zufallsauswahl aus diesen Personen erfolgen, da ansonsten Personen, die in größeren Haushalten leben, eine geringere Auswahlwahrscheinlichkeit besäßen. Dadurch, dass ausgewählte Personen die Befragung verweigern oder überhaupt nicht erreicht werden können, entsteht eine Stichprobe aus einer (unbekannten) Inferenzpopulation, die sich so definieren ließe: „In Haushalten mit einem eingetragenen Telefonanschluss eines Ortsnetzes der Telekom lebende Personen, die während des Untersuchungszeitraums hätten erreicht werden können und sich zu einer Teilnahme an der Befragung entschlossen hätten". Wie dieses etwas drastische Beispiel zeigt, können angestrebte Grundgesamtheit und Inferenzpopulation stark voneinander abweichen. Diese Unterschiede müssen natürlich bei der Interpretation der Ergebnisse beachtet werden.

6.4 Zufallsstichproben

Wie bereits erwähnt, sind Zufallsstichproben Auswahlen, bei denen ein Zufallsprozess über die Aufnahme eines Elementes in die Stichprobe entscheidet. Wichtig ist dabei, dass für jedes Element der Grundgesamtheit die Auswahlwahrscheinlichkeit angebbar (und größer als Null) ist. Alle komplizierteren Zufallsauswahlverfahren basieren auf der einfachen Zufallsstichprobe.

6.4.1 Einfache Zufallsstichproben

Wird aus einer Grundgesamtheit mit N Elementen[1] eine Stichprobe mit n Elementen so gezogen, dass jede mögliche Stichprobe mit n Elementen dieselbe Chance zur Realisierung besitzt, dann wird das Auswahlverfahren als *„einfache Zufallsauswahl"* (simple random sampling) und die resultierende Stichprobe als *„einfache Zufallsstichprobe"* (simple random sample, bzw. SRS) bezeichnet.

Bei einer exakt definierten Grundgesamtheit existieren nur begrenzt viele mögliche unterschiedliche Stichproben. Angenommen, eine „Grundgesamtheit" besteht aus den vier Elementen A, B, C und D. Soll aus dieser Grundgesamtheit eine Zufallsstichprobe

---

[1]   Großbuchstaben bezeichnen im allgemeinen die Kennwerte der Grundgesamtheit; Kleinbuchstaben die Kennwerte einer Stichprobe. „n" gibt die Anzahl der Elemente in der Stichprobe an.

mit nur zwei Elementen gezogen werden, so gibt es nur sechs verschiedene mögliche Stichproben: AB, AC, AD, BC, BD, CD.[1]

Bei einer einfachen Zufallsauswahl besitzt jede dieser möglichen Stichproben die gleiche Wahrscheinlichkeit tatsächlich gezogen zu werden. Ebenso besitzt jedes Element der Grundgesamtheit dieselbe Chance in eine bestimmte dieser Stichproben zu gelangen. Durch die Ziehung wird eine der möglichen Stichproben realisiert. Eine einfache Zufallsstichprobe weist unter anderem die Eigenschaft auf, dass alle Elemente einer Grundgesamtheit dieselbe Chance besitzen in die Stichprobe zu gelangen.[2] Eine andere Eigenschaft einer einfachen Zufallsstichprobe ist weiterhin, dass jede einfache Zufallsstichprobe aus einer einfachen Zufallsstichprobe ebenfalls eine einfache Zufallsstichprobe aus der Grundgesamtheit darstellt.

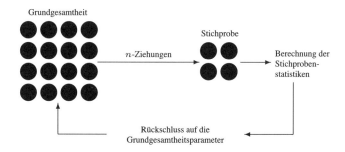

Abbildung 6-3: *Grundgesamtheit und Stichprobe*

Der Mittelwert einer Zufallsstichprobe kann als Schätzung für den Mittelwert der Grundgesamtheit dienen (vgl. Abb. 6-3).[3]

---

[1] Allgemein gibt es nach den Formeln der „Kombinatorik ", die aus einer Reihe von Rechenregeln besteht, wie die Wahrscheinlichkeit bestimmter Ereigniskombinationen berechnet werden kann (vgl. z. B. BORTZ 1999:60), für den Fall, das bereits gezogene Elemente nicht noch einmal gezogen werden dürfen („ohne Zurücklegen"), bei N Elementen in der Grundgesamtheit

$$\frac{N!}{n! * (N - n)!} \tag{6.1}$$

verschiedene Stichproben vom Umfang n.

[2] Ein Auswahlverfahren mit dieser Eigenschaft wird als „equal probability sampling mechanism" („epsem") bezeichnet. Eine einfache Zufallsstichprobe stellt nur die einfachste Form einer „epsem"-Stichprobe dar, es gibt wesentlich kompliziertere Auswahlverfahren, die ebenfalls „epsem"-Stichproben erzeugen.

[3] nach BOHLEY (1985:Kap. 16, S.1).

Die Schätzung des Mittelwerts der Grundgesamtheit auf der Basis des Mittelwertes einer Zufallsstichprobe stellt zwar die bestmögliche Schätzung dieses Parameters dar, die Schätzung ist allerdings mit einem zufälligen Fehler behaftet. Würde man nicht nur eine Stichprobe ziehen, sondern eine Reihe unabhängiger[1] Stichproben, so würden die Mittelwerte dieser unterschiedlichen Stichproben aufgrund rein zufälliger Abweichungen um einen bestimmten Wert herum streuen.

Angenommen, wir würden den Mittelwert der Aufenthaltsdauer der 2000 Patienten einer Klinik mit 12 Tagen berechnen. Würden nun 10 verschiedene Zufallsstichproben vom Umfang 100 aus der Patientenkartei gezogen werden, so ergäben sich leicht unterschiedliche Mittelwerte in den einzelnen Stichproben, z. B. 12, 11, 12, 11, 13, 10, 10, 11, 18, 12. Der Mittelwert dieser 10 Mittelwerte ist 12 und in diesem Fall gleich dem Mittelwert in der Grundgesamtheit.

Bei einer genügend großen Zahl unabhängiger Zufallsstichproben entspricht der Mittelwert dieser Mittelwerte der unterschiedlichen Stichproben dem Mittelwert in der Grundgesamtheit, dem Parameter.[2] Das Ausmaß der Streuung der einzelnen Mittelwerte der Stichproben um den Parameter der Grundgesamtheit wird von zwei Größen bestimmt: Der Varianz in der Grundgesamtheit und der Stichprobengröße.[3]

Allgemein wird die Größe der Streuung der Statistiken als „*Standardfehler*" bezeichnet. Der Standardfehler ($\sigma_{\overline{x}}$) ist umso kleiner, je kleiner die Varianz in der Grundgesamtheit (σ_x^2) und je größer der Umfang der Stichprobe (n) ist:

$$\sigma_{\overline{x}} = \sqrt{\frac{\sigma_x^2}{n}} \tag{6.2}$$

Die Varianz in der Grundgesamtheit (σ_x^2) ist nur selten bekannt; sie kann aber durch die Varianz in der Stichprobe (s_x^2) geschätzt werden. Eine Stichprobe liefert also neben der Schätzung des interessierenden Grundgesamtheitsparameters zusätzlich eine Schätzung des Standardfehlers.

---

[1] Der Ausdruck „unabhängige Stichproben" bedeutet hier, dass die Wahrscheinlichkeit, dass ein bestimmtes Element der Grundgesamtheit Element einer Stichprobe wird, nicht davon abhängt, dass dieses Element der Grundgesamtheit schon ein Element einer anderen Stichprobe war: Jede Ziehung erfolgt unabhängig von anderen Ziehungen.

[2] Maßzahlen (z. B. Mittelwert), die für eine Stichprobe berechnet werden, bezeichnet man als „Statistiken", die entsprechenden Maßzahlen für die Grundgesamtheit als „Parameter".

[3] Im Beispiel ist dies die Varianz der Aufenthaltsdauer aller Patienten der Klinik.

Berechnet man für eine große Zahl unabhängiger Stichproben jeweils ein Intervall um den Mittelwert der Stichprobe $\overline{x}$ mit den Grenzen

$$x_{1,2} = \overline{x} \pm 1.96 * \sigma_{\overline{x}} \qquad (6.3)$$

so lässt sich zeigen, dass 95% der so berechneten Intervalle den tatsächlichen Grundgesamtheitsparameter enthalten. Ein entsprechend der Formel berechnetes Intervall nennt man ein „*95%-Konfidenzintervall*".[1]

Die Interpretation eines Konfidenzintervalls lässt sich durch ein Beispiel erläutern (vgl. Abb. 6-4). Die Abbildung zeigt 100 95%-Konfidenzintervalle. Jedes dieser Intervalle wurde aus einer von 100 unabhängigen Stichproben aus der gleichen Grundgesamtheit berechnet. Ungefähr 95% der Intervalle enthalten den tatsächlichen Wert des Parameters, der hier durch die senkrechte Linie wiedergegeben wird.[2]

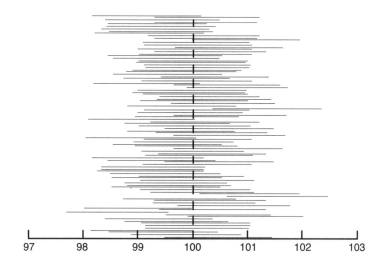

Abbildung 6-4: *Konfidenzintervalle von 100 verschiedenen Stichproben aus der gleichen Grundgesamtheit*

---

[1] Für ein 95%-Konfidenzintervall muss der Standardfehler mit 1.96 multipliziert werden, für ein 99%-Konfidenzintervall mit 2.576. Diese Werte entsprechen denjenigen Werten auf der x-Achse einer „*Standardnormalverteilung*" (einer Normalverteilung mit dem Mittelwert 0 und der Standardabweichung 1), jenseits dessen insgesamt 5%, bzw. 1% der Fläche unter der Kurve liegen. Einzelheiten finden sich in jedem Lehrbuch zur Inferenzstatistik, so z. B. bei FREEDMAN/PISANI/PURVES (1998).

[2] Dieser Plot basiert auf der Abbildung 1 bei FREEDMAN/PISANI/PURVES (1998:385), die die Idee zu diesem Plot Juan LUDLOW zuschreiben.

Falsch ist es, ein 95%-Konfidenzintervall so zu interpretieren, dass der Parameter mit einer Sicherheit von 95% innerhalb des berechneten Intervalls liegt. Für ein aus einer gegebenen Stichprobe berechnetes Intervall lässt sich keine Wahrscheinlichkeit angeben, mit der es den Parameter enthält: Entweder ist der Parameter im Intervall enthalten oder er ist es nicht. Für eine große Zahl von so berechneten Intervallen lässt sich aber die Häufigkeit angeben, mit der diese Intervalle den Parameter enthalten.

Wie die Formel für das Konfidenzintervall zeigt, hängt dessen Größe von der Größe des Standardfehlers ab. Je kleiner der Standardfehler ist, desto weniger variieren die Schätzungen des Parameters zwischen den Stichproben. Folglich ist man an möglichst kleinen Standardfehlern interessiert. Der Standardfehler sinkt mit der Wurzel aus der Stichprobengröße. Um eine Halbierung des Standardfehlers zu erreichen, muss die Stichprobengröße vervierfacht werden. Streuen die interessierenden Merkmale in der Grundgesamtheit stark, muss dementsprechend eine große Stichprobe gezogen werden. Die Größe der Grundgesamtheit spielt hingegen fast keine Rolle: Ob die Grundgesamtheit aus den Einwohnern einer Stadt oder der gesamten BRD besteht, ist für eine Schätzung auf der Basis einer Stichprobe in Hinsicht auf die erforderliche Stichprobengröße (bei konstanter Streuung in beiden Grundgesamtheiten) fast bedeutungslos.[1]

Im Rahmen empirischer Sozialforschung werden daher sowohl in den USA als auch in der BRD meist Stichprobengrößen zwischen 1000 und 3000 verwendet, wenn Aussagen über die Gesamtbevölkerung beabsichtigt sind.[2]

Bei der Beurteilung von Stichprobenergebnissen muss man nicht nur die Größe der Konfidenzintervalle und damit der Standardfehler berücksichtigen (die „*sampling errors*"), sondern auch Fehler, die nicht aus dem Prozess der Zufallsauswahl resul-

---

[1] Das gilt annähernd, solange die Stichprobe weniger als ca. 5% der Grundgesamtheit umfasst, vgl. z. B. BOELTKEN (1976:145–155). Sollte die Stichprobe mehr als ca. 5% der Population enthalten, wird der tatächliche Standardfehler etwas kleiner als der durch die Formel (6.2) geschätzte Standardfehler. Der Standardfehler wird dann besser geschätzt durch

$$\sigma_{\overline{x}} = \sqrt{\left(1 - \frac{n}{N}\right)\frac{s_x^2}{n}} \tag{6.4}$$

[2] vgl. SCHEUCH (1974:49–56). Bei Anteilswerten ergibt sich ein annäherndes 95%-Konfidenzintervall bei einem Anteilswert in der Stichprobe p mit

$$p_{1,2} = p \pm 1.96\sqrt{\frac{p * (1 - p)}{n}} \tag{6.5}$$

Bei p=0.5 und n=1600 ergeben sich entsprechend die Grenzen des Intervalls mit ca. $\pm$ 2.5%.

tieren.[1] Statistiker fassen diese anderen Fehlerquellen meist unter dem Begriff „*non sampling errors*" zusammen. Hierzu gehören z. B. Erinnerungsfehler der Befragten, Interviewereffekte, Overcoverage oder Undercoverage, Ausfälle („Nonresponse", vgl. Kap. 6.7) usw. (vgl. GROVES 1989:8–18). In der Praxis wird der Einfluss dieser Fehlerquellen auf die resultierenden Schätzungen und die Größe der Konfidenzintervalle fälschlicherweise fast immer vernachlässigt.[2]

Es gibt mehrere Möglichkeiten eine einfache Zufallsstichprobe zu ziehen. Die Auswahl wird durch das Vorliegen einer vollständigen Auflistung aller Elemente der Grundgesamtheit wesentlich erleichtert. Verfahren, die auf der Verwendung von Listen basieren, werden als „*Karteiauswahlen*" bezeichnet.

Eine einfache Form der Karteiauswahl ist das „*Lotterieverfahren*". Das Lotterieverfahren entspricht völlig dem sogenannten „Urnenmodell", d. h. für jedes Element der Grundgesamtheit existiert in einer Mischtrommel eine Kugel oder ein Los. Nach einem Mischvorgang werden die Kugeln oder Lose zufällig gezogen; die entsprechenden Elemente der Grundgesamtheit bilden die Stichprobe. Das Verfahren ist offensichtlich nur bei sehr kleinen Grundgesamtheiten praktikabel.

Für größere Grundgesamtheiten, bei denen jedes Element eine Identifikationsnummer besitzt, eignen sich Verfahren, die auf der Verwendung von Zufallszahlen basieren.[3] Eine Stichprobe des Umfangs n erfordert n Zufallszahlen. Diese Zufallszahlen können entweder einer Zufallszahlentabelle entnommen oder durch einen Computer erzeugt werden. Zufallszahlentabellen – nahezu jedes ältere Statistiklehrbuch enthält einen Auszug aus einer solchen Tabelle – werden in der Regel durch einen physikalischen Prozess gewonnen, von dem angenommen wird, dass er Zahlen hervorbringt, deren Abfolge rein zufällig und deren Häufigkeiten gleich sind. Mit einem Computer können keine „reinen" Zufallszahlen erzeugt werden, daher werden Verfahren, die Zufallszahlen mit einem Computer erzeugen als „Pseudo-Zufallszahlengeneratoren" bezeichnet. Diese Algorithmen erzeugen Zahlen, die allen Anforderungen an Zufallszahlen entsprechen.[4]

---

[1] Ein Überblick über vollständigere statistische Fehlermodelle für Stichproben findet sich bei LESSLER/KALSBEEK (1992).

[2] Um mögliche Effekte dieser Fehlerquellen auf die Ergebnisse zumindest qualitativ abschätzen zu können, benötigt man daher eine Reihe weiterer Angaben, vgl. hierzu vor allem die in Anhang F unter Punkt 3–6 genannten Informationen.

[3] vgl. auch die Anhänge D und E.

[4] Einfache Algorithmen, die in Taschenrechnern oder Mikrocomputern zu Verfügung stehen, entsprechen häufig nicht den Anforderungen an Zufallszahlengeneratoren. Einzelheiten eines brauchbaren Generators finden sich im Anhang B.

Neben diesen Auswahlverfahren existiert eine Reihe praktischer Techniken, die zusammenfassend als *„systematische Auswahlverfahren"* bezeichnet werden, so z. B. das „Ziehen jeder n'ten Karte", das „Buchstabenverfahren " (Ziehen von Personen mit bestimmten Buchstaben ihrer Namen), das „Geburtstagsauswahlverfahren" und das „Schlussziffernverfahren". Alle diese systematischen Auswahlverfahren besitzen eine Reihe von Problemen, die u.a. mit einer möglicherweise systematischen Anordnung der Liste oder der Verteilung der Auswahlmerkmale zusammenhängen; für Einzelheiten sei auf BÖLTKEN (1976:163–178) verwiesen.

6.4.2 Geschichtete Zufallsstichproben

„Geschichtete Zufallsstichproben" werden gezogen, indem die Elemente der Grundgesamtheit so in Gruppen (*„Schichten"*, „strata") eingeteilt werden, dass jedes Element der Grundgesamtheit zu einer – und nur zu einer – Schicht gehört und dann einfache Zufallsstichproben aus jeder Schicht gezogen werden. Werden die Umfänge der einfachen Zufallsstichproben so gewählt, dass sie den Anteilen der Schichten in der Grundgesamtheit entsprechen, dann wird die gesamte Stichprobe als *„proportional geschichtete Stichprobe"* bezeichnet. Entsprechen die Fallzahlen der Zufallsstichproben nicht den Anteilen der Schichten in der Grundgesamtheit, so wird die gesamte Stichprobe als *„disproportional geschichtete Stichprobe"* bezeichnet. Geschichtete Stichproben besitzen vor allem drei Vorteile gegenüber einfachen Zufallsstichproben:

- Unterscheiden sich die Schichten in der Grundgesamtheit in der Streuung eines interessierenden Merkmals, so ist die Schätzung auf der Basis geschichteter Stichproben fast immer genauer als bei einfachen Zufallsstichproben.
- Gibt es Unterschiede zwischen den Schichten in Hinsicht auf die Kosten der Erhebung, so können geschichtete Stichproben kostengünstiger sein.
- Falls die Schichten in der Grundgesamtheit selbst von Interesse sind, so können unabhängige Schätzungen für jede Schicht erfolgen.

Andererseits setzen geschichtete Stichproben die Kenntnis (oder die Schätzung) einiger Parameter der Grundgesamtheit voraus. So benötigt man u.a. Schätzungen der Umfänge der Schichten in der Grundgesamtheit. Weiterhin ist die Schichteinteilung meist nur für ein Merkmal optimal, so dass bei Interesse an mehreren Merkmalen zumeist ein Kompromiss gefunden werden muss.[1]

---

[1] Es gibt auch Beispiele für die unangebrachte Verwendung geschichteter Stichproben, so z. B. um alle demographischen Variablen mit Sicherheit entsprechend ihrer Häufigkeit zu ziehen oder um Ausfälle zu „korrigieren" (siehe Kapitel 6.7; für Einzelheiten vgl. SUDMAN 1976:108–110). Gelegentlich wird

Geschichtete Stichproben verfügen meist über so große Vorteile gegenüber einfachen Zufallsstichproben, dass sie eine große Bedeutung in der Praxis besitzen:

- Erstens bieten sie fast immer genauere Schätzungen (exakter: kleinere Standardfehler) bei gleichen Kosten der Erhebung.
- Zweitens sind sie dann unumgänglich, wenn bestimmte Fragestellungen und Auswertungstechniken eine bestimmte Mindestfallzahl für bestimmte Gruppen von Elementen erfordern.

Will man z. B. den Einfluss der Ausländerkonzentration in Wohngebieten auf das Verhalten von Arbeitsmigranten untersuchen, so liegt eine disproportional geschichtete Stichprobe nahe: Um verlässliche Aussagen machen zu können, benötigt man ungefähr die gleiche Anzahl von Arbeitsmigranten, die in Gebieten mit hohem Ausländeranteil wohnen, wie Personen, die in Gebieten mit niedrigem Ausländeranteil wohnen. Da bestimmte Gruppen von Arbeitsmigranten überwiegend in Gebieten mit hohem Ausländeranteil leben, müssen Personen aus anderen Gebieten mit einem höheren Anteil in der Stichprobe vertreten sein, als es ihrem Bevölkerungsanteil entspricht.

Offensichtlich ist das Kriterium derselben Chance der Auswahl bei disproportionaler Schichtung verletzt, daher müssen bei der Datenauswertung die Mitglieder der Schichten unterschiedlich *„gewichtet"* werden, um unverzerrte Aussagen über die Grundgesamtheit machen zu können. Die Gewichtung erfolgt mit dem reziproken Wert der Auswahlwahrscheinlichkeit, d. h. ein Element mit hoher Auswahlwahrscheinlichkeit erhält ein niedriges Gewicht und umgekehrt. Da diese Gewichtungsfaktoren schon beim Design der Stichprobe bekannt sind, werden diese Gewichte als „Design-Gewichte" bezeichnet.[1] Bei einer Datenanalyse kann eine falsch berechnete oder nicht angewendete Design-Gewichtung erhebliche Verzerrungen hervorrufen.[2]

6.4.3 Klumpenstichproben

Als *„Klumpenstichprobe"* („cluster sample") wird eine einfache Zufallsstichprobe dann bezeichnet, wenn die Auswahlregeln nicht auf die Elemente der Grundgesamtheit, sondern auf zusammengefasste Elemente („Klumpen", *Cluster*) angewendet

---

das Quota-Verfahren *fälschlich* als geschichtete Stichprobe bezeichnet, dies wird in Kapitel 6.5.2.5 genauer dargestellt.

[1] Ein praktisches Beispiel der Bestimmung der Design-Gewichte anhand des ALLBUS 1980 gibt KIRSCHNER (1984).

[2] Von der Design-Gewichtung zu unterscheiden sind Gewichtungen um Ausfälle zu korrigieren, vgl. hierzu Kapitel 6.7.3.

werden und jeweils die Daten aller Elemente eines Clusters erhoben werden. Klumpenstichproben besitzen dann Vorteile gegenüber anderen Auswahlverfahren, wenn keine Liste der Elemente der Grundgesamtheit vorhanden ist, wohl aber eine Liste der zusammengefassten Elemente, oder wenn die Kosten der Erhebung mit der Entfernung zwischen den Elementen steigen.

Sollen z. B. medizinische Untersuchungen an Chemiearbeitern, die bei der Produktion eines bestimmten Stoffes mitwirken, erfolgen, so dürften vollständige Listen dieser Chemiearbeiter kaum zur Verfügung stehen. Mit einer Klumpenstichprobe ließe sich das Problem lösen: Eine Liste der Herstellungsunternehmen dürfte leicht beschaffbar sein. Aus dieser Liste der Unternehmen (in diesem Fall die Cluster) kann eine Zufallsstichprobe gezogen werden, innerhalb der ausgewählten Unternehmen wird dann jeder Arbeiter, der mit dem entsprechenden Stoff umgeht, untersucht. Bei diesem Vorgehen werden also keine Listen der Elemente der Grundgesamtheit (Chemiearbeiter mit Kontakt zu einem bestimmten Stoff) benötigt, weiterhin werden die Erhebungskosten niedriger liegen, falls die Unternehmen nicht ohnehin regional konzentriert sind.

Das Beispiel zeigt aber auch das zentrale Problem der Klumpenstichprobe. Unterscheiden sich die Cluster (z. B. Unternehmen in Hinsicht auf ihre Sicherheitseinrichtungen oder die Zusammensetzung des Personals) sehr stark, so sind sich die Elemente innerhalb dieser Cluster ähnlicher als die Elemente einer einfachen Zufallsstichprobe. Somit sind ungenauere Ergebnisse erwartbar als bei der Verwendung einer einfachen Zufallsstichprobe.

Dieses Problem der Klumpenstichprobe wird als *„Klumpeneffekt"* bezeichnet. Der Klumpeneffekt besteht in dem Genauigkeitsverlust der Schätzungen auf der Basis einer Klumpenstichprobe gegenüber den Schätzungen auf der Basis einer einfachen Zufallsstichprobe.[1] Klumpenstichproben sind dann ungenauer als einfache Zufallsstichproben, wenn sich die Elemente eines Clusters sehr stark ähneln und die Cluster sich stark voneinander unterscheiden. Es lässt sich zeigen, dass die relative Ungenauigkeit einer Klumpenstichprobe gegenüber einer einfachen Zufallsauswahl sowohl von der Homogenität als auch von der Anzahl der Elemente pro Cluster abhängt: Je größer die Homogenität innerhalb der Cluster und je mehr Elemente pro Cluster, desto ungenauer sind Klumpenstichproben.[2]

---

[1] Allgemein werden solche Effekte als „Design-Effekte" bezeichnet, vgl. hierzu Kapitel 6.4.4.10.

[2] Die Homogenität der Cluster lässt sich mit dem Intraklassenkorrelationskoeffizienten Roh („rate of homogeneity") angeben (KISH 1965:161–164). Im Regelfall liegt Roh bei kleinen positiven Werten (meist kleiner als 0.15; KALTON 1983:31). In seltenen Fällen wird Roh negativ, dann kann eine Klumpenstichprobe genauere Schätzungen ermöglichen als eine einfache Zufallsstichprobe. Eine Übersicht über Wertebereiche von Roh in verschiedenen Surveys findet sich bei KREUTER (2002:244).

Eine große Anzahl Cluster mit sehr wenigen Elementen pro Cluster ermöglicht meist genauere Schätzungen als wenige Cluster mit vielen Elementen. Dies kann durch den Extremfall, in dem jedes Cluster nur ein Element besitzt, verdeutlicht werden: In diesem Fall findet keine „Klumpung" statt, die Auswahl stellt eine einfache Zufallsstichprobe dar (MOSER/KALTON 1971:104). Schon eine relativ geringe Homogenität der Elemente der Cluster kann durch eine große Zahl von Elementen pro Cluster zu großen Ungenauigkeiten führen. Daher werden Klumpenstichproben zumeist mit anderen Auswahlverfahren kombiniert, so dass mehrstufige Auswahlverfahren entstehen.

6.4.4 Mehrstufige Auswahlverfahren

Die bisher beschriebenen Auswahlverfahren sind bei vielen Fragestellungen entweder unangebracht oder undurchführbar. Insbesondere bei Untersuchungen, die die „allgemeine Bevölkerung" als Population besitzen, müssen komplexere Auswahlverfahren verwendet werden, die aus der Kombination mehrerer Auswahlverfahren bestehen. „*Mehrstufige Auswahlverfahren*" werden Verfahren genannt, die Zufallsauswahlen in mehreren „Stufen" vornehmen.[1] Die Grundgesamtheit wird dabei zunächst in Gruppen von Elementen eingeteilt. Diese Gruppen werden als „*Primäreinheiten*" (primary sampling units oder „*PSUs*") bezeichnet, die die Auswahlgrundlage der ersten Stufe darstellen. Aus diesen Primäreinheiten wird dann eine Zufallsstichprobe der „Sekundäreinheiten" gezogen, die dann bereits die Erhebungseinheiten bilden können. Häufig sind weitere Auswahlstufen notwendig, so dass dann die Sekundäreinheiten die Auswahlgrundlage der zweiten Stufe bilden.

Werden z. B. bei einer Klumpenstichprobe nicht alle Elemente der ausgewählten Cluster erhoben, sondern jeweils eine einfache Zufallsstichprobe aus jedem ausgewählten Cluster, so liegt eine zweistufige Auswahl vor.

Mehrstufige Auswahlverfahren bestehen also aus einer Reihe nacheinander durchgeführter Zufallsstichproben, wobei die jeweils entstehende Zufallsstichprobe die Auswahlgrundlage der folgenden Zufallsstichprobe darstellt. Mehrstufige Auswahlverfahren werden verwendet, wenn keine Listen der Grundgesamtheit verfügbar sind, wohl aber Listen zusammengefasster Elemente der Population. Wie vielleicht schon jetzt erkennbar ist, sind sowohl geschichtete Stichproben als auch Klumpenstichproben Spezialfälle mehrstufiger Auswahlverfahren.[2]

---

[1] In der englischsprachigen Literatur ist daher neben dem Begriff „multi-stage sampling" der allgemeinere Ausdruck „complex sample surveys" üblich.

[2] Daher muss bei mehrstufigen Auswahlverfahren immer mit Klumpeneffekten gerechnet werden; die einfachen Formeln für Konfidenzintervalle gelten hier nicht. Details finden sich in Kapitel 6.4.4.10.

6.4.4.1 Erste Stufe: Auswahl der Primäreinheiten

Sehr häufig werden z. B. bei Erhebungen der allgemeinen Bevölkerung zunächst Flächen (Stimmbezirke, Kreise etc.) ausgewählt. *„Flächenstichproben"* sind Zufallsstichproben, bei denen die Elemente der Grundgesamtheit räumliche Einheiten darstellen. Gelegentlich können auch im Rahmen empirischer Sozialforschung räumliche Einheiten bereits die Untersuchungseinheiten bilden, z. B. bei stadtplanerischen oder landwirtschaftlichen Fragestellungen. Meist werden Flächenstichproben aber in mehrstufigen Auswahlverfahren verwendet, wenn keine Listen der Elemente der Grundgesamtheit existieren. In diesem Fall werden die räumlichen Einheiten als „Cluster" von Elementen (Haushalte, Individuen) betrachtet. Bei mehrstufigen Auswahlverfahren mit einer Flächenstichprobe auf der ersten Stufe werden zunächst einige Flächen zufällig ausgewählt (Flächen als Primäreinheiten) und anschließend aus den ausgewählten Flächen wiederum zufällig die Sekundäreinheiten (z. B. Haushalte).

Nahezu immer enthalten die Primäreinheiten bei mehrstufigen Auswahlverfahren unterschiedlich viele Elemente, z. B. bestehen große Schwankungen zwischen den Stimmbezirken in Hinsicht auf die Zahl der Wahlberechtigten. Dies muss bei der Auswahl der Primäreinheiten berücksichtigt werden, da Elemente aus größeren Primäreinheiten eine niedrigere Auswahlwahrscheinlichkeit besitzen, falls alle Primäreinheiten mit gleicher Wahrscheinlichkeit gezogen werden. Eine Möglichkeit trotz ungleicher Größe der Primäreinheiten die gleichen Auswahlwahrscheinlichkeiten für jedes Element der Grundgesamtheit zu erhalten, besteht darin, Auswahlwahrscheinlichkeiten für die Primäreinheiten zu verwenden, die proportional zur Größe der Primäreinheiten sind und aus jeder Primäreinheit dieselbe Zahl von Sekundäreinheiten zu ziehen. Verfahren, die diesen Ansatz verwenden, werden *„PPS-Designs"* (probability proportional to size) genannt.[1]

Ein PPS-Design soll hier anhand eines einfachen Beispiels nach BABBIE (2001) erläutert werden.[2] Eine Stadt mit 100 000 Haushalten sei in 2 000 administrative Einheiten (Blocks) eingeteilt. Eine Liste aller Haushalte sei nicht verfügbar, daher soll eine Zufallsstichprobe von 1 000 Haushalten mit einem PPS-Design gezogen werden.

Die Chance für einen bestimmten Haushalt in die Stichprobe zu gelangen ist gleich der Anzahl der auszuwählenden Haushalte dividiert durch die Anzahl aller Haushalte,

---

[1]   Zu Einzelheiten vgl. z. B. KISH (1965:217–247), SUDMAN (1976:131–170).

[2]   Diese Darstellung ist vereinfacht; es handelt sich bei den hier beschriebenen Auswahlchancen nicht um „Wahrscheinlichkeiten"; diese ergeben sich erst durch eine anschließende Normierung. Die tatsächliche Ziehung von PPS-Stichproben mit dem sogenannten „Kumulations-Verfahren" wird in Anhang E dargestellt.

also $1\,000/100\,000 = 0.01$. Das PPS-Design muss gewährleisten, dass tatsächlich alle Haushalte diese 0.01-Wahrscheinlichkeit besitzen in die Stichprobe zu gelangen.

Das PPS-Design könnte z. B. so aussehen, dass im ersten Schritt 200 Blocks mit Auswahlwahrscheinlichkeiten proportional zu ihrer Größe (also der Anzahl der Haushalte im Block) und im zweiten Schritt aus jedem Block zufällig je 5 Haushalte ausgewählt werden.

Für einen Block mit 100 Haushalten ergibt sich eine zu realisierende Ziehungswahrscheinlichkeit von

$$p = \text{Anzahl auszuwählender Blocks} * \frac{\text{Anzahl der Haushalte im Block}}{\text{Anzahl der Haushalte der Stadt}}$$

$= 200 * \frac{100}{100000} = 0.2$. Für einen Block mit 400 Haushalten ergibt sich eine Wahrscheinlichkeit von $200 * 400/100000 = 0.8$, also eine viermal höhere Auswahlwahrscheinlichkeit (proportional zur Größe). Die Blocks müssen diesen Wahrscheinlichkeiten entsprechend ausgewählt werden.

Im zweiten Schritt müssen aus jedem ausgewählten Block 5 Haushalte ausgewählt werden. Ein Haushalt in einem Block mit 100 Haushalten besitzt eine Ziehungswahrscheinlichkeit von $5/100 = 0.05$, ein Haushalt in einem Block mit 400 Haushalten eine Auswahlwahrscheinlichkeit von $5/400 = 0.0125$. Die tatsächliche Auswahlwahrscheinlichkeit eines Haushaltes ergibt sich durch die Multiplikation der Auswahlwahrscheinlichkeiten der beiden Auswahlstufen. Ein Haushalt in einem Block mit 100 Haushalten besitzt somit eine Auswahlwahrscheinlichkeit von $0.2 * 0.05 = 0.01$, in einem Block mit 400 Haushalten von $0.8 * 0.0125 = 0.01$. Die Auswahlwahrscheinlichkeiten sind für beide Haushalte gleich der geforderten Auswahlwahrscheinlichkeit einer einfachen Zufallsstichprobe von 1000 Haushalten aus einer Grundgesamtheit von 100000 Haushalten.

6.4.4.2 Zweite Stufe: Auswahl der Sekundäreinheiten

Bei manchen Anwendungen mehrstufiger Verfahren liegen vollständige Listen der Elemente innerhalb der ausgewählten Primäreinheiten vor (z. B. Einwohnermelderegister bei ausgewählten Gemeinden).[1] In anderen Fällen wird nach der Auswahl einer Primäreinheit für diese eine vollständige Liste der Sekundäreinheiten erstellt (z. B. eine Liste von Schülern einer Klasse, nachdem diese ausgewählt wurde).

---

[1] Natürlich sind auch die Einwohnermelderegister mit Fehlern behaftet, so dass auch hier mit Overcoverage und Undercoverage gerechnet werden muss.

Im Zusammenhang mit Flächenstichproben wird häufig auf die vollständige Auflistung aller Sekundäreinheiten (z. B. Haushalte) innerhalb einer ausgewählten Fläche („sampling points") verzichtet. Ein Verfahren, um ohne vollständige Auflistung eine Auswahlgrundlage zu erstellen („Adressenermittlung") stellt der sogenannte „Zufallsweg" oder *„Random Walk"* (random route) dar.

Bei diesem Verfahren wird innerhalb einer ausgewählten Fläche eine Startadresse zufällig bestimmt, z. B. durch Auswahl einer Straße mit einem bestimmten Anfangsbuchstaben. Ausgehend von dieser Startadresse folgt ein Adressenermittler den Anweisungen einer sogenannten *„Begehungsanweisung"*, die formale Regeln der Begehung enthält[1], z. B. : „Aufsuchen der Startadresse, zweites Gebäude links vom Haupteingang der Startadresse ist die erste Zieladresse; in gleicher Richtung weitergehen bis zur nächsten rechten Abzweigung oder Querstraße, dort rechts abbiegen und die Straßenseite wechseln; weiter bis zur nächsten linken Straße usw." (nach NOELLE 1963:128). Allgemein steuern die Regeln die Wahl der Straßenseite über gerade und ungerade Hausnummern, die Wahl der Himmelsrichtung bzw. die Wahl ob aufsteigende oder fallende Hausnummern abgearbeitet werden, die Wahl der Richtungsänderung an Kreuzungen und die Wahl eines neuen Straßenabschnitts nach dem Bearbeiten des alten (HOFFMEYER-ZLOTNIK 1997:38). Folgen die Adressenermittler tatsächlich den Regeln, so kann eine „Zufallsauswahl" der Auswahlgrundlage (Adressen) „angenähert" werden. Aus den ermittelten Adressen werden dann einfache Zufallsauswahlen vorgenommen, so dass am Ende dieser Stufe eine Auswahl der Haushalte vorliegt. Diese Trennung zwischen Adressenermittlung und Erhebung wird als *„Adress-Random"* bezeichnet (KIRSCHNER 1984:132).

Eine Abwandlung des Verfahrens ist die *„Standard-Random"*-Technik, bei der zugleich mit der Adressenermittlung die Erhebung erfolgt. Bei dieser Modifikation wird aber die Handlungsweise der Interviewer schwer kontrollierbar, so dass ohne sehr intensive Kontrollen Verzerrungen durch nicht eingehaltene Regeln wahrscheinlicher werden. Andererseits können die Adressen bei der Adress-Random-Technik rasch veralten.

Beide Formen des Random-Walk besitzen dieselben Probleme. Die Begehungsanweisungen können mehrdeutig sein, so dass die Ermittlung der Haushalte nicht durch Kontrollen replizierbar sein kann. Die Adressenermittlung kann sehr ungenau sein, falls die Ermittlung der Haushalte anhand der Haustürklingeln erfolgt. Die Adressenermittler können die Begehungsregeln willentlich verletzen, um ihre Aufgabe zu

---

[1] Die Begehungsanweisung ist für alle ausgewählten Flächen die gleiche, sie wurde ohne Rücksicht auf irgendwelche empirischen Gegebenheiten an einem Schreibtisch als Ansammlung von „formalen Regeln" konstruiert.

vereinfachen. Schließlich kann die Adressenermittlung in einem Gebiet unerwünschte Folgen auf die Antwortbereitschaft besitzen, da den Anwohnern der Sinn der Adressenermittlung meist nur schwer zu vermitteln ist. Systematische Verzerrungen der Ergebnisse aufgrund dieser Probleme erscheinen bei intensiven Kontrollen zwar unwahrscheinlich, können aber nicht mit Sicherheit ausgeschlossen werden.

6.4.4.3 Dritte Stufe: Auswahl der Tertiäreinheiten

Häufig bilden Haushalte die Elemente der vorletzten Auswahlstufe und Individuen die Untersuchungseinheiten. Dann stellt sich das Problem der Auswahl eines zu Befragenden aus einem ausgewählten Haushalt. Hierzu werden meist Tabellen mit Zufallszahlen verwendet, die nach der Auflistung aller im Haushalt lebenden potentiellen Befragten angeben, welche Person zu befragen ist. Die Verwendung solcher Tabellen garantiert, dass jede Person im Haushalt dieselbe Chance besitzt in die Stichprobe zu gelangen; die Auswahl der jeweils zuerst angetroffenen Person würde hingegen systematische Verzerrungen hervorrufen. Solche Tabellen werden gelegentlich als „*Schwedenschlüssel*" bezeichnet, in der amerikanischen Literatur als „Kish selection grid".[1]

		Falls die Anzahl Erwachsener im Haushalt					
	Anteil der zugewiesenen	1	2	3	4	5	> 5
		beträgt, wähle Erwachsenen					
Tab. Nr.	Tabelle	mit Nummer					
1	1/6	1	1	1	1	1	1
2	1/12	1	1	1	1	2	2
3	1/12	1	1	1	2	2	2
4	1/6	1	1	2	2	3	3
5	1/6	1	2	2	3	4	4
6	1/12	1	2	3	3	3	5
7	1/12	1	2	3	4	5	5
8	1/6	1	2	3	4	5	6

Abbildung 6-5: *„Schwedenschlüssel" (Kish selection grid; nach KISH 1965:399)*

---

[1] Leslie KISH schlug 1949 dieses Verfahren erstmals vor (KISH 1965:398–401).

Die Abbildung 6-5 zeigt acht verschiedene Zufallszahlentabellen. Jeweils eine dieser Tabellen wird den Interviewern zugewiesen. Insgesamt wird jede Tabelle bei 1/6 bzw. 1/12 der durchzuführenden Interviews verwendet (vgl. 2. Spalte). Erhält ein Interviewer z. B. die dritte Tabelle (1-1-1-2-2-2) und trifft er in einem ausgewählten Haushalt 5 Erwachsene an, so muss nach dieser Tabelle der Zweite, der nach einer bestimmten Reihenfolge aufgelisteten Erwachsenen, befragt werden. Die vorgeschriebene Reihenfolge der Auflistung (z. B. Geschlecht, Alter) ist für alle Interviewer gleich.

6.4.4.4 Anwendung: ALLBUS 1980

Im Folgenden soll als Beispiel für eine mehrstufige Auswahl ein Überblick über den Stichprobenplan der bereits erwähnten „Allgemeinen Bevölkerungsumfrage 1980" (ALLBUS 1980) gegeben werden (vgl. KIRSCHNER 1984:120–134).

Der Arbeitskreis deutscher Marktforschungsinstitute (ADM) stellte 1978 ein Magnetband („Ziehungsband") zusammen, das Daten (u.a. Anzahl der Stimmberechtigten, Wahlergebnisse, Anzahl der Haushalte und die „Boustedt-Zonen"[1]) über 49.380 als Primäreinheiten verwendete Stimmbezirke, bzw. zusammengefasste Stimmbezirke der Bundesrepublik und West-Berlins enthielt (ADM 1979:22–23). Die Anzahl der Haushalte in allen Primäreinheiten belief sich auf 22 147 308. Aus dieser Datei wurde mit einem PPS-Design eine Stichprobe von 25 200 Primäreinheiten gezogen. Die Hauptstichprobe mit den 25 200 Primäreinheiten wird als „*ADM-Mastersample*" bezeichnet. Aus diesen 25 200 Primäreinheiten wurden dann 120 Unterstichproben mit je 210 Primäreinheiten gezogen. Diese Unterstichproben werden als „Netze" bezeichnet. Jedes Netz lässt sich als Stichprobe aus der Grundgesamtheit der Primäreinheiten auffassen. Für den ALLBUS 1980 wurden drei Netze verwendet, also 630 Primäreinheiten („Sampling Points").

Auf der zweiten Stufe wurden für jede der 630 Primäreinheiten durch Begehungsregeln 200 Adressen von Privathaushalten erhoben. Aus den jeweils ersten 100 dieser Adressen wurden dann 8 bzw. 7 Privathaushalte ausgewählt, so dass insgesamt 4620 Haushaltsadressen zur Verfügung standen.

Auf der dritten Stufe wurden die zu Befragenden mit einer Zufallszahlentabelle zufällig aus den Mitgliedern der Privathaushalte ausgewählt.

---

[1] „Boustedt-Zonen" entsprechen einer Einteilung von Stadtregionen in Zonen, die sich in Hinsicht auf Erwerbsstruktur, Pendler, Einwohner, Arbeitsplatzdichte usw. ähneln, vgl. BOUSTEDT (1975).

6.4.4.5 Anwendung: ADM-Design ab 1991

In der professionellen Umfrageforschung der Bundesrepublik wird fast ausschließlich das ADM-Design verwendet. Obwohl das prinzipielle Design der ADM-Stichproben im Laufe der Zeit kaum verändert wurde, machte die Wiedervereinigung allerdings einige Modifikationen erforderlich.[1] Die ca. 60.000 Wahlbezirke im Westen und ca. 20.000 Wahlbezirke im Osten wurden zu ca. 50.000 bzw. 14.000 „synthetischen" Stimmbezirken mit jeweils mehr als 400 Wahlberechtigten zusammengefasst. Im Westen bilden jeweils 210 mit PPS ausgewählte Stimmbezirke die Sampling-Points eines Netzes.[2] Im Osten bildeten bis 1996 ebenfalls 210 Sampling-Points ein Netz, danach wurde diese Zahl auf 48 Sampling-Points gesenkt. Für eine Stichprobe aus der allgemeinen Bevölkerung werden in der Regel mehrere Netze verwendet. Die Auswahl der Haushalte erfolgt durch Random-Walk.[3] Die Auswahl der Zielpersonen geschieht durch einen Schwedenschlüssel.[4]

6.4.4.6 Anwendung: ALLBUS 1994

Der ALLBUS 1994 war der erste ALLBUS, der keine ADM-Stichprobe, sondern eine Stichprobe aus den Einwohnermelderegistern darstellte. Solche Stichproben sind in der Bundesrepublik auf Grund praktischer Probleme nur in Ausnahmefällen möglich und dann mit hohen Kosten verbunden.[5]

Die Grundgesamtheit beim ALLBUS 1994 bilden die in der Bundesrepublik Deutschland in Privathaushalten lebenden Personen, die vor dem 1.1.1976 geboren wurden.[6] Bei der Stichprobe handelte es sich um eine zweistufige, disproportional geschichtete Stichprobe. Die erste Auswahlstufe bilden Gemeinden. Die zweite Auswahlstufe bilden Personenklumpen gleicher Größe (Sampling Points) in den Gemeinden.

---

[1] vgl. hierzu ARBEITSGEMEINSCHAFT ADM-STICHPROBEN/BUREAU WENDT (1994).

[2] Bei der Auswahl wird zusätzlich (durch Anordnung) nach räumlichen Einheiten und einer Gemeinde-typisierung, dem sogenannten „BIK"-Index, geschichtet. Der BIK-Index stellt eine aktualisierte Form der Boustedt-Zonen dar, vgl. hierzu BEHRENS (1994).

[3] Einige Institute sind dazu übergegangen den Interviewern bereits vor der Feldarbeit „Ersatzadressen" für die zu erwartenden Ausfälle zuzuteilen. Dies ist mit der Idee einer Zufallsstichprobe nicht zu vereinbaren.

[4] Zu weiteren Einzelheiten des ADM-Designs vgl. HOFFMEYER-ZLOTNIK (1997).

[5] Einzelheiten zu den Problemen bei der Durchführung von Einwohnermelderegister-Stichproben finden sich bei ALBERS (1997).

[6] Seit dem ALLBUS 1991 werden auch Ausländer im Rahmen des ALLBUS befragt.

Aus einer Liste der Gemeinden wurden proportional zur Zahl der Einwohner (PPS) in Westdeutschland 104, in Ostdeutschland 47 Gemeinden ausgewählt.[1] Die Großstädte Köln, Hamburg, München, Berlin und Leipzig besaßen mehrere Sampling-Points. Insgesamt wurden 162 Sampling-Points verwendet. Von den ursprünglich 151 Gemeinden waren 5 Gemeinden nicht bereit oder in der Lage eine Adressziehung durchzuführen; diese Gemeinden wurden durch ähnliche Gemeinden im gleichen Kreis ersetzt.

Die Gemeinden wurden um die Zufallsauswahl von jeweils 52 Personen aus den Einwohnermelderegistern mittels systematischer Auswahlverfahren gebeten. Diese Listen wurden um Personen, die nicht zur Grundgesamtheit gehörten, Anstaltsadressen und Personen, die erkennbar im gleichen Haushalt lebten, bereinigt. Von den verbleibenden Personen wurden jeweils 40 Personen zufällig ausgewählt.

6.4.4.7 Anwendung: Mikrozensus 1990

Der Mikrozensus ist eine von den statistischen Ämtern der Länder und des Bundes durchgeführte Haushaltsstichprobe der Bevölkerung, bei der Daten in 1% aller Haushalte erhoben werden. Dies sind derzeit ca. 327 000 Haushalte mit 730 000 Personen. Für die in den ausgewählten Haushalten lebenden Personen besteht Auskunftspflicht.[2] Erhoben werden unter anderem Alter und Geschlecht, Staatsangehörigkeit, Familien- und Haushaltszusammensetzung, Erwerbstätigkeit, Einkommen und Bildung. Teilen der Stichprobe werden zusätzliche Fragen gestellt, z. B. zur Pflegebedürftigkeit, dem Gesundheitszustand und der beruflichen Bildung. Die Ergebnisse des Mikrozensus werden von den statistischen Ämtern der Länder und des Bundes veröffentlicht. Weiterhin stehen die anonymisierten Individualdaten seit 1995 der empirischen Sozialforschung gegen sehr geringe Nutzungsgebühren zur Verfügung.[3]

Der Mikrozensus verwendet seit 1990 einen Auswahlplan, bei dem Gebäude bzw. Gebäudeteile die Grundlage bilden.[4] Alle Gebäude in der BRD wurden entsprechend der Anzahl ihrer Wohnungen in drei Schichten (1 bis 4, 5 bis 10 und mehr als 10 Wohnungen) eingeteilt. Für Gebäude mit Gemeinschaftsunterkünften wurde eine vierte Schicht gebildet. Für die erste Schicht wurden jeweils 12 Wohnungen, die in der Regel der Reihenfolge der Hausnummern in einer Straße entsprechen, zu einem

---

[1] Das Auswahlverfahren der Gemeinden verwendete zusätzlich noch eine Schichtung nach Stadtregionstypen. Einzelheiten finden sich bei KOCH/GABLER/BRAUN (1994).

[2] Trotzdem fielen beim Mikrozensus 1990 3.3% der ausgewählten Haushalte durch Verweigerung, Abwesenheit oder Erkrankung („Nonresponse") aus (HEIDENREICH 1994:116).

[3] Einzelheiten finden sich bei LÜTTINGER/RIEDE (1997:34).

[4] Die notwendigen Daten stammen aus der Volkszählung 1987, dem zentralen Einwohnerregister der DDR und der Fortschreibung durch die Bautätigkeitsstatistik.

„Auswahlbezirk" zusammengefasst. In der zweiten Schicht bildet jeweils ein Gebäude den Auswahlbezirk, in der dritten Schicht wurden in der Regel 6 Wohnungen innerhalb eines Gebäudes zu einem Auswahlbezirk zusammengefasst. In der vierten Schicht wurden jeweils 15 Personen über den Anfangsbuchstaben des Familiennamens zu einem Auswahlbezirk zusammengefasst. Die Auswahlbezirke wurden zusätzlich nach Regionen geschichtet.[1] Aus der nach Regionalschicht, Kreis, Gemeindegrößenklasse, Gemeinde und Auswahlbezirksnummer sortierten Datei der Auswahlbezirke wurden 20 unabhängige 1%-Stichproben durch ein systematisches Auswahlverfahren ausgewählt.[2] Jede der resultierenden 1%-Stichproben umfasst ca. 30.900 Auswahlbezirke in den alten und ca. 8.400 Auswahlbezirke in den neuen Bundesländern. Eine dieser Stichproben wurde für den Mikrozensus 1990 verwendet.

Folglich ist der Mikrozensus eine systematische, mehrfach geschichtete Flächenstichprobe mit Auswahlbezirken als Primäreinheiten. Entsprechend sind größere Klumpeneffekte zu erwarten.[3]

6.4.4.8 Anwendung: Stichprobenziehung für telefonische Erhebungen

Stichprobenziehungen für telefonische Erhebungen sind ebenfalls meist mehrstufige Auswahlen, die jedoch mit einer Reihe von Problemen behaftet sind. Eines der wichtigsten Probleme entsteht durch unvollständige Listen der Telefonanschlüsse. In den USA wird daher zunehmend mit einer Technik gearbeitet, die keine Liste aller Anschlüsse voraussetzt: das *„Random Digit Dialing"* (*„RDD"*).

Die Grundidee des RDD besteht darin, dass Teile der Telefonnummern durch Zufallszahlen gebildet werden. Amerikanische Telefonnummern bestehen aus 10 Ziffern, von denen die ersten drei einer Region und die nächsten drei einer Vermittlungsstelle entsprechen; die letzten vier Ziffern geben die Teilnehmernummer an. Vollständige Listen der aktiven ersten sechs Ziffern (Region, Vermittlungsstelle) liegen vor.

---

[1]   Die regionale Schichtung basiert auf einer zusätzlichen Einteilung innerhalb jeder Gebäudeschicht. Insgesamt wurden ca. 170 regionale Schichten im Westen und 31 regionale Schichten im Osten verwendet. Großstädte ab 200 000 Einwohner und andere Regionen ab 250 000 Einwohner bildeten hierbei jeweils eigene Schichten; die Einteilung lehnte sich an die Regierungsbezirke an. Die Schichtung kleinerer regionaler Einheiten erfolgte durch die Abfolge im Datensatz bei der Auswahl.

[2]   Einzelheiten zum Stichprobenplan des Mikrozensus finden sich bei KRUG/NOURNEY/SCHMIDT (1994:241–246), MEYER (1994) und LÜTTINGER/RIEDE (1997), Hinweise zur Hochrechnung des Mikrozensus finden sich bei HEIDENREICH (1994).

[3]   KRUG/NOURNEY/SCHMIDT (1994:246) geben für den Mikrozensus 1990 und die Größe der Gruppen „Erwerbstätige", „Ausländer" und „Haushalte mit einer Person" Design-Effekte von 1.9, 2.9 und 1.6 an.

Die einfachste Form des RDD besteht darin, eine Zufallsstichprobe aus der Liste der aktiven Region/Vermittlungsstellenkombinationen zu ziehen, und an diese Ziffern jeweils eine vierstellige Zufallszahl anzuhängen. Das Verfahren erbringt zwar eine echte Zufallsstichprobe, ist allerdings relativ ineffizient, da durchschnittlich 5 Telefonnummern erzeugt werden müssen, um einen Privatanschluss zu ziehen (KALTON 1983:88).

Eine effizientere Technik wurde von MITOFSKY (vgl. WAKSBERG 1978:40–41) vorgeschlagen, die auf einer zweistufigen Auswahl basiert. Die letzten vier Ziffern werden in 100 Gruppen („banks") mit je 100 Nummern eingeteilt (andere Einteilungen sind möglich). Zunächst werden „banks" mit gleicher Wahrscheinlichkeit gezogen. Dann wird eine Nummer pro „bank" zufällig gewählt. Handelt es sich um einen Privatanschluss, so wird innerhalb der „bank" weiter zufällig gezogen, ansonsten scheidet die gesamte „bank" aus.[1]

Die technischen Details der Vergabe der Telefonnummern durch die Telekom verhinderte in der Bundesrepublik die Anwendung des RDD. Bei telefonischen Erhebungen wurden in der BRD daher die Telefonbücher bzw. Telefon-CDs als Auswahlgrundlage verwendet.

Bei Verwendung der Telefonbücher besteht die erste Auswahlstufe aus Ortsnetzen der Telekom. Bei einer bundesweiten Studie kann z. B. aus einer Liste aller Ortsnetze entsprechend der Anzahl der Telefonanschlüsse (besser: der Anzahl der Privatanschlüsse) mittels PPS eine Auswahl der Ortsnetze vorgenommen werden.[2] Innerhalb der ausgewählten Ortsnetze wird dann als zweite Auswahlstufe eine Zufallsstichprobe aus den eingetragenen Anschlüssen ausgewählt.

In der Praxis wird häufig direkt aus den eingetragenen Privatanschlüssen ausgewählt. Dieses Verfahren führt zum Verlust aller nicht eingetragenen Privatanschlüsse.[3]

---

[1] Eine kurze Übersicht über technische Probleme findet sich bei KALTON (1983: 86–90), nahezu alle Aspekte des Telefoninterviews werden knapp von FREY (1989) behandelt. Technische Details für RDD-Verfahren finden sich in dem Band von GROVES u.a. (1988).

[2] Da die Telekom solche Daten nicht zur Verfügung stellt, muss dann als Näherung die Zahl der eingetragenen Anschlüsse verwendet werden. Weitere Details finden sich bei SCHNELL (1997b).

[3] Der Anteil der nicht ins Telefonbuch eingetragenen Nummern scheint raschen Veränderungen unterworfen zu sein. Weiterhin lassen sich regionale Unterschiede, vor allem zwischen den Bundesländern, feststellen. Legt man den Anteil der Personen aus Einwohnermelderegistern, die sich nicht in Telefon-CDs finden lassen, zugrunde, dann liegt der Anteil nicht eingetragener privater Festnetzanschlüsse in der Bundesrepublik im Jahr 2010 bei ca. 40%. Da neuere Telekommunikationsanbieter keine der neu vergebenen Nummern in das Telefonbuch eintragen lassen, wird der Anteil nicht eingetragener Nummern weiter steigen.

Daher empfiehlt sich die Verwendung eines Auswahlverfahrens, das auch solche Anschlüsse erreichen kann. Eine Möglichkeit ist die Addition einer Zufallszahl zur einer zufällig aus dem Telefonbuch gewählten Nummer („randomized last digit", „RLD"). Eine andere Möglichkeit besteht darin, die beiden letzten Ziffern durch zufällig erzeugte Ziffern zu ersetzen. Auf diesem Verfahren basieren die vom „Arbeitskreis deutscher Marktforschungsinstitute" (ADM) verwendeten Telefonstichproben.[1] Hierbei werden allerdings viele Nummern generiert, die entweder keine Privatanschlüsse darstellen oder die überhaupt nicht angeschlossen sind.[2]

Die dritte Auswahlstufe besteht schließlich aus der Auswahl der zu befragenden Person. Dies geschieht in der Praxis entweder durch einen vereinfachten Schwedenschlüssel oder durch die Frage nach der Person, die als letzte Geburtstag hatte („last birthday method").[3]

Die Verwendung der Telefon-CDs als Auswahlgrundlage anstelle der Telefonbücher bietet einige Vorteile. Der wichtigste Vorteil liegt darin, dass ein lediglich zweistufiges Auswahlverfahren möglich wird. Folglich sind keine Klumpeneffekte zu erwarten. Für die praktische Durchführung der Auswahl wird der Datenbestand der CDs in eine neue Datei exportiert, dann kann mit einfachen Programmen eine Zufallsauswahl der Anschlüsse durchgeführt werden.[4] Die ausgewählten Anschlüsse können entweder direkt oder als Ausgangsbasis für ein RLD-Verfahren verwendet werden. Schließlich muss auch hier eine Auswahl der Zielperson im Haushalt erfolgen.

Die abnehmende Anzahl der Einträge in den Telefonbüchern sowie die Zunahme der Zahl von Haushalten, die nur über Mobilfunknummern erreicht werden können, hat in den Praxis der empirischen Sozialforschung in der Bundesrepublik dazu geführt, dass immer häufiger andere Auswahlverfahren für telefonische Befragungen eingesetzt werden. Diese werden als „Dual-Frame-Verfahren" bezeichnet.

---

[1] vgl. VON DER HEYDE (2002). Solche Varianten des Waksberg/Mitofsky-Designs wurden bereits von LEPKOWSKI (1988:92–96) ausführlich diskutiert, wobei sich auch schon Gewichtungen nach dem Anteil eingetragener Nummern an allen Nummern finden. Ähnliche Verfahren finden sich seit Beginn der 90er Jahre auch in Ländern mit anderen Systematiken der Telefonnummern, z. B. im Vereinigten Königreich (vgl. die Übersicht bei NICOLAAS/LYNN 2002). Im deutschen Sprachraum wird dieses Verfahren häufig irreführend nach den ersten Anwendern dieses Verfahrens in der BRD bezeichnet.

[2] Da die Klassifikation eines Anschlusses als „privat" oder „geschäftlich" im Einzelfall durchaus unklar sein kann, ergibt sich hier eine Quelle für Unterschiede zwischen Erhebungen verschiedener Institute.

[3] Zu diesen Problemen bei telefonischen Erhebungen vgl. Kapitel 7.1.3.

[4] Details und Programmlistings finden sich bei SCHNELL (1997b).

6.4.4.9 Anwendung: Dual-Frame-Stichproben für Telefonbefragungen

Die Zunahme der Mobilfunkteilnehmer und die Auflösung des Telekom-Monopols hatten für die Stichprobenziehung bei telefonischen Befragungen in der Bundesrepublik erhebliche Konsequenzen. So stellt die Bundesnetzagentur seit einigen Jahren Daten über die an die Telekommunikationsanbieter vergebenen Nummern zur Verfügung. Der aus diesen Daten gebildete Nummernraum umfasst alle überhaupt nutzbaren Telefonnummern, nicht nur die tatsächlich verwendeten Nummern. Das derzeitige Verfahren des ADM (VON DER HEYDE 2009) besteht darin, dass zunächst aus diesem Nummernraum zwei Dateien abgeleitet werden:

- Die Festnetzdatei umfasst alle Festnetznummernblöcke, wobei jeder 10er-Block aus den zehn aufeinander folgenden Nummern besteht.
- Die Mobilfunkdatei umfasst alle 10.000er-Blöcke der nutzbaren Mobilfunknummern.

Aus diesen Blöcken wird ein gemeinsamer Auswahlrahmen zusammengestellt, der Telefonnummern aus Mobilfunk- und Festnetznummern enthält. Solche aus zwei Auswahlgrundlagen zusammengestellte Stichproben werden als „Dual-Frame"-Stichproben bezeichnet.[1] Da jeder Einwohner in der Bundesrepublik mehr als eine Mobilfunknummer und mehr als eine Festnetznummer besitzen kann, werden Dual-Frame-Stichproben so gewichtet, dass jede Person die gleiche Auswahlwahrscheinlichkeit besitzt.[2] Hierbei benötigt man die nur durch Befragung zu ermittelnde Anzahl der Mobilfunknummern und die Anzahl der Festnetznummern, über die die Befragten erreicht werden können.[3] Da diese Angaben sehr unzuverlässig sind, besteht für die korrekte Gewichtung für diese Art von Dual-Frame-Stichproben noch Forschungsbedarf.

---

[1] Vgl. für die Anwendung in Mobiltelefonstichproben in den USA BLAIR/BLAIR (2006) und BRICK/EDWARDS/LEE (2007).

[2] Dieser Abschnitt entspricht der ausführlicheren Darstellung bei SCHNELL (2011:260–263).

[3] Mit einigen Vereinfachungen reduziert sich die Gleichung für die Wahrscheinlichkeit der i-ten Person ausgewählt zu werden auf

$$\pi_i = k_i^F \frac{n^F}{N^F} \frac{1}{z_i} + k_i^C \frac{n^C}{N^C}, \tag{6.6}$$

wobei k_i^F die Zahl der Nummern, unter der ein Haushalt über das Festnetz erreicht werden kann, k_i^C die Zahl der Nummern, unter der eine Person über Mobiltelefone erreicht werden kann, n die Zahl der Telefonnummern in der Stichprobe, N die Zahl der Nummern in der Grundgesamtheit und z_i die Zahl der Personen im Haushalt ist (F bezieht sich dabei auf das Festnetz, C auf die Mobiltelefone) (HÄDER/GABLER/HECKEL 2009). Das Gewicht ergibt sich dann als Kehrwert der Auswahlwahrscheinlichkeit.

Die Nummern innerhalb der Blöcke werden mit gleicher Wahrscheinlichkeit generiert und angerufen; die Auswahl im Haushalt erfolgt wie bei anderen telefonischen Befragungen. Bei Mobiltelefonen wird in der Regel davon ausgegangen, dass der Anschluss einer Person und nicht einem Haushalt zugeordnet ist. Daher wird bei Mobilfunknummern in den meisten Anwendungen auf die Auswahl im Haushalt verzichtet.

6.4.4.10 Exkurs: Design-Effekte bei komplexen Stichproben

Die Standardfehler der Schätzer für mehrstufige Auswahlverfahren sind in der Praxis durch Interviewer- und Klumpeneffekte immer größer als bei einfachen Zufallsstichproben.[1]

Allgemein wird das Verhältnis der Varianz eines Schätzers auf der Basis eines beliebigen Auswahlverfahrens zur Varianz des Schätzers auf der Basis einer einfachen Zufallsstichprobe als „*design effect*" oder „*deff*" (SUDMAN 1976:76) bezeichnet. Die Wurzel aus „deff" wird „deft" genannt und ist der Quotient des Standardfehlers (z. B. des Mittelwerts) der gegebenen Stichprobe (*sample*) zu dem entsprechenden Standardfehler einer einfachen Zufallsstichprobe (*SRS*) der gleichen Stichprobengröße:

$$\mathrm{deft}_{\overline{x}} = \frac{\sigma_{\overline{x}_{\mathrm{sample}}}}{\sigma_{\overline{x}_{\mathrm{SRS}}}} \tag{6.7}$$

„Deft" gibt damit den Faktor an, um den sich Konfidenzintervalle komplexer Stichproben gegenüber den Konfidenzintervallen einfacher Zufallsstichproben vergrößern. Am Beispiel des 95%-Konfidenzintervalls für Mittelwerte (vgl. Gleichung 6.3) ergibt sich:

$$x_{1,2} = \overline{x} \pm 1.96 * \mathrm{deft} * \sigma_{\overline{x}} \tag{6.8}$$

Die Berechnung der Designeffekte komplexer Stichproben ist etwas komplizierter.[2] Die einfachste Form der Schätzung basiert auf der Berechnung der Intraklassenkorrelation ρ innerhalb der Klumpen der Stichprobe (vgl. Kapitel 6.4.3). Umfassen alle Klumpen jeweils m Beobachtungen, dann ergibt sich für eine Variable der Designeffekt als

$$\mathrm{deft} = \sqrt{1 + \rho * (m - 1)} \tag{6.9}$$

---

[1] Klumpen- und Interviewereffekte lassen sich ohne entsprechendes Design kaum voneinander trennen. Eine empirische Studie zur Größe und Trennung von Interviewer- und Klumpeneffekten mit einem geeigneten Design findet sich bei SCHNELL/KREUTER (2005). Hierbei zeigt sich, dass die Interviewereffekte meist größer sind als die Klumpeneffekte.
[2] Zu den verschiedenen Schätzverfahren, vgl. WOLTER (2007).

Designeffekte können überraschend große Werte annehmen. Werte über 2.0 sind nicht selten. Designeffekte variieren selbst innerhalb einer gegebenen Stichprobe erheblich zwischen verschiedenen Variablen, vgl. SCHNELL/KREUTER (2005).

Faktisch führen Designeffekte > 1.0 zu effektiv kleineren Stichproben. Die Berechnung der Standardfehler komplexer Stichproben mit Formeln für einfache Zufallsstichproben ist deshalb falsch und kann zu erheblichen Fehlschlüssen führen.[1] Daher müssen Design-Effekte bei der Datenanalyse der Ergebnisse komplexer Stichproben berücksichtigt werden.[2]

6.4.4.11 Exkurs: Zufallsauswahlverfahren für seltene Populationen

Häufig soll nicht die Gesamtbevölkerung untersucht werden, sondern eine kleine Teilmenge der Bevölkerung mit speziellen Merkmalen. Von solchen „*seltenen Populationen*" spricht man im Allgemeinen, wenn der Anteil der Zielpopulation an der Gesamtbevölkerung weniger als 1 bis 5% beträgt. Hierzu gehören z. B. Personen mit bestimmten Erkrankungen, Angehörige von Strafgefangenen, Geschiedene oder Personen, die planen, innerhalb eines Jahres mit Sicherheit umzuziehen. Auswahlverfahren für solche Populationen können nicht im gleichen Ausmaß standardisiert sein wie Auswahlverfahren für die allgemeine Bevölkerung. Je nach den sozialen Besonderheiten der Zielpopulation eignen sich verschiedene Verfahren zur Gewinnung einer Zufallsauswahl.

Am einfachsten ist die Auswahl dann, wenn eine vollständige Liste der Angehörigen der Zielpopulation existiert und zugänglich ist. In diesem Fall reduziert sich das Auswahlverfahren auf eine einfache Zufallsstichprobe. Für die meisten Spezialpopulationen existieren solche Listen aber nicht oder sind – in der Regel aus Gründen des Datenschutzes – nicht zugänglich. Z. B. ließe sich aus den Unterlagen der Rentenversicherung eine fast vollständige Liste der Geschiedenen gewinnen, die Unterlagen der Rentenversicherung stehen aber hierfür in der BRD nicht zur Verfügung. Gelegentlich können mehrere unvollständige Listen der Zielpopulation kombiniert werden, um zu einer Auswahlgrundlage für die Stichprobe zu gelangen (vgl. auch den Abschnitt 6.4.4.9).

---

[1] Entsprechend sind auch Signifikanztests (vgl. Kapitel 9.4), die ein eventuelles komplexes Stichprobendesign nicht berücksichtigen, falsch.

[2] Einige moderne Datenanalysesysteme (vgl. Kapitel 8) rechnen mit den korrekten Formeln, wenn man dies explizit angibt. Man findet diese Optionen meist unter „complex samples" oder „survey commands" in den Handbüchern der Programme.

Ein Standardbeispiel sind Leserbefragungen für Fachzeitschriften eines Fachgebietes, bei der die Abonnentenlisten verschiedener Zeitschriften kombiniert werden. Solche Listen müssen natürlich um Doppeleinträge bereinigt werden.[1]

Im Regelfall existieren aber weder vollständige noch unvollständige Listen der Zielpopulation. Dann muss auf *„Screening"* zurückgegriffen werden. Unter „Screening" werden alle Techniken subsumiert, die eine große Zufallsstichprobe systematisch nach Angehörigen einer seltenen Population durchsuchen. Meistens erfolgt diese Durchsuchung mit Hilfe einer kurzen Befragung einer großen Zufallsstichprobe von Personen.

Screening-Interviews werden in Industrieländern zunehmend als Telefoninterviews durchgeführt. Dieses Verfahren ist in der Regel kostengünstiger als Screening mit anderen Erhebungsverfahren. In Fällen in denen die Nichterreichbarkeit über das Telefon eng mit den Merkmalen der Zielpopulation zusammenhängen kann (z. B. bei Hörbehinderten, Einkommensschwachen, Obdachlosen) müssen andere Screening-Verfahren verwendet werden.

Im einfachsten Fall wird eine sehr große Zufallsstichprobe mittels persönlicher Interviews nach einer Spezialpopulation durchsucht.[2] Die damit verbundenen großen Kosten lassen sich dadurch senken, dass man die Ergebnisse einer anderen Befragung für das Screening verwendet („Huckepack-Surveys ").[3] Dieses Verfahren ist mit praktischen Problemen behaftet. Die notwendigen Informationen für das Screening müssen nicht nur erhoben worden sein, sondern auch tatsächlich zur Verfügung stehen. In der BRD bedeutet dies, dass sich die Befragten mit einer wiederholten Befragung (und damit einer Speicherung ihrer Adresse) einverstanden erklären müssen. Die Erklärung zur Bereitschaft für eine weitere Mitarbeit kann bei identischer Fragestellung zwischen 10 und 90% der Befragten liegen. Diese Quote hängt unter anderem vom Verlauf der ersten Befragung ab. Im Verlauf einer tatsächlichen Datenerhebung in der so ausgewählten Spezialpopulation kommen weitere Ausfälle von Zielpersonen hinzu (zu Ausfällen vgl. Kapitel 6.7). Das Ausmaß dieser Ausfälle wächst mit dem

---

[1]   Zu entsprechenden Techniken vgl. KISH (1965:388–396).

[2]   Man kann hierbei erhebliche Kosten dadurch einsparen, dass man von geographischen Häufungen von Personen aus der Zielpopulation Gebrauch macht: Viele seltene Populationen sind in einigen Gebieten wesentlich häufiger als in anderen. Man beschränkt das Screening dann auf Gebiete mit hoher Häufigkeit (zu den Details vgl. z. B. SUDMAN 1976:201–209; SUDMAN/KALTON 1986:414–424). Dieses Verfahren setzt voraus, dass zwischen den Ursachen für die höhere Konzentration und den Merkmalen der Spezialpopulation kein Zusammenhang besteht. Sollte es zum Beispiel schlechtere Sprachkenntnisse bei Arbeitsmigranten in Wohngebieten mit hohem Ausländeranteil geben, wäre eine Auswahl von Arbeitsmigranten aus solchen Wohngebieten verzerrt.

[3]   „piggybacking", vgl. TOURANGEAU/SMITH (1985:353).

zeitlichen Abstand zwischen der ersten Erhebung und der Datenerhebung für die
Spezialpopulation an. Da sowohl die Einverständniserklärung als auch die Ausfälle
aufgrund des zeitlichen Abstandes zwischen beiden Untersuchungen (z. B. durch
Umzüge) systematisch mit Merkmalen der Spezialpopulation zusammenhängen können, besteht die Möglichkeit systematisch verzerrter Stichproben. Die Vielzahl der
angesprochenen Probleme lässt die Trennung zwischen Screening und Datenerhebung problematisch erscheinen. Diese Trennung kann z. B. vermieden werden, indem
sich mehrere Forschungsgruppen, die sich jeweils für andere Spezialpopulationen
interessieren, zusammenschließen um das Screening einer großen Ausgangsstichprobe gemeinsam durchzuführen („amalgam-approach", vgl. TOURANGEAU/SMITH
1985:353).

Screening-Interviews besitzen vor allem das Problem, dass eine gezielte Abfolge von
Screening-Fragen die Auskunftsperson rasch erahnen lassen, dass das Interesse Personen mit bestimmten Merkmalen gilt. Durch gezielt falsche Auskünfte kann die befragte
Person dann eine verdeckte Verweigerung der Teilnahme an der eigentlichen Untersuchung herbeiführen. Dies lässt sich nur durch ausführlichere Screening-Interviews
vermeiden, bei denen die Befragten z. B. eine vollständige Auflistung aller Personen
im Haushalt durchführen sollen. Allerdings kann diese häufig ermüdende Aufgabe
selbst zu Verweigerungen führen. Ein anderes Problem von Screening-Interviews
besteht darin, dass die Auskunftspersonen Auskunft über die Merkmale anderer Personen geben. Im Allgemeinen sind solche Angaben – je nach Art des interessierenden
Merkmals – deutlich fehlerhafter als Selbstauskünfte. Durch fehlerhafte Angaben der
Auskunftspersonen kann es zu Fehlklassifikationen und damit zum Ausschluss von
Zielpersonen kommen (SUDMAN 1976:210).

Eine relativ neue Methode für die Gewinnung echter Zufallsstichproben seltener Populationen ist das „multiplicity-sampling" oder „network-sampling". Hierbei werden
Befragte einer echten Zufallsstichprobe nicht nur nach ihren eigenen Merkmalen,
sondern auch nach den Screening-Merkmalen von Personen befragt, die in einer exakt
definierten Beziehung zu ihnen stehen. So kann man z. B. danach fragen, ob eine
bestimmte Erkrankung bei den Eltern oder den eigenen Kindern vorkommt. Mit einem
Interview können so Screening-Informationen über mehrere Personen eingeholt werden. Die dann ausgewählten Personen müssen für Analysen umgekehrt proportional zu
ihrer Auswahlwahrscheinlichkeit gewichtet werden. Im Beispiel müssen Einzelkinder
größere Gewichte erhalten als Kinder aus kinderreichen Familien. Die Probleme von
Multiplicity-Stichproben liegen in der exakten Bestimmung der Auswahlwahrscheinlichkeiten. Die Merkmale der Zielpersonen müssen den Auskunftspersonen bekannt
sein, diese müssen bereit sein, diese Auskünfte zu geben und die Auskünfte über die
Art der Beziehung zu den Zielpersonen müssen korrekt sein. Im Beispiel muss die Zahl

der Kinder der Auskunftsperson bzw. die Zahl der Eltern (z. B. Stiefeltern) korrekt sein.[1] Eine Weiterentwicklung stellt das sogenannte „Respondent Driven Sampling" oder RDS (HECKATHORN 1997) dar. Hierbei erhält jeder Befragte einen Coupon mit einer eindeutigen Nummer. Der Coupon wurde dem Befragten von einem anderen Befragten gegeben. Jeder Befragte hat nur eine begrenzte Anzahl von Coupons. Daher kann anhand der Nummern verfolgt werden, wer wen für die Stichprobe rekrutierte. Unter bestimmten Voraussetzungen bleiben die Auswahlwahrscheinlichkeiten berechenbar.[2]

Insbesondere bei Stichproben von Migranten besteht eine weitere Möglichkeit darin, dass Vor- und/oder Nachnamen für die Stichprobenziehung verwendet werden. Falls aus dem Namen mit nur wenigen Fehlern auf die Zugehörigkeit zu einer Population geschlossen werden kann, eignen sich solche namensbasierte Stichproben für die Ziehung von Zufallsstichproben.[3] Es gibt viele Varianten der Ziehung, aber alle basieren darauf, dass zunächst Listen von geeigneten Namen sorgfältig zusammengestellt und Personen mit diesem Namen aus zur Verfügung stehenden Registern ausgewählt werden.[4] In der Bundesrepublik wurde dieses Verfahren durch die Arbeiten von HUMPERT/SCHNEIDERHEINZE (2000) als Ziehung „onomastischer Stichproben" bekannt. Für die Auswahl von Migranten stellen onomastische Stichproben in der Bundesrepublik derzeit das Standardverfahren dar.

Trotz aller Probleme mit der Gewinnung echter Zufallsstichproben für seltene Populationen muss der prinzipielle Vorteil gegenüber Nicht-Zufallsstichproben stets betont werden: Nur echte Zufallsstichproben erlauben die systematische Untersuchung der Fehlerquellen und deren Quantifizierung. Damit sind immer die Möglichkeiten einer statistischen Korrektur oder zumindest einer Fehlerrechnung gegeben. Dies ist bei Nicht-Zufallsstichproben menschlicher Populationen unmöglich.

---

[1] Zu Anwendungen des Multiplicity-Sampling vgl. z. B. KALTON/ANDERSON(1986:73–75) und TORTORA/GROVES/PEYTCHEVA (2008). Weiterentwicklungen finden sich bei LAVALLEE (2007).

[2] Die zugrunde liegende mathematische Theorie ist etwas anspruchsvoll. Details finden sich bei VOLZ/HECKATHORN (2008) und auf der Seite www.respondentdrivensampling.org. Eine kritische Würdigung der notwendigen Annahmen bieten GILE/HANDCOCK (2010).

[3] Alle namensbasierten Verfahren basieren auf der Annahme, dass zwischen dem Tragen eines Namens und inhaltlich interessierenden Variablen keine Zusammenhänge bestehen, die über die Kennzeichnung der Population hinausgehen. Sollte z. B. das Tragen eines die Subpopulation kennzeichnenden Namens als sozial unerwünscht empfunden werden, werden Personen mit solchen Namen eher eine Änderung des Namens anstreben. In solchen Fällen könnten namensbasierte Stichproben zu Selektionseffekten führen. Ein Beispiel für die Überprüfung solcher Annahmen findet sich bei SCHNELL/GRAMLICH/TRAPPMANN (2011).

[4] Eine Übersicht über Anwendungen namensbasierter Stichproben findet sich bei MATEOS (2007).

6.5 Willkürliche und bewusste Auswahlen

Obwohl nur Zufallsstichproben die Anwendbarkeit der Inferenzstatistik garantieren[1], finden sich neben den durch einen Zufallsprozess gesteuerten Auswahlverfahren weitere Auswahlverfahren in der sozialwissenschaftlichen Literatur, die als „*willkürliche Auswahlen*" oder „*bewusste Auswahlen*" bezeichnet werden.

6.5.1 Willkürliche Auswahlen

„*Willkürliche Auswahlen*" („Auswahlen aufs Geratewohl") sind Auswahlen, bei der die Entscheidung über die Aufnahme eines Elementes der Grundgesamtheit in die Stichprobe unkontrolliert durch einen Auswahlplan nur im Ermessen des Auswählenden liegt.

Dieser leider weitverbreiteten Auswahlmethode bedienen sich unter anderem Rundfunkanstalten in ihren Hörerbefragungen, Marktforschungsunternehmen, die ihre Befragten vor der Eingangstür ihres Unternehmens rekrutieren, Sozialpädagogen, die Aussagen über alle Kinder türkischer Arbeitsmigranten aus einer Stichprobe der Besucher ihrer Deutschkurse ableiten und Sozialwissenschaftler, die Aussagen über Sozialpädagogen aus der Stichprobe der ihnen bekannten Sozialpädagogen ableiten.

Da weder die Grundgesamtheit sinnvoll definiert ist, noch vor der Stichprobenziehung für jedes Element der Grundgesamtheit die Auswahlwahrscheinlichkeit angebbar ist, sind willkürliche Auswahlen für wissenschaftliche Zwecke fast immer wertlos.[2] Solche Auswahlen haben nur in der Vorbereitungsphase einer Erhebung einen sehr begrenzten Sinn, da bereits bei solchen Auswahlen bestimmte Probleme der Erhebung oder der Verarbeitung der erhobenen Daten auftreten können, die dann bei der eigentlichen Erhebung vermieden werden können. Aber selbst diese Aufgabe kann durch eine Zufallsstichprobe besser bewältigt werden. Aussagen auf der Basis einer willkürlichen Auswahl genügen elementaren Regeln wissenschaftlicher Arbeit nicht.

---

[1] Das ist etwas vereinfacht. Es gibt Möglichkeiten zur Anwendung der Inferenzstatistik auch bei „verzerrten" Stichproben, dann müssen aber zumindest die Parameter des Selektionsprozesses bekannt sein; bei verzerrten Auswahlen im Rahmen empirischer Sozialforschung ist der Selektionsprozess fast immer unbekannt, die Parameter müssen dann geschätzt werden; vgl. Kapitel 9.6. Die in solchen Fällen anzuwendenden Techniken sind vergleichsweise kompliziert und beruhen auf vielen unsicheren Annahmen; eine praktische Anwendung ist selten.

[2] In der amerikanischen Literatur werden solche Stichproben als „*convenience samples*" bezeichnet. Sie beruhen fast immer darauf, dass sich die Untersuchungseinheiten selbst auswählen und daher leicht verfügbar sind.

6.5.2 Bewusste Auswahlen

„Bewusste Auswahlen" („Auswahlen nach Gutdünken") erfolgen zwar nach einem Auswahlplan, die diesem Plan zugrunde liegenden Kriterien sind sogar meist angebbar und überprüfbar, dennoch sind inferenzstatistische Techniken nicht anwendbar. Beispiele für bewusste Auswahlen sind Expertengespräche (sofern die „Experten" nicht zufällig aus einem vollständigen „Expertenverzeichnis" ausgewählt wurden, z. B. Ärzte aus den Verzeichnissen der Ärztekammern), die Auswahl „typischer Fälle" oder die Auswahl „extremer Fälle".

6.5.2.1 Auswahl extremer Fälle

Die *„Auswahl extremer Fälle"* besteht aus der Selektion derjenigen Fälle, die in Bezug auf ein bestimmtes Merkmal eine „extreme" Ausprägung besitzen.

Interessiert man sich z. B. für das Verhältnis zwischen Trainingsaufwand und der Bestzeit im 100m-Lauf und betrachtet dabei nur diejenigen Sportler, die eine Bestzeit von 10.5 Sekunden und weniger haben, so kann der ermittelte geringe Zusammenhang natürlich nicht auf diejenigen (Freizeit-) Sportler übertragen werden, die z. B. lediglich Zeiten über 15 Sekunden erzielen. Dies ist relativ leicht einzusehen, wenn man sich vorstellt, dass ein untrainierter Sportler mit jeder zusätzlichen Trainingsstunde auch eine beachtenswerte Verbesserung seiner Endzeit erreicht. Ein Spitzensportler braucht jedoch zu einer Verbesserung von 10.4 auf 10.3 Sekunden nicht nur eine zusätzliche Stunde, sondern er muss seinen Aufwand um ein Vielfaches steigern.

Durch die Auswahl extremer Fälle wird die Grundgesamtheit implizit umdefiniert: Im oben genannten Beispiel kann eine Extremauswahl von Spitzensportlern bestenfalls also auch nur auf die „neue" Grundgesamtheit aller Spitzensportler verallgemeinert werden. Als generelles Auswahlverfahren ist die Auswahl extremer Fälle ungeeignet.

Als spezielle Form einer Auswahl extremer Fälle kann der folgende Ansatz aufgefasst werden, der gelegentlich bei speziellen Populationen verwendet wird. Alle bisher in der Bundesrepublik durchgeführten „gesamtgesellschaftlichen Eliteuntersuchungen" (vgl. NEUMANN 1979:45) arbeiten mit dem sogenannten *„Positionsansatz"*. Der Positionsansatz basiert auf der Annahme, dass „Macht" in der Bundesrepublik an formale Führungspositionen gebunden ist.[1] Das Auswahlverfahren verläuft in mehreren Stufen: Bestimmung der „Funktionsbereiche" (Politik, Verwaltung, Unternehmen etc.),

---

[1] Literatur zu anderen Ansätzen und zur Kritik des Positionsansatzes sowie der Methodik der Eliteuntersuchungen generell findet sich bei HERZOG (1982:98–106) und SCHENK (1984:187–208).

Auswahl der Organisationen in jedem Funktionsbereich, Auswahl der Positionen. Die Auswahlkriterien basieren auf der vermuteten „Bedeutung" der Positionen in Hinsicht auf die Möglichkeit der Machtausübung (HOFFMANN-LANGE/KUTTEROFF/WOLF 1982:38). Das Problem solcher Untersuchungen liegt bei der unklaren Definition der Population (der Unbeobachtbarkeit des eigentlichen Kriteriums „Macht"), wodurch subjektive „Gewichtungen" notwendig werden.

6.5.2.2 Auswahl typischer Fälle

Die „*Auswahl typischer Fälle*" besteht in der Auswahl von Fällen, die als besonders „charakteristisch" für die Grundgesamtheit angesehen werden. Das mit diesem Verfahren verbundene Problem ist offensichtlich: Welche Kriterien muss ein Fall besitzen, um in die Stichprobe zu gelangen? Die Definition der Kriterien kann nur aus dem Untersuchungsziel abgeleitet werden; werden dementsprechend Fälle ausgewählt, die dem Untersuchungsziel entsprechen, kann nichts über die Verteilung in der Grundgesamtheit ausgesagt werden.

Nun sind Situationen denkbar, in denen die Verteilung der Merkmale, die das Kriterium bilden, in der Grundgesamtheit bekannt ist. Um Aussagen über die Grundgesamtheit machen zu können, muss dann bei der Auswahl „typischer" Fälle angenommen werden, dass die „typischen" Fälle jeweils in jeder Hinsicht den nicht ausgewählten Fällen gleichen: Diese Annahme ist für sozialwissenschaftliche Untersuchungen meist nicht realistisch und nicht überprüfbar. Es gibt zwar für sehr spezielle Zwecke (umstrittene) Anwendungsmöglichkeiten dieses Auswahlverfahrens (BÖLTKEN 1976:26; SCHEUCH 1974:14), aber die Auswahl „typischer Fälle" bleibt in der Regel ein ungeeignetes Auswahlverfahren.

6.5.2.3 Auswahl nach dem Konzentrationsprinzip

Zu den „bewussten Auswahlen" wird auch die „*Auswahl nach dem Konzentrationsprinzip*" (auch als „Abschneideverfahren" bezeichnet) gezählt. Dieses in der amtlichen Statistik gelegentlich angewendete Verfahren basiert auf der Auswahl derjenigen Fälle, bei denen ein interessierendes Merkmal so stark ausgeprägt ist, dass diese Fälle nahezu die gesamte Verteilung in der Grundgesamtheit bestimmen (KRUG/NOURNEY/SCHMIDT 1994:61–64). Ein Beispiel für dieses Verfahren könnte darin bestehen, nur die (wenigen) Unternehmen mit dem größten Umsatz innerhalb eines bestimmten Wirtschaftssektors zu untersuchen. Das Verfahren eignet sich nur bei speziellen und eingeschränkten Fragestellungen.

6.5.2.4 Schneeball-Verfahren

Die Analyse sozialer Netzwerke (Freundschaften, Konfliktgruppen usw.) wirft in Hinsicht auf die Auswahltechniken einige Probleme auf, falls keine Vollerhebung möglich ist. Lediglich sogenannte „ego-zentrierte Netzwerke" (vgl. Kapitel 5.5.3) lassen sich vergleichsweise einfach erheben und analysieren. Mit der genannten Ausnahme stehen zur Zeit keine Verfahren zur Verfügung, die generell die Anwendung inferenzstatistischer Techniken bei Netzwerkanalysen erlauben.[1] In diesem Zusammenhang wird jedoch sehr häufig das „*Schneeball-Verfahren*" angewendet, bei dem ausgehend von einer Person die von dieser benannten Personen befragt werden. Dieses Verfahren wird u.a. auch bei der Auswahl von Angehörigen seltener Populationen angewendet.[2] Das Schneeball-Verfahren stellt natürlich keine Zufallsauswahl, sondern eine bewusste Auswahl dar.

6.5.2.5 Quota-Verfahren

Eine spezielle Form der bewussten Auswahl wird vor allem in der Markt- und Auftragsforschung verwendet: das „*Quota-Verfahren*". Quota-Verfahren basieren auf der Auswahl von Personen in der Art, dass bestimmte Merkmale in der Stichprobe exakt in derselben Häufigkeit vorkommen wie in der Grundgesamtheit; die endgültige Auswahl von Personen bleibt dabei dem Interviewer vorbehalten. Die Verteilung einiger Merkmale in der Grundgesamtheit ist in der Regel bekannt (z. B. durch eine Volkszählung). Bei der Erstellung einer Quotenauswahl wird den Interviewern eine „Quotenvorgabe" zugeteilt, die angibt, wieviele Personen mit einem bestimmten Merkmal oder einer bestimmten Kombination von Merkmalen er befragen muss. Der Quotenplan wird dabei so berechnet, dass (falls alle Interviewer ihre Quoten korrekt einhalten) die Verteilung in der Stichprobe für die quotierten Merkmale exakt der Verteilung in der Grundgesamtheit entspricht. Diejenigen Merkmale, die zur Quotierung dienen, werden als „Kontrollmerkmale" (controls) bezeichnet, das Resultat der Berechnung des Quotenplans anhand der bekannten Daten der Grundgesamtheit als „Quoten"; diese Quoten stellen die Quotenvorgaben für die Interviewer dar.

Als Kontrollmerkmale werden meist Geschlecht, Alter und soziale Schicht verwendet. Daneben finden sich auch Konfession, Familiengröße, Kinderzahl, Nationalität

---

[1]   Literatur zu den wenigen Ansätzen für Auswahlverfahren bei Netzwerkanalysen findet sich bei KNOKE/KUKLINSKI (1982:26–30) und SCHENK (1984:180–186).

[2]   Eine Erörterung von Durchführungsproblemen bei Schneeball-Auswahlen findet sich bei BIERNACKI/WALDORF (1981).

	prot.	kath.	Summe
männlich	45	5	50
weiblich	5	45	50
Summe	50	50	100

(a) unabhängige Quoten

	prot.	kath.	Summe
männlich	25	25	50
weiblich	25	25	50
Summe	50	50	100

(b) kombinierte Quoten

Tabelle 6-1: *Quotenvorgaben (in %)*

oder Hautfarbe, Befragungszeit und Befragungsort als Kontrollmerkmale (KOOLWIJK 1974:87). Beispielsweise werden bei Quotenerhebungen des „National Opinion Research Center" (NORC) der Universität Chicago Geschlecht, Alter und für Frauen Berufstätigkeit als Quoten verwendet (KING 1983:64–65).

Einfache Quotenverfahren verwenden „unabhängige Quoten", bei denen nur gefordert wird, dass insgesamt die Merkmale in der gleichen Weise in der Stichprobe wie in der Grundgesamtheit vorhanden sind; kompliziertere Quotenverfahren verwenden „kombinierte Quoten", bei denen die Häufigkeiten der Kombinationen bestimmter Merkmale in der Stichprobe den Häufigkeiten der Kombinationen in der Grundgesamtheit entsprechen sollen. Beispielsweise könnte gefordert werden, dass in einer Stichprobe je zur Hälfte Männer und Frauen und je zur Hälfte Katholiken und Protestanten vertreten sind. Während bei unabhängigen Quoten viele verschieden zusammengesetzte Stichproben diese Bedingung erfüllen, gibt es nur eine Stichprobenzusammensetzung bei kombinierten Quoten, die mit der Forderung übereinstimmt (vgl. Tabelle 6-1).

Der wesentliche Unterschied zwischen mehrstufigen Quota-Verfahren und mehrstufigen Zufallsstichproben liegt in der Auswahl der Stichprobenelemente auf der letzten Auswahlstufe (MOSER/KALTON 1971:128): Beide Verfahren können auf den ersten Stufen der Auswahl identische Zufallsauswahlen darstellen (also z. B. zunächst eine Zufallsstichprobe aus den Regierungsbezirken, dann eine Zufallsstichprobe aus den Stimmbezirken innerhalb der Regierungsbezirke), die beiden Verfahren unterscheiden sich aber dann bei der Auswahl der zu befragenden Personen innerhalb der letzten Auswahlstufe. Während bei der Zufallsstichprobe lediglich eine weitere Zufallsstichprobe gezogen wird, um die Elemente der Stichprobe auszuwählen, bleibt beim Quota-Verfahren die Auswahl auf der letzten Stufe ausschließlich der Willkür der Interviewer (innerhalb der vorgegebenen Quoten) überlassen. Beim Quota-Verfahren legt auf der letzten Stufe der einzelne Interviewer fest, wen er befragen will.[1]

---

[1] Interviewer orientieren sich dann verständlicherweise nach Verfügbarkeitskriterien, also danach, wen sie mit den geforderten Quotenmerkmalen kennen und wer sich ihrer Meinung nach befragen lässt.

Die Rechtfertigungen der Anwendung des Quota-Verfahrens basieren meist auf praktischen Argumenten. Das Quota-Verfahren ist in der Regel weit billiger als eine Zufallsauswahl und zudem schneller durchzuführen, insbesondere dann, wenn für die zu untersuchende Grundgesamtheit keine Liste vorliegt, aus der eine Zufallsstichprobe gezogen werden könnte (MOSER/KALTON 1971:134–135).

Angesichts der Möglichkeit von „echten" Zufallsstichproben bei den gelegentlich als besonders für Quotenbefragungen als geeignet angesehenen Fragestellungen (Forderung nach schnellen Ergebnissen oder Auswahl sehr seltener Merkmalsträger), nämlich telefonischer Umfragen und spezieller Auswahlverfahren für „seltene Populationen", verbleibt nur das Kostenargument zugunsten des Quota-Verfahrens.

Die meisten Einwände gegen das Quota-Verfahren richten sich gegen die theoretischen Begründungen des Quota-Verfahrens. KOOLWIJK (1974:85) unterscheidet drei mögliche theoretische Begründungen des Quota-Verfahrens:

- durch restriktive Quotenvorgaben werde der Ermessensspielraum des Interviewers so weit eingeschränkt, dass eine Zufallsauswahl angenähert wird;
- die Quotenauswahl entspräche einer geschichteten Zufallsstichprobe, die durch die Quoten gebildeten Schichten seien weitgehend homogen, so dass eine Zufallsauswahl nicht notwendig erscheint;
- die Quotenauswahl sei umso genauer in Bezug auf die nicht kontrollierten Merkmale, je stärker die Kontrollmerkmale mit den nicht kontrollierten Merkmalen zusammenhängen und je weniger die Kontrollmerkmale untereinander zusammenhängen.

Das erste Argument setzt allerdings voraus, dass die Interviewer exakt ihren Anweisungen folgen (vor allem, dass sie einen Befragten in Bezug auf bestimmte Kontrollmerkmale nicht „umdefinieren", um ihre Quoten zu erfüllen). Weiterhin wird implizit angenommen, dass Personen, die nicht angetroffen wurden oder die die Befragung verweigerten, in jeder interessierenden Hinsicht den tatsächlich Befragten ähneln: Eine unbeweisbare und auf der Basis des vorhandenen Wissens über Verweigerer und Schwer-Erreichbare (vgl. Kapitel 6.7) höchst unrealistische Annahme. Das zweite Argument basiert auf der Annahme, dass durch die Quotierung entweder eine völlig homogene Schicht entsteht oder eine Homogenisierung der nichtquotierten Merkmale automatisch aus den quotierten Merkmalen folgt (KOOLWIJK 1974:86). Eine völlig homogene Schicht ist in sozialwissenschaftlichen Anwendungen ausgeschlossen; je differenzierter die Gesellschaftsstruktur, desto heterogener werden Schichten auf der Basis weniger Kontrollmerkmale. Die Homogenisierung der nicht-quotierten Merkmale setzt einen sehr starken Zusammenhang zwischen quotierten und nicht-quotierten Merkmalen voraus, der nur sehr selten gegeben sein wird; z. B. dann, wenn eine bestimmte „Einstellung" allen Mitgliedern einer Schicht gemein ist und die Schichtungsmerkmale fehlerfrei bestimmt werden können.

Aus diesem Punkt folgt eine weitere Kritik: Die Quotenmerkmale werden nicht nach ihrem Zusammenhang mit den Erhebungsmerkmalen ausgewählt, sondern nach praktischen Kriterien (der „Machbarkeit"). Demzufolge sind in der Regel nur schwache Zusammenhänge zwischen quotierten und nicht-quotierten Merkmalen nachweisbar (SCHNELL 1993).

Die Kritikpunkte am Quota-Verfahren sehen zusammengefasst so aus:

- Das Quota-Verfahren stellt keine Zufallsauswahl dar; die Anwendung der Inferenztechniken ist erschwert, falls nicht unmöglich (WENDT 1960:37-38; KING 1983:66).
- Das Verfahren bedingt eine erhöhte Auswahlwahrscheinlichkeit für Personen, die häufig an ihrem Wohnsitz anzutreffen sind.[1]
- Es besteht die Gefahr einer erheblichen Verzerrung durch die Interviewer, da diese vor allem Personen auswählen werden, die sich kooperativ verhalten.[2] Das Quota-Verfahren stellt somit keine „Lösung" des Problems der Ausfälle dar: Das Problem wird nur verdeckt (ADM – ARBEITSKREIS DEUTSCHER MARKTFORSCHUNGSINSTITUTE 1979:60).

Trotzdem wird von kommerziellen Instituten häufig darauf hingewiesen, „daß Quotenumfragen die gleichen Antworten liefern wie Random-Umfragen" (KAPLITZA 1982:167), die gegen die Quotenbefragung vorgebrachten Argumente seien empirisch widerlegt worden (KAPLITZA 1982:166). Die hierbei angeführten Untersuchungen wurden allerdings überwiegend von kommerziellen Instituten durchgeführt. Eine Reihe von empirischen Vergleichen, bei denen das Quota-Verfahren mit Zufallsstichproben verglichen wurden (KOOLWIJK 1974:95–96), zeigen jedoch häufig Differenzen. So gibt SUDMAN (1976:199) für den Vergleich eines Quota-Verfahrens mit einer Zufallsauswahl bei einer Reihe von Einstellungsfragen einen mittleren Unterschied von 6% an. Bei einer weiteren Aufgliederung des Datenmaterials (Kreuztabellierungen, Subgruppenanalysen) ist mit größeren Fehlern zu rechnen (SCHEUCH 1974:20).

---

[1] vgl. hierzu MARSH/SCARBROUGH (1990:494).

[2] So zeigt HOAG (1986:125) Verzerrungen einer Quotenstichprobe durch selektive Auswahlen der Befragten durch die Interviewer. Bei einer schriftlichen Nachbefragung (bei der 49% der angeschriebenen Personen antworteten) gaben 86% der Befragten an, dass sie den Interviewer bereits vor der Befragung kannten. HOAG (1986:129) demonstriert die Folgen solcher „Interviewer-Bekannten-Stichproben" für die ermittelten Parteipräferenzen: Vergleichbare Zufallsstichproben erbrachten einen (eher den Wahlstatistiken entsprechenden) dreifach höheren Anteil von CDU-Anhängern als die Quotenstichprobe.

Falls exakte Ergebnisse, deren Genauigkeit angebbar ist, wichtiger sind als scheinbar „kostengünstige" Lösungen, gibt es im Allgemeinen keine Alternative zu Zufallsstichproben.[1]

6.6 Zum Begriff der „Repräsentativität"

Zufallsstichproben stellen die einzige Gewähr dafür dar, dass aus Ergebnissen einer Stichprobe in Bezug auf die Verteilung aller Merkmale (innerhalb bestimmter statistischer Fehlergrenzen) auf die Verteilung dieser Merkmale in der Grundgesamtheit geschlossen werden kann. Ein solcher *„Repräsentationsschluss"* kann also nur gezogen werden, wenn der Auswahlmechanismus eine Zufallsauswahl ist.

Die Bezeichnung einer Stichprobe als „repräsentativ" ist somit nur im Sinne des Prinzips der Zufallsauswahl zu verstehen: beide Begriffe sind im obigen Sinn synonym.

Allerdings sind die Begriffe „repräsentativ" und „Repräsentativität" in der Praxis, abseits dieser klar umgrenzten statistischen Bedeutung, zu schmückenden und vorwiegend inhaltsleeren Attributen für eine Vielzahl von Stichprobenuntersuchungen geworden, die keineswegs immer als Zufallsauswahlen konzipiert sind. So nennen KRUSKAL/MOSTELLER (1979a; 1979b; 1979c; 1980) neben dem adäquaten Wortgebrauch die folgenden Verwendungen des Begriffs „representative sampling":

- als den Rezipienten positiv für die Erhebung beeinflussendes Attribut, das in der Regel nicht präzisiert wird;
- als Garant für die Abwesenheit von Faktoren, die die Auswahl verzerren;
- als ein der Spiegel- oder Modellauffassung einer Stichprobe („verkleinertes Abbild der Grundgesamtheit") entsprechender Begriff;
- als Ausdruck für „typische" oder „ideale" Fälle;
- als Bezeichnung für Stichproben, die die Heterogenität einer Grundgesamtheit adäquat wiedergeben;
- als unklare Bezeichnung für andere Auswahlverfahren;
- als Bezeichnung für eine nicht exakt spezifizierte Auswahltechnik, die eine genaue Schätzung von Parametern der Grundgesamtheit erlaubt;
- als Bezeichnung für eine Stichprobe, die für einen bestimmten Zweck ausreicht.

Die Vielfalt und Verschwommenheit der verschiedenen Definitionen bewirkt, dass die bloße Feststellung, bei einer gegebenen Stichprobe handele es sich um eine

---

[1] „Quota sampling is not one defined scientific method. Rather, each one seems to be an artistic production, hard to define or describe" (KISH 1965:563).

„repräsentative Stichprobe" oder um eine „Repräsentativbefragung" nichts aussagt; erst recht handelt es sich um kein exakt definiertes Gütekriterium. „Repräsentativität" ist kein quantifizierbares Merkmal einer Stichprobe. Daher sind die gelegentlich zu findenden Forderungen nach Maßnahmen zur „Steigerung" der „Repräsentativität" nur Belege für das Unverständnis der Stichprobenverfahren.

Die nicht näher spezifizierte Aussage „Auf der Basis einer Repräsentativbefragung von 2000 Bundesbürgern ..." sollte niemals einfach hingenommen werden. Zur Beurteilung der Güte einer Stichprobe reicht weder das bloße Etikett „repräsentativ" aus, noch die sogenannten „*Repräsentanznachweise*" bzw. „R-Indikatoren".

Etwas vereinfacht gesprochen bestehen diese „Repräsentanznachweise" in der Untersuchung, ob bestimmte Merkmale in der Stichprobe in derselben Häufigkeit vorkommen wie in der Grundgesamtheit; diese Untersuchungen setzen also die Bekanntheit einiger Grundgesamtheitsparameter voraus. Weiterhin müssen die Daten der Grundgesamtheit als fehlerfrei betrachtet werden, obwohl – wie oben erwähnt wurde – Stichproben durchaus genauer sein können als Vollerhebungen (vgl. KRUSKAL/MOSTELLER 1979c:264). Diese „Repräsentanznachweise" (KAPLITZA 1982:169) können jedoch als grobe Kontrollen des Ziehungsprozesses Verwendung finden, wenn Zufallsstichproben auf gröbste Verletzungen der Auswahlregeln überprüft werden sollen oder sehr simple Untersuchungen zu den Gründen von Ausfällen erfolgen.

Keinesfalls reicht bei sozialwissenschaftlichen Erhebungen der Nachweis, dass bestimmte Merkmale in der Grundgesamtheit mit derselben Häufigkeit vorkommen wie in der Stichprobe, aus, um zu beweisen, dass die Stichprobe alle interessierenden Merkmale in der korrekten Häufigkeit wiedergibt. Dies wäre nur dann korrekt, wenn alle anderen Merkmale innerhalb der durch die bekannten Merkmale gebildeten Schichten vollständig homogen verteilt wären. Das Argument, dass der „Repräsentanznachweis" nicht beweist, dass die Stichprobe gegenüber einer „reinen" Zufallsstichprobe unverzerrt ist, gilt für Zufallsstichproben, die mit Ausfällen behaftet sind, ebenso wie für Quota-Verfahren (vgl. SCHNELL 1993).

Die sogenannten „R-Indikatoren" sollen die Beurteilung der potentiellen Verzerrung der Schätzungen auf der Basis einer Stichprobe erlauben.[1] In der Literatur zu den R-Indikatoren wird das Antwortverhalten in einem Survey als „repräsentativ" in Hinsicht auf eine Gruppe von Variablen bezeichnet, wenn die mit Hilfe dieser Variablen geschätzten Antwortwahrscheinlichkeiten nicht systematisch variieren. Die Definition der R-Indikatoren impliziert, dass die Indikatoren immer nur in Hinsicht auf

---

[1] Eine Darstellung der Indikatoren durch deren Entwickler findet sich bei BETHLEHEM/COBBEN/SCHOUTEN (2011:178–208).

bestimmte Variablen beurteilt werden können. Wählt man ungeeignete oder stets die gleichen Variablen (wie z. B. demographische Variablen), dann ist es möglich, dass auch Stichproben mit erheblich verzerrten Schätzungen im Licht der R-Indikatoren günstig erscheinen. Man kann die zu erwartenden Anwendungen dieser Indikatoren daher auch als irreführend betrachten (SCHNELL 2011:161–162).

Zusammenfassend: Die Verwendung des Begriffs „Repräsentativität" ist, legt man wissenschaftliche Kriterien zugrunde, ungenau und unnötig: Entweder stellt eine Auswahl eine Zufallsstichprobe dar oder nicht. Keine einzelne Maßzahl kann eine theoretische Analyse der Ausfallprozesse ersetzen. Um eine Untersuchung in Bezug auf ihre Güte beurteilen zu können, benötigt man genaue Angaben über Grundgesamtheit, Ziehungsprozess, detaillierte Angaben über die Art der Ausfälle sowie über die verwendeten Instrumente.

6.7 Nonresponse

Sozialwissenschaftliche Erhebungen verwenden in der Regel Personen als Untersuchungseinheiten. Neben einer Reihe anderer Probleme bedingt dies, dass kaum jemals alle zur Auswahl in die Stichprobe vorgesehenen Fälle tatsächlich in die Stichprobe gelangen, da Personen z. B. eine Befragung verweigern können. Das Problem dieser Ausfälle wird meist als „*Nonresponse-Problem*" bezeichnet. Üblicherweise wird danach unterschieden, ob eine Untersuchungseinheit völlig ausfällt und somit keine Daten für diesen Fall zur Verfügung stehen („*Unit-Nonresponse*") oder nur einige Variablen für den jeweiligen Fall fehlen („*Item-Nonresponse*").[1]

6.7.1 Ausschöpfungsquoten und ihre Entwicklung

Wichtig ist natürlich zunächst das Ausmaß des Unit-Nonresponse. Diese Frage nach der Nonresponsequote (bzw. dem Gegenteil, der „*Ausschöpfungsquote*") ist nicht einfach beantwortbar: z. B. kann in Quotenbefragungen aufgrund des zugrunde liegenden Auswahlmechanismus („Ausfälle" werden durch den „Nächstbesten" mit gleichen Quotenmerkmalen ersetzt) Unit-Nonresponse nicht auftreten, obwohl Quotenbefragungen gerade durch Unit-Nonresponse verzerrt sein können. Zudem sind die Definitionen der Ausschöpfungsquote unterschiedlich.

---

[1] Zu den Ursachen von Item-Nonresponse vgl. Kapitel 7.1.1.5; zur korrekten Behandlung bei der Datenanalyse vgl. Kapitel 9.6.

Statt einer Zahlenangabe sollte ein Bericht über eine Erhebung sowohl den Umfang der tatsächlich realisierten Stichprobe, als auch den Umfang der „zu realisierenden" Stichprobe (die Anzahl der tatsächlich gezogenen Elemente) und eine möglichst detaillierte Aufgliederung aller „Ausfallursachen" mit deren Häufigkeit enthalten. Hierzu gehören Ausfälle durch

- nicht aufgefundene Adressen,
- Personen die nicht zur Grundgesamtheit gehören,
- Interviewerausfälle,
- Nichterreichbarkeit einer Kontaktperson,
- Nichterreichbarkeit der Zielperson,
- Krankheit der Zielperson,
- Verweigerung der Kontaktperson,
- Verweigerung der Zielperson,
- Abbruch während des Interviews,
- Interviewertäuschungen,
- Interviewerfehler,
- Datenerfassungs- und Datenaufbereitungsfehler.

Die schlichte Angabe einer „Ausschöpfungsquote" oder anderer Quoten ohne Angabe der Berechnungsformel ist hingegen weitgehend sinnlos.[1]

Ein einfaches Beispiel für eine Definition und Angabe einer „Ausschöpfungsquote" findet sich bei PORST (1985:91–92) für den ALLBUS 1980. Ausgehend von der gesamten Stichprobe („*Brutto-Ausgangsstichprobe*"; 4620 Fälle) zieht PORST die „*stichprobenneutralen Ausfälle*" (Ausfälle aufgrund von Fehlern in der Adressenliste, z. B. kein Privathaushalt, Adresse existiert nicht; 367 Fälle) ab und setzt das Ergebnis gleich 100% („*bereinigte Stichprobe*"; 4253 Fälle). Die 1226 anderen Ausfälle werden zusammen mit den zwar durchgeführten, aber nicht ausgewerteten 72 Interviews von der bereinigten Stichprobe abgezogen, die resultierenden 2955 Fälle entsprechen den durchgeführten und ausgewerteten Interviews. Die *Ausschöpfungsquote* ergibt sich dann als Quotient zwischen der Zahl ausgewerteter Interviews und dem Umfang der bereinigten Stichprobe: $2955/4253 * 100 = 69.5\%$. Eine mögliche Berechnung der „*Nonresponsequote*" wäre demzufolge: 100% – Ausschöpfungsquote, also: 30.5%.

---

[1] Eindeutige Definitionen zur Angabe des Umfangs einzelner Ausfallursachen und Empfehlungen zur Berechnung von Ausschöpfungsquoten finden sich in den 60 Seiten umfassenden „Standard Definitions" der „American Association for Public Opinion Research" (AAPOR 2011).

Obwohl zwischen verschiedenen Erhebungsorganisationen (Meinungsforschungsinstituten, universitären Forschungsinstituten, staatlichen Stellen) zum Teil große
Unterschiede in Hinsicht auf die Nonresponsequoten bestehen (SCHNELL 1997a:71–
127), zeigt die Literatur einen Anstieg der Probleme bei Befragungen der allgemeinen
Bevölkerung seit Beginn der siebziger Jahre. Galt zu Beginn der 70er Jahre noch
eine Nonresponsequote von 20% als „typisch", so lagen zu Beginn der 80er Jahre
„typische" Werte zwischen 25 und 30%.

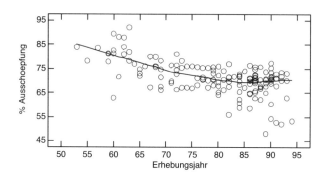

Abbildung 6-6: *Entwicklung der Ausschöpfungsraten in akademischen Surveys in der
BRD 1953–1994*

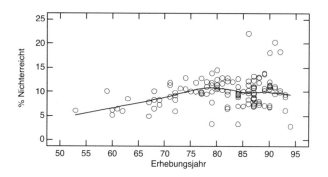

Abbildung 6-7: *Entwicklung des Anteils der Nichterreichten in akademischen Surveys
in der BRD 1953–1994*

SCHNELL (1997a) untersuchte die Entwicklung der Ausfallraten der im Zentralarchiv
in Köln vorhandenen Studien von 1953–1994. Die Abbildungen 6-6 bis 6-8 zeigen
für die akademischen Surveys die Entwicklung der Ausschöpfungsrate, der Rate

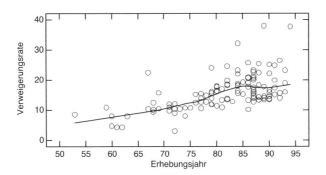

Abbildung 6-8: *Entwicklung der Verweigerungsraten in akademischen Surveys in der BRD 1953–1994*

der Nichterreichten und der Verweigerungsrate.[1] Hier zeigt sich ein Rückgang der Ausschöpfungsraten bei sich in den 80er Jahren stabilisierenden Erreichbarkeitsraten und zunächst stark ansteigenden Verweigerungsraten. Der zunächst nicht dramatisch anmutende Anstieg entstand allerdings trotz der verstärkten Bemühungen der Institute, die Ausschöpfungsquoten zu erhalten. Darüber hinaus deutet sich eine veränderte Zusammensetzung der Ausfälle an: Der Anteil der Verweigerungen scheint zu steigen.

6.7.2 Ursachen und Konsequenzen von Unit-Nonresponse

Bei allgemeinen Bevölkerungsumfragen kann mindestens ein Viertel, in der Regel aber ca. die Hälfte der zu untersuchenden Personen nicht befragt werden. Damit stellt sich natürlich die Frage nach den möglichen Konsequenzen der Ausfälle. Die möglichen Konsequenzen hängen aber nicht nur von der Höhe des Unit-Nonresponse, sondern auch von dessen Ursachen ab. Führen diese Ursachen zu großen Unterschieden zwischen Befragten („Respondenten", R) und Nicht-Befragten (N), dann wird die Schätzung eines Mittelwerts auf der Basis der Respondenten vom tatsächlichen Mittelwert abweichen. Das Ausmaß dieser Differenz ergibt sich als

$$d_{\overline{x}} = \overline{x}_r - \overline{x}_n * \frac{n_n}{n_n + n_r} \tag{6.10}$$

Damit sind große Unterschiede zwischen Schätzung und tatsächlichem Mittelwert nicht nur bei hohen Anteilen von Unit-Nonresponse möglich, sondern auch dann, wenn sich nur wenige Nicht-Befragte stark von den Befragten unterscheiden. Eine

---

[1] Die in die Plots eingezeichnete Linie gibt eine „nichtparametrische" Regression wieder („Lowess"), vgl. hierzu SCHNELL (1994:109–113).

hohe Ausschöpfungsquote ist also weder notwendig noch hinreichend um geringe Unterschiede zwischen Schätzung und tatsächlichem Wert zu erhalten. Eine Abschätzung der Konsequenzen von Unit-Nonresponse muss daher auf dessen Ursachen basieren. Diese können sich leider von Untersuchung zu Untersuchung unterscheiden.[1] Die prinzipiellen Mechanismen, die zu Unit-Nonresponse führen, sind aber bekannt. Darauf aufbauend muss für jede Studie eine Analyse der Ausfälle neu erfolgen.

Traditionell wird in der Literatur zwischen

- „Schwer-Erreichbaren" („*not at home*"),
- „Nicht-Befragbaren" („*unable to answer*") und
- „Verweigerern" („*refusal*")

unterschieden.[2]

6.7.2.1 Nicht-Befragbare

Zu den „Nicht-Befragbaren" werden Personen gezählt, die aufgrund körperlicher Gebrechen oder schwerer akuter Erkrankung aus der Stichprobe ausscheiden. Der Prozentsatz dieser Ausfälle ist im Allgemeinen sehr gering, so dass – obwohl diese Ausfälle vermutlich nicht zufällig über die Bevölkerung verteilt sind[3] – in der Regel keine verzerrende Wirkung dieser Ausfälle zu erwarten ist. Eine Ausnahme ist natürlich dann gegeben, wenn in irgendeiner Weise der Gesundheitszustand selbst eine Untersuchungsvariable darstellt[4]: Dann müssen entsprechende Maßnahmen ergriffen werden, um auch die Daten dieser Personen zu erheben, z. B. durch Befragung des Pflegepersonals oder der gesetzlichen Vertreter.

---

[1] Die Analyse der Respondenten vermag nur sehr bedingt Auskunft über die Mechanismen zu geben, die zu Nonresponse führten. Trotzdem findet sich in der Praxis häufig der Versuch, aus der Übereinstimmung der Häufigkeit prüfbarer Merkmale in der Stichprobe mit deren Häufigkeit in der Grundgesamtheit einen „Repräsentanznachweis" abzuleiten. Solche Beweise sind prinzipiell nicht möglich, vgl. Kapitel 6.6.

[2] Beispiele für solche Klassifikationen finden sich bei SCHEUCH (1974:59–60), COCHRAN (1972:420–421) und KREUTZ (1970/1971).

[3] Erkrankungen hängen z.T. sehr stark von den Lebensumständen ab. Daher lassen sich z. B. deutliche Unterschiede zwischen den Geschlechtern und den Altersgruppen in Hinsicht auf die Erkrankungshäufigkeiten zeigen.

[4] Ein Beispiel für diese Art von Unit-Nonresponse, die dann zur Unterschätzung der Zahl der Verstorbenen führt, findet sich bei HELLER/SCHNELL (2000) anhand des SOEP.

6.7.2.2 Schwer-Erreichbare

Ein größeres Problem werfen die „Schwer-Erreichbaren" auf. Hierzu werden Personen gezählt, die trotz mehrfacher Kontaktversuche nicht an ihrem Wohnsitz angetroffen werden. Neben Personen, die längere Zeit verreist sind, gehören hierzu Personen, deren tatsächlicher Aufenthaltsort nicht mit ihrem Wohnsitz übereinstimmt (z. B. Montagearbeiter), Personen mit ungewöhnlichen Arbeitszeiten (z. B. Krankenpflegepersonal) und Personen mit besonders vielen Sekundärkontakten (z. B. politisch Aktive, Vereinsmitglieder usw.). Offensichtlich erfolgen solche Ausfälle nicht zufällig, sondern hängen mit bestimmten Merkmalen der Personen zusammen. Werden Schwer-Erreichbare weitgehend aus der Stichprobe ausgeschlossen, so ist mit erheblichen Verzerrungen zu rechnen. Auf Grund zunehmender Mobilisierung als Folge zunehmender gesellschaftlicher Differenzierung erhöht sich der Anteil der Schwer-Erreichbaren in Industriegesellschaften insbesondere bei der städtischen Bevölkerung (STEEH 1981:48–49). Damit stellt sich die Frage, wie die Schwer-Erreichbaren in Stichproben aufgenommen werden oder zumindest die durch den Ausfall dieser Personen entstehenden Verzerrungen ausgeglichen werden können. Hierzu wird vor allem versucht, durch mehrere Kontaktversuche („*Callbacks*") zu verschiedenen Tageszeiten[1] (und manchmal durch verschiedene Interviewer) einen Kontakt zum zu Befragenden herzustellen. Zusätzlich zum Versuch eines persönlichen Kontaktes werden Versuche mit schriftlichen oder telefonischen Kontakten unternommen. Durch extensive Callbacks (üblich sind mindestens 3 oder auch mindestens 6 Kontaktversuche, gelegentlich wird diese Zahl weit überschritten) lässt sich die Zahl der Nicht-Erreichten meist sehr stark senken. Allerdings wird es mit zunehmender Callback-Zahl immer schwieriger zusätzliche Interviews zu erhalten, so dass die Kosten pro Interview stark ansteigen.

6.7.2.3 Verweigerer

Die scheinbar problematischste Kategorie der Ausfälle stellen Personen dar, die eine Befragung explizit verweigern. Für eine große Zahl von Befragungen liegt der Anteil der Verweigerungen an allen Ausfällen über 50%. Da sich Personen, die eine Befragung verweigern, von kooperativen Personen zumindest in Hinsicht auf ihr Teilnahmeverhalten unterscheiden, stellt sich die Frage danach, ob Teilnahmeverhal-

---

[1] In der Regel liegen die Zeiten, zu denen Personen am besten an ihren Wohnsitzen angetroffen werden, am späten Nachmittag bis zum frühen Abend. Es gibt Versuche, die „optimalen" Zeitpunkte, an denen Kontaktversuche erfolgreich scheinen, zu bestimmen (WEEKS u. a. 1980). Ein interessanter Aspekt dieser Arbeiten ist das Ergebnis, dass der Anteil derjenigen, die selbst zu den „günstigsten Zeiten" nicht erreicht werden können, mit der „Zeit" (zwischen 1960 und 1976) ansteigt.

ten mit Variablen des Untersuchungsgegenstandes zusammenhängt. Sollten solche
Zusammenhänge existieren, so sind Verzerrungen der Ergebnisse zu erwarten.[1]

Empirische Arbeiten zum Teilnahmeverhalten zeigen immer wieder bestimmte Regelmäßigkeiten auf. So fallen bei „Elitenstudien" in der Bundesrepublik meist ca.
45% der zu Befragenden durch Verweigerungen aus; bei älteren Befragten liegt die
Verweigerungsquote 3–4 mal so hoch wie bei Befragten unter 40 Jahren. Demographische Merkmale zeigen jedoch nur unregelmäßige Zusammenhänge mit dem
Verweigerungsverhalten. Alle bisher gewonnenen empirischen Ergebnisse zum Verweigerungsverhalten machen deutlich, dass von einer homogenen und konstanten
Zusammensetzung der „Gruppe der Verweigerer" nicht gesprochen werden kann.[2]

Da sich sowohl Einflüsse der Interviewer, der Erhebungsorganisation, des Wohnor-
tes der Befragten und des Erhebungsgegenstandes zeigen lassen, kann es sich beim
Verweigerungsverhalten nicht um ein unveränderliches „Persönlichkeitsmerkmal"
handeln, sondern offensichtlich um ein Entscheidungshandeln, das sowohl von Situa-
tionsmerkmalen, wie auch durch individuelle Präferenzen der Handelnden bedingt
wird. Eine Erklärungsskizze des Teilnahmeverhaltens soll kurz umrissen werden.[3] Die
grundlegende Annahme besagt, dass Personen immer dann eine bestimmte Handlung
ausführen, wenn der erwartete „Nutzen" dieser Handlung die erwarteten „Kosten"
dieser Handlung überschreiten wird und der erwartete Nutzen dieser Handlung höher liegt als der erwartete Nutzen aller anderen Handlungsmöglichkeiten (bzw. die
erwarteten Kosten niedriger liegen als die Kosten anderer Handlungsalternativen). Der
„Nutzen" einer Teilnahme an einer Befragung kann in einem besonderen Interesse
am Befragungsthema, in der Erfüllung einer Höflichkeitsnorm gegenüber Fremden,
dem Glauben an die Nützlichkeit wissenschaftlicher Forschung, der Loyalität gegenüber der Erhebungsorganisation oder deren Auftraggeber oder auch einfach in der
Abwechslung durch eine neue Erfahrung liegen. Der Nutzen einer Verweigerung kann
in der Demonstration subjektiver Werthaltungen, z. B. der Ablehnung quantifizie-
render Sozialforschung als kapitalistischem Herrschaftsinstrument oder staatlicher
und wissenschaftlicher Institutionen allgemein, begründet sein. Die Kosten einer Teilnahme können (indirekt) in der Existenz anderer günstigerer Handlungsalternativen
(„Zeitknappheit") oder durch Befürchtungen in Hinsicht auf die Konsequenzen der

---

[1] Dies hängt von der Art der Mechanismen ab, die zu Verweigerungen führten, vgl. hierzu Kapitel 9.6.
[2] zu den hier genannten Ergebnissen vgl. BUNGARD (1979), ESSER (1973; 1975), GOY-
     DER (1985), SINGER/FRANKEL/GLASSMANN (1983), HOUSE/WOLF (1978), HOFFMANN-
     LANGE/KUTTEROFF/WOLF (1982), FITZGERALD/FULLER (1982), SMITH (1983). Eine ausführliche
     Darstellung und Kritik der Nonresponseforschung findet sich bei SCHNELL (1997a:133–213).
[3] vgl. ESSER (1986b) und SCHNELL (1997a:157–166).

Teilnahme (unklare Verwendung der erhobenen Daten, generelle Befürchtungen bei Sekundärkontakten) entstehen.

Der Anteil der Verweigerer kann zwar in der Regel durch wiederholte Befragungsversuche mit speziell geschulten Interviewern[1] weiter gesenkt werden, es verbleibt aber ein Anteil der Population, der sich jedem Befragungsversuch entzieht. Über diesen Anteil können nur theoretische Annahmen, die sich nur partiell auf vorhandene Daten stützen können, gemacht werden. Da aber alle bisherigen empirischen Studien zeigen, dass dieser oft als „hard core" bezeichnete Anteil keine homogene Gruppe darstellt, ist im Regelfall auch nicht zu vermuten, dass gerade diese Gruppe ausschließlich aus den potentiellen Falsifikatoren der interessierenden Theorie besteht.[2]

Allerdings wird durch diese Ausfälle ein zusätzliches Unsicherheitselement geschaffen, das prinzipiell nur in seinen möglichen Konsequenzen in Hinsicht auf Schlussfolgerungen, die aus der Erhebung gezogen werden sollen, abgeschätzt werden kann und in jedem konkreten Fall auch abgeschätzt werden sollte. Dies ist mit einigen neueren Korrekturverfahren für Unit-Nonresponse bei Zufallsstichproben möglich.[3]

6.7.3 Korrekturverfahren für Unit-Nonresponse

Im Laufe der letzten 50 Jahre wurden zahlreiche „Korrekturverfahren" für Unit-Nonresponse vorgeschlagen.[4] Allen Verfahren ist gemeinsam, dass sie auf mehr oder weniger schwer zu rechtfertigenden Annahmen basieren. Das Problem hierbei ist nicht, dass statistische Verfahren auf Annahmen basieren, sondern dass die Annahmen nur in seltenen Fällen expliziert werden.[5] Dies gilt insbesondere – aber nicht nur – für die besonders weit verbreiteten älteren Korrekturverfahren.

---

[1] Solche speziellen „Refusal Aversion" bzw. „Refusal Avoidance Trainings" wurden erstmals von GROVES/MCGONAGLE (2001) veröffentlicht. Im Rahmen eines DFG-Projekts wurde ein solches Training für die Bundesrepublik entwickelt. Das vollständige Training (RAT) findet sich bei SCHNELL (2011:211–213).

[2] Exakter: Ausfälle durch Verweigerungen sind vermutlich ein Beispiel für „missing at random", nicht für „missing completely at random" und nicht für „missing not at random", vgl. Kapitel 9.6.

[3] Selbst hier zeigt sich die Überlegenheit echter Zufallsstichproben gegenüber allen Formen willkürlicher Stichproben: Nur bei Zufallsstichproben ist diese zusätzliche Unsicherheit durch Ausfälle überhaupt sinnvoll quantifizierbar.

[4] Der dreibändige Bericht des „Panel on Incomplete Data" (MADOW/NISSELSON/OLKIN 1983) enthält Arbeiten zu fast jeder bekannten „Korrekturtechnik". Anwendungen neuerer Techniken finden sich in einem von GROVES U.A. (2002) herausgegebenen Band.

[5] Die englische Fassung dieses Satzes scheint von Donald B. RUBIN zu stammen.

Die älteren Verfahren basieren alle auf den fast immer implizit gelassenen Annahmen der Existenz

- homogener Teilgruppen der Bevölkerung,
- der Möglichkeit der Bestimmung dieser Teilgruppen durch einfache demographische Variablen,
- absolut zufälliger Ausfälle[1] innerhalb dieser Teilgruppen.

Da es unwahrscheinlich erscheint, dass die erwarteten Kosten und Nutzen der Teilnahme an einer Befragung (vgl. Kapitel 6.7.2.3) innerhalb der durch demographische Merkmale gebildeten Teilgruppen identisch verteilt sind, sind alle Korrekturverfahren, die die Homogenität innerhalb dieser Klassen voraussetzen, theoretisch schwer zu rechtfertigen. Die Anwendung dieser Art von Gewichtungsverfahren beruht daher auf unrealistischen Annahmen.[2] Entsprechend lassen sich durch Verfahren, die diese Annahmen voraussetzen, keine sinnvollen Korrekturen durchführen.

Dies gilt insbesondere für das in der Marktforschung häufig verwendete sogenannte „*Redressment*". Hierbei werden die Häufigkeiten demographischer Merkmale durch Gewichtungsverfahren in der Stichprobe den Häufigkeiten in der Grundgesamtheit angeglichen. Dies geschieht dadurch, dass der Anteil der Personen in der Grundgesamtheit für jede Zelle einer Kreuztabelle demographischer Merkmale durch die auf der Basis der Stichprobe geschätzte Zahl der Personen in dieser Zelle dividiert wird.[3] Dieser Quotient wird für alle Personen dieser Zelle in der Stichprobe als Gewicht verwendet.

Ist z. B. bekannt, dass in der Grundgesamtheit 48% der Personen männlich sind, in der Stichprobe aber durch Ausfälle nur 30%, so könnten bei der Datenauswertung die Angaben der Männer ($48/30 = 1.6$) 1.6 mal gewertet werden. Zugleich müssen die Angaben der Frauen geringer ($52/70 = 0.74$) gewichtet werden. Nach diesem Redressment entspricht der Anteil der Männer in der Stichprobe exakt dem Anteil der Männer in der Grundgesamtheit.[4]

Den gewichteten Ergebnissen ist das Ausmaß des Nonresponse nicht mehr anzusehen. Das Redressment löst das Nonresponse-Problem nicht, sondern verdeckt es nur. Dies

---

[1] Eine exakte Definition „zufälliger" Ausfälle findet sich in Kapitel 9.6.
[2] vgl. hierzu ausführlich SCHNELL (1993).
[3] Das Verfahren wird daher u.a. als „cell weighting" und die entsprechenden Gewichte als „Soll/Ist-Gewichte" bezeichnet.
[4] Zu technischen Einzelheiten des Redressments vgl. ROTHE/WIEDENBECK (1987). Eine leicht verständliche, aber unkritische Darstellung der Durchführung von Gewichtungsverfahren geben KALTON/FLORES-CERVANTES (2003).

gilt auch für die noch viel weiter verbreitete Praxis, Unit-Nonresponse völlig zu igno-rieren und die realisierte Stichprobe zu behandeln, als ob es kein Nonresponse gegeben hätte. Ebenso führt die ebenfalls übliche Praxis, Nonrespondenten zu ignorieren und „Risikogruppen" zunächst überproportional in die Stichprobe aufzunehmen, lediglich zu einer Verdeckung des Nonresponse. Besonders tückisch ist es, Nonrespondenten durch Respondenten zu ersetzen, in dem die Stichprobe nicht exakt vor der Durchfüh-rung der Untersuchung definiert wird und einfach so lange „nachgezogen" wird, bis die geforderte Stichprobengröße erreicht ist. Für solche Stichproben kann das Ausmaß des Nonresponse nicht mehr angegeben werden. Faktisch wird eine solche Stichprobe zu einer Quotenstichprobe, also einer willkürlichen und daher nicht verallgemeinerbaren Stichprobe.

Es gibt schon in der älteren Literatur zahlreiche Varianten von Gewichtungsverfahren.[1] Insbesondere in älteren Lehrbüchern findet sich eine selten angewendete Variante eines Gewichtungsverfahrens, die hier vor allem deshalb erwähnt werden soll, weil die mit dieser Technik verbundene Frage manchmal – unvermittelt – in einem Fragebogen erscheint.

Diese von POLITZ/SIMMONS (1949) vorgeschlagene Technik besteht im Wesentlichen aus der umgekehrt proportionalen Gewichtung der tatsächlich Befragten entsprechend ihrer Wahrscheinlichkeit, sie an ihrem Wohnsitz anzutreffen. Hierzu enthält der Fra-gebogen eine Frage danach, wie oft der Befragte an den vergangenen fünf Abenden an seinem Wohnsitz anzutreffen war. Ein Befragter, der an allen Abenden anzutref-fen gewesen wäre, erhält das kleinste Gewicht, ein Befragter, der an keinem der vergangenen Abende anzutreffen gewesen wäre, das höchste Gewicht. Die Politz-Simmons-Korrektur besitzt vor allem den Nachteil, dass sie auf den möglicherweise falschen Angaben der Befragten basiert; schon ein kleiner systematischer Fehler bedingt durch die Gewichtung eine relativ große Verzerrung. Da auch empirische Studien zur Politz-Simmons-Korrektur (WARD/RUSSICK/RUDELIUS 1985) kaum befriedigende Ergebnisse der Anwendung dieser Technik zeigen, wird diese Technik kaum angewandt.

Die zugrunde liegende Idee, aus beobachteten Variablen (wie z.B. Anwesenheit) ei-ne „Wahrscheinlichkeit" der Teilnahme zu schätzen, wurde mehrfach aufgegriffen.[2]

---

[1] Hier sei vor allem auf die Methode von HANSEN/HURWITZ (1946) verwiesen, die auf einer zusätzli-chen Unterstichprobe basiert, die aus den Nichterreichten gezogen wird (COCHRAN 1972:429–437). Ein Problem dieses Verfahrens besteht in der Annahme, dass die tatsächlich realisierte Stichprobe eine Zufallsstichprobe sein muss.

[2] Dazu gehören Versuche, eine Schätzung auf der Annahme eines „Antwortbereitschaftskontinuums" zu unternehmen (vgl. FITZGERALD/FULLER 1982:16). Die empirischen Studien zu Unit-Nonresponse

Die neuesten Varianten dieser Verfahren versuchen durch statistische Modelle[1] eine direkte Schätzung der „Teilnahmewahrscheinlichkeiten". Hierbei soll die Teilnahme oder Nicht-Teilnahme vorhergesagt werden durch Variablen, die für Respondenten und Nichtrespondenten bekannt sind. Der Kehrwert dieser vorhergesagten Teilnahmewahrscheinlichkeit wird als Gewicht der Beobachtung verwendet. Solche Verfahren werden als „propensity weighting" bezeichnet. Wie bei fast allen sozialwissenschaftlich relevanten Modellen ist aber die tatsächliche Prognosekraft dieser Modelle sehr gering, so dass die wenigen empirischen Studien zu diesen Modellen kaum Anlass zur Hoffnung geben.[2]

Ähnliche Vorbehalte gelten auch für modernere Gewichtungsverfahren, die in der neueren Literatur zusammenfassend als „Kalibrierung" („calibration") oder „GREG" bezeichnet werden.[3] Hierbei werden die Gewichte durch die Lösung einer Regressionsgleichung bestimmt (SÄRNDAL/LUNDSTRÖM 2005). Dies erlaubt die Anpassung der Stichprobenrandverteilungen an viele verschiedene Randverteilungen in der Population; dabei sind Nebenbedingungen wie z. B. gleiche Gewichte für alle Personen im Haushalt leichter zu realisieren als mit anderen Verfahren. In Hinsicht auf die Korrektur von Nonresponse basiert auch Kalibrierung auf der Annahme, dass Nonresponse durch die zur Gewichtung verwendeten Variablen vorhergesagt werden kann. Dies ist mit den zur Verfügung stehenden Variablen in der Praxis häufig schwierig zu erreichen und wird sehr selten nachgewiesen, sondern meist nur angenommen.

Statt dieser vermeintlichen Korrekturverfahren empfiehlt sich die Anwendung „multipler Imputationen" (RUBIN 1987; SCHAFER 1997). Hierbei werden die fehlenden Daten von Nonrespondenten auf der Basis theoretischer Annahmen über den Ausfallmechanismus mehrfach ersetzt. Das Ausmaß der Schwankungen zwischen den Schätzungen erlaubt sogar eine numerische Abschätzung des Ausmaßes der durch die fehlenden Daten verlorenen Information. Die Verwendung multipler Imputation stellt gerade bei nicht vollständig zufällig erfolgenden Ausfällen auch die einzige robuste Form der Korrektur von Nonresponse dar (vgl. hierzu Kapitel 9.6).

---

haben die Annahme der Existenz eines solchen Kontinuums ausnahmslos widerlegt, vgl. SCHNELL (1997a:147–149).

[1] Es wird meist eine logistische Regression zur Vorhersage verwendet, vgl. Kapitel 9.5.4.

[2] Ein Beispiel anhand der Längsschnittgewichtung des SOEP findet sich bei HELLER/SCHNELL (2000); ein entsprechendes amerikanisches Beispiel findet sich bei RIZZO/KALTON/BRICK (1994).

[3] Dieser Abschnitt wurde gekürzt aus SCHNELL (2011:166) entnommen.

6.8 Weiterführende Literatur

Die Beschäftigung mit Auswahlverfahren ist interessanter, als es die selbst für statistische Literatur ungewöhnlich langweiligen deutschen Lehrbücher zu diesem Thema erwarten lassen. Die deutschsprachige Literatur konzentriert sich fast ausnahmslos auf die mathematischen Grundlagen, die weder in der Forschungspraxis bedeutsam sind noch bei der Lösung tatsächlicher Stichprobenprobleme helfen.

Trotzdem ist die Kenntnis der recht einfachen mathematischen Grundlagen unverzichtbar. Das beste derzeit verfügbare einführende Lehrbuch zur Stichprobentheorie stammt von LOHR (1999).

Bei der Durchführung von empirischen Forschungsprojekten sind die tatsächlich vorkommenden Probleme praktischer Art und hängen meist sehr eng mit den gegebenen Möglichkeiten der Datenerhebung zusammen. Hinweise auf solche praktischen Probleme und deren Lösungen finden sich bei SUDMAN (1976). In derselben Hinsicht kann KISH (1965) als Nachschlagewerk benutzt werden. Einfache Beispiele für das Design von Stichprobenuntersuchungen finden sich bei HENRY (1990); zahlreiche Beispiele für größere realistische Anwendungen finden sich bei LEVY/LEMESHOW (2008). Die praktische Durchführung verschiedener Verfahren erläutern KAUERMANN/KÜCHENHOFF (2011).

Einen Überblick über die statistischen Konsequenzen des Nonresponse sowie über eine Fülle von Korrekturverfahren bieten BETHLEHEM/COBBEN/SCHOUTEN (2011). Empirische Ergebnisse zur Entwicklung des Nonresponse und Darstellungen der theoretischen Ansätze zur Erklärung des Teilnahmeverhaltens finden sich bei SCHNELL (1997a) und GROVES/COUPER (1998).

Kapitel 7

Datenerhebungstechniken

Nach der Entscheidung für ein Forschungsdesign und unter Einbeziehung der Überlegung, ob eine Vollerhebung oder eine Teilerhebung geplant ist, wird nun eine weitere Entscheidung nötig, die sich auf die zu verwendenden Instrumente oder Techniken der Datenerhebung bezieht. Dabei wird hier zunächst nur eine Unterscheidung in die Verfahren der Datenerhebung durch

- Befragung
- Beobachtung
- Inhaltsanalyse

vorgenommen. Diese zunächst im Vergleich zu anderen Methodenlehrbüchern relativ[1] einfache Unterteilung in drei Grundtechniken erscheint deshalb sinnvoll, weil alle anderen, mitunter genannten Erhebungstechniken oder -methoden entweder eigentlich Designentscheidungen betreffen (z. B. Paneluntersuchungen, Fallstudien, Experimente; vgl. Kapitel 5) oder lediglich eine bestimmte inhaltliche Anwendung einer der Grundtypen der Datenerhebungsmethoden bzw. einer besonderen Messtechnik darstellen (z. B. Soziometrie; vgl. dazu Kapitel 4).

Prinzipiell lassen sich Erhebungsverfahren anhand mehrerer Kriterien unterscheiden. Als erstes Unterscheidungsmerkmal kann z. B. genannt werden, inwiefern der Einsatz einer bestimmten Erhebungstechnik Reaktionen (unerwünschter Art) oder Veränderungen bei den „Untersuchungsobjekten" hervorruft. Hier ist einsichtig, dass solche Fragen dann besonders wichtig werden, wenn Daten in konkreten Interaktionen mit Menschen erhoben werden müssen. Bei einer Befragung z. B. „reagiert" der/die Befragte nicht nur auf die gestellten Fragen, sondern möglicherweise auch auf die Person und das Auftreten desjenigen, der die Fragen stellt.[2] Es erscheint in diesem Zusammenhang plausibel, dass die Untersuchung schriftlicher Materialien (Zeitungen, Briefe, Tagebücher) – z. B. zur Feststellung der Auswirkungen langfristiger Arbeitslosigkeit – in diesem Sinne weniger „reaktiv" ist als eine Befragung von Arbeitslosen in Gesprächen oder Interviews bzw. die offene, unverdeckte Beobachtung von Arbeitslosen in einem Freizeitclub. Andererseits bezieht sich eine Unterscheidung der Vorgehensweisen bei der Datenerhebung auf das Ausmaß der *„Standardisierung"* von

---

[1] vgl. z. B. FRIEDRICHS (1973); MAYNTZ/HOLM/HÜBNER (1978).
[2] vgl. zu solchen Fragen der „Reaktivität" Kapitel 7.1.1.5 und zu „Experimentereffekten" auch Kapitel 5.

Untersuchungs- oder Erhebungsinstrumenten. Diese Differenzierung nach dem Grad, in dem die Erhebungssituation strukturiert wird, bezieht sich auf jede der genannten Techniken: d. h. man kann z. B. Befragungen durchführen, denen ein Fragebogen mit für alle Befragten gleich formulierten Fragen zugrunde liegt, man kann aber auch ein nur thematisch festgelegtes Gespräch mit einer Untersuchungsperson führen und so dem (nicht-sozialwissenschaftlich ausgebildeten) Gesprächspartner die Verfolgung eigener Fragestellungen erlauben. Die Analyse von sprachlichen Inhalten („*Inhaltsanalyse*") kann sich z. B. einerseits auf ein vorher festgelegtes Auswertungsschema beziehen und Sätze oder Absätze eines Textes daraufhin untersuchen, ob sich Indikatoren für die im Auswertungsschema festgelegten Kategorien auch im Text auffinden lassen. Andererseits wird mitunter auch die Interpretation eines Textes (z. B. aufgrund des Gesamteindrucks) bereits als Inhaltsanalyse verstanden.

Obgleich unter verschiedenen Gesichtspunkten sowohl eine Kombination z. B. von standardisierten und weniger standardisierten Verfahren oder von eher an Beobachtung orientierten Ansätzen und Befragungen sinnvoll erscheint, um systematische Mängel der Einzelverfahren zu minimieren, ist eine solche Problemannäherung aus unterschiedlicher methodischer Perspektive bei konkreten Forschungsarbeiten wohl eher die Ausnahme. Hier zeichnen die (in Kapitel 3) dargestellten „Meta-Orientierungen" der Forscher als entweder „quantitativ" oder „qualitativ", als „erklärend" oder „verstehend" verantwortlich für die Präferenz ganz bestimmter Techniken.

Darüber hinaus sind – aus mitunter ganz verschiedenen Gründen – einzelne Datenerhebungstechniken mehr oder weniger „populär". So kann zum einen eine Entscheidung für den noch immer gültigen „Königsweg der empirischen Sozialforschung", das standardisierte Interview, aufgrund der Vorstellung fallen, dass der Entwurf eines Fragebogens und die Durchführung einer Befragung eine vergleichsweise simple, unaufwändige Verfahrensweise zur Datenerhebung sei. Zum anderen kann eine solche Entscheidung fallen, weil eine Befragung mit einem standardisierten Fragebogen als einzige Möglichkeit zur Erlangung verallgemeinerbarer und valider Daten gesehen wird.

Die Wahl nicht-standardisierter Gespräche und die wortwörtliche Transkription des Gesprächsverlaufs kann erfolgen, weil die technischen und statistischen Kenntnisse für die Auswertung anderer Materialien fehlen, aber auch, weil im Prozess der Exploration einer Fragestellung die Überprüfung von Operationalisierungen ratsam erscheint. Dass ein solches Spannungsfeld zwischen professioneller Nutzung von Erhebungstechniken und „schlechter" Forschung bestehen kann, gilt für jedes Erhebungsinstrument. Einfallslose, schlechtkonstruierte, undurchdachte und „theorielose" Fragebögen sind genauso ein Beispiel für Unprofessionalität wie der Rückgriff auf nicht-standardisierte Methoden aus Gründen der Unvertrautheit mit anderen Techniken.

Trotz aller möglichen – individuell getroffenen – Vorentscheidungen sollte die Wahl einer Erhebungstechnik immer an der Angemessenheit in Bezug auf das spezielle sozialwissenschaftliche Untersuchungsziel beurteilt werden. So erbringt vielleicht die Inhaltsanalyse von Zeitungs- und Zeitschriftenartikeln, z. B. für die Erforschung der zeitlichen Abfolge eines gesellschaftlichen Wertewandels, bessere Ergebnisse als eine Befragung, die den Befragten eine Rückerinnerung an den Verlauf der letzten 20 Jahre abverlangt (vgl. SHEATSLEY 1983:195).

7.1 Befragung

Die Befragung gilt nach wie vor als das Standardinstrument empirischer Sozialforschung bei der Ermittlung von Fakten, Wissen, Meinungen, Einstellungen oder Bewertungen im sozialwissenschaftlichen Anwendungsbereich (vgl. PHILLIPS 1971:3; KAASE/OTT/SCHEUCH 1983:17).

Nach der Form der Durchführung einer Befragung unterscheidet man „*mündliche Befragung*" (vgl. Kapitel 7.1.1), „*schriftliche Befragung* " (vgl. Kapitel 7.1.2), „*Telefoninterview*" (vgl. Kapitel 7.1.3) und „*internetgestützte Befragung*" (vgl. Kapitel 7.1.4).

Für alle Erhebungsformen hat sich eine intensive Methodenforschung entwickelt. Diese nun allgemein als „Survey-Methodologie" bezeichnete Forschung hat zu nahezu einheitlichen Empfehlungen für alle Aspekte der Durchführung von Befragungen geführt.[1] Dazu gehören z. B. die Formulierung von Fragen, das Layout der Fragebögen, die Art der Kontaktierung der Befragten usw. Diese empirisch gestützten Empfehlungen unterscheiden sich in den Details ein wenig zwischen den Datenerhebungsformen. Einige Grundlagen werden im Folgenden dargestellt.[2]

7.1.1 Das standardisierte Interview

Die Tatsache, dass jede Befragung (als Prozess der Aufnahme von Antworten auf gestellte Fragen) eine soziale Situation darstellt, die insbesondere über verbale Kommunikation ihre Struktur erhält, ist für die Situation eines mündlichen Interviews, bei dem ein Interviewer anwesend ist, besonders leicht einsehbar. Die Erkenntnis

---

[1] Daher gibt es z. B. seit wenigen Jahren eigene Studiengänge zur Survey-Methodologie, vgl. den Anhang H.
[2] Ausführliche Darstellungen der Survey-Methodologie finden sich z. B. bei GROVES u.a. (2009) und SCHNELL (2011).

dieser sozialen Gebundenheit durch wechselseitige Wahrnehmungen und Orientierungen (KAHN/CANNELL 1968:153) hat Versuche angeregt, den sozialen Prozess
der Befragung so zu gestalten, dass valide und substantielle Ergebnisse erwartbar
werden. Dabei lassen sich die einzelnen Formen der mündlichen Befragung danach
unterscheiden, in welchem Ausmaß die Interviewsituation vom Forscher (z. B. durch
Vorgabe eines Fragebogens) und vom Interviewer strukturiert wird. ATTESLANDER
(1984:108) unterteilt dabei Befragungen in „wenig strukturierte", „teilstrukturierte"
und „stark strukturierte" Interviewsituationen.

Eine „*wenig strukturierte Interviewsituation*" liegt dann vor, wenn bei mündlichen
Interviews ohne Fragebogen gearbeitet wird und es dem Interviewer überlassen bleibt,
die Anordnung der Fragen und ihre Formulierung den Bedürfnissen und Vorstellungen
des Befragten anzupassen. Bei solchen Vorgehensweisen spielt der Interviewer eine
eher passive Rolle und lässt den Befragten den Gang des Gesprächs bestimmen.[1]

Eine Nutzung dieser Interviewtechnik bietet sich z. B. dann an, wenn in frühen Phasen einer Untersuchung der Forschungsgegenstand noch nicht in allen Dimensionen
klar umrissen ist und eine Klärung notwendig erscheint, um Untersuchungen mit
stärker standardisierten Methoden vorzubereiten oder zu ergänzen.[2] Solche stark am
alltäglichen informellen Gespräch orientierten Vorgehensweisen können sich dabei
sowohl auf die Befragung von Einzelpersonen (z. B. in „*Expertengesprächen*") wie
auf die Diskussion in Gruppen („*Gruppendiskussion*"[3]) beziehen. Bei der Befragung
in „*teilstrukturierten Interviewsituationen*" handelt es sich um Gespräche, die aufgrund vorbereiteter und vorformulierter Fragen strukturiert werden. Hierbei hat der
Interviewer zwar die Möglichkeit, die Abfolge der Fragen je nach Verlauf des Gesprächs selbst festzulegen, ist jedoch gehalten, vorgegebene Frageformulierungen zu
benutzen und den gesamten vorgegebenen Fragenkatalog innerhalb der Befragung „ab-
zuarbeiten". In der Regel basiert ein solches Interview auf einem Gesprächsleitfaden
(„*Leitfadengespräch*").

Wird ein Interview auf der Grundlage eines vorgegebenen „*standardisierten Fragebogens*" (in dem für alle Befragten die gleichen Fragen in gleicher Formulierung

---

[1] vgl. z. B. die Anwendung bei ROETHLISBERGER/DICKSON/WRIGHT (1949:203).

[2] Die hier vertretene Einschätzung der Durchführung von Interviews unter wenig strukturierten Bedingungen als explorative Technik wird insbesondere bei stark an der Forschungsmethodologie des
Symbolischen Interaktionismus orientierten Soziologen abgelehnt, die den „vollwertigen" Charakter
dieser Form mündlicher Befragung betonen. Nur durch eine Orientierung an Verfahren, die der Logik
des Alltagshandelns folgen, könne der Vielschichtigkeit gesellschaftlicher Sachverhalte Rechnung
getragen werden.

[3] vgl. zur Methode der Gruppendiskussion MANGOLD (1973) sowie KROMREY (1986).

Strukturierungsgrad	Einzelbefragung	Gruppenbefragung
gering	Experteninterview; exploratives Interview	Gruppendiskussion
mittel	Leitfadengespräch	Gruppenbefragung
hoch	Einzelinterview	Gruppeninterview

Abbildung 7-1: *Formen mündlicher Befragung*

und Reihenfolge vorliegen) von einem Interviewer, der sich an diese exakten Vorgaben auch hält, durchgeführt, spricht man von einer Befragung in einer „*stark strukturierten Interviewsituation*". Standardisierung und weitestgehende Neutralität des Interviewers als Übermittler von Fragen sind entsprechend die bedeutsamsten Unterscheidungsmerkmale dieser Befragungsform von den vorgenannten. Die Befragung von Einzelpersonen unter den Bedingungen einer so strukturierten Interviewsituation („*standardisierte Einzelinterviews*") stellt die hauptsächliche Erhebungsform in der empirischen Sozialforschung dar (vgl. Abb. 7-1) und steht wie kein anderes Datenerhebungsinstrument im Mittelpunkt einer intensiven Methodenforschung.

Die „klassische" Vorstellung der Verwendung standardisierter Interviews als Erhebungsinstrument basiert darauf, für alle Befragten durch die Vorgabe festgelegter Fragen (und in aller Regel auch festgelegter Antwortvorgaben) eine Gleichheit der Interviewsituation zu erzielen, um so nicht bereits durch wechselnde Formulierungen derselben Fragen (wie in weniger strukturierten Konzepten) jedem Befragten unterschiedliche Interpretationsvorgaben für seine Antworten zu geben. Diese Vorgehensweise steht in enger Verknüpfung mit dem Grundprinzip der Messung, nämlich Informationen von Fall zu Fall vergleichbar zu machen. Ändert sich die Messmethode, d. h. hier die Fragestellung, von Fall zu Fall, dann ist nicht mehr zu entscheiden, ob (Antwort-) Unterschiede, die sich zwischen den Befragten ergeben, auf Unterschiede der Messmethode (variierende Fragestellungen) oder auf tatsächliche Unterschiede der zu messenden Merkmale (z. B. Einstellungen) zurückzuführen sind (MACCOBY/MACCOBY 1965:40).

Eine bedeutende Rolle bei diesem Versuch des „Konstanthaltens" von (Stimulus-) Situationen kommt dabei neben dem Fragebogen dem Interviewer und seinem Verhalten während des Interviews zu. Das ideale Interviewerverhalten wird in der völligen *Neutralität* gegenüber Thema und Befragtem gesehen.

„In seinen Reaktionen muß sich der Interviewer in engen Grenzen halten
– es ist sogar ein Grundprinzip jeder Befragung, daß der Interviewer versuchen muß, seine eigene Einstellung zum Untersuchungsgegenstand zu
verbergen. Er darf auch kein Befremden oder Missbilligung über irgendet-
was zeigen, was der Befragte sagt, und auch nicht enthusiastisch nicken,
wenn der Befragte die eigenen Ansichten des Interviewers zum Ausdruck
bringt ... Es hat sich als ein wirksamer Kompromiß herausgestellt, daß
der Interviewer eine Haltung freundlichen Gewährenlassens annimmt. Er
lacht über die Witze des Befragten, er macht Ausrufe, wenn der Befragte
etwas sagt, das offensichtlich Erstaunen erregen soll ('wirklich?', 'was
Sie nicht sagen?'), macht unterstützende Bemerkungen wie etwa: 'Ich
sehe, was Sie meinen',...und verwendet auch andere Ausdrucksweisen,
die in der betreffenden Lage normal sein würden. Er vermeidet jedoch
gewissenhaft eine direkte Zustimmung oder Ablehnung der Einstellungen
des Befragten – kurz: er argumentiert niemals mit dem Befragten und
sagt auch nicht: 'Ich denke genauso'." (MACCOBY/MACCOBY 1965:63).

Trotz dieser Maßgabe und Verweisen darauf, dass der Interviewer der Befragungs-
klientel entsprechend gekleidet, einen seriösen, aber interessierten Eindruck (MAC-
COBY/MACCOBY 1965:63) vermitteln soll und in einer Interviewerschulung trainiert
werden muss, sich als „austauschbares Instrument" (ERBSLÖH 1972:52) zu verstehen,
ergeben sich im sozialen Prozess der Befragung doch immer Reaktionen auf die
Person des Interviewers, die dem angestrebten Ziel der Neutralität entgegenlaufen
(vgl. Kapitel 7.1.1.5). Auch aus diesem Grund wird bei Surveys eine große Zahl
von Interviewern eingesetzt, die jeweils so wenig Interviews wie möglich (deutlich
weniger als 10) durchführen sollten.[1]

Die Gültigkeit und Zuverlässigkeit der Antworten in einem Interview (als mikroso-
ziales Interaktionssystem) ist somit abhängig von Effekten, die durch Fragen selbst
erzeugt werden können, vom Einfluss des Interviewers und schließlich von Merkmalen
des Befragten.[2] Datenerhebungstechniken, bei denen die für das Forschungsproblem
interessierenden Informationen im Verlauf einer sozialen Interaktion eingeholt werden,
können entsprechend nicht als einfacher „Datenabruf" aufgefasst werden. Obgleich
die Formulierung von Interviewfragen in aller Regel bis heute in Anlehnung an das
klassische Werk von S. PAYNE „The Art of Asking Questions" (1951) als „Kunst" bezeichnet wird (CONVERSE/PRESSER 1986), gibt es doch mittlerweile im Rahmen der

---

[1] Interviews, die vom selben Interviewer durchgeführt werden, ähneln sich in der Regel mehr als durch
Zufall zu erwarten wäre. Die Folge davon ist eine Unterschätzung der Varianz in der Grundgesamtheit;
vgl. dazu FOWLER/MANGIONE (1990:25ff) und SCHNELL/KREUTER (2005).

[2] vgl. SUDMAN/BRADBURN (1982).

Methodenforschung eine Reihe von experimentellen Studien, die die Auswirkungen von Änderungen in Fragetexten auf zu erwartende Antworten systematisch untersucht haben (z. B. SCHUMAN/PRESSER 1981).

Insgesamt erbrachte die systematische Methodenforschung eine Reihe von Hinweisen, die bei der Planung und dem Entwurf eines Fragebogens Berücksichtigung finden sollten. Betont werden muss jedoch, dass es keine allgemeingültigen und für jede Forschungsfrage geeigneten Regeln gibt, deren Befolgung einen „guten" Fragebogen garantiert.

Die folgenden Ausführungen können nur eine Reihe von Grundprinzipien darstellen, deren Verletzung normalerweise (aber durchaus auch nicht immer) auf Seiten des Befragten Verwirrung, Unverständnis oder „verzerrte" Antworten hervorrufen, also die Gültigkeit und Zuverlässigkeit der Datenerhebung in Frage stellen.

7.1.1.1 Zur Konstruktion von Fragen und Antwortvorgaben

Planung und Entwurf eines Fragebogens müssen sich zunächst auf die Konstruktion der Fragen beziehen. In diesem Zusammenhang werden drei Fragen bedeutsam:

- Welche Art von Informationen werden gesucht?
- Welche formale Struktur sollen Fragen und Antwortvorgaben haben?
- Welche inhaltliche Struktur müssen Fragen und Antwortvorgaben haben?

7.1.1.1.1 Zum Bezug von Fragen und erwarteten Informationen

Eine erste Entscheidung, die den Entwurf von Fragen betrifft, bezieht sich auf die Problematik, welche Informationen durch eine Frage von Befragten gewonnen werden sollen. Dabei wird im Allgemeinen unterschieden zwischen

- Fragen nach Einstellungen oder Meinungen von Befragten,
- Fragen nach Überzeugungen der Befragten,
- Fragen nach Verhalten der Befragten,
- Fragen nach Eigenschaften von Befragten.

„*Einstellungsfragen*" oder „*Meinungsfragen*" beziehen sich auf den Aspekt der Wünschbarkeit oder der negativen bzw. positiven Beurteilung, den Befragte mit bestimmten Statements verbinden. Charakteristische Wendungen, die in Meinungsfragen benutzt werden, sind „erwünscht – unerwünscht", „lehne ab – stimme zu", „gut – schlecht", „sollte – sollte nicht" usw. Dabei kann die Wünschbarkeit eines Sachverhalts sowohl in der Fragestellung als auch in den Antwortvorgaben ausgedrückt werden (vgl. Abb. 7-2).

A. Sollten Ausländer, die länger als 10 Jahre in der Bundesrepublik Deutschland leben, das allgemeine Wahlrecht erhalten?

ja   ☐
nein   ☐

B. Stimmen Sie der folgenden Aussage eher zu oder lehnen Sie die folgende
Aussage eher ab?

„Jeder, der hier in der Bundesrepublik Deutschland Steuern bezahlt, sollte
hier auch wählen dürfen."

stimme zu   ☐
lehne ab   ☐

Abbildung 7-2: *Beispiele für Einstellungsfragen*

„*Überzeugungsfragen*" („questions that elicit beliefs"; DILLMAN 1978:82) fragen
danach, was Befragte für wahr oder falsch halten. Dabei können sich solche Fragen
sowohl auf das „Wissen" der Befragten in Bezug auf bestimmte Sachverhalte beziehen als auch auf Problembereiche, zu denen niemand eine „richtige" Antwort weiß.
In jedem Fall zielen Überzeugungsfragen auf die Wahrnehmung und Einschätzung
vergangener, gegenwärtiger oder zukünftiger Realität. Charakteristische Wendungen
in Überzeugungsfragen sind „falsch/richtig", „wahr/falsch" usw. (vgl. Abb. 7.3).

„*Verhaltensfragen*" in standardisierten Interviews beziehen sich prinzipiell auf Handlungen und Verhalten von Befragten bzw. eigentlich auf Überzeugungen der Befragten
bezüglich ihres eigenen Verhaltens (DILLMAN 1978:83). Die Unterscheidung zu Überzeugungsfragen liegt mithin darin, dass sich die Verhaltensfrage auf eigenes Verhalten
oder eigene Erfahrungen bezieht, die Überzeugungsfrage jedoch auf Ansichten über
nur kognitiv erfahrene Sachverhalte.

Der Fragentyp, der sich auf Eigenschaften von Personen bezieht („*Fragen nach
Befragteneigenschaften*"), umfasst im Allgemeinen Fragen nach personalen und demographischen Eigenschaften von Befragten wie Alter, Geschlecht, Ausbildung, Beruf,
Einkommen, Familienstand, ethnische Zugehörigkeit, Parteizugehörigkeit, Konfession
usw.[1]

---

[1] Für solche Fragen sollten stets Standardformulierungen und Standardantwortkategorien verwendet
werden, damit die Ergebnisse über Studien hinweg verglichen werden können. Weiterhin garantiert
die Anwendung einer sogenannten „Standarddemographie" die weitgehende Abwesenheit von Erhe-
bungsproblemen bei diesen Fragen. Die derzeitigen Empfehlungen finden sich unter www.gesis.org.

A. **Ist die folgende Aussage richtig oder falsch?**
    „Im letzten Jahr wurden in der Bundesrepublik Deutschland mehr auslän-
    dische als deutsche Kinder geboren."

        richtig   ☐
        falsch   ☐

B. **Werden Frauen, die eine Abtreibung hatten, danach noch einmal ungewollt**
    schwanger?

        immer   ☐
        fast immer   ☐
        manchmal   ☐
        selten   ☐
        fast nie   ☐
        nie   ☐

Abbildung 7-3: Beispiele für Überzeugungsfragen

Demographische Variablen werden in den meisten Fragebögen „routinemäßig" erhoben; im Allgemeinen und im einfachsten Fall, um (statistische) Zusammenhänge
zwischen demographischen Eigenschaften von Personen und ihren Einstellungen,
Überzeugungen und Verhaltensweisen zu ermitteln.[1]

Bereits die Betrachtung der verschiedenen Dimensionen der Informationen, die von
Befragten erwartet werden, muss die Frage aufwerfen, was von Befragten eigentlich
erfragt werden kann und welche analytische bzw. prognostische Kraft den erhaltenen
Antworten überhaupt beigemessen werden kann.

Die Tatsache, dass Verhaltensfragen ermitteln sollen, was Befragte in der Vergangenheit getan haben, in der Gegenwart tun bzw. für die Zukunft zu tun beabsichtigen
(vgl. Abb. 7-4), darf zum einen nicht darüber hinwegtäuschen, dass in allen Fällen nur
über Verhaltensweisen berichtet wird („*berichtetes Verhalten*"). Die (in einer Interviewsituation) berichtete Handlung ist etwas anderes als eine tatsächlich ausgeführte
Handlung.

Zum anderen ergibt sich das Problem der Prognose von tatsächlich ausgeführten
Handlungen aus Verhaltensfragen, die sich auf eine hypothetische Zukunft beziehen,

---

[1] vgl. zur Fragwürdigkeit der Verwendung demographischer Variablen ohne theoretischen Bezug als
unabhängige Variable Kapitel 3. Auch im Fall der Fragen nach Eigenschaften von Befragten muss die
theoretische Bedeutung des durch die Frage operationalisierten theoretischen Konstrukts auf seine
Relevanz für das spezifische Forschungsinteresse geprüft werden. Eine lediglich „routinemäßige"
Abfrage von demographischen und/oder personalen Eigenschaften empfiehlt sich keinesfalls.

A.   Werden Sie sich noch im Laufe dieses Jahres einen Neuwagen kaufen?

     keinesfalls   □
     wahrscheinlich nicht   □
     vielleicht   □
     ziemlich wahrscheinlich □
     ganz sicher   □

B.   Benutzen Sie empfängnisverhütende Mittel?

     ja   □
     nein □

Abbildung 7-4: *Beispiele für Verhaltensfragen*

in der eine Vielzahl von anderen als in der Interviewsituation gegebenen Rahmenbedingungen vorliegen können (vgl. Kapitel 7.1.1.5).

Generell muss die Frage, ob das in einer Interviewsituation „berichtete" zukünftige Verhalten letztlich mit dem tatsächlichen Verhalten der Befragten in der Zukunft korrespondiert, unter der Einschränkung betrachtet werden, dass die Interviewsituation für die Befragten eine andere Kosten-Nutzen-Kalkulation darstellt als eine Routinesituation im Alltag (vgl. Kapitel 7.1.1.5.4).

Ein ähnliches Prognoseproblem wird deutlich bei der Vorhersage von tatsächlich ausgeführtem Handeln aus Einstellungsfragen. Obgleich die Debatte über den Zusammenhang zwischen „Einstellung" und „Verhalten" (*„Attitude-Behavior-Kontroverse"*) bereits seit mehr als 40 Jahren geführt wird[1], hat sich wenig an der Praxis geändert, „Einstellungen" (auch ohne jede theoretische Grundlage) erst einmal zu erheben und den Wert dieser „Einstellungsmessungen" für eine Verhaltensprognose nicht weiter zu problematisieren.[2] Es bleibt bei einer solchen theorielosen Vorgehensweise immer unklar, wann, unter welchen Bedingungen und wie Einstellungen auf Verhalten wirken.[3]

---

[1]   vgl. z. B. WICKER (1969), BENNINGHAUS (1976), MEINEFELD (1977), AJZEN (1988) sowie EAGLY/CHAIKEN (1993).

[2]   So muss davon ausgegangen werden, dass z.Z. in der Bundesrepublik bei einer „normalen" standardisierten Befragung schätzungsweise ein Drittel aller Fragen Einstellungsfragen sind, ca. ein Fünftel aller Fragen bezieht sich auf Verhalten, der Rest wird z. B. von Fragen zur Demographie oder zu Befragteneigenschaften gebildet. Generell lässt sich vermuten: Je unprofessioneller die Untersuchung, desto höher der Anteil von Einstellungsfragen.

[3]   Neuere Ansätze, die im Wesentlichen auf modernen Konzepten der Wissensrepräsentation und Wissensverarbeitung (z. B. ABELSON 1976, 1981, 1986; WYER/SRULL 1986) basieren, geben Bedingungen

LABAW (1982:95f) expliziert eine Reihe von Annahmen, deren Gültigkeit unterstellt werden muss, wenn nach Einstellungen, Meinungen, Verhaltensabsichten gefragt wird, nämlich:

- dass die Befragten das benannte Problem sowohl in seinen einzelnen Aspekten wie auch in seiner Gesamtheit betrachten können,
- dass die Befragten dieses auch tun,
- dass die Befragten in der Lage sind, darüber zu sprechen,
- dass die Befragten bereit sind, dieses zu tun,
- dass die Befragten sich hypothetische Situationen vorstellen und ihre möglichen Gefühle in solchen Situationen beschreiben können,
- dass die Befragten sich zukünftige andere Verhaltensweisen für sich vorstellen können und
- dass die Befragten sich die Konsequenzen anderer Verhaltensweisen für sich vorstellen können.

Die praktische Konsequenz, die LABAW daraus zieht, ist, dass in Befragungen Fragen zu hypothetischem Verhalten, zu Handlungsabsichten, aber auch Einstellungs- und Meinungsfragen weitgehend vermieden werden sollten.[1] Stattdessen sollte der Schwerpunkt auf der Abfrage von aktuellem Verhalten sowie auf der Erhebung „objektiver" Umgebungsbedingungen und Strukturen liegen: „Behavior tells a complete story. Respondent testimony provides an incomplete story" (LABAW 1982:103).[2]

7.1.1.1.2 Zur Struktur von Fragen und Antwortvorgaben

Im Interview kann grob zwischen zwei Strukturtypen von Fragen unterschieden werden: „*offene Fragen*" und „*geschlossene Fragen*".[3]

---

an, unter denen solche „Einstellungs-Verhaltens"-Beziehungen aktiviert werden bzw. stärker oder schwächer ausgeprägt sein können (z. B. FAZIO 1986, 1989; PRATKANIS 1989). Diese Bedingungen setzen ebenfalls an den unmittelbaren Kosten-Nutzen-Kalkülen der Handelnden (hier: Befragten) an.

[1] „Attitude questions demanding that the respondent imagine unexperienced, hypothetical situations are often simply a shifting of the responsibility for analysis from the researcher to the respondent, a lazy researcher's way of handling difficult thinking, which more often than not provides very weak data" (LABAW 1982:100).

[2] LABAW (1982:103) zeigt eindrucksvoll am Beispiel „Einsamkeit", dass wesentlich mehr Informationen über die Befindlichkeit von Befragten zu erhalten sind, wenn statt nach Einstellungen, Meinungen und Gefühlen zusätzlich zu diesen „subjektiven" Fragen auch solche nach „objektiven" Gegebenheiten gestellt werden: nach Telefongesprächen pro Tag, nach Fernsehkonsum, nach Fähigkeiten zur physischen Mobilität, nach Freizeit- und Wochenendgewohnheiten u.a.

[3] vgl. zur Geschichte der Kontroverse um beide Konzepte CONVERSE (1984).

Auf offene Fragen wird eine Antwort in den eigenen Worten des Befragten erwartet. Es werden keine Antwortmöglichkeiten vorgeschlagen; der Befragte übernimmt selbst die Formulierung seiner Antwort (vgl. Abb. 7-5).

> **Was könnte Ihrer Meinung nach getan werden, um die Lebenssituation ausländischer Familien in Deutschland zu verbessern?**
>
> _____
>
> _____
>
> _____
>
> _____

Abbildung 7-5: *Beispiel „Offene Frage"*

Geschlossene Fragen („*Multiple-Choice-Questions*") verlangen vom Befragten, sich zwischen Antwortalternativen zu entscheiden. In solchen Fragen können zwei Antwortalternativen vorgegeben werden (z. B. „ja"/„nein"; „stimme zu"/„lehne ab") (vgl. Abb. 7-6), aber auch jede beliebige andere Anzahl von möglichen Antworten.

> **Haben Sie bereits vor Ihrer Immatrikulation an Vorlesungen, Seminaren oder Übungen teilgenommen?**
>
> ja ☐
> nein ☐

Abbildung 7-6: *Beispiel „Geschlossene Frage/Alternativenvorgabe"*

Bei der Mehrfachvorgabe von Antwortmöglichkeiten kann weiterhin danach unterschieden werden, ob die Antwortkategorien eine Rangordnung darstellen (vgl. Abb. 7-7) oder ob „ungeordnete" Antwortkategorien vorliegen (vgl. Abb. 7-8).

Bei solchen Antwortvorgaben mit Rangordnung („*Antwortskalen*", „*Ratingskalen*") werden den Befragten mitunter (farbige) Karten[1] vorgelegt. Bei der Beantwortung

---

[1] SMITH (1987:106) gibt an, dass bei 14.5% aller Fragen in amerikanischen Surveys im Jahr 1984/85 solche Antwortskalen verwendet wurden.

Haben sich Ihre Erwartungen bezüglich Ihres Studiums erfüllt?

ja, vollständig erfüllt ☐
teilweise erfüllt ☐
nein, gar nicht erfüllt ☐

Abbildung 7-7: *Beispiel „Geschlossene Frage/Mehrfachvorgabe mit Rangordnung"*

der jeweils verlesenen Fragen werden die Befragten gebeten, diese Antwortskalen zu verwenden. Üblich sind z. B. folgende Antwortskalen[1] für

Häufigkeiten: „nie/selten/gelegentlich/oft/immer"

Intensitäten: „nicht/wenig/mittelmäßig/ziemlich/sehr"

Bewertungen: „stimmt nicht/stimmt wenig/stimmt mittelmäßig/stimmt ziemlich/ stimmt sehr"

Wahrscheinlichkeiten: „keinesfalls/wahrscheinlich nicht/vielleicht/ziemlich wahrscheinlich/ganz sicher"

Welche Eigenschaft Ihres Partners/Ihrer Partnerin hat beim Kennenlernen zuerst Ihr Interesse geweckt?

gutes Aussehen ☐
Humor ☐
beruflicher Erfolg ☐
Selbstbewusstsein ☐
finanzielle Großzügigkeit ☐

Abbildung 7-8: *Beispiel „Geschlossene Frage/ungeordnete Mehrfachvorgabe"*

Der Hauptvorteil offener Fragen besteht darin, dass der Befragte innerhalb seines eigenen Referenzsystems antworten kann, ohne z. B. durch die Vorgabe möglicher Antworten bereits in eine bestimmte (durch die Vorstellung der Fragebogenentwickler begründete) Richtung gelenkt zu werden. Offene Fragen unterstützen somit besser

---

[1] Die empirische Entwicklung solcher Antwortvorgaben findet sich bei ROHRMANN (1978). Empirische Ergebnisse zum Verständnis von Antwortskalen durch die Befragten finden sich bei BELSON (1986). SARIS (1988) konnte zeigen, dass die Befragten zwar unterschiedlich auf Antwortvorgaben reagieren („*response functions*"), diese Effekte sich jedoch bei eindeutiger Benennung der Extrema (z. B. „am allerwichtigsten"—„am allerwenigsten wichtig") minimieren lassen.

als geschlossene Fragen Äußerungen, die auch „tatsächlich" im Wissensbestand bzw. Einstellungsrahmen des Befragten verankert sind. In Bezug auf diesen Aspekt haben geschlossene Fragen eine Reihe von Nachteilen: Sie können z. B. Antworten vorgeben, an die der Befragte noch nie gedacht hat, und sie zwingen den Befragten, unter diesen, bisher nicht zu seinem „Alltagswissen" gehörenden Alternativen zu wählen.

Die Nachteile offener Fragen erscheinen jedoch schwerwiegender als ihre Vorteile.[1] Zum einen kann nicht davon ausgegangen werden, dass alle Befragten eine gleich gute Artikulationsfähigkeit bezüglich ihrer Einstellungen und Meinungen haben. Antwortunterschiede sind somit mitunter nicht auf Einstellungsunterschiede zurückzuführen, sondern ergeben sich aus den unterschiedlichen Möglichkeiten der Befragten, ihre Einstellungen in Worte zu fassen. Zum anderen steigt bei offenen Fragen die Wahrscheinlichkeit für Interviewereffekte durch unterschiedliche Fähigkeiten der Interviewer beim Notieren der Antwort dem Redefluss des Befragten zu folgen oder durch eigenständiges „Editieren" der Antwort, d. h. durch Weglassen aus der Sicht des jeweiligen Interviewers unwichtiger oder sich wiederholender Antwortteile.

Nicht zuletzt erfordern offene Fragen einen erheblichen zusätzlichen Auswertungsaufwand insofern, als im Nachhinein Auswertungskategorien (mit den dazugehörigen Merkmalsausprägungen) gebildet werden müssen. Da hierbei auch wieder Zusammenfassungen von Antwortmustern vorgenommen werden müssen, um eine quantifizierende Analyse zu ermöglichen, sollten gut konzeptualisierte, theoretisch begründete und durch einen Pretest geprüfte geschlossene Fragen vorgezogen werden.

Gleichwohl bietet es sich bei Fragen nach Häufigkeiten (zum Beispiel des Fernsehkonsums, von Theaterbesuchen oder der Teilnahme an Weiterbildungsveranstaltungen) an, offene Antwortvorgaben zu verwenden, um unterschiedliche Reaktionen von Befragten auf Antwortvorgaben wie „selten", „häufig" oder „oft" auszuschließen.

In der Praxis werden vielfach Fragen mit einer Kombination von offenen und geschlossenen Antwortvorgaben verwendet, die die Möglichkeit bieten, zusätzlich zu den formulierten Antwortvorgaben „bei Bedarf" eine andere Antwort aufzuführen („*Hybridfrage*"; vgl. Abb. 7-9).

Bei allen Fragen mit mehrfachen ungeordneten Antwortvorgaben sind auch Mehrfachnennungen, d. h. das gleichzeitige Ankreuzen mehrerer Antwortvorgaben möglich. Mehrfachnennungen sind nur dann theoretisch sinnvoll, wenn z. B. bei Verhaltens-

---

[1]   Dass die Abwägung der Vor- und Nachteile beider Frageformen weitgehend zugunsten der Verwendung geschlossener Fragen ausgefallen ist, zeigt CAPLOVITZ (1983:119) in einer Übersicht über die Anteile offener Fragen bei einer Vielzahl von Surveys. Seit den 40er Jahren hat sich der Anteil offener Fragen von 16% auf 3% verringert (vgl. auch SMITH 1987:S106).

Ihre Firma hat Sie in den vorzeitigen Ruhestand versetzt. Wie haben Sie reagiert, als Ihr Vorgesetzter Sie von dieser Maßnahme unterrichtet hat?

Ich war bestürzt	☐
Ich war froh, dass jetzt bald Schluss ist	☐
Ich habe erstmal mit meinen Kollegen gesprochen	☐
Ich habe sofort Pläne für die Zukunft gemacht	☐
Anders, und zwar	☐

_____

_____

_____

Abbildung 7-9: *Beispiel einer „Hybridfrage"*

Mit welchen dieser technischen Geräte ist Ihr Haushalt ausgestattet?
(MEHRFACHNENNUNGEN MÖGLICH)

Waschmaschine	☐
Geschirrspülautomat	☐
Fernsehgerät	☐
DVD-Player	☐
PC	☐
Festnetz-Telefon	☐

Dabei ersetzt diese verkürzte Schreibweise folgende Bedeutung der Antwortvorgaben:

Mit welchen dieser technischen Geräte ist Ihr Haushalt ausgestattet?

	vorhanden	nicht vorhanden
Waschmaschine	☐	☐
Geschirrspülautomat	☐	☐
Fernsehgerät	☐	☐
DVD-Player	☐	☐
PC	☐	☐
Festnetz-Telefon	☐	☐

Abbildung 7-10: *Beispiel „Mehrfachnennungen"*

fragen eine Reihe von Verhaltensweisen oder bei Eigenschaftsfragen mehrere Eigenschaften gleichzeitig möglich erscheinen. In solchen Fällen werden die jeweiligen
Antwortvorgaben als Einzelstatements mit den Ausprägungen „trifft zu/trifft nicht
zu" gewertet (vgl. Abb. 7-10). Die Tatsache, dass Mehrfachnennungen akzeptiert
werden, muss bei der Fragestellung verdeutlicht werden. Um fehlende Werte bzw.
Protokollierungsfehler weitgehend zu vermeiden, empfiehlt es sich, die „Langfassung"
der Antwortvorgaben zu verwenden.

7.1.1.1.3 Frage- und Antwortformulierung

Die folgenden Hinweise zur Frage- und Antwortformulierung beziehen sich auf die
Wortwahl und den Satzbau zu stellender Fragen und vorzugebender Antwortalternativen. Das Problem der Wortwahl („*Wording*") ist Anlass für eine Vielzahl experimenteller Untersuchungen. Traditionellerweise werden in Anlehnung an PAYNE (1951)
für die Frageformulierung eine Reihe von Faustregeln gegeben (DILLMAN 1978:95ff;
CONVERSE/PRESSER 1986):

- Fragen sollen einfache Worte enthalten[1]; d. h. im Wesentlichen: keine Ver-
  wendung von nicht gebräuchlichen Fachausdrücken, keine Verwendung von
  Fremdworten, keine Verwendung von Abkürzungen oder Slangausdrücken,
- Fragen sollten kurz formuliert werden[2],
- Fragen sollten konkret sein; d. h. die Frage „Wie zufrieden sind Sie mit Ihrer
  Arbeitssituation?" ist besser als die Frage „Wie zufrieden sind Sie mit Ihrem
  Leben?"; abstrakte Begriffe sollten in konkrete überführt werden,
- Fragen sollten keine bestimmte Beantwortung provozieren (Vermeidung von
  „*Suggestivfragen*"); die Frage „Haben Sie je den Film 'Vom Winde verweht'
  gesehen?" ist besser als die Formulierung: „Den Film 'Vom Winde verweht'
  haben mehr Menschen gesehen, als jeden anderen Film dieses Jahrhunderts.
  Haben Sie diesen Film gesehen?",
- Fragen sollten neutral formuliert sein, also keine „belasteten" Worte (wie
  z. B. „Kommunist", „Bürokrat", „Boss" oder „Freiheit", „Leistungswille", „Ehr-
  lichkeit") enthalten,
- Fragen sollten nicht hypothetisch formuliert werden; d. h. Fragen wie „Angenommen, Sie würden im Lotto gewinnen, würden Sie das Geld sofort ausgeben
  oder würden Sie das Geld sparen?" sind unzulässig,

---

[1] Damit ist vor allem in der amerikanischen Literatur gemeint, dass Worte, die in Fragen verwendet
   werden, schon bei einem Umfang von 7 bis 8 Buchstaben durch kürzere Worte ersetzt werden sollen.
[2] PAYNE (1951:136) bezeichnet die Verwendung von 20 Worten in einer Frage als Höchstgrenze.

- Fragen sollten sich nur auf einen Sachverhalt beziehen (Vermeidung von Mehr-dimensionalität); die Frage „Würden Sie Marihuana zwar für den Gebrauch im Privatbereich, nicht aber für Gebrauch in der Öffentlichkeit legalisieren wol-len?" ist eine Frage nach zwei Sachverhalten, sie sollte in zwei Fragen überführt werden,
- Fragen sollten keine doppelten Negationen enthalten,
- Fragen sollten den Befragten nicht überfordern; z. B. erfordert die Frage „Wie-viel Prozent Ihres monatlichen Einkommens geben Sie für Miete aus?" die Berechnung eines Prozentsatzes; besser wäre eine Frage nach der Höhe des Einkommens und eine zweite Frage nach der Höhe der Miete. Aus dem gleichen Grund sollten Fragen nach dem „Durchschnitt" vermieden werden,
- Fragen sollten zumindest formal „*balanciert*" sein, d. h. in der Frage sollten alle – negativen und positiven – Antwortmöglichkeiten enthalten sein, um die gleichwertige Berechtigung jeder vom Befragten gewählten Antwort zu demonstrieren. In einfachster Form sollte einer Frage wie „Sollte Frauen in den ersten Wochen einer Schwangerschaft ein Schwangerschaftsabbruch auf Wunsch erlaubt werden oder sollte dies nicht erlaubt sein?" der Vorzug vor einer Frage gegeben werden, die nur eine der Entscheidungsmöglichkeiten formuliert.

Ein besonderes Problem bei der Fragenkonzeption stellt die „*Frage nach dem Grund*" dar. Einige Autoren (z. B. FRIEDRICHS 1973:195) halten solche Fragen der Begrün-dung von vorhergehenden Antworten in Formulierungen wie „Warum sind Sie dieser Ansicht?" für außerordentlich wichtig, um Ablehnung oder Zustimmung zu diffe-renzieren bzw. um den Bezugsrahmen einer Frage festzustellen. Diese Auffassung wird hier nicht geteilt. Fragen sollten so konzipiert werden, dass Hintergrundinfor-mationen eingeholt werden können, ohne den Befragten direkt nach Begründungen, über die er sich noch nicht einmal in jedem Fall selbst klar sein muss, zu fragen. Die Ermittlung von Begründungen für die Ausprägungen von einzelnen Variablen gehört wesentlich zur Analysephase, nicht zu den Aufgaben eines Befragten (LABAW 1982, NISBETT/WILSON 1977).

Ebenfalls problematisch ist die Verwendung von retrospektiven Fragen, insbesondere wenn Meinungen bzw. Einstellungen erfasst werden sollen, die zu einem früheren Zeitpunkt vorgelegen haben („Wie war das damals, zu Beginn Ihres Aufenthaltes in der Bundesrepublik Deutschland, waren Sie mit Ihrer allgemeinen Lebenssituation eher zufrieden oder eher unzufrieden?"). Angaben zu solchen Fragen gelten als wenig zuverlässig, da sie durch nachträgliche Rationalisierungen beeinträchtigt sind. Als weniger kritisch gelten „Faktfragen" (absolvierte Schule, Berufsausbildung, Größe des elterlichen Haushalts etc.).[1] Häufig sind retrospektive Fragestellungen jedoch unvermeidlich, auch wenn sie experimentelle Bedingungen nicht ersetzen können.[2]

Obgleich neben diesen allgemeinen Grundsätzen informelles Wissen und persönliche Erfahrung bei der Formulierung von Fragen eine nicht zu unterschätzende Rolle spielen, hat doch eine Reihe experimenteller Studien (z. B. SCHUMAN/PRESSER 1981) zusätzliche Informationen zur Gestaltung von Fragen und Antwortvorgaben erbracht.

Der wichtigste Hinweis bezieht sich in diesem Zusammenhang auf die Notwendigkeit, explizite „weiß-nicht"-Kategorien bei den Antwortvorgaben vorzusehen. KATZ wies schon 1940 darauf hin, dass aus der Tatsache, dass ein Thema öffentlich diskutiert wurde, nicht auf das Vorliegen einer individuell messbaren Meinung geschlossen werden könne (KATZ 1940:282). Trotzdem ist es bis heute üblich, Befragte durch die Fragestellung und das Fehlen einer expliziten „weiß-nicht"-Antwortmöglichkeit zur Abgabe einer „substantiellen" Antwort zu zwingen. Der Befragte hat bei einer solchen Vorgehensweise nur die Wahl, entweder eine der vorgegebenen inhaltlichen Antwortalternativen zu benennen (obgleich eine entsprechende Einschätzung nicht vorliegt) oder seine Unwissenheit zu offenbaren, indem er eine nicht vorgegebene Antwortmöglichkeit wählt.[3] Im letzteren Fall wird seine „weiß-nicht"-Antwort dann bei der Auswertung in aller Regel unter die gleiche Kategorie anderer nicht-substantieller Antworten wie z. B. „keine Angabe", „Verweigerung der Beantwortung" subsumiert, obwohl der Befragte völlig korrekt seinen „wahren", gültigen Wert angegeben hat. Es sollte jedoch davon ausgegangen werden, dass auch das Nicht-Vorliegen einer spezifi-

---

[1] Allerdings lassen sich auch hier Fehler nachweisen. SUDMAN/BRADBURN (1974:67–92) entwickeln hierfür ein Modell zur Beschreibung von Erinnerungsfehlern (vgl. auch BRADBURN/HUTTEN-LOCHER/HEDGES 1994). Im Zusammenhang mit Paneldesigns (vgl. Kapitel 5.4.3.2) lässt sich die Technik des „*Bounded Recall*" verwenden, bei der mit einer ersten Befragung ein Referenzzeitpunkt etabliert wird. Wird die Frage demselben Befragten in einer erneuten Untersuchung nochmals vorgelegt, so lässt sich die Differenz in den Angaben auf die verstrichene Zeit beziehen, vgl. SUDMAN/BRADBURN (1982:45).

[2] BERNARD u.a. (1984), HANEFELD (1987:24–27) und REIMER (2001) referieren einige der Arbeiten zur Validität von Retrospektivfragen. Theoretische Erklärungen für Erinnerungsfehler finden sich in dem von SCHWARZ/SUDMAN (1994) herausgegebenen Band; den derzeitigen Forschungsstand fassen TOURANGEAU/RIPS/RASINSKI (2000:62–135) zusammen. Nützliche Hinweise für die Forschungspraxis gibt FODDY (1994). Ein hilfreiches Instrument für die Erhebung von Lebensverlaufsdaten stellt der „Life History Calendar" (LHC) dar (vgl. FREEDMAN u.a. 1988).

[3] In der deutschsprachigen Literatur wurde dieses Phänomen lange Zeit als Meinungslosigkeit bezeichnet (vgl. LEVERKUS-BRÜNING 1966), obgleich es sich tatsächlich eher um das Fehlen einer speziellen kognitiven Haltung gegenüber dem vorgestellten Thema handelt. Der Begriff „*Non-Attitude*" wird diesem Sachverhalt gerechter.

schen messbaren Einstellung oder Tatsacheneinschätzung (also eine „*Non-Attitude*") als gültiger und interpretierbarer Wert zu betrachten ist.

Bei der Nicht-Ausweisung einer „weiß-nicht "-Kategorie bei den Antwortvorgaben ist davon auszugehen, dass bei Befragten, bei denen Non-Attitudes vorliegen und die sich gezwungen sehen, trotzdem eine inhaltliche Antwort zu geben, die „Wahl" der inhaltlichen Antwortkategorie eher zufällig erfolgt. Durch die Vorgabe einer entsprechenden „weiß-nicht"-Kategorie kann dann eher sichergestellt werden, dass die Nennung einer inhaltlichen Antwort systematisch mit anderen Variablen korreliert.

SCHUMAN/PRESSER (1981:117ff) konnten zeigen, dass durch die Vorgabe einer expliziten „weiß-nicht"-Beantwortungsmöglichkeit die „weiß-nicht"-Anteile einzelner Fragen um 10–30% höher lagen, als in Fällen, in denen solche Möglichkeit nicht gegeben war.

Zur Ausweisung von Non-Attitudes wird vorgeschlagen, entweder lediglich eine entsprechende Zusatzkategorie bei den Antwortvorgaben aufzunehmen oder besser: bereits in der Fragestellung die Legitimität einer „weiß-nicht"-Beantwortung zu verdeutlichen. Letzteres geschieht in der Regel durch eine zweistufige Fragestellung („*Filterung*") (vgl. Abb. 7-11).

Die arabischen Staaten bemühen sich um einen wirklichen Frieden mit Israel. Haben Sie eine Meinung zu dieser Aussage?

nein ☐

ja ☐ **Wenn ja, stimmen Sie dieser Aussage zu oder lehnen Sie diese Aussage ab?**

stimme zu ☐
lehne ab ☐

Abbildung 7-11: *Filterung von „weiß-nicht"-Antworten*

CONVERSE/PRESSER (1986:36) betonen, dass eine solche Filterung von Non-Attitudes gerade am Beginn eines Interviews hilfreich ist, um dem Befragten zu zeigen, dass auch „weiß-nicht"-Antworten legitime Antworten sein können.

Ein weiterer Hinweis bezieht sich auf die Verwendung von Fragen, die „stimme zu/lehne ab" als Antwortmöglichkeiten vorsehen. LENSKI/LEGGETT (1960) konnten zeigen, dass gerade bei solchen Fragen sehr häufig Effekte auftreten können, die als „*Zustimmungstendenz*" bezeichnet werden.[1] Die Antwort „stimme zu" wird in solchen Fällen völlig unabhängig vom Inhalt der Aussagen gegeben bzw. es wird auch inhaltlich entgegengesetzten Statements zugestimmt.

Den Zusammenhang zwischen diesem Antwortverhalten und dem Bildungsstand der Befragten machen SCHUMAN/PRESSER (1981:223) deutlich: Bei einer Frage „Stimmen Sie der folgenden Aussage zu oder lehnen Sie diese Aussage ab: Die meisten Männer sind für die Politik vom Gefühl her besser geeignet als Frauen." ergaben sich für die Befragten sehr unterschiedliche Häufigkeiten in der „stimme-zu"-Kategorie je nach Schulausbildungsdauer. Befragte mit niedriger Ausbildungsdauer stimmten häufiger dieser Aussage zu als solche mit längerer Schulausbildung. Eine revidierte Fassung der Frage als „Würden Sie sagen, dass die meisten Männer für die Politik vom Gefühl her besser geeignet sind als Frauen, dass Frauen und Männer in dieser Beziehung gleich sind, oder dass Frauen vom Gefühl her besser für die Politik geeignet sind?" ergab für die Befragten unabhängig vom Bildungsstand gleiche Antworthäufigkeiten. Das inhaltliche Ergebnis steht also im direkten Zusammenhang zur Frageformulierung.

Als Konsequenz ist daraus abzuleiten, dass „stimme zu/lehne ab"-Fragen eher für bestimmte Verzerrungseffekte anfällig sind, als solche Fragen, in denen eine konkrete Entscheidung zwischen inhaltlichen Alternativantworten gefordert wird („*Forced-Choice-Questions*"). Entsprechend wäre eher Forced-Choice-Questions der Vorzug zu geben.

Viele Sachverhalte, die durch Interviews erhoben werden sollen, gelten als „sensitiv" oder „unangenehm". Zu diesen unangenehmen Fragen werden im Allgemeinen Fragen nach sozial unerwünscht geltenden Verhaltensweisen oder Eigenschaften wie Drogen- und Alkoholmissbrauch, eheliche Gewaltanwendung, spezielle Formen des Sexualverhaltens usw. gezählt.[2] Für sensitive Fragen wird in aller Regel eine vergleichsweise hohe Zahl von Antwortverweigerungen[3] und eine niedrige Zuverlässigkeit der erhaltenen Angaben erwartet, da eine (wahrheitsgemäße) Antwort den Befragten z. B. mit

---

[1]   vgl. dazu ausführlich Kapitel 7.1.1.5.2.

[2]   Allgemein lässt sich jedoch zeigen, dass mittlerweile viel weniger Themen und Fragen als sensibel betrachtet werden als in den frühen Jahren des Survey Research (CAPLOVITZ 1983:122). War bis vor einiger Zeit die Frage nach dem Einkommen oder nach religiösen Praktiken mit einem Tabu belegt, so gehört zumindest die Einkommensfrage mittlerweile zum Standardrepertoire vieler Fragebögen. Dagegen haben sich Fragestellungen ergeben, die erst in jüngerer Zeit den Status heikler Fragen erhalten haben, z. B. Fragen zum Bildungsstand und zur Hygiene.

[3]   vgl. z. B. die empirischen Ergebnisse bei BRADBURN/SUDMAN/BLAIR/STOCKING (1978:225), die einen sehr hohen Zusammenhang zwischen dem Ausmaß, in dem Fragen als „unangenehm" eingeschätzt werden und der tatsächlichen Antwortbereitschaft zeigen.

dem Verlust der sozialen Anerkennung durch den Interviewer oder gar dem Risiko strafrechtlicher Verfolgung behaftet erscheinen kann.

Dieses Problem wird insbesondere bei strafrechtlich relevanten Verhaltensweisen in der Regel dadurch angegangen, dass den Befragten in besonderer Weise die absolute Vertraulichkeit ihrer Angaben und damit die absolute Konsequenzenlosigkeit der Interviewsituation zugesichert wird.

Bei weniger dramatischen Konsequenzen wird zumeist versucht, durch die Frageformulierung eine Abschwächung der Konsequenzenbefürchtungen zu erreichen. Dies kann z. B. durch die Einbettung eines „anstößigen" Sachverhalts in einen harmlosen Zusammenhang oder die Verallgemeinerung des heiklen Problems durch Einleitungssentenzen wie „Jeder hat schon einmal..." oder „Die meisten Menschen..." erfolgen (SCHEUCH 1973:82).[1] Mitunter wird der in Frage stehende Sachverhalt auch einfach unterstellt und eine Antwort dazu erbeten, beispielsweise die Beantwortung der Frage: „Wie alt waren Sie, als Sie zum ersten Mal Marihuana rauchten?" (CAPLOVITZ 1983:123).

Diese beiden Verfahrensweisen sind allerdings bei besonders stark ausgeprägten Konsequenzenbefürchtungen kaum geeignet, die Bedenken der Befragten völlig zu zerstreuen. Erst wenn es gelänge, die Zuordnung einer Antwort zu einem Befragten zu verhindern, könnte den Befragten die völlige Konsequenzenlosigkeit seiner Antworten garantiert werden.[2]

7.1.1.1.4 Randomized Response Technique (RRT)

Das Problem der Konsequenzenbefürchtung bei sensiblen Fragen lässt sich zusätzlich mit Techniken angehen, die zusammengefasst als „*Randomized Response Technique*" (RRT) bezeichnet werden.[3] Das Vorgehen der RRT kann am besten mit einem Beispiel erläutert werden:

Ein Forschungsprojekt soll den Anteil von Heroin-Nutzern in einer Bevölkerungsgruppe ermitteln. Die entsprechende Frage zur Operationalisierung soll nur zwischen Heroin-Nutzern und Nicht-Heroin-Nutzern unterscheiden. Beim Datenerhebungsvorgang, also während des Interviews, muss der Befragte aus einer Urne mit 10 Kugeln,

---

[1] vgl. dazu die ironische Betrachtungsweise bei BARTON (1958).
[2] An dieser Stelle muss konstatiert werden, dass manche Sachverhalte, Vorlieben oder Verhaltensweisen in Befragungen letztlich nicht erhoben werden können. In solchen Fällen empfiehlt sich die Anwendung nicht-reaktiver Erhebungstechniken (vgl. Kapitel 7.4).
[3] Der Begriff lässt sich nur umständlich übersetzen, z. B. als „Anonymisierte Befragung mit zufallsverschlüsselten Antworten" (DEFFAA 1982).

von denen 2 blau und 8 grün sind, zufällig eine Kugel ziehen. Der Interviewer weiß nicht, welche Farbe die gezogene Kugel besitzt. Dem Befragten wird vom Interviewer mitgeteilt, dass er – falls er eine blaue Kugel gezogen hat – den Satz „Ich nehme Heroin" wahrheitsgemäß mit „ja" oder „nein" beantworten soll. Falls der Befragte jedoch eine grüne Kugel gezogen hat, soll er den Satz „Ich bin im Mai geboren" mit „ja" oder „nein" wahrheitsgemäß beantworten. Da der Interviewer die Farbe der gezogenen Kugel nicht kennt, weiß er nicht, auf welchen der beiden Sätze der Befragte mit seiner Antwort reagiert. Aus einer Ja- bzw. Nein-Antwort eines Befragten kann nicht mehr auf sein Verhalten geschlossen werden. Allerdings kann der Anteil derjenigen Personen, die Heroin nehmen, aus den Antworten geschätzt werden.

Die Gruppe der „ja"-Antwortenden setzt sich zusammen aus denen, die die Frage nach dem Heroingebrauch beantworten und tatsächlich Heroin verwenden und denen, die die Frage nach der Geburt im Mai beantworten und tatsächlich im Mai geboren sind. Bezeichnen wir mit p_J den Anteil der Personen, die mit „ja" antworten, mit p_M den Anteil der im Mai geborenen Personen[1]$(= 31/365)$, mit p_{FH} die Wahrscheinlichkeit, die Frage nach dem Heroingebrauch zu beantworten, und mit p_H die Wahrscheinlichkeit tatsächlich Heroinbenutzer zu sein. Dann ist die Wahrscheinlichkeit, auf eine Frage mit „ja" zu antworten gleich dem Produkt zweier unabhängiger Wahrscheinlichkeiten: Der Wahrscheinlichkeit, die Frage zu bekommen und der Wahrscheinlichkeit, auf diese Frage mit „ja" zu antworten. Wir haben zwei Fragen und zwei Wahrscheinlichkeiten:

$$p_{FH} * p_H \qquad \text{(also: Frage nach Heroin und tatsächlicher Nutzer)}$$
$$(1 - p_{FH}) * p_M \qquad \text{(also: Frage nach Mai und tatsächlich im Mai geboren)}$$

Die Wahrscheinlichkeit für eine „ja"-Antwort ist gleich der Summe der beiden unabhängigen Wahrscheinlichkeiten:

$$p_J = p_{FH} * p_H + (1 - p_{FH}) * p_M$$

Wir kennen alle Größen bis auf den Anteil der Heroinnutzer (p_H). Stellt man die Gleichung um, erhält man:

$$p_J - (1 - p_{FH}) * p_M = p_{FH} * p_H$$

---

[1] Dies ist natürlich eine Vereinfachung. Bei tatsächlichen Anwendungen muss beachtet werden, dass dieser Anteil historischen Schwankungen unterworfen ist und sich zwischen Angehörigen verschiedener Kohorten unterscheiden kann.

Daraus folgt die eigentliche Schätzformel:

$$p_H = \frac{p_J - (1 - p_{FH}) * p_M}{p_{FH}}$$

Im Beispiel ist $p_{FH} = 0.2$ (2 von 10 Kugeln). Wenn insgesamt 10% der Befragten mit „ja" antworten, so ergibt sich:

$$p_H = \frac{0.1 - (1 - 0.2) * 31/365}{0.2} = 0.1603$$

Damit wird der Anteil von Heroin-Nutzern auf 16.03% geschätzt.[1] Diese Art der RRT wird als „*Unrelated Question Technique*" bezeichnet. Die „Unrelated Question Technique" ist eine Weiterentwicklung des erstmals von WARNER (1965) vorgeschlagenen und als „WARNER-*Modell*" oder „*Zufallsfragentechnik*" bezeichneten Vorgehensweise. Das WARNER-Modell basiert auf der Verwendung nur einer Frage, die aber einmal positiv und einmal negativ formuliert wird, also z. B. „Ich nehme Heroin" vs. „Ich nehme niemals Heroin". In der Praxis wird jedoch überwiegend die „Unrelated Question Technique" verwendet.

Das Hauptproblem[2] der RRT dürfte darin bestehen, den Befragten die entsprechende Technik auf eine Art zu erläutern, die sie ihnen nicht als alberne Spielerei oder undurchschaubare Magie erscheinen lässt. Kann die Technik den Befragten nicht vollständig transparent gemacht werden, so sind zumindest bei Teilgruppen ungenauere Ergebnisse erwartbar als bei traditionellen Fragen. Da die RRT bisher noch nicht regelmäßig in der empirischen Sozialforschung verwendet wird, liegen für eine abschließende Beurteilung derzeit noch nicht genügend Ergebnisse vor.[3]

---

[1] Auf ähnliche Weise kann man den Mittelwert einer quantitativen Variablen schätzen, nur benötigt man dann – da zwei Parameter unbekannt sind – zwei unabhängige Stichproben, in denen die sensitive Frage mit unterschiedlicher Wahrscheinlichkeit (p_1, p_2) gestellt wird. Da die empirisch beobachteten Mittelwerte (z_1, z_2) wie oben aus der Addition der mit den Wahrscheinlichkeiten gewichteten Mittelwerte zweier Variablen (einer sensitiven und einer harmlosen Variablen) resultieren, kann der Mittelwert der sensitiven Variablen x geschätzt werden:

$$m_x = \frac{(1 - p_2)z_1 - (1 - p_2)z_2}{p_1 - p_2} \tag{7.1}$$

[2] Ein häufig zusätzlich genannter Kritikpunkt der RRT bezieht sich darauf, dass durch RRT nur Schätzungen von Anteilswerten, nicht hingegen die Berechnung von Zusammenhängen möglich sei. Dieser Einwand ist in dieser allgemeinen Form unzutreffend, selbst Korrelationsschätzungen sind prinzipiell möglich. Für Einzelheiten muss auf FOX/TRACY (1984) verwiesen werden.

[3] Weitere Einzelheiten der RRT finden sich bei BORUCH/ENDRUWEIT (1973), DEFFAA (1982), sowie

7.1.1.2 Fragebogenkonstruktion

Die Konstruktion eines Fragebogens bezieht sich auf zwei Aspekte: zum einen auf die inhaltliche Gestaltung des Gesamtfragebogens, zum anderen auf die optische Aufbereitung des Fragebogens.

7.1.1.2.1 Konstruktionskriterien

Dass die „Ratschläge" zur Frageformulierung oftmals nicht die gewünschten Ergebnisse erbringen, liegt mitunter daran, dass sie sich relativ abstrakt auf einzelne Fragen beziehen. Fragen werden in aller Regel jedoch für einen bestimmten Fragebogen geschrieben, in dem Fragen im Kontext mit anderen Fragen stehen. So kann jede Frage (und die dazugehörige Antwort) nachfolgende Fragen so beeinflussen, dass sich die Beantwortung der Folgefragen entweder an der vorhergehenden Frage orientiert oder an der bereits gegebenen Antwort („*Ausstrahlungseffekt*" oder „*Halo-Effekt*").

Hervorgerufen wird dieser Effekt einerseits dadurch, dass jede Frage durch andere Fragen in einen Sinnzusammenhang gestellt wird, auf den ein Befragter reagiert, andererseits durch das damit verknüpfte Bemühen des Befragten, seine Antworten konsistent zu halten.

In ähnlicher Weise können auch ganze Fragengruppen nachfolgende Fragengruppen „überstrahlen". Die Beantwortung von Fragen, die sich mit dem Thema „Sexuelle Praktiken" befassen, dürften in Abhängigkeit davon beantwortet werden, ob vorher der Themenbereich „Kenntnisse über Schutzmaßnahmen zur Verhinderung von Aids-Infektionen" oder aber das Thema „Selbstverwirklichung" abgehandelt wurde („*Plazierungseffekt*"; SCHEUCH 1973:91).

Gelegentlich werden diese Ausstrahlungseffekte bei der Fragebogenkonstruktion gezielt eingesetzt, z. B. wenn durch die Fragefolge ein bestimmter Kontext geschaffen wird, der ausgehend von allgemeinen Fragen zu einem Thema eine immer stärkere Präzisierung des thematischen Bereichs möglich macht („*Trichterung*"). Der Weg der „*umgekehrten Trichterung*" soll durch konkrete Beispiele beim Befragten die Möglichkeit erschließen, daran anschließend auch Fragen zu der entsprechenden allgemeinen Themenstellung beantworten zu können.

Bei der Konstruktion eines Fragebogens sollte darauf geachtet werden, dass den ersten Fragen („*Einleitungsfragen*") eines Interviews besondere Bedeutung zukommt. An

---

vor allem bei FOX/TRACY (1986) und CHAUDHURI/MUKERJEE (1988). Weiterentwicklungen werden bei SCHNELL (2011) diskutiert.

ihnen entscheidet sich das Engagement des Befragten zur Beantwortung des gesamten Fragebogens. Sie sollten entsprechend interessant in das gesamte Thema einführen und leicht zu beantworten sein, um bestehende Ängste des Befragten über die Schwierigkeiten einer Befragung zu mildern. Vermeiden sollte man Einleitungsfragen, die vermutlich nur von einem Teil der Befragtengruppe beantwortet werden können („Haben Sie sich innerhalb dieses Jahres ein neues Auto mit 3-Wege-Katalysator gekauft?"). Die Notwendigkeit, bereits bei der ersten Frage eine „trifft nicht zu"-Antwort geben zu müssen, erweckt beim Befragten leicht den Eindruck, dass das gesamte Interview ihn eigentlich nur wenig betrifft. Weiterhin sollte davon abgesehen werden, als Einleitung Fragen nach Geschlecht, Alter und anderen demographischen Merkmalen zu stellen. Eine solche Einführung lässt den Befragten zu lange im Unklaren über den „eigentlichen" Sinn des Interviews.

Darüber hinaus sollte bei der Fragebogenkonstruktion beachtet werden, dass

- zu einem Themenbereich immer mehrere Fragen gestellt werden (Konzept der multiplen Indikatoren; vgl. Kapitel 4.2.3),
- Fragen, die denselben Aspekt des Themas behandeln (Fragenkomplexe) nacheinander abgefragt werden[1],
- neue Fragenkomplexe mit „*Überleitungsfragen*" eingeleitet werden.

Sollten einige Fragen oder ganze Fragenkomplexe nicht für alle Befragten relevant sein, z. B. wenn in einer Untersuchung zum Freizeitverhalten nach Vereinszugehörigkeiten der Befragten und danach nach Aktivitäten innerhalb des Vereins gefragt wird, so sollten Vorkehrungen getroffen werden, den Befragten von der Notwendigkeit zu entbinden, auf eine Vielzahl von Fragen die „trifft nicht zu"-Antwort geben zu müssen. Dies langweilt den Befragten und verlängert unnötigerweise das Interview. In der Regel wird in solchen Fällen versucht, nach einer „*Filterfrage*", in der das Vorliegen oder Nicht-Vorliegen des trennenden Merkmals (z. B. Mitgliedschaft in einem Verein) erhoben wird, sicherzustellen, dass die folgenden Fragen nur noch von den Befragten beantwortet werden müssen, bei denen die interessierende Ausprägung des Merkmals vorliegt (vgl. Abb. 7-12).

Eine weitere „Konstruktionsanweisung" bezieht sich auf den Umgang mit „schwierigen" oder „sensiblen" Fragen. Hier wird im Allgemeinen der Ratschlag gegeben, solche Fragen an das Ende des Fragebogens zu stellen, um nicht einen frühzeitigen

---

[1] Die mitunter vorgeschlagene Technik, Fragen die inhaltlich zum gleichen Fragenkomplex gehören, an unterschiedlichen Stellen des Fragebogens abzufragen, um eine Kontrolle über die „wahrheitsgemäße" Beantwortung zu erlangen („*Kontrollfragen*"), verwirrt den Befragten eher als dass sie den gewünschten Effekt hat.

19   Ist das Studienfach, das Sie jetzt studieren, das Studienfach, mit dem Sie ursprünglich Ihr Studium begonnen haben?

○   Ja   ⟶ | weiter mit **Frage 23** |

○   Nein   ⟶ | weiter mit **Frage 20** |

---

20   Welches Studium haben Sie ursprünglich begonnen?

Erststudium war: | |

21   Wie lange haben Sie dieses Fach studiert?

Semester: | |

22   Wie zutreffend sind für Sie die folgenden Gründe für einen Studienwechsel gewesen?

	trifft stark zu	trifft zu	halb und halb	trifft nicht zu	trifft überhaupt nicht zu
Ich konnte meine Vorstellungen nicht verwirklichen	○	○	○	○	○
Ich sah nur schlechte Zukunftsaussichten	○	○	○	○	○
Meine Interessen haben sich verlagert	○	○	○	○	○
Es hat einfach nicht gut geklappt	○	○	○	○	○
Die Zusammenarbeit mit den Dozent/inn/en war schlecht	○	○	○	○	○
Die Zusammenarbeit mit anderen Kommiliton/inn/en war schlecht	○	○	○	○	○
Ich hatte familiäre Gründe	○	○	○	○	○

---

23   Ist das Studium, das Sie begonnen haben, Ihr „Wunschstudium" gewesen?

○   Ja

○   Nein

Abbildung 7-12: Beispiel „Filter"

Abbruch des gesamten Interviews zu provozieren. Abgesehen davon, dass mitunter kaum entschieden werden kann, welche Fragen tatsächlich sensibel für den Befragten sind, kann diesem Ratschlag nur dann gefolgt werden, wenn nur eine oder nur sehr wenige sensible Fragen gestellt werden müssen.

Weiterhin besteht bei einer solchen Vorgehensweise die Gefahr, sensible Fragen völlig aus dem Kontext des spezifischen Fragenkomplexes zu reißen. Entsprechend empfiehlt DILLMAN (1978:125), sensible Fragen jeweils an das Ende des dazugehörigen Fragenkomplexes zu setzen.

Als letzter Schritt der Fragebogenkonstruktion sollte noch einmal überprüft werden, in welchem Verhältnis die in den Fragebogen aufgenommenen Fragen zum Thema der Befragung bzw. zu den die Untersuchung leitenden Hypothesen stehen. Für jede Frage muss letztlich geklärt werden, welche Variable mit dieser Frage gemessen werden soll und ob die Variable bedeutsam für den theoretischen Zusammenhang der Untersuchung ist. Diese nochmalige Vergewisserung über das Ziel der Untersuchung kann zur Vermeidung solcher Fragen beitragen, die lediglich „irgendwie interessant", jedoch ohne theoretischen Wert sind. Idealerweise ist für jede Frage die spätere Analyseanwendung vorab klar.

7.1.1.2.2 Design, Format und Layout eines Fragebogens

Design und Layout eines Fragebogens, der als Grundlage eines durch einen Interviewer geführten persönlichen Interviews benutzt wird, müssen so angelegt sein, dass der Interviewer keine formalen Schwierigkeiten bei der Durchführung hat. FOWLER (1984:102) nennt u.a. drei Merkpunkte, die Beachtung finden sollten:

- Erstens sollte es dem Interviewer so leicht wie möglich gemacht werden, zwischen Fragen und Anweisungen an den Interviewer zu unterscheiden. Als allgemeine Konvention zur Lösung dieses Problems hat sich die Verwendung unterschiedlicher Schrifttypen, bzw. der Einsatz von Groß- und Kleinschrift, zur Unterscheidung der Intervieweranweisungen von zu verlesenden Texten bewährt.
- Zweitens sollte die Ausgestaltung von Filtern so angelegt sein, dass es dem Interviewer leicht möglich ist, der Filterführung zu folgen und kein langes Suchen nach der nächsten zu stellenden Frage nötig wird. Hilfreich ist dabei, stets dieselbe Art der Filterführung zu verwenden.
- Drittens sollte gewährleistet sein, dass alle Texte, die ein Interviewer sprechen muss, auch tatsächlich niedergeschrieben werden. Dies gilt nicht nur für den Wortlaut der Fragen, sondern auch für Ein- und Überleitungen, notwendige Definitionen und Erläuterungen.

Die Frage, wie lang ein Fragebogen sein darf, gehört ebenfalls in diesen Zusammenhang. Dazu haben eine Vielzahl von Befragungen insbesondere im Rahmen universitärer Forschung gezeigt, dass auch Interviews von 1 bis 1 1/2 Stunden Dauer vom Befragten dann nicht als problematisch eingeschätzt werden, wenn das behandelte Thema für den Befragten von Interesse ist (FOWLER 1984:105; SCHEUCH 1973:93).[1] Allgemein sollte jedoch eine möglichst kurze Befragungszeit angestrebt werden.

Die subjektiv erlebte Befragungszeit kann durch eine entsprechende Fragebogengestaltung verkürzt werden: So ist es z. B. ratsamer, einen Fragebogen vom Format her großzügig anzulegen als zu versuchen, möglichst viele Fragen auf eine Seite zu setzen. Die schnelle Abarbeitung vieler Seiten und die Sichtbarkeit dieser Abarbeitung für den Befragten kann kooperationsfördernder sein als der Eindruck, dass das Interview nicht vorangeht.

7.1.1.3 Pretest

Da es keine Theorie der Befragung gibt aus der alle Details der Konstruktion eines Fragebogens ableitbar sind, muss jeder Fragebogen vor dem Beginn der eigentlichen Datenerhebung in einem Pretest empirisch getestet werden.[2] Pretests dienen vor allem der Überprüfung

- der ausreichenden Variation der Antworten,
- des Verständnisses der Fragen durch den Befragten,
- der Schwierigkeit der Fragen für den Befragten,
- des Interesses und der Aufmerksamkeit des Befragten gegenüber den Fragen,
- der Kontinuität des Interviewablaufs („Fluss"),
- der Effekte der Frageanordnung,
- der Güte der Filterführung,
- von Kontexteffekten,
- der Dauer der Befragung,
- des Interesses des Befragten gegenüber der gesamten Befragung,
- der Belastung des Befragten durch die Befragung.

---

[1] SCHEUCH (1973:93) verweist auf Kontrollbefragungen, die ergaben, dass Befragte nur eine relativ vage Vorstellung von der tatsächlichen Dauer eines Interviews hatten. SHARP/FRANKEL (1983:43-45) kommen aufgrund ihrer Untersuchung zu dem Schluss, dass weniger die Länge des Interviews als die allgemeine Einstellung gegenüber der Untersuchung die wahrgenommene Belastung beeinflusst.

[2] Dieser Abschnitt basiert auf SCHNELL (1991c).

Bei der Entwicklung zuverlässiger Erhebungsinstrumente sind umfangreiche Pretests zur Kontrolle und Verringerung dieser Probleme unverzichtbar. Unzureichende Personal-, Zeit- oder Geldressourcen entbinden nicht von der Notwendigkeit Pretests durchzuführen.[1] Dies gilt auch dann, wenn der Fragebogen oder Teile des Fragebogens bereits bei früheren Erhebungen verwendet wurden.[2]

Die Entwicklung eines Fragebogens erfordert mehrere Phasen des Testens einzelner Fragen und des vollständigen Erhebungsinstruments. Man kann grob zwischen „Entwicklungs-Pretests" und „Abschluss-Pretests" unterscheiden (CONVERSE/PRESSER 1986:65–74). Während Entwicklungs-Pretests der Überprüfung aller oben erwähnten Probleme dienen, werden in Abschluss-Pretests nur noch kleine Korrekturen des Fragebogens, insbesondere Kürzungen, Umstellungen, neue Filterführungen und Veränderungen des Druckbilds überprüft. Man kann also nicht von einem einzigen Pretest eines Fragebogens sprechen, sondern nur von verschiedenen Phasen der Pretests. Jede Phase kann selbst wieder mehrere Durchgänge erfordern. Vor allem während der Entwicklungs-Pretests können sehr viele Modifikationen einzelner Fragen notwendig werden, die immer wieder erneut getestet werden sollten.

Es gibt eine ganze Reihe unterschiedlicher Pretest-Techniken, die in verschiedenen Phasen der Entwicklung eines Fragebogens eingesetzt werden.[3]

Zu Beginn der Fragebogenentwicklung sollten anhand eines Leitfadens qualitative Interviews und Gruppendiskussionen mit einem Rohentwurf des Fragebogens stattfinden. Die aus der Zielpopulation der Untersuchung stammenden Teilnehmer werden gebeten, die Fragen kritisch zu kommentieren, auf Missverständnisse hinzuweisen und unangemessene oder unverständliche Formulierungen und Antwortvorgaben zu benennen. Durch gezieltes Nachfragen („probing") sollte das Untersuchungsteam das Verständnis und die Interpretation der Fragen problematisieren. Die Ergebnisse dieser qualitativen Befragungen sollten protokolliert und in die Dokumentation des Forschungsprojekts aufgenommen werden.

---

[1] „It is even more important for researchers with limited resources to pilot-test their questionnaires before spending all their money. If you do not have the resources to pilot-test your questionnaire, don't do the study" (SUDMAN/BRADBURN 1982:283).

[2] So kann allein die Veränderung der Reihenfolge der Fragen zu neuen Problemen führen. Ebenso kann eine Veränderung des Verständnisses der Fragen durch die Befragten (z. B. durch Änderung der Bedeutung sprachlicher Begriffe) nicht a priori ausgeschlossen werden.

[3] vgl. FOWLER (1995:104–137). Es muss betont werden, dass eine ausführliche experimentelle Beschäftigung mit verschiedenen Pretest-Techniken erst seit einigen Jahren erfolgt. Daher gibt es bislang nur wenige Studien zum Erfolg verschiedener Pretest-Techniken. Ebenso sind Pretest-Techniken bislang kaum standardisiert oder kodifiziert.

Zum Testen einzelner Fragen in frühen Phasen der Fragebogenentwicklung haben sich vor allem drei einfache qualitative Techniken bewährt:

1. „frame of reference probing" : Hierbei wird dem Befragten seine zuvor gegebene Antwort wiedergegeben und es wird versucht herauszufinden, wie er zu dieser Antwort kam. Durch entsprechende Nachfragen („Woran dachten Sie bei dieser Frage? An wen oder was dachten Sie bei dem Begriff Hamburger? Was fiel Ihnen bei dem Begriff Scheidung ein? Was brachte Sie zu dieser Antwort? Woran dachten Sie bei dieser Antwort?") soll der Bezugsrahmen des Befragten bestimmt werden (BELSON 1981).

2. „paraphrasing": Hierbei werden die Befragten gebeten, zuvor gestellte Fragen in ihren eigenen Worten zu wiederholen.

3. „think aloud"-Interviews: Hierbei sollen die Befragten die Gedanken laut äußern, die sie während des Verstehens der Frage, der Suche in ihrem Gedächtnis nach einer Antwort und der Formulierung der Antwort haben.[1]

Eher quantitative Techniken versuchen direkter beobachtbare Indikatoren für problematische Fragen zu verwenden. So können sich die Probleme bei der Beantwortung einer Frage auch darin zeigen, dass die übliche Frage-Antwortsequenz beim Interview durch den Befragten durchbrochen wird (z. B. durch Nachfragen). Solche Störungen im Ablauf des Interviews lassen sich durch die Technik des „Interaction-Coding" leicht erkennen. Beim Interaction-Coding wird das Interview auf Band aufgezeichnet und später anhand eines Kategorienschemas vercodet (CANNELL/LAWSON/HAUSSER 1975, FOWLER/CANNELL 1996).

Ebenso lässt sich die Zeit, die ein Befragter für die Beantwortung einer Frage benötigt, als Hinweis auf Schwierigkeiten mit der Frage verwenden. Durch den Einsatz von computergestützten Befragungssystemen können die Reaktionszeiten der Befragten problemlos auf Millisekunden genau erfasst werden.[2]

Gegen Ende der Fragebogenentwicklung sollten Pretests bereits auf einer echten Zufallsauswahl aus der Zielpopulation basieren. CONVERSE/PRESSER (1986:69) schlagen insgesamt mindestens 25 Interviews vor, falls professionelle Interviewer verwendet werden und mindestens 50 Interviews, falls Studenten als Interviewer arbeiten. Mitglieder der Forschungsgruppe sollten ebenfalls als Interviewer arbeiten.

---

[1] Personen unterscheiden sich deutlich in ihrer Fähigkeit, diese Aufgabe zu erfüllen; vgl. FOWLER (1995:112). Zu dieser Technik allgemein vgl. die ausführliche Darstellung bei VAN SOMEREN/BARNARD/SANDBERG (1994).

[2] Hinweise zur praktischen Durchführung von Reaktionszeitmessungen („response latency") finden sich bei FAZIO (1990), Anwendungsbeispiele bei BASSILI/FLETCHER (1991) und BASSILI (1993).

Im Rahmen solcher Pretests sind mehrere Techniken einsetzbar.

So können ohne großen Aufwand „Random Probes" (SCHUMAN 1966) verwendet werden. Hierbei wird bei einer kleinen Anzahl (z. B. 10) jeweils anderer, zuvor zufällig ausgewählter Fragen bei allen Befragten unmittelbar nach der Antwort nachgefragt („Können Sie mir ein Beispiel dafür geben", „Wie meinen Sie das?", „Können Sie mir mehr darüber sagen?"). Die offenen Antworten auf diese „Random Probes" werden vom Interviewer protokolliert und später so codiert, dass das Ausmaß der Übereinstimmung der Intention der Frage mit dem Bezugsrahmen des Befragten bewertet wird.[1]

Weiterhin können die Interviewer als Informationsquelle über Frageprobleme genutzt werden. So können Gruppendiskussionen der Interviewer mit feststehender Tagesordnung (kritische Fragebogenteile, Verständnis einzelner Worte, Details des Einsatzes von Befragungshilfen etc.) hilfreich sein. Ebenso nützlich sind halbstandardisierte schriftliche Interviewerbewertungen jedes Pretestinterviews. Ein Pretestfragebogen kann nach dem Ende der Fragen an die Befragten zusätzliche offene Fragen an den Interviewer enthalten, z. B. „Bereitete irgendeine der Fragen dem Befragten Unbehagen?", „Musste irgendeine Frage wiederholt werden?", „Hat der Befragte irgendeine Frage missverstanden?", „Fühlten Sie sich beim Vorlesen irgendeiner Frage unbehaglich? Wenn ja, warum?", „Haben Sie irgendwelche Probleme mit irgendeiner Frage? Wenn ja, warum?", „Erschien ein Abschnitt des Fragebogens ermüdend?", "Gab es einen Abschnitt des Fragebogens, bei dem der Befragte mehr zu sagen wünschte?" (nach: CONVERSE/PRESSER 1986:72).

Eine sehr nützliche Variante des Interaction-Coding lässt sich ebenfalls in dieser Phase der Pretests einsetzen. Hierbei wird in jedem Fragebogen bei jeder Frage eine zusätzliche Spalte vorgesehen, in der jeder Interviewer nach einer Antwort lediglich vermerkt, ob die Antwort wie geplant nach der Frage gegeben wurde, oder ob es zu anderen Reaktionen (Gelächter, Nachfragen, langen Pausen) kam. Häufungen irregulärer Interaktionssequenzen deuten auf Probleme mit der Frage hin. Diese unaufwändige Form des Interaction-Codings sollte in jeder Voruntersuchung eines Fragebogens durchgeführt werden.

---

[1] Das Ausmaß der Übereinstimmung wird über den Versuch, aus der Begründung des Befragten die gegebene Antwort vorhersagen zu können, operationalisiert. SCHUMAN (1966:220) unterscheidet hierbei fünf Kategorien: klare Begründung und korrekte Vorhersage, unklare Begründung und korrekte Vorhersage, unklare Begründung und keine Vorhersage möglich, Erklärung ist lediglich die Wiederholung der Antwort und einer Restklasse.

Schließlich können die Effekte unterschiedlicher Frageformulierungen auch experimentell in Surveys untersucht werden. Hierbei werden in zufällig ausgewählten Teilgruppen einer Untersuchung Fragebögen verwendet, die sich lediglich in der Formulierung einzelner Fragen unterscheiden. Diese „Split-Ballot"-Technik eignet sich insbesondere zur Aufklärung von unterschiedlichen Ergebnissen verschiedener Studien.

Größere Erhebungen, bei denen neue Methoden angewendet oder bei denen besondere Probleme bei der Datenerhebung erwartet werden, sollten durch eine „Pilot-Studie" vorbereitet werden. Bei einer Pilot-Studie werden alle Arbeitsschritte der Hauptuntersuchung im Rahmen einer Vorstudie in kleinem Maßstab, aber mit identischen Prozeduren, durchgeführt und damit alle Prozeduren und Verfahrensabläufe (einschließlich des Fragebogens) getestet: Es werden Fragebögen formuliert und gedruckt; Interviewer rekrutiert, geschult und überwacht; Stichproben gezogen, Interviews durchgeführt, codiert und analysiert. Für eine solche Pilot-Studie sollten mindestens 200 Interviews durchgeführt werden, da praktische Probleme, die durch eine hohe Zahl von Interviews entstehen, häufig erst ab dieser Größe sichtbar werden. Zwar ist der Aufwand für Pilot-Studien beachtlich, allerdings kann nur so eine große Zahl von Fehlerquellen zu einem Zeitpunkt entdeckt und beseitigt werden, zu dem der mögliche Schaden durch diese Fehler noch klein ist.[1]

Insgesamt wird der notwendige Aufwand bei der Durchführung korrekter Pretests bei der Entwicklung eines Fragebogens meist unterschätzt. Bei größeren Projekten wird in vielen Fällen die Entwicklung und der Test eines Fragebogens zwischen sechs Monaten und einem Jahr beanspruchen.

7.1.1.4 Interviewerschulung

Bevor eine Befragung „ins Feld" gehen kann, sind außer der Fragebogenkonstruktion und -gestaltung eine Reihe von weiteren Vorarbeiten notwendig. Dazu gehört die Interviewerschulung. Diese erhält dann besonderes Gewicht, wenn – wie im Rahmen akademischer Forschung nicht unüblich – nicht auf einen professionellen Interviewerstab zurückgegriffen werden kann, sondern „freiwillige" Laien-Interviewer (z. B. Studenten der Sozialwissenschaft) eingesetzt werden müssen.[2]

---

[1]   Daneben empfehlen sich Pilot-Studien bei Untersuchungen, deren Feldarbeit durch ein kommerzielles Erhebungsinstitut durchgeführt werden soll. Mögliche Kooperationsprobleme mit dem Institut sind nur auf diesem Weg zu entdecken.

[2]   Bei freiwilligen Interviewern ergeben sich eine Reihe von Problemen. Zum einen kann nicht erwartet werden, dass sich solche Interviewer einem längeren Training unterziehen, zum anderen sind sie

In jedem Fall sollte die Schulung jedoch folgende Bereiche umfassen:[1]

- Erläuterung der geplanten Untersuchung,
- Erläuterung des Fragebogens (aller Fragen, Filterführung, Besonderheiten einzelner Fragen usw.),
- Erläuterung der Dokumentation der Antworten,
- Darstellung der Möglichkeiten, Kontakt mit den Befragten aufzunehmen,
- Einübung der Kontaktaufnahme mit Befragten,
- Umgang mit Verweigerern[2],
- Verhaltensregeln für die Erhebungssituation (Neutralität usw.), insbesondere auch für nonverbales Verhalten,
- Verweis auf die Konsequenzen bei Täuschungsversuchen.[3]

Die Interviewerschulung sollte neben der theoretischen Abhandlung des Fragebogens auch Übungsinterviews und Rollenspielphasen enthalten. Da die Rückmeldung über das eigene Verhalten für das Training unentbehrlich ist, ist der Einsatz von Tonband- und Videoaufnahmen hierbei empfehlenswert.[4] Falls möglich, sollten Probeinterviews in Ernstsituationen unter Anleitung durch einen Supervisor durchgeführt werden. Ein angemessenes Interviewertraining beansprucht selten weniger als einen Arbeitstag. In keinem Fall kann auf eine Interviewerschulung verzichtet werden.[5]

7.1.1.5 Methodische Probleme des Interviews

Erhebungstechniken, bei denen sich die „Untersuchungsobjekte" bewusst darüber sind, dass sie Gegenstand einer Untersuchung sind und die Möglichkeit haben, auf

---

nur kurze Zeit als Interviewer tätig. Darüber hinaus besteht keine Handhabe gegen schlechte Interviewer. Ungewöhnlich hohe Verweigerungsraten bei Befragungen, die vorwiegend mit freiwilligen Interviewern arbeiten, sind das Ergebnis (vgl. dazu FOWLER 1984:114).

[1] vgl. FRIEDRICHS (1973:214); FOWLER (1984:115). Ein nützlicher Selbststudiumsleitfaden für Interviewer ist das Buch von MCCROSSAN (1991).

[2] Ein vollständiges Training für Interviewer zum Umgang mit Verweigerern (RAT) findet sich bei SCHNELL (2011:211–213).

[3] Bei professionell durchgeführten Datenerhebungen mit bezahlten Interviewern kommt es in geringem Umfang immer wieder zu Fälschungen gesamter Interviews und in häufigeren Fällen zu Fälschungen von Teilen eines Interviews. Der Anteil gefälschter Interviews scheint nur selten 5% aller Interviews zu erreichen. Der Einfluss solcher Fälschungen auf die Ergebnisse ist im Allgemeinen sehr gering (SCHNELL 1991a).

[4] Aus diesem Grund kann eine Interviewerschulung nicht ausschließlich durch das Studium eines Interviewerhandbuchs erfolgen. Dies ist leider bei einigen kommerziellen Erhebungsinstituten üblich.

[5] Hinweise zur Rekrutierung und Schulung von Interviewern für akademische Forschungsprojekte finden sich bei STOUTHAMER-LOEBER/KAMMEN (1995).

den Datenerhebungsvorgang selbst zu reagieren, werden als „*reaktive*" Messverfahren bezeichnet. Die Tatsache, dass Personen in Erhebungssituationen z. B. auf die Art der Fragestellung oder auf den Interviewer reagieren, wird „*Reaktivität*" genannt.

Die Reaktion auf den Messvorgang kann häufig nicht von den „inhaltlichen Reaktionen", z. B. der sinnvollen Antwort auf eine Frage, getrennt werden: Es entstehen „*Artefakte*". Da Messergebnisse durch Reaktivität verändert werden können, die erhaltenen Daten somit nichts über das angestrebte Messobjekt aussagen, sondern lediglich Artefakte darstellen können, gefährdet Reaktivität die externe Validität von Laboruntersuchungen, die Interpretationsmöglichkeit von Interviewdaten usw.[1] Da der allergrößte Teil der Daten der empirischen Sozialforschung mit Interviews erhoben wird, ist das Interview auch das Erhebungsverfahren, zu dem die meiste Methodenforschung betrieben wurde. Unter anderem auch aus diesem Grund[2] liegen bisher lediglich für das Interview systematische Erklärungsansätze für die Funktionsweise der Erhebungsmethode, eine sogenannte „*Instrumententheorie*" vor.

7.1.1.5.1 Formen der Antwortverzerrung im Interview (Response Errors)

Die Probleme, die sich beim Interview ergeben, werden in der angelsächsischen Literatur meist als „*Response-Errors*", in der deutschsprachigen Literatur zumeist als „*Antwortverzerrung*" bezeichnet. Zu den Response-Errors werden u.a. gezählt[3]:

- die explizite Verweigerung einer Antwort („*Item-Nonresponse*"[4])
- die Abgabe einer „Weiß-nicht"-Antwort („*Meinungslosigkeit*")
- die Abgabe einer inhaltlichen Antwort, obwohl keine Meinung zum erfragten Gegenstand ausgebildet worden ist („*Non-Attitudes*")
- die Abgabe sozial erwünschter Antworten („*Social-Desirability-Response-Set*")
- Reaktionen auf Merkmale des Interviewers („*Interviewereffekte*")
- Reaktionen auf formale Aspekte von Fragen („*Frageeffekte*")
- Reaktionen auf die Abfolge von Fragen („*Positionseffekte*")

---

[1] Zu den verschiedenen Artefaktmöglichkeiten im Labor vgl. BUNGARD/LÜCK (1974), BUNGARD (1984); zum Interview ESSER (1975); insbesondere zur Einstellungsmessung vgl. SECHREST/BELEW (1983); kritisch zur sog. „Artefaktforschung" vgl. ESSER (1986a).

[2] Ein anderer Grund dürfte wissenschaftssoziologische Ursachen besitzen: Methodenforschung wird fast ausschließlich von quantitativ orientierten Soziologen betrieben.

[3] Übersichten finden sich z.B. bei SUDMAN/BRADBURN (1974), BRADBURN/SUDMAN (1979) und DIJKSTRA/ZOUWEN (1982).

[4] Häufig wird sowohl die explizite Verweigerung einer Antwort als auch die Abgabe einer „Weiß-Nicht"-Antwort als Item-Nonresponse bezeichnet. Es empfiehlt sich aber die deutliche Trennung (vgl. Kapitel 7.1.1.1.3).

- Reaktionen auf die Anwesenheit Dritter beim Interview („*Anwesenheitseffekte*")
- Reaktionen auf den Auftraggeber der Studie („*Sponsorship-Effekte*")
- Zustimmung zu Fragen unabhängig vom Inhalt der Fragen („*Zustimmungstendenz*", „*Akquieszenz*")

Mit Ausnahme von Frage- und Positionseffekten[1] sowie „Meinungslosigkeit" lassen sich die genannten Effekte jeweils als Spezialfall einer der beiden wichtigsten Formen der Antwortverzerrung, der „Zustimmungstendenz" einerseits und der „Sozialen Erwünschtheit" andererseits, auffassen.[2]

7.1.1.5.2 Zustimmungstendenz (Akquieszenz)

Als „*Zustimmungstendenz*" wird die Zustimmung zu einer Frage ohne Bezug zum Frageinhalt bezeichnet. Diese Zustimmungstendenz zeigt sich z. B. bei Personen, die zwei semantisch „gedrehten" Fragen, wie z. B. „Der Besitz von Marihuana sollte verboten werden" vs. „Der Besitz von Marihuana sollte erlaubt werden", beide Male zustimmen. In der Literatur finden sich zwei Erklärungsansätze für Zustimmungstendenzen. Die Zustimmungstendenz wird einerseits als Persönlichkeitsmerkmal von Befragten mit geringer Ich-Stärke angesehen (BASS 1956, COUCH/KENISTON 1960). Sie wird hierbei als Strategie zur Minimierung unüberschaubarer Konsequenzen betrachtet. Andererseits wird die Akquieszenz als von unterprivilegierten Personen im Alltag erlernte Behauptungsstrategie erklärt (HARE 1960, LENSKI/LEGGETT 1960). Zusammenfassend lässt sich festhalten, dass Zustimmungstendenzen vor allem in unklar definierten Situationen bei Personen auftreten, die solche Situationen als lediglich durch Deferenz und Anpassung bewältigbar erlernt haben.

Beispielsweise kann ein Zusammenhang zwischen „autoritärer Einstellung" und „Schichtzugehörigkeit" derart, dass Unterschichtsangehörige autoritärer seien, ein reines Artefakt darstellen: Der Zusammenhang zwischen diesen beiden Variablen könnte ausschließlich über verstärkte Zustimmungstendenzen in der Unterschicht bedingt sein (vgl. KIRSCHT/DILLEHAY 1967:13–41).

---

[1] Zur Erklärung solcher Effekte werden in der neueren Literatur zunehmend Theorien kognitiver Informationsverarbeitung herangezogen (einführend: TANUR 1991, SUDMAN/BRADBURN/SCHWARZ 1996). Unter bestimmten Bedingungen (z. B. unzureichende kognitive Verankerung eines erfragten Sachverhaltes, wie etwa Fernsehkonsum eines Freundes) können die Befragten dem Erhebungsinstrument selbst Informationen entnehmen (z. B. über die Antwortvorgaben), die dann die Beantwortung beeinflussen.

[2] Die folgenden Abschnitte basieren auf den Arbeiten von ESSER (1977, 1986a).

7.1.1.5.3 Soziale Erwünschtheit

Zur Erklärung der Abgabe sozial erwünschter Antworten (des sog. „*Social-Desirability-Response-Set*"), also z. B. der Untertreibung des Alkoholkonsums, finden sich ebenfalls zwei Erklärungsansätze: einerseits soziale Erwünschtheit als Persönlichkeitsmerkmal, das sich im Bedürfnis nach sozialer Anerkennung zeigt, andererseits als situationsspezifische Reaktion auf die Datenerhebung, wobei aufgrund bestimmter Konsequenzbefürchtungen die tatsächlichen Sachverhalte verschwiegen oder beschönigt werden.

Um die Abgabe sozial erwünschter Antworten entdecken zu können, wurden verschiedene Skalen zur Messung sozialer Erwünschtheit (EDWARDS 1957b; CROWNE/MARLOWE 1964; SCHUESSLER u.a. 1978) entwickelt. Alle diese Versuche basieren auf der Auffassung der sozialen Erwünschtheit als Persönlichkeitsmerkmal. Nach dieser Auffassung passen vor allem Personen mit geringem Selbstbewusstsein ihre Antworten den vermuteten Erwartungen ihrer Interaktionspartner an.

Diese Anpassung der Antworten hängt außer von den erfragten Merkmalen („*Trait Desirability*") von den vom Befragten vermuteten Erwartungen ab.[1] Es kann zwischen „*kultureller sozialer Erwünschtheit*" und „*situationaler sozialer Erwünschtheit*" danach unterschieden werden, ob die vermuteten Erwartungen aus internalisierten Rollenerwartungen (z. B. der Geschlechtsrolle) oder aus konkreten Stimuli der Untersuchungssituation (z. B. den Interviewermerkmalen) hergeleitet werden.

Die Annahme, dass bestimmte Erwartungen der Befragten über die in der Befragungssituation als erwünscht geltenden Eigenschaften durch bestimmte Stimuli der Situation erst definiert werden (situationale soziale Erwünschtheit), erlaubt auch die Interpretation der (nur gelegentlich nachweisbaren) Antwortverzerrungen durch den wahrgenommenen Auftraggeber der Studie (Sponsorship-Effekt) und durch die Anwesenheit Dritter (z. B. HARTMANN 1994) als Spezialfall sozialer Erwünschtheit.

Zum Problem sozialer Erwünschtheit gehören auch die sogenannten „*unangenehmen Fragen*": Bei tabuisierten Themen versucht ein Teil der Befragten z. B. durch Verweigerung oder „Meinungslosigkeit" die Antwort zu umgehen oder sozial unerwünschte Eigenschaften abzustreiten. Da diese Reaktion durch die befürchteten Konsequenzen der Antwort ausgelöst wird, hängt das Ausmaß der Meinungslosigkeit bzw. des Item-Nonresponse und der Antwortverfälschung vor allem von der (vermuteten) Überprüfbarkeit der Angaben und von der vermuteten Vertraulichkeit der Angaben ab.[2]

---

[1] Eine Übersicht findet sich bei DEMAIO (1984).
[2] vgl. BRADBURN/SUDMAN/BLAIR/STOCKING (1978).

7.1.1.5.4 Ansätze zu einer Theorie der Befragung

Die im Idealfall bei Befragungen vorliegende dyadische Interaktion zwischen Interviewer und Befragtem schafft eine Reihe von Problemen bei der Datenerhebung, die als Antwortverzerrung bezeichnet wurden. Zur Erklärung der Entstehung solcher Antwortverzerrungen gibt es bisher keine einheitliche „*Theorie der Befragung*". Aus den bisher vorliegenden Arbeiten lassen sich aber einige wesentliche Gemeinsamkeiten herausarbeiten. Alle speziellen Modelle[1] des Befragtenverhaltens im Interview erklären im Grunde das Verhalten des Befragten als Ergebnis einer nach Kosten-Nutzen-Erwägungen erfolgten Entscheidung zwischen Handlungsalternativen (vgl. z. B. DILLMAN 1978:12–16). ESSER (1986a:321) fasst das Grundprinzip einer solchen allgemeinen Erklärung menschlichen Handelns folgendermaßen zusammen: „Personen wählen die ihnen vorstellbare Handlungsalternative, die am ehesten angesichts der vorfindbaren Situationsumstände bestimmte Ziele zu realisieren verspricht".

Dieses allgemeine Handlungsprinzip bedarf, um erklärungskräftig zu sein, der Spezifikation der Ziele, der wahrgenommenen Situationsumstände, der in Erwägung gezogenen Handlungsalternativen usw. Eine solche Spezifikation kann sich immer nur auf spezielle Befragtengruppen und spezielle Situationen beziehen (ESSER 1986a:325–332). Allerdings lässt sich aus einer solchen Theorie ein einfacher Schluss ziehen: Sollte das Interviewgeschehen (wie jedes andere soziale Handeln auch) durch eine solche Theorie erklärbar sein, dann greifen alle Erklärungsansätze, die von den Intentionen der Akteure absehen (wie z. B. die Erklärung durch Variablen wie „Geschlecht", „Alter", „Bildung" usw.) zu kurz.

Weiterhin erlaubt die Auffassung des Interviewverhaltens als Folge eines Kosten-Nutzen-Kalküls die Erklärung, warum bestimmte Phänomene, wie z. B. die Zustimmungstendenz, nur unter bestimmten Bedingungen beobachtbar sind (vgl. ESSER 1986a:321–325). Sollte die Zustimmungstendenz als Strategie zur Bewältigung unklar definierter Situationen eingesetzt werden, so setzt das Zustandekommen der Zustimmungstendenz neben der subjektiven Identifikation einer Situation als „unstrukturiert" sowohl die Abwesenheit anderer subjektiv wichtiger Ziele (dies kann z. B. eine Norm sein, die die „korrekte" Beantwortung einer Frage fordert) wie auch die Beurteilung der Zustimmungstendenz als geeignete Strategie voraus. Die so herleitbaren Hypothesen über die komplizierten Bedingungen, unter denen systematische situationale Effekte und Einflüsse des Erhebungsinstruments erwartbar werden, lassen sich teilwei-

---

[1] Hingewiesen werden soll hier vor allem auf KAHN/CANNELL (1968), PHILLIPS (1971, 1973), HOLM (1974), ATTESLANDER/KNEUBÜHLER (1975), ESSER (1975), DILLMAN (1978), HOAG/ALLERBECK (1981), STEINERT (1984) und ESSER (1986a).

se empirisch belegen. So zeigt ANDREWS (1984: 424) aufgrund empirischer Daten, dass zwischen 50% und 83% der Varianz eines „typischen" Items durch eine valide Messung erklärt werden könne, nur 0% bis 7% der Varianz sei durch Methodeneffekte erklärbar. Allgemein kann davon ausgegangen werden, dass bei stabilen Einstellungen und Meinungen kaum Methodeneffekte auftreten (SMITH 1984:226).

7.1.1.5.5 Strategien

Die traditionelle Kunstlehre der empirischen Sozialforschung versucht, einen Teil der Reaktivitätseffekte durch technische Tricks (wie besondere Frageformulierungen, spezielle Interviewerschulungen, Fragebogenaufbau usw.) auszuschalten. Solche Maßnahmen können aber immer nur teilweise erfolgreich[1] sein: Da die Effekte durch den sozialen Charakter der Erhebungssituation bedingt sind, lässt sich der Einfluss der Situation weder völlig ausschalten noch vollständig durch weitere Messungen und der Entwicklung von Messfehlermodellen[2] kontrollieren. Eine theoretische Analyse der Vielzahl der möglichen Verzerrungseffekte (ESSER 1986a) zeigt aber, dass bedeutsame Verzerrungseffekte nur unter speziellen Bedingungen erwartbar sind. Eine explizit theoriegeleitete Untersuchung kann solche Effekte nicht nur bei der Datenanalyse, sondern auch bei der Konstruktion des Instruments und dem Design der Untersuchung berücksichtigen.

Die erwähnten Probleme des Interviews sollten deutlich gemacht haben, dass weder das naive Akzeptieren des Interviews als relativ „valides" und „robustes" Erhebungsinstrument noch die Verwerfung zugunsten narrativer Interviews oder anderer Verfahren[3] der qualitativen Sozialforschung angemessen ist. Nur eine äußerst sorgfältige theoretische Vorbereitung und empirische Absicherung durch Voruntersuchungen des Interviews kann Ergebnisse erbringen, die das Potential dieser Erhebungstechnik voll nutzen. So kann dann auch die Gültigkeit der erhobenen Daten theoretisch und empirisch abgeschätzt werden.

---

[1] Unter bestimmten Umständen kann ein technisch perfektioniertes Instrument sogar stärkere „Verzerrungen" bedingen (vgl. ESSER 1986a:330f.).

[2] vgl. z. B. REINECKE (1985).

[3] Für diese Verfahren sind Gütekriterien kaum formulierbar (vgl. Kapitel 7.1.4), eine Fehlermethodologie existiert noch nicht einmal in Ansätzen. Die so gewonnenen Daten werden vielfach ohne jegliche Methodenkritik als „gültig" akzeptiert, ohne dass irgendein Nachweis der Gültigkeit erfolgt (vgl. z. B. HEINZE 1986, BERGER 1985).

7.1.2 Schriftliche Befragung

Von schriftlichen Befragungen spricht man unter zwei Bedingungen. Zum einen werden Befragungen, in denen eine Gruppe von gleichzeitig anwesenden Befragten Fragebögen in Anwesenheit eines Interviewers ausfüllt, *„schriftliche Befragungen"* genannt. Im Allgemeinen bezieht sich die Verwendung des Begriffs „schriftliche Befragung" jedoch auf die Durchführung einer Befragung, bei der Fragebögen an Befragte postalisch versandt werden mit der Bitte, diese Fragebögen auszufüllen und an die Forschungsgruppe zurückzusenden. Bei solchen schriftlichen oder *„postalischen Befragungen"* (*„Mail Survey"*) ist in der Befragungssituation entsprechend kein Interviewer anwesend.

Die Gründe, aus denen auf den Verfahrensweg einer postalischen Befragung zurückgegriffen wird[1], liegen vorwiegend im technischen und ökonomischen Bereich.

Zum einen werden Untersuchungen, die mit persönlichen Interviews bei größeren Stichproben (mit mehr als 200 Befragten) arbeiten, durch die anfallenden Interviewerkosten immer kostspieliger. Zum anderen ist der Verwaltungsaufwand bei persönlichen Interviews durch Interviewerbetreuung und -kontrolle, die gegebenenfalls auch dezentral in verschiedenen Befragungsregionen durchgeführt werden muss, erheblich.

Entsprechend verringert sich sowohl der notwendige Mitarbeiterstab als auch Aufwand und Kosten für Koordination bei postalischen Befragungen.

Darüber hinaus werden jedoch auch methodische und inhaltliche Vorteile der postalischen Befragung genannt:

- Interviewerfehler würden vermieden,
- die Antworten seien entsprechend „ehrlicher" als bei Anwesenheit eines Interviewers,
- die Antworten seien „überlegter", da mehr Zeit zum Ausfüllen des Fragebogens gegeben ist,
- entsprechend könne auch die Konzentration auf das Thema größer sein bzw. eine höhere Motivation zur Teilnahme bestehen, da der Beantwortungszeitpunkt selbst bestimmbar ist und der „Druck" durch einen Interviewer entfällt,
- die Zusicherung von Anonymität sei glaubwürdiger.

Demgegenüber sind jedoch eine Reihe von Nachteilen dieser Administrationsform

---

[1] vgl. zur ausführlichen Darstellung der Vor- und Nachteile postalischer Befragungen z.B. ANGER (1969:589), DILLMAN (1978:39), KARMASIN (1977:219), MACCOBY/MACCOBY (1965:82), SCHEUCH (1973:124), WIEKEN (1974:146).

formuliert worden. Zum einen sind höhere Ausfallquoten bei postalischen Befragungen als beim persönlichen Interview üblich. Solche Ausfälle können systematisch erfolgen, da z. B. Personen mit höherem Bildungsniveau, die Erfahrung im Umgang mit schriftlich fixierten Medien haben oder Personen, die stark am Thema interessiert sind, eher den Fragebogen zurücksenden. Da bei postalischen Befragungen kein Interviewer anwesend ist, der eine mögliche Teilnahme auch bei zunächst sich ablehnend verhaltenden Personen herbeiführen könnte oder intellektuelle und emotionale Verständigungsschwierigkeiten ausräumt, sind Stichprobenverzerrungen erheblichen Ausmaßes durch diese „*Selbstrekrutierung*" zu erwarten (vgl. Kapitel 6.7). Zum anderen kann bei postalischen Befragungen die Datenerhebungssituation nicht kontrolliert werden. Dieser Mangel bezieht sich sowohl darauf, dass ein „Erhebungsstichtag" nicht ermittelt werden kann und mögliche externe Einflüsse für das Antwortverhalten kaum kontrolliert werden können, aber auch darauf, dass kein Einblick in die „Ernsthaftigkeit" beim Ausfüllen des Fragebogens möglich ist (wie, wo, wann und von wem wird der Fragebogen ausgefüllt?). Insbesondere die Tatsache, dass nicht ermittelbar ist, wer den Fragebogen tatsächlich ausfüllt, stellt für die Interpretation der Ergebnisse ein erhebliches Problem dar.[1]

Als weiterer Nachteil kann angesehen werden, dass über eine postalische Befragung keine spontanen Antworten erfasst werden können. Da der Befragte sich z. B. vor dem Ausfüllen des Fragebogens einen Überblick über den kompletten Fragebogen verschaffen kann, werden eine Reihe von „Konstruktionstricks" zum Abfangen von verzerrten Antworten (z. B. aufgrund des Halo-Effekts oder dem Bestreben nach konsistent erscheinenden Antworten) – wie aus der Fragebogenkonstruktion für persönliche Interviews bekannt – relativ nutzlos.[2]

DILLMAN (1978) hat versucht, die Vorteile der postalischen Befragungsform[3] zu nutzen und ihre Nachteile durch eine Reihe von vorwiegend technischen Lösungsvorschlägen auszugleichen. Die von DILLMAN konzipierte „*Total-Design-Method*" (TDM) geht dabei von einer Analyse der zu erwartenden Schwierigkeiten aus, die sich sowohl aus der Konstruktion des Fragebogens wie auch aus der Erhebungssituation ohne Interviewer ergeben können. Die Teilnahme an einer postalischen Befragung

---

[1] Solche Probleme treten in gravierendem Umfang bei Betriebsbefragungen oder bei Befragungen in öffentlichen Verwaltungen auf. Es ist dann nicht mehr entscheidbar, ob die gegebenen Antworten mehr als die individuelle Ansicht des Befragten darstellen.

[2] vgl. z. B. SCHEUCH (1973:167) oder HAFERMALZ (1976:229).

[3] DILLMAN (1978) entwickelte seine „Total-Design-Method" vorwiegend für postalische Befragungen und Telefoninterviews, obgleich ein Großteil der Ausführungen auch für das persönliche Interview gelten können.

wird dabei im Wesentlichen als Kosten-Nutzen-Kalkül des potentiellen Befragten betrachtet. Die Total-Design-Method basiert nun darauf, dass versucht wird, dem Befragten einen Eindruck des möglichen Nutzens einer Kooperation zu vermitteln und gleichzeitig seine „Kosten" (Zeitaufwand, Auseinandersetzung mit „schwierigen" Fragen usw.) möglichst gering zu halten. Im Folgenden wird vorwiegend anhand dieser Ausführungen Einblick in die wesentlichen Besonderheiten der postalischen Befragung gegeben.

7.1.2.1 Konstruktion eines Fragebogens für eine postalische Befragung

Die Konstruktion eines Fragebogens für eine postalische Befragung erfordert mehr Sorgfalt als bei jedem anderen Fragebogen, da der Befragte – ohne die Hilfe eines Interviewers – mit diesem Fragebogen allein gelassen wird. Die Abwesenheit eines Interviewers, der „traditionellen Krücke schlecht konstruierter Fragebögen" (DILL-MAN 1978:119) jedoch bedeutet, dass der Befragte lediglich aus dem Fragebogen und einem möglichen Begleitschreiben Antwort auf eine Reihe von Fragen finden muss: Ist das ein Verkaufstrick oder ein Werbegag? Was hat dies alles mit mir und meinen Problemen zu tun? Wie lang wird das dauern? Ist es das wert? Sind die Fragen schwer? Für die Ausgestaltung des Fragebogens ergeben sich auf dieser Grundlage einige Besonderheiten gegenüber einem Fragebogen für persönliche Interviews.

Wesentliche Bedeutung kommt dabei den ersten Fragen zu. DILLMAN (1978:122f) schlägt vor, insbesondere den Aspekten der Motivation des Befragten Rechnung zu tragen. So sollte gerade die erste Frage mit besonderer Sorgfalt erarbeitet werden.

Die erste Frage einer schriftlichen Befragung muss somit eng am Thema der Gesamt-untersuchung orientiert sein, um die Erwartungshaltung des Befragten nicht zu enttäu-schen. Sie sollte eine einsehbare allgemeine Relevanz haben und für jeden Befragten interessant sein. Darüber hinaus sollte sie so einfach formuliert werden, dass der Befragte nur wenige Sekunden für die Beantwortung benötigt. Entsprechend bieten sich als Einstiegsfragen weder offene Fragen noch allzu lange geschlossene Fragen an. Die erste Frage sollte letztlich neutral formuliert sein und keine Zustimmung oder Ablehnung eines Sachverhalts erfordern.

Um all diesen Anforderungen gerecht zu werden und weil möglicherweise keine Frage des Fragebogens diesen Kriterien genügt, wird es mitunter notwendig, eine spezi-elle Einstiegsfrage zu konstruieren, die lediglich zur „Einstimmung" des Befragten beitragen soll („*Wegwerf-Frage*").

Insgesamt sollten die Fragen in einem Fragebogen zur postalischen Befragung zusätz-lich zu den bekannten Anordnungskriterien nach Überlegungen angeordnet werden, die sich auf die vermutliche Relevanz der Fragen für den Befragten beziehen. Was der Befragte für relevant hält, sollte dabei zuerst abgefragt werden.

7.1.2.2 Design, Format und Layout

Format und Layout eines Fragebogens für eine schriftliche Befragung spielen eine wesentlichere Rolle als bei persönlichen Interviews, die von einem Interviewer geführt werden. Ist bei Fragebögen für persönliche Interviews im Wesentlichen „nur" die Übersichtlichkeit des Bogens für den Interviewer Gestaltungskriterium, so muss bei postalischen Befragungen die Wirkung des Fragebogens auf die Kooperationsbereitschaft des Befragten mitbedacht werden. Der erste Eindruck des übersandten Fragebogens sollte entsprechend Seriosität, Wichtigkeit und leichte Handhabbarkeit vermitteln sowie ästhetischen Maßstäben genügen.[1]

In diesem Zusammenhang kommt dem Deckblatt des Fragebogens Beachtung zu. Das Deckblatt muss den Titel der Studie enthalten, der so gewählt werden sollte, dass ein Eindruck des Inhalts der Untersuchung vermittelt und Interesse am Fragebogen geweckt wird. Zur möglichen Einordnung der gesamten Untersuchung sollte der Name und die Adresse des Auftraggebers der Studie auf dem Titelblatt vermerkt werden.

Bei der Gestaltung des Fragebogens sollten im Einzelnen folgende Hinweise beachtet werden:

- Obwohl ein postalischer Fragebogen im Wesentlichen aus sich selbst heraus verständlich sein sollte, sind zu Beginn einige kurze Hinweise auf die erforderliche Art der Antwortkennzeichnung zu geben (ankreuzen, vorgegebene Zahlen einkringeln usw.). Dabei ist zu beachten, dass die einmal gewählte Technik im gesamten Fragebogen durchgehalten wird.
- Antwortkategorien müssen dann in entsprechender (gleichbleibender) Weise identifizierbar sein.
- Fragen sollten in Kleinbuchstaben, Antworten in Großbuchstaben gesetzt werden, um das Augenmerk auf die Antwortvorgaben zu richten.
- Notwendige Filterführungen müssen deutlich gemacht werden.
- Die vollständige Frage mit allen Antwortvorgaben sollte möglichst auf einer Druckseite Platz finden, da sonst gegebenenfalls Antwortmöglichkeiten vom Befragten übersehen werden.

Die letzte Seite eines postalisch versandten Fragebogens sollte neben einer Dankesfor-

---

[1] DILLMAN (1978:121) gibt sehr ausführliche Hinweise über Formate, Papierqualität, Schrifttypen u.ä.

mel die Einladung zu einer Kommentierung der Untersuchung sowie den entsprechenden freien Raum für Bemerkungen enthalten.

7.1.2.3 Durchführung einer schriftlichen Befragung

Zum postalischen Versand von Fragebögen gehört im Normalfall die gleichzeitige Versendung eines Begleitschreibens, in dem der Zweck der Untersuchung dargestellt wird. Das Begleitschreiben muss im Wesentlichen drei Bestandteile aufweisen: erstens den Verweis auf die Nützlichkeit und die Relevanz der Untersuchung, zweitens die Versicherung der Wichtigkeit des Befragten für den Erfolg der Studie und drittens die Zusage, dass der ausgefüllte Fragebogen in jedem Fall vertraulich behandelt wird. Als nützlich hat sich in diesem Zusammenhang auch erwiesen, dem Befragten mit einfachen Worten zu erklären, auf welche Weise er für eine Befragung ausgewählt wurde.

Nach Versendung der Fragebögen wird im Allgemeinen nach Verlauf einer Woche ein erstes Schreiben (Postkarte) an alle Befragten versandt, das einen Dank enthält für den Fall, dass der Fragebogen bereits zurückgeschickt wurde bzw. noch einmal an die Untersuchung erinnert. Nach Ablauf von drei Wochen sollte ein weiteres Erinnerungsschreiben an die Befragten verschickt werden, die noch nicht geantwortet haben und ein Ersatzfragebogen beigefügt werden. DILLMAN (1978:168) schlägt darüber hinaus vor, nach sieben Wochen an alle „Noch-Immer-Verweigerer" einen weiteren Fragebogen per Einschreiben zu versenden. Dies macht den Kostenaufwand deutlich, mit dem auch eine postalische Befragung belastet sein kann.

Gleichzeitig wird durch die Technik der Erinnerungsschreiben und die damit einhergehende Benennung bisheriger Verweigerer auf das Problem der Identifizierung zurückgesandter Fragebögen verwiesen. Im Regelfall ist jeder Fragebogen mit einer Identifikationsnummer versehen, die ihre Entsprechung in der vorliegenden Adressenliste findet. Das Problem solcher Identifikationsnummern ist offensichtlich: Es fällt schwer, den Befragten davon zu überzeugen, dass die Identifizierung nur der Kontrolle des Rücklaufs, nicht aber zu einer Verletzung der Anonymitätszusicherung dient. Letztlich besteht allerdings zu dieser Vorgehensweise kaum eine Alternative, will man nicht Erinnerungsschreiben und Ersatzfragebögen an alle Personen der Stichprobe verschicken. Die mitunter versuchte Lösung des Problems durch die Bitte um Rücksendung einer vom Fragebogen getrennten Antwortpostkarte, auf der vermerkt ist, dass der Fragebogen zurückgesandt wurde, scheint wenig Erfolg zu versprechen. Viele Befragte schicken zwar die Postkarte, nicht jedoch den Fragebogen zurück.

7.1.3 Telefoninterview

Galt bis zu Beginn der 70er Jahre die Technik, Interviews über das Telefon abzuwickeln als „quick-and-dirty"-Methode, so wurden danach Telefoninterviews auch
als geeignetes Datenerhebungsinstrument für allgemeine Bevölkerungsumfragen akzeptiert. Insbesondere in den USA nahm der Anteil von Telefoninterviews in der
Markt- und Meinungsforschung bis in die 90er Jahre zu. CANNELL (1985:63) schätzte
bereits 1985, dass zwischen 50 und 75% aller Marktforschungsinterviews per Telefon
durchgeführt wurden; ANDERS (1982:77) setzte für die USA damals bereits 90%
Telefoninterviews an. Nach langsamen Start nahm der Anteil der Telefoninterviews an
den professionell geführten Interviews in der Bundesrepublik von 1990 bis 2005 von
22% auf 45% zu; danach sank der Anteil durch die starke Zunahme von Web-Surveys
auf 35% im Jahre 2010.[1]

Als Gründe für die Durchsetzung telefonischer Umfragen in den Vereinigten Staaten
nennt FREY (1989:26):

- Die Komplexität der gesellschaftlichen Bezüge verlangt nach schnellerer Bereitstellung von Daten. „A Washington D.C. pollster employed by former President
  NIXON could complete a national survey in one night in response to an event
  that occured earlier in the day" (FREY 1989:29).
- Die gesunkene Akzeptanz von traditionellen Methoden und damit einhergehend
  die sinkenden Teilnahmequoten bei mündlichen Interviews,
- steigende Kosten bei mündlichen Interviews,
- eine verbesserte Telefontechnologie,
- die Tatsache, dass fast die gesamte Bevölkerung per Telefon erreichbar ist.

Nachdem die Forschung über die sog. „*Telephone-Survey-Technique*" seit Mitte der
fünfziger Jahre in den Vereinigten Staaten Untersuchungen zu Interviewtechnik, Frageformulierung, Auswahlverfahren und Vergleichsuntersuchungen zwischen Telefoninterviews und mündlichen Interviews durchgeführt (vgl. GROVES/KAHN 1979),
trat die wissenschaftliche Umfrageforschung in der Bundesrepublik mit erheblicher
Zeitverzögerung in diese methodische Diskussion ein (BRÜCKNER 1985:66).[2]

---

[1] Weitere 6% wurden als schriftliche Befragung durchgeführt, 21% persönlich-mündlich; die restlichen
     38% waren Online-Interviews. Die Angaben beziehen sich auf die Erhebungen der ADM-Institute,
     vgl. ADM (2010:12).
[2] Mittlerweile sind allerdings eine Reihe von Publikationen verfügbar. Hierbei wird aber deutlich, dass
     das methodische Niveau amerikanischer Publikationen nicht erreicht wird, vgl. z. B. FUCHS (1994).

7.1.3.1 Auswahl- und Stichprobenprobleme

Verfügten zu Zeiten des Literary Digest Polls (vgl. Kapitel 2) nur 36% der amerikanischen Haushalte – und insbesondere solche der höheren Einkommensschichten – über einen Telefonanschluss, so stellte das US-Bureau of the Census 1981 eine Telefondeckung von 98% fest. Nur 5 Staaten hatten weniger als 90% Telefonanschlüsse. In der Bundesrepublik Deutschland (alte Bundesländer) waren 1983 erst 88.1% der privaten Haushalte mit Telefon ausgestattet.[1] Ab 2003 gibt das Statistische Bundesamt eine Ausstattung von 99% der Haushalte mit Telefon an.[2]

Solche Zahlen müssen immer unter dem Gesichtspunkt betrachtet werden, ob es sich bei den Haushalten ohne Telefonanschluss um spezifische „Rest"-gruppen handelt, die tendenziell eher Landbevölkerung und/oder solche mit niedrigem ökonomischen Status und eher jüngste bzw. älteste Kohorten repräsentieren (vgl. ANDERS 1982:21f). CANNELL betont als Hauptunterscheidungskriterium für Telefonbesitzer und -nichtbesitzer die Höhe des Einkommens und führt aus, dass eine solche systematische Verzerrung aufgrund dieses Merkmals eine Nutzung von Telefoninterviews bei Untersuchungen zu bestimmten sozialwissenschaftlichen Themen (z. B. zum Konsum- oder Sparverhalten) problematisch mache. Andererseits seien jedoch dramatische Effekte bei einer Telefondeckung von 90–95% bei einer Stichprobenziehung nicht zu erwarten (CANNELL 1985:64).[3]

Die Stichprobenziehung erfolgt für Telefonsurveys in der Regel über zwei alternative Methoden:

- Generierung von Telefonnummern aus zufälligen Zahlenkombinationen (Random-Digit-Dialing, RDD),
- Benutzung des Telefonbuchs zur Auswahl der Stichprobe unter Verwendung eines einfachen Zufallsschlüssels.

Das insbesondere in den USA angewandte RDD lässt sich aufgrund der unterschiedlichen Struktur von Telefonnummern in der Bundesrepublik nur schwerlich direkt

---

[1] vgl. dazu: Statistisches Bundesamt (1987:115). Internationale Vergleiche finden sich bei TREWIN/LEE (1988).

[2] STATISTISCHES BUNDESAMT (2009:10). Diese Angaben basieren auf der sogenannten „Einkommens- und Verbrauchsstichprobe" (EVS) des Statistischen Bundesamtes. Die EVS ist eine Quotenstichprobe mit erheblichen erhebungstechnischen Problemen. Diese Zahlen stellen vermutlich aufgrund dieser Probleme Überschätzungen dar; Zufallsstichproben zeigen in der Regel deutlich geringere Anteile.

[3] Daten zur ungleichen Telefondeckung in Subpopulationen der USA geben THORNBERRY/ MASSEY (1988), für andere Länder vgl. TREWIN/LEE (1988:14–23).

übertragen.[1] Für die Bundesrepublik erschien aufgrund des im Vergleich zu den USA geringeren Anteils nicht eingetragener Telefonnummern der alleinige Rückgriff auf das Telefonbuch zur Stichprobengewinnung lange Zeit gerechtfertigt. Die konkrete Anweisung für eine Stichprobenziehung aus dem Telefonbuch, bei der dem Interviewer das Ortsnetz und ein Startbuchstabe im Telefonbuch vorgegeben werden, skizzierte ANDERS (1982:7) so:

> „Suchen Sie im örtlichen Telefonbuch für die Gemeinde X-dorf, den ersten Eintrag unter der Buchstabenkombination 'Ech'. Davon ausgehend wählen Sie jede dritte Telefonnummer aus. Berücksichtigen Sie nur private Telefonanschlüsse".

Danach basierte die Stichprobenziehung für Telefonstichproben in der Regel auf Telefon-CDs, aus denen je nach dem verwendeten Auswahlverfahren und der angestrebten Grundgesamtheit die Ziehung durch einfache Computerprogramme erfolgte. In der Regel werden dabei Zufallszahlen zu den zufällig ausgewählten Nummern addiert und diese neu gewonnenen Nummern als Telefonnummern verwendet (vgl. Kapitel 6.4.4.8).

Ein Vergleich zweier BRD-Stichproben mit unterschiedlichem Auswahlverfahren für die Telefonnummern (Ziehung aus dem Telefonbuch und Zufallszahlengenerierung von Telefonnummern) führte Mitte der 80er Jahre bezüglich ihrer soziodemographischen Zusammensetzung zu keinerlei signifikanten Unterschieden (vgl. HORMUTH/BRÜCKNER 1985).[2] Im Gegensatz zur Ziehung aus dem Telefonbuch verdoppelte sich jedoch der Bedarf an Telefonnummern bei Zufallszahlengenerierung (z. B. wegen der Anwahl von Firmenanschlüssen oder nicht angeschlossener Nummern). Gleichwohl sind in der Bundesrepublik beide Verfahren – und Kombinationen davon (vgl. Kapitel 6.4.4.8.) – bei Marktforschungsunternehmen in der Bundesrepublik bis heute üblich. Ein größeres Problem stellen mittlerweile eher Haushalte dar, die nur noch über Mobiltelefone erreicht werden können. Die neueren Verfahren zur Ziehung von Telefonstichproben basieren daher auf Angaben der Bundesnetzagentur, die den Nummernraum für Festnetz- und Mobilfunknummern verwaltet (vgl. Kapitel 6.4.4.9).

Wie auch immer die Telefonnummer ausgewählt wird, es verbleibt das Problem der Auswahl der Zielperson innerhalb eines Haushaltes. Für die Auswahl der Zielperson der Befragung können dann die üblichen Verfahrensweisen des Schwedenschlüssels (Kish-Selection-Grid) oder Modifikationen dieser Technik angewendet werden

---

[1] Einzelheiten zu Stichproben für Telefonsurveys finden sich in Kapitel 6.4.4.8
[2] Ob dies bei den stark gesunkenen Eintragungsraten immer noch der Fall wäre, ist unklar.

(vgl. Kapitel 6.4.4). Die zumeist verwendete Modifikation des Schwedenschlüssels (Kish-Selection-Grid) für Telefoninterviews[1] erfordert nach der Einleitung des Telefoninterviews die Fragen „Wieviele Personen über 18 Jahre (Sie selbst eingeschlossen) umfasst Ihr Haushalt?" und „Wieviele dieser Personen sind Männer?". Nach Beantwortung dieser Fragen ermittelt der Interviewer anhand des Auswahlschemas die Zielperson. Ein anderes häufig verwendetes Auswahlschema ist die *„Last-Birthday-"* bzw. *„Next-Birthday-Methode"* (vgl. FREY 1989:110-115). Hierbei wird nach einer kurzen Erklärung die Kontaktperson gefragt, wer von den Erwachsenen im Haushalt als letzter Geburtstag hatte bzw. als nächstes Geburtstag haben wird. Die genannte Person ist dann die eigentliche Zielperson des Interviews und wird befragt.

Für Telefonstichproben scheint der Anteil der durch Geburtstagsauswahlverfahren fehlerhaft ausgewählten Personen in Haushalten mit mehr als einem Erwachsenen zwischen 10% und 30% zu liegen (SCHNELL/ZINIEL 2004). Damit sind maximal ca. 20% aller dieser Auswahlen in der BRD fehlerhaft.[2] RIZZO/BRICK/PARK (2004) schlugen vor, die Auswahl im Haushalt so vorzunehmen, dass zunächst nach der Anzahl der im Haushalt lebenden Erwachsenen gefragt wird. Bei einem Erwachsenen entfällt die Auswahl, bei zwei Erwachsenen entscheidet ein echtes Zufallsverfahren (z. B. ein Zufallszahlengenerator im Befragungsprogramm) über die zu befragende Person. Lediglich bei drei und mehr Befragten wird dann ein Geburtstagsauswahlverfahren verwendet. Das mehrstufige Verfahren von RIZZO/BRICK/PARK dürfte den Anteil fehlerhafter Auswahlen deutlich senken.

7.1.3.2 Ausfälle und Ausschöpfungsquote

Neben den bei einer Telefonerhebung spezifischen stichprobenneutralen Ausfällen (vgl. Kapitel 6.7), wie z. B. die Anwahl nicht angeschlossener Nummern oder die Anwahl von Firmenanschlüssen, muss bei Telefonumfragen mit den gleichen systematischen Ausfällen gerechnet werden wie bei mündlichen Befragungen.

Die Ausschöpfungsquote wird auch hier durch Schwer-Erreichbare (bei Telefonbefragungen: ständiges Freizeichen auch bei mehrmaligen Rückrufen) und durch Verweigerer gesenkt. HORMUTH/BRÜCKNER (1985) verweisen auf den Zusammen-

---

[1] Diese Technik geht auf TROLDAHL/CARTER (1964) zurück. Da sich hierbei eine überproportionale Auswahl von Frauen ergibt, wurde diese Technik von BRYANT (1975) nochmals modifiziert, vgl. FREY (1989:110).

[2] Im Vergleich zu anderen Fehlerquellen bei Befragungen scheinen aber die durch diese falsche Auswahl der Zielperson im Haushalt durch die Befragten selbst resultierenden Effekte für die meisten Fragestellungen eher gering zu sein, vgl. SCHNELL/ZINIEL (2004).

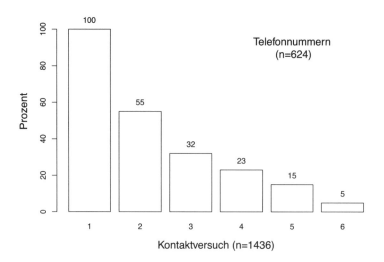

Abbildung 7-13: *Anteil der bearbeiteten Telefonnummern pro Kontaktversuch*

hang zwischen Ausschöpfungsquote und der Erhöhung der Kontaktfrequenz (mehrmaliges Anrufen; Versendung eines Ankündigungsschreibens). Während nach dem ersten Kontaktversuch bereits 45% der Nummern bearbeitet wurden (d. h. entweder Interviews durchgeführt wurden oder Ablehnungen erfolgt sind), sind nach dem 6. Kontaktversuch 95% aller Nummern tatsächlich kontaktiert (vgl. Abb. 7-13).

Die Verweigerungsraten bei telefonischen Befragungen waren starken Veränderungen unterworfen. WISEMAN/MCDONALD (1979:482) berichteten auf Grundlage von 182 Telefonstudien eine mittlere Verweigerungsquote von 28%.[1] In der Bundesrepublik fanden sich bei akademischen Surveys in der Regel vergleichbare Verweigerungsraten.[2] Die Verweigerungsraten bei Telefonsurveys sind seitdem stark gestiegen; bei nicht angekündigten Kontakten muss man gegenwärtig eher mit 40% Verweigerungen rechnen.

WISEMAN/MCDONALD (1979) stellen fest, dass die Verweigerungsquote von der Länge des Interviews und des Themas der Befragung genauso unabhängig ist, wie von geographischen Besonderheiten im Milieu des Befragten.[3] Für eine Erhöhung der

---

[1] vgl. auch GROVES/KAHN (1979), STEEH (1981:54) und FREY (1989:54).

[2] Die Grundlage für diese Feststellung ist eine unveröffentlichte Auszählung der Studien von Academic Data im Jahr 1998. SCHNELL (1997a:129) berichtet als mittlere Verweigerungsrate in 58 Telefon-Surveys der Forschungsgruppe Wahlen über 15.6% Verweigerungen.

[3] Arbeiten zu Ausfällen bei telefonischen Befragungen, insbesondere zum Einfluss von Interviewermerkmalen, finden sich in dem von GROVES u.a. (1988) herausgegebenen Band.

Teilnahmebereitschaft sorgen allerdings eine günstige Wahl des Zeitpunkts des ersten Anrufs, das Angebot eines Rückrufs und der Grad der Anstrengungen, die gemacht werden, um eine Verweigerung argumentativ abzuwenden (WISEMAN/MCDONALD 1979:478ff).

7.1.3.3 Fragebogenkonstruktion bei Telefonumfragen

Die allgemeinen Grundsätze bei der Frageformulierung und Fragebogenkonstruktion, wie sie für die mündliche Befragung skizziert wurden, sind sicherlich auch bei Telefonumfragen anwendbar. Im Gegensatz zur Konstruktion eines Fragebogens für ein persönliches Interview oder eine postalische/schriftliche Befragung stellt die Konzeption einer Befragung als Telefoninterview jedoch besondere Bedürfnisse von Befragten und Interviewern in den Vordergrund. Durch die Reduzierung auf verbal-akustische Kommunikation entfallen z. B. alle visuellen Hilfen wie Antwortkarten, Diagramme usw. zur Fragenbeantwortung. Darüber hinaus hat der Interviewer nur geringe Möglichkeiten einzuschätzen, ob ein Befragter Fragen falsch versteht, unkonzentriert oder gelangweilt ist. Eine Einschätzung der Umgebung des Befragten (Wohnsituation, Familiensituation) für zusätzliche (nicht abgefragte) Daten oder die so auch mögliche Validierung von Angaben entfällt in diesem Zusammenhang ebenfalls. Andererseits hat auch der Befragte wenig „Reaktivitätsmöglichkeiten" (FREY 1989:62f).

Bei der Konstruktion eines Fragebogens für eine Telefonbefragung muss diesen Schwierigkeiten auf Seiten des Interviewers und auf Seiten des Befragten deshalb in besonderer Weise Rechnung getragen werden. Ein solcher Fragebogen muss so gestaltet sein, dass er

- die Bereitschaft eines Befragten zur Teilnahme am Telefoninterview weckt,
- den Interviewer befähigt, die Aufmerksamkeit des Befragten für die Gesamtdauer des Interviews auf sich zu ziehen,
- vom Interviewer leicht zu handhaben ist, um Interviewerfehler zu vermeiden und
- es dem Befragten leicht macht, dem gesamten Interview zu folgen.

Besondere Bedeutung kommt dabei der Einleitung zu einem Telefoninterview zu. Der Einleitungstext muss dabei Aufgaben erfüllen, die sonst durch die physische Präsenz des Interviewers oder durch die Aufmachung des Begleitbriefs bei einer postalischen Befragung erfüllt werden: die Schaffung von Vertrauen und die Förderung von Teilnahmebereitschaft beim Befragten.

Dies erscheint umso wichtiger, da gut dokumentiert ist (z. B. DILLMAN/GALLEGOS/ FREY 1976; DILLMAN 1978:242-248; GROVES/KAHN 1979), dass sich die meisten Verweigerungen nach der Einleitung, aber vor der ersten Frage ereignen.

Einleitungsphase

Zur Herstellung des einführenden Kontaktes bei einem Telefoninterview bestehen prinzipiell zwei Möglichkeiten. Bei Auswahlen aus dem Telefonbuch oder bei Vorlage von Telefonlisten ist ein vorheriger Kontakt z. B. über einen Voranruf oder einen Ankündigungsbrief möglich. Bei Random-Digit-Dialing oder wenn Zeit und Geld für eine vorherige Kontaktaufnahme fehlen, müssen alle Informationen über die Telefonbefragung in das Einleitungsgespräch aufgenommen werden.

DILLMAN/GALLEGOS/FREY (1976) konnten zeigen, dass bei der Versendung von Ankündigungsbriefen die Verweigerungsraten in aller Regel sinken und die Datenqualität des Telefoninterviews verbessert wird. Neben der Bereitstellung von Informationen und der Reduktion von Überraschungen wird durch den Ankündigungsbrief die Authentizität der Befragung demonstriert, d. h. der Befragte kann nicht den Eindruck gewinnen, es handele sich bei dem Telefonanruf um den Beginn eines Verkaufsgesprächs oder um einen Scherz; zudem haben Interviewer bei der Kontaktaufnahme weniger „Anfangsschwierigkeiten".

GROVES/MAGILAVY (1981) testeten in einem nationalen Survey als Äquivalent zur Versendung von Ankündigungsbriefen die *„Doppel-Anruf-Technik"* (*„Foot-in-the-Door-Technique"*). Die Foot-in-the-Door-Technique, die darauf basiert, dass bei der ersten Kontaktaufnahme nur um die Erfüllung eines „kleinen Gefallens" gebeten wird, das tatsächliche Interview dann erst bei einer zweiten Kontaktaufnahme geführt wird, sieht bei Telefoninterviews folgende Vorgehensweise vor: Beim ersten Anruf werden lediglich zwei Fragen (z. B. zu Gesundheitsthemen) gestellt und die Telefonnummer verifiziert. Der zweite Anruf beginnt dann mit der Einholung des Einverständnisses für ein ca. 30-minütiges Interview und die Durchführung des Interviews. Bei dieser Vorgehensweise ergab sich jedoch kein signifikanter Unterschied in Bezug auf die Verweigerung zwischen der Doppel-Anruf-Technik und nur einem einzigen Anruf.

Sollte keine vorherige Kontaktaufnahme möglich sein, so muss die Einleitungsphase des Telefoninterviews eine Reihe von Informationen für den Befragten enthalten. Nach Nennung des ganzen Namens des Interviewers und der Quelle des Anrufs (Universität, Fakultät, Institut) sollten Informationen über den Auftraggeber, das verwendete Auswahlverfahren, das Thema der Untersuchung sowie ein Verweis auf Anonymitätszusicherung und die Freiwilligkeit des Interviews ebensowenig fehlen, wie eine Angabe der voraussichtlichen Länge des Interviews. Je nach Untersuchungsanlage sollte darüber entschieden werden, wieviel weitere Informationen dem Befragten gegeben werden sollen, z. B. über den Stil des Interviews (offene oder geschlossene Fragen), über unübliche Erwartungen an den Befragten (z. B. notwendige Erinnerungen an die Kindheit) oder auch eine detaillierte Diskussion der Untersuchungsziele bzw. Aussagen über den zukünftigen Gebrauch der Ergebnisse. In jedem Fall muss die Einführung jedoch neutral formuliert werden, um Reaktivität des Befragten zu vermeiden.

Gleichzeitig wird das Einleitungsstatement auch dazu genutzt, zu ermitteln, ob der angerufene Haushalt ein Einpersonen- oder Mehrpersonenhaushalt ist. Im Falle eines Mehrpersonenhaushalts muss dann die zu befragende Person über die Screening-Prozedur ermittelt werden. Wird eine andere Person als der/die bisherige Gesprächspartner/in zum eigentlichen Interview ausgewählt, müssen die Eingangsbemerkungen über Anlass des Anrufs, Umfang und Natur der durchgeführten Untersuchung noch einmal wiederholt werden.

Den Abschluss der Einleitung sollte die Frage nach dem Einverständnis zu einem Interview bilden. An dieser Stelle sollte dem Befragten auch die Möglichkeit gegeben werden, Fragen zu stellen. Entsprechend müssen die Interviewer geschult sein, eine Vielzahl von Fragen bezüglich Auftraggeber, Umfang der Auswahl usw. zu beantworten. Nützlich erscheint in diesem Zusammenhang die Aushändigung einer Liste mit zu erwartenden Fragen und den entsprechenden Antworten an die Interviewer.

Erste Fragen

Den ersten Fragen kommt im beginnenden Telefoninterview entscheidende Bedeutung zu, um das durch die Einleitung geweckte Interesse des Befragten am Interview aufrechtzuerhalten. DILLMAN (1978) hält bei der Formulierung erster Fragen die folgende Strategie für hilfreich: Die erste Frage sollte themenbezogen, interessant und als geschlossene Frage leicht zu beantworten sein; die zweite Frage hingegen sollte mit offener Antwortmöglichkeit formuliert werden, um dem Befragten gleich zu Beginn des Interviews die Möglichkeit zu bieten, eine eigene Meinung zu formulieren und seine „Telefonstimme" zu finden. FREY (1989:144) verweist darauf, dass bei nicht-themenbezogenen Anfangsfragen oder z. B. bei häufig zu Beginn eines Interviews üblicher Abfrage demographischer Variablen das Interesse und die Bereitschaft zur Interviewteilnahme erheblich gemindert wird, da der Befragte glauben kann, er habe sich unter falschen Voraussetzungen zum Interview bereitgefunden. Ein Beispiel für eine sinnvolle Fragensequenz zu Beginn findet sich in Abb. 7-14. Insgesamt sollen die ersten Fragen lediglich als Einführung in komplexere Fragestellungen dienen.

Fragenformat und „Respondent Burden"

Die gewöhnlicherweise richtige Maxime, möglichst kurze und einfache Fragen bei einem Telefoninterview zu verwenden, reicht in manchen Fällen nicht aus, um auch

Hallo. Mein Name ist NAME DES INTERVIEWERS

Ich rufe an im Auftrag der Gesellschaft für sozialwissenschaftliche Forschung und Analysen, GESA e.V. Wir führen eine Telefonbefragung bei Einwohnern des Ruhrgebiets durch, um ihre Einstellung zu Fragen der Lebensqualität in dieser Region zu ermitteln. Ihre Telefonnummer wurde nach einem Zufallsverfahren per Computer ermittelt.

Wir haben einige Fragen, die wir ihnen gerne stellen würden. Ihre Antworten werden absolut vertraulich behandelt und ohne namentliche Kennzeichnung ausgewertet. Das ganze Interview wird nicht länger als 10 Minuten dauern. Sie können auch jederzeit Fragen stellen.

Zuerst möchte ich Sie fragen, wie Sie das Ruhrgebiet als Region, in der man wohnen möchte, einschätzen.

1. Halten Sie das Ruhrgebiet als Region, in der man wohnen möchte für ...?

    VERLESEN SIE DIE ALTERNATIVEN

    (1) sehr attraktiv   → WEITER MIT FRAGE 1A
    (2) attraktiv
    (3) unattraktiv   → WEITER MIT FRAGE 1B
    (4) völlig unattraktiv
    (8) KEINE MEINUNG, WEISS NICHT
    (9) BEFRAGTER VERWEIGERT BEANTWORTUNG

1A. Was im Besonderen finden Sie attraktiv daran, im Ruhrgebiet zu wohnen?
1B. Was im Besonderen finden Sie unattraktiv daran, im Ruhrgebiet zu wohnen?

Abbildung 7-14: Beispiel einer Fragensequenz zu Beginn eines Telefoninterviews (nach FREY 1989:142)

eine detaillierte oder komplexe Themenstellung mit Hilfe dieser Erhebungstechnik zu bearbeiten. Schwierigkeiten ergeben sich besonders immer dann, wenn dem Befragten eine Reihe von Antwortalternativen vor der Beantwortung der Frage präsentiert werden müssen. Der Wegfall visueller Hilfen macht bei solchen langen Fragen ein Ausweichen auf die letztgenannten Antwortalternativen wahrscheinlich. Als Lösung des Problems schlägt DILLMAN (1978:205f) die Verwendung eines „Key-Word-Summary" als Zusammenfassung aller Antwortalternativen am Ende der Frage vor.

Diese Schaffung von zusätzlicher Redundanz durch Wiederholung und auch durch die Hinwendung zu einem leichteren Konversationston ist allerdings nur dann erfolgreich, wenn in der Zusammenfassung auch tatsächlich alle Alternativen genannt werden und auch hier keine „belasteten" Worte (vgl. Kapitel 7.1.1.1.3) enthalten sind. Nicht nur zu lange Fragen, sondern auch die Vorgabe zu vieler Antwortmöglichkeiten können den Befragten „belasten".

Der von SCHUMAN/PRESSER (1981:77) berichtete „Response-Order-Effekt", d. h. die bevorzugte Auswahl der ersten oder letzten Antwortvorgabe, bekommt bei Telefoninterviews besondere Bedeutung, da in der Regel auch bei Wiederholung aller Antwortmöglichkeiten keine vollständige Erinnerung an alle Kategorien vorausgesetzt werden kann. Zudem erscheint auch die Möglichkeit des Erkennens einer Rangordnung von negativen hin zu positiven Extremwerten bzw. die interne Abstufung der Rangskala bei nicht-visueller Präsentation der Antwortmöglichkeiten erschwert. Befragte können z. B. die bei schriftlicher Befragung problemlose Differenzierung zwischen „sehr zufrieden" und „ganz zufrieden" am Telefon schwerer nachvollziehen (DILLMAN 1978:208).

Die einfachste Lösung ist die Reduzierung der Zahl der Antwortvorgaben. DILLMAN (1978:208) schlägt eine Reduzierung auf 5 Vorgaben vor. Dies verhindert jedoch mitunter eine differenzierte Datenaufnahme. Deshalb hat sich die „Unfolding-Tactic" (GROVES 1979), d. h. das Aufbrechen einer Frage in eine Haupt- und eine differenzierende Folgefrage, bewährt. Diese sog. „Zwei-Stufen-Technik" bietet sich immer dann an, wenn die Hauptfrage in ihren Antwortvorgaben eine klare Dichotomie enthält, z. B. „stimme zu/lehne ab" oder „zufrieden/unzufrieden". Auf der Basis einer solchen dichotomen Antwort wird für jede Antwortalternative in einer gesonderten Folgefrage der Grad bzw. das Ausmaß z. B. der Zustimmung/Ablehnung ermittelt (vgl. Abb. 7-15).

BRÜCKNER (1985:70) stellt fest, dass viele Instrumente der persönlichen Umfrage auch ohne optische Befragungshilfen beim Telefoninterview anwendbar sind: „Itembatterien mit bis zu 5 Ausprägungen können ebenso eingesetzt werden wie numerische Skalen mit wechselnden, verbalisierten Extrempunkten und Zahlenwerten innerhalb

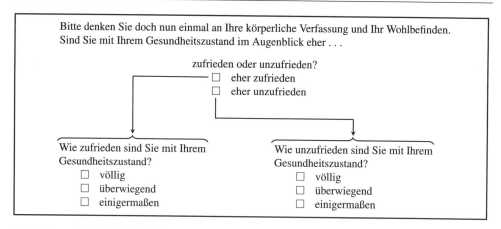

Abbildung 7-15: *Beispiel der Reduktion von Schwierigkeiten bei Telefoninterviews durch Verwendung zweistufiger Fragestellungen (nach MILLER 1984:771)*

eines leicht überschaubaren Vorstellungsraumes (u.a. Kontinua von 0 bis 10, 'Thermometer' mit einem Bereich von -5 bis +5, sowie Schulnotenskalen)". Sie gibt allerdings zu bedenken, dass ein häufiger Wechsel der Darbietungsform in einem Telefoninterview nicht empfehlenswert sei.

7.1.3.4 Datenqualität

Die Frage der Datenqualität beim Telefoninterview richtet sich im Wesentlichen auf Effekte der Fragebogenlänge, auf die Verweigerung einzelner Fragen, die Bereitschaft, auch sensible Fragen zu beantworten und auf Interviewereffekte. Insbesondere die bei sozialwissenschaftlichen Untersuchungen bestehende Notwendigkeit der Verwendung mitunter sehr umfangreicher Fragebögen galt lange Zeit als Argument gegen die wissenschaftliche Nutzung von Telefoninterviews. Die nicht ungewöhnliche Befragungsdauer von 60–90 Minuten in einem mündlichen Interview schien sich per Telefon nicht realisieren zu lassen (FREY 1989:67). BRÜCKNER konnte jedoch nachweisen, dass sich ein aus dem Alltag bekanntes Phänomen, nämlich dass „man die Zeit beim Telefonieren leicht vergißt" (BRÜCKNER 1985:69) auch bei der Einschätzung der Dauer von Telefoninterviews bemerkbar macht. Ermüdungserscheinungen traten auch nach extrem langen Interviews (75 Minuten) nicht auf. Dieses Ergebnis entspricht durchaus den Befunden aus anderen Studien (COLOMBOTOS 1969; ROGERS 1976). Hier gilt jedoch wie bei mündlichen Interviews: Extrem lange Interviews sind in jedem Fall eine Belastung für den Befragten; sie sollten möglichst vermieden werden.

	Telefoninterviews		
	zentral	teilzentral	dezentral
Interviewer-Honorare inkl. Prämie	71	86	86
Telefongebühren	477	90	38
Porto, Material	0	30	67
interne Kosten für Feldsteuerung	29	59	76
Gesamtkosten	120	75	74

Tabelle 7-1: Vergleich der Feldkosten bei Telefonumfragen in der Bundesrepublik Deutschland in Prozent. Kosten für persönliche Interviews = 100%. 800 Interviews von 15 Minuten Dauer; alle übrigen Kosten des Projekts blieben unverändert. Beim persönlichen Interview: Telefongebühren = Fahrtkosten. (Quelle: nach ANDERS 1982:14)

Eine Beeinträchtigung der Datenqualität durch häufige Verweigerung von Einzelfragen scheint beim Telefoninterview nicht in größerem Umfang vorzuliegen als bei persönlichen Befragungen. Gleichzeitig werden jedoch, insbesondere bei sensiblen Fragen, mehr ausweichende und nicht-substantielle Antworten („weiß nicht") konstatiert (ROGERS 1976; GROVES/KAHN 1979; JORDAN/MARCUS/REEDER 1980).

Gleichwohl sind die Möglichkeiten von Reaktivität beim Befragten durch die im Vergleich zum mündlichen Interview unpersönlichere Datenerhebungssituation wesentlich eingeschränkt. Denkbare Auswirkungen z. B. eines bestimmten Slangs oder Akzents, die dem Befragten einen Anhaltspunkt zur Einschätzung der Person des Interviewers geben und Anlass für Reaktivität sein können, sollten durch gezielte Auswahl der Interviewer im Vorhinein verhindert werden.

7.1.3.5 Durchführung von Telefonbefragungen

Grundsätzlich unterscheidet man zwischen zentralen und dezentralen Administrationsformen, wobei zentral die Durchführung einer Telefonumfrage von einem Erhebungsinstitut aus, dezentral die Umfrage von den jeweiligen Telefonanschlüssen der Interviewer aus genannt wird.

Während in den Vereinigten Staaten seit den 60er Jahren nahezu alle Telefonumfragen zentral durchgeführt werden und dabei Institute auf den „Wide Area Telephone Service" (WATS), d. h. reduzierte Gebühren für große Mengen von Ferngesprächen, zurückgreifen können, wurden in der Bundesrepublik, insbesondere wegen der hohen Kosten für Ferngespräche, lange Zeit dezentrale oder teilzentrale (mehrere kleinere „Telefonzentren" in Ballungsgebieten) Erhebungsformen bevorzugt (vgl. Tab. 7-1).

Da jedoch alle methodischen Vorteile und Möglichkeiten bei zentralen Umfragen liegen, hat sich nach der Auflösung des Telekom-Monopols und der entsprechenden Preissenkungen bei Ferngesprächen auch in der Bundesrepublik die zentrale Administrationsform durchgesetzt. FREY (1989:197ff) nennt u.a. folgende Vorteile einer zentralen Anlage bei Telefonumfragen:

- Interviewer können in allen Befragungsregionen eingesetzt werden,
- die Qualitätskontrolle ist mittels Supervision möglich,
- Fragen des Befragten oder des Interviewers können sofort durch den Supervisor oder den Projektleiter geklärt werden,
- bei auftauchenden Problemen können „Gegenmaßnahmen" sofort umgesetzt werden (z. B. Wegfall schlecht laufender Fragen),
- es stellt sich unmittelbar heraus, bei welchen Interviewern weitere Schulung notwendig ist,
- die beteiligten Forscher können jederzeit feststellen, wie der Fragebogen vom Befragten eingeschätzt wird,
- Interviews können bei Verweigerungen durch solche Interviewer wiederholt werden, die Erfahrung im Umgang mit Verweigerungen haben,
- Interviews können sofort nach Fertigstellung überprüft werden,
- Personaleinsparungen sind insbesondere auf der Ebene der Supervisoren möglich.

Telefoninterviews werden heutzutage fast ausschließlich mit „*Computer Assisted Telephone Interview-Systemen (CATI)*" durchgeführt. Durch CATI kann der Erhebungs- und Auswertungsaufwand erheblich verringert werden.[1] Bei solchen Systemen arbeitet der Interviewer an einem Bildschirm interaktiv mit einem Programm, das im Idealfall alle Verwaltungsaufgaben sowie die eigentliche Interviewdurchführung steuert (Filterführung, direkte Eingabe der Codes usw.).[2]

CATI-Programme unterstützen folgende Aufgaben:

- automatische Bereitstellung von Telefonnummern,
- Management der Zuordnung von Interviewern zu Befragten,
- Verwaltung der Anrufwiederholungen bei Nicht-Erreichen eines Anschlusses,

---

[1] Zu allen Aspekten des Einsatzes von PCs bei Befragungen vgl. SARIS (1991) sowie die Beiträge in dem von COUPER (1998) herausgegebenen Band.

[2] Solche Programme werden mittlerweile auf Laptops auch zur Durchführung von „face-to-face"-Interviews verwendet („CAPI": „Computer Assisted Personal Interviewing"). 2010 wurden in der Bundesrepublik bei den Mitgliederinstituten des ADM ca. die Hälfte der professionellen Interviews als CAPI-Interviews durchgeführt (ADM 2010:12).

- computergeleitete Befragung per Telefon auch für komplexere Fragebogendesigns mit komplizierten Filterführungen,
- computergestützte Kontrolle der Interviewer durch einen Supervisor,
- direkte Vercodung offen gestellter Fragen,
- digitale Aufzeichnung der Antworten auf offene Fragen,
- jederzeitige Erstellung von Zwischenergebnissen.

Die Verfügbarkeit von CATI-Programmen erlaubt akademischen Forschungseinrichtungen prinzipiell die Durchführung von bundesweiten Studien ohne Einschaltung von Markt- und Meinungsforschungsinstituten.

7.1.4 Internetgestützte Befragungen

Vor allem außerhalb der universitären Forschung werden seit einigen Jahren Befragungen über das Internet („Online-Befragungen", „Web-Surveys" etc.) zunehmend populär. Die Ursachen hierfür sind offensichtlich: Die Befragungen sind schneller durchführbar, man benötigt keine Interviewer, die erhobenen Daten müssen nicht erfasst werden, graphische Vorlagen hoher Komplexität sowie Audio- und Videosequenzen können im Erhebungsinstrument eingesetzt werden usw. Von besonderer Bedeutung sind die im Vergleich zu anderen Erhebungsmodi vernachlässigbaren Erhebungskosten. Insgesamt scheinen Internet-Surveys zunächst zahllose Vorteile aufzuweisen. So modisch der Einsatz von Internet-Surveys auch ist – die schwerwiegenden methodischen Probleme aller Formen von Internet-Surveys werden den Einsatz dieser Erhebungsform für fast alle ernsthaften wissenschaftliche Zwecke lange Zeit verunmöglichen. Die Begründung dieser Aussage bedarf zunächst der Unterscheidung verschiedener Formen von internetgestützten Befragungen.

7.1.4.1 Formen der internetgestützten Befragung

Eine grobe Unterscheidung zwischen Formen der internetgestützten Befragung differenziert danach, ob ein Fragebogen als E-Mail versandt und/oder zurückgesandt werden soll („E-Mail-Befragung") oder ob der Fragebogen als Programm auf einem Web-Server ausgeführt wird („Web-Survey"), vgl. Abbildung 7-16. Natürlich sind zahllose Kombinationen der Ansprache, des Versandes, des Ausfüllens und des Zurücksendens möglich (vgl. COUPER 2000). Sinnvoller als eine auf diesen Kombinationsmöglichkeiten aufbauende Typologie erscheint eine Typologie anhand der verwendeten Auswahlverfahren.

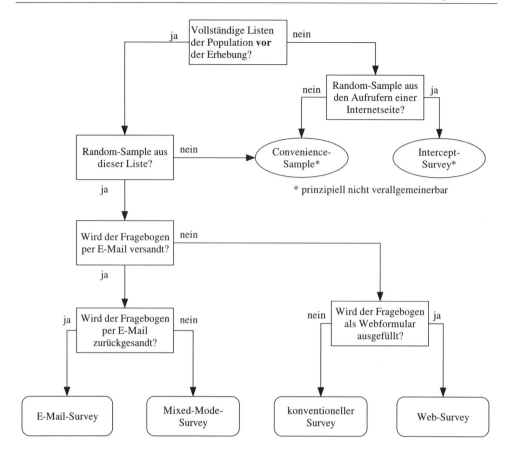

Abbildung 7-16: *Formen internetgestützter Befragungen*

Wie bei jeder Stichprobe, stellt sich auch bei Internet-Surveys zunächst die Frage, ob es sich um eine Zufallsstichprobe aus einer angebbaren Grundgesamtheit handelt oder nicht. Wie aus dem Kapitel Auswahlverfahren erinnerlich muss vor einer Auswahl die Grundgesamtheit, für die Aussagen beabsichtigt werden, definiert werden. Für diese definierte Grundgesamtheit benötigt man dann eine vollständige Liste der Elemente der Grundgesamtheit *vor* Durchführung der Auswahl (vgl. Abbildung 7-16). Damit sind für die Verallgemeinerbarkeit der Ergebnisse die folgenden Fragen entscheidend:

- Existiert eine Liste der interessierenden Population vor Durchführung der Aus- wahl?
- Erfolgt aus dieser Liste eine Auswahl mit vor der Auswahl angebbarer Wahr- scheinlichkeit der Auswahl?

- Ist die Wahrscheinlichkeit einer tatsächlichen Antwort für alle ausgewählten Personen gleich oder kann sie zumindest numerisch bestimmt werden?

Muss eine oder mehrere dieser Fragen verneint werden, handelt es sich nicht um eine Zufallsstichprobe aus einer angebbaren Grundgesamtheit. Nur auf der Basis echter Zufallsstichproben kann mit angebbarer Genauigkeit auf die entsprechende Grundgesamtheit verallgemeinert werden. Alle anderen Stichproben sind prinzipiell nicht verallgemeinerbar und werden als „willkürliche Auswahlen" bezeichnet.

7.1.4.1.1 Internetgestützte Surveys auf der Basis willkürlicher Auswahlen

Bei Verwendung internetgestützter Surveys außerhalb akademischer Forschung findet sich häufig eine Definition der Grundgesamtheit als „Gesamtheit der Internet-Nutzer". Dies ist natürlich keine vernünftige Abgrenzung: In dieser Beschreibung findet sich keine räumliche, sprachliche oder zeitliche Beschränkung. Faktisch wird hierbei meist eine Grundgesamtheit nachträglich durch die Besucher einer Website, die während der Erhebungszeit eine Web-Seite aufsuchen, konstruiert. Diese Personenmenge stellt in keinem Fall eine echte Zufallsstichprobe aus irgendeiner faktisch existierenden Population dar. Da die Auswahlwahrscheinlichkeit einer Person damit nicht bestimmt werden kann (und die Annahme gleicher Auswahlwahrscheinlichkeiten absurd wäre), können Ergebnisse solcher Surveys in keinem Fall verallgemeinert werden. Es handelt sich immer um „willkürliche Auswahlen" (vgl. Kapitel 6.5.1). Im Allgemeinen handelt es sich bei diesen vermeintlichen Befragungen um keine ernsthaften Erhebungen, sondern sie dienen bestenfalls der Unterhaltung. oder sogenannte „convenience samples"

Die einzige Ausnahme hiervon sind Versuche, Zufallsstichproben aus den Besuchern einer Website zu ziehen und die Ergebnisse dabei ausschließlich auf die Besucher der Website zu verallgemeinern (sogenannte „Website-Intercept-Befragungen"). Hierbei wird aus den Besuchern einer Internetseite z. B. jeder n-te Besucher ausgewählt und um die Beantwortung eines Fragebogens gebeten. Ausgewählte Personen, die sich zu einer Teilnahme entschließen, stellen aber keine Zufallsstichprobe aus allen Besuchern dar. Es handelt sich um eine selbst-rekrutierte Stichprobe: Weder gibt es eine Möglichkeit der Überprüfung, ob die Teilnehmer sich in irgendeiner Hinsicht von Nicht-Teilnehmern unterscheiden noch können potentielle Nicht-Teilnehmer von der Teilnahme überzeugt werden. Für viele Fragestellungen lassen sich systematische Unterschiede zwischen Teilnehmern und Nicht-Teilnehmern vermuten (z. B. Zeitdruck, Ernsthaftigkeit etc.). Weiterhin ist der Anteil der Personen, die solche „Website-

Intercept-Befragungen" beantworten, sehr klein.[1] Beide Faktoren führen dazu, dass bei Befragungen dieses Typs deutlich verzerrte Ergebnisse selbst dann erwartbar sind, wenn nur auf die Besucher der Website verallgemeinert werden soll. Auf der Basis einer „Website-Intercept-Befragung" kann man daher legitimerweise auf keine Grundgesamtheit schließen. Sie sind wissenschaftlich wertlos (in der Abbildung 7-16 wurden diese Formen daher besonders gekennzeichnet).[2]

7.1.4.1.2 Internetgestützte Surveys auf der Basis echter Zufallsstichproben

Die Voraussetzung für die Durchführung einer E-Mail-Befragung ist die Existenz einer vollständigen Liste der E-Mail-Adressen einer Population. Damit scheiden faktisch alle Populationen mit Ausnahme weniger hoch organisierter Gruppen (z. B. Fachverbände für Hochschullehrer eines Fachgebiets) für solche Erhebungen aus. Nur auf der Basis solcher vollständigen Listen sind echte Zufallsstichproben (oder Vollerhebungen) möglich, die dann aber auch nur auf diese Population verallgemeinert werden können.

Insbesondere in der Marktforschung findet sich eine andere Form der Stichprobenziehung für internetgestützte Befragungen: sogenannte „Access-Panels". Meist – aber nicht immer – wird zunächst eine traditionelle Bevölkerungsstichprobe gezogen (so z. B. durch eine Telefonstichprobe oder durch einen Random-Walk). Nach dem Interview wird die befragte Person gebeten, zukünftig an weiteren Befragungen teilzunehmen. Willigt die Person ein, wird sie Mitglied des Access-Panels. Als Gegenleistung erhält sie in der Regel eine finanzielle Entschädigung, manchmal in Form der Herstellung und/oder Erhaltung eines Internet-Zugangs. Damit wird die Einwilligung zu fortgesetzten Befragungen zum Problem selbstselektierter Stichproben im Allgemeinen. Nur wenn der Selbstselektionsprozess keinerlei Zusammenhang zu interessierenden Variablen aufweist, kann – vielleicht – eine Verallgemeinerung auf die Ursprungspopulation erfolgen. Leider weisen solche Access-Panels zusätzliche Ausfälle im Laufe der Zeit sowie Veränderungen durch die wiederholten Befragungen („Panel-Effekt") auf. Zur vermeintlichen Korrektur der Selbstselektion und zusätzlicher Ausfälle werden in der Praxis häufig Gewichtungsverfahren verwendet, deren Nutzen mehr als fraglich ist.[3] Veränderungen durch wiederholte Messungen lassen

---

[1] vgl. HAUPTMANNS (1999) und HAUPTMANNS/LANDER (2001).

[2] Aufgrund der Unmöglichkeit der Kontrolle der Auswahl und der Beantwortungsprozesse, erscheint sogar die Möglichkeit der Feststellung von Existenzsätzen („Es gibt mindestens eine Person, die (...)" fraglich.

[3] Neben Standard-Gewichtungsverfahren wird zunehmend „propensity weighting" verwendet, vgl. Kapitel 6.7.3. Einzelheiten zur Anwendung bei Web-Surveys finden sich bei SCHONLAU (2004) und SCHNELL (2011).

sich durch Gewichtungsverfahren ohnehin nicht korrigieren. Access-Panels eignen sich für verallgemeinerbare Aussagen mit angebbarer Irrtumswahrscheinlichkeit daher nicht.

7.1.4.2 E-Mail-Befragungen

Das Kennzeichen von E-Mail-Befragungen ist die Versendung eines Fragebogens an den Befragten per E-Mail. Bei der Durchführung solcher Befragungen muss man zwei Formen der Befragung unterscheiden: Wird ein Fragebogen per E-Mail zum Befragten gesandt und auch per E-Mail zurückgesandt, so handelt es sich um einen E-Mail-Survey (vgl. Abbildung 7-16). Soll der Befragte den Fragebogen hingegen ausdrucken, beantworten und als Brief zurücksenden, so kann man von einer Form eines „Mixed-Mode-Surveys" sprechen. Hierbei gelten dann alle Regeln und Empfehlungen für traditionelle schriftliche Befragungen. Allerdings muss bedacht werden, dass diese Antwortmodalität für den Befragten erhebliche Kosten und Mühen verursacht; daher wird der Anteil an Nonresponse hoch und die Unterschiede zwischen Antwortenden und Nicht-Antwortenden beträchtlich sein.[1]

Bei echten E-Mail-Befragungen erfolgen Versand und Antwort per E-Mail. Neben dem kaum lösbaren Problem unvollständiger E-Mail-Listen treten bei dieser Form der Befragung erhebliche technische Probleme auf. Die technischen Details des E-Mail-Anschlusses können den Empfang der E-Mail (und eventueller Ankündigungen der Befragung sowie eventueller Antwortmahnungen) generell verhindern. Falls die E-Mail den Empfänger überhaupt erreicht, ist die Verbindlichkeit einer E-Mail-Aufforderung in der Regel deutlich geringer als die Aufforderung durch einen vor der Tür stehenden Interviewer. E-Mail-Surveys weisen fast immer untragbare Nonresponse-Raten auf.

Weiterhin zwingen Unterschiede in den verwendeten E-Mail-Programmen den Fragebogenkonstrukteur zur Verwendung nur sehr elementarer Möglichkeiten des Fragebogen-Layouts. Je nach verwendetem Programm kann selbst eine technisch einfache E-Mail drastisch unterschiedliche Formatierungen erzeugen. Dies lässt sich nur verhindern, wenn man die Befragten zur Benutzung spezieller Softwareerweiterungen zwingen möchte. Da auch hier die Befragten in aller Regel die Möglichkeit einer Verweigerung besitzen, werden solche Maßnahmen die ohnehin hohen Anteile an Nonresponse erhöhen und zu noch stärkeren Unterschieden zwischen Teilnehmern und Nicht-Teilnehmern führen.

---

[1] Zusätzlich treten durch die Unterschiedlichkeit traditioneller Dateiformate häufig entstellende Formatierungen beim Ausdruck auf.

Solche Surveys eignen sich fast ausschließlich für Befragungen innerhalb homogener Organisationen, mit vollständigen E-Mail-Listen, standardisierter Hard- und Software und hoch motivierten Angehörigen. Die US-Airforce ist ein Beispiel für diese seltene Kombination.[1] Sollten diese genannten Voraussetzungen erfüllt sein, empfiehlt es sich, auch bei der Durchführung von E-Mail-Surveys sowohl in Hinsicht auf den Fragebogen als auch in Hinsicht auf die Durchführung alle Details der „Total-Design"-Methode zu beachteten. Insbesondere Vorankündigungen und Mahnungen sind hier ebenso notwendig wie bei traditionellen schriftlichen Befragungen.

7.1.4.3 Web-Surveys

Das Kennzeichen für Web-Surveys ist ein Fragebogen, der als Programm auf einem Web-Server ausgeführt wird. Für den Befragten sieht ein solcher Fragebogen wie ein Formular auf einer Webseite in einem Browser (z. B. „Internet-Explorer") aus. In diesem Abschnitt sollen zunächst die prinzipiellen methodischen Probleme der Fragebogenkonstruktion behandelt werden, danach die Probleme der Durchführung von Web-Surveys.[2]

7.1.4.3.1 Fragebogenkonstruktion für Web-Surveys

Bei der Konstruktion von Fragebögen für Web-Surveys muss beachtet werden, dass zahllose Unterschiede in der Ausstattung und Konfiguration der Hard- und Software auf der Seite der Befragten existieren. Zunächst unterscheiden sich die Anbindungen der PCs der Benutzer an das Internet und damit die Übertragungsgeschwindigkeiten der Inhalte einer Seite. Was bei der Entwicklung auf dem eigenen Rechner nahezu verzögerungsfrei auf dem Bildschirm erscheint, mag bei einer Modem-Verbindung minutenlang dauern – entsprechend niedrig wird die Motivation eines Befragten sein, einen solchen Fragebogen zu beantworten. Weiterhin unterscheiden sich die Betriebssysteme und die verwendeten Browser. Selbst innerhalb eines Browsers können unterschiedliche Konfigurationen unterschiedliches Verhalten des Programms bedingen. Die vermeintlichen Vorteile einer multimedialen Gestaltung des Fragebogens verschwinden bei der Berücksichtigung der technischen Gegebenheiten bei

---

[1] Tatsächlich gibt es eine „USAF Surveys Branch", die E-Mail-Surveys durchführt. Zu Einzelheiten vgl. SCHONLAU/FRICKER/ELLIOTT (2001:56).

[2] Die technische Erstellung solcher Bildschirm-Masken ist durch zahlreiche (auch kostenlos erhältliche) Hilfsprogramme trivial geworden. Problematischer ist die technisch korrekte Durchführung der Befragung. Hierzu werden etwas tiefere technische Kenntnisse in der Einrichtung und im Betrieb von Datenbanksystemen benötigt. Es gibt kommerzielle Anbieter, die vollständig konfigurierte Befragungssysteme im Internet vermieten.

den Befragten zumeist rasch: Nur Webseiten mit elementaren Bestandteilen werden bei verschiedenen Programmen halbwegs ähnlich dargestellt.[1] Zusammen mit den sehr unterschiedlichen Vorkenntnissen der Befragten im Umgang mit dem Internet erfordert die technische Heterogenität besonders intensive Pretests der Fragebögen.

Im Allgemeinen gelten die Hinweise für die Gestaltung von Fragebögen bei schriftlichen Befragungen ebenso für Web-Surveys.[2]

Entsprechend dem Anschreiben und dem Deckblatt einer schriftlichen Befragung soll der erste Bildschirm, den der Befragte sieht, den Befragten zur Teilnahme motivieren. Der Gegenstand der Befragung und die durchführende Organisation müssen daher klar benannt werden. Die Bedeutung der Teilnahme für den Befragten und/oder die durchführende Institution muss erkennbar sein. Trotzdem muss der Inhalt dieses Begrüßungsbildschirms knapp gehalten werden.

Der ersten Frage kommt erhebliche Bedeutung zu, da von ihr die Kooperation des Befragten in besonderem Maße abhängt. Dem Befragten irrelevant, sensitiv oder kompliziert erscheinende Fragen werden zum Abbruch der Befragung durch den Befragten führen. Die Fragen sollten ähnlich wie bei schriftlichen Befragungen entsprechend den Empfehlungen der „Total Design Method" („Minimiere die subjektiven Kosten für den Befragten") dargestellt werden:

- Fragenummern sollten abgetrennt links in einer eigenen Spalte stehen.
- Antwortkategorien sollten vertikal übereinander immer in der gleichen Spalte stehen.
- Alle Antwortkategorien sollten gleichzeitig angezeigt werden.
- Entsprechend sind „Drop-Down-Boxen" nicht empfehlenswert.[3]
- Fragen in Form einer Antwortmatrix sollten vermieden werden.
- Offene Fragen sollten allenfalls am Ende des Fragebogens („Gibt es noch etwas, was Sie uns mitteilen möchten?") verwendet werden.
- Unterschiedliche Farben sollten vermieden werden.[4]

---

[1] Schon die Unterschiede in der graphischen Auflösung der Bildschirme (Zahl der Pixel) und im Bildschirmformat (Normal- oder Breit-, Hoch- oder Querformat) führen zu unterschiedlichen Darstellungen und Handhabungen des Fragebogens auf den Bildschirmen der Benutzer.

[2] vgl. DILLMAN (2000:352–411) oder – völlig theorielos – BEST/KRUEGER (2004:43–73). Das umfassendste Handbuch zum Design von Web-Surveys stammt von COUPER (2008).

[3] Dies sind Elemente von Bildschirmmasken, bei denen die Antwortmöglichkeiten erst durch Rollen mit dem Cursor bzw. der Maus in einem Auswahlfenster sichtbar werden.

[4] Unterschiedliche Browser- und Monitoreinstellungen können sehr unterschiedliche Farbdarstellungen erzeugen. Diese können zu schwer lesbaren oder gänzlich anderen Darstellungen führen. Weiterhin wird ein bedeutender Teil der Befragten farbenblind sein.

- Instruktionen für den Befragten sollten sich an der Stelle im Fragebogen finden, wo sie benötigt werden, nicht an einer Stelle als Block.[1]
- Instruktionen sollten anders erscheinen als Fragen (Wechsel der Schriftart oder Größe).
- Instruktionen sollten stets an der gleichen Stelle (auf der linken Seite) erscheinen; Fragen entsprechend auf der rechten Seite.
- Auf keinen Fall empfiehlt es sich, zu versuchen, die Befragten zur Beantwortung einer Frage zu zwingen.[2]
- Es sollte für den Befragten stets erkennbar sein, an welcher Stelle im Fragebogen er sich befindet. Ein solcher „Fortschrittsindikator" kann als Balkendiagramm oder einfacher als Nummerierung (z. B. „Frage 12 von 30") dargestellt werden.
- Trotz der einfachen technischen Realisierbarkeit der Filterführung bei elektronischen Fragebögen, sollten Filter eher sparsam verwendet werden.[3]
- Fragebögen bei Websurveys lassen sich bildschirmweise aufbauen (eine Frage pro Bildschirm) oder als eine Seite, bei dem der Bildschirm manuell „gerollt" („scrolled") werden muss. In der Regel ist „Scrolling" bei kurzen Fragebögen für den Befragten einfacher.
- Alle Fragebögen benötigen umfangreiche inhaltliche Pretests, auch Websurveys.
- Sehr sorgfältiges und langwieriges Pretesten der technischen Durchführbarkeit der Befragung auf unterschiedlichsten PCs ist unverzichtbar.

7.1.4.3.2 Durchführung von Web-Surveys

Die Erstellung eines Fragebogens stellt nur den kleineren Teil der Durchführung von Web-Surveys dar. Neben der Notwendigkeit der Ziehung einer echten Zufallsstichprobe aus einer definierten und bekannten Grundgesamtheit muss der Fragebogen korrekt administriert werden. Dies bedeutet in der Praxis, dass der Zugang zu der Web-Seite

---

[1] Also weder am Anfang, noch am Ende; optionale Erläuterungen („pop-up help") sind weitgehend sinnlos.

[2] Die Befragten müssen weder den Fragebogen noch eine bestimmte Frage beantworten. Der Versuch, vollständige Antworten zu erzwingen, wird eine hohe Zahl von Abbrüchen bedingen. Zudem werden sich diese reaktanten Befragten systematisch von den nicht-reaktanten Befragten unterscheiden.

[3] Komplexe Filterführungen besitzen zwei Nachteile: Erstens lassen sich Fortschrittsindikatoren bei Filterführungen nur sehr ungenau angeben, zweitens entstehen Probleme bei dem eventuellen Versuch des Befragten eine frühere Antwort zu ändern. Sowohl die Löschung der Antworten auf alle Folgefragen als auch der Erhalt der Antwort auf alle Folgefragen kann den Befragten frustrieren – und damit wieder zum Abbruch führen. Zwar sind angepasste technische Lösungen in vielen Fällen möglich, aber in der Entwicklung aufwändig. Noch kostenintensiver sind die Tests aller möglichen Pfade durch einen elektronischen Fragebogen.

mit dem Fragebogen verwaltet, konkreter: begrenzt werden muss. Jede ausgewählte Person darf den Fragebogen nur einmal beantworten; daher müssen wiederholte Beantwortungen technisch ausgeschlossen werden. In der Regel wird die Vergabe eines Benutzernamens und eines Passwortes verwendet.[1] Nach einmaliger Nutzung wird die entsprechende Kennung gelöscht. Solche Zugangsregelungen implizieren aber die prinzipielle Identifizierbarkeit des Antwortenden. Damit muss ein Befragter den Zusicherungen der Anonymität oder Vertraulichkeit der Angaben Glauben schenken. Gerade dann, wenn die technischen Voraussetzungen für die Durchführung von Web-Surveys gegeben sind (z. B. innerhalb von Organisationen) kann das Misstrauen der Befragten so die Anwendbarkeit verhindern (z. B. bei Mitarbeiterbefragungen).

7.1.4.4 Methodische Probleme internetgestützter Befragungen

Die schwerwiegendsten methodischen Probleme aller internetgestützten Befragungen liegen in der Stichprobenziehung und in der Kooperation der Befragten begründet.[2] Dies trifft auf alle Formen der zahllosen Varianten internetgestützter Befragungen zu. Existiert keine Liste der Population vor der Durchführung der Studie und wird aus dieser Liste nicht zufällig ausgewählt, dann kann die Studie nicht verallgemeinert werden. Weder Gewichtungsverfahren noch hohe Fallzahlen können dieses fundamentale Problem beseitigen.

Trotz der hohen Erwartungen, die in internetgestützte Surveys anfänglich gesetzt wurden, bleibt deren Anwendung für ernst gemeinte, verallgemeinerbare Studien sehr speziellen, hochmotivierten Teilpopulationen vorbehalten.

---

[1] Dies bedingt zusätzliche Probleme durch die Tatsache, dass Befragte ihre Kennungen vergessen, verlegen oder sich bei Eingabe vertippen. Weiterhin entstehen Probleme durch unterbrochene oder abgebrochene Beantwortungsprozesse. Andere technische Lösungen wie z.B. die Verwendung von hardwarebasierten Schlüsseln (z. B. Rechnerkonfigurationsmerkmale) sind aber technisch anfälliger und datenschutzrechtlich bedenklich.

[2] Der größte Teil der vorgeblich methodischen Veröffentlichungen zu Internet-Surveys widmet sich überwiegend den im Vergleich zu den Stichprobenproblemen unbedeutenden Fragen der Gestaltung der Erhebungsinstrumente. Viele dieser Publikationen enthalten in Hinsicht auf Probleme der Stichprobenziehung und Nonresponse fehlerhafte Aussagen.

7.1.5 Sonderformen der Befragung

Als Sonderformen der Befragung werden im Folgenden solche Konzepte verstanden, die in mehr oder weniger großem Umfang von der dargestellten standardisierten Einzelbefragung abweichen und deren Anwendung vorwiegend in den explorativen Bereichen quantitativer Sozialforschung zu finden ist, bzw. die zu den Handwerkszeugen qualitativer Spielarten der Sozialforschung gehören. Je nach Grad der „Nicht-Standardisierung" und entsprechend der Zugehörigkeit zu unterschiedlichen Paradigmen finden sich in der entsprechenden Literatur die verschiedensten Benennungen solcher Interviewformen: „offenes Interview" (SCHEUCH 1973; KOHLI 1978), „narratives Interview" (SCHÜTZE 1976), „qualitatives Interview" (HOPF 1978), „fokussiertes" oder „zentriertes Interview" (MERTON/KENDALL 1979; MERTON/FISKE/ KENDALL 1952), „Intensivinterview" (FRIEDRICHS 1973) oder „Leitfadengespräch" (KROMREY 1986). Gemeinsam ist allen diesen Interviewformen – mit Ausnahme des „narrativen Interviews" – die Zugrundelegung eines sog. „*Leitfadens*" statt eines standardisierten Fragebogens.

Die Diskussion um die angemessene Interviewtechnik als standardisiertes Interview oder als „offenes" Leitfadengespräch hat die gleichen institutionellen Wurzeln wie die Diskussion um geschlossene oder offene Fragen im Rahmen von standardisierten Interviews, nämlich die Kontroversen zwischen den von der amerikanischen Regierung während des Zweiten Weltkriegs eingerichteten rivalisierenden Instituten im „Office of Facts and Figures" (OFF).

Die sogenannte „Polling Division" in Zusammenarbeit mit ROPER und GALLUP bevorzugte standardisierte Fragetechniken, die „Survey Division" unter Leitung des Psychologen LIKERT führte Leitfadengespräche durch. Der von LAZARSFELD (1944) als Vermittlungsleistung zwischen diesen beiden Positionen gemachte Vorschlag einer „Arbeitsteilung" (neben der regulären standardisierten Befragung sollte sowohl ein an offenen Konzepten orientierter Pretest zur Vorbereitung des Fragebogens wie auch eine auf Leitfadengesprächen basierte Abschlussuntersuchung als Analysehilfe der Ergebnisse vorgenommen werden) wurde von den Vertretern nicht-standardisierter Verfahren abgelehnt (CONVERSE 1984:270ff).[1] Die Begründung, qualitative Forschung sei nicht der „junior-partner" der „richtigen" empirischen Sozialforschung, dem lediglich Pretest und Pilot-Studien überlassen werden, gehört seither zum Argumentationsmuster qualitativ orientierter Sozialforscher.

---

[1]   Die Untersuchung „Mass Persuasion" (MERTON/FISKE/CURTIS 1946) wurde von LAZARSFELD auf dieser Grundlage vorgeschlagen; mit 100 Intensivinterviews und 1000 standardisierten Kurzinterviews scheint hier die weitestgehende Annäherung an dieses Design vorzuliegen.

7.1.5.1 Leitfadengespräche

Leitfadengespräche werden in der empirischen Sozialforschung hauptsächlich in den folgenden Bereichen eingesetzt:

- zur Exploration, als Pretest, zur Hypothesenentwicklung, zur Systematisierung vorwissenschaftlichen Verständnisses (SCHEUCH 1973:123),
- zur Analyse seltener oder interessanter Gruppen, die auch in großen Stichproben nur in kleiner Zahl repräsentiert sind (FRIEDRICHS 1973:226),
- als Ergänzung und zur Validierung anderer Forschungsinstrumente,
- als Instrument einer qualitativen Sozialforschung.

Ziel und Vorteil von Leitfadengesprächen werden im Allgemeinen darin gesehen, dass durch die offene Gesprächsführung und die Erweiterung von Antwortspielräumen der Bezugsrahmen des Befragten bei der Fragenbeantwortung miterfasst werden kann, um so einen Einblick in die Relevanzstrukturen und die Erfahrungshintergründe des Befragten zu erlangen.

Dabei wird die Befragung auf der Basis eines Interview-Leitfadens geführt, der garantieren soll, dass alle forschungsrelevanten Themen auch tatsächlich angesprochen werden, bzw. dass eine zumindest rudimentäre Vergleichbarkeit der Interviewergebnisse gewährleistet werden kann. Entsprechend enthält dieser Leitfaden im Wesentlichen Stichpunkte zu abzuarbeitenden Themenkomplexen sowie Fragen, die in jedem Interview gestellt werden sollen („*Schlüsselfragen*") und solche, die je nach Verlauf des Interviews relevant werden können („*Eventualfragen*") (FRIEDRICHS 1973:227). Im Allgemeinen wird die Ausformulierung und die Reihenfolge der Themenbearbeitung bzw. Fragestellung vom Interviewer geleistet, um einen an den Ablauf des Gesprächs angepaßten „natürlichen" Interaktionsfluss zu erreichen.

Damit stellt diese Befragungsform Anforderungen an den Interviewer, die ansonsten dem Forscher obliegen. Mit abnehmendem Standardisierungsgrad wird das Leitfadengespräch für den Interviewer zunehmend zu einem „Prozeß permanenter spontaner Operationalisierung" (HOPF 1978:111), in dem ständig allgemeine Forschungsfragen in konkret bezogene Interviewfragen umgesetzt werden müssen und gleichzeitig Bewertungen der Antworten des Befragten erfolgen müssen, um Form und Ansatzpunkt eines Weiterfragens zu bestimmen.

Auch die Dokumentation der Leitfadengespräche stellt besondere Anforderungen an den Interviewer. Leitfadengespräche werden entweder durch Notizen des Interviewers während der Befragung oder durch die Anfertigung von Gedächtnisprotokollen nach der Befragung protokolliert oder durch Tonbandaufzeichnungen konserviert. Aus dieser Vorgehensweise ergeben sich eine Reihe von Nachteilen dieser Befragungsform gegenüber dem standardisierten Interview:

- höhere Anforderungen an den Interviewer und die Notwendigkeit einer besonderen Interviewerschulung,
- stärkere Interviewereinflüsse, Abhängigkeit der Datenqualität von der Qualität der Interviewer,
- höhere Anforderungen an die Bereitschaft der Befragten zur Mitarbeit und an ihre sprachliche und soziale Kompetenz,
- höherer Zeitaufwand als bei standardisierten Befragungen,
- geringe Vergleichbarkeit der Ergebnisse und damit schwierigere Auswertbarkeit.

Darüber hinaus liegt ein wesentlicher Nachteil in der prinzipiellen Konzeption von Leitfadengesprächen. Zwar wird einerseits das spontane „...Kommunikationsverhalten des Befragten unterstützt und gefördert, andererseits wird es aber durch das Informationsinteresse des Forschers kontrolliert und unterdrückt" (HOPF 1978:114).

7.1.5.2 Narrative Interviews

Narrative Interviews können als Extremform einer offenen Befragung betrachtet werden. In aller Regel liegt diesem Verfahren weder ein Fragebogen noch ein Leitfaden zugrunde. Wichtigstes Ziel dieses Vorgehens ist nämlich nicht mehr die Schaffung von Vergleichbarkeiten oder die Herstellung einer Systematik in Bezug auf vom Forscher vorgegebene Variablen und noch viel weniger die Überprüfung von Hypothesen, sondern das Verstehen von Sichtweisen und Handlungsweisen von Personen und deren Erklärung aus sozialen Bedingungen (HERMANNS 1981:16) durch Anregung einer sukzessiv retrospektiven Erfahrungsaufbereitung durch den Befragten. Ein narratives Interview ist die „Erzählung eigenerlebter Geschichten" (SCHÜTZE 1976:163).

Dabei unterscheidet sich ein narratives Interview im Wesentlichen von anderen Interviewformen dadurch, dass dem Interviewpartner (Befragten) vom Interviewer nur ein Grobthema vorgegeben wird, zu dem er seine Erlebnisse erzählen soll, z. B. die Geschichte seines Lebens, die Geschichte seiner Schulkarriere, seine Krankheitsgeschichte oder die Geschichte einer misslungenen Verhinderung der Startbahn-West. In der „Erzählphase" erzählt der Interviewpartner nun seine Geschichte ohne vom Interviewer unterbrochen zu werden. Erst wenn die Geschichte zu Ende geführt ist, kann der Interviewer in der sog. „Rückgriffphase" den Erzähler bitten, noch einmal einzelne Episoden zu wiederholen oder ausführlichere Darstellungen zu geben. Solche Nachfragen richten sich im Wesentlichen auf Phasen der Geschichte, die dem Interviewer widersprüchlich erscheinen, in denen „Sprünge" einzelne Episoden unverständlich machen usw. Der Erzähler kann dann auf solche Nachfragen eingehen und seine Geschichte verdeutlichen oder modifizieren („*Bilanzierungsphase*").

Der Aufrechterhaltung der Interaktion durch den Interviewer kommt dabei besondere Bedeutung zu. Seine wichtigste Funktion ist der Erhalt des Redeflusses z. B. durch Anstachelung der Erzählbereitschaft und die Dokumentation der eigenen Zuhörbereitschaft durch Nicken, Zustimmung, Bitten um Verdeutlichung. Fragen nach Begründungen und die Formulierung von Zweifeln sind in diesem Zusammenhang verboten.

Narrative Interviews werden in ihrer Gesamtheit auf Video- oder Tonband mitgeschnitten und anschließend verschriftlicht („*transkribiert*").[1] Der immer wieder betonte Vorteil narrativer Interviews, als Medium die Situationsgebundenheit von Gesprächen und Interaktionen ernst zu nehmen und nachvollziehen zu können, wird allerdings spätestens bei der Transkription als Überführung des Gesprächsverlaufs in situationsunabhängige Daten aufgehoben. So beschränkt sich die Darstellung der Ergebnisse narrativer Interviews in nicht-linguistischen sozialwissenschaftlichen Darstellungen auch im Wesentlichen auf die Illustration von Hypothesen durch „markante", „typische", „verdeutlichende" Gesprächsfragmente.

Das Hauptproblem dieser Interviewform liegt jedoch darin, dass hauptsächlich der Interviewpartner spricht bzw. sprechen soll. Damit sind die Ergebnisse in wesentlichem Umfang von der Sprachkompetenz des Befragten, seiner retrospektiven Kompetenz sowie von der Bedeutung, die dem Forschungsgegenstand zugemessen wird, abhängig.

7.2 Beobachtung

Die Beobachtung wird im Allgemeinen als die „ursprünglichste" Datenerhebungstechnik betrachtet, da hier die Nähe zu alltäglichen Techniken zur Erlangung von Informationen besonders deutlich wird. Der Übergang von der alltäglichen „naiven" Beobachtung, die fallweise bei Interesse oder Notwendigkeit eingesetzt wird, zur wissenschaftlichen Beobachtung[2] erfolgt jedoch, indem das Verfahren der Beobachtung kontrolliert und systematisch abläuft und Beobachtungsinhalte systematisiert

---

[1] Zu den eher trivialen „Transkriptionsverfahren", vgl. LAMNEK (1989:104–106) und SPÖHRING (1989:158ff).

[2] Einige Autoren (z. B. BABBIE 2001) sehen die wissenschaftliche Beobachtung als Grundform jeder Datenerhebungstechnik, insofern als alle methodischen Verfahren der empirischen Sozialforschung auch Beobachtungen mit unterschiedlichen Schwerpunktsetzungen und unterschiedlichen Beobachtungsobjekten seien. So können Befragungen als Beobachtungen der verbalen Reaktion auf gestellte Fragen betrachtet werden, oder Inhaltsanalysen als Beobachtungen bestimmter Textinhalte usw.

werden. CRANACH/FRENZ (1969:269ff.) bezeichnen entsprechend die „wissenschaftliche" Beobachtung als „*systematische Beobachtung*". Im gleichen Sinne sehen JAHO-
DA/DEUTSCH/COOK (1965:77) die wissenschaftliche Komponente der Beobachtung
als empirische Datenerhebungstechnik dann gewährleistet, wenn die Beobachtung „a)
einem bestimmten Forschungszweck dient, b) systematisch geplant und nicht dem
Zufall überlassen wird, c) systematisch aufgezeichnet und auf allgemeinere Urteile
bezogen wird, nicht aber eine Sammlung von Merkwürdigkeiten darstellt und d) wiederholten Prüfungen und Kontrollen hinsichtlich der Gültigkeit, Zuverlässigkeit und
Genauigkeit unterworfen wird ...".

7.2.1 Beobachtungsverfahren

Trotz aller Maßgaben zur Charakterisierung wissenschaftlicher Beobachtungen ist
keine allgemeine Theorie der Beobachtung entwickelt worden, sondern die meisten
methodischen Ausführungen beschränken sich auf die taxonomische Beschreibung
unterschiedlicher Beobachtungsverfahren. Dabei wird zu allererst die Beobachtung
als „*direkte Beobachtung*" von anderen Datenerhebungstechniken abgegrenzt, die als
„*indirekte Beobachtung*" bezeichnet werden. Während unter direkter Beobachtung
dann Verhaltensbeobachtung im engeren Sinne verstanden wird, werden als indirekte
Beobachtungen solche Verfahren bezeichnet, die sich „nicht auf das Verhalten selbst,
sondern auf dessen Spuren, Auswirkungen, Objektivationen" beziehen (GRAUMANN
1966:93), so z. B. einige Techniken nicht-reaktiver Messverfahren (vgl. Kapitel 7.4),
aber auch Inhaltsanalysen (vgl. Kapitel 7.3) oder sogar Befragungen.

In aller Regel wird eine Abgrenzung der einzelnen Verfahren direkter Beobachtung
nach folgenden Kriterien vorgenommen:

- Haben die Beobachtungsobjekte Kenntnis vom Beobachtungsvorgang?
  Wird die Beobachtung den beobachteten Personen bekannt gemacht, wissen Personen also, dass sie beobachtet werden, liegt eine „*offene Beobachtung*" vor. Werden Beobachtungen durchgeführt, ohne dass die beobachteten Personen von diesem Vorgang wissen, spricht man von „*verdeckten
  Beobachtungen*".

- Nimmt der Beobachter an den Interaktionen der beobachteten Personen teil
  oder nicht?
  Entsprechend werden Beobachtungen, in denen der Beobachter ablaufende
  Handlungen lediglich protokolliert „*nicht-teilnehmende Beobachtung*" und
  solche Beobachtungen, in denen der Beobachter selbst Interaktionspartner
  der beobachteten Personen ist, „*teilnehmende Beobachtung*" genannt.

Strukturierungsgrad	Distanz zur Untersuchungssituation	
	nicht-teilnehmend	teilnehmend
unstrukturiert	„nicht-wissenschaftliche" Alltagsbeobachtung (Typ 1)	anthropologische/ ethnologische Beobachtung (Typ 2)
strukturiert	Beobachtungsverfahren der empirischen Sozialforschung (Typ 3)	(Typ 4)

Abbildung 7-17: Beobachtungstypen

- Erfolgt eine Beobachtung mittels eines ausführlichen Beobachtungsschemas oder liegt der Beobachtung nur eine relativ grobe Anweisung auf die Beobachtungsinhalte zugrunde?

  Bei ausführlicher Strukturierung der Beobachtung durch ein Beobachtungsschema spricht man von einer *„strukturierten Beobachtung"*, in allen anderen Fällen von einer *„unstrukturierten Beobachtung"*.

- Findet die Beobachtung unter Feld- oder Laborbedingungen statt?

  Dieses Kriterium bezieht sich darauf, ob Interaktionen und Verhaltensweisen in ihrer „natürlichen" Entstehungssituation oder in einem Labor unter „standardisierten" Bedingungen beobachtet werden. Entsprechend wird zwischen *„Beobachtungen in natürlichen Beobachtungssituationen"* und *„Beobachtungen in künstlichen Beobachtungssituationen"* unterschieden.

- Handelt es sich bei der durchgeführten Beobachtung um eine Beobachtung des Verhaltens anderer Personen oder der eigenen Person?

  Hiermit wird der Unterschied zwischen *„Selbstbeobachtung"* und *„Fremdbeobachtung"* angesprochen. Im Allgemeinen beschränken sich im sozialwissenschaftlichen Anwendungsbereich Beobachtungen auf Fremdbeobachtungen. Besonderheiten stellen im Zusammenhang interaktionistisch orientierter Methoden die *„Introspektion"* als Selbstbeobachtung sowie aus der Psychoanalyse bekannte Formen der Selbstbeobachtung (*„Selbstanalyse"*) dar.

Obgleich eine Vielzahl von Kombinationsmöglichkeiten von Beobachtungsverfahren auf Grundlage dieser Kriterien denkbar sind, entsprechen nur wenige dieser Kombinationen tatsächlich entwickelten und angewandten Beobachtungstechniken der empirischen Sozialforschung. Dabei sind insbesondere Variationen nach den Dichotomien „strukturiert/unstrukturiert" und „nicht-teilnehmend/teilnehmend" von Bedeutung (vgl. Abb. 7-17).

Beobachtungstyp 1 (unstrukturiert/nicht-teilnehmend) entspricht dabei weitgehend der „nicht-wissenschaftlichen" Alltagsbeobachtung. Beobachtungstyp 2 (unstrukturiert/teilnehmend) kennzeichnet grob die (früher) in Anthropologie und Ethnologie verbreiteten Vorgehensweisen. Die dargestellten Typen 3 und 4 (strukturiert/teilnehmend oder nicht-teilnehmend) entsprechen den gängigen Beobachtungsverfahren in der empirischen Sozialforschung (GRÜMER 1974:34). Ob die zur Anwendung gelangenden Beobachtungsverfahren dabei „verdeckt" oder „offen" eingesetzt werden, hängt im Wesentlichen von der Forschungsfragestellung ab. So sind z. B. Beobachtungen, die die Struktur in Sekten, Logen oder subkulturellen Gruppen betreffen sollen, kaum als offene und auch nur in Ausnahmefällen als nicht-teilnehmende Beobachtungen durchzuführen.[1]

7.2.2 Konstruktion eines Beobachtungsinstruments

Eine sozialwissenschaftliche Datenerhebung oder Messung durch ein Beobachtungsverfahren beinhaltet in der Regel zwei Elemente, auf die sich die Konzeption des Verfahrens beziehen muss: Bei einer systematischen Beobachtung selektiert, klassifiziert und codiert ein „*Beobachter*" Handlungsabläufe oder Elemente von Handlungen nach den Anweisungen eines „*Beobachtungssystems*". CRANACH/FRENZ (1969:272) unterscheiden in Anlehnung an Ausführungen von MEDLEY/MITZEL (1963) drei Arten von Beobachtungssystemen:

- „*Zeichen-Systeme*", die vom Beobachter lediglich das Aufzeichnen des Auftretens eines oder mehrerer Ereignisse erwarten. Welche Ereignisse bzw. Verhaltensweisen (z. B. Gähnen während einer Diskussion) aufgezeichnet werden sollen und ob die Dauer des Verhaltens registriert werden soll, ist festgelegt. Charakteristisch für solche Beobachtungssysteme ist, dass der weitaus größte Teil des ablaufenden Handlungsprozesses für die Beobachtung uninteressant ist.
- „*Kategorien-Systeme*", in denen jede auftretende Handlung nach festgelegten Kategorien klassifiziert wird. Die Entwicklung eines Kategoriensystems, das es möglich macht, ablaufende soziale Prozesse zu registrieren und im Ablauf der zeitlichen Aufeinanderfolge zu protokollieren, ist die Hauptschwierigkeit bei der Konzeption eines Beobachtungsverfahrens.
- „*Schätz-Skalen*" („*Rating-Verfahren*"), die vom Beobachter eine Beurteilung des Ausprägungsgrades eines beobachteten Verhaltens (z. B. Gestik in einer

---

[1] vgl. für Beispiele verdeckter und offener Beobachtungsverfahren sowie zur ethischen Angemessenheit verdeckter Beobachtungen z. B. BABBIE (2001). Vgl. zu den ethischen Problemen teilnehmender Beobachtungen insbesondere FRIEDRICHS/LÜDTKE (1977:27ff).

Diskussion) durch Zuordnung einer Zahl oder einer verbalen Bestimmung (z. B. stark-mittel-schwach) verlangen. Schätz-Skalen werden in aller Regel in Kombination mit Zeichen- oder Kategoriensystemen eingesetzt. Da durch die erforderliche Bewertungsleistung Beobachter, sofern es sich nicht um Laborexperimente handelt, relativ stark belastet werden, wird dieses Verfahren in der empirischen Sozialforschung bei reinen Beobachtungsstudien nur relativ selten genutzt.[1]

Bei allen drei Beobachtungssystemen wird deutlich, dass sich die Aufzeichnungen eines Beobachters immer nur auf einen Ausschnitt des ablaufenden Gesamtvorgangs beziehen. Beobachtungen sind in diesem Sinne immer selektiv.

In der Praxis werden in einem Beobachtungsbogen mitunter alle Formen der hier differenzierten Beobachtungssysteme gleichzeitig verwendet (vgl. Abb. 7-18; FRIEDRICHS/LÜDTKE 1977:252).

Die erste Hauptaufgabe bei der Konstruktion eines solchen Messverfahrens, z. B. eines Kategoriensystems als empirisch häufigster Form der Beobachtungssysteme, muss also darin bestehen, eine Auswahl der für den Untersuchungszweck bedeutsam erscheinenden und theoretisch adäquaten Verhaltenseinheiten zu ermitteln, nach denen das beobachtete Geschehen klassifiziert werden kann. Diese Verhaltenseinheiten oder „*Kategorien*" stellen die Variablen in einem Beobachtungssystem dar.

Zur Entwicklung eines Kategoriensystems werden als prinzipielle Möglichkeiten der „*rationale Ansatz*" und der „*empirische Ansatz*" benannt (WEICK 1968:402; CRANACH/FRENZ 1969:289). Bei der rationalen Vorgehensweise werden die Kategorien als Operationalisierungen der in Hypothesen einer Theorie enthaltenen Begriffe abgeleitet. Im empirischen Ansatz wird auf der Grundlage von bereits zuvor beobachteten Verhaltenselementen ein umfassender Bezugsrahmen konstruiert. Da diese empirische Vorgehensweise jedoch sehr zeitaufwändig ist, andererseits aber auch der deduktive Transfer von allgemeinen Verhaltenstheorien zu konkreten Forschungsfragestellungen kaum leistbar ist, wird in der Praxis eine Kombination der beiden vorgestellten Verfahrensweisen die gängige Technik sein.

---

[1]   vgl. GRÜMER (1974:132). Solche Ratingskalen werden aber z. B. bei Befragungen zur Beurteilung der Wohnumgebung des Befragten durch Interviewer verwendet. Neben der Eindimensionalität jeder einzelnen Ratingskala ist hierbei die Vorgabe weniger, aber klar definierter Skalenpunkte besonders wichtig. In der Praxis hat sich die Verwendung von Photographien zur Verankerung der Skalenpunkte bewährt, vgl. GREINER (1994).

BEOBACHTUNGSSCHEMA KINDERSPIELPLÄTZE (BLATT 4)		
(Alle Viertelstunde auszufüllen)		
	Beobachter: _____	
	Datum: _____	
	Zeit (Viertelstunde beginnend): _____	
	Platz:	
	❑ Karolinenstraße	
	❑ Schulterblatt 61	
	❑ Mittelweg	
	❑ Sülld. Kirchenweg	
	BESTANDSAUFNAHME	
1.	_____ Kinder, davon _____ Mädchen	
	_____ Erwachsene, davon _____ Eltern	
	_____ Kinder mit Eltern	
2.	_____ Gruppen (10 Min. Interaktion, Wechsel)	
	_____ Spielgruppen (5 Min. Interaktion)	
	_____ Dyaden (K.-K.)	
	_____ Isolierte	
	SPEZIELLE K.-E. RELATION	
3.	_____ Kind(er), davon _____ Mädchen	
	_____ Eltern	
	❑ Mutter	
	❑ Vater	
	❑ andere	
4.	Kind(er) spielt/spielen	
	❑ allein	
	❑ mit anderen K.	
	❑ mit E.	
5.	Initiation des Spiels	
	❑ nicht feststellbar	
	❑ E.	
	❑ K.	

(Fortsetzung nächste Seite)

Abkürzungen: K = Kinder; E = Eltern

Abbildung 7-18: *Beispiel Beobachtungsbogen*

6.	Soziale Kontrolle durch E.
	❏ M. von K. entfernt
	❏ kann es sehen
	❏ kann es nicht sehen
	❏ sieht dauernd/meist hin
	❏ sieht selten/nicht hin
	❏ liest o.ä.
	❏ spricht mit anderen E.
7.	Sanktionen
	❏ keine beobachtet
	❏ Eingriff in Spiel nach:
	_____ Minuten
	Grund: _____
8.	Schmutz
	❏ keine entsprechende Gelegenheit
	❏ Gelegenheit u. kein Hinweis
	❏ Gelegenheit u. Hinweis durch Eltern
9a.	Kind mit Eltern-Begleitung in Spielgruppe
	❏ nicht beobachtet
	❏ kein Eingriff in Spiel
	❏ Eingriff in Spiel nach:
	_____ Minuten
	Grund: _____
	❏ E. wurde gerufen
	❏ E. kam von sich aus
	❏ Konflikt von Kindern gelöst
9b.	Status des Kindes in Gruppe
	❏ nicht feststellbar
	❏ höher als andere K.
	❏ ebenso wie andere K.
	❏ niedriger als andere K.
10.	Dauer des Spiels
	_____ Minuten
11.	Art des Spiels
	_____

Abkürzungen: K = Kinder; E = Eltern

Abbildung 7-19: *Fortsetzung Beispiel Beobachtungsbogen*

In jedem Fall sind jedoch eine Reihe von formalen und inhaltlichen Anforderungen an Kategorien und Kategoriensysteme zu stellen (GRÜMER 1974:43):

- Eindimensionalität der Messung,
- Ausschließlichkeit der Kategorien, d. h. jedes beobachtete Ereignis darf nur einer Kategorie zugeordnet werden können,
- Vollständigkeit der Kategorien, d. h. ein Kategorienschema muss so erschöpfend sein, dass alle möglichen zum Forschungsgegenstand gehörenden Beobachtungen erfasst werden können,
- Konkretion der Kategorien, d. h. die Kategorien müssen beobachtbaren Sachverhalten zugeordnet werden können,
- Begrenzung der Anzahl von Kategorien, d. h. aus praktischen Gründen der begrenzten Wahrnehmungsfähigkeit von Beobachtern sollte die Zahl der Kategorien nicht zu groß werden.[1]

Ein Beispiel für ein Kategorienschema (FRIEDRICHS/LÜDTKE 1977:240) stellt die Abbildung 7-20 dar.

In Anlehnung an FRIEDRICHS/LÜDTKE (1977:221f) sind typische Konstruktionsfehler eines Kategoriensystems:

- Unvollständigkeit eines Kategorienschemas (z. B. finden relevante Ereignisse keine Entsprechung in den Kategorien),
- Unanwendbarkeit eines Kategorienschemas (z. B. lassen sich einzelne Kategorien nicht anwenden oder die ablaufenden Ereignisse sind durch das vorgegebene Schema nicht zu erfassen),
- Auseinanderklaffen von Kategorien und zu beobachtenden Einheiten (d. h. die beobachteten Einheiten sind umfassender oder strukturierter als die Kategorienvorgabe berücksichtigt).

Diese Fehlermöglichkeiten machen auch bei der Anwendung von Beobachtungsverfahren einen ausführlichen Pretest nötig.[2]

7.2.3 Stichprobenprobleme

Der hier angesprochene Zusammenhang zwischen Kategorien und den beobachteten Inhalten, auf die sich die Kategorien beziehen („*Beobachtungseinheiten*"), wird deut-

---

[1] Im Allgemeinen wird von einem Umfang von 10 Kategorien ausgegangen; vgl. dazu z. B. WEICK (1968) oder MEDLEY/MITZEL (1963).
[2] Zu Entwicklung und Pretests von Kategorienschemata vgl. auch BAKEMAN (2000).

BEOBACHTUNGSSCHEMA KRANKENHAUS (BLATT 2)
BEOBACHTUNGSKATEGORIEN FÜR DIE KOMMUNIKATION DES PERSONALS
MIT PATIENTEN

1. Interaktion des Personals

Code	Kategorien	Indikatoren
Imp	Imperative Verhaltensanordnung	Eindeutige, definitve Anordnung, „Befehle", Warnungen Richtlinien in Bezug auf ein erwünschtes Verhalten bzw. Anpassung des Patienten ohne Begründung und Diskussion
Verh	Verhaltensanordnung mit sachlicher Begründung oder entsprechende Bitten oder Vorschläge	Anordnungen, Bitten oder Vorschläge in bezug auf erwünschtes Verhalten bzw. die Anpassung des Patienten mit Erklärung oder Diskussion
Fra	Fragen an die Patienten	Beteiligtes, aufmerksames Befragen des Patienten nach Befinden, Wünschen, Problemen
Inf	Informationen des Patienten	Sachliche Informationen des Patienten über Diagnose, Behandlung, Ärzte, Umstände Termine
Gespr	Informales Gespräch	Unterhaltung mit dem Patien über behandlungsunabhängige Themen z.B Familie, Beruf, Kinder, Wetter, Politik, Personal, Arbeit, Urlaub, etc.
Aff	Affektive Zuwendung (Kurzverhalten)	Lächeln, Äußerungen, Gesten, Mimik, körperliche Berührungen, Fragen, die emotional gefärbte Bestätigung, Ermunterung, Unterstützung, Solidarität u.ä. implizieren
Zur	Zurückweisung (Kurzverhalten)	Analog oben, jedoch mit Implikationen von Ablehnung, Zurückweisung, emotionaler Versagung, Schroffheit u.ä. (z.B. Keine Zeit! Kommt nicht infrage! Nein! Bin nicht zuständig! Da müssen Sie warten! Regen Sie sich nich auf! Das sind wir an Ihnen ja gewohnt! usw.)

2. Reaktion des Patienten

Code	Kategorien	Indikatoren
Pos	Positive Reaktion	Zustimmung, Befriedigung, Freude Einverständnis, Verständnis Dank, Einsicht, affektive Zuwendung, Lächeln, analog zu Aff.
Neu	Neutrale Reaktion	Keine sichtbaren Emotionen, sachliche Äußerungen, direkte Anpassung
Neg	Negative Reaktion	Ablehnung, Zurückweisung, Verärgerung Protest, Ironie, Widerspruch, Aggression, Abwertung des anderen u.ä.

Abbildung 7-20: *Beispiel Kategorienschema (Quelle: FRIEDRICHS/LÜDTKE 1977:240)*

lich in der Diskussion um die Stichprobenziehung bei Beobachtungen: Auf welche Beobachtungseinheiten bezieht sich die Beobachtung bzw. aus welchen Beobachtungseinheiten kann eine Stichprobe gezogen werden?[1]

CRANACH/FRENZ (1969: 286) resümieren aus den praktizierten Anwendungen, dass als Beobachtungseinheit derjenige Bestandteil in einem Verhaltensablauf bezeichnet werde, „der dem Untersucher als kleinstes, nicht reduzierbares Ereignis zur Analyse des Verhaltens notwendig erscheint". Diese Anlehnung an die klassische Definition von BALES (1951:158) ist jedoch nicht ohne Probleme, da hier dem einzelnen Beobachter überlassen wird, „Trennstriche zu ziehen, um einzelne Ereignisse von anderen zu unterscheiden" (CRANACH/FRENZ 1969:286). Die Genauigkeit, mit der der jeweilige Beobachter die Einheiten bildet (und die Enge oder Weite ihrer Grenzen), determiniert, welche Ereignisse als verschieden oder gleichartig klassifiziert werden.

Obgleich Beobachtungseinheiten auf nahezu jede beliebige Weise gebildet und abgegrenzt werden können, lassen sich neben der Verwendung von Einheiten, die Ereignisse („acts") beinhalten, hauptsächlich Verwendungen von Zeiteinheiten („time-units") unterscheiden.

Bei der Verwendung von Zeiteinheiten als Beobachtungseinheiten werden Zeiträume zwischen 5 Sekunden und 20 Minuten Dauer als möglich angegeben (vgl. CRANACH/FRENZ 1969:290). Allerdings kann bei zu langen Zeitintervallen die Aufmerksamkeit des Beobachters so stark belastet sein, dass die Beobachtungsgenauigkeit (d. h. die korrekte Zuordnung von beobachteten Ereignissen zu Kategorien) leidet. Bei zu kurzen Beobachtungszeiten besteht andererseits sehr leicht die Gefahr, dass nur Verhaltensfragmente beobachtet werden und z. B. gruppendynamische Vorgänge bzw. individuelle Handlungssequenzen nicht früh genug erkannt und entsprechend falsch klassifiziert werden.

Die Nutzung von Zeitintervallen als Beobachtungseinheiten bietet gleichzeitig die Möglichkeit, innerhalb einer Beobachtung Beobachtungsstichproben vorzunehmen. Da die meisten sozialen Vorgänge, die untersucht werden, in der Regel so schnell ablaufen, dass ein Beobachter bei längerer Protokollierung kaum noch dem Handlungsablauf folgen kann, wird oftmals versucht, durch den systematischen Wechsel von Beobachtungsphasen und Nicht-Beobachtungsphasen das Stichprobenprinzip auf Beobachtungen anzuwenden („*Multi-Moment-Verfahren*").

---

[1]   Eine Diskussion der Stichprobenziehung sowohl der Einheiten der Beobachtung (Situationen, Aktivitäten einerseits, Personen andererseits) als auch der Zeitdauer und Zeitpunkte (kontinuierliche Beobachtung, fixe Zeitintervalle oder zufällig gewählte Intervalle etc.) bei langdauernden Beobachtungen findet sich bei JOHNSON/SACKETT (1998).

Im Allgemeinen stellt jedoch die Stichprobenkonstruktion bei Beobachtungen den Bereich mit den meisten ungelösten Problemen dar (CRANACH/FRENZ 1969:294). Zwar ist es möglich, Abgrenzungen von Raum- und Zeiteinheiten vorzunehmen, in denen Beobachtungen durchgeführt werden sollen. Hierbei ist z. B. ein mehrstufiges Auswahlverfahren von Zeitpunkten und räumlichen Bezugspunkten möglich. Letztlich bezieht sich jedoch die Schwierigkeit bei der Entwicklung eines Auswahlplans für Beobachtungen auf die Auswahl von zu beobachtenden Ereignissen, die zum Zeitpunkt der Stichprobenkonstruktion noch nicht stattgefunden haben. Das heißt, weder ist eine Grundgesamtheit empirisch definierbar, noch sind alle Erhebungs- bzw. Beobachtungseinheiten eindeutig bestimmbar oder im Moment der Auswahl greifbar (KROMREY 1998:330–331).

Auswahlverfahren für – in Bezug auf die Forschungsfragestellung – interessierende Ereignisse setzen zumindest implit voraus, das eine Verteilung der Wahrscheinlichkeit des Eintretens der Ereignisse über die Zeit angegeben werden kann. Verfügt man jedoch über kein formalisiertes Wahrscheinlichkeitsmodell über das Auftreten dieser Ereignisse, dann stellt jede Stichprobenziehung für Beobachtungen ein „unberechenbares" Risiko dar, das auch kaum durch die Vergrößerung der Stichprobe ausgeglichen werden kann (CRANACH/FRENZ 1969:296).

7.2.4 Beobachtertätigkeit und Beobachterfehler

Neben den Schwierigkeiten, die sich bei der Strukturierung des Verfahrens durch das Beobachtungsschema und bei der Festlegung der Stichprobe ergeben, spielen Probleme, die mit der Person des Beobachters in seiner Funktion als „Messinstrument" verbunden sind, eine erhebliche Rolle (MCCALL 1984:272ff).

Dabei muss für alle Beobachtungsverfahren zunächst auf die Aufgaben des Beobachters verwiesen werden. Beobachter „entdecken" Daten (Aufnahme der Daten), sie „verarbeiten" Daten beurteilend (Beurteilung und Vercodung) und sie zeichnen Daten auf (Protokollierung). Von Beobachtern werden aufgrund des (wie auch immer ausgestalteten) Beobachtungsschemas in jedem Fall Wahrnehmungs-, Selektions- und Reduktionsleistungen gefordert. Dabei können eine Reihe von Fehlern auftreten, die die Qualität der Beobachtung beeinflussen.

7.2.4.1 Beobachterfehler

In der Phase der „Entdeckung" von Daten, also z. B. von Verhaltensweisen, die durch ein Zeichen- oder Kategoriensystem als Beobachtungsvariablen vorgegeben sind, hängt die Qualität, d. h. die Zuverlässigkeit der Beobachterleistung, im Wesentlichen

von der Zahl der zu beobachtenden Zeichen/Kategorien und der Häufigkeit ihres Vorkommens ab. Relativ selten vorkommende Zeichen/Kategorien können relativ leicht
übersehen werden; sehr häufig vorkommende Zeichen/Kategorien sind nur dann zuverlässig zu registrieren, wenn das zugrunde liegende Zeichen- oder Kategorienschema
nicht zu umfangreich ist. Besonders „anfällig" für Beobachterfehler ist jedoch die
Verarbeitungsphase, da hier Urteile gebildet und Schlussfolgerungen gezogen werden
müssen. Als häufige Urteilsfehler bezeichnen CRANACH/FRENZ (1969:280ff):

- die zentrale Tendenz, d. h. die „verschobene" Wahrnehmung extremer Ereignisse
  und entsprechende Vercodung in einer Mittelkategorie,
- die Neigung, zu milde und großzügig zu urteilen (z. B. in der Persönlichkeitsbe-
  urteilung),
- Einflüsse der zeitlichen Abfolge (z. B. die Festlegung von Beurteilungen aufgrund „erster Eindrücke"),
- Halo-Effekte, d. h. eine Verzerrung von Urteilen aufgrund eines besonderen
  Merkmals einer Person oder Situation oder des „Gesamteindrucks", die für alle
  weiteren Urteile leitend sind,
- die Tendenz, Eigenschaften, Verhaltensweisen und Situationselemente nach
  der „Logik" ihrer Zusammengehörigkeit bzw. nach Maßgabe einer implizit
  zugrunde gelegten „Theorie" des Beobachters zu beurteilen.

Darüber hinaus stellt sich das Problem der Schlussfolgerung als Erschließung von
nicht direkt beobachtbaren Sachverhalten bzw. der Absicht des Handelnden. Während
im Rahmen eines Zeichensystems die Codierung „Person X lacht" relativ einfach ist,
erscheint der Erschließungsaufwand in Bezug auf eine Kategorie „Person X zeigt Soli-
darität" ungleich höher. Schon die einfach erscheinende Feststellung von Blickrichtun-
gen kann mitunter nur aus der Kopfhaltung und den situativen Bedingungen insgesamt
erschlossen werden. CRANACH/FRENZ (1969:285) fordern auf dieser Grundlage, den
Beobachter im unkontrollierbaren, unwiderruflichen Verarbeitungsprozess so wenig
Entscheidungszwängen wie möglich auszusetzen.

Bei teilnehmenden Beobachtungen werden eine Reihe zusätzlicher Probleme wirksam,
die aus der z.T. gewünschten intensiven Interaktion zwischen Beobachtern und Beobachteten entstehen.[1] Obgleich der teilnehmende Beobachter in aller Regel ermitteln
soll, was z. B. in einer Jugendgruppe oder in der Personalabteilung eines Großunter-

---

[1] vgl. dazu ausführlich FRIEDRICHS/LÜDTKE (1977:41ff) bzw. GRÜMER (1974:93–117).

nehmens „normalerweise" geschieht und nicht, was durch seine Tätigkeit dort entsteht, lassen sich solche Beeinflussungen kaum vermeiden.[1]

Mögliche intersubjektive Fehlerquellen können daraus abgeleitet werden, dass es dem Beobachter nicht gelingt, im sozialen Kontext seines Beobachtungsfeldes eine Rolle einzunehmen, die es ihm möglich macht, sowohl Informationen zu erlangen als auch einen möglichst geringen Einfluss auf die ablaufenden Interaktionen zu nehmen. Weitere Schwierigkeiten können darüber hinaus auftreten, wenn der Beobachter keinen Zugang zu zuverlässigen Informanten hat bzw. wenn er nicht das Vertrauen von sog. „*Schlüsselpersonen*" gewinnen kann, die ihm den Zugang zum Untersuchungsfeld eröffnen.

Weitere mögliche Fehlerquellen ergeben sich aus der Intensität, in der Interaktionen mit Angehörigen der beobachteten Gruppe gepflegt werden. Dabei muss immer entschieden werden, ob und inwieweit eine höhere Interaktionsintensität die Standardisierungsmöglichkeit und die Kontrolle der Beobachtung verringert. Hierbei treten zwei wesentliche intrasubjektive Schwierigkeiten auf, die zu Beobachtungsfehlern führen können. Zum einen ist die Tendenz zu beobachten, dass, je länger und/oder intensiver der Beobachter im zu beobachtenden Feld und den dort ablaufenden Interaktionen engagiert ist, die Möglichkeit verlorengeht, dem Beobachtungsschema angemessene Kategorisierungen von Situationen, Verhaltensweisen und Einstellungen vorzunehmen. Der Beobachter übernimmt teilweise die Sicht der zu beobachtenden Akteure („*going native*"). Zum anderen verstärkt diese Aufhebung der Distanz oder Neutralität zum zu beobachtenden Geschehen unter den Bedingungen des spezifischen Forschungsinteresses die ohnehin vorhandenen Intra-Rollenkonflikte des Beobachters durch die Trennung von Teilnahme und Beobachtung. Folgen davon können ungenaue Beobachtungen und unzureichende Aufzeichnungen sein. Intra-Rollenkonflikte, die sich aus der Doppelfunktion des teilnehmenden Beobachters ergeben, stellen somit den zweiten Problembereich dar, der die Beobachtungsqualität teilnehmender Beobachtungen verringern kann.

7.2.4.2 Beobachtereinflüsse

Die hier kurz dargestellten Beobachterfehler beziehen sich im Wesentlichen auf die Fähigkeiten des Beobachters, den besonderen Anforderungen seiner Aufgabe nachzukommen. Anders als bei den Untersuchungen zum persönlichen Interview finden sich

---

[1] FRIEDRICHS/LÜDTKE (1977:42) raten als minimale Kontrolle solcher Effekte die Protokollierung von vermuteten Einflussnahmen bzw. von Veränderungen, von denen der Beobachter glaubt, sie provoziert zu haben, im Beobachtungstagebuch an.

jedoch kaum Hinweise auf die systematische Überprüfung von Verzerrungen durch die Interaktion von „offen" agierenden Beobachtern und Beobachteten.[1]

Obgleich eine Reihe von Autoren darauf verweisen, dass die Anwesenheit eines Beobachters keine gravierenden Effekte auf die Verhaltens- und Handlungsweisen der Beobachteten hat, dass solche Effekte allenfalls in der Anfangsphase einer Beobachtung auftreten und dass im Wesentlichen die Anwesenheit eines Beobachters nach relativ kurzer Zeit „vergessen" wird[2], müssen doch eine Reihe möglicher Effekte, wie sie im Zusammenhang des persönlichen Interviews diskutiert wurden, auch für das Verfahren der Beobachtung zumindest in Betracht gezogen werden.

Mit Reaktivität der Beobachteten muss nach den Maßgaben der Handlungstheorie[3] immer dann gerechnet werden, wenn den Beobachteten bewusst ist, Ziel von Forschungsinteressen zu sein und wenn gleichzeitig die Konsequenzen des Forschungskontaktes von den Beobachteten als bedeutsam für sich selbst eingeschätzt werden. Nur wenn beide Bedingungen erfüllt sind, ist mit längerfristigen reaktiven Strategien zu rechnen.

Bedeutsam werden solche möglichen Reaktivitätseffekte vor allem bei teilnehmenden oder nicht-teilnehmenden Feldbeobachtungen, die „offen" durchgeführt werden. Allerdings ergibt sich in diesen Beobachtungssituationen ein wesentlicher Unterschied zum persönlichen Interview. Während beim Interview die Aufmerksamkeit des Befragten im Wesentlichen auf den Interviewer gerichtet ist, ist bei Beobachtungen die Aufmerksamkeit der Akteure weitgehend auf den abzuwickelnden Handlungsablauf (Arbeitsablauf, Diskussionsablauf usw.) und nicht auf den Beobachter gerichtet. Dies ergibt sowohl für die Bewusstheit über die Forschungssituation als auch für die Gegenwärtigkeit von Konsequenzeneinschätzungen erhebliche Unterschiede. Insofern lassen sich die berichteten empirischen Befunde der Bedeutungslosigkeit von Beobachtereinflüssen auf die Reaktivität von Beobachteten in diesem theoretischen Rahmen stützen.

Bei Laborbeobachtungen gleich welcher Art[4] ist demgegenüber immer zu unterstellen, dass die „Ausnahmesituation" eines solchen Forschungskontaktes mögliche Effekte, die durch die offene Teilnahme von Beobachtern im Gegensatz zum Ablauf bei verdeckten Beobachtungen auftreten könnten, in weitem Umfang überdeckt.

---

[1] vgl. zu den „Experimenter-Effekten " bei Laborbeobachtungen Kapitel 5 bzw. ROSENTHAL/ROSNOW (1969) sowie zur teilnehmenden Beobachtung ausführlich ROETHLISBERGER/DICKSON/WRIGHT (1949).

[2] vgl. dazu die Zusammenfassung bei CRANACH/FRENZ (1969:307f).

[3] vgl. dazu Kapitel 7.1.1.5.4.

[4] vgl. dazu die unterschiedlichen Versuchsanordnungen zur Überprüfung des Beobachtereinflusses bei BALES (1951).

7.2.4.3 Beobachterschulung

Um sicherzustellen, dass das Ergebnis einer Datenerhebung durch Beobachtung nicht lediglich die Weltsicht des Forschers bzw. diejenige einzelner Beobachter reflektiert, ist es notwendig, immer mehrere Beobachter einzusetzen.[1] Aus dem Einsatz mehrerer Beobachter ergibt sich allerdings ein weiteres Problem: die Zuordnung von Beobachtungen zu Kategorien darf sich zwischen den Beobachtern nicht unterscheiden. Erst wenn mehrere unabhängige Beobachter gleiche oder ähnliche Codierungen des gleichen beobachteten Ereignisses vornehmen, kann von einer reliablen Messung ausgegangen werden (vgl. Kapitel 4.3.2.1.).

Um das Ausmaß der Übereinstimmungen zwischen Beobachtern festzustellen, werden Übereinstimmungsmaße berechnet. Fast alle Übereinstimmungsmaße nehmen Werte zwischen Null und Eins an; in der Regel bedeutet der Wert Eins, dass sich die Beurteiler nicht unterscheiden.[2]

Um dieses Ziel der „*Intercoder-Reliabilität*" zu erreichen, ist eine intensive Beobachterschulung unabdingbar. CRANACH/FRENZ (1969:304f) empfehlen in Anlehnung an HEYNS/ZANDER (1953) folgende Trainingsschritte:

- Information der Beobachter über die Absicht der Studie[3],
- Probebeobachtungen ohne endgültiges Beobachtungsschema, um die Schwierigkeiten der Methode kennenzulernen und Sensibilität gegenüber relevanten Verhaltensweisen zu erlangen,

---

[1] vgl. dazu auch das analoge Verfahren beim Interview (Kapitel 7.1.1.) bzw. bei der Codierung im Rahmen von Inhaltsanalysen (Kapitel 7.3.3.).

[2] Bei nominalem Messniveau wird zumeist der Koeffizient Kappa verwendet, da Kappa eine Korrektur für zufällige Übereinstimmungen in quadratischen Kreuztabellen vornimmt (COHEN 1960). Wenn r die Zahl der Zeilen der Tabelle, F_{ii} die Häufigkeit in der Hauptdiagonalen, N die Anzahl der Fälle und R_i und C_i die Zeilen- bzw. Spaltenrandsummen darstellen, dann ergibt sich Kappa als

$$\kappa = \frac{N \sum_{i=1}^{r} F_{ii} - \sum_{i=1}^{r} R_i C_i}{N^2 - \sum_{i=1}^{r} R_i C_i} \qquad (7.2)$$

Bei Intervallskalen wird häufig der Intraklassenkorrelationskoeffizient, bei Ordinalskalen der Rangkorrelationskoeffizient verwendet. Einzelheiten zu diesen und anderen Koeffizienten finden sich bei ASENDORPF/WALLBOTT (1979) und ZEGERS (1991) sowie bei WIRTZ/CASPAR (2002).

[3] BAKEMAN/GOTTMAN (1986:71) verweisen jedoch darauf, dass die Standardpraxis bei Beobachtungen gerade darin besteht, den Beobachter „naiv" in Bezug auf die zur Untersuchung anstehenden Hypothesen zu lassen, um Einflüsse der subjektiven Weltsicht des Beobachters auf die Art und Weise der Protokollierung von Beobachtungselementen zu reduzieren.

- Information und Diskussion über die Items des Beobachtungsschemas,
- Anwendung des Beobachtungsschemas in einem Rollenspiel,
- Diskussion der ersten Erfahrungen und gegebenenfalls die Revision des Beobachtungsinstruments,
- Pretest unter „Ernstbedingungen",
- Prüfung der Übereinstimmung der Beobachter.

Darüber hinaus erscheint es notwendig zu prüfen, ob die Codierungen eines Beobachters konsistent über die Zeit sind („*Intracoder-Reliabilität*"). BAKEMAN/GOTTMAN (1986:73ff) schlagen vor, im Rahmen von periodisch ablaufenden Beobachterschulungen, alle Beobachter erneut Codierungen von Standardbeobachtungssequenzen (Videoaufzeichnungen) vornehmen zu lassen und die Ergebnisse sowohl mit der Standardcodierung wie mit auch früheren Codierungsversionen des jeweiligen Beobachters selbst zu vergleichen. Bei all diesen Überprüfungen der Übereinstimmung der Kodierer muss beachtet werden, dass Übereinstimmung eine notwendige, aber keineswegs hinreichende Voraussetzung für die Gültigkeit der Codierung darstellt.

Die Vorbereitung auf die Durchführung einer teilnehmenden Beobachtung sollte in jedem Fall darüber hinaus auf die besonderen Probleme dieser Beobachtungsart hinführen. FRIEDRICHS/LÜDTKE (1977:211f.) verweisen auf umfangreiche Pretest-Phasen, in denen die Beobachter sowohl einem Training zur Übernahme bestimmter Rollen im Feld unterzogen werden, wie auch durch Simulation bestimmter Situationen auf das Feld und die Auswahl von Schlüsselpersonen vorbereitet werden.

Insbesondere bei teilnehmenden Beobachtungen erscheint es angemessen, wenn sich Instruktionen nicht nur auf die Schulungsphase beziehen, sondern auch während der Feldphase eine kontinuierliche Kontrolle und Überwachung der Beobachter stattfindet (GRÜMER 1974:118).

7.2.5 Technische Hilfsmittel

Bei der konkreten Durchführung von Beobachtungen sind noch immer und traditionellerweise Papier (Kategorienschema bzw. Beobachtungstagebuch bei nicht strukturierten Beobachtungen) und Bleistift die hauptsächlichen Werkzeuge, obgleich mittlerweile auch PC-Programme für die Beobachtung verwendet werden. Hinzu tritt insbesondere bei Beobachtungen in sozialpsychologischen Untersuchungsansätzen in größerem Umfang die Nutzung von technischen Hilfsmitteln wie Tonbandgeräten oder Film- und Videoaufnahmen. Der Vorteil der zusätzlichen Verwendung solcher Hilfsmittel kann z. B. in der Möglichkeit des Vergleichs der Analyse von Videoaufnahmen mit den von einem Beobachter angefertigten Beobachtungsprotokollen zur Erhöhung der intersubjektiven Überprüfbarkeit liegen. Im Einzelfall sind jedoch die Effekte, die mit der Verwendung solcher technischen Hilfsmittel und dem damit notwendigen Agieren vor Kameras verbunden sind, in Betracht zu ziehen.

7.2.6 Zur Relevanz der Beobachtung als Datenerhebungstechnik

Beobachtungen können in vielfältiger Hinsicht im wissenschaftlichen Prozess der Datenerhebung genutzt werden. Sie können in explorativen Untersuchungen dazu dienen, Einblicke in ein noch wenig bearbeitetes Forschungsgebiet zu bekommen, um Hypothesen zu ermitteln, die später getestet werden können. Beobachtungen können auch ergänzendes Datenmaterial bereitstellen zu Ergebnissen, die mit anderen Methoden erzielt wurden oder sie können in deskriptiven Studien die einfachste Methode der Datensammlung darstellen (NACHMIAS/NACHMIAS 1976:75).

Darüber hinaus gibt es im sozialwissenschaftlichen Bereich Forschungsfelder, die andere Methoden der Datenerhebung nahezu ausschließen: z. B. bei der Erfassung komplexer Interaktionen, die von den beteiligten Akteuren weder angemessen wahrgenommen noch zuverlässig berichtet werden können oder wenn verbale Auskünfte entweder nicht eingeholt werden können (z. B. von Kindern) oder aber prinzipiell nicht im Mittelpunkt des Interesses stehen (z. B. bei Untersuchungen zur nonverbalen Kommunikation) (FRIEDRICHS 1973:274).

Trotz all dieser möglichen Anwendungsfelder ist die Beobachtung jedoch ein weitgehend problematisches Verfahren, das aufgrund der sich ergebenden Schwierigkeiten, z. B. bei der Erarbeitung des Kategorienschemas oder bei der Durchführung der Beobachtung, nur relativ selten und nur in einzelnen Disziplinen der Sozialwissenschaft als „systematisches" Instrument angewandt wird.

Mit dem Verschwinden der Feldforschung aus den gängigen Praktiken der empirischen Sozialforschung reduzierte sich auch die Anwendung weniger systematischer Varianten der Beobachtung (wie z. B. aus der Anthropologie oder Ethnologie, aber auch aus älteren soziologischen Studien z. B. WHYTE (1943) oder WARNER/LUNT (1941/42) bekannt) mit all ihren Problemen weitgehend auf den Bereich alltagsweltlich-interaktionistischer „qualitativer" Forschung.

Durch das weitverbreitete Missverständnis der Sozialwissenschaften als ausschließlich sinnverstehende Wissenschaft bleibt derzeit trotz der Entwicklung neuer Techniken sowohl bei der Erhebung als auch bei der Analyse von Beobachtungsdaten[1] die

---

[1] vgl. GOTTMAN/ROY (1990), BAKEMAN/QUERA (1995) und SHARPE/KOPERWAS (2003).

Anwendung der Beobachtung in den Sozialwissenschaften weit hinter dem zurück, was in anderen Wissenschaften als Standard gilt.[1]

7.3 Inhaltsanalyse

Im Gegensatz zu Datenerhebungstechniken wie Befragungen und einigen Beobachtungsverfahren, bei denen sich die untersuchten Individuen oder Kollektive bewusst darüber sind, dass sie Gegenstand einer Untersuchung sind und entsprechende Reaktivitätseffekte erwartbar werden, ist die „*Inhaltsanalyse*" („*Content Analysis*") eine Methode, die in der Hauptsache Texte aller Art (aber auch Rundfunk- und Fernsehsendungen, Filme usw.) einer quantifizierenden Analyse unterzieht.[2] Die Tatsache, dass weder Produzenten noch Leser z. B. von Zeitschriftenartikeln durch eine Inhaltsanalyse direkt betroffen sind, macht den Vorteil dieser Methode als im Wesentlichen nicht-reaktiv aus (vgl. zu weiteren nicht-reaktiven Verfahren Kapitel 7.4).[3]

Darüber hinaus wird als Vorteil dieses Verfahrens die Vielfältigkeit des einer Analyse zur Verfügung stehenden Materials genannt bzw. die disziplinenübergreifende Verwendbarkeit dieser Methode. So werden z. B. in der Literaturwissenschaft Inhaltsanalysen u.a. zur Feststellung umstrittener Autorenschaften sowie zur Analyse der Verständlichkeit von Texten genutzt. In der psychologischen Forschung beruhen eine Reihe von Wortschatzüberprüfungen auf inhaltsanalytischen Vorgehensweisen (FRIEDRICHS 1973:317). Die Hauptanwendungsbereiche liegen jedoch in der Erforschung politischer Kommunikation[4], in der Analyse von Massenmedien, aber auch im engeren soziologischen Bereich, z. B. in der Analyse des Wandels von Einstellungen, Lebensstilen usw. (FRIEDRICHS 1973:317).[5]

WEBER (1990:10) betont in diesem Zusammenhang die Tatsache, dass unterschiedlichste schriftliche Dokumente für sehr lange Zeiträume verfügbar seien und so die

---

[1] Als Beispiel kann die Verhaltensforschung in der Biologie dienen: Zum Stand der Datenerhebung vgl. LEHNER (1998), zu entsprechenden Analysetechniken vgl. HACCOU/MEELIS (1992).

[2] Inhaltsanalysen stellen eher eine Mischform von „Analysetechnik" und Datenerhebungsverfahren dar.

[3] Bezieht sich Inhaltsanalyse jedoch z. B. auf die Analyse von offenen Fragen in einem Fragebogen eines mündlichen Interviews (RITSERT 1972:16) oder auf Transkripte von narrativen Interviews oder allgemein: von Kommunikation (WEBER 1990:10), dann ist dieser Vorteil nicht mehr gegeben.

[4] So verdankt die Inhaltsanalyse ihren ersten großen Aufschwung sicherlich der amerikanischen Propagandaforschung während des Zweiten Weltkriegs und in der Nachkriegszeit; vgl. dazu LASSWELL/ LEITES (1949) oder LASSWELL/KAPLAN (1950).

[5] vgl. zu den vielfältigen Anwendungsmöglichkeiten die „klassischen" Vorschläge von BERELSON (1952).

Möglichkeit der Bereitstellung sogar Jahrhunderte übergreifender Daten in Bezug auf ökonomischen, sozialen, politischen und kulturellen Wandel bestehe.

7.3.1 Inhaltsanalytische Techniken

Es lassen sich vier gebräuchliche Formen der empirischen Inhaltsanalyse unterscheiden[1]:

1. „*Frequenzanalysen*", in denen Textelemente lediglich klassifiziert werden und die Häufigkeit ihres Vorkommens ausgezählt wird (vgl. Tab. 7-2).

2. „*Valenzanalysen*"; hierbei wird eine schon spezifischere Beschreibung von Inhalten durch die Angaben von Bewertungen (negativ, neutral, positiv), die im Zusammenhang mit der Nennung von interessierenden Begriffen stehen, möglich. Beispielsweise wäre bei einer Analyse von 1500 Tageszeitungsartikeln aus dem Zeitraum von Oktober bis Dezember 1987 zu Fragen der kommunalen Finanzen zu untersuchen, welche Bewertungen mit dem Begriff „Steuerreform" verbunden sind (sofern dieser Begriff genannt wird).

3. „*Intensitätsanalysen*" erfassen zusätzlich die Intensitäten von Bewertungen.

4. „*Kontingenzanalysen*" überprüfen schließlich das Auftreten bestimmter sprachlicher Elemente im Zusammenhang mit anderen Begriffen. So könnte im genannten Beispiel analysiert werden, ob und wie häufig der Begriff „Steuerreform" im Zusammenhang mit anderen Kategorien (z. B. „finanzieller Ruin der Städte", „Ausgrenzungspolitik" oder „Umverteilung") auftaucht.

7.3.2 Phasen einer Inhaltsanalyse

Alle diese Techniken basieren auf der gleichen Vorgehensweise bei der Ermittlung und Aufbereitung des zu untersuchenden Materials:

Zunächst muss die Art oder Klasse von Texten, die in Hinsicht auf ein spezifisches Forschungsproblem analysiert werden sollen, festgelegt werden. Sei zum Beispiel als Forschungsproblem „Der Wandel in der Einstellung zum Stillen im Zeitraum von 1967-1987" benannt, könnten Zeitschriftenartikel aus Frauen- und Elternzeitschriften dieses Zeitraums, die sich mit dem „Problem" des Stillens befassen, als interessierende Texte ermittelt werden. HARDER (1974:236) nennt als wesentliche Kriterien bei dieser

---

[1] Einen weitaus differenzierteren Überblick über – auch weniger gebräuchliche – Techniken der Inhaltsanalyse gibt MERTEN (1981).

Festlegung, dass die Texte relevant für den Zweck der Untersuchung sein müssen, dass sie tatsächlich existieren und dass sie auch zugänglich sind.

In einem zweiten Schritt muss aus dieser ermittelten Klasse von relevanten Texten eine Stichprobe von zu untersuchenden Texten festgelegt werden. Dies sollte entweder durch eine Vollerhebung oder durch eine Zufallsstichprobe erfolgen.[1]

Bei einer quantitativen Inhaltsanalyse müssen dann die Zähleinheiten (d. h. die zu zählenden Texteinheiten; Merkmalsträger) vorgegeben werden. Zähleinheiten können sein: Worte (entweder alle Worte eines Textes oder bestimmte Worte, die listenmäßig aufgeführt sind), Fremdwörter, Wortgruppen (z. B. Idiome), Substantive, Adjektive, Verben, Sätze, Artikel, Seiten, Überschriften usw.[2] Bei dem genannten Beispiel könnten z. B. Artikel als Zähleinheit benannt werden.

Die wesentlichste Entscheidung bei einer Inhaltsanalyse besteht jedoch in der Entwicklung eines „*Kategorienschemas* ". Da bei einer Inhaltsanalyse im allgemeinen mehrere Kategorien betrachtet werden, also z. B. nicht nur der Wandel in der Bewertung des Stillens interessiert, sondern im Zusammenhang damit z. B. auch Dimensionen wie „Mütterlichkeit", „Frauenerwerbstätigkeit", „Moralvorstellungen" u.a., müssen Kategorien aufgrund einer gründlichen theoretischen Aufarbeitung des Forschungsproblems festgelegt und definiert werden. „*Kategorien*" im inhaltsanalytischen Sinn sind also zunächst „Oberbegriffe", die mit den definierten Begriffen für die problemrelevanten Dimensionen identisch sind oder sie in Teildimensionen untergliedern. Darüber hinaus müssen „*Unterkategorien*" gebildet werden, die angeben, welche Art von Aussagen je Kategorie unterschieden werden sollen. Unterkategorien entsprechen somit den Merkmalsausprägungen von Variablen (vgl. HARDER 1974:239).

Das Kategorienschema, das vor der Datenerhebung entwickelt werden sollte, muss einigen formalen Anforderungen genügen. So darf sich jede Kategorie nur auf eine Bedeutungsdimension beziehen; Kategorien müssen einander ausschließen, erschöpfend und unabhängig voneinander sein. Trotzdem ist jedes inhaltsanalytische Kategorienschema selektiv in Bezug auf bestimmte Fragestellungen: es muss nicht eine vollständige Erfassung aller im Text auftretenden Inhalte erlauben; es wird lediglich gefordert, dass es alle interessierenden Bedeutungsdimensionen vollständig erfasst.

Diese vollständige Erfassung interessierender Bedeutungsdimensionen ist zum einen durch eine möglichst intensive theoretische Bearbeitung der Forschungsfragestellung – ähnlich wie bei der Konstruktion eines Fragebogens – zu gewährleisten, zum anderen erscheint es auch zweckmäßig, einen ersten Entwurf des Schemas an einem Teil der

---

[1] vgl. dazu allgemein Kapitel 6, speziell zur Inhaltsanalyse KOPS (1977).
[2] vgl. HARDER (1974:239), WEBER (1990:22f.) und ausführlich KRIPPENDORFF (2004:97f.).

Jimmy Carter			Ronald Reagan		
Rang	Wort	Häufigkeit	Rang	Wort	Häufigkeit
1	unser	430	1	unser	347
2	müssen	321	2	ihr/e	161
3	demokratisch	226	3	Verwaltung	131
4	Bundes-	177	4	Regierung	128
5	Unterstützung	144	5	republikanisch	126
6	Partei	139	5	Bundes-	126
7	Regierung	133	6	amerikanisch	119
8	Programme	129	7	Republikaner	116
9	Verwaltung	127	8	Carter	112
10	alle	122	9	müssen	104
10	wirtschaftlich	122	10	wirtschaftlich	101
11	ihr/e	112	11	Politik	100
12	weiterführen	109	12	sowjetisch	98
13	Energie	107	13	Staaten	93
14	sollten	99	14	militärisch	89
15	andere	96	15	Steuer	85
16	Politik	89	16	Unterstützung	83
17	Anstrengungen	87	17	Energie	81
17	Entwicklung	87	17	mehr	81
18	Rechte	86	18	Partei	79
19	Gesundheit	85	19	Volk	74
20	amerikanisch	84	20	vereinigt/e	73
21	Programm	81	21	Programme	72
21	mehr	81	21	Sie	72
22	national	80	22	alle	70
23	neu	79	22	Politik	70
24	Staaten	73	23	Amerikaner	68
25	Sicherheit	72	24	sollten	64
26	Frauen	70	25	neu	63
27	Arbeit	69	26	Glaube	62
28	Ausbildung	65	26	Abwehr	62
29	Jahre	64	26	national	62
30	Bedürfnisse	62	26	wer	62

Tabelle 7-2: *Beispiel einer Frequenzanalyse („Programmatische Äußerungen der US-Präsidentschaftsanwärter 1980") gekürzt nach WEBER 1990:51*

Zähleinheiten zu testen. Auf Grundlage eines solchen Pretests kann die Einführung zusätzlicher Kategorien oder Unterkategorien, die Unterteilung von Kategorien sowie die Umdefinition uneindeutiger Kategorien nötig werden.

Ein anderer Ansatz der Inhaltsanalyse bezieht sich auf die Entwicklung und Anwendung von „Wörterbüchern". *„Inhaltsanalyse-Wörterbücher"* enthalten Kategoriennamen, Definitionsregeln für die Zuweisung von Worten zu Kategorien und Musterzuweisungen für bestimmte Worte. Ein solches Wörterbuch enthält soviele Kategorien, dass die meisten Texte anhand dieser Vorgaben klassifiziert werden können (WEBER 1990:25) und hat die Vorteile, dass die Arbeitsschritte der Aufstellung eines Kategorienschemas, der Validierung und der Überarbeitung verkürzt werden, Klassifizierungen standardisiert werden können und damit Vergleiche zwischen einzelnen Untersuchungen möglich werden. Beispiele für vorliegende Wörterbücher sind das „Harvard IV Psychosocial Dictionary" und das „Lasswell Value Dictionary (LVD)".[1]

Auf Grundlage des komplett fertiggestellten Kategorienschemas können dann die Inhalte der Zähleinheiten in den Texten gesucht und verschlüsselt (*„codiert"*) werden. Diese Codierung des Inhalts ist die letzte arbeitsaufwändige Phase der Vorbereitung einer statistischen Auswertung des Materials als Frequenz-, Valenz-, Intensitäts- oder Kontingenzanalyse.

Früher erfolgten quantitative Inhaltsanalysen fast vollständig manuell; daher erforderten solche Analysen in der Regel mehrere Monate Arbeit. Neuere Anwendungen der Inhaltsanalyse erfolgen fast immer computergestützt.[2] Durch die Nutzung von Scannern zur Übertragung von Texten auf elektronische Speichermedien können die notwendigen Arbeitsschritte einer quantitativen Inhaltsanalysen in kurzer Zeit durchgeführt werden. Mit derzeitigen PCs und Scannern sowie Standardsoftware lässt sich eine Textseite – je nach Qualität der Vorlage – in ca. 30 Sekunden mit weniger als 1% Fehler erfassen. Für die reine Texterfassung eines vollständigen Buches benötigt man ca. 1.5 Stunden.[3]

---

[1] vgl. LASSWELL/NAMENWIRTH (1968). Ein Überblick über andere Diktionäre findet sich bei ZÜLL/LANDMANN (2002).

[2] Daher werden sie gelegentlich auch als „CUI" („Computer-unterstützte Inhaltsanalyse") bezeichnet. Hinweise auf die technisch eher trivialen CUI-Programme finden sich mit jeder Internetsuchmaschine („software for content analysis"). Außerhalb der Sozialwissenschaften wird die Analyse von Texten unter anderem als „text mining" bezeichnet, daher findet man technische Literatur eher mit diesem Begriff. Inhaltsanalytische Techniken lassen sich auch leicht in frei verfügbarer Statistiksoftware durchführen, so z. B. in R, vgl. FEINERER/HORNIK/MEYER (2008).

[3] Zwar lassen sich mit Hochgeschwindigkeits-Scannern bis zu 180 Seiten pro Minute lesen, der Preis dieser Geräte liegt aber in der Größenordnung eines Mittelklasse-PKWs. In Universitäten sind sie daher kaum zu finden.

Außer bei reinen Frequenzanalysen ist aber fast immer eine Codierung des erfassten Materials durch „menschliche" Coder unvermeidbar.[1] Hierbei spielen zunächst Fragen der Zuverlässigkeit von Codierungen eine elementare Rolle.[2]

7.3.3 Probleme inhaltsanalytischer Verfahren

Die zentralen methodischen Probleme der Inhaltsanalyse liegen im Prozess der Datenreduktion, bei dem die Vielzahl der Wörter eines Textes in nur wenige Kategorien klassifiziert werden muss. Der Hauptproblembereich bezieht sich dabei auf die Konsistenz oder Zuverlässigkeit dieser Klassifikationen, die z. B. durch die Mehrdeutigkeit von Begriffen oder eine Mehrdeutigkeit bei der Definition von Kategorien beeinträchtigt sein kann. KRIPPENDORFF (2004:214) nennt als Elemente der Zuverlässigkeit bei Inhaltsanalysen:

- „*Stabilität*",
- „*Wiederholbarkeit*" und
- „*Genauigkeit*".

„*Stabilität*" bezieht sich dabei darauf, inwieweit Inhaltsklassifikationen im Zeitverlauf stabil und unverändert bleiben. Sie ist dann gegeben, wenn der gleiche Inhalt von einem Coder jeweils gleich vercodet wird („*Intracoder-Reliabilität*"). Treten Inkonsistenzen in der Vercodung auf, dann können diese aus einer Vielzahl von Gründen entstanden sein: Neben Mehrdeutigkeiten im Text oder im Kategorienschema können Lernprozesse des Coders oder einfache Fehler, Unachtsamkeiten oder Müdigkeit des Coders verantwortlich sein. Da sich die Frage der Stabilitätsprüfung nur auf einen einzigen Coder bezieht, ist dies die schwächste Form der Reliabilität (WEBER 1990:17).

„*Wiederholbarkeit*", oftmals auch als „*Intercoder-Reliabilität*" bezeichnet, bezieht sich auf das Ausmaß, in dem gleiche Klassifizierungen vorgenommen werden, wenn der gleiche Text von mehr als einem Coder vercodet wird. Unterschiedliche Codierungen resultieren aus kognitiven Unterschieden zwischen Codern, mehrdeutigen Codieranweisungen oder aus einfachen Fehlern der Coder. Hohe Intercoder-Reliabilität ist der Minimum-Standard einer Inhaltsanalyse.

---

[1] Zwar können zumindest in Ansätzen Computerprogramme auf der Basis von Inhaltsanalyse-Wörterbüchern unterschiedliche Bedeutungen (bislang meist: englischer) Homonyme aufgrund des Kontextes, in dem die betreffenden Worte stehen, ermitteln (WEBER 1990:30); bei praktischen Anwendungen bleibt eine „Interpretation" der Bedeutung aber Menschen vorbehalten.

[2] vgl. zum Problem der Gültigkeit die allgemeinen Ausführungen in Kapitel 4.

Schließlich bezieht sich *„Genauigkeit"* auf die Übereinstimmung eines hand-codierten Fragebogens mit einer bekannten *„Standardcodierung"* oder *„Codierungsnorm"*. Diese – wegen weitgehenden Fehlens von Standardcodierungen – nur selten anwendbare Reliabilitätsprüfung ist der härteste Zuverlässigkeitstest für Codierungen. Er wird mitunter in Trainingsphasen für Codierer angewandt, wenn eine Standardcodierung durch Experten verfügbar ist (Krippendorff 2004).

Neben den methodischen Problemen liegt das Hauptproblem der Inhaltsanalyse in der Vielzahl der Hilfshypothesen, deren Gültigkeit vorausgesetzt werden muss, damit die vermuteten Ursachen ihre beobachtbaren Folgen auch in den Texten zeigen. Von daher ist zu erwarten, dass Zusammenhänge zwischen den in einer Inhaltsanalyse gewonnenen Indikatoren und den Indikatoren für die vermuteten Ursachen noch schwächer sein werden als es in den Sozialwissenschaften ohnehin üblich ist. Der empirische Ertrag und die theoretische Bedeutung von Inhaltsanalysen ist daher im Allgemeinen eher gering.

7.4 Nicht-reaktive Messverfahren

Als Reaktivität war der Einfluss des Messvorgangs auf die Reaktionen von Versuchspersonen bzw. von Befragten bezeichnet worden (vgl. Kapitel 7.1.1.5). Eine naheliegende Lösung dieses Problems scheint darin zu bestehen, zu verhindern, dass den untersuchten Personen bewusst wird, dass sie sich in einer Untersuchungssituation befinden. Datenerhebungstechniken mit genau dieser Zielsetzung werden *„nicht-reaktive Messverfahren"* genannt. Genauer lassen sich nicht-reaktive Messverfahren als Erhebungsmethoden bezeichnen, die eine Rückwirkung der Erhebung auf die Reaktion der untersuchten Personen weitgehend dadurch ausschließen, dass den untersuchten Personen durch die Art der Untersuchung nicht bewusst werden kann, dass ihre Handlungen oder die Folgen ihrer Handlungen Gegenstand einer wissenschaftlichen Datenerhebung sind.

Die intensive Beschäftigung mit nicht-reaktiven Messverfahren in den Sozialwissenschaften begann 1966 mit der Veröffentlichung „Unobstrusive Measures: Nonreactive Research in the Social Sciences" von Webb/Campbell/Schwartz/Sechrest. Webb u.a. demonstrierten die Anwendbarkeit zahlreicher nicht-reaktiver Messverfahren auf unterschiedlichste Fragestellungen. Dabei zählten sie zu den nicht-reaktiven Messverfahren eine große Zahl von Messmethoden wie z. B. bestimmte Beobachtungsverfahren, Inhaltsanalysen und Feldexperimente[1], aber auch die Analyse von

---

[1] Zur Inhaltsanalyse vgl. Kapitel 7.3. Feldexperimente sind nur unklar gegenüber anderen Methoden

Archivdaten und physischen Spuren. Einige Beispiele für verschiedene Arten nicht-reaktiver Messverfahren sollen kurz erwähnt werden.

7.4.1 Physische Spuren

Wie jeder Leser von Kriminalromanen weiß, können physische Spuren vergangenen Verhaltens als Datenquelle verwendet werden. Im Rahmen nicht-reaktiver Messverfahren richtet sich das Interesse auf zwei Arten solcher „Spuren": auf Abnutzungsspuren und Ablagerungsspuren.

Das berühmteste Beispiel für die Analyse von Abnutzungsspuren bei WEBB u.a. (1975:57) besteht aus der Feststellung, dass die Teppichfliesen rund um einen bestimmten Ausstellungsgegenstand eines Chicagoer Museums – es handelte sich bei diesem Exponat um lebendige schlüpfende Küken – alle sechs Wochen ausgewechselt werden mussten, obwohl gleiche Fliesen in anderen Teilen des Museums mehrere Jahre überstanden. Die Erneuerungsrate der Fliesen ergibt somit ein Maß für die Popularität der Ausstellungsgegenstände. In ähnlicher Weise können Abnutzungserscheinungen von Büchern in Präsenz-Bibliotheken verwendet werden, um deren Popularität zu ermitteln.

Ein Beispiel für Ablagerungsspuren ist die Ermittlung der Popularität verschiedener Rundfunksender durch die Feststellung, auf welche Sender Autoradios eingestellt waren, als die Fahrzeuge in eine Reparaturwerkstatt gebracht wurden.

Die Durchsuchung von Haushaltsmüll, um anhand der dort gefundenen Flaschen den Alkoholkonsum innerhalb eines Wohngebiets zu schätzen, kann ebenso zur Analyse von Ablagerungsspuren gezählt werden, wie die Untersuchung rassischer Vorurteile anhand von Graffiti in Aufzügen und Toiletten. Schließlich ist auch die Anzahl der Nasenabdrücke auf den Glasscheiben von Ausstellungsvitrinen ein Indikator für Interesse gegenüber dem Exponat.

7.4.2 Nicht-reaktive Beobachtung

Bei nicht-reaktiven Beobachtungen werden durch die Beobachter nur äußerliche Erscheinungsmerkmale von Personen oder Objekten registriert. So wurden Tätowierungen von Gefängnisinsassen, Wohnungseinrichtungen, Blickkontakte, Sitzordnungen,

---

abgegrenzt (vgl. Kapitel 5.3): die eigentliche Datenerhebung geschieht zumeist durch die Anwendung eines Beobachtungsverfahrens oder durch die Analyse von Spuren.

Passantengespräche, Autoaufkleber usw. für nicht-reaktive Messungen durch Beobachtung verwendet. Bei vielen Interviewstudien werden die Interviewer gebeten, einige Merkmale z. B. der Wohnumgebung, des Wohnhauses (Alter, Zustand), der Wohnung (Einrichtungsstil, Geräteausstattung) oder des Befragten (Kleidung, Mundartgebrauch) zu vermerken.

7.4.3 Analyse laufender Berichte

Als weitere Datenquelle für nicht-reaktive Messungen können in Industriegesellschaften kontinuierlich erstellte, zu einem Großteil öffentlich zugängliche Berichte aller Art, die für die verschiedensten Zwecke produziert werden, genutzt werden. Hierzu gehören z. B. Mitgliederverzeichnisse, Börsenkurse, Haushaltspositionen in kommunalen Etats, Inventurlisten usw. Der Vorteil solcher Berichte liegt vor allem in der Möglichkeit, kontinuierlich vergleichbare Daten über lange Zeiträume zu erhalten.

Beispielsweise setzten BUNGARD/LÜCK (1974:98f.) den Wasserverbrauch in der Stadt Leverkusen an einzelnen Wochentagen mit dem Zeitpunkt des Endes verschiedener Fernsehsendungen in Beziehung: Nach sehr populären Sendungen steigt der Wasserverbrauch durch simultane Betätigung der Toilettenspülungen sprunghaft an. Weiterhin wurden Personenstandsregister z. B. zur Untersuchung vorehelicher Geschlechtsbeziehungen in verschiedenen Gesellschaften verwendet sowie Wahlkreisstatistiken, Polizeiberichte, Gerichtsurteile, Bibliotheksausleihen, Kündigungsraten, Krankmeldungen usw. für sozialwissenschaftliche Messungen eingesetzt.

7.4.4 Nicht-reaktive Feldexperimente

Ein Beispiel[1] für nicht-reaktive Feldexperimente ist die sog. *„Lost-Letter-Technique"* („Technik der verlorenen Briefe"). Sie basiert darauf, dass eine große Zahl frankierter, aber nicht abgestempelter Briefe einzeln entweder auf Bürgersteigen ausgelegt oder unter Windschutzscheiben parkender Wagen geklemmt (mit dem Vermerk: „Lag neben Ihrem Wagen") werden. Den Findern dieser Briefe sollen die Briefe als verloren erscheinen. Die Finder haben die Möglichkeit, den Brief aufzugeben, zu zerreißen oder liegenzulassen. In der Regel wird bei dieser Technik die Adresse variiert; zumeist werden Organisationsnamen und -adressen verwendet (z. B. MILGRAM (1969) verwendete die Adressen „Friends of the Communist Party", „Friends of the Nazi Party" und „Medical Research Associates"). Aus den unterschiedlichen Rücklaufquoten der

---

[1] Andere Beispiele finden sich bei BOCHNER (1980).

„verlorenen" Briefe soll auf die Einstellung (meist innerhalb eines bestimmten, lokal abgegrenzten Gebietes) gegenüber den benannten Organisationen geschlossen werden.

Trotz vereinzelter Erfolge dieser Technik (z. B. bei Wahlprognosen) und einiger Modifikationen[1] muss die Zuverlässigkeit dieser Technik aufgrund empirischer Studien bezweifelt werden (vgl. SECHREST/BELEW 1983:35-42). Das Hauptproblem besteht darin, dass unklar bleibt, wer der Finder eines Briefes war. Weiterhin sind störende Einflüsse durch den Ort des „Verlierens" und durch die Wetterbedingungen möglich. Schließlich können dem Nicht-Weiterleiten eines Briefes andere Ursachen zugrunde liegen als die Einstellung gegenüber den jeweiligen Organisationen: Neugier, der Wunsch, die Briefmarke zu behalten, die Möglichkeit, dass der Brief Geld enthält usw. (SECHREST/BELEW 1983:42).

7.4.5 Einstellungsmessungen mit nicht-reaktiven Messverfahren

Nicht-reaktiven Messverfahren liegen meist einfache implizite Hypothesen über ihre Funktionsweise zugrunde. Die Objekte nicht-reaktiver Messverfahren müssen in irgendeiner Weise mit den Verhaltensweisen oder Einstellungen der Personen, über die etwas gesagt werden soll, verbunden werden. Beispielsweise wird die Anzahl der Nasenabdrücke auf einer Glasscheibe einer Ausstellungsvitrine über die Hypothese „Je größer das Interesse von Kindern an einem ausgestellten Gegenstand ist, desto näher versuchen sie an die Ausstellungsobjekte heranzukommen" mit den Einstellungen von Kindern verbunden. Für Einstellungsmessungen mit nicht-reaktiven Messverfahren unterscheiden SECHREST/BELEW (1983:33f) sieben verschiedene Prinzipien, mit denen Verhaltensweisen über solche Hypothesen mit Einstellungen verbunden werden.

Als Einstellungsindikatoren können verwendet werden:

- Verhaltensweisen als direkter Ausdruck von Einstellungen (politische Graffiti, Autoaufkleber);
- Interesse an einem Objekt (aktive Informationssuche, Wegwerfen von Flugblättern);
- verzerrte oder falsche Ansichten über ein bestimmtes Faktum (falsche Schätzungen der Rückfallquote bei jugendlichen Straftätern);
- Vermeidungs- oder Annäherungsverhalten gegenüber bestimmten Objekten (Sitzordnungen, Nasenabdrücke);

---

[1] Beispielsweise die „Misdirected Letter Technique" : ein offenkundig an jemand anderen adressierter Brief wird zugestellt; vgl. KREMER/BARRY/MCNALLY (1986).

- Verhaltensweisen, die einen bestimmten Aufwand erfordern (Freiwilligenmeldungen);

- physiologische Messungen (Handschweiß, elektrischer Hautwiderstand, Pupillengröße, Stimmveränderungen).[1]

All diesen Prinzipien von Einstellungsindikatoren liegen Hypothesen über menschliches Verhalten zugrunde. Werden diese Prinzipien für eine nicht-reaktive Einstellungsmessung verwendet, so muss der empirische Gehalt dieser Operationalisierungen überprüft werden. Ohne systematische Validierungsstudie sollte kein nicht-reaktives Messverfahren für Einstellungsmessungen als „gültig" akzeptiert werden.

7.4.6 Probleme nicht-reaktiver Messverfahren

Dass nicht-reaktive Messverfahren mit einer Reihe von Problemen behaftet sind, zeigt schon das Beispiel der Lost-Letter-Technik. Abgesehen davon, dass für kaum ein nicht-reaktives Verfahren klare Gütekriterien (Reliabilität, Validität) existieren, stellen Auswahlprobleme die größten Schwierigkeiten dieser Verfahren dar.

Insbesondere bei der Untersuchung von Spuren ist es fast immer unmöglich anzugeben, welche Population untersucht wird. Weil alle eventuell zu findenden Unterschiede auch durch Unterschiede der untersuchten Population bedingt sein können, erschwert die unklare Populationsdefinition zeitliche oder räumliche Vergleiche der gefundenen Ergebnisse.

Wird z. B. die Anzahl der nach jeder Vorstellung in einem Programmkino auf dem Boden liegenden Gummibärchen-Tüten als nicht-reaktive Messung des Anteils von Nicht-Cineasten im Publikum verwendet (Hypothese: Für einen Cineasten ist es ein barbarischer Akt, während der Vorstellung Gummibärchen zu essen), so kann die Vergleichbarkeit der Messungen dadurch gefährdet sein, dass sich die Kaufkraft des Publikums in verschiedenen Vorstellungen unterscheidet.

Bei vielen nicht-reaktiven Messverfahren treten darüber hinaus Selektivitätsprobleme auf. D. h.: Selbst wenn die Population, auf die das Messverfahren bezogen ist, angegeben werden kann, so stellt die Stichprobe der tatsächlich untersuchten Personen bzw. Objekte keine Zufallsauswahl dar. Beispielsweise verschwinden bestimmte Spuren im

---

[1] Aufgrund des mit der Durchführung physiologischer Messungen verbundenen apparativen Aufwands erscheint es höchst fragwürdig, direkte physiologische Messungen als „nicht-reaktiv" zu bezeichnen. Da diese Verfahren ohnehin nur Messungen des Erregtheitszustandes, nicht aber der Richtung der damit verbundenen Emotionen erlauben, ist die Anwendung solcher Verfahren nur in sehr wenigen Ausnahmefällen sinnvoll.

Laufe der Zeit, wobei die Verfallszeiten unterschiedlich sein können. Nach unseren Erfahrungen variieren z. B. die Intervalle, in denen in Universitäten die Graffiti in Fahrstühlen und Toiletten entfernt werden. Ein anderes Beispiel berührt die Analyse von Grabsteininschriften. Die Auswahl der Grabsteinempfänger ist ebenso systematisch wie der Verfall der Gräber: Wohlhabende (und Männer) erhalten eher einen Grabstein; ebenso werden vermutlich die Gräber von Wohlhabenden besser gepflegt.

Andere Verfahren beziehen sich von vornherein auf spezielle Populationen, z. B. die Untersuchung von Autoaufklebern nur auf bestimmte Teilgruppen von Autobesitzern.

Letztlich sind nicht-reaktive Messverfahren inhaltlich relativ begrenzt, d. h. sie können nur in wenigen Forschungsgebieten eingesetzt werden. So stellen schon BUNGARD/LÜCK (1982:326) für das Feldexperiment eine Häufung der Anwendung dieser Methode in bestimmten Teilgebieten der Sozialpsychologie (Altruismus-, Einstellungs-, Konformitäts- und Aggressionsforschung) fest.

Die inhaltliche Begrenzung vieler Verfahren kann damit begründet werden, dass nur Messverfahren mit sehr einfachen „Instrumententheorien" (z. B. „Je größer das Interesse an einem Gegenstand, desto kleiner ist der Beobachtungsabstand") beim derzeitigen Stand der Theoriebildung möglich sind. Somit sind nur Verhaltensweisen oder Spuren von Verhaltensweisen für die Messung einsetzbar, bei denen die Verbindung zu den theoretischen Konstrukten (z. B. Einstellungen) relativ „offensichtlich" sind. „Offensichtlich" sind jedoch solche Verbindungen nur dann, wenn das beobachtbare Verhalten bzw. dessen Spuren nur durch wenige, klar strukturierte und stark ausgeprägte Faktoren verursacht wird. Sobald diese Bedingungen verletzt sind, kann ohne Bezug auf (nur potentiell reaktiv erhebbare) Kognitionen der Akteure vermutlich keine valide Messung erfolgen.

Teilweise stehen der Anwendung nicht-reaktiver Verfahren auch rechtliche und ethische Probleme entgegen. So ist es z. B. fraglich, ob bestimmte Techniken nicht-reaktiver Messung, die bereits angewendet wurden, wie z. B. das Abhören von Telefonen oder das Vortäuschen von Notsituationen, legitimiert werden können (vgl. BUNGARD/LÜCK 1982:331f).

Die Fehlerquellen und Probleme nicht-reaktiver Messverfahren lassen die generelle Anwendbarkeit der Verfahren kritisch erscheinen. Neben einigen anderen Gründen (erhöhter Aufwand, Mangel an Phantasie, befürchtete Unseriosität der Forschung, inhaltliche Begrenztheit der Verfahren), dürfte die weitgehend ungeklärte Frage nach den Gütekriterien dazu geführt haben, dass nicht-reaktive Verfahren weitaus seltener angewendet werden, als nach der anfänglichen Begeisterung zu Beginn der 70er Jahre erwartbar gewesen wäre. Die ausschließliche Anwendung nicht-reaktiver Messverfahren zur Überprüfung einer bestimmten Hypothese erscheint heute nicht weniger zweifelhaft als die ausschließliche Verwendung von Interviewdaten oder Laborexperimenten. Nicht-reaktive Messverfahren eignen sich eher als eine Methode neben anderen bei Anwendung mehrerer unterschiedlicher Methoden (Triangulation; vgl. Kapitel 5.6) zur Untersuchung einer bestimmten Fragestellung.

7.5 Weiterführende Literatur

Stark praxisorientierte Einblicke in die Datenerhebungstechniken der empirischen Sozialforschung geben vor allem amerikanische Methodenlehrbücher. Empfehlenswert sind hier vor allem FODDY (1994) und DILLMAN/SMYTH/CHRISTIAN (2009).

Möchte man sich rasch über ein spezielles Thema des Survey-Research informieren, so steht mit der von LAVRAKAS (2008) herausgegebenen „Encyclopedia of Survey Research Methods" eines der wenigen nützlichen Lexika im Bereich der Methodenlehre zur Verfügung.

Empfehlungen zur Verbesserung von Fragebögen sowie zur Durchführung von Pretests finden sich bei FOWLER (1995). Den Stand der Diskussion der Pretest-Techniken dokumentieren die Beiträge in einem von PRESSER u.a. (2004) herausgegebenen Band. KÖLTINGER (1997) sowie SARIS/GALLHOFER (2007) berichten unter Verwendung der Ergebnisse umfangreicher MTMM-Analysen eine Reihe interessanter Details zur Verbesserung von Frageformulierungen. Bei SARIS/GALLHOFER (2007) finden sich auch Details zu SQP, einem Programm, das die Vorhersage der zu erwartenden Reliabilität und Validität einer Frage im Rahmen eines Messmodells erlaubt (www. sqp.nl).

Allgemeine kognitionstheoretische Grundlagen des Survey-Research werden in einem Lehrbuch von TOURANGEAU/RIPS/RASINSKI (2000) diskutiert.

Die Literatur zu „Response-Errors" bzw. zum „non-sampling error" ist mittlerweile kaum noch zu überblicken. Beim Einstieg in diese Literatur ist der Literaturbericht von WEISBERG (2005) hilfreich. Zusammenfassend werden „Response-Errors" aus statistischer Sicht ausführlich in einem Sammelband von BIEMER u.a. (1991) sowie in der Monographie von BIEMER (2011) behandelt. Das Referenzwerk ist immer noch GROVES (1989).

Den derzeitigen Stand der Survey-Methodologie in nahezu allen Bereichen vermittelt das Lehrbuch von GROVES u.a. (2009). Das gleiche Feld deckt das stärker auf die Erhebungsbedingungen in der Bundesrepublik abgestimmte Buch von SCHNELL (2011) ab.

Interessiert man sich für die tatsächlich verwendeten Techniken qualitativer Forschung in der Praxis, dann empfiehlt sich die Lektüre älterer Lehrbücher der Kulturanthropologie (z. B. BERNARD 1988), da diese Bücher noch frei von meta-theoretischen Scheindiskussionen um vorgebliche paradigmatische Unterschiede zwischen quantitiver und qualitativer Forschung sind. Als vergleichsweise lohnende deutschsprachige Lektüre zu den Methoden qualitativer Sozialforschung sei auf die älteren Bücher von HOPF/WEINGARTEN (1979) und SPÖHRING (1989) sowie auf FLICK (1998) verwiesen. Als schlechtes Beispiel für „typische" qualitative Argumente sei auf GIRTLER (1984) verwiesen. In diesem Zusammenhang sei auf das brilliante Buch von MARSH (1982) hingewiesen, die nahezu alle Einwände gegenüber der Survey-Methode erörtert und entkräftet.

Zur vertiefenden Darstellung der Anwendung von Beobachtungsverfahren ist noch immer GRÜMER (1974) hilfreich. Modernere Darstellungen bieten BAKEMAN/GOTTMAN (1986) und YODER/SYMONS (2010).

Einen ausgezeichneten Überblick über die Methodologie und Anwendung von Inhaltsanalysen gibt KRIPPENDORFF (2004). Als Ergänzung dazu sind insbesondere für den Bereich computergestützter inhaltsanalytischer Verfahren WEBER (1990) und vor allem das Buch von POPPING (1997) zu empfehlen. Die deutschsprachige Literatur zur Inhaltsanalyse kann hingegen keinesfalls empfohlen werden.

Das klassische Werk von WEBB/CAMPBELL/SCHWARTZ/SECHREST (1975) zu nicht-reaktiven Messverfahren beinhaltet sowohl eine Einführung in die Hintergründe solcher Methoden wie auch eine Vielzahl von Anwendungsbeispielen. Einen Einblick in die durch technische Entwicklungen möglich gewordenen modernen Anwendungsmöglichkeiten geben einige der Arbeiten in dem von KÖNIG/STAHL/WIEGAND (2009) herausgegebenen Band.

Kapitel 8

Datenaufbereitung

Bei einer Untersuchung werden von den „Untersuchungseinheiten" (z. B. Personen, Haushalte, Städte oder auch Gesellschaften) die interessierenden Merkmale (Variablen) erhoben. Zumeist werden für jede Untersuchungseinheit mehrere Variablen erhoben; bei einer mündlichen Befragung z. B. Geschlecht, Alter, Familienstand, Beruf des Ehegatten usw. Schon mit wenigen Untersuchungseinheiten und wenigen Variablen stehen soviel Informationen zur Verfügung, dass ohne quantitative Analyse kein Überblick über die erhobenen Informationen mehr möglich ist. Diese setzt aber eine ganz bestimmte Struktur der erhobenen Daten und daher ihre spezifische Aufbereitung voraus.

8.1 Die Erstellung einer Datenmatrix

Man kann sämtliche tatsächlich erhobenen Daten (z. B. die erhaltenen Antworten auf alle Fragen aller tatsächlich Befragten) in einer Tabelle darstellen, deren Zeilen jeweils eine Untersuchungseinheit (z. B. eine befragte Person) und deren Spalten jeweils eine Variable (z. B. die Antworten auf eine Frage) darstellen. Eine solche Tabelle ist eine „Datenmatrix" (vgl. Tabelle 8-1).

Untersuchungs-	Variable					
einheit	1	2	3	4	...	m
1	X_{11}	X_{12}	X_{13}	X_{14}	...	X_{1m}
2	X_{21}	X_{22}	X_{23}	X_{24}	...	X_{2m}
3	X_{31}	X_{32}	X_{33}	X_{34}	...	X_{3m}
...	...	...	...	...	...	...
n	X_{n1}	X_{n2}	X_{n3}	X_{n4}	...	X_{nm}

Tabelle 8-1: *Beispiel für eine Datenmatrix*

Eine Datenmatrix X, die Daten von n Untersuchungseinheiten (z. B. Befragten) mit m Variablen enthält, besteht aus $n * m$ Elementen (Daten). Jedes Datum kann durch die Angabe der Nummer der Untersuchungseinheit und die Angabe der Nummer der

Variablen eindeutig bezeichnet werden, z. B. enthält das Element X_{34} der Datenmatrix das Datum der 3. Untersuchungseinheit für die 4. Variable. Voraussetzung für die Möglichkeit der eindeutigen Zuordnung ist natürlich, dass eine bestimmte Spalte immer nur Daten zu einer bestimmten Variablen und eine bestimmte Zeile immer nur Daten einer bestimmten Untersuchungseinheit enthält. Hingegen ist es zunächst völlig belanglos, welche Untersuchungseinheit in welcher Zeile und welche Variable in welcher Spalte steht (solange nur die Abfolge der Variablen für alle Untersuchungseinheiten gleich ist).

Die Nützlichkeit der Anordnung der erhobenen Daten in einer Datenmatrix zeigt sich, sobald statistische Verfahren eingesetzt werden sollen. Fast alle statistischen Verfahren gehen von einer Datenmatrix der Form der Tabelle 8-1 aus.[1] Das einfachste Beispiel hierfür ist die Berechnung des arithmetischen Mittelwertes einer Variablen: Hierfür werden einfach alle Zahlen einer Spalte addiert und die Summe durch die Anzahl der Zeilen dividiert.

Wenn also diese Datenstruktur offensichtliche Vorteile besitzt, stellt sich das Problem, wie man aus dem scheinbar weitgehend ungeordneten Datenberg einer Erhebung (z. B. einem Stapel ausgefüllter Fragebogen einer Interviewstudie) eine elegante Datenmatrix erstellt. Die Lösung dieses Problems besteht aus drei Schritten:

1. Es muss eine Liste aller erhobenen Variablen mit allen möglichen Ausprägungen jeder Variablen erstellt werden, wobei jeder möglichen Kategorie jeder Variablen genau ein spezieller Wert (Code) zugeordnet wird. Diese Liste bezeichnet man als „Codeplan";
2. Die erhobenen Informationen müssen gemäß dem Codeplan in die zulässigen Codes umgesetzt (codiert, vercodet) werden;
3. Die codierten Daten müssen in einer bestimmten Weise niedergeschrieben oder gespeichert werden, die eine sinnvolle Verarbeitung der Daten ermöglicht.

---

[1] Einige Verfahren basieren auf anderen Matrizen, z. B. Distanzmatrizen (die Entfernungstabelle in einem Autoatlas ist ein Beispiel für eine symmetrische Distanzmatrix). Distanzmatrizen werden aber auch erst aus Datenmatrizen berechnet. Komplexere Datenstrukturen als die erwähnte sogenannte „rechteckige Datenstruktur" (Datenmatrix der Tabelle 8-1) und die Datenstruktur von Distanzmatrizen kommen in der Praxis häufig vor. Zumeist handelt es sich hierbei um sogenannte „hierarchische Datenstrukturen", bei denen Merkmalsträger Elemente von Mengen sind, die eigene Merkmale besitzen, die allen Elementen dieser Menge gemein sind (z. B. sind Schüler Elemente von Schulklassen). Solche Datenstrukturen lassen sich letztlich immer auf rechteckige Datenstrukturen reduzieren, wenn auch nicht immer unkompliziert.

8.1.1 Erstellen eines Codeplans

Als Beispiel soll ein Codeplan (vgl. Abb. 8-2) für die erste Seite eines Fragebogens (vgl. Abb. 8-1) erläutert werden. Die codierten Daten sollen dabei zunächst in Zeilen mit maximal 80 Zeichen (oder „Spalten") eingetragen werden.[1] Eine solche Zeile wird meist als „Record" bezeichnet.

Für Kontrollzwecke wird in der Regel jedem Befragten eine Identifikationsnummer zugewiesen. Zumeist wird diese Identifikationsnummer als erste Variable in einer Datenmatrix berücksichtigt. Der Codeplan enthält daher als erste Variable die Nummer des Befragten (laufende Nummer: LFN). Da diese Nummer nicht erhoben, sondern festgelegt wird, findet sich keine Frage nach dieser Nummer im Fragebogen. Da Interviewstudien meist weniger als 2000 Befragte umfassen, scheint eine 4-stellige Zahl als Identifikationsnummer auszureichen. Die Variable LFN wird daher in die Spalten 1 bis 4 des Records eingetragen.

Der Fragebogen enthält als erste „Frage" die Variable „Geschlecht". Der Codeplan sieht hierfür zwei Ausprägungen vor, denen willkürlich zwei verschiedene Zahlen („1"; „2") zugeordnet wurden. Es wird nur eine Ziffer für die Codierung benötigt, daher auch nur eine Spalte des Records. Da die Spalten 1-4 schon mit LFN belegt sind, werden die Codes für „Geschlecht" in die Spalte 5 geschrieben. Um später einfache Kürzel als Bezeichnung für die Variablen verwenden zu können, enthält der Codeplan auch die Kürzel für die Variablennamen (z. B. „LFN" für „laufende Nummer").

Meist ist es nützlich, für die Variablenkürzel einen gemeinsamen Anfangsbuchstaben zu verwenden und sie dann durchzunummerieren. „Geschlecht" wird daher als „V1" bezeichnet.

Die nächste Frage nach dem Alter (V2) lässt als Antworten (positive) ganze Zahlen zu. Der Codeplan sieht hier zwei Ziffern (in den Spalten 6 und 7) als Codes vor. Mehrstellige Zahlen werden fast immer „rechtsbündig" eingetragen, also „ 7", bzw. „07" statt „7". Da kaum jemals ein Befragter älter als 97 Jahre sein wird, können die Zahlen 98 und 99 für zwei spezielle Antworten verwendet werden: Für die Angabe „Weiß nicht" und für explizite Verweigerung der Antwort. In beiden Fällen erhält man auf die Frage keine brauchbare Antwort, die Datenmatrix darf aber keine „Leerstelle" enthalten: Man braucht daher für die „fehlenden Werte" („missing values")

---

[1] Daten wurden früher auf „Lochkarten" gespeichert. Eine Lochkarte ist ein Stück fester Karton (18.73 ∗ 8.25 cm, Dicke ca. 0.16 mm). Lochkarten besitzen 80 Spalten. Die Orientierung an 80 Spalten findet sich noch heute in vielen Details der Informationstechnik. Die Beschränkung auf 80 Zeichen pro Zeile empfiehlt sich vor allem deshalb, weil eine Datenzeile dann auf den meisten Bildschirmen vollständig ohne Zeilenumbruch und ohne Scrolling dargestellt werden kann.

1. Geschlecht

    weiblich   ☐

    männlich   ☐

2. Wie alt sind Sie?

    Alter in Jahren   ⎕ ⎕   (INTERVIEWER: ZIFFERN EINTRAGEN)

    weiß nicht   ☐

    Angabe verweigert   ☐

3. Sind Sie

    ledig   ☐   (INTERVIEWER: ZUTREFFENDES ANKREUZEN)

    verheiratet   ☐

    geschieden   ☐

    getrennt lebend   ☐

    verwitwet   ☐

    sonstiges   ☐

    weiß nicht   ☐

    Angabe verweigert   ☐

INTERVIEWER: NÄCHSTE FRAGE NUR DERZEIT VERHEIRATETEN STELLEN! ALLE ANDEREN: WEITER MIT FRAGE 5! (NÄCHSTE SEITE)

4. Welchen Beruf übt Ihr Ehepartner zur Zeit aus?

    (INTERVIEWER: ANGABEN IN BLOCKBUCHSTABEN EINTRAGEN ODER ZUTREFFENDES ANKREUZEN!)

    _____

    Hausfrau   ☐

    arbeitslos   ☐

    in Ausbildung   ☐

    weiß nicht   ☐

    Angabe verweigert   ☐

Abbildung 8-1: *Beispiel für eine Seite aus einem Fragebogen*

Variable	Variablenname	CODES	SPALTE
LFN	Befragtennummer		1-4
V1	1. Geschlecht		5
	weiblich	[1]	
	männlich	[2]	
V2	2. Alter in Jahren		6-7
	Weiß nicht	[98]	
	Angabe verweigert	[99]	
V3	3. Familienstand		8-9
	ledig	[1]	
	verheiratet	[2]	
	geschieden	[3]	
	getrennt lebend	[4]	
	verwitwet	[5]	
	sonstiges	[6]	
	Weiß nicht	[98]	
	Angabe verweigert	[99]	
V4	4. Berufliche Stellung des Ehepartners		10-11
	(Coder: Eintrag klassifizieren:)		
	Ungelernter Arbeiter	[1]	
	Facharbeiter	[2]	
	Meister	[3]	
	Angestellter	[4]	
	Leitender Angestellter	[5]	
	Selbständiger	[6]	
	Hausfrau	[7]	
	Arbeitslos	[8]	
	In Ausbildung	[9]	
	Weiß nicht	[98]	
	Angabe verweigert	[99]	
	Frage nicht gestellt	[97]	
	(nicht verheiratet)		

Abbildung 8-2: Beispiel für einen Codeplan

spezielle Codes, die a) den Sachverhalt „fehlend" symbolisieren und b) die „Ursache"
beschreiben („Weiß nicht"-"verweigert"). Da LFN festgelegt und nicht erhoben und
„Geschlecht" durch den Interviewer beobachtet und nicht erfragt wird, wurde für LFN
und V1 kein „missing-value-code" festgelegt. Es empfiehlt sich für alle Variablen
dieselben Missing-Value-Codes für „Weiß nicht", „Verweigert", „Frage nicht gestellt-
nicht anwendbar" usw. zu verwenden. Diese speziellen Codes dürfen aber dann bei
keiner Variablen einen gültigen Wert darstellen: Die Zahl „0" z. B. bei Kinderzahl
schließt die Verwendung der „0" als allgemeinen Missing-Value-Code aus.

Die dritte Frage nach dem Familienstand (V3) weist neben fünf inhaltlich spezifizierten Antwortvorgaben und einer Sammelkategorie („Sonstige") zwei Kategorien für
„missing data", „Weiß nicht" (so unwahrscheinlich das auch sein mag) und „Angabe verweigert" auf. Der Sinn der Sammelkategorie besteht darin, dass alle anderen
Antworten, auch wenn vermutlich nur sehr wenige Personen andere Antworten auf
die Frage nach dem Familienstand geben werden, auch „irgendwie" vercodet werden
müssen. Wenn vermutlich nur sehr wenige Personen solche Antworten produzieren
werden und kein spezielles Interesse an solchen Fällen besteht, kann eine Sammel-
oder Restkategorie wie „Sonstige" verwendet werden. Prinzipiell wichtig ist die Notwendigkeit, Codes für alle möglichen Reaktionen auf eine Frage vorzusehen. Trotz
aller Bemühungen wird man in der Praxis häufig feststellen, dass doch (sinnvolle)
Antworten existieren, an die man ursprünglich nicht dachte, und die nicht in eine der
festgelegten Kategorien passen. Solche Fälle sollten dann spezielle Codes erhalten,[1]
die natürlich sorgfältig im Codeplan dokumentiert werden müssen.[2] Um bei solchen
Fällen nicht in Probleme zu geraten, wurden für V3 zwei Spalten (8 und 9) vorgesehen,
obwohl zunächst nur acht verschiedene Codes möglich erscheinen. Um mehr als zwei
zusätzliche Codes vergeben zu können, wurde V3 zweispaltig vercodet.

Die vierte Frage nach dem Beruf des Ehepartners (V4) weist zwei Besonderheiten
auf: Die Frage kann nur den derzeit Verheirateten sinnvoll gestellt werden, es handelt
sich also um eine Frage innerhalb eines (kleinen) „Filters". Personen, die bei V3 nicht
„Verheiratet" (Code 2) angaben, wurde diese Frage nicht gestellt. Hier entstünde wieder eine „Leerstelle" in der Datenmatrix, wenn kein „Missing-Value-Code" vergeben

---

[1] Allerdings stellt sich die Frage, ob die Einführung zusätzlicher Codes außerhalb von Pretests gerecht-
    fertigt werden kann: Dadurch erhalten einige Befragte andere Antwortmöglichkeiten als alle anderen,
    hierdurch kann die Vergleichbarkeit der Antworten erheblich gefährdet werden.
[2] Erfahrungsgemäß entstanden die meisten Codierungsprobleme durch Fälle, in denen „neue" Codes
    nicht dokumentiert oder nicht einheitlich vergeben wurden. Coder (Personen, die die Codierung
    vornehmen) neigen dazu, „problematische Fälle" willkürlich einfach einer der existierenden Kategorien
    zuzuordnen. Solche Probleme lassen sich nur durch eine intensive Kontrolle der Codierung bewältigen,
    vgl. Bateson (1984:123–129).

würde. Die „Ursache" für das Fehlen des Datums liegt hier nicht beim Befragten, sondern in der Konstruktion des Fragebogens. Daher sollte für diesen Fall ein spezieller „Missing-Value-Code" vorgesehen werden; hier wurde der bisher noch nicht verwendete Code „97" (= Frage nicht gestellt, nicht anwendbar: nicht verheiratet) vergeben.

Die zweite Besonderheit der Frage 4 ist offensichtlich: Es handelt sich um eine offene Frage.

Offene Fragen werfen bei der Codierung erhebliche Probleme auf. Um die Angaben bei offenen Fragen überhaupt in irgendeiner Weise sinnvoll auswerten zu können, müssen die Antworten früher oder später klassifiziert werden. Meist wird diese Klassifikation so durchgeführt, dass nach Durchsicht aller Antworten auf eine offene Frage zunächst eine Liste aller verschiedenen Antworten und deren Häufigkeit erstellt wird. Ähnliche oder vergleichbare Antworten werden in einem zweiten Arbeitsschritt zu neuen Kategorien zusammengefasst. In einem dritten Arbeitsschritt werden den neu gebildeten Kategorien Zahlen zugeordnet. Zumeist ist der Arbeitsaufwand bei der Codierung offener Fragen außerordentlich hoch, schon allein deshalb sollten offene Fragen nur in wenigen begründeten Ausnahmefällen verwendet werden.

Da für eine Auswertung die Antworten schließlich doch in nur wenigen Kategorien zusammengefasst werden müssen, kann der Sinn offener Fragen (außer bei der Exploration eines weitgehend unbekannten Forschungsgegenstands) bezweifelt werden. Zwar ist die Entwicklung von offenen Fragen oft leichter als die von Fragen mit Antwortvorgaben, aber die bei der Entwicklung eingesparte Zeit muss in der Regel um ein Mehrfaches bei der Codierung dieser Fragen aufgewendet werden.[1] Das Beispiel der Frage 4 zeigt die nachträgliche Klassifikation der offenen Frage in nur sieben inhaltlich spezifizierte Kategorien. Solche Klassifikationen sind meist mit größeren Fehlerquoten behaftet, da verschiedene Personen dieselben Antworten auf offene Fragen unterschiedlich klassifizieren.

---

[1] Falls man in sehr seltenen Fällen tatsächlich nicht auf einzelne offene Fragen verzichten zu können glaubt, sollte der vollständige Antworttext so in einer Datei gespeichert werden, dass der Text bei der Datenanalyse einem Befragten auch dann wieder zugespielt werden kann, wenn das Analyseprogramm nur numerische Daten verarbeiten kann (vgl. dazu ALLERBECK/HOAG 1985b:43–48). Dies kann z. B. einfach durch die Erstellung eines Files erfolgen, dessen Dateiname aus einer Kombination der Befragtennummer und der Fragenummer besteht. Jeder dieser Files kann entweder die vollständige Antwort des Befragten als Text oder als Audio-Datei enthalten. Der numerische Analysedatensatz muss dann lediglich für jede offene Frage eine zusätzliche alphanumerische Variable mit dem Namen der Zusatzfiles der Antworten auf diese Frage enthalten.

Bisher mag der Eindruck entstanden sein, dass einer Frage jeweils genau eine Variable entspricht. Dieser Eindruck ist nur bedingt richtig. Viele Fragen lassen „Mehrfachantworten" zu, z. B. die Frage nach dem Besitz von bestimmten Haushaltsgeräten. Es gibt zwei prinzipielle Möglichkeiten, Antworten auf solche Fragen in Variablenwerte umzusetzen:

1. Die Antworten bilden ein spezielles Muster, die Muster werden nummeriert und diese Codes als eine Variable erfasst. Beispielsweise betrachtet man den gemeinsamen Besitz oder Nicht-Besitz der Geräte als jeweils ein Muster und vergibt für jedes Muster einen speziellen Code. Beispiel: Angenommen, es würde nur nach dem Besitz von DVD-Playern und PCs gefragt. Dann gibt es die Muster „Keins von Beiden", „Nur DVD-Player", „Nur PCs" und „Beide". Durch Nummerieren (1-4) erhält man für jedes Muster einen Code. Diese Methode wird bei mehr als 3 Gegenständen sehr umständlich.

2. Man löst jede Frage in so viele Variablen auf, wie es Antwortkategorien gibt. Beispielsweise könnte man mit einer Frage nach den regelmäßig gelesenen Zeitschriften fragen und zwanzig verschiedene Titel vorgeben. Man erhält bei dieser Methode dann zwanzig Variablen („Regelmäßiger Leser von XYZ: ja-nein") mit je zwei Ausprägungen. Dies ist die gebräuchliche Art der Codierung von Mehrfachantworten.

8.1.2 Vercoden und Erfassen

Man könnte die Informationen einer Untersuchung wie oben beschrieben mit Hilfe eines Codeplans auf leere Formulare („Codeblätter") übertragen, die Codeblätter als Datenmatrix betrachten und diese Matrix ausschließlich mit der Hand oder eventuell einem Taschenrechner auswerten. Da dies schon für wenige Fälle mühsam ist, werden quantitative sozialwissenschaftliche Untersuchungen heute stets mit Hilfe von Computern ausgewertet. Die hierfür verwendeten Programme werden als „Statistikprogrammpakete" oder „Datenanalysesysteme" bezeichnet.

Die in den Sozialwissenschaften am weitesten verbreiteten Statistikprogrammpakete heißen SAS, SPSS und Stata.[1] SAS ist ein außerordentlich umfangreiches Programm, das insbesondere außerhalb der Sozialwissenschaften weit verbreitet ist. SPSS war in seinen verschiedenen Versionen viele Jahre lang das Standardpaket für

---

[1] Unter Statistikern hat das Programmpaket R (R DEVELOPMENT CORE TEAM 2011) besondere Bedeutung. Es gibt kaum eine Datenanalyseaufgabe, die sich nicht mit R lösen läßt. Weitere Hinweise auf dieses frei verfügbare Programmpaket enthält der Anhang H.

Sozialwissenschaftler. `Stata` hat in den letzten Jahren in den Sozialwissenschaften stark an Bedeutung gewonnen, da das Programm leicht um neue Prozeduren ergänzt werden kann.

Mit Statistikprogrammpaketen sind computergestützte Datenanalysen relativ leicht und problemlos durchzuführen. Voraussetzung für eine computergestützte Datenanalyse ist die maschinelle Lesbarkeit der erhobenen Daten. Manchmal, wie z. B. bei CATI oder CAPI, existieren die „Fragebogen" ohnehin nicht mehr als Papierheft, sondern nur noch als schon bei der Erhebung elektronisch gespeicherte Informationen.[1]

Meist liegen die Daten sozialwissenschaftlicher Datenerhebungen aber in Form von Papierfragebogen vor. Die Informationen aus den Fragebogen werden in der Regel manuell mit Hilfe von PCs erfasst. Hierzu gibt es eine Reihe von Möglichkeiten.

In der Praxis findet sich gelegentlich die Dateneingabe mit Hilfe eines einfachen „Datenbanksystems". Datenbanksysteme sind Computerprogramme für die Erfassung, Verwaltung und das Wiederauffinden von gespeicherten Daten. Beispiele für solche Programme sind derzeit „`Access`" und „`MySQL`". Weit verbreitet ist die Dateneingabe mit Tabellenkalkulationsprogrammen wie z. B. „`Excel`".

Obwohl solche Programme zunächst Vorteile zu bieten scheinen (weite Verbreitung, Standardbenutzeroberflächen etc.) kommen sie für die professionelle Nutzung zur Dateneingabe nicht mehr in Frage.[2]

Üblicherweise erfolgt die Dateneingabe bei wissenschaftlichen Erhebungen mittlerweile mit speziellen Dateneingabeprogrammen. Mit solchen speziellen Dateneingabeprogrammen kann man Bildschirmmasken erzeugen, die so aussehen wie ein Fragebogen. In die Leerstellen der Bildschirmmasken können die Informationen aus den Fragebogen abgetippt werden.

---

[1] Versuche, in „normalen" Fragebogen spezielle Markierungen oder Schrifttypen zu verwenden, die mit elektronischen Geräten („Optical Character Readers: OCR", „Optical Mark Readers: OMR") bzw. mit Scannern und spezieller Software zur Erkennnung von Formularen („form reader") direkt maschinell gelesen werden können, werden in der akademischen Sozialforschung eher sehr selten durchgeführt. Die Gründe hierfür liegen vor allem im Verhalten der Befragten. Befragte – vor allem Studenten – reagieren auf spezielle Markierungen häufig mit Misstrauen. Weiterhin erfordern solche Programme ein hohes Maß an Disziplin bei der exakten Markierung der Antworten, das in der Regel nicht vorausgesetzt werden kann.

[2] Sowohl bei ernsthaften kommerziellen als auch bei wissenschaftlichen Datenerfassungen ist die Dateneingabe großer Datenmengen durch weitgehend ungeschulte Mitarbeiter die Regel. In solchen Anwendungsgebieten müssen Eingabefehler soweit wie möglich vermieden werden und doppelte Eingaben gleicher Records sind nicht tolerierbar. Schließlich müssen Systemzusammenbrüche ohne Konsequenzen bleiben. Solche Anforderungen schließen die Verwendung von Bürosoftware aus.

```
Dateneingabe des Beispiels mit EpiData
LFN <idnum>
V1 Geschlecht #
V2 Alter in Jahren ##
V3 Familienstand ##
V4 Berufliche Stellung des Ehepartners ##
```

Abbildung 8-3: *Die EpiData-Fragebogendefinition des Beispielfragebogens*

In akademischen Arbeitsumgebungen entwickelte sich das Programm EpiData zum Standardprogramm für die Dateneingabe.[1] Nach der Installation von EpiData ruft man das Programm auf und drückt zunächst auf den „Define Data"-Knopf. In dem dann erscheinenden leeren Editor-Bildschirm gibt man die Zeilen der Abbildung 8-3 ein.

Die erste Zeile ist eine Kommentarzeile. Die zweite Zeile definiert die Variable LFN als Identifikationsnummer. Die dritte Zeile benennt die Variable V1 als „Geschlecht" und legt durch die Angabe nur eines „#"-Zeichens die Variable als numerische Variable mit einer Ziffer fest. Entsprechend werden die Variablen V2, V3 und V4 benannt und als numerische Variablen mit jeweils zwei Ziffern definiert. Anschließend speichert man diese Fragebogenbeschreibung in einer Datei mit der Endung „.qes". Darauffolgend wird der Knopf „Make Data File" gedrückt und ein Datensatz mit der Endung „.rec" gespeichert. Nun muss der Fragebogeneditor und die Dateneingabemaske geschlossen werden. Nur dann kann man anschließend den Knopf „Checks" drücken und in dem dann folgenden Bildschirm für jede Variable den gültigen Wertebereich, eventuelle zusätzliche Label oder Filteranweisungen eintragen. Diese Anweisungen werden in einer Datei mit der Endung „.chk" gespeichert. Anschließend können die Daten mit einer dem Fragebogen sehr ähnlichen Maske (auch an mehreren Arbeitsplätzen gleichzeitig) eingegeben und gespeichert werden. Abschließend werden die Datensätze zusätzlich in einem Format gespeichert, das für das beabsichtigte Datenanalysesystem geeignet ist.[2] Um zu einem analysefähigen Datensatz zu kommen, müssen danach

---

[1] EpiData kann kostenlos von der Homepage des Projekts bezogen werden (www.epidata.dk). Eine leichtverständliche Einführung in die Dateneingabe und das Datenmanagement mit EpiData geben BENNETT et al. (2001).

[2] EpiData kann Daten in verschiedenen Formaten schreiben, die von Analyseprogrammen wie Stata, SPSS oder SAS gelesen werden können. Sind weitere Formate notwendig oder sollen z.B. SPSS-Dateien direkt in Stata-Dateien umgewandelt werden, dann können kommerzielle Konvertierungsprogramme wie z.B. „StatTransfer" solche Umwandlungen durchführen. Viele Konvertierungen sind auch innerhalb von R mit dem Paket foreign möglich.

fast immer noch die Missing-Value-Codes für die Variablen innerhalb des jeweiligen Datenanalysesystems definiert werden.[1]

Bei einigen neueren Datenanalysesystemen sind ähnliche, wenn auch eher elementare Möglichkeiten bereits integriert. So kann man in einigen Programmen einen neuen Datenfile deklarieren und wird danach sofort zu einer Dateneingabemaske mit vorein-gestellten Variablennamen (z. B. „VAR00001") geführt; die Daten können dann sofort eingetippt werden. Dieses Verfahren empfiehlt sich nur für sehr kleine Datensätze.

Wie auch immer die Dateneingabe vorgenommen wurde, am Ende steht immer eine Datendatei. Diese Datei (ein „File") besteht aus der Gesamtmenge der Records, deren Anzahl sich aus der Anzahl der Untersuchungseinheiten multipliziert mit der Anzahl der Records pro Fall ergibt. Diese (physisch existierende) Datei enthält alle Informa-tionen der Erhebung, den „Datensatz". Der Datenfile ist das physisch existierende Äquivalent des theoretischen Konzepts „Datenmatrix".

8.1.3 „Setup" für ein Statistikprogrammpaket erstellen

Durch die Kodierung und die Dateneingabe entsteht also eine Datei, die in unserem Beispiel für jeden Befragten eine Zeile (ein „Record") enthält. Als Beispiel dienen hier die ersten beiden Records des Datensatzes:

```
00011250197124548754544544729996454546468787878784788747445
00022270207154488784787323265652645459698939964464764364782
```

Die beiden Zahlenreihen sind ohne Codeplan für einen Menschen genauso bedeu-tungslos wie für das Statistikprogramm, das bei der Auswertung verwendet werden soll. Das Programm benötigt neben dem Datensatz eine Beschreibung des Datensat-zes. Die Details dieser Beschreibung variieren etwas zwischen den verschiedenen Programmen, ähneln sich aber sehr stark. Für das Beispiel soll hier eine Beschreibung für das Programmpaket SPSS gegeben werden. SPSS arbeitet zunächst meist mit zwei verschiedenen Dateien: eine Datei enthält die Daten, eine andere Datei eine formale Datenbeschreibung. Diese formale Beschreibung wird heute meist als „Setup" bezeichnet.

---

[1] Auch hier empfiehlt sich eine zusätzliche manuelle Kontrolle, ob für alle Variablen vom Fragebogen bis zum Analysedatensatz die Codes für fehlende Werte korrekt erfasst, definiert und gegebenenfalls korrekt umgesetzt wurden. Einige Programme fassen ohne Warnung unterschiedliche Missing-Value-Codes zusammen.

```
DATA LIST FIXED FILE='C:\CODEPLAN.DAT' RECORDS=1
/1 LFN 1-4 V1 5   V2 6-7 V3 8-9 V4 10-11.
MISSING VALUES V2,V3 (98,99) V4 (97,98,99).
VARIABLE LABELS LFN 'LAUFENDE NUMMER'.
VARIABLE LABELS V1 'GESCHLECHT'.
VARIABLE LABELS V2 'ALTER'.
VARIABLE LABELS V3 'FAMILIENSTAND'.
VARIABLE LABELS V4 'BERUFL.STELLUNG EHEP.'.
VALUE LABELS V1 '1' 'WEIBLICH' '2' 'MAENNLICH'.
VALUE LABELS V2 '98' 'WEISS NICHT' '99' 'VERWEIGERT'.
VALUE LABELS V3 '1' 'LEDIG' '2' 'VERHEIRATET'
                '3' 'GESCHIEDEN' '4' 'GETRENNT LEBEND'
                '5' 'VERWITWET'  '6' 'SONSTIGES'.
VALUE LABELS V4 '1' 'UNGELERNTER ARBEITER'
                '2' 'FACHARBEITER'
                '3' 'MEISTER' '4' 'ANGESTELLTER'
                '5' 'LEIT. ANGESTELLTER'
                '6' 'SELBSTAENDIGER' '7' 'HAUSFRAU'
                '10' 'ARBEITSLOS' '11' 'IN AUSBILDUNG'
                '97' 'NICHT VERHEIRATET'
                '98' 'WEISS NICHT' '99' 'VERWEIGERT'.
FREQUENCIES VARIABLES=V1 TO V4.
```

Abbildung 8-4: *Beispiel für ein SPSS-Setup*

Das Setup für das Beispiel zeigt Abbildung 8-4. Ein Setup ist kaum etwas anderes als eine Kurzfassung des Codeplans (vgl. Abb. 8-2). Die erste Zeile teilt dem Programm mit, in welcher physikalischen Datei die Daten zu finden sind (hier: „C:\CODE-PLAN.DAT"). Weiterhin wird festgelegt, dass die Daten einer Variablen jeweils in derselben Spalte verschiedener Records stehen (FIXED) und dass die Eingabedatei einen Record (Zeile) pro Fall umfasst. Die zweite Zeile des DATA LIST-Kommandos gibt an, dass die erste Zeile für jede Untersuchungseinheit (/1) in den Spalten 1-4 die laufende Nummer (LFN), in der Spalte 5 die Angaben für das Geschlecht, in den Spalten 6 und 7 die Angaben für das Alter, die Spalten 8 und 9 für den Familienstand und die Spalten 10 und 11 die Daten zum Beruf des Ehepartners enthalten.

Erst diese Zuordnung der Spalten zu den Variablen erlaubt das sinnvolle Lesen der Daten, z. B. wird jetzt klar, dass die erste Datenzeile zu einer 25-jährigen, ledigen Frau mit der laufenden Nummer 1 gehört. Das MISSING VALUE-Kommando teilt dem Programm mit, dass die genannten Werte in den Berechnungen nicht berücksichtigt werden sollen.

Um die Ausgabe des Programms (den „Output") besser lesen zu können, werden den Variablenkürzeln noch längere Bezeichnungen (VARIABLE LABELS) zugeordnet. Weiterhin werden die Zahlen verschiedener Variablen mit unterschiedlichen „Werteetiketten" (VALUE LABELS) versehen, so dass auch noch nach Monaten in einem Output die Bezeichnung „$V3 = 2$" als „Familienstand=verheiratet" verstanden werden kann.

Die letzte Zeile fordert vom Programm eine Häufigkeitsauszählung (wie oft kommt jeder Wert bei den genannten Variablen vor) der Variablen V1, V2, V3 und V4.

Neben der beschriebenen Dateneingabemethode der „fixed fields" gibt es die „free field"-Eingabe. Hierbei werden die Daten für die Variablen pro Fall hintereinander geschrieben und jeweils durch Komma oder Leerzeichen voneinander getrennt („comma separated value" („CSV") bzw. „blank delimited"). Es ist dabei nicht erforderlich, dass die Daten für eine Variable immer in derselben Spalte stehen, sondern nur die Abfolge der Daten für die Variablen muss für alle Fälle gleich sein. Man benötigt daher zwar einen Codeplan, aber keinen Plan für die Belegung der Spalten. Bei sehr kleinen Datensätzen (5–10 Variablen, ein paar Dutzend Fälle) ist dies eine sehr schnelle Form der Dateneingabe. Bei größeren Datensätzen entstehen hierdurch leicht Probleme, da die Eingabe rasch unübersichtlich werden kann. Wird eine Eingabe übersehen (z. B. durch fehlende Angaben) kann dies insbesondere bei mehreren Records pro Fall zu schwer entdeckbaren Folgefehlern führen. Diese Form der Eingabe sollte daher für ernsthafte Aufgaben nicht verwendet werden.

Die Umsetzung eines korrekten Codeplans in ein Setup und die Erstellung einer Häufigkeitsauszählung ist mit modernen Computern und Programmen eine relativ simple Angelegenheit. Trotzdem sind Fehler bei den ersten Versuchen absolut sicher, hier hilft nur eine intensivere Beschäftigung mit dem Programm und dem Computer weiter.

8.2 Datenbereinigung

Wie auch immer die Daten eingegeben werden, eine erste Häufigkeitsauszählung aller Variablen wird mit Sicherheit einige Codes für bestimmte Variablen zeigen, die nicht im Codeplan stehen (sogenannte „wild codes").[1] Die Ursachen für solche Fehler

---

[1] Der Anteil fehlerhafter Daten variiert stark mit den Details der Dateneingabe, daher sind Schätzungen des Anteils fehlerhafter Codes in einem Datensatz problematisch. Als Orientierung mag der Hinweis genügen, dass selbst im amerikanischen Zensus ca. 0.5% fehlerhafte Eingaben für einzelne Felder entdeckt wurden (vgl. WURDEMAN (1993:313–315).

```
+-----------------------------------------------------+
| State           Region       Popden   Person   Property |
|-----------------------------------------------------|
1. |    ME   New England       32       21        588 |
2. |    NH   New England       80       14        556 |
3. |    VT   New England       47       19        608 |
4. |    MA   New England      719       51       1181 |
5. |    RI   New England      879       51       1355 |
+-----------------------------------------------------+

. list if Popden > 100 & Person < 100

+-----------------------------------------------------+
| State           Region       Popden   Person   Property |
|-----------------------------------------------------|
4. |    MA   New England      719       51       1181 |
5. |    RI   New England      879       51       1355 |
+-----------------------------------------------------+

. edit Popden if Popden > 100 & Person < 100
```

Abbildung 8-5: *Beispiel für das Editieren von Daten mit* `Stata`

können unter anderem sein:

1. Nicht-dokumentierte Codes;
2. Vergabe unterschiedlicher Codes bei nicht eindeutigen Antworten;
3. Fehler im Setup (z. B. zu wenige oder zu viele Records pro Fall angegeben);
4. Falsche Spaltenangaben für die Variablen;
5. Fehlerhafte Zeichen in den Eingabedaten, z. B. Punkte, Leerzeichen;
6. Eingabetippfehler (falsche Zahlen im Datensatz);
7. Spaltenfehler : Bei der Eingabe einer Zeile wurde eine Spalte oder mehrere Spalten übersprungen oder vertauscht;
8. Abfolge der Records innerhalb einer Untersuchungseinheit falsch (werden mehrere Records für eine Untersuchungseinheit verwendet, so muss zuerst das erste Record, dann das zweite Record usw. einer bestimmten Untersuchungseinheit im Datensatz folgen, bevor das erste Record der nächsten Untersuchungseinheit folgen darf).

Das Auffinden und Beseitigen solcher Fehler in einem Datensatz wird als „Datenbereinigung" oder „Editing" bezeichnet. Die Durchführung der Datenbereinigung ist ohne spezielle Programme sehr mühselig und zeitaufwendig, da meist für jede einzelne Fehlerquelle zunächst nach den Fällen gesucht werden muss, bei denen die Fehler auftreten. Dann muss der Fehler geklärt und beseitigt werden. Schließlich muss nochmals kontrolliert werden, ob der Fehler tatsächlich beseitigt wurde und ob durch die Beseitigung des Fehlers nicht neue Fehler entstanden.[1]

Die Datenbereinigung sollte auch „Konsistenztests" umfassen, bei denen nicht nur eine Variable kontrolliert wird, sondern mehrere gleichzeitig: Ein Datensatz sollte z. B. keine schwangeren Männer, Verheiratete unter 10 Jahren usw. enthalten. Weiterhin sollten die Implikationen der Filterführungen im Fragebogen kontrolliert werden. Im Beispiel (Abb. 8-1) sollten alle Personen, die bei V3 eine 2 aufweisen (Verheiratete) bei V4 einen anderen Wert als 97 (nicht verheiratet) aufweisen, ebenso sollten alle Personen, die bei V3 keine 2 aufweisen, den Wert 97 bei V4 besitzen. Solche Verknüpfungen von Variablen für Konsistenztests werden als „edit rules" bezeichnet.

Einige Statistikprogrammpakete enthalten einen mehr oder weniger komfortablen „Dateneditor", der die Datenbereinigung wesentlich vereinfachen kann.[2] Ein Beispiel für das Editieren von Daten mit Stata zeigt die Abbildung 8-5. Der Bildschirm zeigt die Fallnummern, die Variablennamen und die Daten. Die Kommandozeile („list (...)") unterhalb des ersten Kastens bewirkt die Lokalisierung der Fälle des Datensatzes, bei denen die angegebenen Bedingungen erfüllt sind. Der Editor findet also die Fälle 4 und 5. Will man diese Werte ändern, so kann man z. B. nach dem Kommando unterhalb des zweiten Kastens („edit (...)") den neuen Wert anstelle der 719 in einem Dateneditor mit eigenem Fenster innerhalb von Stata eintippen.[3]

Der Zeitaufwand für die Datenbereinigung wird meist erheblich unterschätzt.[4] Bei einem komplizierten Fragebogen, einigen Tausend Befragten und ohne spezielle

---

[1] Mit SPSS ergibt sich die Abfolge der Kommandos „FREQUENCIES VARIABLES= (...)" – „SELECT IF (Fehlerbedingung, z. B. ALTER < 0)" – „LIST LFN" – dann Datenkorrektur der Fälle mit den ausgegebenen laufenden Nummern – dann wieder „SELECT IF (Fehlerbedingung)" – „LIST LFN" – und wieder „FREQUENCIES (...)" zur Kontrolle auf Folgefehler. In Stata lässt sich dies durch „tab (...)" gefolgt durch „edit if (Fehlerbedingung)" erreichen.

[2] Einige Programme enthalten Dateneditoren, die sich nicht für die Datenbereinigung eignen, da Verknüpfungen von Variablen für Konsistenztests (Edit-Regeln) nicht direkt abgefragt werden können.

[3] Andere Fälle oder Variablen werden dabei nach dieser Form des Kommandos nicht angezeigt. Stata erstellt nach solchen manuellen Änderungen der Daten im Dateneditor ein Protokoll („logfile") der durchgeführten Änderungen („audits"). Nur wenige andere Statistikprogramme erstellen solche Protokolle. Um die Datenbereinigung nachvollziehbar zu machen, sind solche Protokolle aber unverzichtbar.

[4] Entsprechend werden die Kosten für diesen Schritt ebenfalls unterschätzt. Es gab vereinzelte Studien in der Bundesrepublik, bei denen systematische Erhebungsmängel zu Datenaufbereitungskosten in Höhe von mehreren „Mann-Jahren" führten. Durch ausgereifte Instrumente sowie Sorgfalt und Kontrollen

Programme kann eine wirklich intensive Datenbereinigung mehrere „Mann-Monate" beanspruchen.[1]

Bei größeren Projekten empfiehlt es sich daher, eine Liste der wichtigsten Edit-Regeln schon vor der Datenerhebung zu erstellen. Einige Datenanalyseprogramme erlauben die Zusammenfassung solcher Regeln zu speziellen Prüfprogrammen. Die Erstellung und das Testen solcher Prüfprogramme kann vor oder während der eigentlichen Datenerhebung erfolgen und so die Datenbereinigung wesentlich beschleunigen.

8.3 Weiterführende Literatur

Eine elementare Darstellung der Datenaufbereitung geben BOURQUE/CLARK (1992). Ebenso hilfreich sind die vielen praktischen Hinweise bei DAVIDSON (1996). Nützliche Hinweise zum Datenmanagement mit `EpiData` gibt JUUL (2004). Ausführlich werden praktische Problemlösungen der Dateneingabe, der Datenbereinigung sowie des Datenmanagements mit `Stata` bei Mitchell (2010) beschrieben.

Gelegentlich stößt man auf eine Fragestellung, die eine komplexere Datenstruktur als einen rechteckigen Datensatz erfordert. Typische Probleme dieser Art entstehen bei Panelstudien oder Organisationsdaten, bei denen für verschiedene Analyseebenen unterschiedliche Datensätze neu zusammenfasst werden müssen. Um sich über die Möglichkeiten verschiedener Datenstrukturen zu informieren eignet sich die für quantitativ orientierte Historiker geschriebene Einführung in die Modellierung von Datenstrukturen von PIERAU (2002). Praktische Probleme des Datenmanagements insbesondere bei Panelstudien werden in drei Arbeiten in dem von KASPRZYK u.a. (1989:163–241) herausgegebenen Sammelband erörtert.

Die bei großen und komplexen Datensätzen wie z. B. Arbeitskräftestichproben oder Volkszählungen anfallenden Datenmengen und Probleme erfordern andere Techniken des Editing als die bisher erwähnten manuellen Lösungen. Über den derzeitigen Stand der Techniken der Datenbereinigung für statistische Datenanalysen bei sehr

---

bei der Datenerhebung lassen sich solche exzessiven Kosten vermeiden.

[1] Einige kommerzielle Institute verwenden Datenbereinigungsprogramme, die Unstimmigkeiten in den Eingabedaten ohne menschlichen Eingriff beseitigen. Solche automatischen Korrekturen lösen das Problem der Datenbereinigung in keiner Weise, sondern verdecken es lediglich. Die Daten sind nach der Korrektur entweder immer noch fehlerhaft (was man ihnen aber nicht mehr ansieht) oder sie werden fälschlich als „fehlend" ausgewiesen oder sie stellen Schätzungen dar, die aber als solche nicht mehr erkennbar sind. Werden Datensätze durch Datenbereinigungsprogramme bearbeitet, so muss im resultierenden Datensatz die Änderung bzw. Schätzung von Daten als Änderung erkennbar sein („*flagging*").

großen Erhebungen informieren DEWAAL/PANNEKOEK/SCHOLTUS (2011). Das Buch erfordert gründliche Mathematikkenntnisse.

Das Buch von Long (2009) beschreibt im Detail, wie man die Arbeit mit einem Datenanalysesystem so organisiert, dass die Ergebnisse auch sehr langfristig reproduziert werden können. Dieser Aspekt wird insbesondere für die zunehmende Zahl von Panelstudien, deren Datensätze mit der Länge des Panels meist immer interessanter werden, besonders wichtig: Es muss auch noch nach 30 oder 40 Jahren nachvollziehbar sein, wie im Detail Umkodierungen erfolgten oder welche Variablen für die Konstruktion anderer Variablen verwendet wurden. Ohne solche konsequent angewendeten Techniken, wie sie bei LONG (2009) für `Stata` beschrieben werden, lassen sich solche Anforderungen nicht erfüllen.

Kapitel 9

Datenanalyse

Nachdem die Daten einer Untersuchung erhoben und aufbereitet wurden, müssen sie ausgewertet werden. Erst durch die Auswertung der erhobenen Daten sind Aussagen über die Annahme oder Verwerfung von Hypothesen möglich. Datenanalyse setzt neben technischem (statistischem, mathematischem) Wissen vor allem klare inhaltliche und theoretische Vorstellungen voraus. Ohne klare theoretische Ideen endet jede Datenanalyse im Chaos: Die erhobenen Daten „sagen" von sich aus überhaupt nichts, kein Computer und kein Programm kann ein in irgendeiner Hinsicht theoretisch interessantes Ergebnis liefern, wenn den Analysen keine sinnvollen Theorien zugrunde liegen.

Der Prozess der Datenanalyse ist keineswegs ein einfacher, gradliniger Vorgang, bei dem zu Beginn die Abfolge der einzelnen Arbeitsschritte absolut klar ist. Datenanalyse ist in der Praxis der empirischen Sozialforschung fast immer ein iterativer Prozess: Ausgehend von bestimmten theoretischen Vorstellungen werden die Daten in bestimmter Weise analysiert, entsprechend den empirischen Ergebnissen werden die Hypothesen verworfen, modifiziert oder verfeinert, neue Analysen mit eventuell durch mathematische Transformationen veränderten Variablen durchgeführt, die theoretischen Vorstellungen wieder modifiziert usw. Trotzdem lassen sich bestimmte Phasen einer Datenanalyse sinnvoll unterscheiden: Randauszählung, Subgruppenanalyse und multivariate Analyse.

9.1 Randauszählung

Der erste Schritt einer Datenanalyse besteht aus der Erstellung einer „Randauszählung". Eine Randauszählung ist das Ergebnis der Berechnung der „Häufigkeitsverteilung" für jede Variable im Datensatz. Die Häufigkeitsverteilung einer Variablen gibt an, wie oft jeder einzelne Code dieser Variablen im Datensatz vorkommt. Ein Beispiel für die Druckausgabe („Output") der Berechnung einer Häufigkeitsverteilung für die Variable V1 (Geschlecht) mit dem Statistikprogramm SPSS zeigt die Abbildung 9-1.[1]

---

[1] SPSS erzeugt eine solche Ausgabe durch das Kommando: „FREQUENCIES VARIABLES=V1".

v1 Geschlecht

		Frequency	Percent	Valid Percent	Cumulative Percent
Valid	0 weiblich	131	25,1	25,8	25,8
	1 männlich	377	72,2	74,2	100,0
	Total	508	97,3	100,0	
Missing	99 keine Angabe	14	2,7		
Total		522	100,0		

Abbildung 9-1: *Beispiel für eine Häufigkeitsverteilung*

Die Häufigkeitsverteilung der Variablen V1 (Geschlecht) informiert über die Anzahl der Frauen (131 Personen mit dem Code '0') und Männer (377 Personen mit dem Code '1') in der Untersuchung. Insgesamt wurden 522 Personen in der Untersuchung berücksichtigt. Für 14 Personen (= 2.7%) liegen keine Angaben (Code '99', hier der „missing value code") für das Geschlecht vor. Für 508 (522−14 = 131+377) Personen liegen gültige Werte für die Variable vor, ihr Geschlecht ist somit bekannt. Nun können Häufigkeitstabellen meist leichter interpretiert werden, wenn die Angaben in der Tabelle prozentuiert werden. Da hier 14 Angaben fehlen, können die Häufigkeiten entweder auf alle Personen bezogen prozentuiert werden oder nur auf diejenigen Personen, für die gültige Werte vorliegen. Die Abbildung 9-1 enthält beide Angaben: Die 131 Frauen entsprechen 25.1% aller Personen (= 522) und 25.8% aller Personen, von denen das Geschlecht bekannt ist (= 508). Die 377 Männer entsprechen 72.2% aller Personen und 74.2% aller Personen, von denen das Geschlecht bekannt ist. Die Spalte „Cum Percent" bezieht sich auf die kumulierten (addierten) Prozente (der gültigen Werte), wenn die Codes aufsteigend geordnet werden (hier nur 0 und 1). Werte bis einschließlich „0" besitzen 25.8%, Werte bis „1" besitzen 100% aller Fälle.

Die Randauszählung enthält die Häufigkeitsverteilungen aller erhobenen Variablen. Sie dient zunächst dazu, einen allgemeinen ersten Überblick über die erhobenen Daten zu gewinnen. Zusammen mit der Berechnung geeigneter *„deskriptiver"* (beschreibender) Statistiken (z. B. gegebenenfalls das arithmetische Mittel) ist die erste, rein deskriptive „Analyse" mit der Erstellung der Randauszählung abgeschlossen.[1]

---

[1] Zumeist werden bestimmte Statistiken (Mittelwerte, Standardabweichung, Minimum und Maximum usw.) bei der Randauszählung mitberechnet. Mit SPSS erhält man die genannten Statistiken durch das Kommando „ /STATISTICS=DEFAULTS" nach dem FREQUENCIES-Kommando. Defaults sind Voreinstellungen, die die Programme dann ausführen, wenn der Benutzer keine anderen Angaben (z. B. „ /STATISTICS=MEAN") angibt. Die entsprechenden Kommandos in Stata lauten für die Randauszählung „tab v1" und für die Ausgabe der deskriptiven Statistiken „summarize v1".

v2 ÖTV Mitglied * v1 Geschlecht Crosstabulation

			v1 Geschlecht		
			0 weiblich	1 männlich	Total
v2 ÖTV Mitglied	0 kein Mitglied	Count	99	239	338
		% within v1 Geschlecht	79,2%	66,2%	69,5%
	1 Mitglied	Count	26	122	148
		% within v1 Geschlecht	20,8%	33,8%	30,5%
	Total	Count	125	361	486
		% within v1 Geschlecht	100,0%	100,0%	100,0%

Abbildung 9-2: *Beispiel für eine Subgruppenanalyse mit SPSS*

Solche „*univariaten*" (nur auf eine Variable bezogenen), rein deskriptiven Darstellungen sind allein meist kaum von größerem Interesse. Sehr häufig wird bei einer Datenanalyse anschließend an die Randauszählung eine „*Subgruppenanalyse*" durchgeführt.

9.2 Subgruppenanalyse

Die einfachste Form einer Subgruppenanalyse besteht aus dem Vergleich der deskriptiven Statistiken (z. B. der Mittelwerte) und der Häufigkeitsverteilung einer bestimmten Variablen in verschiedenen Subgruppen. So kann z. B. bei der Durchführung einer organisationssoziologischen Untersuchung der Anteil von ÖTV-Mitgliedern bei Frauen mit dem Anteil der ÖTV-Mitglieder bei Männern einer bestimmten Verwaltung verglichen werden. Ein Beispiel für den SPSS-Output[1] einer solchen Subgruppenanalyse zeigt die Abbildung 9-2.

Eine solche Tabelle heißt „*Kreuztabelle*" („crosstabulation") oder auch „*Kontingenztabelle*" („contingency table"). Da diese Tabelle aus der „Kreuzung" zweier Variablen (V1 und V2: Geschlecht und ÖTV-Mitgliedschaft) besteht, handelt es sich um eine „*bivariate Kreuztabelle*". Da beide Variablen nur je zwei verschiedene Werte annehmen können, wird eine Tabelle dieser Form auch als „2 * 2-Tabelle" bezeichnet.

Eine Kreuztabelle enthält neben den Häufigkeitsverteilungen beider Variablen („Column Total" für V1: 125 Frauen, 361 Männer; „Row Total" für V2: 338 Nicht-

---

[1]   Eine solche Tabelle produziert SPSS nach dem Kommando 'CROSSTABS V2 BY V1 /CELLS=COUNT COLUMN'. Die Angaben nach dem Schrägstrich bewirken die zusätzliche Ausgabe der Prozentwerte auf der Basis der Spaltensummen, vgl. hierzu weiter unten. In Stata lautet das Kommando 'tab v2 v1,col'.

Mitglieder, 148 Mitglieder) die „gemeinsame" (bivariate) Verteilung der beiden Variablen. So setzt sich die gesamte Stichprobe von 486 Fällen (die Angaben von 36 Personen fehlen entweder für das Geschlecht, für die ÖTV-Mitgliedschaft oder für beide Variablen) aus den vier Teilgruppen „Frauen-Nicht-Mitglieder" (99 Personen), „Frauen-Mitglieder" (26 Personen), „Männer-Nicht-Mitglieder" (239 Personen) und „Männer-Mitglieder" (122 Personen) zusammen.

Das Ergebnis dieser Tabelle lässt sich deutlicher erkennen, wenn die Häufigkeiten („Count") der einzelnen Felder der Tabelle („Zellen") als Prozentzahlen ausgedrückt werden. Es gibt drei Möglichkeiten, die Häufigkeiten als Prozentzahl auszudrücken, je nachdem, auf welche Vergleichszahlen die Prozentwerte bezogen werden:

1. Die Häufigkeit in einer Zelle wird auf die Gesamtzahl der Fälle (486) bezogen. Somit ergäben sich für die Zellen in diesem Beispiel $(99/486) * 100 = 20.3\%$, $(239/486) * 100 = 49.2\%$, $(26/486) = 5.3\%$ und $(122/486) * 100 = 25.1\%$. Die Gesamtsumme aller Prozentzahlen ist gleich 100. In einem SPSS-Output wird diese Art der Prozentuierung als „Total Percentage" bezeichnet.

2. Die Häufigkeit in einer Zelle wird auf die Gesamtzahl der Fälle in einer Zeile der Tabelle bezogen. Somit ergäben sich im Beispiel für die erste Zeile (kein Mitglied): $(99/338) * 100 = 29.3\%$ und $(239/338) * 100 = 70.7\%$. Für die zweite Zeile (Mitglieder) ergäben sich $(26/148) * 100 = 17.6\%$ und $(122/148) * 100 = 82.4\%$. Die Prozentzahlen summieren sich in jeder Zeile zu 100%. In einem SPSS-Output wird diese Art der Prozentuierung als „Row Percentage" (Zeilenprozente) bezeichnet.

3. Die Häufigkeit in einer Zelle wird auf die Gesamtzahl der Fälle in einer Spalte der Tabelle bezogen, wie dies auch die Prozentzahlen der Abbildung 9-2 zeigen. Die Prozentzahlen jeder Spalte summieren sich zu 100%. Diese Art der Prozentuierung wird als „Column Percentage" („Col Pct", Spaltenprozente) bezeichnet.

Obwohl es prinzipiell gleichgültig ist, welche Variable im „Kopf" (oben) und welche Variable am Rand der Tabelle steht, ist es üblich, in den Kopf der Tabelle die unabhängige Variable und an den Rand die abhängige Variable zu setzen.

Bei einer Subgruppenanalyse wie im Beispiel kann häufig (aber nicht immer) davon ausgegangen werden, dass die Variable, die die Zugehörigkeit zu einer Subgruppe angibt (hier das Geschlecht), nicht durch die jeweils betrachtete andere Variable (hier ÖTV-Mitgliedschaft) erklärt werden kann. Da das Geschlecht nicht von der Mitgliedschaft oder Nicht-Mitgliedschaft in einer Gewerkschaft abhängen kann (oder wir zumindest keine entsprechende plausible Hypothese kennen), wurde im Beispiel „Geschlecht" als unabhängige Variable, „ÖTV-Mitgliedschaft" als abhängige Variable

	Geschlecht		
	weiblich	männlich	
nicht Mitglied	79%	66%	
Mitglied der ÖTV	21%	34%	
n	125	361	486

Tabelle 9-1: *Beispiel für eine Tabelle mit Spaltenprozenten*

aufgefasst. Da im Kopf der Tabelle das Geschlecht steht, kann mit Hilfe der Spaltenprozente nun übersichtlich der Einfluss der unabhängigen Variablen „Geschlecht" auf die abhängige Variable „ÖTV-Mitgliedschaft" dargestellt werden (vgl. Tab. 9-1).

Die Aussage der Tabelle ist leicht erkennbar[1]: Nur 21% der befragten Frauen, aber 34% der befragten Männer sind Mitglied der ÖTV. Männer sind also eher Mitglied der ÖTV als Frauen, der Unterschied beträgt -13 Prozentpunkte. Bei einer 2 * 2-Tabelle wie in diesem Beispiel ist diese „*Prozentsatzdifferenz*" als einfaches „*Zusammenhangsmaß*" (auch: „Kontingenzmaß" oder „Assoziationsmaß") interpretierbar. Ein Zusammenhangsmaß gibt die Stärke des Zusammenhangs zwischen zwei Variablen an. Im Beispiel wäre der Zusammenhang dann am stärksten, wenn entweder kein Mann, aber alle Frauen Mitglied der ÖTV oder aber alle Männer, aber keine Frau Mitglied der ÖTV wäre. Im ersten Fall wäre die Prozentsatzdifferenz $100\% - 0\% = 100\%$, im zweiten Fall $0\% - 100\% = -100\%$. Gegenüber 100% als maximal möglicher Prozentsatzdifferenz ist die Differenz im Beispiel mit 13% nicht sehr groß, der Zusammenhang also eher schwach.

In den Sozialwissenschaften werden neben der Prozentsatzdifferenz eine Reihe anderer Zusammenhangsmaße verwendet, die zum Teil mit griechischen Buchstaben bezeichnet werden, z. B. phi, gamma, eta, lambda und tau. Fast alle Zusammenhangsmaße besitzen genau wie der Korrelationskoeffizient von Pearson den Wertebereich -1 bis $+1$, wobei -1 einen starken negativen Zusammenhang („immer wenn x hoch ist, ist y niedrig"), 0 die Abwesenheit eines Zusammenhangs („es lässt sich nicht sagen, welchen Wert y besitzt, wenn x hoch oder niedrig ist") und $+1$ einen starken positiven Zusammenhang („immer wenn x hoch ist, ist auch y hoch") wiedergibt.[2]

---

[1] Je mehr Felder eine Tabelle besitzt, um so deutlicher wird der Vorteil, Tabellen auf diese Weise über die Spaltenprozente zu interpretieren. So ist z. B. eine 20*5 Tabelle mit 100 Feldern, die lediglich absolute Zahlen (oder als anderes Extrem: sowohl absolute Zahlen, als auch „Total Percentage", Zeilenprozente und Spaltenprozente, somit 400 Zahlen) enthält, nur mit größeren Mühen interpretierbar.

[2] Einzelheiten zu allen erwähnten Koeffizienten finden sich bei BENNINGHAUS (1998).

9.3 Multivariate Analyse

In den meisten Fällen erfordern sozialwissenschaftliche Theorien, dass nicht nur die Verteilung einer Variablen oder die gemeinsame Verteilung zweier Variablen untersucht wird, sondern dass eine große Zahl von Variablen gleichzeitig beachtet wird. Für *„multivariate Datenanalysen"* stehen eine große Zahl verschiedener Analysetechniken zur Verfügung. Die Notwendigkeit multivariater Datenanalyse lässt sich an einem fiktiven Beispiel mit einer einfachen Technik, der multivariaten Kreuztabellierung, demonstrieren.

ROSENBERG (1968:94-96) gibt ein Beispiel für eine Untersuchung des Zusammenhangs zwischen sozialer Schicht und der Einstellung gegenüber den Bürgerrechten.[1] In diesem Beispiel sind beide Variablen dichotom: Bei der sozialen Schicht wird zwischen „Mittelschicht" und „Arbeiterklasse", bei der Einstellung gegenüber den Bürgerrechten zwischen „hoch" (liberal-progressiv) und „niedrig" (konservativ) unterschieden. Eine Untersuchung von 240 Personen ergäbe die Tabelle 9-2.

Bürgerrechte	Mittelschicht	Arbeiterklasse
hoch	37%	45%
niedrig	63%	55%
n	120	120

Tabelle 9-2: Zusammenhang zwischen Schicht und Einstellung gegenüber den Bürgerrechten

Die Prozentsatzdifferenz beträgt 8%. Damit mag es zunächst so scheinen, als ob Arbeiter eher als Mittelschichtangehörige positiv gegenüber den Bürgerrechten eingestellt sind. Die Einstellung gegenüber den Bürgerrechten wird aber durch die Rassenzugehörigkeit stark beeinflusst. Dann liegt es nahe, die gemeinsame Verteilung von Rassenzugehörigkeit, sozialer Schicht und Einstellung gegenüber den Bürgerrechten zu betrachten. Damit ergeben sich zwei verschiedene Teiltabellen (*„Partialtabellen"*): Eine für Weiße und eine für Farbige (vgl. Tab. 9-3).

---

[1] Die Tabelle bei ROSENBERG (1968:94) enthält einen Druckfehler.

	Farbige		Weiße	
Bürgerrechte	Mittel-schicht	Arbeiter-klasse	Mittel-schicht	Arbeiter-klasse
hoch	70%	50%	30%	20%
niedrig	30%	50%	70%	80%
n	20	100	100	20

Tabelle 9-3: *Zusammenhang zwischen Schicht und Einstellung gegenüber den Bürgerrechten bei Kontrolle von Rassenzugehörigkeit*

Die beiden Partialtabellen zeigen Prozentsatzdifferenzen von -20% und -10%. Der Zusammenhang zwischen sozialer Schicht und Einstellung gegenüber den Bürgerrechten ist bei „Kontrolle" oder „Konstanthaltung" von Rassenzugehörigkeit nicht nur in beiden Teilgruppen stärker als in der bivariaten Tabelle (Prozentsatzdifferenz nur 8%), sondern der Zusammenhang kehrt sich in beiden Teilgruppen um: Je höher die soziale Schicht, desto positiver die Einstellung zu den Bürgerrechten.

Durch die gleichzeitige Berücksichtigung von drei Variablen kann also die Schlussfolgerung gegenüber der bivariaten Analyse eine andere sein. Die Kontrolle zusätzlicher Variablen (sogenannte *„Drittvariablenkontrolle"*) ist im Rahmen der multivariaten Analyse bei der Überprüfung sozialwissenschaftlicher Theorien in der Regel unverzichtbar, wenn auch die Ergebnisse nur selten so dramatische Differenzen zwischen bivariater und multivariater Analyse zeigen wie in diesem Beispiel.

9.4 Signifikanztests

Wissenschaftler interessieren sich selten allein für die Ergebnisse in ihren Stichproben, sondern versuchen, die Ergebnisse auf alle Elemente der jeweiligen Grundgesamtheit zu übertragen. Bei echten Zufallsstichproben ist diese Verallgemeinerung durch Anwendung der sogenannten *„Inferenzstatistik"* möglich. Ein wichtiger Teilbereich der Inferenzstatistik beschäftigt sich mit der Frage, ob ein in Stichproben beobachteter Effekt zufällig entstanden sein kann, wenn man annimmt, dass in der Grundgesamtheit tatsächlich kein Effekt besteht. Verfahren zur Untersuchung dieser Frage nennt man „Signifikanztests". Das Vorgehen bei Signifikanztests soll an den beiden am häufigsten verwendeten Signifikanztests illustriert werden.

9.4.1 Ein Signifikanztest der Prüfung der Unabhängigkeit in Kreuztabellen

Angenommen, man hätte 100 Personen zufällig ausgewählt. Von den 100 Personen seien 50 Frauen und 50 Männer. Ebenso seien 50 Raucher und 50 Nichtraucher. Wenn zwischen Geschlecht und Rauchen kein Zusammenhang bestehen sollte, würde man denselben Anteil von Rauchern und Nichtrauchern bei Männern und Frauen erwarten. Die Kreuztabelle der Variablen „Geschlecht" und „Raucher" müsste in diesem Fall so aussehen wie die Tabelle 9-4. Eine solche Kreuztabelle, die die Verteilung zweier Variablen unter der Annahme, dass die Variablen unabhängig voneinander sind, zeigt, heißt „*Indifferenztabelle*".[1]

	Männer	Frauen	Summe
Raucher	25	25	50
Nichtraucher	25	25	50
Summe	50	50	100

Tabelle 9-4: Indifferenztabelle: Kein Zusammenhang zwischen Geschlecht und Rauchen

Sollte in der Grundgesamtheit tatsächlich kein Zusammenhang zwischen „Geschlecht" und „Raucher" bestehen, dann sollte sich auch in einer Zufallsstichprobe kein Zusammenhang zeigen. Allerdings wird bei nur wenigen Zufallsstichproben aus dieser Grundgesamtheit die Kreuztabelle exakt so aussehen wie die Indifferenztabelle. Eher kann man von kleinen Abweichungen von der Indifferenztabelle ausgehen. So könnten sich z. B. zufällig 27 rauchende Männer und 23 rauchende Frauen ergeben. Würde eine solche Abweichung ausreichen, um die Vermutung, dass Geschlecht und Rauchen unabhängig voneinander sind, zu widerlegen? Kaum. Anders wäre es, wenn die Stichprobe z. B. 50 rauchende Männer und keine einzige rauchende Frau erbracht hätte. Auch eine Stichprobe, bei der 49 der 50 Männer rauchen, wäre ein starkes Argument gegen die Unabhängigkeitsvermutung. Je weiter die Kreuztabelle von der Indifferenztabelle abweicht, desto stärker ist das Argument gegen die Unabhängigkeitsvermutung.

---

[1] Am einfachsten errechnet man die Indifferenztabelle, indem man für jede Zelle die jeweilige Spaltensumme mit der jeweiligen Zeilensumme multipliziert und das Produkt durch die Gesamtzahl der Beobachtungen dividiert. In diesem Beispiel ist die Berechnung für jede Zelle gleich: $(50 * 50)/100 = 25$.

Um nun verschiedene Stichproben hinsichtlich ihrer Abweichung von der Indifferenztabelle beurteilen zu können, wäre offensichtlich ein Maß für die Abweichung nützlich. Man könnte z. B. die Differenzen zwischen den Häufigkeiten der Indifferenztabelle und den beobachteten Häufigkeiten in der Stichprobe über alle Zellen summieren. Dabei würden sich aber Abweichungen nach unten und Abweichungen nach oben gegenseitig aufheben. Dieses Problem lässt sich vermeiden, indem man z. B. die Differenzen quadriert. Quadrierte Summen nehmen bei hohen Fallzahlen rasch große Werte an, daher wäre eine Standardisierung solcher Werte wünschenswert. Eine einfache Möglichkeit besteht darin, dass man die Quadrate der Differenzen zwischen beobachteten und erwarteten Häufigkeiten durch die erwarteten Werte dividiert. Ein exakt so definierter Index der Abweichung einer Kreuztabelle von der Indifferenztabelle ist die Prüfgröße „χ^2" (Chi-Quadrat).

	Männer	Frauen	Summe
Raucher	30	20	50
Nichtraucher	20	30	50
Summe	50	50	100

Tabelle 9-5: Beobachtete Kreuztabelle

Die Berechnung von χ^2 soll anhand der in einer Stichprobe beobachteten Kreuztabelle 9-5 erläutert werden. Für die erste Zelle der Tabelle (Männer+Raucher) wurden 30 Fälle beobachtet, nach der Indifferenztabelle wurden 25 erwartet. Also ergibt sich für diese Zelle die Differenz $30 - 25 = 5$. Quadriert ist dies 25, dividiert durch die erwartete Häufigkeit $25/25 = 1$. Für die zweite Zelle (Frauen+Raucher) ergibt sich $20 - 25 = -5$, quadriert 25, schließlich durch Division durch den erwarteten Wert $25/25 = 1$. Auch für die beiden letzten Zellen (Männer+Nichtraucher, Frauen+Nichtraucher) ergibt sich jeweils der Wert 1. χ^2 ist daher hier $1 + 1 + 1 + 1 = 4$. Die Frage ist nun, stellt ein Wert von „4" für χ^2 eine noch zufällige Abweichung von der Indifferenztabelle dar oder nicht? Um diese Frage beantworten zu können, müsste man wissen, wie häufig der Wert „4" für χ^2 bei einer hohen Zahl von wiederholten zufälligen Stichproben aus einer Grundgesamtheit, bei der zwischen den beiden Variablen kein Zusammenhang besteht, zufällig auftritt. Dies könnte man etwas mühselig ausprobieren oder mit Hilfe eines Computers simulieren.

Beides ist in diesem Fall aber nicht nötig. Die Verteilung der Häufigkeit, mit der bestimmte Werte für χ^2 auftreten, ist bekannt. Der Abweichungsindex χ^2 entspricht einer bestimmten mathematischen Häufigkeitsverteilung (einer Wahrscheinlichkeitsverteilung). Diese Verteilung wird als „χ^2-Verteilung" bezeichnet.

Die χ^2-Verteilung gibt die relative Häufigkeit an, mit der die Summe unabhängiger quadrierter normalverteilter Variablen mit dem Mittelwert Null verschiedene Schwellenwerte überschreitet. Da es sich um eine Summe handelt, ist es wichtig zu wissen, wieviele unabhängige Variablen addiert werden. In diesem Zusammenhang nennt man diese Zahl „*Freiheitsgrad*" (oder „df" für „*degrees of freedom*"). Bei einer Vierfelder-Kreuztabelle ist der Freiheitsgrad 1. Kennt man die Randverteilung der Spalten und der Zeilen, dann kann man nur eine Häufigkeit innerhalb der Tabelle frei wählen, die anderen Häufigkeiten ergeben sich dann durch Subtraktion von den Randverteilungen. Nimmt man die Randverteilungen in diesem Beispiel, so kann man bei einer angenommenen Zahl von 40 rauchenden Männern, die Zahl der männlichen Nichtraucher (50 Männer insgesamt - 40 Raucher), die Zahl der weiblichen Nichtraucher (50 Nichtraucher insgesamt - 10 Männer) und die Zahl der weiblichen Raucher (50 Raucher insgesamt - 40 Männer) aus den Randverteilungen errechnen.

Werte der χ^2-Verteilung finden sich in entsprechenden Tabellen der Statistiklehrbücher (z. B. bei BORTZ 1999). Ein χ^2-Wert von 4 oder größer tritt bei einem Freiheitsgrad von 1 nur bei ca. 4.6% aller Stichproben auf. In den Sozialwissenschaften wird meist rein konventionell eine Wahrscheinlichkeit von 5% als Grenze zwischen „zufälligen" und „überzufälligen" Ereignissen betrachtet. Da ein χ^2-Wert von 4 bei einer Vierfeldertafel bei wiederholten Zufallsstichproben aus einer Grundgesamtheit, in der die beiden Variablen unabhängig voneinander sind, in weniger als 5% der Stichproben beobachtet wird, betrachtet man die Größe des χ^2-Werts als „signifikant". Man sagt auch, die beobachtete Tabelle weiche „signifikant" von der Indifferenztabelle ab.[1] Gelegentlich wird dies durch den Zusatz „auf dem 5% Signifikanzniveau" spezifiziert.

9.4.2 Ein Signifikanztest für Mittelwertdifferenzen

Bei der Analyse der Ergebnisse von Experimenten ergibt sich fast immer die Frage, ob ein beobachteter Unterschied zwischen Experimental- und Kontrollgruppe zufällig ist oder vermutlich eher systematische Ursachen besitzen wird. Interessiert man sich für die Unterschiede der Mittelwerte zwischen Experimental- und Kontrollgruppe, so kann der Frage nach der „Zufälligkeit" der beobachteten Mittelwertdifferenzen mit einem Signifikanztest nachgegangen werden.

---

[1] Unter veröffentlichten Tabellen findet man häufig die Kurzfassung der Ergebnisse eines solchen Tests in der Form „χ^2 4.00, df=1, p $<$ 0.05". Gelegentlich findet sich nur „$p < 0.05$". Dies bedeutet, dass für die beobachtete Tabelle ein χ^2-Wert von 4.00 bei einem Freiheitsgrad und bei Annahme der Unabhängigkeit der Variablen berechnet wurde und ein solcher Wert eher selten rein zufällig auftritt.

Die Logik eines Mittelwertdifferenzentests ist einfach. Nehmen wir an, die Mitglieder der Kontrollgruppe und der Experimentalgruppe stammen aus derselben Grundgesamtheit. Beide Gruppen wären dann unabhängige Zufallsstichproben aus der Grundgesamtheit. Die Mittelwerte unabhängiger Zufallsstichproben aus derselben Grundgesamtheit sind nicht identisch, sondern streuen zufällig um den Mittelwert der Grundgesamtheit (vgl. Kapitel 6.4.1). Berechnet man die Differenz zwischen den Mittelwerten zweier Stichproben aus der gleichen Grundgesamtheit, so wird auch diese Differenz daher nicht Null sein, sondern ein wenig von Null abweichen. Zieht man eine große Zahl von jeweils zwei Stichproben aus der gleichen Grundgesamtheit, so werden die Differenzen ihrer Mittelwerte um Null streuen. Das Ausmaß der Streuung hängt von der Größe der Stichproben und der Varianz in der Grundgesamtheit ab. Kleine Differenzen zwischen den Stichprobenmittelwerten werden sehr häufig auftreten und große Differenzen sehr selten. Um die Größe einer beobachteten Mittelwertdifferenz zwischen Experimental- und Kontrollgruppe beurteilen zu können, wird die beobachtete Mittelwertdifferenz mit der Verteilung von Mittelwertdifferenzen verglichen, die sich ergeben würde, wenn beide Gruppen aus derselben Grundgesamtheit stammen würden.

Diese Verteilung kann man z. B. durch eine sehr hohe Zahl von wiederholten Stichprobenziehungen aus der gleichen Grundgesamtheit erhalten. Dieses etwas umständliche Verfahren lässt sich bei echten Zufallsstichproben vermeiden.[1] Die Verteilung der Differenzen von Stichprobenmittelwerten unabhängiger Stichproben aus derselben Grundgesamtheit entspricht einer bestimmten mathematischen Funktion, der sogenannten „t-Verteilung". Der Mittelwertdifferenzentest wird daher auch meist kurz als „t-Test" bezeichnet. Für einen t-Test benötigt man nur die Größe der beiden Stichproben (n_1 und n_2), ihre Mittelwerte (m_1 und m_2) und ihre Varianzen (s_1^2 und s_2^2).

Nimmt man als Beispiel zwei Stichproben mit $m_1 = 110$, $m_2 = 115$, $n_1 = 50$, $n_2 = 60$, s_1^2 und $s_2^2 = 100$, ergibt sich durch Einsetzen in die entsprechende Formel in diesem Beispiel $t = -2.61$.[2] Bei einem t-Test gibt es $n_1 + n_2 - 2$ Freiheitsgrade.

---

[1] Hierbei muss man allerdings annehmen, dass die Varianzen der beiden Gruppen in der Grundgesamtheit gleich sind und die Werte in beiden Gruppen in der Grundgesamtheit normalverteilt sind. Das Resultat des Tests ist gegenüber der Verletzung dieser Annahmen recht robust, vgl. MANLY (1991:6–7, 49–52).

[2] Die Testgröße des t-Tests (SACHS 1997:352) wird berechnet als:

$$t = \frac{m_1 - m_2}{\sqrt{\left[\frac{n_1+n_2}{n_1*n_2}\right]\left[\frac{(n_1-1)*s_1^2+(n_2-1)*s_2^2}{n_1+n_2-2}\right]}} \tag{9.1}$$

Wie beim χ^2-Test kann man die Werte der t-Verteilung in entsprechenden Tabellen nachschlagen.[1] Bei einer t-Verteilung mit 108 Freiheitsgraden ergibt sich ein Wert von 0.0103. Dies bedeutet, dass sich ein t-Wert mit einem Absolutbetrag von 2.61 oder größer bei höchstens 1.03% der Tests unabhängiger Stichproben aus derselben Grundgesamtheit rein zufällig ergeben würde. Die beobachtete Mittelwertdifferenz von 5 ist also fast auf dem 1%-Niveau signifikant. Man würde hier folglich davon ausgehen, dass der Unterschied zwischen Experimental- und Kontrollgruppe kaum allein durch reinen Zufall entstand.

9.4.3 Zur Interpretation von Signifikanztests

Signifikanztests werden häufig falsch interpretiert.[2] Dass ein Ergebnis „signifikant" ist bedeutet nicht,

- dass es sich um einen „wichtigen" oder „bedeutsamen" Effekt handelt
- dass damit die „Existenz" eines Effekts bewiesen wäre
- dass es sich um einen „starken" Effekt handelt.

Über die theoretische Wichtigkeit eines Effekts kann kein mathematisches Verfahren etwas aussagen. Die „Signifikanz" eines Effekts hat mit der theoretischen Wichtigkeit nichts zu tun.

Die Tatsache, dass ein Effekt bei einer Untersuchung „signifikant" ist, beweist nicht, dass der Effekt tatsächlich existiert. Die Wahrscheinlichkeit, fälschlich einen Effekt zu entdecken, obwohl er in der Grundgesamtheit nicht existiert, ist gleich dem Signifikanzniveau.[3] Bei einem 5%-Signifikanzniveau bedeutet dies, dass selbst bei Abwesenheit jedes tatsächlichen Effekts jeder zwanzigste Signifikanztest einen Effekt „entdeckt". Ob ein bestimmtes signifikantes Ergebnis nun auf einen tatsächlichen Effekt oder einen zufälligen Fehler zurückzuführen ist, kann man dem Signifikanztest nicht entnehmen. Umgekehrt kann man aus der Abwesenheit eines „signifikanten" Ergebnisses auch nicht schließen, dass kein Effekt vorliegt.[4] Über die Existenz eines Effekts kann

---

[1]   z. B. bei SACHS (1997:210) oder BORTZ (1999).

[2]   Die korrekte Interpretation von Signifikanztests hat zu einer kontroversen Debatte um die generelle Nützlichkeit der Signifikanztests geführt, vgl. hierzu OAKES (1986), SCHNELL (1994:338–341), HARLOW u.a. (1997) sowie ZILIAK/MCCLOSKEY (2009).

[3]   Man bezeichnet dies als „Fehler 1. Art" oder „*Alpha-Fehler*".

[4]   Die Nichtentdeckung eines tatsächlich vorhandenen Effekts durch einen Signifikanztest wird als „Fehler 2. Art" oder „*Beta-Fehler*" bezeichnet. Die Wahrscheinlichkeit für einen Beta-Fehler lässt sich nur durch zusätzliche, jeweils andere inhaltliche Annahmen (über die tatsächliche Effektgröße) berechnen. Beta-Fehlern wird in der Praxis kaum Aufmerksamkeit geschenkt. Aus diesem Grund

nur durch eine lange Reihe unabhängiger Wiederholungen des Experiments bzw. der Untersuchung entschieden werden.[1]

Der wohl häufigste Fehler bei der Interpretation von Signifikanztests liegt in der Verwechslung eines „signifikanten" mit einem „starken" Effekt. Ein „signifikanter" Effekt kann so schwach sein, dass er praktisch und theoretisch bedeutungslos ist. Wenn man die Stärke eines Effekts beurteilen will, benötigt man Maße für die Stärke des Effekts. Signifikanztests sind keine Effektstärkemaße, da sie unter anderem von der Anzahl der untersuchten Fälle abhängen. Nimmt man z. B. die Differenz der Mittelwerte 100.0 und 100.5 zwischen zwei Gruppen bei einer Standardabweichung von 15, dann ist diese Differenz bei jeweils 1000 untersuchten Fällen nicht signifikant, wohl aber bei jeweils 10000 Fällen.[2] Ein Effektstärkemaß sollte unempfindlich gegenüber der Zahl der Fälle sein.[3]

In fast allen Fällen ist ein direktes Maß für die Stärke eines Effekts besser zur Beurteilung der Effektstärke geeignet als ein Signifikanztest.

Zusammenfassend: Die „Signifikanz" einer Prüfgröße auf einem bestimmten Signifikanzniveau (z. B. 5%) bedeutet, dass Werte dieser Prüfgröße, die größer sind als der beobachtete Wert der Prüfgröße, bei wiederholten unabhängigen Untersuchungen einer Grundgesamtheit, in der der Effekt nicht existiert, höchstens mit der dem Signifikanzniveau entsprechenden Wahrscheinlichkeit (bei 5% also 0.05) zu beobachten sind. Weder sagt die „Signifikanz" etwas über die Wahrscheinlichkeit der Existenz noch etwas über die theoretische Wichtigkeit eines Effekts.

---

ergeben sich häufig widersprüchliche Ergebnisse bei empirischen Untersuchungen der gleichen Fragestellung. Diese Probleme lassen sich häufig durch eine Untersuchung der Größe des Beta-Fehlers klären. Da 1-Beta als *„Mächtigkeit"* oder *„power"* eines Signikanztests definiert ist, heißen solche Untersuchungen „power analysis", vgl. hierzu ausführlich COHEN (1977).

[1] Aus diesem Grund sind auch Signifikanztests bei der Untersuchung von Grundgesamtheiten sinnlos: Das Experiment kann nicht wiederholt werden. Interpretationen von Signifikanztests bei Grundgesamtheiten ergeben nur dann einen Sinn, wenn man entweder das Signifikanzniveau als Maß der Stärke eines subjektiven Glaubens interpretiert oder an die Existenz von sogenannten „Superpopulationen" glaubt – beides Konsequenzen, die von den meisten Statistikern in den Sozialwissenschaften vermieden werden (vgl. hierzu BERK/WESTERN/WEISS 1995 und die daran anschließende Diskussion).

[2] Die *t*-Werte sind mit 0.75 bzw. 2.36 nicht bzw. auf dem 2%-Niveau signifikant.

[3] Ein solches Effektstärkemaß ist z. B. Eta^2 (vgl. ausführlich z. B. BENNINGHAUS 1998:359–363). Eta^2 kann man sich als das Verhältnis der durch den Mittelwertunterschied erklärten Varianz zur gesamten Varianz vorstellen. In beiden Fällen liegt Eta^2 hier bei ca. 0.3 Promille. Für die meisten Probleme dürften Effekte in dieser Größenordnung keine Rolle spielen.

9.5 Ein Überblick über multivariate Datenanalyseverfahren

Die Wichtigkeit multivariater Datenanalysen wurde oben an einem Beispiel demonstriert. Es gibt eine Fülle verschiedener multivariater Datenanalyseverfahren, die jeweils bestimmte Vor- und Nachteile besitzen und sich jeweils für bestimmte Fragestellungen eignen. Kein Verfahren ist in jedem Fall angemessen. Um einen ersten Eindruck von den verschiedenen Möglichkeiten zu vermitteln, sollen die wichtigsten Verfahren und einige ihrer Probleme kurz dargestellt und jeweils auf geeignete weiterführende Literatur verwiesen werden.

9.5.1 Log-lineare Modelle zur Analyse kategorialer Daten

Oben wurde die multivariate Datenanalyse anhand der Analyse von Kreuztabellen eingeführt. Bis in die siebziger Jahre bestand die multivariate Datenanalyse in der empirischen Sozialforschung zum großen Teil aus der Analyse solcher zwei-, drei- und höchstens vierdimensionaler Kreuztabellen.[1] Hierzu wurden vor allem eine große Zahl verschiedener „Assoziationsmaße" wie „Gamma" oder „Tau" verwendet. Diese Art der Analyse ist durch die Entwicklung sogenannter „log-linearer Modelle" weitgehend zurückgegangen.[2] Bei log-linearen Modellen wird versucht, die Häufigkeiten in einer (auch mehrdimensionalen) Kreuztabelle durch eine lineare Gleichung, die die Effekte einzelner Spalten und Zeilen der Kreuztabelle wiedergibt, möglichst genau zu reproduzieren. Ursprünglich wurden log-lineare Modelle nur für die Analyse ungeordneter kategorialer Daten, in denen keine ordinale Abfolge der einzelnen Kategorien angenommen wurde, verwendet. Weiterentwicklungen log-linearer Modelle eignen sich auch für die Analyse ordinaler Daten.[3] Mithilfe solcher log-linearer Modelle lassen sich detaillierte Hypothesen z. B. über bestimmte Muster in Tabellen testen. Ein Beispiel hierfür sind Analysen sogenannter „Mobilitätstabellen", also z. B. der Kreuztabellierung der Schichtzugehörigkeit von Vätern mit der Schichtzugehörigkeit ihrer Söhne.

---

[1] Als Einführung in die Analyse von mehrdimensionalen Tabellen eignet sich das etwas ältere, aber mit vielen Beispielen versehene und äußerst leicht verständliche Werk von ZEISEL (1970) sowie das ebenfalls leicht verständliche Buch von HELLEVIK (1984).

[2] Eine lesbare Einführung in log-lineare Modelle bietet WICKENS (1989). Ein anspruchsvolles Nachschlagewerk für die Analyse solcher Daten stellt das Buch von AGRESTI (2002) dar. Eine Übersicht über neuere Entwicklungen gibt SOBEL (1995).

[3] Eine Einführung geben CLOGG/SHIHADEH (1994).

9.5.2 Lineare Regression

Sehr viele theoretische Fragestellungen lassen sich mit einem einfachen statistischen Konzept erfassen: Wie wirkt sich eine Veränderung einer Variablen auf eine andere Variable aus? Im einfachsten Fall hat man nur zwei Variablen: Eine, die man experimentell verändert, und eine Variable, an deren Veränderung in Folge dieser Manipulation man interessiert ist. Diejenige Variable, die man experimentell verändert, wird „unabhängige Variable" genannt. Diejenige Variable, deren Veränderung in Folge der experimentellen Manipulation untersucht wird, heißt „abhängige Variable".[1] Das einfachste Modell für den Einfluss einer unabhängigen Variablen auf eine abhängige Variable wird als „lineare Regression" bezeichnet. Bei einem einfachen linearen Regressionsmodell werden die Werte der abhängigen Variablen jedes einzelnen Falles als Summe aus einer Konstanten und der mit einem „*Regressionskoeffizienten*" gewichteten unabhängigen Variablen vorhergesagt. Die Differenzen zwischen den vorhergesagten und den beobachteten Werten der abhängigen Variablen werden als „Residuen" bezeichnet.

Bei einer linearen Regression dürfen die Residuen keine systematischen Tendenzen zeigen: Ansonsten gäbe es systematische Einflüsse auf die abhängige Variable, die nicht im Regressionsmodell berücksichtigt wurden. Zur Beurteilung der Güte eines Regressionsmodells gehört daher die Analyse der Residuen.[2] So kann man z. B. anhand der Residuen untersuchen, ob der Zusammenhang zwischen der abhängigen und der unabhängigen Variablen tatsächlich linear ist.[3]

Weiterhin ist das Verhältnis der Varianz der Residuen zur Varianz der abhängigen Variablen von zentraler Wichtigkeit. Je geringer die Varianz der Residuen im Vergleich zur Varianz der abhängigen Variablen ist, desto besser kann man die abhängige Variable durch die unabhängige Variable vorhersagen: Die durch die Regression „erklärte" Varianz ist größer. Die erklärte Varianz einer Regression wird durch den

---

[1] Was eine „abhängige" Variable ist und was eine „unabhängige" Variable, hängt von der jeweiligen Theorie ab. „Unabhängige Variable" bedeutet nicht, dass diese Variable von nichts abhängt, sondern nur, dass man sich für die Einflüsse anderer Variablen auf die unabhängige Variable in dem jeweiligen Analysekontext zunächst nicht interessiert. In der Ökonomie werden unabhängige Variablen als „exogene Variablen", abhängige Variablen hingegen als „endogene Variablen" bezeichnet.

[2] Techniken zur Beurteilung der Güte eines Regressionsmodells und der Verteilung der Residuen finden sich bei z. B. bei SCHNELL (1994:217-260).

[3] Sollte der Zusammenhang nicht linear sein, hilft häufig eine mathematische Transformation der Variablen (z. B. logarithmieren). Weiterhin gibt es spezielle Formen der Regression, die auch nichtlineare Zusammenhänge beschreiben können (nichtlineare Regressionen und nichtparametrische Regressionen). Zu Datentransformationen vgl. z. B. SCHNELL (1994:71–82), zu nichtlinearen und nichtparametrischen Regressionen einführend HAMILTON (1992:145–182).

„Determinationskoeffizienten" R^2 ausgedrückt. Werte für R^2 liegen zwischen 0 und 1, höhere Werte entsprechen einem höheren Anteil erklärter Varianz.

Unterscheidet sich R^2 deutlich von Null, dann kann man den Regressionskoeffizienten inhaltlich interpretieren. Der Regressionskoeffizient gibt an, um wieviele Einheiten die abhängige Variable ansteigt, wenn die unabhängige Variable um eine Einheit ansteigt. Das heißt, Regressionskoeffizienten geben die Stärke des Einflusses der unabhängigen Variablen auf die abhängige Variable wieder.

Dies wird vor allem bei einer „multiplen Regression" interessant. Bei einer multiplen Regression wird der Einfluss mehrerer unabhängiger Variablen auf eine abhängige Variable untersucht.[1] Es gibt dann für jede unabhängige Variable einen Regressionskoeffizienten. Bei einer multiplen Regression gibt ein Regressionskoeffizient an, um wieviel Einheiten die abhängige Variable ansteigt, wenn die jeweilige unabhängige Variable um eine Einheit anwächst und alle anderen unabhängigen Variablen konstant bleiben.

Da die Größe der Regressionskoeffizienten von den Einheiten der Messung der Variablen abhängt (z. B. Monatseinkommen zwischen 0 und 100000 Euro, Anzahl der Schuljahre zwischen 0 und 13) lassen sich die absoluten Größen von Regressionskoeffizienten nur schwer vergleichen. Für den Vergleich der Stärke der Effekte einzelner Variablen innerhalb eines Regressionsmodells verwendet man daher meist „standardisierte Regressionskoeffizienten" (diese Koeffizienten werden auch als „Beta-Koeffizienten" bezeichnet). Für den Vergleich der gleichen Variablen zwischen verschiedenen Stichproben sind hingegen meist die unstandardisierten Regressionskoeffizienten geeigneter.

Wichtig für alle Regressionsmodelle bleibt festzuhalten: Bevor die Effekte der unabhängigen Variablen inhaltlich interpretiert werden, muss die Güte des Modells beurteilt werden. Zeigen die Residuen systematische Tendenzen und/oder ist die erklärte Varianz des Modells gering, bedeuten die Werte der Regressionskoeffizienten nichts. In diesem Fall bedeuten auch „signifikante" einzelne Koeffzienten nichts, da das spezifizierte Regressionsmodell ungeeignet oder schlicht falsch ist. In der Forschungspraxis wird auf die Residuenanalyse unzulässigerweise häufig verzichtet.

---

[1] Eine elementare Einführung in die Regression findet sich bei EHRENBERG (1986). Die wohl beste moderne Einführung in die multiple Regression ist das Buch von HAMILTON (1992).

9.5.3 Varianzanalysen und multiple Regression

Interessiert man sich für die Unterschiede in den Mittelwerten zwischen mehr als zwei Gruppen, verwendet man keine t-Tests, sondern „Varianzanalysen".[1] Die Bezeichnung „Varianzanalyse" oder ANOVA („analysis of variance") rührt daher, dass bei Varianzanalysen die gesamte beobachtete Varianz rechnerisch in die Varianz innerhalb der Gruppen („within") und die Varianz zwischen den Gruppen („between") zerlegt wird. Aus dem Verhältnis der Varianz zwischen den Gruppen und der Varianz innerhalb der Gruppen wird eine Prüfgröße berechnet, anhand derer ein Signifikanztest durchgeführt wird. Dieser Test prüft die Hypothese, dass die Mittelwerte aller Gruppen identisch sind. Wird durch diesen Test eine Mittelwertdifferenz zwischen den Gruppen gefunden, ist die Analyse damit keineswegs abgeschlossen: Erstens setzen Varianzanalysen eine Reihe von statistischen Annahmen voraus, die selten geprüft werden.[2] Zweitens ist die Stärke der Mittelwertunterschiede häufig von größerem Interesse als die Feststellung, dass Unterschiede bestehen. Die Stärke der Effekte wird aber in der Praxis bei Varianzanalysen eher selten berechnet.[3]

Neben der einfachen Varianzanalyse gibt es eine große Zahl spezieller Formen, so z. B. die „Kovarianzanalyse" (eine einfache Kombination aus multipler Regression und Varianzanalyse) und die „multivariate Varianzanalyse" (MANOVA), bei der nicht eine abhängige Variable untersucht wird, sondern mehrere abhängige Variablen gleichzeitig.[4] Varianzanalysen werden vor allem bei der Analyse von Experimenten verwendet. Da Experimente in der Psychologie und Sozialpsychologie weiter verbreitet sind als in der Soziologie, finden sich Varianzanalysen häufiger in den Arbeiten von Psychologen als in den Arbeiten von Soziologen. Varianzanalysen sind rechnerisch mit multiplen Regressionen identisch. Es gibt daher für die unterschiedliche Verwendungshäufigkeit der Varianzanalyse keine inhaltlichen, sondern nur historische Gründe.[5]

---

[1] Lehrbücher für Varianzanalysen neigen dazu, Anfänger mit einer gewöhnungsbedürftigen Terminologie und Einzelheiten, die sie niemals brauchen werden, abzuschrecken. Eine der klareren deutschsprachigen Einführungen findet sich bei BORTZ (1999). Eine sehr klare, wenn auch ungewöhnliche Darstellung geben HOAGLIN/MOSTELLER/TUKEY (1991). Ein älteres Standardwerk ist WINER (1971); Hinweise auf weitere Details finden sich z. B. bei JOBSON (1991:399–544).

[2] vgl. hierzu z. B. SCHNELL (1994:261–270).

[3] Die Berechnung von Effektstärken lässt sich häufig am einfachsten durch die Berechnung einer entsprechenden multiplen Regression erreichen (vgl. COHEN/COHEN 1975).

[4] Zu den Voraussetzungen, zur Durchführung und zur Interpretation von Kovarianzanalysen und MANOVAs, vgl. TABACHNICK/FIDELL (2006).

[5] Zur Darstellung von Varianzanalysen als multiple Regressionen vgl. COHEN/COHEN (1975).

9.5.4 Multiple Regressionen mit kategorialen abhängigen Variablen

Die multiple Regression und deren Varianten bilden die Hauptwerkzeuge für moderne Datenanalyseverfahren. Die Grundidee, eine abhängige Variable durch eine lineare Funktion unabhängiger Variablen zu erklären, lässt sich prinzipiell auf eine große Zahl spezieller Probleme anwenden. Ein Beispiel dafür sind dichotome Variablen. Ist die abhängige Variable in einer multiplen Regression eine dichotome Variable (z. B. ja-nein-Entscheidungen), so ergeben sich aber einige statistische Probleme. Hierzu gehören vor allem vorhergesagte Werte der abhängigen Variablen, die außerhalb des eigentlichen Wertebereichs liegen. Für solche Variablen wird zunehmend eine spezielle Form der multiplen Regression verwendet, die sogenannte „logistische Regression". Hierbei werden die erwähnten statistischen Probleme vermieden, ohne dass sich die Interpretationsmöglichkeiten der multiplen Regression wesentlich verändern.[1] Kann die abhängige Variable mehr als zwei Ausprägungen annehmen, so kann eine Verallgemeinerung der logistischen Regression verwendet werden. Diese meist als „multinomiales Logit-Modell" bezeichnete Form der multiplen Regression eignet sich z. B. für die Erklärung von Entscheidungen zwischen mehreren Alternativen, z. B. Konsumentscheidungen oder Parteipräferenzen.[2] Nimmt man eine ordinale Abfolge der Kategorien einer abhängigen Variablen an, so stehen hierfür sogenannte „ordered logit models" oder „ordered probit models" zur Verfügung.[3] Die Berechnung dieser Modelle ist mit modernen Standardanalyseprogrammen sehr einfach; die Beurteilung der Güte der Modelle wirft aber weit größere Probleme auf als bei einer multiplen Regression.

9.5.5 Analyse der Zeitdauer bis zum Auftreten eines Ereignisses

Eine in den letzten Jahren populäre Form der Datenanalyse stellen Verfahren zur „Ereignisdatenanalyse" dar.[4] Unter *„Ereignisdaten"* werden Informationen über die Länge eines Zeitintervalls bis zum Auftreten eines Ereignisses verstanden. Beispiele

---

[1] Eine leicht verständliche Einführung in die logistische Regression gibt KLEINBAUM (1994). Ein ebenfalls leicht verständliches Standardwerk ist HOSMER/LEMESHOW (2000).

[2] Diese Verfahren werden daher auch als „discrete choice models" bezeichnet. Die Literatur hierzu stammt fast ausschließlich von mathematisch orientierten Ökonomen und ist daher in der Regel etwas schwerer verständlich als es notwendig wäre. Eine brauchbare Einführung gibt AGRESTI (2002:267–313).

[3] Eine leichtverständliche Einführung gibt LIAO (1994).

[4] Die gleichen Analysetechniken werden unter einer Reihe verschiedener Oberbegriffe zusammengefasst, so z. B. Survival-Analyse, Verweildaueranalyse oder auch „event history analysis".

für Ereignisdaten sind die Überlebensdauer von Patienten nach bestimmten Operationen, der Zeitpunkt des Auszugs aus der elterlichen Wohnung, die Dauer einer Ehe bis zur Scheidung und die Länge von Beschäftigungsverhältnissen. Besondere Probleme bei der Analyse solcher Daten entstehen vor allem dadurch, dass bei einem Teil der untersuchten Objekte zu dem Zeitpunkt, an dem die Daten für die Analyse erhoben werden, das interessierende Ereignis noch nicht eingetreten ist („zensierte Daten"). . Solche Daten können nicht mit einfachen Techniken analysiert werden, sondern nur mit Techniken aus der Ereignisdatenanalyse. Hierbei werden drei Grundformen unterschieden: „Nicht-parametrische" Verfahren, „semi-parametrische Verfahren" und „parametrische Verfahren".[1] Bei allen Verfahren wird versucht, unabhängige Variablen zu identifizieren, die die Zeitdauer bis zum Eintritt eines Ereignisses bestimmen. Die Verfahren unterscheiden sich durch die Art der Annahmen, die über den Zusammenhang zwischen den unabhängigen Variablen und dem Risiko des Eintritts eines Ereignisses bestehen.

Bei „nicht-parametrischen" Verfahren in der Ereignisdatenanalyse wird in Abhängigkeit von der Zeit das Risiko des Eintritts eines Ereignisses für die untersuchten Objekte geschätzt. So kann man z. B. das Risiko einer Scheidung in Abhängigkeit von der Ehedauer schätzen. Schon diese einfachen nicht-parametrischen Verfahren erlauben Vergleiche der geschätzten Risiken zwischen verschiedenen Gruppen (z. B. Vergleiche der Scheidungsrisiken in verschiedenen Bildungsschichten).

Will man detailliertere Analysen durchführen, wird meist ein „semi-parametrisches" Modell verwendet. Dies ist das sogenannte „proportional-hazard-model" von D.R. COX. Der Name des Modells basiert auf der Konstruktion der abhängigen Variablen in diesem Modell. Es handelt sich hierbei für jedes untersuchte Individuum zu einem gegebenen Zeitpunkt um das Verhältnis des Risikos eines Ereignisses zu dem Risiko eines Ereignisses für ein Individuum, bei dem alle unabhängigen Variablen den Wert Null annehmen. Es wird versucht, den Logarithmus dieses Verhältnisses durch eine multiple Regression mit den unabhängigen Variablen vorherzusagen. Dieses Modell wird daher auch als „Cox-Regression" bezeichnet. Eine Besonderheit dieser Regression gegenüber nicht-parametrischen Verfahren liegt darin, dass auch unabhängige Variablen verwendet werden können, die sich im Zeitablauf ändern („zeitabhängige Kovariaten"). So kann sich z. B. das Einkommen von Ehepartnern während einer Ehe ändern und jeweils andere Effekte auf das Scheidungsrisiko haben.

Parametrische Verfahren setzen die explizite Angabe einer mathematischen Funktion zwischen dem Risiko eines Ereignisses und den unabhängigen Variablen voraus.

---

[1] Lesbare Einführungen geben YAMAGUCHI (1991), LEE (1992) und KLEINBAUM (1997).

So werden z. B. für die Vorhersage der Lebensdauer technischer Produkte häufig bestimmte Funktionen (vor allem die sogenannte „Weibull-Verteilung" und die „Exponential-Verteilung") verwendet. Da in der Regel für die explizite Angabe einer mathematischen Funktion mehr inhaltlich theoretisches Wissen notwendig ist als für ein semi-parametrisches Modell, werden parametrische Modelle in den Sozialwissenschaften seltener als semi-parametrische Modelle eingesetzt.

Die Beurteilung der Güte eines Modells zur Erklärung von Ereignisdaten ist weit schwieriger als bei anderen Techniken. In der Praxis in den Sozialwissenschaften wird die Güte der Anpassung der Modelle an die Daten nur selten im Detail untersucht. Bei vielen Ereignisdatenanalysen kommt ein spezielles Datenerhebungsproblem hinzu. Da es vor allem in der Bundesrepublik kaum sozialwissenschaftliche Längsschnittdatensätze gibt, wird bei Ereignisdatenanalysen in großem Umfang von retrospektiv erhobenen Daten Gebrauch gemacht. Der mögliche Einfluss der dadurch bedingten Fehlerquellen auf die Schätzungen wird in der Praxis kaum je quantifiziert.

9.5.6 Analyse von Handlungskontexten: Mehrebenenanalyse

Für soziologische Analysen ist es naheliegend, die Eigenschaften der Handlungskontexte von Individuen zur Erklärung ihrer Handlungen heranzuziehen. Neben der Netzwerkanalyse wird dies vor allem durch verschiedene Techniken der „Kontextanalyse" versucht. Hierbei werden entweder gesondert erhobene oder aus den Merkmalen der Individuen berechnete Merkmale der Handlungskontexte verwendet. So kann man z. B. den Ausländeranteil in einem Wohngebiet zur Erklärung der unterschiedlichen Geschwindigkeit des Spracherwerbs bei Arbeitsmigranten benutzen. Den unterschiedlichen Ausländeranteil von Wohngebieten kann man selbst wiederum als Folge von Wanderungsentscheidungen der Migranten erklären. Da hierbei auf verschiedenen Analyseebenen (Individuen und Wohngebiete oder auch Schüler, Schulklassen und Schulen) gearbeitet wird, heißen solche Analysen auch „Mehrebenen-Analysen".[1]

Die Anwendung solcher Modelle liegt auch immer dann nahe, wenn die Beobachtungen in einem Datensatz nicht unabhängig voneinander sind, wie z. B. die Schüler innerhalb einer Schulklasse, die Befragten innerhalb eines Stichprobenbezirks oder die Antworten der Befragten, die durch denselben Interviewer befragt wurden (vgl. SCHNELL/KREUTER 2005). Obwohl solche Analysen einen beachtlichen theoretischen Reiz ausüben, wurden sie lange Zeit vergleichsweise selten durchgeführt. Dies

---

[1] In der Literatur findet sich eine Vielzahl verschiedener Bezeichnungen für solche Modelle. Neben Mehrebenenanalyse und Kontextanalyse sind in der statistischen Literatur die Begriffe „hierarchical linear models", „covariance component models" und „random-coefficient regression models" üblich.

hat sich durch die Aufnahme entsprechender Analyseprozeduren in die Statistikprogrammpakete und die zunehmender Verfügbarkeit geeigneter Datensätze deutlich verändert.[1]

9.5.7 Pfadanalysen und lineare Strukturgleichungsmodelle

Viele sozialwissenschaftliche Theorien enthalten nicht nur Aussagen über die Zusammenhänge zwischen einer abhängigen Variablen und einer oder mehreren unabhängigen Variablen, sondern enthalten darüber hinaus Hypothesen, wie verschiedene abhängige Variablen wieder auf andere Variablen einwirken. Solche Theorien können nur mit relativ komplizierten multivariaten Auswertungsmethoden überprüft werden. Hierzu gehören insbesondere sogenannte „*Pfadanalysen*".

So versuchte HILL (1984:369) die soziale Distanz von Deutschen gegenüber Ausländern durch 10 Variablen zu erklären: Alter, Berufsposition, Ausländeranteil im Stadtteil, Ausländeranteil im Wohngebiet, Autoritarismus, Arbeitsplatzunsicherheit, wahrgenommene Vorbehalte der Bezugsgruppe gegenüber Ausländern, wahrgenommene Ausländerkonzentration im Wohngebiet, tatsächliche Kontakte zu Ausländern und Vorurteile gegenüber Ausländern. Zwischen diesen 10 Variablen und der abhängigen Variablen „Soziale Distanz" ergab sich das Modell der Abbildung 9-3.

Die Pfeile in solchen Pfadmodellen entsprechen angenommenen kausalen Beziehungen zwischen den Variablen, wobei die Richtung des Pfeils die angenommene kausale Abfolge angibt. Die Zahlen an den Pfeilen (die „Pfadkoeffizienten") sind Zusammenhangsmaße, die Werte zwischen -1 und $+1$ annehmen können. Die Pfadkoeffizienten geben den Zusammenhang zwischen je zwei Variablen wieder, wenn alle anderen im Pfadmodell enthaltenen Variablen statistisch (durch eine spezielle Art der Drittvariablenkontrolle) konstant gehalten werden.

Werden in solche Pfadmodelle noch zusätzliche theoretische Annahmen über die Entstehung von systematischen Messfehlern eingebaut, so können solche komplexen Modelle nur noch mit relativ aufwändigen multivariaten Methoden durch sogenannte „*lineare Strukturgleichungsmodelle*" überprüft werden. Das erste für solche Modelle eingesetzte Computerprogramm hieß *LISREL* (für „Linear Structural Relationships").[2]

---

[1] Technisch handelt es sich bei fast allen Formen der Kontextanalyse um Varianten der multiplen Regression (BICKEL 2007). Lesbaren Einführungen geben BRYK/RAUDENBUSH (1992), KREFT/DE LEEUW (1998) und TWISK (2006). Das Standardlehrbuch ist der Band von SNIJDERS/BOSKER (1999).

[2] Zu den heute gebräuchlichen Programmen zur Berechnung solcher Modelle gehören z. B. AMOS und Mplus.

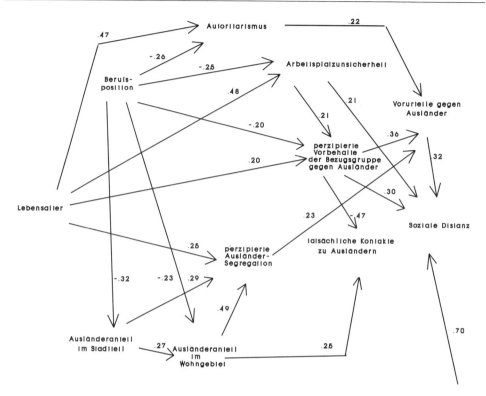

Abbildung 9-3: *Pfadmodell zur Erklärung der sozialen Distanz*

Allgemein wurden solche Modelle daher auch oft als „LISREL-Modelle" bezeichnet; heute findet sich eher die Bezeichnung „SEM" (für „Structural Equation Model").[1]

Die Beurteilung der Güte eines solchen Modells ist schwierig. In der Regel werden für die Beurteilung der Güte eines solchen Modells eine Reihe von Indizes berechnet, die angeben, wie gut die beobachteten Zusammenhänge der Variablen durch das Modell wiedergegeben werden. Leider sind häufig sehr viele vollkommen verschiedene Modelle mit den gleichen Daten verträglich.

Schließlich sollte bei der Interpretation bedacht werden, dass durch kein statistisches Verfahren aus einem Modell über Korrelationen Aussagen über tatsächliche Kausalbeziehungen gewonnen werden können. Tests kausaler Aussagen sind prinzipiell nur mit echten Experimenten möglich. Die Bezeichnung „Kausalmodell" für ein lineares Strukturgleichungsmodell ist zwar gebräuchlich, aber irreführend (vgl. Kap. 9.7).

---

[1] Die beste derzeit verfügbare Einführung in solche Modelle ist das Buch von LOEHLIN (2004).

9.5.8 Analyse individueller Veränderungen im Zeitablauf: Panelanalyse

Liegen für dieselben untersuchten Objekte (z. B. Personen oder Firmen) wiederholte vergleichbare Messungen vor (also Paneldaten), so eröffnet sich eine Vielzahl von Datenanalysemöglichkeiten. Das Ziel fast aller Analysetechniken für Paneldaten besteht darin, den Einfluss beobachteter oder vermuteter unabhängiger Variablen auf das Ausmaß individueller Veränderungen im Zeitablauf zu quantifizieren. Hierfür existiert mittlerweile für alle (vermuteten) Messniveaus eine Vielzahl von Verfahren. Die meisten dieser Verfahren sind Verallgemeinerungen log-linearer Modelle oder der multiplen Regression. Interessanterweise werden Verfahren der Panelanalyse außerhalb einer kleinen Gruppe von Spezialisten nur selten genutzt.[1] Darüber hinaus werden viele Datensätze, die sich prinzipiell für Panelanalysen eignen, aufgrund von Datenschutzbestimmungen nicht als Panelstudie ausgewertet.

9.5.9 Klassifikationsverfahren

Häufig wird versucht, Objekte (z. B. Personen) nach ihrer Ähnlichkeit zu möglichst homogenen Klassen zusammenzufassen. Dies geschieht meist mit Hilfe von sogenannten „Clusteranalysen".[2] In der Regel werden zunächst einige relevant erscheinende Variablen zur Beurteilung der „Ähnlichkeit" der Objekte ausgewählt (objektive Kriterien gibt es hierfür nicht). Dann wird ein Maß für die Ähnlichkeit der Objekte ausgewählt. Auch hierfür gibt es keine objektiven Kriterien.[3] Da es nicht nur ein Verfahren der Clusteranalyse gibt, sondern viele verschiedene, muss ein Verfahren für die Durchführung ausgewählt werden. Zwar ist bekannt, dass es einige besonders ungünstige Clusteranalyseverfahren (oder auch „Clusteralgorithmen") gibt, aber kein Verfahren ist durchgängig allen anderen überlegen. Auch für die Wahl des Clusteralgorithmus gibt es keine objektiven Kriterien. Die meisten Algorithmen gehen so vor, dass zunächst

---

[1] Eine hervorragende Einführung in die Analyse von Paneldaten gibt PLEWIS (1985). Didaktisch brauchbare Einführungen in neuere Modelle geben TARIS (2000) und TWISK (2003). Etwas voraussetzungsvoller ist der Band von BIJLEVELD und anderen (1998). Wer sich mit den prinzipiellen Möglichkeiten vertraut machen will wird bei DIGGLE (2002) und WOOLRIDGE (2002) Anregungen finden. Eine gründliche, aber didaktisch gelungene Übersicht geben SINGER/WILLETT (2003). Unterstützung für die Analyse von Paneldaten mit Stata findet sich bei RABE-HESKETH/SKRONDAL (2008).

[2] Eine ausgewogene und lesbare Einführung geben EVERITT/LANDAU/LEESE (2001).

[3] Gebräuchlich ist die sogenannte „euklidische Distanz", bei der die (Un-) Ähnlichkeit zweier Objekte als die Wurzel aus der Summe aller quadrierten Differenzen der beiden Objekte auf allen Variablen berechnet wird.

jedes Objekt eine eigene Klasse bildet. Schrittweise werden dann jeweils die einander ähnlichsten Klassen zu neuen Klassen zusammengefasst. Das Hauptproblem besteht dann darin, festzulegen, wieviele verschiedene Klassen am Ende der Zusammenfassung beibehalten werden sollen. Auch hierfür gibt es keine objektiven Kriterien. Man versucht in der Regel, die Zahl der Klassen so festzulegen, dass die resultierenden Klassen leicht interpretierbar sind.[1]

Die Vielzahl der willkürlichen Entscheidungen zeigt, dass bei einer Clusteranalyse kaum von „dem Ergebnis" gesprochen werden kann. Das Ergebnis einer Clusteranalyse muss ausführlich gerechtfertigt werden: Dazu gehört die Begründung der Auswahl der Variablen, des Ähnlichkeitsmaßes, des Algorithmus und die Festlegung der Zahl der Klassen. Schließlich sollte man bei einer Clusteranalyse nicht vergessen, dass eine Clusteranalyse zwar fast immer zu einem „Ergebnis" führt, aber ob die gefundenen Cluster irgendeine Bedeutung besitzen, kann sich nur bei intensiven weiteren Analysen (insbesondere an anderen Datensätzen) zeigen.

Die Aufgabe einer Clusteranalyse besteht im Prinzip darin, Klassen von Objekten zu finden, die sich ähneln. Ein anderes Verfahren um unbekannte Klassen von Objekten aufzuspüren ist die sogenannte „latent class analysis" (LCA), von der eine Vielzahl von Varianten existiert. Die grundlegende Annahme aller „latent class"-Modelle besteht darin, dass innerhalb einer Klasse die Zusammenhänge zwischen den beobachteten Variablen verschwinden.[2]

Obwohl die LCA gegenüber den meisten Formen der Clusteranalyse einige Vorteile bietet (so kann man z. B. explizite Hypothesen über die Größe der latenten Klassen testen), finden sich Anwendungen eher selten.[3]

---

[1] Fast alle Lehrbücher zu Clusteranalysen konzentrieren sich auf die Berechnung der Ähnlichkeitsmaße und vor allem auf die Clusteralgorithmen. Kaum ein Buch diskutiert die Techniken und Probleme der Wahl der Zahl der Cluster und die Interpretation der gefundenen „Lösung". Eine Ausnahme bildet JAIN/DUBES (1988). Graphische Hilfsmittel bei der Interpretation werden bei SCHNELL (1994:291-326) ausführlich dargestellt.

[2] Zu dieser Annahme „lokaler stochastischer Unabhängigkeit" vergleiche die Ausführungen zum Rasch-Modell in Kapitel 4.4.2.4.

[3] Das liegt unter anderem darin begründet, dass keines der Standarddatenanalysepakete Programme für eine LCA enthält. Für STATA gibt es ein umfangreiches (kostenloses) Zusatzprogramm von Sophia RABE-HESKETH: GLLAMM. Dieses Programm erlaubt die Berechnung einer Vielzahl speziell für Sozialwissenschaftler interessanter Modelle, u.a. LCAs (Einzelheiten finden sich unter www.gllamm.org). Hinweise auf ältere verfügbare Programme gibt CLOGG (1995). Die beste verfügbare Einführung in LCA gibt McCUTCHEON (1987), weitergehende Anwendungen finden sich in einem von HAGENAARS/McCUTCHEON (2002) herausgegebenen Band.

Insbesondere bei praktischen Problemen stellt sich häufig die Frage, wie Objekte bereits bekannten Klassen zugeordnet werden können. Dies ist die Aufgabe von Klassifikationsverfahren. Das am weitesten verbreitete Klassifikationsverfahren ist die „Diskriminanzanalyse". Im einfachsten Fall wird für eine dichotome Gruppierungsvariable (z. B. Gewerkschaftsmitgliedschaft) eine Kombination unabhängiger Variablen gesucht, die die Zugehörigkeit zu den beiden Gruppen optimal vorhersagt. Da diese Kombination in der Diskriminanzanalyse eine lineare Funktion der unabhängigen Variablen ist, wird diese Funktion als „Diskriminanzfunktion" bezeichnet.[1] Bei einer dichotomen Gruppierungsvariablen gibt es nur eine Diskriminanzfunktion. Wie gut eine Diskriminanzfunktion die Objekte klassifizieren kann, wird meist anhand einer Klassifikationstabelle beurteilt, die die tatsächliche Klassenzugehörigkeit der Objekte mit der durch die Diskriminanzfunktion vorhergesagten Zugehörigkeit vergleicht. Wichtig dabei ist, dass die Parameter der Diskriminanzfunktion aus den Daten einer anderen Stichprobe oder einem anderen Teil der Stichprobe berechnet werden müssen. Diskriminanzanalysen können nicht nur für dichotome, sondern auch für polytome Gruppierungsvariablen verwendet werden (z. B. Parteipräferenz). Es gibt dann immer eine Diskriminanzfunktion weniger als es Gruppen gibt. Obwohl die Diskriminanzanalyse relativ robust gegenüber Verletzungen ihrer statistischen Annahmen ist, geht ihre Verwendung in der Praxis gegenüber anderen Verfahren zurück.[2] Hierzu gehören vor allem Varianten der logistischen Regression.

9.5.10 Dimensionsreduzierende Verfahren

Insbesondere in Teilgebieten, in denen große unsystematische Messfehler erwartet werden oder die theoretisch noch weitgehend unstrukturiert sind, wird häufig eine große Zahl von Variablen erhoben, von denen man hofft, dass ihnen einige wenige Dimensionen zugrunde liegen. Verfahren, die die Vielzahl gemessener Variablen durch eine sehr viel kleinere Anzahl von Dimensionen darzustellen versuchen, werden als „dimensionsreduzierende Verfahren" bezeichnet. Das bekannteste dieser Verfahren ist die Faktorenanalyse (vgl. Kapitel 4.3.2.2.3 und Anhang C).

Ein anderes Verfahren zur Dimensionsreduktion ist die „multidimensionale Skalierung" (MDS). Das Ziel einer MDS ist die Darstellung der Objekte in einer oder zwei Dimensionen. Ausgangspunkt einer MDS ist eine Matrix, die die Ähnlichkeit

---

[1]   Bei einer dichotomen Gruppierungsvariablen ist das Ergebnis einer Diskriminanzanalyse bis auf die Art der Darstellung mit einer multiplen Regression identisch.

[2]   Eine praktische Einführung in die Diskriminanzanalyse findet sich bei TABACHNICK/FIDELL (2006). Weitere Hinweise für die Anwendungspraxis gibt HUBERTY (1994).

der Objekte untereinander wiedergibt. Man kann eine solche „Ähnlichkeitsmatrix"
oder „Distanzmatrix" zwischen allen Objekten aus jeweils interessierenden Variablen berechnen, solange „Ähnlichkeit" sinnvoll interpretiert werden kann und die
ausgewählten Variablen theoretisch gerechtfertigt werden können. Ein Beispiel für
eine solche Distanzmatrix ist eine Entfernungstabelle in einem Autoatlas. Das Ziel
einer MDS besteht in diesem Beispiel aus der Konstruktion einer Landkarte aus den
Entfernungsangaben in der Distanzmatrix. Allgemein versucht ein MDS-Programm
eine Anordnung der Objekte in einer Fläche zu finden, bei der die Distanzen zwischen
den Objekten auf dieser Fläche den Distanzen in der ursprünglichen Matrix möglichst
entsprechen. Ein Maß für diese Entsprechung ist der sogenannte „Stress". Das Ergebnis einer MDS gilt als gut, wenn „Stress" Werte um 5% oder kleinere Werte annimmt.
Nimmt „Stress" deutlich größere Werte an, so lässt sich die Distanzmatrix der Objekte
eben nicht in einer bzw. zwei Dimensionen darstellen.[1]

Eine vor allem in den Sozialwissenschaften verbreitete Form der Datendarstellung
durch Dimensionsreduktion ist die sogenannte „Korrespondenzanalyse" (CA).[2] Eine
einfache Korrespondenzanalyse stellt lediglich eine graphische Darstellung einer
zweidimensionalen Kreuztabelle dar. Man kann die Korrespondenzanalyse aber auch
zur Darstellung multivariater Daten verwenden („multiple Korrespondenzanalyse").
Auch das Ergebnis einer multiplen Korrespondenzanalyse besteht vor allem aus
einer graphischen Darstellung. Die Interpretation der graphischen Darstellung einer
multiplen Korrespondenzanalyse erscheint einfacher, als sie es tatsächlich ist. Neben
den Interpretationsproblemen sollte beachtet werden, dass eine Korrespondenzanalyse
bei jedem Datensatz zu einem Ergebnis führt. Auf den Nachweis, dass die graphische
Darstellung den Daten angemessen ist, wird in der Praxis unzulässigerweise meist
verzichtet.

9.5.11 Meta-Analyse

In den meisten Wissenschaftsbereichen verläuft die Entwicklung zumindest in Hinsicht
auf die Zahl der Veröffentlichungen exponentiell. In vielen Bereichen lässt sich
die Zahl der Publikationen selbst in Spezialgebieten kaum noch überschauen. In
experimentell arbeitenden Wissenschaftsbereichen hat sich daher eine spezielle Form

---

[1] Eine hervorragende Einführung in MDS geben KRUSKAL/WISH (1978). Details finden sich bei
     DAVISON (1983).

[2] Die Korrespondenzanalyse ist unter einer Vielzahl verschiedener Namen (wie „optimal scaling",
     „homogeneity analysis" oder „dual scaling") bekannt. Das Buch von GREENACRE (1993) stellt ein
     hervorragendes und kritisches Lehrbuch der Korrespondenzanalyse dar.

der quantitativen Literaturübersicht entwickelt, die sogenannte „*Meta-Analyse*".[1] Bei einer Meta-Analyse wird versucht, *alle* experimentellen Studien zu einer speziellen Fragestellung zu finden und jeweils als Record eines neuen Datensatzes zu erfassen. Merkmale wie Stichprobengröße, Art der Randomisierung und die exakte Form der Messung der abhängigen Variablen werden dabei für jede Studie codiert. Der Effekt der experimentellen Variation wird für alle Studien in das gleiche Effekt-Stärkemaß umgerechnet.[2] Durch die Analyse des resultierenden Datensatzes wird versucht, eine Aussage über die Stärke des Effekts trotz eventuell unterschiedlicher Studienqualität, Untersuchungspopulationen, Treatment-Implementierungen oder Messverfahren zu gewinnen.[3]

Meta-Analysen finden sich vor allem im Bereich medizinischer und psychologischer Forschung; Anwendungen in den Sozialwissenschaften sind bislang eher selten. Die Hauptgründe dafür dürften sowohl in der mangelnden Präzision der Fragestellung vieler sozialwissenschaftlicher Studien, der Abneigung gegenüber Replikationen sowie dem generellen Mangel an experimentellen Studien in den Sozialwissenschaften liegen. Wie die zunehmende Zahl an Meta-Analysen im Bereich der Methodenforschung über sozialwissenschaftliche Surveys zeigt, wird die Zahl der Meta-Analysen auch in den Sozialwissenschaften im engeren Sinn sicherlich steigen. Sozialwissenschaftler, die im Bereich der Gesundheitssystemforschung oder Epidemiologie arbeiten wollen, können aber schon bereits jetzt kaum noch auf fundierte Kenntnisse der Meta-Analyse verzichten.

9.6 Datenanalyse mit unvollständigen Datensätzen

Bei der Analyse sozialwissenschaftlicher Datensätze existiert ein spezielles Problem in größerem Ausmaß als z. B. bei der Analyse meteorologischer oder genetischer Daten: Üblicherweise fehlen bei den Variablen einer sozialwissenschaftlichen Untersuchung zwischen 1 und 10% aller Daten einer Variablen. Die Ursachen dieser „*missing values*" sind neben Datenfehlern (vgl. Kapitel 8) und nicht erhobenen Daten („trifft nicht zu",

---

[1] Das Referenzwerk für Meta-Analysen stellt derzeit das von COOPER/HEDGES (1994) herausgegebene Buch dar. Eine umfassende moderne Darstellung findet sich bei SUTTON et al. (2000).

[2] Hierzu gehören z. B. Maße wie „Cohen's d" oder „Odd-Ratios". Fast alle üblichen Effekt-Stärkemaße lassen sich ineinander umrechnen.

[3] Meta-Analysen lassen sich prinzipiell mit jedem Datenanalyse-Programm durchführen, einige Programme enthalten aber spezielle Hilfsmittel, die solche Analysen vereinfachen. Insbesondere STATA enthält eine Reihe von (kostenlosen) Zusatzmodulen („ado's"), mit denen auch ungewöhnliche Analysen im Rahmen von Meta-Analysen möglich sind.

z. B. unangemessene Fragen: wie „Alter der Kinder?" falls der Befragte keine Kinder hat) vor allem „Weiß nicht"-Antworten und explizite Verweigerungen der Antwort.[1] Üblicherweise werden Erhebungseinheiten mit fehlenden Werten aus der Analyse ausgeschlossen, zumindest aber bei der Analyse der Variablen, für die keine Daten vorhanden sind. Dieses Vorgehen ist für fehlende Werte auf Grund von Datenfehlern und nicht erhobenen Daten („trifft nicht zu") meist angemessen. Bei der Behandlung von Fällen mit „Weiß nicht"-Antworten und expliziten Verweigerungen ist der einfache Ausschluss dieser Fälle aus der Analyse höchst fragwürdig.

Das Hauptproblem bei der Analyse von Datensätzen mit fehlenden Werten besteht darin, dass die Ursachen für das Fehlen mit inhaltlichen Aspekten der Untersuchung in systematischem Zusammenhang stehen, die Daten also meist nicht „zufällig" fehlen. Ein Beispiel stellt die simple Hypothese dar, dass ein Befragter um so eher eine Antwort auf die Frage nach dem Einkommen verweigern wird, je höher sein Einkommen ist. Auf Grund solcher systematischer Zusammenhänge zwischen inhaltlicher Fragestellung und der Ursache für das Fehlen von Daten können Analysen, die alle unvollständigen Fälle ausschließen, zu erheblichen Fehlschlüssen führen.

Um solche Fehlschlüsse zu vermeiden, sollte überprüft werden, wodurch das Fehlen der Daten zu erklären ist. Da sich die statistischen Konsequenzen je nach Art des Fehlens von Daten unterscheiden, ist eine exakte Definition und Identifikation der Prozesse, die fehlende Werte verursachen, notwendig. Die Terminologie in der Statistik ist hier zwar klar definiert, aber anfangs etwas verwirrend. Es wird unterschieden zwischen

- MCAR: „missing completely at random"
- MAR: „missing at random"
- MNAR: „missing not at random".

MCAR bedeutet, dass Daten völlig zufällig fehlen. Die Wahrscheinlichkeit für das Fehlen hängt von keiner bekannten Variablen ab. Die statistische Analyse kann diese Art fehlender Werte ignorieren - nur die Stichprobengröße wird kleiner. MAR bedeutet hingegen, dass das Fehlen von Daten auf einer Variablen durch andere Variablen erklärt werden kann. Das klassische Beispiel ist die Variable „Einkommen". Falls bei höheren Einkommen die Angaben für Einkommen häufiger fehlen und das Einkommen durch Bildung und/oder Berufsprestige vorhergesagt werden kann, dann liegt MAR

---

[1] In manchen Fällen stellt eine „Weiß-nicht"-Antwort keinen „fehlenden Wert" dar, sondern gibt durchaus Informationen über den Befragten: Eine „Weiß nicht"-Antwort kann z. B. als Indikator für das „Nicht-Vorhandensein" einer Einstellung interpretiert werden. Damit kann diese spezielle Einstellung auch nicht verhaltenswirksam sein.

vor. Durch geeignete Analysemethoden können immer noch alle interessierenden Parameter geschätzt werden.[1] Der schlimmste mögliche Fall ist hingegen MNAR: Das Fehlen von Daten kann durch keine Variable außer durch die Variable selbst vorhergesagt werden. Ein Beispiel wären fehlende Werte einer Variablen über einem Schwellenwert dieser Variablen, wobei die Überschreitung des Schwellenwertes durch keine andere Variable vorgesagt werden kann. Wie das etwas mühselige Beispiel zeigt, sind Fälle von MNAR in der Sozialforschung anscheinend seltener als MAR. Da statistische Analysen bei MNAR sehr starke theoretische Annahmen erfordern, nicht hingegen bei MAR, ist dies für die Analyse durchaus erfreulich.

Andererseits basiert die übliche Behandlung fehlender Daten – das Ignorieren des Problems – auf einer nahezu immer falschen Annahme: MCAR. Da Analysen auf der Basis einer fälschlich akzeptierten MCAR-Annahme zu erheblichen Fehlschlüssen führen können, müssen immer dann, wenn Daten fehlen und MCAR nicht erfüllt ist, besondere Analyseverfahren verwendet werden. Diese sind erst seit den 80er Jahren entwickelt worden. Man kann grob zwischen zwei Formen von Verfahren unterscheiden: Sogenannte „Sample-Selection"-Modelle einerseits, „multiple Imputation"' andererseits.

„Sample-Selection"-Modelle basieren auf der Spezifikation von Regressionsmodellen mit einer Modellgleichung (die den inhaltlich interessierenden Prozess beschreibt, z. B. Einkommen in Abhängigkeit von Alter und Bildung) und einer Selektionsgleichung (die den Prozess beschreiben soll, der zu fehlenden bzw. nicht fehlenden Daten führte, z. B. die Teilnahme oder Nichtteilnahme am Erwerbsleben). Falls bestimmte technische Annahmen der Regressionsgleichungen erfüllt sind, können die Parameter der Modellgleichung auch dann korrekt geschätzt werden, wenn die Daten systematisch fehlen (MAR). Allerdings werden durch solche Modelle keine Daten geschätzt und für jedes inhaltlich andere Problem im gleichen Datensatz benötigt man andere Modell- und Selektionsgleichungen. Weiterhin müssen sowohl die Modellgleichung als auch die Selektionsgleichung korrekt sein. Da solche Sample-Selection-Modelle in keiner Weise robust gegenüber Verletzungen ihrer Annahmen sind, spielen solche Modelle in der Praxis außerhalb der Ökonometrie praktisch kaum eine Rolle.[2]

---

[1] In der Regel interessiert man sich für die Parameter eines Modells, nicht für die fehlenden Daten an sich. Fehlende Daten können mit einigen statistischen Verfahren zwar geschätzt werden, solche Schätzverfahren basieren aber auf schwer prüfbaren und meist unrealistischen theoretischen Annahmen. Eine Übersicht sowie eine empirische Untersuchung solcher Schätzverfahren findet sich bei SCHNELL (1985).

[2] Eine Einführung in solche Modelle gibt BREEN (1996), neue Entwicklungen finden sich bei VELLA (1998). Generell lassen Simulationsstudien die Ergebnisse dieser Modelle eher skeptisch erscheinen (vgl. STOLZENBERG/RELLES (1997).

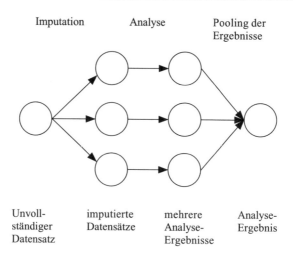

Abbildung 9-4: *Prinzip der multiplen Imputation*

Deutlich robuster gegenüber der Verletzung von Verteilungsannahmen ist die Verwendung „*multipler Imputationen*". Die Idee der multiplen Imputation geht auf RUBIN (1987) zurück. Bei multiplen Imputationen werden fehlende Werte unter der Annahme eines Prozesses, der zum Fehlen der Daten führte, mehrfach geschätzt (typischerweise fünfmal), wobei die geschätzten Werte aus einer geeigneten Wahrscheinlichkeitsverteilung stammen.[1] Jeder einzelne der dann vervollständigten Datensätze wird dann mit Standardmethoden und Standardprogrammen analysiert; die Ergebnisse der multiplen Datensätze werden anschließend kombiniert (vgl. Abbildung 9-4).[2]

Prinzipiell ist die technische Durchführung multipler Imputationen sehr einfach. Da aber mehrere vervollständigte Datensätze mehrfach analysiert und die Ergebnisse der Analysen kombiniert werden müssen, ist etwas größere Mühe notwendig als bei Standardanalysen. Am einfachsten ist die praktische Durchführung multipler Imputationen mit `Stata`.

---

[1] Eine einfache Einführung in die Anwendung der multiplen Imputation findet sich bei Enders (2010).

[2] Diese Abbildung basiert auf einer Idee von Stef van BUUREN http://web.inter.nl.net/users/S.van. Buuren/mi/hmtl/whatis.htm.

9.7 Weiterführende Literatur

Die meisten Studierenden der Sozialwissenschaften empfinden gegenüber der Beschäftigung mit Statistik und Datenanalyse zunächst Unwillen. Zwei Gründe erscheinen hierfür besonders wichtig zu sein:

- Es gelingt selten, rasch den Sinn der Beschäftigung mit statistischen Fragestellungen zu vermitteln;
- Insbesondere durch die deutsche Lehrbuchliteratur zur Statistik wird häufig der Eindruck vermittelt, dass ohne ein vollständiges Mathematikstudium die Bewältigung statistischer Probleme kaum möglich sei.

Die genannten Anfangsschwierigkeiten lassen sich durch die Lektüre einiger z.T. unterhaltsamer Einführungen überwinden. So gibt KENNEDY (1985) eine völlig informelle, lockere Einführung in die Statistik. Sehr vergnüglich ist die Lektüre zweier Bücher von BECK-BORNHOLDT/DUBBEN (1998, 2003), bei denen die meisten Leser wohl kaum bemerken werden, dass es sich um hervorragende Einführungen in die Statistik handelt. Wir möchten diese beiden Bücher all denen nahelegen, die zwischen ihren Interessen und den Pflichtkursen für Statistik keinerlei Zusammenhang herstellen können.

Statistische Grundlagen

Sollte die Motivation für den Erwerb statistischer Grundlagenkenntnisse gelungen sein, benötigt man etwas ernsthaftere Lehrbücher. Hervorragend klar, deutlich und anwendungsbezogen ist das Buch von EHRENBERG (1986), das in jeder Hinsicht als erstes Lehrbuch dringend empfohlen werden kann.

Im Anschluss an dieses Buch würde sich eine verständliche und moderne Einführung in die Statistik anbieten. Leider ist uns kein deutschsprachiges Statistiklehrbuch bekannt, das auch nur halbwegs so klar und präzise ist wie die beiden doch sehr gegensätzlichen Lehrbücher von DALY u.a. (2002) bzw. von FREEDMAN/PISANI/PURVES (1998). Das Buch von DALY u.a. (2002) eignet sich in besonderem Maß für das Selbststudium. Auffällig ist bei beiden Büchern der geringe formale Aufwand (simple Notation, außerordentlich geringe Zahl an Formeln) sowie der Bezug zu tatsächlichen Datensätzen mit inhaltlich interessanten Problemstellungen im Gegensatz zu den deutschsprachigen Statistiklehrbüchern mit für Anwender irrelevanten Beweisen einerseits oder ermüdenden „Beispielen" auf der Basis von Glühbirnen oder ALLBUS-Fragen andererseits.

Multivariate Verfahren

Zu multivariaten Verfahren existiert eine kaum zu überblickende Fülle von Literatur. Das beste uns bekannte einführende Lehrbuch multivariater Statistik für Sozialwissenschaftler ist TABACHNICK/FIDELL (2006). Weit lesbarer als alle vergleichbaren deutschsprachigen Titel (und trotzdem mathematisch immer korrekt) ist dieses Lehrbuch mit Abstand das für Anfänger brauchbarste Lehrbuch multivariater Statistik. Dieses Buch zeigt mit vielen Beispielen aus der Forschungspraxis, wie inhaltliche Probleme mit multivariaten Verfahren angegangen werden können. Dabei werden sowohl die theoretischen Grundlagen der Verfahren als auch ihre praktischen Probleme erläutert. Das Buch zeichnet sich für Anfänger insbesondere dadurch aus, dass der tatsächliche Output mehrerer verschiedener Datenanalysesysteme erklärt und dessen Umsetzung in einen Forschungsbericht dargestellt wird. Bei mehr als 1000 Seiten mag man sich nach einer Alternative sehnen: Dies wäre allenfalls das Buch von HAIR u.a. (2010) mit knapp 800 Seiten. Eine vertiefte Einführung in die Datenanalyse in der Forschungspraxis mit vielen realen Beispielen bietet TREIMAN (2009).

Zur Anwendung multivariater Verfahren in den Sozialwissenschaften

Abschließend muss vor dem Missverständnis gewarnt werden, dass durch die Anwendung multivariater Analyseverfahren prinzipielle Probleme der zu analysierenden Daten gelöst werden könnten. Bei Abwesenheit von Zufallsstichproben, Fehlern im Design einer Studie, der Abwesenheit rigoroser und vergleichbarer Messverfahren, der Verletzung von Unabhängigkeitsannahmen usw. kann mit Hilfe eines statistischen Modells keine Entscheidung über die Gültigkeit einer Theorie oder die Effektivität einer Maßnahme getroffen werden – falls dies ohne wiederholte unabhängige Replikation überhaupt möglich sein sollte. Statistiker wissen dies seit langem, Sozialwissenschaftler neigen dazu, dies zu ignorieren. Erst sehr langsam werden die Probleme der Inferenz und der kausalen Interpretation statistischer Modelle von Sozialwissenschaftlern rezipiert.[1] In den Sozialwissenschaften scheint entweder eine prinzipielle Ablehnung quantitativer Forschung oder eine hemmungslose Übernahme der jeweils neuesten Datenanalysetechnik vorzuherrschen. Beide Haltungen führen zu absurden Konsequenzen. Wenn man an inhaltlichen, verallgemeinerbaren Ergebnissen interessiert ist, hilft nur die Einhaltung rigoroser methodischer Standards bei allen Schritten eines Forschungsprozesses weiter – nicht erst bei der Datenanalyse.

---

[1]   vgl. einführend das Buch von BERK (2004). Das Buch basiert u.a. auf den wohl deutlichsten Kritiken der Anwendung von Regressionsmodellen von David FREEDMAN (1987, 1997, 2010).

Anhang A

Parallele, tau-äquivalente und kongenerische Items

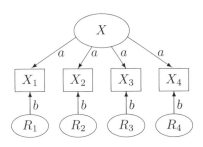

Abb. A-1: *Parallele Items*

Eine latente Variable X sei durch vier Indikatoren X_1, X_2, X_3, X_4 gemessen worden. Die gemessenen Variablen sind nicht mit der latenten Variablen identisch, also wirken sich auf die gemessenen Variablen auch noch Störgrößen aus. Folglich kann ein gemessener Indikator durch eine Kombination der latenten Variablen mit einer Störvariablen erklärt werden.

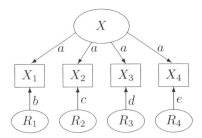

Abb. A-2: *Tau-äquivalente Items*

Ein einfaches Messmodell könnte davon ausgehen, dass die latente Variable auf alle vier Items gleich stark wirkt und die Störgrößen (R_1, R_2, R_3, R_4) ebenfalls gleich stark auf die Items wirken (vgl. Abb. A-1). Items, die diese Forderung erfüllen, heißen „*parallele Items*". Parallele Items messen dieselbe Eigenschaft gleich gut.

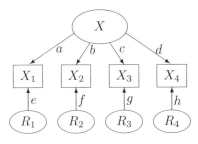

Abb. A-3: *Kongenerische Items*

Nimmt man an, dass zwar die latente Variable auf alle Items gleich stark wirkt, die Störgrößen aber auf jedes Items anders, so spricht man von „*tau-äquivalenten Items*" (vgl. Abb. A-2).

Nimmt man an, dass die latente Variable unterschiedlich stark auf die Items wirkt und auch die Störgrößen unterschiedlich stark auf die Items wirken, so werden die Items als „*kongenerische Items*" bezeichnet (vgl. Abb. A-3).

```
USE KONGEN
NUMBER 126
OUT DRUCK
NOTE 'Parallel Model'
MODEL
    (X)   -1 →[X1]
    (X)   -1 →[X2]
    (X)   -1 →[X3]
    (X)   -1 →[X4]
    (R1)  -2 →[X1]
    (R2)  -2 →[X2]
    (R3)  -2 →[X3]
    (R4)  -2 →[X4]
ESTIMATE
NOTE 'Tau-equivalent Model'
MODEL
    (X)   -1 →[X1]
    (X)   -1 →[X2]
    (X)   -1 →[X3]
    (X)   -1 →[X4]
    (R1)  -2 →[X1]
    (R2)  -3 →[X2]
    (R3)  -4 →[X3]
    (R4)  -5 →[X4]
ESTIMATE
NOTE 'Congeneric Model'
MODEL
    (X)   -1 →[X1]
    (X)   -2 →[X2]
    (X)   -3 →[X3]
    (X)   -4 →[X4]
    (R1)  -5 →[X1]
    (R2)  -6 →[X2]
    (R3)  -7 →[X3]
    (R4)  -8 →[X4]
ESTIMATE
```

Abb. A-4: *Beispiel für den Test von vier Items auf Parallelität und Tau-Äquivalenz mit EzPATH*

Der Test, ob eine Sammlung von Items die Forderungen an parallele, tau-äquivalente oder kongenerische Messungen erfüllt, lässt sich sehr ähnlich mit allen Programmen zur Berechnung von Strukturgleichungsmodellen (vgl. Kapitel 9.5.7) durchführen. Die Umsetzung eines Messmodells in die Anweisungen eines Programms für Strukturgleichungsmodelle wurde z. B. durch die Einführung von graphischen Benutzeroberflächen stark vereinfacht. Bei einigen dieser Programme kann das Modell auf dem Bildschirm mit Drag-and-Drop gezeichnet werden; das Programm nimmt die Umsetzung in ein Gleichungssystem dann selbst vor. Mehr Verständnis für die Modellierung gewinnt man aber durch die Formulierung des Modells in einer formalen Sprache. Jedes der verfügbaren Strukturgleichungsprogramme verwendet eine andere Syntax, wobei aber große Ähnlichkeiten zwischen den Programmen bestehen. Alle einfachen Modelle lassen sich mit allen Programmen rechnen.

Eine besonders leicht verständliche Syntax besaß das Programm ist EzPATH (STEIGER 1989), das daher hier zur Erläuterung verwendet wird.[1] Die notwendigen Kommandos für einen Test der Messmodelle mit EzPATH zeigt die Abbildung A-4. Die Anweisung „USE KONGEN" bewirkt, dass die in der Datei „KONGEN.SYS" gespeicherten Korrelationen[2] als Ausgangsdaten verwendet werden. NUMBER teilt dem Programm die Stichprobengröße mit, der Output soll in die Datei „DRUCK.DAT" geschrieben werden. Um die Ausgabe für uns lesbarer zu machen, geben

---

[1]   In der akademischen Forschung ist derzeit aufgrund seiner Flexibilität das Programm Mplus (MUTHEN/MUTHEN 2010) am weitesten verbreitet. Die drei hier vorgestellten Messmodelle in der Syntax von Mplus sind etwas schwieriger nachzuvollziehen. Beschränkt man sich auf die Modellspezifikation, dann lautet das erste Modell X BY X1* X2 X3 X4 (1); X1 X2 X3 X4 (2); X1;. Das zweite Modell lautet X BY X1* X2 X3 X4 (1); X1 X2 X3 X4; X@1;. Die Kommandos X BY X1* X2 X3 X4; X1 X2 X3 X4; X@1; liefern das kongenerische Modell.

[2]   Genau genommen sind es Kovarianzen, also nicht auf 0-1 standardisierte Korrelationen.

wir mit `NOTE` eine Überschrift ein. Dann folgt das Modell für parallele Tests: Ein einziger Koeffizient für den Zusammenhang zwischen den vier Items X_1-X_4 und der latenten Variablen X, ein anderer Koeffizient für den Zusammenhang zwischen den Items und den Störvariablen R_1-R_4. `ESTIMATE` bewirkt die Schätzung der Koeffizienten des Modells. Das nächste Modell sieht jeweils einen eigenen Koeffizienten für den Zusammenhang zwischen den gemessenen Variablen und den Störvariablen vor, damit ist dieses Modell der Test auf Tau-Äquivalenz. Das letzte Modell sieht sowohl unterschiedliche Zusammenhänge zwischen gemessenen Variablen und latenter Variable als auch unterschiedliche Zusammenhänge zwischen gemessenen Variablen und Störvariablen vor: das kongenerische Modell.

Die (stark gekürzte) Druckausgabe des Programms zeigt die Abbildung A-5. Zunächst findet sich die Stichprobengröße, danach der „Freiheitsgrad" des Modells. Je mehr verschiedene Parameter wir schätzen, desto geringer ist die Zahl der Freiheitsgrade. Daten erfüllen die Forderungen eines Modells umso besser, je geringer die Abweichungen zwischen dem vom Modell geforderten und den tatsächlichen Strukturen sind. Ein Maß für die Abweichung ist der χ^2-Wert. Das Modell passt um so besser, je kleiner dieser Wert ist. Man kann diesen Abweichungswert dadurch klein halten, dass man viele Parameter verwendet: Dies führt zu Modellen mit vielen Parametern. Diese sind aber keine sparsame Erklärung: Man will Modelle mit möglichst wenig Parametern und damit mit möglichst vielen Freiheitsgraden.

Der „Probability Level" gibt an, mit welcher Wahrscheinlichkeit der berechnete χ^2-Wert zufällig auftauchen würde (hierbei wird der Freiheitsgrad des Modells berücksichtigt).[1] Wie man sieht, ist in den ersten beiden Modellen die Wahrscheinlichkeit für den jeweils beobachteten χ^2-Wert gleich null: Der χ^2-Wert ist daher zu groß, das Modell passt nicht. Im letzten Modell ist die Wahrscheinlichkeit für den beobachteten χ^2-Wert 0.3198. In der Regel wird (konventionell) eine Wahrscheinlichkeit von 0.05 als Grenze zwischen zufälligen und „über-zufälligen" Ergebnissen betrachtet. Eine solche Abweichung zwischen Modell und Daten kann also als zufällig betrachtet werden, das Modell ist somit akzeptabel: Die Items können als kongenerische Messungen betrachtet werden.

---

[1] Genau genommen ist eine solche Interpretation des χ^2-Wertes nicht ganz korrekt, weil bestimmte Annahmen, auf denen die Berechnungen beruhen (multivariate Normalverteilung, Ausgangsmatrix ist die Kovarianzmatrix, große Stichprobe), fast nie gegeben sind. Daher sollten die „Probability Level" nur mit großer Vorsicht als Hilfen bei der Entscheidung, aber nicht als einziges Kriterium verwendet werden.

```
                          Parallel Model

        Sample Size (N)        =   126
        Degrees of Freedom     =     8
        Chi-Square             =   109.1230
        Probability Level      =      .0000


                       Tau-equivalent Model

        Sample Size (N)        =   126
        Degrees of Freedom     =     5
        Chi-Square             =    40.4232
        Probability Level      =      .0000


                         Congeneric Model

        Sample Size (N)        =   126
        Degrees of Freedom     =     2
        Chi-Square             =     2.2801
        Probability Level      =      .3198
```

```
        Here are the results for the fitted model.
                          MODEL
             (X)   -1  {4.573}  →  [X1]
             (X)   -2  {2.676}  →  [X2]
             (X)   -3  {2.651}  →  [X3]
             (X)   -4  {4.535}  →  [X4]
             (R1)  -5  {2.040}  →  [X1]
             (R2)  -6  {4.587}  →  [X2]
             (R3)  -7  {3.964}  →  [X3]
             (R4)  -8  {1.141}  →  [X4]
```

Abb. A-5: *EzPATH-Druckausgabe des Beispiels (stark gekürzt)*

Unter dieser Annahme können die in der Ausgabe zu findenden Schätzungen der Koeffizienten („results for the fitted model") interpretiert werden: Die geschätzten Koeffizienten finden sich in geschweiften Klammern hinter den Parameternummern.

Anhang B

Beispiel für eine konfirmatorische Faktorenanalyse

Die nebenstehenden Befehle sind die direkte Umsetzung eines Messmodells in die Kommandosprache eines Programms für die in Kapitel 9.5.7 erwähnten Strukturgleichungsmodelle („EzPATH", STEIGER 1989). Dem Programm wird mitgeteilt, wo es die Daten finden kann (in der Datei „KFACORR"), dass es alle verfügbaren Ergebnisse ausgeben soll (PRINT= LONG), dass es die Ergebnisse auf zwei verschiedene Arten berechnen soll (Method= DUAL), dass die Stichprobe 675 Fälle enthält und dass die Ausgabe in die Datei „KFAL" erfolgen soll. Danach wird das Modell beschrieben: Es wird von den drei Faktoren R, S und K ausgegangen (Syntax: die nichtbeobachteten Variablen in runden Klammern), die in jeweils unterschiedlicher Stärke auf die beobachteten Variablen (V67-V70, V79, V82, V85, V86, V88-V91; Syntax: beobachtete Variablen in eckigen Klammern) wirken. Die Unterschiedlichkeit der Wirkungen („Parameter") wird durch die unterschiedlichen, willkürlich gewählten ganzen Zahlen ausgedrückt. Nach der Durchführung der KFA wird das Programm in der Druckausgabe an die Stelle der Parameternummern die tatsächlich geschätzten Parameter einsetzen. Weiterhin werden die vermuteten unsystematischen Messfehler durch die Angabe von Restgrößen

```
USE KFACORR
PRINT=LONG
METHOD=DUAL
NUMBER=675
OUTPUT KFAL
MODEL
 (R) -1->[V67]
    -2->[V68]
    -3->[V69]
    -4->[V70]

 (S) -5->[V88]
    -6->[V89]
    -7->[V90]
    -8->[V91]

(K) -9->[V79]
    -10->[V82]
    -11->[V85]
    -12->[V86]

* Unexplained *
(R1) - 13->[V67]
(R2) - 14->[V68]
(R3) - 15->[V69]
(R4) - 16->[V70]
(R5) - 17->[V88]
(R6) - 18->[V89]
(R7) - 19->[V90]
(R8) - 20->[V91]
(R9) - 21->[V79]
(R10) -22->[V82]
(R11) -23->[V85]
(R12) -24->[V86]

* Factor Correlations *
(R) -25-(K)
(R) -26-(S)
(K) -27-(S)
ESTIMATE
```

(R1-R12), die mit unterschiedlicher Stärke auf die beobachteten Variablen wirken, berücksichtigt. Schließlich werden noch die drei möglichen Faktorkorrelationen als unterschiedlich stark vorgegeben.

Das Kommando „ESTIMATE" veranlasst das Programm dann zur tatsächlichen Schätzung der Parameter.[1] Neben den geschätzten Parametern gibt das Programm verschiedene Indizes aus, die das Ausmaß der Güte des Modells angeben. Diese „Fit-Indizes" geben an, inwieweit das theoretische, durch unsere Anweisungen spezifizierte Modell den tatsächlich beobachteten Beziehungen entspricht.[2]

---

[1] Die verschiedenen Programme zur Berechnung von Strukturgleichungsmodellen besitzen ähnliche Syntax-Strukturen, wie ein Vergleich mit den entsprechenden Kommandos für Mplus zeigt:
```
TITLE: KFACORR
DATA: FILE IS KFACORR.raw;
VARIABLE:
NAMES ARE v67 v68 v69 v70
v88 v89 v90 v91
v79 v82 v85 v86;
MODEL:
R BY v67* v68 v69 v70;
S BY v88* v89 v90 v91;
K BY v79* v82 v85 v86;
R@1 S@1 K@1;
OUTPUT: TECH1;
```
[2] Berechnungsformeln und Hinweise zur Interpretation einer Reihe von Fit-Indizes (z. B. AIC, GFI, AGFI, RMR) finden sich bei bei LOEHLIN (2004:52–70;251–257).

Anhang C

Beispiel für eine Item-Analyse einer Likert-Skala

Im ALLBUS 1994 wurden die derzeitig Berufstätigen mit vier Items zu ihrer Einstellung gegenüber ihrem beruflichen Erfolg befragt. Mit dem Satz „Auf diesen Karten stehen einige Aussagen zur Berufstätigkeit. Bitte sagen Sie mir jeweils, inwieweit die Aussage auf Sie zutrifft oder nicht zutrifft" sollten die Interviewer vier Karten vorlegen, auf denen jeweils eines der folgenden Items gedruckt war:

A. Erfolgreich im Beruf zu sein ist für mich sehr wichtig.

B. Ich möchte beruflich ganz weit nach vorne kommen.

C. Um beruflich voranzukommen, wäre ich auch bereit, meine Familie und die Kinder hier und da zu kurz kommen zu lassen.

D. Ich habe mir beruflich hohe Ziele gesteckt.

Antwort	Item A	Item B	Item C	Item D
Trifft voll und ganz zu	952	374	73	364
Trifft eher zu	754	710	273	690
Trifft eher nicht zu	189	678	617	637
Trifft überhaupt nicht zu	27	149	909	216
Weiß nicht	5	14	54	17
Keine Angabe	5	6	5	7

Tabelle C-1: *Häufigkeiten der Antworten auf vier Items im ALLBUS 94*

Zusätzlich fanden sich auf jeder Karte die Antwortkategorien „Trifft voll und ganz zu", „Trifft eher zu", „Trifft eher nicht zu", „Trifft überhaupt nicht zu". Die Antworten wurden in dieser Reihenfolge mit den Zahlen 1–4 kodiert. Die Tabelle C-1 zeigt die Häufigkeiten der Antworten.

Will man aus diesen Items eine eindimensionale Skala erstellen, muss man zuvor eine Itemanalyse durchführen. Meist beginnt man eine Itemanalyse mit einer Faktorenanalyse. Bei einer Faktorenanalyse wird versucht, eine hohe Zahl beobachteter Variablen durch eine kleinere Zahl von Faktoren zu erklären. Es gibt eine Reihe verschiedener Formen der Faktorenanalyse. Die in diesem Zusammenhang am häufigsten verwendete

Form heißt „Hauptkomponentenanalyse" („principal components analysis", „PCA"), die „Faktoren" heißen bei einer PCA „principal components" (PCs).[1] Eine Hauptkomponente ist lediglich eine gewichtete Summe der Variablen. In diesem Beispiel mit vier Items A, B, C, D ergibt sich die erste Hauptkomponente als

$$PC_1 = g_1 A + g_2 B + g_3 C + g_4 D$$

Um die Gewichte g der ersten Hauptkomponente tatsächlich eindeutig berechnen zu können, benötigt man zwei Zusatzbedingungen: Die Varianz der ersten Hauptkomponente soll maximiert werden und die Summe der quadrierten Gewichte soll gleich 1 sein. Durch eine Hauptkomponente allein lässt sich die Varianz der beobachteten Variablen nicht vollständig erklären. Man benötigt mehrere Hauptkomponenten. Für jede Hauptkomponente wird gefordert, dass ihre Korrelation mit allen anderen Hauptkomponenten Null ist. Unter dieser Bedingung wird die zweite Hauptkomponente genauso berechnet wie die erste, nur werden hier neue Gewichte berechnet, deren Quadrate sich ebenfalls zu 1 addieren. Die Gewichte der zweiten Hauptkomponente werden so berechnet, dass auch die Varianz dieser Hauptkomponente ein Maximum erreicht. Insgesamt gibt es soviele verschiedene Hauptkomponenten, wie es Items in der Analyse gibt, hier also vier.

Zentral für eine Itemanalyse ist der Anteil an der gesamten Varianz der Items, der durch die erste Hauptkomponente erklärt werden kann: Für die Skala wird ja Eindimensionalität gefordert. Die Berechnung einer PCA ist mit jedem Standarddatenanalyseprogramm möglich. Zunächst werden die „Weiß nicht"- und „Keine Angabe"-Antworten aus der Analyse ausgeschlossen (mit einem „Missing Value"-Kommando, vgl. Kap. 8.1.3). Dies hat zur Konsequenz, dass nur Fälle mit vollständigen Angaben bei allen Variablen in die Analyse eingehen. In diesem Beispiel bedeutet dies, dass nur diejenigen Befragten untersucht werden, die auf alle vier Items eine inhaltliche Antwort gaben. Dies kann zu Verzerrungen der Ergebnisse führen. Bei einem hohen Anteil von fehlenden Werten sollte geklärt werden, ob es systematische Unterschiede zwischen den Antwortenden und Nicht-Antwortenden gibt. Zeigen sich solche Unterschiede, sollten andere Items verwendet werden. Zeigt sich ein theoretisch bedeutsamer Unterschied, muss die Datenanalyse den Unterschied zwischen den Gruppen explizit berücksichtigen.

Die eigentliche PCA wird z. B. mit SPSS durch das Kommando „FACTOR /VARIABLES=A TO D." angefordert; in Stata mit dem Kommando „PCA A-D". Einen entsprechenden Output zeigt die Tabelle C-2.

---

[1] Eine hervorragende Einführung in PCA gibt DUNTEMAN (1989).

Initial Statistics:

Variable	Communality	Factor	Eigenvalue	Pct of Var	Cum Pct
A	1.00000*	1	2.23000	55.7	55.7
B	1.00000*	2	.82388	20.6	76.3
C	1.00000*	3	.56193	14.0	90.4
D	1.00000*	4	.38419	9.6	100

Tabelle C-2: *Output einer Hauptkomponentenanalyse*

Im Output findet man die Spalte „Pct of Var" (Percentage of Variance). Dieser Prozentsatz sollte für die erste Hauptkomponente möglichst hoch liegen. In diesem Beispiel liegt er bei 55.7%. Das ist ein eher kleiner Wert. Im Output findet sich eine weitere Spalte unter der Überschrift „Eigenvalues". Jede Hauptkomponente besitzt einen solchen „Eigenwert".[1] Es sollte nur ein Eigenwert über 1.0 liegen. Liegen mehrere Eigenwerte über 1.0, so ist dies ein Hinweis auf eine mehrdimensionale (und damit unbrauchbare) Skala.

In diesem Beispiel ist der erste Eigenwert 2.23 der zweite 0.82, der dritte 0.56, der vierte 0.38. Die Skala scheint zunächst eindimensional, wenn auch nicht besonders gut zu sein.

Der nächste Schritt einer Itemanalyse besteht meist aus der Berechnung von Cronbachs Alpha. In SPSS geschieht dies z. B. durch das Kommando „RELIABILITY /VARIABLES=A B C D /SCALE(myscale) ALL /SUMMARY TOTAL." Der entsprechende Befehl in Stata lautet „alpha A-D,item". Einen Output einer solchen Analyse zeigt die Tabelle C-3.

Interessant ist hier zunächst die letzte Zeile: Alpha = 0.7264. Das ist ein zwar noch akzeptabler, aber dennoch niedriger Wert. In der letzten Spalte wird gezeigt, welchen Wert Alpha annehmen würde, wenn man das entsprechende Item löschen würde. Auffällig ist die Erhöhung von Alpha auf .7613 bei Löschung des Items C. Das Item C zeigt in Abbildung C-1 einen höheren Anteil an „Weiß nicht"-Antworten als die

---

[1] Für die Interpretation der PCA muss man nicht unbedingt wissen, was ein „Eigenwert" ist. Eine exakte umgangssprachliche Beschreibung ist kaum möglich. Eigenwerte sind die Lösungen einer bestimmten Gleichung. Mathematisch besteht eine PCA aus der Zerlegung einer Korrelationsmatrix in drei Matrizen. Die Eigenwerte sind die Elemente der Diagonalmatrix L bei der Zerlegung der Korrelationsmatrix R der Items in das Produkt aus den „Eigenvektoren" U und den Eigenwerten:

$$R = ULU' \tag{C.1}$$

Item-Total Statistics

	Scale Mean if Item Deleted	Scale Variance if Item Deleted	Corrected Item-Total Correlation	Cronbach's Alpha if Item Deleted
A	7.9359	4.2653	.4896	.6835
B	7.2546	3.4479	.6240	.5972
C	6.3056	4.2960	.3449	.7613
D	7.2025	3.2881	.6326	.5893

Reliability Statistics

Cronbach's Alpha	=	.7264
N of Items	=	4
N of Cases	=	1842

Tabelle C-3: *Output einer Reliabilitäts-Analyse*

anderen Items. Betrachtet man die Formulierung, so fällt der Bezug auf die Familie und auf Kinder auf. Von den 54 Befragten, die auf dieses Item mit „Weiß nicht" antworteten, sind 37 ledig. Man könnte z. B. vermuten, dass Ledige auf diese Frage (wenn sie nicht „Weiß nicht" antworten) anders reagieren als Verheiratete. Wichtiger ist vermutlich, dass das Item anscheinend nicht nur die Einstellung gegenüber dem Beruf, sondern auch gegenüber der Familie erfasst. Das Item scheint somit teilweise eine andere Dimension anzusprechen. Dies zeigt sich in Tabelle C-3 in der Spalte „Corrected Item-Total Correlation". Dieses in der Literatur auch als „Trennschärfe-Koeffizient" bezeichnete Maß ist die Korrelation des Items mit der Summe aller anderen Items. Für Item C ist diese Korrelation .3449. Folglich teilt dieses Item nur ca. 12% der Varianz mit der Summe der anderen Items ($.3449^2 \approx .12$). Man wird daher das Item C aus der Skala entfernen. Wiederholt man die Analyse für die Items A, B und D erhält man ein Alpha von .7587.[1] Dieser Wert ließe sich durch das Entfernen weiterer Items nicht mehr steigern.

Im letzten Schritt sollte die Skala an einer anderen Stichprobe von Personen erneut erhoben und eine weitere Itemanalyse durchgeführt werden. Im ALLBUS 1994 wur-

---

[1] Die minimale Differenz zu dem erwarteten Wert von .7613 erklärt sich dadurch, dass die Analyse jetzt auf 1892 Fällen statt auf 1842 Fällen basiert.

den dieselben Items auch den Nicht-Berufstätigen vorgelegt.[1] Die auf drei Items reduzierte Skala erbringt ein Alpha von 0.845, die erste Hauptkomponente erklärt 77% der Varianz. Werte dieser Größenordnung werden im Rahmen der empirischen Sozialforschung als ausgezeichnet betrachtet. Die aus drei Items bestehende Skala kann nun (als additiver Index) für andere Analysen verwendet werden.

Damit ist zwar die Itemanalyse und die Skalenkonstruktion abgeschlossen, aber noch nicht die Datenanalyse. Wie in diesem Fall kann die Durchführung einer Skalierung zur Entdeckung inhaltlicher Probleme führen: Warum antworten fast 90% der Befragten zustimmend auf Item A und nur 37% auf Item B? Ist „Wichtigkeit" vielleicht etwas anderes als „weit nach vorne kommen"? Vielleicht zumindest für einen Teil der Befragten? Warum beantworten einige Personen Item B sehr positiv und zugleich Item D sehr negativ? Was antwortet auf solche Fragen eine Person ohne Schulabschluss? Definieren solche Personen „hohe Ziele" anders als andere Personen? Alle diese Fragen können durch weitere Analysen geklärt werden. Wenn man verstehen will, wie die Antworten auf die Items entstanden, müssen solche Analysen durchgeführt werden. Häufig stößt man dabei auf theoretisch bedeutsame Subgruppen, bei denen die Zusammenhänge anders aussehen als es erwartet wurde. Das „Versagen" eines Skalierungsverfahrens ist oft erst der Beginn der eigentlichen theoretischen und empirischen Arbeit.[2]

---

[1] Es handelt sich um die Variablen V52, V53, V55 im Datensatz 2240 des Datenarchivs für Sozialwissenschaften.

[2] Einige ausführliche und leichtverständliche Beispiele für die Verwendung von Skalierungsverfahren bei der Datenanalyse finden sich bei THISSEN/STEINBERG (1988).

Anhang D

Erzeugung von Zufallszahlen

Ohne spezielle zusätzliche Hardware können Computer keine „echten" Zufallszahlen erzeugen. Die durch Computerprogramme erzeugten Zufallszahlen werden daher als „Pseudo-Zufallszahlen" bezeichnet. Die Erzeugung von solchen Zufallszahlen, die allen Kriterien genügen (z. B. gleiche Häufigkeit aller Ziffern, keine Änderung der Abfolgewahrscheinlichkeit zwischen Ziffern etc.), ist ein spezielles Gebiet der Mathematik. Programme, die Zufallszahlen erzeugen, heißen „*Zufallszahlen-Generatoren*". Zwar ist die Konstruktion eines solchen Generators kompliziert, die Funktionsweise aber sehr einfach. Ein Beispiel für einen einfachen, aber sehr leistungsfähigen Generator stellt die folgende PASCAL-Funktion dar:

```
FUNCTION Random: real;
{Die Funktion lehnt sich an Steve K. Park and Keith W. Miller
"Random Number Generators: Good Ones are Hard to Find",
Communications of the ACM (Oktober 1988, 31, 10) an.
Im aufrufenden PASCAL-Programm muss die Variable "Seed" global
als "longint" deklariert und mit einem Wert ungleich Null vor dem
ersten Aufruf von Random initialisiert werden. Eine
Testmöglichkeit besteht darin, dass sich nach 10,000 Aufrufen mit
dem Startwert 1 für die Variable, "Seed" 1043618065 ergeben muss.}

CONST
    a = 16807;
    m = 2147483647;        {{2\^{}31 - 1}}
    q = 127773;            {M div A}
    r = 2836;              {M mod A}
VAR lo, hi, test: longint;
BEGIN
    hi := seed DIV q;      {Ganzzahldivision}
    lo := seed MOD q;
    test := a * lo - r * hi;
    IF test > 0 THEN seed := test
               ELSE seed := test + m;
    Random := seed/m;
END;
```

Eine willkürlich gewählte Startzahl („Seed") wird durch eine geeignet gewählte (s.o.) Konstante ganzzahlig dividiert[1], mit anderen Konstanten multipliziert und das Ergebnis auf einen Wertebereich normiert. Beginnt man mit SEED=1, so ergeben sich nacheinander die SEED-Werte bzw. die Zufallszahlen der Tabelle D-1.

SEED	RANDOM
1	0.000007826
16807	0.131537788
282475249	0.755605322
1622650073	0.458650132
984943658	0.532767237
1144108930	0.218959186
470211272	0.047044616
101027544	0.678864717
1457850878	0.679296406

Tabelle D-1: *Startwerte und Zufallszahlen des Generators*

Ähnliche Generatoren sind in jedem Datenanalyseprogramm als Funktion bei den Kommandos zur Datentransformation vorhanden. Ausführliche Hinweise zur Konstruktion und den Tests von Zufallszahlengeneratoren finden sich bei GENTLE (2003).

---

[1] „DIV" ist eine Ganzzahldivision, „MOD" die Bildung des Ganzzahlrests. Zum Beispiel: 11 DIV 3 = 3, 11 MOD 3 = 2.

Anhang E

Verfahren zur Ziehung von Zufallsstichproben

Die einfachste Art eine Zufallsstichprobe zu ziehen, besteht darin, eine Zufallszahl Z zwischen 0 und 1 zu erzeugen (z. B. durch den oben beschriebenen Generator) und diese Zahl Z mit der Größe der Grundgesamtheit N zu multiplizieren. Das Ergebnis wird zur ganzen Zahl abgerundet, so dass 1 addiert werden muss, um N als maximale Zahl erhalten zu können.[1] Das Ergebnis liegt also immer zwischen 1 und N. Wenn die Elemente der Grundgesamtheit von 1 bis N durchnummeriert worden sind, dann wird das dem gerundeten Wert entsprechende Element der Grundgesamtheit Bestandteil der Stichprobe. Dieser Prozess wird solange wiederholt, bis die gewünschte Stichprobengröße erreicht ist.[2]

Eine Ziehung, bei der die Ziehungswahrscheinlichkeit proportional zur Größe der Auswahleinheit (PPS) ist, kann am einfachsten mit dem sogenannten *„Kumulationsverfahren"* realisiert werden.[3] Man benötigt eine Liste aller Primäreinheiten mit der jeweiligen Größenvariablen, also z. B. eine Liste aller Wohnblocks mit den jeweiligen Bewohnerzahlen (vgl. Tabelle E-1). Die Zahl der Bewohner (N) wird kumuliert (N_{cum}), so dass neben der Identifikationsnummer des Blocks die Gesamtsumme aller vorherigen Bewohnerzahlen steht.[4]

Um eine PPS-Stichprobe der Primäreinheiten zu ziehen, erzeugt man so viele gleichverteilte Zufallszahlen (zwischen 1 und der Gesamtzahl der Elemente der Grundgesamtheit), wie man Primäreinheiten in der Stichprobe wünscht. Sollen z. B. 4 der 14 Blocks größenproportional ausgewählt werden, so müssen 4 Zufallszahlen zwischen 1 und 631 (der Gesamtzahl der Bewohner) erzeugt werden. Der in Anhang D beschrie-

---

[1] Also: $R = \text{TRUNC}(Z * N) + 1$.

[2] Bei großen Stichproben ist dieses Verfahren ineffizient, da auch die Größe der Grundgesamtheit bekannt sein muss. Ein Verfahren zur effizienten maschinellen Ziehung von Zufallsstichproben findet sich bei KENNEDY/GENTLE (1980:237–240). Ein entsprechendes Programm findet sich bei SCHNELL (1997b).

[3] Solche Ziehungsverfahren lassen sich innerhalb von Datenanalysesystemen leicht selbst mit Macros realisieren, wenn sie nicht ohnehin Bestandteil des Programmes sind (z. B. PROC SURVEYSELECT in SAS). Beispiele finden sich in dem hervorragenden Lehrbuch von LEHTONEN/PAHKINEN (2004) sowie auf der Homepage des „Virtual Laboratory in Survey Sampling" (http://mathstat.helsinki.fi/VLISS).

[4] Die Liste der Primäreinheiten kann ungeordnet sein.

Block	N	N_{cum}	p_s	p_b	$p_s * p_b$
1	6	6	0.1667	0.0095	0.0016
2	29	35	0.0345	0.0460	0.0016
3	69	104	0.0145	0.1094	0.0016
4	91	195	0.0110	0.1442	0.0016
5	12	207	0.0833	0.0190	0.0016
6	95	302	0.0105	0.1506	0.0016
7	51	353	0.0196	0.0808	0.0016
8	11	364	0.0909	0.0174	0.0016
9	62	426	0.0161	0.0983	0.0016
10	61	487	0.0164	0.0967	0.0016
11	30	517	0.0333	0.0475	0.0016
12	28	545	0.0357	0.0444	0.0016
13	3	548	0.3333	0.0048	0.0016
14	83	631	0.0120	0.1315	0.0016

Tabelle E-1: *Kumulationsverfahren*

bene Generator liefert für den willkürlich gewählten Startwert („Seed") 8152 als die ersten vier Zahlen 0.063801, 0.296049, 0.694587 und 0.915875. Multipliziert man diese Zahlen mit 631, rundet dann zur ganzen Zahl ab und addiert 1, dann erhält man die (zwischen 1 und 631 liegenden) Zufallszahlen 41, 187, 439 und 578. Stellt man sich die Bewohner in den Blocks durchnummeriert vor, so wohnt der Bewohner 41 im Block 3, Bewohner 187 im Block 4, der Bewohner 439 im Block 10 und der Bewohner 578 im Block 14. Somit werden die Blocks 3, 4, 10 und 14 als Primäreinheiten ausgewählt.

Die Wahrscheinlichkeit, innerhalb eines Blocks ausgewählt (p_s) zu werden, ist gleich dem Kehrwert der Zahl der Bewohner des Blocks n_i, also

$$p_s = \frac{1}{n_i}.$$

Die Wahrscheinlichkeit, dass ein Block ausgewählt (p_b) wird, ist gleich dem Anteil der Einwohner n_i des Blocks an allen Einwohnern n, also

$$p_b = \frac{n_i}{n}.$$

Die Wahrscheinlichkeit, dass ein bestimmter Bewohner ausgewählt wird (p_a), ist gleich dem Produkt der beiden Wahrscheinlichkeiten:

$$p_a = p_s * p_b.$$

Also gilt:

$$p_a = \frac{1}{n_i} * \frac{n_i}{n}.$$

Die Zahl der Einwohner im Block kürzt sich aus der Gleichung, so dass die Wahrscheinlichkeit für alle Elemente der Grundgesamtheit gleich $1/n$ ist.

Anhang F

Durchführung von Survey-Erhebungen

In der Bundesrepublik gibt es keine akademische Institution, die über die für eine bundesweite mündliche Datenerhebung notwendige Anzahl fest angestellter Interviewer verfügt. Umfangreichere Erhebungsarbeiten werden daher fast immer an Privatunternehmen (also an Marktforschungsinstitute) vergeben.[1] In der akademischen Sozialforschung wird den Instituten in der Regel nur die Datenerhebung übertragen.[2] Meistens wird dem mit der Datenerhebung beauftragten Institut ein bereits vollständig entwickelter Fragebogen übermittelt. Das Institut führt dann die Datenerhebung und Datenerfassung durch und übergibt dem Auftraggeber einen maschinenlesbaren Datensatz. Die Datenanalyse und Publikation übernimmt der Auftraggeber.

F.1 Ausschreibung des Projekts

Der erste Schritt bei einem Projekt, bei dem die Datenerhebung durch ein kommerzielles Institut durchgeführt werden soll, besteht aus der Ausschreibung des Projekts. In der Praxis wird meist eine relativ kleine Zahl von Instituten um einen Kostenvoranschlag für ein Forschungsprojekt gebeten. Um Missverständnisse und spätere Probleme zu vermeiden, sollten die vom Erhebungsinstitut geforderten Dienstleistungen so detailliert wie möglich in der Anfrage bei den Instituten formuliert werden. Es ist durchaus möglich, dass Institute einen bestimmten Auftrag ablehnen. Dies ist

---

[1] Im „Arbeitskreis deutscher Markt- und Sozialforschungsinstitute" (ADM) sind die für die Sozialforschung wichtigsten Markt- und Sozialforschungsinstitute in der BRD Mitglied (2002: insgesamt 45). Einzelheiten zu den Instituten finden sich auf der Homepage des ADM (www.adm-ev.de). Die „European Society of Marketing and Research" (ESOMAR, Amsterdam) bietet eine Datenbank der Mitglieder dieser europäischen Dachorganisation mit Namen, Anschriften und Zahl der Mitarbeiter an (www.esomar.org).

[2] Im Rahmen angewandter Sozialforschung (z. B. im Auftrage von Bundeseinrichtungen) bezieht sich der Auftrag an das Institut häufig auf den gesamten Forschungsprozess, einschließlich der Datenanalyse. Häufig besteht diese Analyse nur aus der Erstellung eines „Tabellenbandes" oder eines kurzen Berichts. Für diese Praxis spricht nur die Bequemlichkeit der Auftraggeber. Übernimmt hingegen nach einer öffentlichen Ausschreibung eines Forschungsprojekts ein Universitätsinstitut die Konzeption der Studie und die Datenanalyse, so kann in der Regel mit der Einhaltung hoher wissenschaftlicher Standards gerechnet werden.

häufig ein ernster Hinweis auf die tatsächliche Undurchführbarkeit eines Projekts.[1] In der Regel erhält man aber für jedes Projekt mehrere Kostenvoranschläge. Bei nominell vergleichbarem Leistungsumfang gibt es häufig große Unterschiede in den veranschlagten Kosten. Dies liegt nicht zuletzt in den unterschiedlichen Qualitätsstandards der Institute begründet.[2] Da sich der tatsächliche Leistungsumfang nur schwer exakt beschreiben lässt, kann trotz eines detaillierten Leistungskatalogs nur selten der Preis allein die Entscheidung für ein bestimmtes Institut rechtfertigen. Die Zusammenarbeit zwischen akademischer Sozialforschung und den kommerziellen Instituten ist in der Praxis keineswegs immer unproblematisch. Es empfiehlt sich daher immer, Erkundigungen über die Art der Zusammenarbeit mit einem Institut bei mehreren Wissenschaftlern aus verschiedenen Projekten einzuholen, die mit diesem Institut schon gearbeitet haben. Da das Personal in den Instituten häufig rasch wechselt, sollten diese Erfahrungen nicht allzu lange zurückliegen. Auf der Basis der Kostenvoranschläge und den Erkundigungen über das Institut sollte eine vorläufige Entscheidung für ein Institut gefällt werden.

F.2 Vertragliche Regelungen mit dem Erhebungsinstitut

Mit dem ausgewählten Institut sollte ein Vertrag abgeschlossen werden, der alle wichtigen Aspekte des Auftrags regelt. Die wichtigsten Aspekte sollen hier kurz erwähnt werden.

Die Definition der Grundgesamtheit (einschließlich des Alters der Befragten, z. B. nur über 18-jährige), das verwendete Auswahlverfahren für Sekundär- und Primäreinheiten und vor allem die Details der Auswahl der Zielperson sollten bei der Auftragserteilung schriftlich festgehalten werden. Explizit ausgeschlossen werden sollte die Vergabe von mehr Adressen pro Interviewer als Interviews beabsichtigt sind, da sonst die Gefahr besteht, dass Interviewer schwererreichbare Personen durch leicht erreichbare Personen ersetzen. Art und Umfang der Schulung und Kontrolle der Interviewer sollten

---

[1] Da viele akademische Sozialforscher kaum eigene Praxis in der Datenerhebung besitzen, werden die Institute gelegentlich mit nicht-realisierbaren Zielvorstellungen konfrontiert (z. B. wenn maximal 10% Nonresponse gefordert wird oder Interviews mit 90 Minuten erforderlich wären). Noch problematischer sind für die Institute Fragebögen aus der akademischen Sozialforschung, die keinem ernsthaften Pretest ausgesetzt wurden.

[2] Die Deutsche Forschungsgemeinschaft hat 1999 eine Denkschrift zu „Qualitätskriterien der Umfrageforschung" veröffentlicht. Diese sind zwar relativ detailliert dargelegt, aber nur selten durch Auftraggeber exakt nachprüfbar. Der Anhang der Denkschrift (DFG 1999, S.267-283) enthält darüber hinaus eine Reihe von ethischen Richtlinien verschiedener Survey-Organisationen zur Durchführung von Surveys.

vertraglich geregelt werden. Ebenso wichtig ist eine Klärung der Anzahl der Versuche, die unternommen werden müssen, um eine Zielperson anzutreffen und zu befragen.

Die immer notwendigen Pretests zur Verbesserung des Erhebungsinstruments sollten vom Auftraggeber selbst durchgeführt werden. Pretests des Erhebungsinstituts sollten nur der Verfahrenskontrolle und der Einschätzung der Dauer der Befragung dienen. Werden dem Institut auch die Pretests zur Verbesserung des Erhebungsinstruments übertragen, sollten die Details dieser Tests (Tonbänder, Protokolle, Häufigkeitsauszählungen der Probleme) explizit festgelegt werden. Globale Einschätzungen, ob ein Fragebogen Probleme bereitet oder nicht, sind als Pretest gänzlich ungeeignet. Besondere Probleme werfen sogenannte „Omnibus-Surveys" auf. Bei einem Omnibus-Survey werden im Rahmen eines Interviews Fragen aus verschiedenen Forschungsprojekten gestellt. Bei der Durchführung eines Forschungsprojekts im Rahmen eines Omnibus-Surveys sind die Erhebungskosten für jedes einzelne Forschungsprojekt relativ niedrig; allerdings sind die Möglichkeiten der Einflussnahme auf die Durchführung der Erhebung geringer. Falls eine Omnibus-Erhebung geplant ist, sollten die Auftraggeber vom Institut über die anderen Themen der Erhebung im Detail informiert werden. Dies bedeutet konkret, dass der vollständige Fragebogen des Omnibus-Surveys dokumentiert werden muss. Nur so sind mögliche Effekte der Themenreihenfolge überhaupt zu entdecken. Bei einem Omnibus-Survey werden vor allem demographische Variablen nur einmal für alle beteiligten Projekte erhoben. Daher muss der genaue Wortlaut der Fragen und die Art der Codierung der demographischen Variablen bekannt sein.

Zum vertraglich zu fixierenden Leistungsumfang gehört auch die Festlegung der Art des zu liefernden Datensatzes. Viele Probleme können vermieden werden, wenn die Lieferung einer analysefähigen Systemdatei eines Standardprogrammes (wie z. B. SPSS) einschließlich aller Variablen- und Value-Label vereinbart wird (vgl. hierzu Kapitel 8.1.3). Sollten offene Fragen erhoben worden sein, muss die Art der maschinenlesbaren Speicherung der wörtlichen Mitschriften oder der Aufzeichnung sowie deren Zuordnung zu den Befragten festgelegt werden.

Bei der Zusammenarbeit mit einigen Instituten kommt es immer wieder zu Problemen durch nicht eingehaltene Liefertermine entweder des Datensatzes oder der Dokumentation der Erhebung. Um diese Probleme zu umgehen, empfiehlt sich in jedem Fall die Liefertermine des Datensatzes und der Dokumentation vertraglich zu vereinbaren. Schließlich sollten Art und Häufigkeit der Unterrichtung des Auftraggebers während der eigentlichen Datenerhebungsarbeit geregelt werden.

F.3 Erhebungsvariablen im Datensatz

Der Datensatz jedes Surveys sollte einige Variablen zur Beschreibung des Interviews enthalten. Für viele inhaltliche und einige methodische Probleme benötigt man eine möglichst genaue regionale Identifikation (meist genügt hier Stadt oder Regierungsbezirk).

Die Interviewer müssen bei der Durchführung von Interviews Protokolle darüber führen, wann sie einen Haushalt kontaktierten (Datum/Uhrzeit) und zu welchem Ergebnis dieser Kontaktversuch führte (z. B. nicht angetroffen oder Durchführung des Interviews). Diese „Kontaktprotokolle" sollten, wann immer es möglich ist, Bestandteil des Datensatzes werden. Ideal, aber in der Bundesrepublik nur schwer durchsetzbar, ist die Aufnahme der Kontaktprotokolle in den Datensatz auch für diejenigen Zielpersonen, mit denen kein Interview zustandekam (Nonresponse-Records, vgl. SCHNELL 1997a:262–263). Nur durch solche Angaben werden langfristig Forschungen zu den Ursachen für Ausfälle möglich.[1]

Für jedes durchgeführte Interview sollte Datum, Beginn und Ende des Interviews und die Anwesenheit Dritter (Ehegatte etc.) im Datensatz als Variable vorhanden sein. Für methodische Analysen ist darüber hinaus eine eindeutige Interviewernummer unentbehrlich.[2]

Wann immer es möglich ist, sollte der Datensatz darüber hinaus Angaben über den Interviewer enthalten. Dies gilt insbesondere dann, wenn erwartet werden kann, dass sichtbare oder leicht erschließbare Merkmale des Interviewers Einfluss auf das Antwortverhalten des Befragten haben können. Hierzu gehören vor allem Geschlecht, Alter und berufliche Stellung und/oder Bildung. Weiterhin gehört zu diesen Variablen die Interviewerfahrungen des Interviewers (Anzahl der bereits durchgeführten Interviews insgesamt oder Dauer der Tätigkeit als Interviewer). Obwohl diese Variablen für die Erhebungsinstitute prinzipiell leicht verfügbar sind und fast kostenneutral den Datensätzen zugefügt werden könnten, sind gerade diese Angaben nur schwer von den Instituten erhältlich.

---

[1] Sollte die Aufnahme der Kontaktprotokolle in den Datensatz finanziell nicht möglich sein, sollten die Auftraggeber Einsicht in die Kontaktprotokolle verlangen. Verzichtet der Auftraggeber auf diese Einsichtnahme, verliert er jede Kontrollmöglichkeit über die Datenerhebung.

[2] In der Bundesrepublik verbergen sich hinter einer Interviewernummer häufig mehrere Interviewer, z. B. Mitglieder einer Familie. Um die Feldarbeit tatsächlich beurteilen zu können, benötigt man daher Angaben über den Interviewer, der tatsächlich das Interview durchführte. Ist das Institut dazu nicht in der Lage, wird es auch kaum eine angemessene Schulung des Interviewers garantieren können.

F.4 Schriftliche Dokumentation der Datenerhebung

Um die Qualität einer Untersuchung beurteilen zu können, sind zahlreiche technische Informationen erforderlich. Ähnliche Informationen werden benötigt um z. B. bei späteren Analysen Hinweise für mögliche Unterschiede zwischen verschiedenen Erhebungen zu bekommen.[1] Daher müssen die Details der Datenerhebung jedes Surveys durch einen schriftlichen Bericht dokumentiert werden. Solche sogenannten *„Feldberichte"* sind für die wissenschaftliche Auswertung jedes Projekts unentbehrlich. Ein Feldbericht sollte mindestens folgende Punkte umfassen:

1. Projektidentifikation
   - Name des Projekts
   - Zeitraum des Projekts
   - Name des Projektleiters
   - Institutszugehörigkeit
   - Name aller Projektmitarbeiter
   - Auftraggeber oder fördernde Institution
   - interne Nummer des Projekts beim Auftraggeber oder der fördernden Institution
   - Liste aller projektbezogenen Publikationen
2. Datenerhebungsinstitut
   - Name und Sitz des Instituts
   - Name des Projektleiters im Erhebungsinstitut
   - interne Nummer des Projekts im Erhebungsinstitut
3. Erhebungsinstrumente
   - Kopie des vollständigen Fragebogens
   - Kopien aller Befragungshilfen (Karten, Listen, etc.)
   - Kopien eventueller spezieller Interviewerinstruktionen
   - Detaillierte Beschreibung aller Pretests und deren Ergebnisse
4. Stichprobe
   - Beschreibung der angestrebten Grundgesamtheit und der Auswahlgesamtheit
   - detaillierte Beschreibung des Stichprobenverfahrens (Primär- und Sekundäreinheiten, eventuelle Schichtungsvariablen, Klumpengröße etc.)

---

[1] Welches Ausmaß an Informationen benötigt wird, um Unterschiede zwischen Surveys erklären zu können, zeigt an einem tatsächlichen Beispiel die Arbeit von Schnell/Kreuter (2000).

- Beschreibung der Zielpersonenauswahl
- angestrebte Stichprobengröße

5. Feldarbeit
   - Zeitpunkt der Datenerhebung
   - Anzahl der tatsächlich eingesetzten Interviewer
   - Beschreibung des Interviewerstabes
   - Art der Schulung der Interviewer
   - Verteilung der Zahl der Interviews pro Interviewer
   - Anzahl der maximalen Kontaktversuche pro Zielperson
   - Ausfälle:
     - durch nicht aufgefundene Adressen
     - durch Personen die nicht zur Grundgesamtheit gehören
     - durch Interviewerausfälle
     - durch Nichterreichbarkeit einer Kontaktperson
     - durch Nichterreichbarkeit der Zielperson
     - durch Krankheit der Zielperson
     - durch Verweigerung der Kontaktperson
     - durch Verweigerung der Zielperson
     - durch Abbruch während des Interviews
     - durch Interviewertäuschungen
     - durch Interviewerfehler
     - durch Datenerfassungs- und Datenaufbereitungsfehler
   - Art, Umfang und Ergebnis der Interviewerkontrollen
   - Beschreibung aller sonstigen eventuellen Probleme, die bei der Feldarbeit auftraten

6. Datenaufbereitung
   - Informationen über Art der Datenerfassung
   - Detaillierte Beschreibung der Datenbereinigung
   - Kopie eventueller maschineller Prüf- und Bereinigungsregeln
   - Genaue Angaben zur Berechnung von Gewichtungsfaktoren

7. Datensatz
   - Codeplan für den Datensatz
   - Genaue technische Beschreibung des Datenträgers
   - Angaben über die Zugänglichkeit des Datensatzes (Datenarchiv, Instituts- archiv, Universitätsinstitut etc.)

Ein Feldbericht mit all diesen Angaben wird kaum jemals weniger als 50 Seiten umfassen können.[1] Wird die Datenerhebung durch ein Marktforschungsinstitut durchgeführt, dann sollte die Erstellung derjenigen Teile eines Feldberichts, die die eigentliche Feldarbeit betreffen (Punkte 3–6, eventuell zusätzlich 2 und 7), für jedes Erhebungsinstitut selbstverständlich sein und keine weiteren Kosten verursachen. Der Inhalt und der Abgabetermin des endgültigen Feldberichts des Erhebungsinstituts sollte Bestandteil des Vertrages mit dem Erhebungsinstitut sein.

F.5 Datensicherung und Datenweitergabe

Jeder im Rahmen der empirischen Sozialforschung erstellte Survey-Datensatz sollte so bald wie möglich zusammen mit einem Feldbericht und den Erhebungsunterlagen dem Datenarchiv für Sozialwissenschaften übergeben werden. In den Universitäten und Instituten gehen Datensätze und deren Dokumentation aufgrund mangelnder Technik, Sorgfalt und Konstanz des Personals häufig schon nach kurzer Zeit verloren. Durch die Speicherung im Datenarchiv kann hingegen die Verfügbarkeit der Daten und der Dokumentation über lange Zeiträume gewährleistet werden. Weiterhin wird durch die Übergabe an das Datenarchiv der Datensatz anderen Wissenschaftlern zugänglich gemacht. Nur so ist eine wissenschaftliche Kritik an den Ergebnissen der Datengeber möglich.[2]

---

[1] Ein noch immer beispielhafter Feldbericht findet sich im Codebuch zum ALLBUS 1980. Ebenso beispielhaft sind die Beschreibungen der Datenerhebungen des „General Social Surveys" (GSS) und der „Panel Study of Income Dynamics" (PSID); vgl. hierzu DAVIS/SMITH (1992) und HILL (1992).

[2] In der Bundesrepublik ist es hingegen leider selbst bei aus öffentlichen Mitteln finanzierten Projekten durchaus üblich, Daten entweder gar nicht oder erst nach mehreren Jahren anderen Wissenschaftlern zur Verfügung zu stellen. Diese unakzeptable Praxis hat zur einer Diskussion der Notwendigkeit der Replizierbarkeit empirischer Arbeiten in den Sozialwissenschaften geführt (vgl. hierzu schon MEINEFELD 1985, sowie ferner DEWALD/THURSBY/ANDERSON 1986). Neuere Diskussionsbeiträge finden sich im Anschluss an einen Aufsatz von Gary KING (1995) sowie in einer Sammlung eines Symposiums (2003).

Anhang G
Regeln guter wissenschaftlicher Praxis

Universitäre Forschung findet zunehmend unter ungünstigen Randbedingungen statt, die in wenigen Einzelfällen zu gravierendem Fehlverhalten einzelner Wissenschaftler geführt haben. Zu diesem Fehlverhalten gehört vor allem der Verstoß gegen die mittlerweile sogenannten „Regeln guter wissenschaftlicher Praxis". Die Deutsche Forschungsgemeinschft hat daher 1998 beschlossen, dass bei der Inanspruchnahme von DFG-Mitteln solche Regeln eingehalten werden müssen. Die DFG hat Empfehlungen über den Inhalt solcher Regeln ausgesprochen.[1] Der folgende Text ist ein Auszug solcher Regelungen am Beispiel der Universität Konstanz.[2]

Wissenschaftliches Fehlverhalten

Wissenschaftliches Fehlverhalten liegt vor, wenn bei wissenschaftlichem Arbeiten bewußt oder grob fahrlässig Falschangaben gemacht werden, geistiges Eigentum anderer verletzt oder sonstwie deren Forschungstätigkeit sabotiert wird. Als Fehlverhalten kommt insbesondere in Betracht:

- Falschangaben
    - das Erfinden von Daten;
    - das Verfälschen von Daten, z. B.
        * durch Auswählen und Zurückweisen unerwünschter Ergebnisse, ohne dies offenzulegen,
        * durch Manipulation einer Darstellung oder Abbildung;
    - unrichtige Angaben in einem Bewerbungsschreiben oder einem Förderantrag (einschließlich Falschangaben zum Publikationsorgan und zu in Druck befindlichen Veröffentlichungen).
- Verletzung geistigen Eigentums

---

[1] Die Empfehlungen der DFG finden sich unter anderem in den „Verwendungsrichtlinien für Sachbeihilfen mit Leitfaden für Abschlussberichte und Regeln guter wissenschaftlicher Praxis". Der vollständige Text findet sich unter www.dfg.de/download/programme/sachbeihilfe/abschlussberichte/2_01/2_01.pdf.

[2] Es handelt sich um die „Richtlinien zur Sicherung guter wissenschaftlicher Praxis", die vom Senat der Universität Konstanz am 15.07.1998 beschlossen wurden. Der vollständige Text findet sich in den amtlichen Bekanntmachungen der Universität Konstanz Nr. 8/98.

– in Bezug auf ein von einem anderen geschaffenes urheberrechtlich ge-
schütztes Werk oder von anderen stammende wesentliche wissenschaftliche Erkenntnisse, Hypothesen, Lehren oder Forschungsansätze:

  * die unbefugte Verwertung unter Anmaßung der Autorschaft (Plagiat),
  * die Ausbeutung von Forschungsansätzen und Ideen, insbesondere als
    Gutachter (Ideendiebstahl),
  * die Anmaßung oder unbegründete Annahme wissenschaftlicher Autor-
    oder Mitautorschaft,
  * die Verfälschung des Inhalts,
  * die willkürliche Verzögerung der Publikation einer wissenschaftli-
    chen Arbeit, insbesondere als Herausgeber oder Gutachter, oder
  * die unbefugte Veröffentlichung und das unbefugte Zugänglichmachen
    gegenüber Dritten, solange das Werk, die Erkenntnis, die Hypothese,
    die Lehre oder der Forschungsansatz noch nicht veröffentlicht ist;

– die Inanspruchnahme der (Mit-)Autorenschaft eines anderen ohne dessen
Einverständnis.

– die Sabotage von Forschungstätigkeit (einschließlich dem Beschädigen,
Zerstören oder Manipulieren von Versuchsanordnungen, Geräten, Unterlagen, Hardware, Software, Chemikalien, Zell- und Mikroorganismen-
kulturen oder sonstiger Sachen, die ein anderer zur Durchführung eines
Experiments benötigt).

– Beseitigung von Originaldaten, insofern damit gegen gesetzliche Bestimmungen oder disziplinbezogen anerkannte Grundsätze wissenschaftlicher
Arbeit verstoßen wird.

Eine Mitverantwortung für Fehlverhalten kann sich unter anderem ergeben aus

• Beteiligung am Fehlverhalten anderer,
• Mitautorschaft an fälschungsbehafteten Veröffentlichungen,
• grober Vernachlässigung der Aufsichtspflicht.

Einzelregelungen

1. Alle wissenschaftlich Tätigen sind zur Einhaltung der Regeln guter wissenschaftlicher Praxis verpflichtet. Diese Regeln sollen fester Bestandteil der Ausbildung
des wissenschaftlichen Nachwuchses sein. Im Rahmen von Forschungsprojekten obliegt dies dem für das Projekt Verantwortlichen.

2. Alle Verantwortlichen haben durch geeignete Organisation ihres Arbeitsberei-
ches sicherzustellen, daß die Aufgaben der Leitung, Aufsicht, Konfliktregelung
und Qualitätssicherung eindeutig zugewiesen sind und gewährleistet ist, daß sie

tatsächlich wahrgenommen werden.

3. Der Ausbildung und Förderung des wissenschaftlichen Nachwuchses muß besondere Aufmerksamkeit gelten. Eine angemessene Betreuung ist sicherzustellen. Dazu gehören auch regelmäßige Besprechungen und die Überwachung des Arbeitsfortschrittes.

4. Leistungs- und Bewertungskriterien für Prüfungen, Verleihungen akademischer Grade, Beförderungen, Einstellungen, Berufungen und Mittelzuweisungen sollen so festgelegt werden, daß Originalität und Qualität als Bewertungsmaßstab stets Vorrang vor Quantität haben.

5. *Der für ein Forschungsprojekt Verantwortliche hat sicherzustellen, daß Originaldaten als Grundlagen für Veröffentlichungen auf haltbaren und gesicherten Trägern 10 Jahre aufbewahrt werden.*[1] Weitergehende Aufbewahrungspflichten aufgrund gesetzlicher Bestimmungen sowie Maßnahmen zum Schutz personenbezogener Daten bleiben hiervon unberührt.

6. Autoren einer wissenschaftlichen Veröffentlichung tragen die Verantwortung für deren Inhalt gemeinsam. Die Ausnahmen sollten kenntlich gemacht werden. Alle Wissenschaftler, die wesentliche Beiträge zur Idee, Planung, Durchführung oder Analyse der Forschungsarbeit geleistet haben, sollten die Möglichkeit haben, Koautoren zu sein. Personen mit kleinen Beiträgen werden in der Danksagung erwähnt.

(...)

---

[1] Hervorhebung durch die Autoren.

Anhang H
Adressen

Autoren

Falls Sie uns Ihre Anregungen zu diesem Buch mitteilen möchten oder einen Fehler entdeckt haben, so schreiben Sie bitte an: Rainer Schnell, Universität Duisburg-Essen, Lotharstr. 65, 47057 Duisburg, E-Mail: Rainer.Schnell@uni-due.de. Zu diesem Buch gibt es eine Homepage, die unter anderem ein Erratum enthält. Die Adresse lautet: www.uni-due.de/soziologie/schnell_publikationen_errata.php.

Software

Adressen der Hersteller kommerzieller Datenanalysesoftware finden sich unter der Adresse www.stata.com/links/stat_software.html. Viele Datenanalyseprobleme lassen sich mit kostenlosen Programmen lösen. Hinweise finden sich unter der Adresse http://statistiksoftware.com/free_software.html. Das umfangreichste Angebot an Datenanalysesoftware bietet mittlerweile das kostenlose Programm R mit seinen zahlreichen Erweiterungspaketen (http://cran.r-project.org. R ist für nahezu alle wichtigen Betriebssysteme verfügbar. Das kostenlose elektronische „Journal of Statistical Software" (www.jstatsoft.org) enthält Artikel und Besprechungen neuester akademischer Datenanalyse-Software .

Datenarchive

Datenarchive stellen Datensätze der empirischen Sozialforschung kostenlos oder gegen sehr geringe Gebühren zur Verfügung. Das „Council of European Social Science Data Archives" (CESSDA) ist die Dachorganisation der europäischen Datenarchive. Die CESSDA-Homepage (www.cessda.org) enthält die Adressen und Details dieser Archive. Weitere Datenarchive finden sich über die sogenannte „Sociosite" der Universität Amsterdam (www.sociosite.net/databases.php).

Akademische Organisationen

Die meisten der an Methoden der empirischen Sozialforschung interessierten Hochschulangehörigen der BRD sind Mitglied der Sektion „Methoden der empirischen

Sozialforschung" der Deutschen Gesellschaft für Soziologie (DGS). Die Methoden-sektion veranstaltet zweimal jährlich eine öffentliche Tagung, bei der jeweils ein Schwerpunktthema diskutiert wird. Einzelheiten finden sich über die Homepage der Sektion unter www.soziologie.de/index.php?id=111.

Seit 2004 existiert eine „European Association of Methodology" (EAM), die sich methodischen Problemen der Sozialwissenschaften vor allem im Bereich Psychologie, Soziologie und Evaluationsforschung widmet (www.eam-online.org).

Den methodischen Problemen der Durchführung standardisierter Befragungen wid-met sich die 2005 gegründete „European Survey Research Association" (ESRA). Die Homepage (http://surveymethodology.eu) enthält zahlreiche Links zu entspre-chenden Kursen und Studiengängen. Die von ESRA herausgegebene wissenschaft-liche Zeitschrift „Survey Research Methods" ist im Netz kostenlos zugänglich über surveymethods.org.

Studiengänge zur Survey-Methodologie gibt es vor allem in den USA und dem Ver-einigten Königreich, aber auch in der Bundesrepublik. Eine Übersicht findet sich unter http://surveymethodology.eu, der deutschsprachige Master-Studiengang „Survey Methodology" unter www.uni-due.de/surveys.

Alle Abteilungen von Gesis finden sich unter www.gesis.org. Seit seiner Gründung im Jahr 2002 hat der Rat für Sozial- und Wirtschaftsdaten eine ganze Reihe von Akti-vitäten entfaltet, die unter anderem zur Einrichtung der Forschungsdatenzentren und einer viel beachteten Publikationsreihe geführt haben. Die Forschungsdatenzentren und die zahlreichen kostenlosen Publikationen des RatSWD finden sich über dessen Homepage www.ratswd.de.

Literaturverzeichnis

AAPOR (Hrsg.) (2011): *Standard Definitions: Final Dispositions of Case Codes and Outcome Rates for Surveys.* 7. Aufl., verfügbar unter: www.aapor.org/pdfs/newstandarddefinitions.pdf.

ABEL, B. (1983): *Grundlagen der Erklärung menschlichen Handelns.* Tübingen.

ABELSON, R.P. (1976): Script Processing in Attitude Formation and Decision Making, In: CARROL, J.S. und J.W. PAYNE (Hrsg.): *Cognition and Social Behavior.* Hillsdale. S. 33–45.

ABELSON, R.P. (1981): The Psychological Status of the Script Concept, *American Psychologist.* 36:715–729.

ABELSON, R.P. (1986): Beliefs are like Possessions, *Journal for the Theory of Social Behaviour.* 16(3):223–250.

ADAY, L. A. und L. J. CORNELIUS (2006): *Designing and Conducting Health Surveys. A Comprehensive Guide.* 3. Aufl., San Francisco.

ADM – ARBEITSKREIS DEUTSCHER MARKT- UND SOZIALFORSCHUNGSINSTITU-TE E.V. (2010): *Jahresbericht 2010.* Frankfurt.

ADM – ARBEITSKREIS DEUTSCHER MARKTFORSCHUNGSINSTITUTE (1979): *Muster-Stichproben-Pläne.* München.

AGRESTI, A. (2002): *Categorical Data Analysis.* 2. Aufl., New York.

AJZEN, I. (1988): *Attitudes, Personality and Behavior.* Stony Stratford.

ALBERS, I. (1997): Einwohnermelderegister-Stichproben in der Praxis, In: GABLER, S. und J.H.P. HOFFMEYER-ZLOTNIK (Hrsg.): *Stichproben in der Umfragepraxis.* Opladen (Westdeutscher Verlag). S. 117–126.

ALBERT, H. (1969): *Traktat über kritische Vernunft.* 2. Aufl., Tübingen.

ALBERT, H. (1972a): Theorie und Prognose in den Sozialwissenschaften, In: TOPITSCH, H. (Hrsg.): *Logik der Sozialwissenschaften.* 8. Aufl., Köln. S. 126–143.

ALBERT, H. (1972b): Der Mythos der totalen Vernunft, In: ADORNO, T.W. et al. (Hrsg.): *Der Positivismusstreit in der deutschen Soziologie.* Neuwied/Berlin. S. 193–234.

ALBERT, H. (1972c): Im Rücken des Positivismus?, In: ADORNO, T.W. et al. (Hrsg.): *Der Positivismusstreit in der deutschen Soziologie.* Neuwied/Berlin. S. 267–306.

ALBERT, H. (1972d): Modell-Platonismus. Der neoklassische Stil des ökonomischen Denkens in kritischer Beleuchtung, In: TOPITSCH, E. (Hrsg.): *Logik der Sozialwissenschaften.* 8. Aufl., Köln. S. 406–434.

ALBERT, H. (1973): Konstruktivismus oder Realismus? Bemerkungen zu Holzkamps dialektischer Überwindung der modernen Wissenschaftslehre, In: ALBERT, H. und H. KEUTH (Hrsg.): *Kritik der kritischen Psychologie.* Hamburg. S. 9–40.

ALEMANN, H.V. und P. ORTLIEB (1975): Die Einzelfallstudie, In: KOOLWIJK, J.V. und M. WIEKEN-MAYSER (Hrsg.): *Techniken der empirischen Sozialforschung.* München. S. 157–177.

ALLERBECK, K. (1985): Mündliche, schriftliche, telefonische Befragungen – ein Überblick, In: KAASE, M. und M. KÜCHLER (Hrsg.): *Herausforderungen der Empirischen Sozialforschung.* Mannheim. S. 56–65.

ALLERBECK, K. und W.J. HOAG (1985a): *Jugend ohne Zukunft.* München.

ALLERBECK, K. und W.J. HOAG (1985b): *Zur Methodik der Umfragen, Erhebungsbericht zum Projekt Integrationsbereitschaft der Jugend im sozialen Wandel,* Johann Wolfgang Goethe Universität. Frankfurt am Main.

ALWIN, DUANE F. (2007): *Margins of Error. A Study of Reliability in Survey Measurement.* Hoboken.

ANDERS, M. (1982): *Das Telefoninterview in der Bevölkerung,* Infratest-Forschung. München.

ANDERSEN, E.B. (1973): A Goodness of Fit Test for the Rasch Model, *Psychometrika.* 38(1):123–140.

ANDERSON, N. (1956): Die Darmstadt-Studie, ein informeller Rückblick, *Kölner Zeitschrift für Soziologie und Sozialpsychologie, Sonderheft 1, Zur Soziologie der Gemeinde.* Köln. S. 144–151.

ANDERSON, S., A. ANQUIER, W.W. HAUCK, D. OAKES, W. VANDAELE und H.I. WEISBERG (1980): *Statistical Methods for Comparative Studies. Techniques for Bias Reduction.* New York.

ANDERSSON, G. (1988): *Kritik und Wissenschaftsgeschichte: Kuhns, Lakatos' und Feyerabends Kritik des Kritischen Rationalismus.* Tübingen.

ANDREWS, F.M. (1984): Construct Validity and Error Components of Survey Measures: A Structural Modeling Approach, *Public Opinion Quarterly.* 48:409–442.

ANDRICH, D. (1988): *Rasch Models for Measurement.* Beverly Hills.

ANGER, H. (1969): Befragung und Erhebung, In: GRAUMANN, C.F. (Hrsg.): *Handbuch der Psychologie.* Göttingen. S. 567–618.

ANGRIST, J.D. und J.S. PISCHKE (2009): *Mostly Harmless Econometrics: An Empiricist's Companion.* Princeton.

ARBEITSGEMEINSCHAFT ADM-STICHPROBEN/BUREAU WENDT (1994): Das ADM-Stichproben-System. Stand: 1993, In: GABLER, S., J.H.P. HOFFMEYER-ZLOTNIK und D. KREBS (Hrsg.): *Gewichtung in der Umfragepraxis.* Opladen. S. 188–202.

ASENDORPF, J. und H.G. WALLBOTT (1979): Maße der Beobachterübereinstimmung: Ein systematischer Vergleich, *Zeitschrift für Sozialpsychologie.* 10:243–252.

ATTESLANDER, P. (1984): *Methoden der empirischen Sozialforschung.* 5. Aufl., Berlin.

ATTESLANDER, P. und H.-U. KNEUBÜHLER (1975): *Verzerrungen im Interview. Zu einer Fehlertheorie der Befragung.* Opladen.

BABBIE, E.R. (2001): *The Practice of Social Research.* 9. Aufl., Belmont.

BAILEY, K.D. (1973): Monothetic and Polythetic Typologies and their Relation to Conceptualization, Measurement, and Scaling, *American Sociological Review.* 38:18–33.

BAILEY, K.D. (1982): *Methods of Social Research.* New York.

BAILEY, K.D. (1986): Philosophical Foundations of Sociological Measurement: A Note on the Three Level Model, *Quality and Quantity.* 20:327–337.

BAILEY, K.D. (1988): The Conceptualization of Validity: Current Perspectives, *Social Science Research.* 17:117–136.

BAKEMAN, R. (2000): Behavioral Observation and Coding, In: REIS, H.T. und C.M. JUDD (Hrsg.): *Handbook of Research Methods in Social and Personality Psychology.* Cambridge/New York/Melbourne/Madrid. S. 138–159.

BAKEMAN, R. und J.M. GOTTMAN (1986): *Observing Interaction: An Introduction to sequential analysis.* Cambridge.

BAKEMAN, R. und V. QUERA (1995): *Analyzing Interaction: Sequential Analysis with SDIS and GSEQ.* New York.

BALES, R.F. (1951): *Interaction Process Analysis.* Cambridge, Mass.

BALZER, W. (1982): *Empirische Theorien: Modelle – Strukturen – Beispiele. Die Grundzüge der modernen Wissenschaftstheorie.* Braunschweig.

BARNES, B. und D. BLOOR (1982): Relativism, rationalism and the sociology of knowledge, In: HOLLIS, M. und S. LUKES (Hrsg.): *Rationality and Relativism.* Oxford. S. 21–47. Basil Blackwell.

BARNES, J.A. (1972): *Social Networks.* Reading, Mass.

BARTELBORTH, T. (2007): *Erklären.* Berlin.

BARTON, A.H. (1955): The Concept of Property-Space in Social Research, In: LAZARSFELD, P. und M. ROSENBERG (Hrsg.): *The Language of Social Research.* New York/London. S. 40–53.

BARTON, A.H. (1958): Asking the Embarrassing Question, *Public Opinion Quarterly.* 22:67–68.

BARTON, A.H. und P.F. LAZARSFELD (1979): Einige Funktionen von qualitativer Analyse in der Sozialforschung, In: HOPF, C. und E. WEINGARTEN (Hrsg.): *Qualitative Sozialforschung.* Stuttgart. S. 41–89.

BASS, B.M. (1956): Development and Evaluation of a Scale for Measuring Social Acquiescence, *Journal of Abnormal and Social Psychology.* 53:296–299.

BASSILI, J.N. (1993): Response Latency Versus Certainty as Indexes of the Strength of Voting Intentions in a CATI Survey, *Public Opinion Quarterly.* 57:54–61.

BASSILI, J.N. und J.F. FLETCHER (1991): Response-Time Measurement in Survey Research. A Method for CATI and a New Look at Nonattitudes, *Public Opinion Quarterly.* 55:331–346.

BATESON, N. (1984): *Data Construction in Social Surveys.* London.

BECK-BORNHOLDT, H.-P. und H.-H. DUBBEN (2003): *Der Schein der Weisen: Irrtümer und Fehlurteile im täglichen Denken.* Reinbek.

BECK-BORNHOLDT, H.P. und H.-H. DUBBEN (1998): *Der Hund, der Eier legt: Erkennen von Fehlinformation durch Querdenken.* Reinbek.

BECKERMANN, A. (1985): Handeln und Handlungserklärungen, In: BECKERMANN, A. (Hrsg.): *Analytische Handlungstheorie, Bd. 2: Handlungserklärungen.* Frankfurt am Main. S. 7–84.

BEHRENS, K. (1994): Schichtung und Gewichtung, In: GABLER, S., J.H.P. HOFFMEYER-ZLOTNIK und D. KREBS (Hrsg.): *Gewichtung in der Umfragepraxis.* Opladen. S. 27–41.

BELSON, W.A. (1981): *The Design and Understanding of Survey Questions.* Aldershot.

BELSON, W.A. (1986): *Validity in Survey Research.* Aldershot.

BENNETT, S., M. MYATT, D. JOLLEY und A. RADALOWICZ (2001): *Data Management for Surveys and Trials. A practical primer using epidata.* The EpiData Association; http://www.epidata.dk/downloads/notes/dmepidata.pdf.

BENNINGHAUS, H. (1974): *Deskriptive Statistik.* Stuttgart.

BENNINGHAUS, H. (1976): *Ergebnisse und Perspektiven der Einstellungs-Verhaltens-Forschung.* Meisenheim.

BENNINGHAUS, H. (1998): *Einführung in die sozialwissenschaftliche Datenanalyse.* 5. Aufl., München.

BERELSON, B. (1952): *Content Analysis in Communication Research.* New York.

BERGER, H. (1985): *Untersuchungsmethode und soziale Wirklichkeit.* 3. Aufl., Königstein.

BERGLER, R. (Hrsg.) (1975): *Das Eindrucksdifferential.* Bern.

BERK, R.A. (2004): *Regression Analysis. A constructive critique.* Thousand Oaks.

BERK, R.A., B. WESTERN und R.E. WEISS (1995): Statistical Inference for Apparent Populations (mit Diskussion), *Sociological Methodology.* 25:421–458.

BERNARD, H.R. (1988): *Research Methods in Cultural Anthropology.* Newbury Park.

BERNARD, H.R., P. KILLWORTH, D. KRONENFELD und L. SAILER (1984): The Problem of Informant Accuracy: The Validity of Retrospective Data, *Annual Review of Anthropology.* 13:495–517.

BERNER, H. (1983): *Die Entstehung der empirischen Sozialforschung.* Gießen.

BERNSTEIN, R.J. (1979): *Restrukturierung der Gesellschaftstheorie.* Frankfurt am Main.

BESOZZI, C. und H. ZEHNPFENNIG (1976): Methodologische Probleme der Index-Bildung, In: KOOLWIJK, J.V. und M. WIEKEN-MAYSER (Hrsg.): *Techniken der empirischen Sozialforschung.* München. S. 9–55.

BEST, S.J. und B.S.KRUEGER (2004): *Internet Data Collection.* Thousand Oaks.

BETHLEHEM, J., F. COBBEN und B. SCHOUTEN (2011): *Handbook of Nonresponse in Household Surveys.* Hoboken.

BICK, W., R. MANN und P.J. MÜLLER (Hrsg.) (1984): *Sozialforschung und Verwaltungsdaten.* Stuttgart.

BICK, W. und P.J. MÜLLER (1984): Sozialwissenschaftliche Datenkunde für prozeß-produzierte Daten: Entstehungsbedingungen und Indikatorenqualität, In: BICK, W., R. MANN und P.J. MÜLLER (Hrsg.): *Sozialforschung und Verwaltungsdaten.* Stuttgart. S. 123–159.

BICKEL, ROBERT (2007): *Multilevel Analysis for Applied Research.* New York.

BIEDERMANN, E. (1991): Bemerkungen zur Willensfreiheit, *Zeitschrift für philosophische Forschung.* 45(4):585–595.

BIEMER, PAUL P. (2011): *Latent Class Analysis of Survey Error.* Hoboken.

BIEMER, R.P., R.M. GROVES, L.E. LYBERG, N. MATHIOWETZ und S. SUDMAN (Hrsg.) (1991): *Measurement Errors in Surveys.* New York.

BIERNACKI, P. und D. WALDORF (1981): Snowball Sampling. Problems and Techniques of Chain Referral Sampling, *Sociological Methods and Research.* 10(2):141–163.

BIJLEVELD, C.C.J.H. und L.J.TH. VAN DER KAMP (1998): *Longitudinal data analysis: designs, models and methods.* London.

BJÖRK, B. C., A. ROOS und M. LAURO (2008): Global Annual Volume of Peer Reviewed Scholarly Articles and the Share Available via Open Access Options, In: *Proceedings ELPUB2008 Conference on Electronic Publishing.* Toronto. S. 178–186.

BLAIR, E. und J. BLAIR (2006): Dual Frame Web-Telephone Sampling for Rare Groups, *Journal of Official Statistics.* 22:211–220.

BLALOCK, H.M. (1982): *Conceptualization and Measurement in the Social Sciences.* Beverly Hills.

BLAUG, M. (1986): *The Methodology of Economics or How Economists Explain.* Cambridge.

BOCHNER, S. (1980): Unobstrusive Methods in Cross-Cultural Experimentation, In: TRIANDIS, H.C. und J.W. BERRY (Hrsg.): *Handbook of Cross-Cultural Psychology.* Boston. S. 319–387.

BOGARDUS, E.S. (1925): Measuring Social Distance, *Journal of Applied Sociology.* 9:299–308.

BOHLEY, P. (1985): *Statistik.* München.

BOHNEN, A. (1994): Die Systemtheorie und das Dogma von der Irreduzibilität des Sozialen, *Zeitschrift für Soziologie.* 23(4):292–305.

BOHRNSTEDT, G.W. (1983): Measurement, In: ROSSI, P.H., J.D. WRIGHT und A.B. ANDERSON (Hrsg.): *Handbook of Survey Research.* Orlando. S. 69–121.

BOLLEN, K., B. ENTWISLE und A.A. ALDERSON (1993): Macrocomparative Research Methods, *Annual Review of Sociology.* 19:321–351.

BOLLEN, K. und R. LENNOX (1991): Conventional Wisdom on Measurement: A Structural Equation Perspective, *Psychological Bulletin.* 110(2):305–314.

BOLLEN, K. A. (2002): Latent variables in psychology and the social sciences, *Annual Review of Psychology.* 53(1):605–634.

BÖLTKEN, F. (1976): *Auswahlverfahren.* Stuttgart.

BONSS, W. (1983): *Die Einübung des Tatsachenblicks.* Frankfurt am Main.

BORGATTA, E.F. und G.W. BOHRNSTEDT (1981): Level of Measurement: Once over Again, In: BOHRNSTEDT, G.W. und E.F. BORGATTA (Hrsg.): *Social Measurement: Current Issues.* Beverly Hills. S. 23–37. Wiederabdruck aus: Socialogical Methods and Research, 9, 2, 1980, S.147–160.

BORTZ, J. (1984): *Lehrbuch der empirischen Forschung für Sozialwissenschaftler.* Berlin.

BORTZ, J. (1999): *Statistik für Sozialwissenschaftler.* 5. Aufl., Berlin.

BORUCH, R.F. und G. ENDRUWEIT (1973): Mathematische Methoden zur Sicherung der Vertraulichkeit und Anonymität von Forschungsdaten, *Zeitschrift für Soziologie.* 2:227–238.

BOUDON, R. (1979): *Widersprüche sozialen Handelns.* Darmstadt/Neuwied.

BOUDON, R. (1980): *Die Logik gesellschaftlichen Handelns.* Darmstadt/Neuwied.

BOURQUE, L.B. und V.A. CLARK (1992): *Processing Data.* London.

BOUSTEDT, O. (1975): *Stadtregionen in der Bundesrepublik Deutschland 1970.* Akademie für Raumforschung und Landesplanung, Hannover. 103.

BRADBURN, N.M., J. HUTTENLOCHER und L. HEDGES (1994): Telescoping and Temporal Memory, In: SCHWARZ, N. und S. SUDMAN (Hrsg.): *Autobiographical Memory and the Validity of Retrospective Reports.* New York. S. 203–215.

BRADBURN, N.M. und S. SUDMAN (1979): *Improving Interview Method and Questionnaire Design.* San Francisco.

BRADBURN, N.M., S. SUDMAN, E. BLAIR und C. STOCKING (1978): Question Threat and Response Bias, *Public Opinion Quarterly.* 42:221–234.

BRAUN, H. und A. HAHN (1973): *Wissenschaft von der Gesellschaft.* Freiburg/München.

BREDENKAMP, J. (1969): Experiment und Feldexperiment, In: GRAUMANN, G.F. (Hrsg.): *Handbuch der Psychologie: Sozialpsychologie.* Göttingen. S. 332–364.

BREEN, R. (1996): *Regression models: Censored, sample selected, or truncated data.* Thousand Oaks.

BREIGER, R. und P. PATTISON (1986): Cumulated social roles: The duality of persons and their algebras, *Social Networks.* 8:215–256.

BRICK, J. M., W. S. EDWARDS und S. LEE (2007): Sampling Telephone Numbers and Adults, Interview Length, and Weighting in The California Health Interview Survey Cell Phone Pilot Study, *Public Opinion Quarterly.* 71(5):793–813.

BRIDGMAN, P.W. (1927): *The Logic of Modern Physics.* New York.

BROWN, S.R. und L.E. MELAMED (1990): *Experimental Design and Analysis.* Newbury Park.

BROWN, T. A. (2006): *Confirmatory Factor Analysis for Applied Research.* New York.

BRYANT, B.E. (1975): Respondent Selection in a Time of Changing Household Composition, *Journal of Marketing Research.* 12:129–135.

BRYK, A.S. und S.W. RAUDENBUSH (1992): *Hierarchical Linear Models. Applications and Data Analysis Methods.* Newbury Park.

BRYSON, M.C. (1976): The Literary Digest: Making of a Statistical Myth, *The American Statistician.* 30:184–185.

BRÜCKNER, E. (1985): Telefonische Befragungen – Methodischer Fortschritt oder erhebungsökonomische Ersatzstrategie?, In: KAASE, M. und M. KÜCHLER (Hrsg.): *Herausforderungen der Empirischen Sozialforschung.* Mannheim. S. 66–70.

BUNGARD, W. (1979): Methodische Probleme bei der Befragung älterer Menschen, *Zeitschrift für experimentelle und angewandte Psychologie.* 26(2):211–237.

BUNGARD, W. (1984): *Sozialpsychologische Forschung im Labor.* Göttingen.

BUNGARD, W. und R. BAY (1982): Feldexperimente in der Sozialpsychologie, In: PATRY, J.L. (Hrsg.): *Feldforschung.* Bern/Stuttgart/Wien. S. 183–205.

BUNGARD, W. und H.E. LÜCK (1974): *Forschungsartefakte und nicht-reaktive Meßverfahren.* Stuttgart.

BUNGARD, W. und H.E. LÜCK (1982): Nichtreaktive Meßverfahren, In: PATRY, J.L. (Hrsg.): *Feldforschung.* Bern. S. 317–340.

BUNGE, M. (1996): In praise of intolerance to charlatanism in academia, In: GROSS, P.R., N. LEVITT und M.W. LEWIS (Hrsg.): *The Flight from Science and Reason.* New York. S. 96–115. New York Academy of Sciences.

BUNGE, M. (1998): *Social Science under Debate: A Philosophical Perspective.* Toronto/Buffalo/London.

BURT, R.S. (1984): Network Items and the General Social Survey, *Social Networks.* 6:293–339.

CAMPBELL, D.T. und D.W. FISKE (1959): Convergent and Discriminant Validation by the Multitrait-Multimethod-Matrix, *Psychological Bulletin.* 56(2):81–105.

CAMPBELL, D.T. und J.C. STANLEY (1963): Experimental and Quasi-Experimental Designs for Research on Teaching, In: GAGE, N.L. (Hrsg.): *Handbook of Research on Teaching.* Chicago. S. 171–246.

CANNELL, C.F. (1985): Interviewing in Telephone Surveys, In: BEED, T.W. und R.J. STIMSON (Hrsg.): *Survey Interviewing. Theory and Techniques.* Sidney. S. 63–84.

CANNELL, C.F., S.A. LAWSON und D.L. HAUSSER (1975): *A Technique for Evaluating Interviewer Performance.* Survey Research Center, Institute for Social Research, University of Michigan, Ann Arbor.

CAPLOVITZ, D. (1983): *The Stages of Social Research.* Chichester.

CAPORASO, J.A. und L.L. ROOS (Hrsg.) (1973): *Quasi-Experimental Approaches. Testing Theory and Evaluating Policy.* Evanston.

CAREY, S.S. (1998): *A Beginner's Guide to Scientific Method.* 2. Aufl., Belmont.

CARNAP, R. (1960): Theoretische Begriffe der Wissenschaft, *Zeitschrift für Philosophische Forschung.* XIV(1 + 4):209–233, 571–598.

CARNAP, R. (1974): *Einführung in die Philosophie der Naturwissenschaft.* 2. Aufl., München.

CHALMERS, A.F. (1986): *Wege der Wissenschaft.* Berlin.

CHALMERS, A.F. (1999): *Grenzen der Wissenschaft.* Berlin.

CHAUDHURI, A. und R. MUKERJEE (1988): *Randomized Response: Theory and Techniques.* New York.

CHURCHLAND, P.M. (1985): Der logische Status von Handlungserklärungen, In:
    BECKERMANN, A. (Hrsg.): *Analytische Handlungstheorie: Handelserklärungen.*
    Frankfurt am Main. S. 304–331.

CICOUREL, A.V. (1974): *Methode und Messung in der Soziologie.* Frankfurt am
    Main.

CLOGG, C.C. (1995): Latent Class Models, In: ARMINGER, G., C.C. CLOGG und
    M.E. SOBEL (Hrsg.): *Handbook of Statistical Modeling for the Social and
    Behavioral Sciences.* New York/London. S. 311–359.

CLOGG, C.C. und E.S. SHIHADEH (1994): *Statistical Models for Ordinal Variables.*
    Thousand Oaks.

COCHRAN, W.G. (1972): *Stichprobenverfahren.* Berlin.

COHEN, B.P. (1980): *Developing Sociological Knowledge.* Englewood Cliffs.

COHEN, J. (1960): A coefficient of agreement for nominal scales, *Educational and
    Psychological Measurement.* 20:37–46.

COHEN, J. (1977): *Statistical Power Analysis for the Behavioral Sciences.* New York.

COHEN, J. und P. COHEN (1975): *Applied Multiple Regression/Correlation Analysis
    for the Behavioral Sciences.* Hillsdale.

COLEMAN, J.S. (1990): *Foundations of Social Theory.* Cambridge, Mass.

COLOMBOTOS, J. (1969): Personal versus Telephone Interviews: Effect on Responses,
    Public Health Reports. 84:773–782.

CONVERSE, J.M. (1984): Strong arguments and weak evidence: The open/closed
    questioning controverse of the 1940s, *Public Opinion Quarterly.* 48:267–282.

CONVERSE, J.M. (1987): *Survey Research in the United States: Roots and Emergence
    1890-1960.* Berkeley.

CONVERSE, J.M. und S. PRESSER (1986): *Survey Questions. Handcrafting the
    Standardized Questionnaire.* Beverly Hills.

COOK, T.D. und D.T. CAMPBELL (1976): The Design and Conduct of Quasi-
    Experiment and True Experiments in Field Settings, In: DUNETTE, D. (Hrsg.):
    Handbook of Industrial and Organizational Psychology. Chicago. S. 223–326.

COOK, T.D., L.C. LEVITON und W.R. SHADISH (1985): Program Evaluation, In: LINDZEY, G. und E. ARONSON (Hrsg.): *Handbook of Social Psychology*. 3. Aufl., New York. S. 699–777.

COOMBS, C.H., L.C. COOMBS und J.C. LINGOES (1978): Stochastic Cumulative Scales, In: SHYE, S. (Hrsg.): *Theory Construction and Data Analysis in the Behavioral Sciences*. San Francisco. S. 280–298.

COOMBS, C.H., R.M. DAWES und A. TVERSKY (1975): *Mathematische Psychologie*. Weinheim/Basel.

COOPER, H. und L.V. HEDGES (Hrsg.) (1994): *The Handbook of Reseach Synthesis*. New York.

COTE, J.A. und M.R. BUCKLEY (1987): Estimating Trait, Method, and Error Variance: Generalizing across 70 Construct Validation Studies, *Journal of Marketing Research*. 24(3):315–318.

COUCH, A. und K. KENISTON (1960): Yeasayers and Naysayers: Agreeing Response Set as a Personality Variable, *Journal of Abnormal and Social Psychology*. 60:150–174.

COUPER, MICK P. (2008): *Designing Effective Web Surveys*. Cambridge.

COUPER, M.P. (2000): Web Surveys. A review of issues and approaches, *Public Opinion Quarterly*. 64:464–494.

COUPER, M.P. (ET AL.) (Hrsg.) (1998): *Computer Assisted Survey Information Collection*. New York.

COX, D. R. und N. REID (2000): *The theory of the design of experiments*. Boca Raton.

CRANACH, M. und H.-G. FRENZ (1969): Systematische Beobachtung, In: GRAUMANN, C.F. (Hrsg.): *Handbuch der Psychologie: Sozialpsychologie*. Göttingen. S. 269–330.

CRANO, W.D. und M.B. BREWER (1975): *Einführung in die sozialpsychologische Forschung*. Köln.

CRIDER, D.M., F.K. WILLITS und R.C. BEALER (1973): Panel Studies: Some Actual Problems, *Sociological Methods and Research*. S. 3–19.

CROWNE, D. und D. MARLOWE (1964): *The Approval Motive*. New York.

DALE, A., S. ARBER und S. PROCTOR (1988): *Doing Secondary Analysis*. London.

DALY, F., D.J. HAND, M.C. JONES, A.D. LUNN und K.J. MCCONWAY (2002): *Elements of statistics (Nachdruck der ersten Auflage)*. Harlow.

DAUMENLANG, K. (1984): Querschnitt- u. Längsschnittmethoden, In: ROTH, E. (Hrsg.): *Sozialwissenschaftliche Methoden*. München. S. 319–336.

DAVIDSON, F. (1996): *Principles of statistical data handling*. Thousand Oaks.

DAVIS, J.A. und T.W. SMITH (1992): *The NORC General Social Survey. A User's Guide*. Newbury Park.

DAVISON, M.L. (1983): *Multidimensional Scaling*. New York.

DAWES, R.M. (1977): *Grundlagen der Einstellungsmessung*. Weinheim/Basel.

DAY, R.A. (1998): *How To Write & Publish a Scientific Paper*. 5. Aufl., Phoenix.

DE GRUIJTER, D. N. M. und L. J. TH. VAN DER KAMP (2008): *Statistical Test Theory for the Behavioral Sciences*. Boca Raton.

DE JONG-GIERVELD, J. und F.IMT KAMPHUIS (1985): The Development of a Rasch-Type Loneliness Scale, *Applied Psychological Measurement*. 9(3):289–299.

DE WAAL, T., J. PANNEKOEK und S. SCHOLTUS (2011): *Handbook of Statistical Data Editing and Imputation*. Hoboken.

DEFFAA, W. (1982): *Anonymisierte Befragungen mit zufallsverschlüsselten Antworten*. Frankfurt am Main.

DEMAIO, T.J. (1984): Social Desirability and Survey Measurement: A Review, In: TURNER, C.F. und E. MARTIN (Hrsg.): *Surveying Subjective Phenomena*. New York. S. 257–282.

DENZ, H. (1982): *Analyse latenter Strukturen*. München.

DENZIN, N.K. (1970): *The Research Act. A Theoretical Introduction to Sociological Methods*. Berkeley.

DETTMANN, U. (1999): *Der radikale Konstruktivismus: Anspruch und Wirklichkeit einer Theorie*. Tübingen.

DEUTSCHE FORSCHUNGSGEMEINSCHAFT (Hrsg.) (1999): *Qualitätskriterien der Umfrageforschung*. Berlin.

DeVellis, R.F. (1991): *Scale Development: Theory and Applications.* Newbury Park.

Dewald, W.G., J.G. Thursby und R.J. Anderson (1986): Replication in Empirical Economics, *American Economic Review.* 76(4):587–603.

Dewdney, A. (1998): *Alles fauler Zauber?* Basel.

Diamantopoulos, A., P. Riefler und K. P. Roth (2008): Advancing Formative Measurement Models, *Journal of Business Research.* 61(1):1203–1218.

Diehl, B. und B. Schäfer (1975): Techniken der Datenanalyse beim Eindrucksdifferential, In: Bergler, R. (Hrsg.): *Das Eindrucksdifferential.* Bern. S. 157–211.

Diekmann, A. (1982): Eine additiv verbundene Messung des Sozialprestiges, *Zeitschrift für Sozialpsychologie.* 13:22–31.

Dierkes, M. (1977): Die Analyse von Zeitreihen und Longitudinalstudien, In: v. Koolwijk, J. und M. Wieken-Mayser (Hrsg.): *Techniken der empirischen Sozialforschung: Datenanalyse.* München. S. 111–162.

Diggle, P.J. (2000): *Analysis of longitudinal data.* Oxford.

Dijkstra, W. und J. v.d. Zouwen (Hrsg.) (1982): *Response Behaviour in the Survey-Interview.* London.

Dillman, D.A. (1978): *Mail and Telephone Surveys. The Total Design Method.* New York.

Dillman, D.A. (2000): *Mail and Internet Surveys. The tailored design method.* 2. Aufl., New York.

Dillman, D.A., J. Gallegos und J.H. Frey (1976): Reducing Refusal Rates for Telephone Interviews, *Public Opinion Quarterly.* 40:66–78.

Dillman, Don A., Jolene D. Smyth und Leah M. Christian (2009): *Internet, Mail, and Mixed-Mode Surveys. The Tailored Design Method.* 3. Aufl., Hoboken.

Dingler, H. (1928): *Das Experiment. Sein Wesen und seine Geschichte.* München.

Dollase, R. (1973): *Soziometrische Techniken.* Weinheim/Basel.

Duncan, G.J. und G. Kalton (1987): Issues of Design and Analysis of Surveys Across Time, *International Statistical Review.* 55:97–117.

DUNCAN, O.D. (1984a): The Latent Trait Approach in Survey Research: The Rasch Measurement Model, In: TURNER, C.F. und E. MARTIN (Hrsg.): *Surveying Subjective Phenomena*. New York. S. 210–229.

DUNCAN, O.D. (1984b): Rasch Measurement in Survey Research: Further Examples and Discussion, In: TURNER, C.F. und E. MARTIN (Hrsg.): *Surveying Subjective Phenomena*. New York. S. 367–403.

DUNCAN, O.D. (1984c): *Notes on Social Measurement. Historical and Critical*. New York.

DUNTEMAN, G.H. (1989): *Principle Components Analysis*. Newbury Park.

EAGLY, A.H. und S. CHAIKEN (1993): *The Psychology of Attitudes*. Fort Worth.

EBERLE, G. und H.-P. GROSSMANN (1978): Film und Aggressivität. Eine experimentalpsychologische Untersuchung mit jungen Strafgefangenen, In: IRLE, M. (Hrsg.): *Kursus der Sozialpsychologie, Teil 1: Theorie, empirische Forschung und Praxis*. Darmstadt. S. 130–154.

EDWARDS, A.L. (1957a): *Techniques of Attitude Scale Construction*. New York.

EDWARDS, A.L. (1957b): *The Social Desirability Variable in Personality Assessment and Research*. New York.

EHRENBERG, A.S.C. (1986): *Statistik oder der Umgang mit Daten*. Weinheim.

ELESH, D. (1972): The Manchester Statistical Society: A Case Study of Discontinuity and the History of Empirical Social Research, In: OBERSHALL, A. (Hrsg.): *The Establishment of Empirical Sociology*. New York.

ELLIOTT, J., J. HOLLAND und R. THOMSON (2008): Longitudinal and Panel Studies, In: ALASUUTARI, P., L. BICKMAN und J. BRANNEN (Hrsg.): *The SAGE Handbook of Social Research Methods*. Los Angeles. S. 228–248. Sage.

EMBRETSON, E. und S.P. REISE (2000): *Item response theory for psychologists*. Mahwah, NJ.

ENDERS, C.K. (2010): *Applied Missing Data Analysis*. New York.

ENGELHARD, G. (1984): Thorndike, Thurstone and Rasch: A Comparison of their Methods of Scaling Psychological and Educational Tests, *Applied Psychological Measurement*. 8(1):21–38.

ERBSLÖH, E. (1972): *Interview.* Stuttgart.

ESSER, H. (1973): Kooperation und Verweigerung beim Interview, In: ERBSLÖH, E., H. ESSER, W. RESCHKA und D. SCHÖNE (Hrsg.): *Studien zum Interview.* Meisenheim. S. 71–141.

ESSER, H. (1975): *Soziale Regelmäßigkeiten des Befragtenverhaltens.* Meisenheim.

ESSER, H. (1977): Response Set – Methodische Problematik und soziologische Interpretation, *Zeitschrift für Soziologie.* 6(3):253–263.

ESSER, H. (1980): *Aspekte der Wanderungssoziologie.* Darmstadt.

ESSER, H. (1984a): Kurseinheit 1: Methodologische Probleme der empirischen Kritik von Theorien, *Fehler bei der Datenerhebung.* Fernuniversität Hagen.

ESSER, H. (1984b): Kurseinheit 2: Meßfehler bei der Datenerhebung und die Techniken der empirischen Sozialforschung, *Fehler bei der Datenerhebung.* Fernuniversität Hagen.

ESSER, H. (1984d): Kurseinheit 4: Meßfehler in Kausalmodellen, *Fehler bei der Datenerhebung.* Fernuniversität Hagen.

ESSER, H. (1986a): Können Befragte lügen? Zum Konzept des „wahren Wertes" im Rahmen der handlungstheoretischen Erklärung von Situationseinflüssen bei der Befragung, *Kölner Zeitschrift für Soziologie und Sozialpsychologie.* 38(2):314–336.

ESSER, H. (1986b): Über die Teilnahme an Befragungen, *ZUMA-Nachrichten.* 18:38–47.

ESSER, H. (1989): Verfällt die „soziologische Methode"?, *Soziale Welt.* 40(1):57–75.

ESSER, H. (1993): *Soziologie. Allgemeine Grundlagen.* Frankfurt am Main.

ESSER, H. (1999): *Situationslogik und Handeln.* Frankfurt am Main.

ESSER, H. (2000a): *Die Konstruktion der Gesellschaft.* Frankfurt am Main.

ESSER, H. (2000b): *Institutionen.* Frankfurt am Main.

ESSER, H. (2000c): *Opportunitäten und Restriktionen.* Frankfurt am Main.

ESSER, H. (2000d): *Soziales Handeln.* Frankfurt am Main.

ESSER, H. (2001): *Sinn und Kultur.* Frankfurt am Main.

ESSER, H., K. KLENOVITS und H. ZEHNPFENNIG (1977a): *Wissenschaftstheorie, Bd. 1: Grundlagen der Analytischen Wissenschaftstheorie.* Stuttgart.

ESSER, H., K. KLENOVITS und H. ZEHNPFENNIG (1977b): *Wissenschaftstheorie, Bd. 2: Funktionalanalyse und hermeneutisch-dialektische Ansätze.* Stuttgart.

EVERITT, B. S., S. LANDAU und M. LEESE (2001): *Cluster analysis.* 4. Aufl., London.

FABER, J. und H. KOPPELAAR (1994): Chaos Theory and Social Science: A Methodological Analysis, *Quality and Quantity.* 28(4):421–433.

FAZIO, R.H. (1986): How do attitudes guide behavior?, In: SORRENTINO, R.M. und E.T. HIGGINS (Hrsg.): *The Handbook of Motivation and Cognition: Foundations of Social Behavior.* New York. S. 204–243.

FAZIO, R.H. (1989): On The Power and Functionality of Attitudes: The Role of Attitude Accesibility, In: PRATKANIS, A.R., S.J. BRECKLER und A.G. GREENWALD (Hrsg.): *Attitude Structure and Function.* Hillsdale. S. 153–179.

FAZIO, R.H. (1990): Practical Guide to the Use of Response Latency in Social Psychological Research, In: HENDRICK, C. und M.S. CLARK (Hrsg.): *Research Methods in Personality and Social Psychology (Review of Personality and Social Psychology, 11).* Newbury Park. S. 74–97.

FEGER, H. (1987): Netzwerkanalyse in Kleingruppen: Datenarten, Strukturregeln und Strukturmodelle, In: PAPPI, U. (Hrsg.): *Methoden der Netzwerkanalyse.* München. S. 203–266.

FEICK, J. (1980): Wirkungsforschung in den USA, *Soziale Welt.* 31:396–412.

FEINERER, INGO, KURT HORNIK und DAVID MEYER (2008): Text Mining Infrastructure in R, *Journal of Statistical Software.* 25(5):1–54.

FEIX, N. (1978): *Werturteil, Politik und Wirtschaft. Werturteilsstreit und Wissenschaftstransfer bei Max Weber.* Göttingen.

FELDT, L.S. und R.L. BRENNAN (1989): Reliability, In: LINN, R.L. (Hrsg.): *Educational Measurement.* 3. Aufl., New York/London. S. 105–146.

FERGUSON, C. J. und J. KILBURN (2009): The Public Health Risks of Media Violence: A Meta-Analytic Review, *The Journal of Pediatrics.* 154(5):759–763.

FERRI, E., J. BYNNER und M. WADSWORTH (Hrsg.) (2003): *Changing Britain, changing lives: three generations at the turn of the century.* London.

FESTINGER, L., H.W. RIECKEN und S. SCHACHTER (1956): *When Prophecy Fails.* New York.

FEYERABEND, P.K. (1974): Kuhns Struktur wissenschaftlicher Revolutionen. Ein Trostbüchlein für Spezialisten?, In: LAKATOS, I. und A. MUSGRAVE (Hrsg.): *Kritik und Erkenntnisfortschritt.* Braunschweig. S. 191–222.

FEYERABEND, P.K. (1976): *Wider den Methodenzwang.* Frankfurt am Main.

FEYERABEND, P.K. (1981): *Erkenntnis für freie Menschen.* 2. Aufl., Frankfurt am Main.

FEYERABEND, P.K. (1989): *Irrwege der Vernunft.* Frankfurt am Main.

FIELDING, N.G. und J.L. FIELDING (1986): *Linking Data.* Beverly Hills.

FIREBAUGH, G. (1997): *Analyzing repeated surveys.* Thousand Oaks.

FIREBAUGH, G. und J.P. GIBBS (1985): User's Guide to Ratio Variables, *American Sociological Review.* 50:713–722.

FISCHER, A. und H. KOHR (1980): *Politisches Verhalten und empirische Sozialforschung: Leistung und Grenzen von Befragungsinstrumenten.* München.

FISCHER, C.S. (1982): *To Dwell Among Friends. Personal Networks in Town and City.* Chicago/New York.

FISCHER, G.H. (1974): *Einführung in die Theorie psychologischer Tests.* Bern/Stuttgart/Wien.

FISCHER, G.H. (1983): Neuere Testtheorie, In: FEGER, H. und J. BREDENKAMP (Hrsg.): *Messen und Testen.* Göttingen. S. 604–692.

FITZGERALD, R. und L. FULLER (1982): I Hear You Knocking, but You Can't Come in, *Sociological Methods and Research.* 11(1):3–32.

FLICK, U. (1998): *Qualitative Forschung.* 3. Aufl., Reinbek.

FODDY, W. (1994): *Constructing Questions for Interviews and Questionnaires.* Cambridge.

FOERSTER, H.V. (1993): *Wissen und Gewissen, Versuch einer Brücke.* Frankfurt am Main.

FOWLER, F.J. (1984): *Survey Research Methods.* Beverly Hills.

FOWLER, F.J. (1995): *Improving Survey Questions.* Thousand Oaks.

FOWLER, F.J. und C.F. CANNELL (1996): Using Behavioral Coding to Identify Cognitive Problems with Survey Questions, In: SCHWARZ, N. und S. SUDMAN (Hrsg.): *Answering Questions.* San Francisco. S. 15–36.

FOWLER, F.J. und T.W. MANGIONE (1990): *Standardized Survey Interviewing: Minimizing Interviewer-Related Error.* Newbury Park.

FOX, J.A. und P.E. TRACY (1984): Measuring Associations with Randomized Response, *Social Science Research.* 13:188–197.

FOX, J.A. und P.E. TRACY (1986): *Randomized Response. A Method for Sensitive Surveys.* Beverly Hills.

FREEDMAN, D., R. PISANI und R. PURVES (1998): *Statistics.* 3. Aufl., New York.

FREEDMAN, D., A. THORNTON, D. CAMBURN, D. ALWIN und L. YOUNG-DEMARCO (1988): The Life History Calendar: A Technique for Collecting Retrospective Data, *Sociological Methodology.* 18:37–68.

FREEDMAN, D. A. (2010): *Statistical Models and Causal Inference: A Dialogue with the Social Sciences.* Cambridge.

FREEDMAN, D.A. (1987): As others see us: A case study in path analysis, *Journal of Educational Statistics.* 12:101–128.

FREEDMAN, D.A. (1997): From association to causation via regression, In: MCKIM, V.R. und S.P. TURNER (Hrsg.): *Causality in crisis? Statistical methods and the search for causal knowledge in the social sciences.* Notre Dame. S. 177–182. University of Notre Dame Press.

FREY, J.H. (1989): *Survey Research by Telephone.* 2. Aufl., Beverly Hills. (1. Auflage: 1983).

FREY, S. und H.-G. FRENZ (1982): Experiment und Quasi-Experiment, In: PATRY, J.-L. (Hrsg.): *Feldforschung.* Bern/Stuttgart/Wien. S. 229–258.

FRIEDLAND, A.J. und C.L. FOLT (2000): *Writing successful science proposals.* New Haven/London.

FRIEDRICH, W. und W. HENNIG (1975): *Der sozialwissenschaftliche Forschungsprozeß.* Berlin.

FRIEDRICHS, J. (1973): *Methoden empirischer Sozialforschung.* Reinbek.

FRIEDRICHS, J. und H. LÜDTKE (1977): *Teilnehmende Beobachtung.* 3. Aufl., Weinheim.

FUCHS, M. (1994): *Umfrageforschung mit Telefon und Computer.* Weinheim.

GACHOWETZ, H. (1984): Feldforschung, In: ROTH, E. (Hrsg.): *Sozialwissenschaftliche Methoden.* München. S. 255–276.

GADENNE, V. (1976): *Die Gültigkeit psychologischer Untersuchungen.* Stuttgart.

GADENNE, V. (1984): *Theorie und Erfahrung in der psychologischen Forschung.* Tübingen.

GAITO, J. (1986): Some Issues in the Measurement-Statistics Controversy, *Canadian Psychology.* 27(1):63–68.

GALTUNG, J. (1967): *Theory and Methods of Social Research.* Oslo.

GALTUNG, J. (1969): *Theory and Methods of Social Research.* 2. Aufl., London.

GANZEBOOM, H.B.G. und D.J. TREIMAN (2003): Three internationally standardised measures for comparative research on occupational status, In: HOFFMEYER-ZLOTNIK, J. H. P. und C. WOLF (Hrsg.): *Advances in cross-national comparison: A European working book for demographic and socio-economic variables.* New York. S. 159–193.

GARFINKEL, H. (1967): *Studies in Ethnomethodology.* Englewood Cliffs.

GEDDES, B. (2003): *Paradigms and Sandcastles. Theory Building and Research Design in Comparative Politics.* Ann Arbor.

GEIGER, T. (1967): *Die soziale Schichtung des deutschen Volkes (zuerst 1932).* Stuttgart.

GENTLE, J. E. (2003): *Random Number Generation and Monte Carlo Methods.* 2. Aufl., New York.

GENZ, H. (2004): *Wie die Naturgesetze Wirklichkeit schaffen. Über Physik und Realität.* Reinbek.

GESCHEIDER, G.A. (1985): *Psychophysics: Method, Theory, and Application.* Hillsdale.

GIERE, R.N. (1997): *Understanding Scientific Reasoning.* 4. Aufl., New York.

GIGERENZER, G. (1981): *Messung und Modellbildung in der Psychologie.* München.

GILBERT, N. und K.G. TROITZSCH (2005): *Simulation for the social scientist.* 2. Aufl., Maidenhead.

GILE, K.J. und M.S. HANDCOCK (2010): Respondent-driven sampling: an assessment of current methodology, *Sociological Methodology.* 40:285–327.

GIRTLER, R. (1984): *Methoden der qualitativen Sozialforschung.* Wien.

GLASERSFELD, E.V. (1987): *Wissen, Sprache und Wirklichkeit. Arbeiten zum radikalen Konstruktivismus.* Braunschweig.

GLENN, N. (1977): *Cohort Analysis.* Beverly Hills.

GLENN, N.D. (2003): Distinguishing age, period, and cohort effects, In: MORTIMER, J. und M. SHANAHAN (Hrsg.): *Handbook of the life course.* New York. S. 465–476. Kluwer.

GODFREY-SMITH, P. (2003): *Theory and Reality. An introduction to the philosophy of science.* Chicago.

GORDEN, R.L. (1977): *Unidimensional Scaling of Social Variables: Concepts and Procedures.* New York.

GOTTMAN, J.M. und A.K. ROY (1990): *Sequential Analysis. A Guide for Behavioral Researchers.* Cambridge.

GOYDER, J. (1985): Face-to-Face Interviews and Mailed Questionnaires: The Net Difference in Response Rate, *Public Opinion Quarterly.* 49:234–252.

GRAUMANN, C.F. (1966): Grundzüge der Verhaltensbeobachtung, In: MEYER, E. (Hrsg.): *Fernsehen in der Lehrerbildung.* München. S. 86–107.

GREENACRE, M.J. (1993): *Correspondence Analysis in Practice.* London.

GREENWOOD, E. (1972): Das Experiment in der Soziologie, In: KÖNIG, R. (Hrsg.): *Beobachtung und Experiment in der Sozialforschung*. 8. Aufl., Köln. S. 171–220.

GREINER, J.M. (1994): Use of Ratings by Trained Observers, In: WHOLEY, J.S., H.P. HATRY und K.E. NEWCOMER (Hrsg.): *Handbook of Practical Program Evaluation*. San Francisco.

GROEBEN, N. (1995): Zur Kritik einer unnötigen, widersinnigen und destruktiven Radikalität, In: FISCHER, H.R. (Hrsg.): *Die Wirklichkeit des Konstruktivismus*. Heidelberg (Auer). S. 149–159.

GROEBEN, N. und H. WESTMEYER (1981): *Kriterien psychologischer Forschung*. 2. Aufl., München.

GROVES, R., D.DILLMAN, J. ELTINGE und R.LITTLE (Hrsg.) (2002): *Survey Nonresponse*. New York.

GROVES, R. M. und M. COUPER (1998): *Nonresponse in household interview surveys*. New York.

GROVES, R.M. (1979): Actors and Questions in Telephone and Personal Interview Surveys, *Public Opinion Quarterly*. 43:190–205.

GROVES, R.M. (1989): *Survey Costs and Survey Errors*. New York.

GROVES, R.M., P.P. BIEMER, L.E. LYBERG, J.T. MASSEY, W.L. NICHOLLS und J. WAKSBERG (Hrsg.) (1988): *Telephone Survey Methodology*. New York.

GROVES, R.M., F.J. FOWLER, M.P. COUPER, J.M. LEPKOWSKI, E. SINGER und R. TOURANGEAU (2009): *Survey Methodology*. 2. Aufl., Hoboken.

GROVES, R.M. und R.L. KAHN (1979): *Surveys by Telephone: A National Comparison with Personal Interviews*. New York.

GROVES, R.M. und L.J. MAGILAVY (1981): Increasing Response Rates to Telephone Surveys: A Door in the Face for Foot-in-the-Door, *Public Opinion Quarterly*. 45:346–358.

GROVES, R.M. und K.A. McGONAGLE (2001): A Theory Guided Interviewing Training Protocol Regarding Survey Participation, *Journal of Official Statistics*. 17(2):249–265.

GROSS, J. (2010): *Die Prognose von Wahlergebnissen*. Wiesbaden.

GRÜMER, K.-W. (1974): *Beobachtung.* Stuttgart.

GUTTMAN, L. (1947): The Cornell Technique for Scale and Intensity Analysis, *Educational and Psychological Measurement.* 7:247–280.

HABERMAS, J. (1972a): Analytische Wissenschaftstheorie und Dialektik, In: ADORNO, T.W. et al. (Hrsg.): *Der Positivismusstreit in der deutschen Soziologie.* Neuwied/Berlin. S. 155–192.

HABERMAS, J. (1972b): Gegen einen positivistisch halbierten Rationalismus, In: ADORNO, T.W. et al. (Hrsg.): *Der Positivismusstreit in der deutschen Soziologie.* Neuwied/Berlin. S. 235–266.

HACCOU, P. und E. MEELIS (1992): *Statistical Analysis of behavioral data.* Oxford.

HACKING, I. (1999): *Was heißt soziale Konstruktion? Zur Konjunktur einer Kampfvokabel in den Wissenschaften.* Frankfurt am Main.

HÄDER, S., S. GABLER und C. HECKEL (2009): Stichprobenziehung für die CELLA-Studie, In: HÄDER, M. und S. HÄDER (Hrsg.): *Telefonbefragungen über das Mobilfunknetz.* Wiesbaden. S. 21–49. VS Verlag für Sozialwissenschaften.

HAFERMALZ, O. (1976): *Schriftliche Befragung – Möglichkeiten und Grenzen.* Wiesbaden.

HAGENAARS, J.A. und A.L. MCCUTCHEON (Hrsg.) (2002): *Applied latent class analysis.* Cambridge.

HAIR, J., W. BLACK, B. BABIN und R. ANDERSON (2010): *Multivariate Data Analysis. A Global Perspective.* 7. Aufl., Upper Saddle River.

HAKIM, C. (1982): *Secondary Analysis in Social Research.* London.

HAKIM, C. (1987): *Research Design. Strategies and Choices in the Design of Social Research.* London.

HALL, J.F. (1989): *Learning and Memory.* 2. Aufl., Boston.

HAMBLETON, R.K., H. SWAMINATHAN und H.J. ROGERS (1991): *Fundamentals of Item Response Theory.* London.

HAMERLE, A. (1979): Über die messtheoretischen Grundlagen von Latent-Trait-Modellen, *Archiv für Psychologie.* 132:19–39.

HAMILTON, L.C. (1992): *Regression with Graphics*. Pacific Grove.

HAND, D. J. (2004): *Measurement theory and practice*. London.

HANEFELD, U. (1987): *Das Sozio-ökonomische Panel*. Frankfurt am Main.

HANSEN, M.H. und W.N. HURWITZ (1946): The Problem of Nonresponse in Sample Surveys, *Journal of the American Statistical Association*. 41:517–529.

HARDER, T. (1974): *Werkzeug der Sozialforschung*. München.

HARE, A.P. (1960): Interview Responses: Personality or Conformity?, *Public Opinion Quarterly*. 24:679–685.

HARLOW, L.L., S.A. MULAIK und J.H. STEIGER (Hrsg.) (1997): *What if there were no significance tests?* Mahwah.

HARRINGTON, D. (2009): *Confirmatory Factor Analysis*. Oxford.

HARRISON, S.M. (1920): *Social Conditions in an American City: A Summary of the Findings of the Springfield Survey*. New York.

HARTMANN, P. (1994): Interviewing when the Spouse is Present, *International Journal of Public Opinion Research*. 3:298–306.

HATTIE, J. (1985): Methodology Review: Assessing Unidimensionality of Tests and Items, *Applied Psychological Measurement*. 9(2):139–164.

HAUPTMANNS, P. (1999): Grenzen und Chancen von quantitativen Befragungen mit Hilfe des Internet, In: BATINIC, B., A. WERNER, L.GRÄF und W. BANDILLA (Hrsg.): *Online-Research Band 1*. Göttingen. S. 21–38.

HAUPTMANNS, P. und B. LANDER (2001): Zur Problematik von Internet-Stichproben, In: THEOBALD, A., M. DREYER und T. STARSETZKI (Hrsg.): *Online-Marktforschung*. Wiesbaden. S. 27–40.

HECKATHORN, D. D. (1997): Respondent-Driven Sampling: A New Approach to the Study of Hidden Populations, *Social Problems*. 44(2):174–199.

HECKMANN, F. (1979): Max Weber als empirischer Sozialforscher, *Zeitschrift für Soziologie*. 8(1):50–62.

HEIDENREICH, H.-J. (1994): Hochrechnung des Mikrozensus ab 1990, In: GABLER, S., J.H.P. HOFFMEYER-ZLOTNIK und D. KREBS (Hrsg.): *Gewichtung in der Umfragepraxis*. Opladen. S. 113–123.

HEIDENREICH, K. (1987): Entwicklung von Skalen, In: ROTH, E. (Hrsg.): *Methoden empirischer Sozialforschung.* 2. Aufl., München. S. 417–449.

HEINZE, T. (1986): *Qualitative Sozialforschung: Erfahrungen, Probleme und Perspektiven.* Wiesbaden.

HEISE, D.R. (1969): Some Methodological Issues in Semantic Differential Research, *Psychological Bulletin.* 72:406–422.

HEJL, P.M. (1992): Konstruktion der sozialen Konstruktion. Grundlinien einer konstruktivistischen Sozialtheorie, In: GUMIN, H und H. MEIER (Hrsg.): *Einführung in den Konstruktivismus.* München. S. 109–146.

HELD, C. (1999): *Die Bohr-Einstein-Debatte.* Paderborn.

HELLER, G. und R. SCHNELL (2000): The Choir Invisible. Zur Analyse der gesundheitsbezogenen Panelmortalität im SOEP, In: HELMERT, U., K. BAMMAN, W. VOGES und R. MÜLLER (Hrsg.): *Müssen Arme früher sterben? Soziale Ungleichheit und Gesundheit in Deutschland.* München. S. 115–134. Juventa.

HELLEVIK, O. (1984): *Introduction to Causal Analysis. Exploring Survey Data by Crosstabulation.* London.

HELLSTERN, G.-M. und H. WOLLMANN (1984): Evaluierung und Evaluierungsforschung – ein Entwicklungsbericht, In: HELLSTERN, G.M. und H. WOLLMANN (Hrsg.): *Handbuch zur Evaluierungsforschung.* Opladen. S. 3–46.

HEMPEL, C.G. (1974): *Grundzüge der Begriffsbildung in den empirischen Wissenschaften.* Düsseldorf.

HEMPEL, C.G. (1975): Die Logik funktionaler Analyse, In: GIESEN, B. und M. SCHMID (Hrsg.): *Theorie, Handeln und Geschichte.* Hamburg. S. 134–168.

HEMPEL, C.G. (1977): *Aspekte wissenschaftlicher Erklärung.* Berlin/New York.

HEMPEL, C.G. und P. OPPENHEIM (1948): Studies in the Logic of Explanation, *Philosophy of Science.* 15(2):135–175.

HENNING, H.J. (1987): Skalierung qualitativer Daten und latenter Strukturen, In: ROTH, E. (Hrsg.): *Methoden empirischer Sozialforschung.* 2. Aufl., München. S. 489–532.

HENRY, G.T. (1990): *Practical Sampling.* Newbury Park.

HERBERGER, L. (1985): Aktualität und Genauigkeit der repräsentativen Statistik der Bevölkerung und des Erwerbslebens, *Allgemeines Statistisches Archiv.* 69:16–55.

HERMANNS, H. (1981): *Das narrative Interview in berufsbiographisch orientierten Untersuchungen.* Kassel. (Arbeitspapiere des wissenschaftlichen Zentrums für Berufs- und Hochschulforschung an der GH-Kassel, Nr. 9).

HERZOG, D. (1982): *Politische Führungsgruppen.* Darmstadt.

HERZOG, T. N., F. J. SCHEUREN und W. E. WINKLER (2007): *Data Quality and Record Linkage Techniques.* New York.

HEYNS, R.W. und A.F. ZANDER (1953): Observation of Group Behavior, In: FESTINGER, L. und D. KATZ (Hrsg.): *Research Methods in Behavioral Sciences.* New York. S. 381–417.

HILL, A.B. (1965): The environment and disease: association or causation?, *Proceedings of the Royal Society of Medicine.* 58:295–300.

HILL, M.S. (1992): *The Panel Study of Income Dynamics. A users's guide.* Newbury Park.

HILL, P.B. (1984): Räumliche Nähe und soziale Distanz zu ethnischen Minderheiten, *Zeitschrift für Soziologie.* 13(4):363–370.

HILL, P.B. (2002): *Rational-Choice-Theorie.* Bielefeld.

HOAG, W.J. (1981): Realisierte Stichproben bei Panels: Eine vergleichende Analyse, *ZUMA-Nachrichten.* 9:6–18.

HOAG, W.J. (1986): Der Bekanntenkreis als Universum: Das Quotenverfahren der SHELL-Studie, *Kölner Zeitschrift für Soziologie und Sozialpsychologie.* 38:123–132.

HOAG, W.J. und K.R. ALLERBECK (1981): Interviewer- und Situationseffekte in Umfragen: Eine log-lineare Analyse, *Zeitschrift für Soziologie.* 10:413–426.

HOAGLIN, D.C., F. MOSTELLER und J.W. TUKEY (1991): *Fundamentals of Exploratory Analysis of Variance.* New York.

HOFFMANN-LANGE, U., A. KUTTEROFF und G. WOLF (1982): Projektbericht: Die Befragung von Eliten in der Bundesrepublik Deutschland, *ZUMA-Nachrichten.* 10:35–53.

HOFFMEYER-ZLOTNIK, J.H.P. (1997): Random-Route-Stichproben nach ADM, In: GABLER, S. und J.H.P. HOFFMEYER-ZLOTNIK (Hrsg.): *Stichproben in der Umfragepraxis.* Opladen. S. 33–42.

HOFSTÄTTER, P.R. (1966): *Einführung in die Sozialpsychologie.* Stuttgart.

HOLLAND, P. W. (1986): Statistics and causal inference, *Journal of the American Statistical Association.* 396(81):945–960.

HOLLAND, P.W. und D.B. RUBIN (1988): Causal Inference in Retrospective Studies, *Evaluation Review.* 12(3):203–231.

HOLM, K. (1970): Zuverlässigkeit von Skalen und Indizes, *Kölner Zeitschrift für Soziologie und Sozialpsychologie.* 22:356–386.

HOLM, K. (1974): Theorie der Frage, *Kölner Zeitschrift für Soziologie und Sozialpsychologie.* 26:316–341.

HOLM, K. (1976): Die Gültigkeit sozialwissenschaftlichen Messens, In: HOLM, K. (Hrsg.): *Die Befragung.* München. S. 123–133.

HOLZKAMP, K. (1968): *Wissenschaft als Handlung.* Berlin.

HOLZKAMP, K. (1972): *Kritische Psychologie.* Frankfurt am Main.

HOLZKAMP, K. (1981): *Theorie und Experiment in der Psychologie.* Berlin/New York.

HOPF, C. (1978): Die Pseudo-Exploration. Überlegungen zur Technik qualitativer Interviews in der Sozialforschung, *Zeitschrift für Soziologie.* 2:97–115.

HOPF, C. und E. WEINGARTEN (Hrsg.) (1979): *Qualitative Sozialforschung.* Stuttgart.

HORMUTH, S.E. und E. BRÜCKNER (1985): Telefoninterviews in Sozialforschung und Sozialpsychologie, *Kölner Zeitschrift für Soziologie und Sozialpsychologie.* 37(3):526–545.

HOSMER, D.W. und S. LEMESHOW (2000): *Applied Logistic Regression.* 2. Aufl., New York.

HOUSE, J.S. und S. WOLF (1978): Effects of Urban Residence on Interpersonal Trust and Helping Behavior, *Journal of Personality and Social Psychology.* 36:1029–1043.

HUBER, H. (1973): *Psychometrische Einzelfalldiagnostik.* Weinheim/Basel.

HUBERTY, C.J. (1994): *Applied Discriminant Analysis.* New York.

HÜBNER, K. (1979): *Kritik der wissenschaftlichen Vernunft.* 2. Aufl., Freiburg.

HUCK, S.W. und H.M. SANDLER (1979): *Rival Hypotheses: Alternative Interpretations of Data Bases Conclusions.* New York.

HUMMELL, H.J. (1972): *Probleme der Mehrebenenanalyse.* Stuttgart.

HUMMELL, H.J. und K.-D. OPP (1969): On the Relation between Theory and Research in Sociology. A Critique of Empirical Studies in Sociology; Demonstrated with „Union Democracy", *Quality and Quantity.* 3:23–61.

HUMPERT, A. und K. SCHNEIDERHEINZE (2000): Stichprobenziehung für telefonische Zuwandererbefragungen – Einsatzmöglichkeiten der Namenforschung, *ZUMA-Nachrichten.* 47:36–63.

HUNT, M. (1991): *Die Praxis der Sozialforschung. Reportagen aus dem Alltag einer Wissenschaft.* Frankfurt am Main/New York.

INFRATEST (Hrsg.) (1986): *Das sozio-ökonomische Panel, Welle 2, Methodenbericht zur Haupterhebung.* München.

IRLE, M. (Hrsg.) (1978): *Kursus der Sozialpsychologie, 3 Bände.* Darmstadt/Neuwied.

JACKSON, R.H. (1984): Ethnicity, In: SARTORI, G. (Hrsg.): *Social Science Concepts.* Beverly Hills. S. 205–233.

JAHODA, M. (1997): *Ich habe die Welt nicht verändert.* Frankfurt am Main.

JAHODA, M., M. DEUTSCH und S. COOK (1965): Beobachtungsverfahren, In: KÖNIG, R. (Hrsg.): *Beobachtung und Experiment in der Sozialforschung.* 3. Aufl., Köln. S. 77–96.

JAHODA, M., P.F. LAZARSFELD und H. ZEISEL (1975): *Die Arbeitslosen von Marienthal.* Frankfurt am Main (zuerst Leipzig 1933).

JAIN, A.K. und R.C. DUBES (1988): *Algorithms for Clustering Data.* Englewood Cliffs.

JENNINGS, M.K. und J.W.V. DETH (1990): *Continuities in Political Action.* Berlin/New York.

JOBSON, J.D. (1991): *Applied Multivariate Data Analysis*. New York (2 Bände).

JOHNSON, A. und R. SACKETT (1998): Direct Systematic Observation of Behavior, In: BERNARD, H.R. (Hrsg.): *Handbook of methods in cultural anthropology*. Walnut Creek. S. 301–331.

JORDAN, L.A., A.C. MARCUS und L.G. REEDER (1980): Response Styles in Telephone and Household Interviewing: A Field Experiment, *Public Opinion Quarterly*. 44:210–222.

JÖRESKOG, K.G. und D. SÖRBOM (1988): *LISREL 7 - A Guide to the Program and Applications*. Chicago (SPSS Inc.).

JUUL, S. (2004): *Take good care of your data*. Department of Epidemiology and Social Medicine, University of Aarhus; www.epidata.dk/downloads/takecare.pdf.

KAASE, M., W. OTT und E.K. SCHEUCH (Hrsg.) (1983): *Empirische Sozialforschung in der modernen Gesellschaft*. Frankfurt am Main.

KAHN, R.L. und C.F. CANNELL (1968): Interviewing, *International Encyclopedia of the Social Sciences*. New York. 8:149–161.

KALTON, G. (1983): *Introduction to Survey Sampling*. Beverly Hills.

KALTON, G. und D.W. ANDERSON (1986): Sampling Rare Populations, *Journal of the Royal Statistical Society, Series A*. 149(1):65–82.

KALTON, G. und I. FLORES-CERVANTES (2003): Weighting Methods, *Journal of Official Statistics*. 19(2):81–97.

KAPLITZA, G. (1982): Die Stichprobe, In: HOLM, K. (Hrsg.): *Die Befragung*. 2. Aufl., München. S. 136–186.

KARMASIN, F. (1977): *Einführung in die Methode und Probleme der Umfrageforschung*. Köln.

KASPRZYK, D., G. DUNCAN, G. KALTON und M.P. SINGH (Hrsg.) (1989): *Panel Surveys*. New York.

KATZ, D. (1940): Three Criteria: Knowledge, Conviction, Significance, *Public Opinion Quarterly*. 4:277–284.

KATZ, M. H. (2010): *Evaluating Clinical and Public Health Interventions: A Practical Guide to Study Design and Statistics*. Cambridge.

KAUERMANN, G. und H. KÜCHENHOFF (2010): *Stichproben. Methoden und praktische Umsetzung mit R.* Heidelberg.

KELLOGG, P.U. (Hrsg.) (1909): *The Pittsburgh Survey.* New York.

KENNEDY, G. (1985): *Einladung zur Statistik.* Frankfurt am Main.

KENNEDY, W.J. und J.E. GENTLE (1980): *Statistical Computing.* New York.

KENT, D. (1978): *The rise of the Medici: Faction in Florence, 1426-1434.* Oxford.

KENT, R. (1981): *A History of British Empirical Sociology.* Guildford.

KERLINGER, F.N. (1975): *Grundlagen der Sozialwissenschaften.* Weinheim. Bd. 1.

KERLINGER, F.N. (1979): *Grundlagen der Sozialwissenschaften.* Weinheim. Bd. 2.

KERN, H. (1982): *Empirische Sozialforschung.* München.

KERN, H.J. (1997): *Einzelfallforschung. Eine Einführung für Studierende und Praktiker.* Weinheim.

KEUTH, H. (Hrsg.) (2007): *Logik der Forschung.* 3. Aufl., Berlin.

KHANDKER, S. R., G. B. KOOLWAL und H. A. SAMAD (2010): *Handbook on Impact Evaluation.* Washington.

KIECOLT, K.J. und L.E. NATHAN (1985): *Secondary Analysis of Survey Data.* Beverly Hills.

KIM, B.-H. (1991): *Kritik des Strukturalismus.* Amsterdam/Atlanta.

KING, B.F. (1983): Quota Sampling, In: MADOW, W.G., I. OLKIN und D.B. RUBIN (Hrsg.): *Incomplete Data in Sample Surveys.* New York. S. 63–71.

KING, G. (1995): Replication, Replication (mit Diskussion), *PS: Political Science and Politics.* 28(3):444–499.

KING, G. (1997): *A Solution to the Ecological Inference Problem.* Princeton.

KING, G., R.O. KEOHANE und S. VERBA (1994): *Designing Social Inquiry, Scientific Inference in Qualitative Research.* Princeton, N.J.

KIRSCHNER, H.P. (1984): ALLBUS 1980: Stichprobenplan und Gewichtung, In: MAYER, U. und P. SCHMIDT (Hrsg.): *Allgemeine Bevölkerungsumfrage der Sozialwissenschaften.* Frankfurt am Main. S. 114–182.

KIRSCHT, J.P. und R.C. DILLEHAY (1967): *Dimensions of Authoritarianism.* Lexington.

KISH, L. (1965): *Survey Sampling.* New York.

KISH, L. und V. VERMA (1986): Complete Censuses and Samples, *Journal of Official Statistics.* 2(4):381–395.

KLEINBAUM, D.G. (1994): *Logistic Regression. A Self-Learning Text.* New York.

KLEINBAUM, D.G. (1997): *Survival Analysis. A Self-Learning Text.* 2. Aufl., New York.

KNOKE, D. und J.H. KUKLINSKI (1982): *Network Analysis.* Beverly Hills.

KOCH, A., S. GABLER und M. BRAUN (1994): *Konzeption und Durchführung der „Allgemeinen Bevölkerungsumfrage der Sozialwissenschaften" (ALLBUS) 1994, ZUMA-Arbeitsbericht 94/11.* Mannheim.

KOERTGE, N. (1996): Feminist Epistemology. Stalking an Un-Dead Horse, In: GROSS, P.R., N. LEVITT und M.W. LEWIS (Hrsg.): *The Flight from Science and Reason, Annals of the New York Academy of Sciences.* New York. S. 413–419.

KOERTGE, N. (Hrsg.) (1998): *A house built on sand: exposing postmodernist myths about science.* Oxford.

KOERTGE, N. (1998): Scrutinizing Science Studies, In: KOERTGE, N. (Hrsg.): *A house built on sand: exposing postmodernist myths about science.* Oxford. S. 3–6. Oxford University Press.

KOHLI, M. (1978): „Offenes" und „geschlossenes" Interview: Neue Argumente zu einer alten Kontroverse, *Soziale Welt.* 29:1–25.

KÖLTRINGER, R. (1997): *Richtig Fragen heißt besser messen.* Mannheim.

KOMMISSION ZUR VERBESSERUNG DER INFORMATIONELLEN INFRASTRUKTUR ZWISCHEN WISSENSCHAFT UND STATISTIK (2001): *Wege zu einer besseren informationellen Infrastruktur.* Baden-Baden.

KÖNIG, C., M. STAHL und E. WIEGAND (Hrsg.) (2009): *Nicht-reaktive Erhebungsverfahren.* Bonn.

KÖNIG, R. (1965): Praktische Sozialforschung, In: KÖNIG, R. (Hrsg.): *Praktische Sozialforschung: Das Interview.* 4. Aufl., Köln. S. S.13–33.

KOOLWIJK, J. (1974): Das Quotenverfahren, In: KOOLWIJK, J. und M. WIEKEN-MAYSER (Hrsg.): *Techniken der empirischen Sozialforschung.* München. S. 81–99.

KOPS, M. (1977): *Auswahlverfahren in der Inhaltsanalyse.* Meisenheim.

KRAFT, V. (1968): *Der Wiener Kreis.* Wien/New York.

KRANZ, H.T. (1979): *Einführung in die klassische Testtheorie.* Frankfurt am Main.

KREBS, D. (1981): Gewaltdarstellungen im Fernsehen und die Einstellungen zu aggressiven Handlungen bei 12-15jährigen Kindern. Bericht über eine Längsschnittstudie, *Zeitschrift für Sozialpsychologie.* 12:281–302.

KREFT, I. und J. DE LEEUW (1998): *Introducing Multilevel Modeling.* London.

KREMER, J., R. BARRY und A. MCNALLY (1986): The Misdirected Letter and the Quasi-Questionaire: Unobstrusive Measures of Prejudice in Northern Ireland, *Journal of Applied Social Psychology.* 16(4):303–309.

KREUTER, F. (2002): *Kriminalitätsfurcht: Messung und methodische Probleme.* Opladen.

KREUTZ, H. (1970/71): Die tatsächliche Repräsentativität soziologischer Befragungen, *Angewandte Sozialforschung.* Heft 3/4:342–362.

KRIPPENDORFF, K. (2004): *Content Analysis, 2. ed.* Thousand Oaks.

KRIZ, J. (1981): *Methodenkritik empirischer Sozialforschung.* Stuttgart.

KROMREY, H. (1986): Gruppendiskussionen, In: HOFFMEYER-ZLOTNIK, J.H.P. (Hrsg.): *Qualitative Methoden in der Arbeitsmigrantenforschung.* Mannheim. S. 109–143.

KROMREY, H. (1998): *Empirische Sozialforschung.* 8. Aufl., Opladen.

KRUG, W., M. NOURNEY und J. SCHMIDT (1994): *Wirtschafts- und Sozialstatistik.* München.

KRUGLANSKI, A.W. und M. KROY (1976): Outcome Validity in Experimental Research: A Re-Conceptualization, *Representative Research in Social Psychology.* 7:166–178.

KRUSKAL, J.B. und M. WISH (1978): *Multidimensional Scaling.* Beverly Hills.

KRUSKALL, W. und F. MOSTELLER (1979a): Representative Sampling, I: Non-scientific Literature, *International Statistical Review.* 47:13–24.

KRUSKALL, W. und F. MOSTELLER (1979b): Representative Sampling, II: Scientific Literature, Excluding Statistics, *International Statistical Review.* 47:111–127.

KRUSKALL, W. und F. MOSTELLER (1979c): Representative Sampling, III: the Current Statistical Literature, *International Statistical Review.* 47:245–265.

KRUSKALL, W. und F. MOSTELLER (1980): Representative Sampling, IV: the History of the Concept in Statistics, 1895-1939, *International Statistical Review.* 48:169–195.

KUHN, T.S. (1976): *Die Struktur wissenschaftlicher Revolutionen.* 2. Aufl., Frankfurt am Main.

KUHN, T.S. (1978): Die Funktion des Messens in der Entwicklung der physikalischen Wissenschaften, In: KUHN, T.S. (Hrsg.): *Die Entstehung des Neuen: Studien zur Struktur der Wissenschaftsgeschichte.* Frankfurt am Main. S. 254–307.

KUTSCHERA, F. V. (1982): *Grundfragen der Erkenntnistheorie.* Berlin/New York.

LABAW, P.J. (1982): *Advanced Questionnaire Design.* Cambridge, Mass.

LAKATOS, I. (1974): Falsifikation und die Methodologie wissenschaftlicher Forschungsprogramme, In: LAKATOS, I. und A. MUSGRAVE (Hrsg.): *Kritik und Erkenntnisfortschritt.* Braunschweig. S. 89–189.

LAMNEK, S. (1989): *Qualitative Sozialforschung: Methoden und Techniken.* München. Bd. 2.

LANGBEIN, L.I. und A.J. LICHTMAN (1978): *Ecological Inference.* Beverly Hills.

LANGENHEDER, W. (1975): *Theorie menschlicher Entscheidungshandlungen.* Stuttgart.

LARSEN, PEDER OLESEN und MARKUS VON INS (2010): The Rate of Growth in Scientific Publication and the Decline in Coverage Provided by Science Citation Index, *Scientometrics.* 84(3):575–603.

LASSWELL, H.D. und A. KAPLAN (1950): *Power and Society: A Framework for Political Inquiry.* New Haven.

LASSWELL, H.D. und N. LEITES (Hrsg.) (1949): *The Language of Politics: Studies in Quantitative Semantics.* New York.

LASSWELL, H.D. und J.Z. NAMENWIRTH (1968): *The Lasswell Value Dictionary.* New Haven. 3 Bände.

LAUMANN, E.O. (1973): *Bonds of Pluralism.* New York.

LAUMANN, E.O. und F.U. PAPPI (1976): *Networks of Collective Action.* New York.

LAVALLEE, P. (2007): *Indirect Sampling.* New York.

LAVRAKAS, P.J. (Hrsg.) (2008): *Encyclopedia of Survey Research Methods.* Thousand Oaks.

LAZARSFELD, P.F. (1937): Some Remarks on the Typological Procedures in Social Research, *Zeitschrift für Sozialforschung.* 7:119–139.

LAZARSFELD, P.F. (1944): The Controversy over detailed Interviews – an Offer for Negotiation, *Public Opinion Quarterly.* 8:38–60.

LAZARSFELD, P.F. (1961): Notes on the History of Quantification in Sociology, *Isis.* 52(2):277–333.

LAZARSFELD, P.F. (1962): Die Panel-Befragung, In: KÖNIG, R. (Hrsg.): *Das Interview.* 3. Aufl., Köln. S. 253–268.

LAZARSFELD, P.F. (1976): Die Interpretation statistischer Beziehungen als Forschungsoperation, In: HUMMELL, H.J. und R. ZIEGLER (Hrsg.): *Korrelation und Kausalität.* Stuttgart. S. 1–15.

LECHNER, M. (2002): Program heterogeneity and propensity score matching: An application to the evaluation of active labor market policies, *Review of Economics and Statistics.* 84(2):205–220.

LEE, E.T. (1992): *Statistical Methods for Survival Data Analysis.* Belmont, California.

LEHNER, P.N. (1998): *Handbook of ethological methods.* Cambridge.

LEHTONEN, R. und E. PAHKINEN (2004): *Practical Methods for Design and Analysis of Complex Surveys, 2nd edition.* New York.

LENK, H. (1989): Pragmatische Wende und „Erklärung" in der Wissenschaftstheorie, *Zeitschrift für allgemeine Wissenschaftstheorie.* 20(1):87–96.

LENSKI, G. und J.C. LEGGETT (1960): Caste, Class, and Deference, *American Journal of Sociology.* 65:463–467.

LEPKOWSKI, J.M. (1988): Telephone Sampling Methods in the United States, In: GROVES, R.M., P.P. BIEMER, L.E. LYBERG, J.T. MASSEY, W.L. NICHOLLS und J. WAKSBERG (Hrsg.): *Telephone Survey Methodology.* New York. S. 73–98.

LEPSIUS, M.R. (1979): Die Entwicklung der Soziologie nach dem Zweiten Weltkrieg 1945-1967, In: LÜSCHEN, G. (Hrsg.): *Deutsche Soziologie seit 1945, Kölner Zeitschrift für Soziologie und Sozialpsychologie Sonderheft 21.* Opladen. S. 25–70.

LESSLER, J.T. und W.D. KALSBEEK (1992): *Nonsampling Errors in Surveys.* New York.

LEVERKUS-BRÜNING, I. (1966): *Die Meinungslosen.* Berlin.

LEVY, P. S. und S. LEMESHOW (2008): *Sampling of Populations: Methods and Applications.* Hoboken.

LIAO, T.F. (1994): *Interpreting Probability Models. Logit, Probit, and other Generalized Linear Models.* Thousand Oaks.

LIENERT, G.A. (1969): *Testaufbau und Testanalyse.* 3. Aufl., Weinheim.

LIKERT, R. (1932): A Technique for the Measurement of Attitudes, *Archives of Psychology.* New York. 140:1–55.

LINDENBERG, S. (1977): Individuelle Effekte, kollektive Phänomene und das Problem der Transformation, In: EICHNER, K. und W. HABERMEHL (Hrsg.): *Probleme der Erklärung sozialen Verhaltens.* Meisenheim. S. 46–84.

LINDENBERG, S. (1985): Rational Choice and Sociological Theory: New Pressures on Economics as a Social Science, *Zeitschrift für die gesamte Staatswissenschaft.* 141:244–255.

LINDENBERG, S. (1989b): Social Production Functions, Deficits, and Social Revolutions, *Rationality and Society.* 1(1):51–77.

LIPSET, S.M., M. TROW und J.S. COLEMAN (1956): *Union Democracy. The Internal Politics of the International Typographical Union.* Glencoe.

LODGE, M. (1981): *Magnitude Scaling. Quantitative Measurement of Opinions.* Beverly Hills.

LOEHLIN, J.C. (2004): *Latent Variable Models: An Introduction to Factor, Path, and Structural Analysis*. 4. Aufl., Mahwah.

LOHAUS, A. (1983): *Möglichkeiten individuumzentrierter Datenerhebung*. Münster.

LOHR, S.L. (1999): *Sampling: Design and Analysis*. Pacific Grove.

LONG, J. SCOTT (2009): *The Workflow of Data Analysis Using Stata*. College Station.

LORD, F.M. und M.R. NOVICK (1968): *Statistical Theories of Mental Test Scores*. Reading, Mass.

LYND, R.S. und H.M. LYND (1929): *Middletown. A Study in American Culture*. New York.

LYNN, P. (Hrsg.) (2009): *Methodology of Longitudinal Surveys*. Hoboken.

LÜTTINGER, P. und T. RIEDE (1997): Der Mikrozensus. Amtliche Daten für die Sozialforschung, *ZUMA-Nachrichten*. 41(21):19–43.

MABE, M. und M. AMIN (2001): Growth dynamics of scholarly and scientific journals, *Scientometrics*. 51:147–162.

MACCOBY, E.E. und N. MACCOBY (1965): Das Interview: Ein Werkzeug der Sozialforschung, In: KÖNIG, R. (Hrsg.): *Praktische Sozialforschung*. 4. Aufl., Köln. S. 37–85.

MACKIE, J.L. (1980): *The Cement of the Universe, (Neudruck der 1. Auflage 1974)*. Oxford.

MADOW, W.G., H. NISSELSON und I. OLKIN (Hrsg.) (1983): *Incomplete Data in Sample Surveys*. Orlando. Bd. 1.

MANGOLD, W. (1973): Gruppendiskussionen, In: KÖNIG, R. (Hrsg.): *Handbuch der empirischen Sozialforschung*. 3. Aufl., Stuttgart. S. 228–259.

MANLY, B.F.J. (1991): *Randomization and Monte Carlo Methods in Biology*. London.

MANN, R. (1987): *Protest und Kontrolle im Dritten Reich. Nationalsozialistische Herrschaft im Alltag einer rheinischen Großstadt*. Frankfurt am Main.

MARSDEN, P.V. (1990): Network Data and Measurement, *Annual Review of Sociology*. 16:435–463.

MARSH, C. (1982): *The Survey Method: The Contribution of Surveys to Sociological Explanation.* London.

MARSH, C. und E. SCARBROUGH (1990): Testing Nine Hypothesis about Quota-sampling, *Journal of Market Research Society.* 32:485–506.

MARTIN, E. (1983): Surveys as Social Indicators: Problems in Monitoring Trends, In: ROSSI, P.H., J.D. WRIGHT und A.B. ANDERSON (Hrsg.): *Handbook of Survey Research.* Orlando. S. 677–743.

MASON, R.L., R.F. GUNST und J.L. HESS (2003): *Statistical Design and Analysis of Experiments.* 2. Aufl., Hoboken.

MATEOS, P. (2007): A Review of Name-based Ethnicity Classification Methods and their Potential in Population Studies, *Population, Space and Place.* 13(4):243–263.

MAUS, H. (1973): Zur Vorgeschichte der empirischen Sozialforschung, In: KÖNIG, R. (Hrsg.): *Handbuch der empirischen Sozialforschung.* 3. Aufl., Stuttgart. S. 21–56.

MAYER, K.U. (1979): Berufliche Tätigkeit, berufliche Stellung und beruflicher Status, In: PAPPI, F.U. (Hrsg.): *Sozialstrukturanalysen mit Umfragedaten.* Königstein. S. 79–123.

MAYNTZ, R. (1958): *Soziale Schichtung und sozialer Wandel in einer Industriegemeinde.* Stuttgart.

MAYNTZ, R., K. HOLM und K. HÜBNER (1978): *Einführung in die Methoden der empirischen Soziologie.* 5. Aufl., Opladen.

MCCALL, G.J. (1984): Systematic Field Observation, *Annual Review of Sociology.* 10:263–282.

MCCROSSAN, L. (1991): *A Handbook for Interviewers.* 3. Aufl., London.

MCCUTCHEON, A.L. (1987): *Latent Class Analysis.* Beverly Hills.

MCDONALD, R. P. (1999): *Test Theory. A unified treatment.* Mahwah.

MCIVER, J.P. und E.G. CARMINES (1981): *Unidimensional Scaling.* Beverly Hills.

MCKENZIE, R.B. und G. TULLOCK (1984): *Homo oeconomicus: Ökonomische Dimensionen des Alltags.* Frankfurt am Main.

MEDLEY, D.M. und H.E. MITZEL (1963): Measuring Classroom Behavior, In: GAGE, N.L. (Hrsg.): *Handbook of Research on Teaching.* Chicago. S. 247–328.

MEINEFELD, W. (1977): *Einstellung und soziales Handeln.* Reinbek.

MEINEFELD, W. (1985): Die Rezeption empirischer Forschungsergebnisse – Eine Frage von Treu und Glauben? Resultate einer Analyse von Zeitschriftenartikeln, *Zeitschrift für Soziologie.* 14(4):297–314.

MENARD, S. (Hrsg.) (2008): *Handbook of Longitudinal Research: Design, Measurement, and Analysis.* Amsterdam.

MERRITT, A.J. und R.L. MERRITT (1970): *Public Opinion in Occupied Germany.* Urbana.

MERTEN, K. (1981): *Inhaltsanalyse.* Opladen.

MERTON, R.K. (1972): Die Eigendynamik gesellschaftlicher Voraussagen, In: TOPITSCH, E. (Hrsg.): *Logik der Sozialwissenschaften.* 8. Aufl., Köln. S. 144–161.

MERTON, R.K., M. FISKE und A. CURTIS (1946): *Mass Persuasion.* New York.

MERTON, R.K., M. FISKE und P.L. KENDALL (1952): *The focussed Interview.* Glencoe, Ill.

MERTON, R.K. und P.L. KENDALL (1979): Das fokussierte Interview, In: HOPF, C. und E. WEINGARTEN (Hrsg.): *Qualitative Sozialforschung.* Stuttgart. S. 169–203.

MEYER, K. (1994): Zum Auswahlplan des Mikrozensus ab 1990, In: GABLER, S., J.H.P. HOFFMEYER-ZLOTNIK und D. KREBS (Hrsg.): *Gewichtung in der Umfragepraxis.* Opladen. S. 106–111.

MEYER, P.W. und A. HERMANNS (1984): Panel-Untersuchungen, In: ROTH, E. (Hrsg.): *Sozialwissenschaftliche Methoden.* München. S. 292–302.

MICHELL, J. (1986): Measurement Scales and Statistics: A Clash of Paradigms, *Psychological Bulletin.* 100(3):398–407.

MICHELL, J. (1999): *Measurement in Psychology. Critical History of Methodological Concept.* Cambridge.

MILGRAM, S. (1969): The Lost-Letter Technique, *Psychology Today.* 1(3):30–33, 66–68. wiederabgedruckt in: Cochrane, R. (Hrsg.) (1973): Advances in Social Research, London, S. 72-80.

MILLER, D.C. und N.J. SALKIND (2002): *Handbook of research design and social measurement*. 6. Aufl., Thousand Oaks.

MITCHELL, J.C. (1969): The Concept and Use of Social Networks, In: MITCHELL, J.C. (Hrsg.): *Social Networks in Urban Situations*. Manchester. S. 1–50.

MITCHELL, M. N. (2010): *Data Management Using Stata*. College Station.

MOKKEN, R.J. (1971): *A Theory and Procedure of Scale Analysis*. The Hague.

MOKKEN, R.J. (1997): Nonparametric models for dichotomous responses, In: LINDEN, W.J. VAN DER und R.K. HAMBLETON (Hrsg.): *Handbook of modern item response theory*. New York. S. 351–380. Springer.

MOKKEN, R.J., C. LEWIS und K. SIJTSMA (1986): Rejoinder to „The Mokken Scale: A Critical Discussion", *Applied Psychological Measurement*. 10(3):279–285.

MOLENAAR, I.W. (1983): Some improved Diagnostics for Failure of the Rasch Model, *Psychometrika*. 48(1):49–72.

MORENO, J.L. (1967): *Die Grundlagen der Soziometrie*. Köln/Opladen. (entspricht: Who Shall Survive? New York 1953).

MORGAN, S. L. und C. WINSHIP (2007): *Counterfactuals and causal inference*. Cambridge.

MORTON, S.C. und J.E. ROLPH) (Hrsg.) (2000): *Public policy and statistics: case studies from RAND*. New York.

MOSER, C.A. und G. KALTON (1971): *Survey Methods in Social Investigation*. 2. Aufl., London.

MOSER, H. (1975): *Aktionsforschung als kritische Theorie der Sozialwissenschaften*. München.

MOSER, H. und H. ORNAUER (Hrsg.) (1978): *Internationale Aspekte der Aktionsforschung*. München.

MUELLER, J.H., K.F. SCHUESSLER und H.L. COSTNER (1977): *Statistical Reasoning in Sociology*. 3. Aufl., Boston.

MÜLLER-BENEDICT, V. (2000): *Selbstorganisation in sozialen Systemen*. Opladen.

MÜNCH, R. und M. SCHMID (1973): Konventionalismus und empirische Forschungspraxis, In: ALBERT, H. und H. KEUTH (Hrsg.): *Kritik der kritischen Psychologie.* Hamburg. S. 113–130.

MURTHY, M.N. (1983): A Framework for Studying Incomplete Data, with a Reference to the Experience in Some Countries of Asia and the Pacific, In: MADOW, W.G. und I. OLKIN (Hrsg.): *Incomplete Data in Sample Surveys.* Orlando. S. 7–24.

MUSGRAVE, A. (1993): *Alltagswissen, Wissenschaft und Skeptizismus.* Tübingen.

MUTHÉN, L. K. und B. O. MUTHÉN (2010): *Mplus User's Guide.* 6. Aufl., Los Angeles.

NACHMIAS, D. und C. NACHMIAS (1976): *Research Methods in the Social Sciences.* London.

NAGEL, E. (1972): Probleme der Begriffs- und Theoriebildung in den Sozialwissenschaften, In: ALBERT, H. (Hrsg.): *Theorie und Realität.* 2. Aufl., Tübingen. S. 67–85.

NAGEL, E. (1975): Der sozialwissenschaftliche Funktionalismus, In: GIESEN, B. und M. SCHMID (Hrsg.): *Theorie, Handeln und Geschichte.* Hamburg. S. 169–184.

NANDA, M. (1996): The Science Question in Postcolonial Feminism, In: GROSS, P.R., N. LEVITT und M.W. LEWIS (Hrsg.): *The Flight from Science and Reason, Annals of the New York Academy of Sciences.* New York. S. 420–436.

NARENS, L. und R.D. LUCE (1986): Measurement: The Theory of Numerical Assignments, *Psychological Bulletin.* 99(2):166–180.

NEUMANN, H. (1979): *Zur Machtstruktur in der Bundesrepublik Deutschland.* Melle.

NEURATH, O. (1979): Statistik und Sozialismus, In: NEURATH, O. (Hrsg.): *Wissenschaftliche Weltauffassung, Sozialismus und Logischer Empirismus (hrsg. von Hegselmann, R.).* Frankfurt am Main. S. 288–294. (zuerst in: Lebensgestaltung und Klassenkampf, Berlin 1928.

NICOLAAS, G. und P. LYNN (2002): Random-digit dialling in the UK: viability revisited, *Journal of the Royal Statistical Society, Series A.* 165:297–316.

NISBETT, R.E. und T.D. WILSON (1977): Telling More than We can Know: Verbal Reports on Mental Processes, *Psychological Review.* 84:231–259.

NOELLE, E. (1963): *Umfragen in der Massengesellschaft.* Reinbek.

NOELLE-NEUMANN, E. und E. PIEL (Hrsg.) (1983): *Eine Generation später. Bundesrepublik Deutschland 1953-1979.* München.

NOWOTNY, H. und K.D. KNORR (1975): Die Feldforschung, In: KOOLWIJK, J. und M. WIEKEN-MAYSER (Hrsg.): *Techniken der empirischen Sozialforschung: Untersuchungsformen.* München. S. 82–112.

NÜSE, R., N. GROEBEN, B. FREITAG und M. SCHREIER (1991): *Über die Erfindungen des Radikalen Konstruktivismus.* Weinheim.

OAKES, M. (1986): *Statistical Inference: A Commentary for the Social and Behavioral Sciences.* Chichester.

O'BRIEN, R.M. (1985): The Relationship Between Ordinal Measures and Their Underlying Values: Why All the Disagreement?, *Quality and Quantity.* 19:265–277.

OPP, K.D. (1970): *Methodologie der Sozialwissenschaften.* Reinbek.

OPP, K.D. (1972): *Verhaltenstheoretische Soziologie.* Reinbek.

OPP, K.D. (1979): *Individualistische Sozialwissenschaft.* Stuttgart.

OPP, K.D. (1983): *Die Entstehung sozialer Normen.* Tübingen.

OPP, K.D. (1991): DDR '89. Zu den Ursachen einer spontanen Revolution, *Kölner Zeitschrift für Soziologie und Sozialpsychologie.* 43:302–321.

OPP, K.D. (2005): *Methodologie der Sozialwissenschaften: Einführung in Probleme ihrer Theorienbildung und praktischen Anwendung.* 6. Aufl., Wiesbaden.

OPP, K.D., K. BUROW-AUFFARTH, P. HARTMANN, T.V. WITZLEBEN, V. PÖHLS und T. SPITZLEY (1984): *Soziale Probleme und Protestverhalten.* Opladen.

ORNE, M.T. (1969): Demand Characteristics and the Concept of Quasi-Controls, In: ROSENTHAL, R. und R. ROSNOW (Hrsg.): *Artifact in Behavioral Research.* New York. S. 143–179.

ORTH, B. (1974): *Einführung in die Theorie des Messens.* Stuttgart/Berlin/Köln/Mainz.

ORTH, B. (1983): Grundlagen des Messens, In: FEGER, H. und J. BREDENKAMP (Hrsg.): *Messen und Testen.* Göttingen. S. 136–180.

OSGOOD, C.E., G.J. SUCI und P.H. TANNENBAUM (1957): *The Measurement of Meaning*. Urbana.

PADGETT, J. F. (1987): *Social mobility in hieratic control systems*. unveröffentlichtes Manuskript.

PAPPI, F.U. (Hrsg.) (1987): *Methoden der Netzwerkanalyse*. München.

PAPPI, F.U. und C. MELBECK (1988): Die sozialen Beziehungen städtischer Bevölkerungen, In: FRIEDRICHS, J. (Hrsg.): *Soziologische Stadtforschung, Sonderheft 29 der Kölner Zeitschrift für Soziologie und Sozialpsychologie*. Opladen. S. 223–250.

PATRY, J.-L. (1979): Feldforschung in den Sozialwissenschaften, *Zeitschrift für Klinische Psychologie und Psychotherapie*. 27:317–335.

PATRY, J.-L. (1982): Laborforschung – Feldforschung, In: PATRY, J.-L. (Hrsg.): *Feldforschung*. Bern/Stuttgart/Wien. S. 17–42.

PAWLOWSKI, T. (1980): *Begriffsbildung und Definition*. Berlin.

PAWSON, R. (1986): On the Level: Measurement Scales and Sociological Theory, *Bulletin de Methodologie Sociologique*. 11:49–82.

PAYNE, S. (1951): *The Art of Asking Questions*. Princeton.

PEDHAZUR, E.J. und L. PEDHAZUR-SCHMELKIN (1991): *Measurement, Design and Analysis. An integrated approach*. Hillsdale.

PERLINE, R., B.D. WRIGHT und H. WAINER (1979): The Rasch model as additive conjoint measurement, *Applied psychological measurement*. 3:237–255.

PETERMANN, F. (Hrsg.) (1989): *Einzelfallanalyse*. München/Wien.

PETERMANN, F. und F.-J. HEHL (1979): Einzelfallanalyse – Ein Überblick, In: PETERMANN, F. und F.-J. HEHL (Hrsg.): *Einzelfallanalyse*. München. S. 1–14.

PFENNING, A. und U. PFENNING (1987): Ego-zentrierte Netzwerke: Verschiedene Instrumente – verschiedene Ergebnisse?, *ZUMA-Nachrichten*. 21:64–77.

PHILLIPS, D.L. (1971): *Knowledge from what?* Chicago.

PHILLIPS, D.L. (1973): *Abandoning Method*. London.

PIERAU, K. (2002): Datenbank- und Informationsmanagement in der Historischen Sozialforschung. Eine praxisorientierte Einführung., *Historische Sozialforschung.* 14(Supplement).

PLEWIS, I. (1985): *Analyzing Change: Measurement and Explanation Using Longitudinal Data.* Chichester.

POLITZ, A. und W. SIMMONS (1949): An Attempt to get the „not-at-homes" into the Sample without Callbacks, *Journal of the American Statistical Association.* 44:9–31.

POPITZ, H., H.P. BAHRDT, E.A. JÜRES und H. KESTING (1957): *Das Gesellschaftsbild des Arbeiters. Soziologische Untersuchungen in der Hüttenindustrie.* Tübingen.

POPPER, K.R. (1971): *Das Elend des Historizismus.* 3. Aufl., Tübingen.

POPPER, K.R. (1972): Die Logik der Sozialwissenschaften, In: ADORNO, T.W. et al. (Hrsg.): *Der Positivismusstreit in der deutschen Soziologie.* Neuwied/Berlin. S. 103–123.

POPPER, K.R. (1974): *Objektive Erkenntnis.* 2. Aufl., Hamburg.

POPPER, K.R. (1976): *Logik der Forschung.* 6. Aufl., Tübingen.

POPPING, R. (1997): Computer Programs for the Analysis of Texts and Transcripts, In: ROBERTS, C.W. (Hrsg.): *Text Analysis for the Social Sciences.* Mahwah. S. 209–221.

PORST, R. (1983): *Allgemeine Bevölkerungsumfrage der Sozialwissenschaften, Kurseinheit 1: Ziele, Anlagen, Methoden und Resultate.* Technischer Bericht, Fernuniversität Hagen.

PORST, R. (1985): *Praxis der Umfrageforschung.* Stuttgart.

PRATKANIS, A.R. (1989): The Cognitive Representation of Attitudes, In: PRATKANIS, A.R., S.J. BRECKLER und A.G. GREENWALD (Hrsg.): *Attitude Structure and Function.* Hillsdale. S. 71–98.

PRESSER, S. U.A. (2004): *Methods for Testing and Evaluating Survey Questionnaires.* Hoboken.

PRIM, R. und H. TILMANN (1975): *Grundlagen einer kritisch-rationalen Sozialwissenschaft.* 2. Aufl., Heidelberg.

PRYTULAK, L.S. (1975): Critique of S.S. Stevens' Theory of Measurement Scales Classification, *Perceptual and Motor Skills.* 41(3):28.

R DEVELOPMENT CORE TEAM (2011): *R: A Language and Environment for Statistical Computing.* Vienna, Austria.

RABE-HESKETH, S. und A. SKRONDAL (2008): *Multilevel and Longitudinal Modeling Using Stata.* 2. Aufl., College Station.

RASCH, G. (1960): *Probabilistic Models for Some Intelligence and Attainment Tests.* Technischer Bericht, Copenhagen, Denmarks Paedagogiske Institut, Chicago. erweiterte Neuauflage 1980.

REIMER, M. (2001): *Die Zuverlässigkeit des autobiographischen Gedächtnisses und die Validität retrospektiv erhobener Lebensverlaufdaten.* Berlin.

REINECKE, J. (1985): Kausalanalytischer Erklärungsversuch von Verzerrungen durch soziale Erwünschtheit: Die Schätzung von Kern-, Meß- und Methodentheorie, *Zeitschrift für Soziologie.* 14(5):386–399.

RENDTEL, U. (1990): Teilnahmeentscheidung in Panelstudien, *Kölner Zeitschrift für Soziologie und Sozialpsychologie.* 42(2):280–299.

REVELLE, W. und R. E. ZINBARG (2009): Coefficients Alpha, Beta, Omega, And The GLB: Comments On Sijtsma, *Psychometrika.* 74(1):145–154.

RICHARDS, J.R. (1996): Why Feminist Epistemology Isn't, In: GROSS, P.R., N. LEVITT und M.W. LEWIS (Hrsg.): *The Flight from Science and Reason, Annals of the New York Academy of Sciences.* New York. S. 385–411.

RIECKEN, H.W. und R.F. BORUCH (Hrsg.) (1974): *Social Experimentation. A Method for Planning and Evaluating Social Intervention.* New York.

RITSERT, J. (1972): *Inhaltsanalyse und Ideologiekritik.* Frankfurt am Main.

RIZZO, L., J.M. BRICK und I. PARK (2004): A minimally intrusive method for sampling persons in random digit dial surveys, *Public Opinion Quarterly.* 68:267–274.

RIZZO, L., G. KALTON und J.M. BRICK (1994): *Nonresponse in the SIPP. Final report.* Rockville.

ROBERTS, F.S. (1979): *Measurement Theory with Applications to Decisionmaking, Utility and the Social Sciences.* Reading, Mass.

ROBINSON, W.S. (1950): Ecological Correlations and Behavior of Individuals, *American Sociological Review.* 15:351–357.

ROETHLISBERGER, F.J., W.J. DICKSON und H.A. WRIGHT (1949): *Management and the Worker.* 9. Aufl., Cambridge, Mass.

ROGERS, T. (1976): Interviews by Telephone and in Person: Quality of Responses and Field Performance, *Public Opinion Quarterly.* 40:51–65.

ROHRMANN, B. (1978): Empirische Studien zur Entwicklung von Antwortskalen für die sozialwissenschaftliche Forschung, *Zeitschrift für Sozialpsychologie.* 9:222–245.

ROKKAN, S. (1976): Data Services in Western Europe. Reflections on Variations in the Conditions of Academic Institution-Building, *American Behavioural Scientist.* 19:443–454.

ROSE, A.M. (1973): Systematische Zusammenfassung der Theorie der symbolischen Interaktion, In: HARTMANN, H. (Hrsg.): *Moderne amerikanische Soziologie.* 2. Aufl., Stuttgart. S. 264–282.

ROSENAU, P.M. (1992): *Post-modernism and the social sciences: Insights, inroads and intrusions.* Princeton.

ROSENBAUM, P. und D.B. RUBIN (1983): The central role of the propensity score in observational studies for causal effects, *Biometrika.* 70:41–50.

ROSENBAUM, P. R. (2010): *Design of Observational Studies.* New York.

ROSENBERG, M. (1968): *The Logic of Survey Analysis.* New York.

ROSENTHAL, R. und R. ROSNOW (Hrsg.) (1969): *Artifact in Behavioral Research.* New York.

ROSKAM, E.E., A. V.D. WOLLENBERG und P.G.W. JANSEN (1986): The Mokken Scale: A Critical Discussion, *Applied Psychological Measurement.* 10(3):265–277.

ROSSI, P.H., H.E. FREEMAN und M.W. LIPSEY (2001): *Evaluation: a systematic approach, 6. edition.* Thousand Oaks.

ROSSI, P.H., J.D. WRIGHT und A.B. ANDERSON (1983): Sample Surveys: History, Current Practice, and Future Prospects, In: ROSSI, P.H., J.D. WRIGHT und A.B. ANDERSON (Hrsg.): *Handbook of Survey Research.* Orlando. S. 1–20.

ROST, J. (1990): Rasch Models in Latent Classes: An Integration of Two Approaches to Item Analysis, *Applied Psychological Measurement.* 14(3):271–282.

ROST, J. (2004): *Lehrbuch Testtheorie-Testkonstruktion.* 2. Aufl., Bern.

ROTH, G (1987): Erkenntnis und Realität. Das reale Gehirn und seine Wirklichkeit, In: SCHMIDT, S.J. (Hrsg.): *Der Diskurs des radikalen Konstruktivismus.* Frankfurt am Main. S. 229–255.

ROTHE, G. und M. WIEDENBECK (1987): Stichprobengewichtung: Ist Repräsentativität machbar?, *ZUMA-Nachrichten.* 21:43–58.

ROTHMAN, K.J. und S. GREENLAND (Hrsg.) (1998): *Modern Epidemiology.* 2. Aufl., Philadelphia.

RUBIN, D.B. (1987): *Using Multiple Imputations to Handle Survey Nonresponse.* New York.

RUBIN, D.B. (2001): Using Propensity Scores to Help Design Observational Studies: Application to the Tobacco Litigation, *Health Services & Outcomes Research Methodology.* 2:169–188.

RUMSEY, S. (2008): *How to find information: A guide for researchers.* 2. Aufl., London.

RUSKAI, M.B. (1996): Are „Feminist Perspectives" in Mathematics and Science Feminist?, In: GROSS, P.R., N. LEVITT und M.W. LEWIS (Hrsg.): *The Flight from Science and Reason, Annals of the New York Academy of Sciences.* New York. S. 437–441.

RYAN, A. (1973): *Die Philosophie der Sozialwissenschaften.* München.

RYDER, N. (1968): Cohort Analysis, *International Encyclopedia of the Social Sciences.* New York. 2:546–550.

SACHS, L. (1997): *Angewandte Statistik.* 8. Aufl., Berlin.

SARIS, W. E. und I. N. GALLHOFER (2007): *Design, Evaluation, and Analysis of Questionnaires for Survey Research.* Hoboken.

SARIS, W.E. (1988): *Variation in Response Functions: A Source of Measurement Error in Attitude Research.* Amsterdam.

SARIS, W.E. (1991): *Computer-Assisted Interviewing.* Newbury Park.

SÄRNDAL, C.E. und S. LUNDSTRÖM (2005): *Estimation in Surveys with Nonresponse.* Hoboken.

SCHAEFFER, N. C. und N. M. BRADBURN (1989): Respondent Behavior in Magnitude Estimation, *Journal of the American Statistical Association.* 84(406):402–413.

SCHÄFER, B. (1983): Semantische Differential Technik, In: FEGER, H. und J. BREDENKAMP (Hrsg.): *Datenerhebung.* Göttingen. S. 154–221.

SCHAFER, J.L. (1997): *Analysis of Incomplete Multivariate Data.* London (Chapman & Hall).

SCHEFFLER, I. (1964): *The Anatomy of Inquiry.* London.

SCHENK, M. (1982): *Kommunikationsstrukturen in Bürgerinitiativen.* Tübingen.

SCHENK, M. (1984): *Soziale Netzwerke und Kommunikation.* Tübingen.

SCHEUCH, E.K. (1973): Das Interview in der Sozialforschung, In: KÖNIG, R. (Hrsg.): *Handbuch der empirischen Sozialforschung.* Stuttgart. S. 66–190.

SCHEUCH, E.K. (1974): Auswahlverfahren in der Sozialforschung, In: KÖNIG, R. (Hrsg.): *Handbuch der empirischen Sozialforschung.* 3. Aufl., Stuttgart. S. 1–96.

SCHEUCH, E.K. und H. DAHEIM (1970): Sozialprestige und soziale Schichtung, *Kölner Zeitschrift für Soziologie und Sozialpsychologie, Sonderheft 5, 4. Aufl.* (1970). S. 65–103.

SCHEUCH, E.K. und H. ZEHNPFENNIG (1974): Skalierungsverfahren in der Sozialforschung, In: KÖNIG, R. (Hrsg.): *Handbuch der empirischen Sozialforschung.* 3. Aufl., Stuttgart. S. 97–203.

SCHMITT, N. und D.M. STULTS (1986): Methodology Review: Analysis of Multitrait-Multimethod-Matrices, *Applied Psychological Measurement.* 10(1):1–22.

SCHNELL, R. (1985): Zur Effizienz einiger Missing-Data-Techniken, *ZUMA-Nachrichten 17.* S. 50–74.

SCHNELL, R. (1990): Computersimulation und Theoriebildung in den Sozialwissenschaften, *Kölner Zeitschrift für Soziologie und Sozialpsychologie.* 42(1):109–128.

SCHNELL, R. (1991a): Der Einfluß gefälschter Interviews auf Survey-Ergebnisse, *Zeitschrift für Soziologie.* 20(1):25–35.

SCHNELL, R. (1991b): Wer ist das Volk? Zur faktischen Grundgesamtheit bei allgemeinen Bevölkerungsumfragen, *Kölner Zeitschrift für Soziologie und Sozialpsychologie.* 1:106–137.

SCHNELL, R. (1991c): *Pretests.* unveröffentlichtes Manuskript. Institut für angewandte Sozialforschung, Universität Köln.

SCHNELL, R. (1993): Homogenität sozialer Kategorien als Voraussetzung für „Repräsentativität" und Gewichtungsverfahren, *Zeitschrift für Soziologie.* 22(1):16–32.

SCHNELL, R. (1994): *Graphisch gestützte Datenanalyse.* München (Volltext verfügbar unter www.uni-due.de/soziologie/schnell_publikationen_books.php).

SCHNELL, R. (1997a): *Nonresponse in Bevölkerungsumfragen.* Opladen (Volltext verfügbar unter www.uni-due.de/soziologie/schnell_publikationen_books.php).

SCHNELL, R. (1997b): Praktische Ziehung von Zufallsstichproben für Telefon-Surveys, *ZA-Information.* 40:45–59.

SCHNELL, R. (2002): Ausmaß und Ursachen des Mangels an quantitativ qualifizierten Absolventen sozialwissenschaftlicher Studiengänge, In: ENGEL, U. (Hrsg.): *Praxisrelevanz der Methodenausbildung.* Bonn. S. 35–44. Informationszentrum Sozialwissenschaften.

SCHNELL, R. (2011): *Survey-Interviews. Methoden standardisierter Befragungen.* Wiesbaden (im Druck).

SCHNELL, R., T. BACHTELER und S. BENDER (2003): Record linkage using error prone strings, In: AMERICAN STATISTICAL ASSOCIATION (Hrsg.): *Proceedings of the Annual Meeting of the American Statistical Association.* Alexandria. S. 3713–3717.

SCHNELL, R., T. BACHTELER und J. REIHER (2005): MTB: Ein Record-Linkage-Programm für die empirische Sozialforschung, *ZA-Information.* 56:93–103.

SCHNELL, R., T. BACHTELER und J. REIHER (2009): Entwicklung einer neuen fehlertoleranten Methode bei der Verknüpfung von personenbezogenen Datenbanken unter Gewährleistung des Datenschutzes, *Methoden – Daten – Analysen.* 3(2):203–217.

SCHNELL, R., T. GRAMLICH und M. TRAPPMANN (2011): *Potential Undercoverage and Bias in Name-based Samples of Foreigners.* Tilburg. Vortrag, American Sociological Association, 18.5.2011, verfügbar unter www.uni-due.de/methods.

SCHNELL, R. und U. KOHLER (1995): Empirischer Test einer Individualisierungs-hypothese am Beispiel des Wahlverhaltens 1953-1992, *Kölner Zeitschrift für Soziologie und Sozialpsychologie.* 4:634–657.

SCHNELL, R. und F. KREUTER (2000): Untersuchungen zur Ursache unterschied-licher Ergebnisse sehr ähnlicher Viktimisierungssurveys, *Kölner Zeitschrift für Soziologie und Sozialpsychologie.* 1:96–117.

SCHNELL, R. und F. KREUTER (2005): Separating Interviewer and Sampling-Point Effects, *Journal of Official Statistics.* 21(3):389–410.

SCHNELL, R. und S. ZINIEL (2004): *Inaccuracy of Birthday Respondent Selection Methods in Mail and Telephone Surveys.* unveröffentlichtes Manuskript, Univer-sität Konstanz.

SCHONLAU, M., R.D.FRICKER und M.N. ELLIOTT (2001): *Conducting Research Surveys via E-mail and the Web.* Santa Monica.

SCHONLAU, M., K. ZAPERT, L.S. SIMON und ET AL. (2004): A Comparison Between Responses From a Propensity-Weighted Web Survey and an Identical RDD Survey, *Social Science Computer Review.* 22(1):128–138.

SCHUESSLER, K. (1971): *Analyzing social data.* Boston.

SCHUESSLER, K.F., D. HITTLE und J. CARDASCIA (1978): Measuring Responding Desirability with Attitude-Opinion Items, *Social Psychology.* 41:224–235.

SCHUMAN, H. (1966): The Random Probe: A Technique for Evaluating the Validity of Closed Questions, *American Sociological Review.* 31:218–222.

SCHUMAN, H. und S. PRESSER (1981): *Questions and Answers in Attitude Surveys.* New York.

SCHURZ, G. (Hrsg.) (1988): *Erklären und Verstehen in der Wissenschaft.* München.

SCHUSTER, H.G. (1984): *Deterministic Chaos. An Introduction.* Weinheim.

SCHÜTZE, F. (1976): Zur Hervorlockung und Analyse von Erzählungen thematisch relevanter Geschichten im Rahmen soziologischer Feldforschung, In: ARBEITS-GRUPPE BIELEFELDER SOZIOLOGEN (Hrsg.): *Kommunikative Sozialforschung.* München. S. 162–200.

SCHWARZ, N. und S. SUDMAN (Hrsg.) (1994): *Autobiographical Memory and the Validity of Retrospective Reports.* New York.

SCOTT, J. (2000): *Social Network Analysis. A Handbook.* 2. Aufl., London.

SECHREST, L. (1992): Roots: Back to Our First Generations, *Evaluation Practice.* 13:1–7.

SECHREST, L. und J. BELEW (1983): Nonreactive Measures of Social Attitudes, In: BICKMAN, L. (Hrsg.): *Applied Social Psychology Annual.* Beverly Hills. S. 23–63.

SECHREST, L. und A.J. FIGUEREDO (1993): Program Evaluation, *Annual Review of Psychology.* 44:645–674.

SHADISH, W.R., T.D. COOK und D.T. CAMPBELL (2002): *Experimental and quasi-Experimental design for generalized causal inference.* Boston.

SHARP, L.M. und J. FRANKEL (1983): Respondent Burden: A Test of some Common Assumptions, *Public Opinion Quarterly.* 47:36–53.

SHARPE, T. und J. KOPERWAS (2003): *Behavior and sequential analyses: principles and practice.* Thousand Oaks.

SHEATSLEY, P.B. (1983): Questionnaire Construction and Item Writing, In: ROSSI, P.H., J.D. WRIGHT und A.B. ANDERSON (Hrsg.): *Handbook of Survey Research.* Orlando. S. 195–230.

SIJTSMA, K. (2009): The Use, the Misuse, and the Very Limited Usefulness of Cronbach's Alpha, *Psychometrika.* 74(1):107–120.

SINGER, E., M.R. FRANKEL und M.B. GLASSMAN (1983): The Effect of Interviewer Characteristics and Expectations on Response, *Public Opinion Quarterly.* 47:68–83.

SINGER, J.D. und J.B. WILLETT (2003): *Applied Longitudinal Data Analysis.* Oxford.

SIX, B. (1977): Zur Systematisierung des Einstellungskonzepts, In: DAWES, R.M. (Hrsg.): *Grundlagen der Einstellungsmessung.* Weinheim/Basel. S. 44–62.

SIXTL, F. (1982): *Meßmethoden der Psychologie.* 2. Aufl., Weinheim.

SKIRBEKK, G. (Hrsg.) (1977): *Wahrheitstheorien.* Frankfurt am Main.

SMITH, T.W. (1983): The Hidden 25 Percent: An Analysis of Nonresponse on the 1980 General Social Survey, *Public Opinion Quarterly.* 47:386–404.

SMITH, T.W. (1984): Nonattitudes: A Review and Evaluation, In: TURNER, C.F. und E. MARTIN (Hrsg.): *Surveying Subjective Phenomena*. New York. S. 215–255.

SMITH, T.W. (1987): The Art of Asking Questions, 1936-1985, *Public Opinion Quarterly*. 51:95–108.

SNIJDERS, T. und R. BOSKER (1999): *Multilevel Analysis. An introduction to basic and advanced multilevel modeling*. London.

SOBEL, M.E. (1995): The Analysis of Contingency Tables, In: ARMINGER, G., C.C. CLOGG und M.E. SOBEL (Hrsg.): *Handbook of Statistical Modeling for the Social and Behavioral Sciences*. New York/London. S. 251–303.

SOKAL, A. und J. BRICMONT (1999): *Eleganter Unsinn. Wie die Denker der Postmoderne die Wissenschaften mißbrauchen*. München.

SOMEREN, M.W. VAN, Y.F. BARNARD und J.A.C. SANDBERG (1994): *The Think aloud Method. A Practical Guide to Modelling Cognitive Processes*. London.

SPÖHRING, W. (1989): *Qualitative Sozialforschung*. Stuttgart.

STAPF, K.H. (1987): Laboruntersuchungen, In: ROTH, E. (Hrsg.): *Sozialwissenschaftliche Methoden*. 2. Aufl., München. S. 238–254.

STARK, R. und W.S. BAINBRIDGE (1987): *A Theory of Religion*. New York.

STATISTISCHES BUNDESAMT (Hrsg.) (1985): *Datenreport 2*. Stuttgart.

STATISTISCHES BUNDESAMT (Hrsg.) (1987): *Datenreport 1987*. Stuttgart.

STATISTISCHES BUNDESAMT (Hrsg.) (2009): *Zuhause in Deutschland. Ausstattung und Wohnsituation privater Haushalte*. Wiesbaden.

STEEH, C.G. (1981): Trends in Nonresponse Rates, 1952-1979, *Public Opinion Quarterly*. 45:40–57.

STEGMÜLLER, W. (1973): *Probleme und Resultate der Wissenschaftstheorie und Analytischen Philosophie: Bd. II, 2.HB: „Theorienstrukturen und Theoriendynamik"*. Berlin/Heidelberg/New York.

STEGMÜLLER, W. (1974a): *Probleme und Resultate der Wissenschaftstheorie und Analytischen Philosophie: Bd. I: „Wissenschaftliche Erklärung und Begründung"*. Berlin/Heidelberg/New York.

STEGMÜLLER, W. (1974b): *Probleme und Resultate der Wissenschaftstheorie und Analytischen Philosophie: Bd. II, 1.HB: „Begriffsformen, Wissenschaftssprache, empirische Signifikanz und theoretische Begriffe"*. Berlin/Heidelberg/New York. II, 1.HB.

STEGMÜLLER, W. (1976): *Hauptströmungen der Gegenwartsphilosophie*. 6. Aufl., Stuttgart. Bd. I.

STEGMÜLLER, W. (1979): *Hauptströmungen der Gegenwartsphilosophie*. 6. Aufl., Stuttgart. Bd. II.

STEGMÜLLER, W. (1986a): *Rationale Rekonstruktion von Wissenschaft und ihrem Wandel*. Stuttgart.

STEGMÜLLER, W. (1986b): *Probleme und Resultate der Wissenschaftstheorie und Analytischen Philosophie: II, 3.HB: „Die Entwicklung des neuen Strukturalismus seit 1973"*. Berlin/Heidelberg/New York.

STEIGER, J.H. (1989): *EzPATH: A Supplementary Module for SYSTAT and SYGRAPH*. Evanston, Ill. (SYSTAT, Inc).

STEINERT, H. (1984): Das Interview als soziale Interaktion, In: MEULEMANN, H. und K.-H. REUBAND (Hrsg.): *Soziale Realität im Interview. Empirische Analysen methodischer Probleme*. Frankfurt am Main. S. 17–59.

STELZL, I. (1984): Experiment, In: ROTH, E. (Hrsg.): *Sozialwissenschaftliche Methoden*. München/Wien. S. 220–237.

STENSON, H. (1990): *Testat. A supplementary modul for SYSTAT and SYGRAPH*. Evanston, Ill. (SYSTAT Inc.).

STEVENS, S.S. (1946): On the Theory of Scales of Measurement, *Science*. 103:677–680.

STEYER, R. und M. EID (1993): *Messen und Testen*. Berlin.

STINCHCOMBE, A.L. (1968): *Constructing Social Theories*. New York.

STOLZENBERG, R.M. und D.A. RELLES (1997): Tools for intuition about sample selection bias and its correction, *American Sociological Review*. 62:494–507.

STOUTHAMER-LOEBER, M. und W.B.V. KAMMEN (1995): *Data Collection and Management*. Thousand Oaks.

STROEBE, W. (1978): Das Experiment in der Sozialpsychologie, In: STROEBE, W. (Hrsg.): *Sozialpsychologie, Bd. 1: Interpersonale Wahrnehmung und soziale Einstellungen.* Darmstadt. S. 3–49.

SUDMAN, S. (1976): *Applied Sampling.* New York.

SUDMAN, S. und N.M. BRADBURN (1974): *Response Effects in Surveys.* Chicago.

SUDMAN, S. und N.M. BRADBURN (1982): *Asking Questions. A practical Guide to Questionnaire Design.* San Francisco.

SUDMAN, S., N.M. BRADBURN und N. SCHWARZ (1996): *Thinking about Answers.* San Francisco.

SUDMAN, S. und G. KALTON (1986): New Developments in the Sampling of Special Populations, *Annual Review of Sociology.* 12:401–430.

SULLIVAN, J.L. und S. FELDMAN (1979): *Multiple Indicators. An Introduction.* Beverly Hills.

SUTTON, A.J., K.R.ABRAMS, D.R.JONES, T.A.SHELDON und F.SONG (2000): *Methods for Meta-Analysis in Medical Research.* Chichester.

SWOBODA, H. (1974): *Knaurs Buch der modernen Statistik.* München.

SYMPOSIUM (2003): On Replication in International Studies Research, *International Studies Perspectives.* 28(4):72–107.

TABACHNICK, B.G. und L.S. FIDELL (2006): *Using Multivariate Statistics.* 5. Aufl., Boston.

TANUR, J.M. (Hrsg.) (1991): *Questions about Questions. Inquiries into the Cognitive Bases of Surveys.* New York.

TARIS, T.W. (2000): *A primer in longitudinal data analysis.* London.

THISSEN, D. und L. STEINBERG (1988): Data Analysis using Item Response Theory, *Psychological Bulletin.* 104(3):385–395.

THISSEN, D., L. STEINBERG und M. GERRARD (1986): Beyond Group-Mean Differences: The Concept of Item Bias, *Psychological Bulletin.* 99(1):118–128.

THORNBERRY, O.T. und J.T. MASSEY (1988): Trends in United States Telephone Coverage across Time and Subgroups, In: GROVES, R.M., P.P. BIEMER, L.E. LYBERG, J.T. MASSEY, W.L. NICHOLLS und J. WAKSBERG (Hrsg.): *Telephone Survey Methodology.* New York. S. 25–49.

THURSTONE, L.L. und E.J. CHAVE (1964): *The Measurement of Attitude.* Chicago. (1. Auflage 1929).

TÖNNIES, F. (1929): *Soziologische Studien und Kritiken.* Jena. Bd. 3.

TORGERSON, W.S. (1958): *Theory and Methods of Scaling.* New York.

TORTORA, R., R.M GROVES und E. PEYTCHEVA (2008): Multiplicity-Based Sampling for the Mobile Telephone Population: Coverage, Nonresponse, and Measurement Issues, In: LEPKOWSKI, J.M. et al. (Hrsg.): *Advances in Telephone Survey Methodology.* Hoboken. S. 133–148. Wiley.

TOURANGEAU, R., L.J. RIPS und K. RASINSKI (2000): *The Psychology of Survey Response.* Cambridge.

TOURANGEAU, R. und A.W. SMITH (1985): Finding Subgroups for Surveys, *Public Opinion Quarterly.* 49:351–365.

TOWNSEND, J.T. und F.G. ASHBY (1984): Measurement Scales and Statistics: the Misconceptions Misconceived, *Psychological Bulletin.* 96(2):394–401.

TRAPPMANN, M., H.J. HUMMELL und W. SODEUR (2011): *Stukturanalyse sozialer Netzwerke.* 2. Aufl., Wiesbaden.

TREIMAN, D. J. (2009): *Quantitative Data Analysis. Doing Social Research to Test Ideas.* San Francisco.

TREWIN, D. und G. LEE (1988): International Comparisons of Telephone Coverage, In: GROVES, R.M., P.P. BIEMER, L.E. LYBERG, J.T. MASSEY, W.L. NICHOLLS und J. WAKSBERG (Hrsg.): *Telephone Survey Methodology.* New York. S. 9–24.

TRIANDIS, H. (1975): *Einstellungen und Einstellungsänderungen.* Weinheim/Basel.

TROLDAHL, V.C. und R.C. CARTER (1964): Random Selection of Respondents within Households in Phone Surveys, *Journal of Marketing Research.* 1:71–76.

TUNNELL, G.B. (1977): Three Dimensions of Naturalness: An Expanded Definition of Field Research, *Psychological Bulletin 1977.* 84:426–437.

TURNER, J. (2003): *The Structure of Sociological Theory.* 7. Aufl., Belmont.

TWISK, JOS W. R. (2003): *Applied Longitudinal Data Analysis for Epidemiology: A Practical Guide.* Cambridge.

TWISK, JOS W. R. (2006): *Applied Multilevel Analysis: A Practical Guide.* Cambridge.

ÜBERLA, K. (1971): *Faktorenanalyse.* Berlin.

ULMER, F. (1994): *Der Dreh mit den Prozentzahlen.* Wuppertal.

VAGT, R. (1975): Forschungspraxis und Forschungsobjekt, In: HAAG, F., M. KRÜGER, W. SCHWÄRZEL und J. WILDT (Hrsg.): *Aktionsforschung.* 2. Aufl., München. S. 9–21.

VAN DER LINDEN, W.J. und R.K. HAMBLETON (Hrsg.) (1997): *Handbook of modern item response theory.* New York.

VANBERG, V. (1975): *Die zwei Soziologien.* Tübingen.

VELLA, F. (1998): Estimating Models with Sample Selection Bias: A Survey, *Journal of Human Resources.* 33:127–169.

VELLEMAN, P.F. und L. WILKINSON (1993): Nominal, ordinal, interval and ratio typologies are misleading, *American Statistician.* 47(1):65–72.

VEN, A.V.D. (1980): *Einführung in die Skalierung.* Bern.

VERMUNT, J.K. (1997): *Log-Linear Models for Event Histories.* Thousand Oaks.

VOLZ, E. und D. D. HECKATHORN (2008): Probability Based Estimation Theory for Respondent Driven Sampling, *Journal of Official Statistics.* 24(1):79–97.

VON DER HEYDE, C. (2002): Das ADM-Telefonstichproben-Modell, In: GABLER, S. und S. HÄDER (Hrsg.): *Telefonstichproben: methodische Innovationen und Anwendungen in Deutschland.* Münster. S. 32–45. Waxmann.

VON DER HEYDE, C. (2009): *Das ADM-Stichprobensystem für Telefonbefragungen.* Technischer Bericht, ADM. verfügbar unter www.adm-ev.de.

WAKSBERG, J. (1978): Sampling Methods for Random Digit Dialing, *Journal of the American Statistical Association.* 73(361):40–46.

WALLER, N.G. und P.E. MEEHL (1998): *Multivariate Taxometric Procedures. Distinguishing Types from Continua.* Thousand Oaks/London.

WALLRAFF, G., Y. KARSUNKE und K. MARX (1970): Fragebogen für Arbeiter 1880/1970, *Kursbuch.* Berlin. 21:1–16.

WARD, J.C., B. RUSSICK und W. RUDELIUS (1985): A Test of Reducing Callbacks and Not-at-Home Bias in Personal Interviews by Weighting At-Home Respondents, *Journal of Marketing Research.* 22:66–73.

WARNER, S.L. (1965): Randomized Response: A Survey Technique for Eliminating Evasive Answer Bias, *Journal of the American Statistical Association.* 60:63–69.

WARNER, W.L. und P.S. LUNT (1941): *The Social Life of a Modern Community (Yankee City Series, I).* New Haven.

WARNER, W.L. und P.S. LUNT (1942): *The Social Life of a Modern Community (Yankee City Series, II.* New Haven.

WEBB, E.J., D.T. CAMPBELL, R.D. SCHWARZ und L. SECHREST (1975): *Nichtreaktive Meßverfahren.* Weinheim/Basel. (Original: Unobstrusive Measures: Nonreactive Research in the Social Sciences, Chicago 1966).

WEBER, K. (1999): *Simulation und Erklärung: Kognitionswissenschaft und KI-Forschung in wissenschaftstheoretischer Perspektive.* Münster.

WEBER, M. (1968): *Methodologische Schriften, Studienausgabe.* Frankfurt am Main.

WEBER, M. (1980): *Wirtschaft und Gesellschaft.* 5. Aufl., Tübingen.

WEBER, R.P. (1990): *Basic Content Analysis.* 2. Aufl., Newbury Park. (1. Auflage 1985).

WEEKS, M.F., B.L. JONES, R.E. FOLSOM und C.H. BENRUD (1980): Optimal Times to Contact Sample Households, *Public Opinion Quarterly.* 44(1):101–114.

WEGENER, B. (1978): Einstellungsmessung in Umfragen: Kategorische vs. Magnitude-Skalen, *ZUMA-Nachrichten.* 3:3–27.

WEGENER, B. (1980): Magnitude-Messung in Umfragen: Kontexteffekte und Methode, *ZUMA-Nachrichten.* 6:4–40.

WEGENER, B. (Hrsg.) (1982): *Social Attitudes and Psychophysical Measurement.* Hillsdale.

WEGENER, B. (1983): Wer skaliert? Die Meßfehler-Testtheorie und die Frage nach dem Akteur, In: ZUMA – Zentrum für Umfragen, Methoden und Analysen (Hrsg.): *ZUMA-Handbuch Sozialwissenschaftlicher Skalen.* Mannheim/Bonn. S. 1–110.

WEGENER, B. (1985): Gibt es Sozialprestige?, *Zeitschrift für Soziologie.* 14(3):209–235.

WEICK, K.E. (1968): Systematic Observational Methods, In: LINDZEY, G. und E. ARONSON (Hrsg.): *Handbook of Social Psychology.* 2. Aufl., Reading, Mass. S. 357–451.

WEISBERG, H.F. (2005): *The Total Survey Error Approach.* Chicago.

WEISS, C. (1974): *Evaluierungsforschung.* Opladen.

WENDEL, H.J. (1992): Radikaler Konstruktivismus und Konstruktionismus, *Zeitschrift für allgemeine Wissenschaftstheorie.* 23:323–352.

WENDT, F. (1960): Wann wird das Quotenverfahren begraben?, *Allgemeines Statistisches Archiv.* S. 35–40.

WESTERMANN, R. (1985): Empirical Tests of Scale Type for Individual Ratings, *Applied Psychological Measurement.* 9(3):265–274.

WHYTE, W.F. (1943): *Street Corner Society.* Chicago. (erw. Neuauflage 1955).

WICKENS, T.D. (1989): *Multiway Contingency Tables Analysis for the Social Sciences.* Hillsdale.

WICKER, A.W. (1969): Attitudes versus Action: The Relationship of Verbal and Overt Behavioral Responses to Attitude Objects, *Journal of Social Issues.* 25:41–78.

WIEKEN, D. (1974): Die schriftliche Befragung, In: KOOLWIJK, J. und M. WIEKEN MAYSER (Hrsg.): *Techniken der empirischen Sozialforschung.* München. S. 146–161.

WILSON, T.P. (1973): Theorien der Interaktion und Modelle soziologischer Erklärung, In: ARBEITSGRUPPE BIELEFELDER SOZIOLOGEN (Hrsg.): *Alltagswissen, Interaktion und gesellschaftliche Wirklichkeit.* Reinbek. S. 54–79.

WILSON, T.P. (1982): Qualitative „oder" quantitative Methoden in der Sozialforschung, *Kölner Zeitschrift für Soziologie und Sozialpsychologie.* 34:487–508.

WINER, B.J. (1971): *Statistical Principles in Experimental Design.* 2. Aufl., Tokyo.

WINKLER, J., R.-R. KARHAUSEN und R. MEIER (1985): *Verbände im Sport.* Schorndorf.

WIPPLER, R. und S. LINDENBERG (1987): Collective Phenomena and Rational Choice, In: ALEXANDER, J.C. et al. (Hrsg.): *The Micro-Macro Link.* Berkeley. S. 135–152.

WIRTZ, M. und F. CASPAR (2002): *Beurteilerübereinstimmung und Beurteilerreliabilität.* Göttingen.

WISEMAN, F. und P. MCDONALD (1979): Noncontact and Refusal Rates in Consumer Telephone Surveys, *Journal of Marketing Research.* 16:478–484.

WOLINS, L. (1978): Interval Measurement: Physics, Psychophysics and Metaphysics, *Educational and Psychological Measurement.* 38:1–9.

WOLLENBERG, A.L. V.D. (1988): Testing a Latent Trait Model, In: LANGEHEINE, R. und J. ROST (Hrsg.): *Latent Trait and Latent Class Models.* New York/London. S. 31–50.

WOLTER, K. (2007): *Introduction to variance estimation.* 2. Aufl., New York.

WOOLRIDGE, J.M. (2002): *Econometric Analysis of cross section and panel data.* Cambridge.

WOTTAWA, H. (1979): *Grundlagen und Probleme von Dimensionen in der Psychologie.* Meisenheim.

WOTTAWA, H. (1980): *Grundriß der Testtheorie.* München.

WRIGHT, B.D. und G.N. MASTERS (1982): *Rating Scale Analysis.* Chicago.

WRIGHT, B.D. und M.H. STONE (1979): *Best Test Design.* Chicago.

WRIGHT, G.H.V. (1974): *Erklären und Verstehen.* Frankfurt am Main.

WURDEMAN, K. (1993): Quality of data keying for major operations of the 1990 census, In: ASA (Hrsg.): *Proceedings of the section on survey research methods.* Alexandria. S. 312–317.

WYER, R.S. und T.K. SRULL (1986): Human Cognition in its Social Context, *Psychological Review.* 93:322–359.

YAMAGUCHI, K. (1991): *Event History Analysis.* Newbury Park.

YIN, R.K. (1993): *Applications of Case Study Research.* Newbury Park.

YIN, R.K. (1994): *Case Study Research.* 2. Aufl., London.

YODER, P. J. und F. J. SYMONS (2010): *Observational measurement of behavior.* New York.

ZEGERS, F.E. (1991): Coefficients for interrater agreement, *Applied Psychological Measurement.* 15(4):321–333.

ZEISEL, H. (1970): *Die Sprache der Zahlen.* Köln.

ZEISEL, H. (1975): Zur Geschichte der Soziographie, In: JAHODA, M., P.F. LAZARS-FELD und H. ZEISEL (Hrsg.): *Die Arbeitslosen von Marienthal.* Frankfurt am Main.

ZELLER, R.A. und E.G. CARMINES (1980): *Measurement in the Social Sciences. The Link between Theory and Data.* Cambridge.

ZETTERBERG, H.L. (1973): Theorie, Forschung und Praxis in der Soziologie, In: KÖNIG, R. (Hrsg.): *Handbuch der empirischen Sozialforschung.* 3. Aufl., Stuttgart. S. 103–160.

ZIEGLER, R. (1973): Typologien und Klasifikationen, In: ALBRECHT, G., J. DAHEIM und F. SACK (Hrsg.): *Soziologie. Sprache – Bezug zur Praxis – Verhältnis zu anderen Wissenschaften.* Opladen. S. 11–47.

ZILIAK, S.T. und D. N. MCCLOSKEY (2009): *The Cult of Statistical Significance: How the Standard Error Costs Us Jobs, Justice, and Lives.* Ann Arbour.

ZIMMERMANN, E. (1972): *Das Experiment in den Sozialwissenschaften.* Stuttgart.

ZVULUN, E. (1978): Multidimensional Scalogram Analysis: The Method and its Application, In: SHYE, S. (Hrsg.): *Theory Construction and Data Analysis in the Behavioral Sciences.* San Francisco. S. 237–264.

ZÜLL, C. und J.LANDMANN (2002): *Computerunterstützte Inhaltsanalyse: Literaturbericht zu neueren Anwendungen.* ZUMA-Arbeitsbericht 2002/02, Mannheim.

Index

Abbildungsverzeichnis

Tabellenverzeichnis